Faszination Programmieren

Susan Lammers

Faszination Programmieren

Interviews mit neunzehn führenden PC-Programmierern

Übersetzung aus dem Amerikanischen
von Brigitte Ortmann
und Annerose Scheidel-Warnest

Markt&Technik Verlag AG

CIP-Kurztitelaufnahme der Deutschen Bibliothek

Faszination Programmieren : Interviews mit 19 führenden PC-Programmierern / Susan Lammers. –
Haar bei München : Markt-u.-Technik-Verl., 1987.
Einheitssacht.: Programmers at work <dt.>
ISBN 3-89090-418-1
NE: Lammers, Susan [Mitverf.]; EST

Titel der amerikanischen Originalausgabe:
»Programmers at Work«
Interviews by Susan Lammers
ISBN 0-914845-71-3

15 14 13 12 11 10 9 8 7 6 5 4 3 2 1
90 89 88 87

ISBN 3-89090-418-1

Einbandgestaltung: Grafikdesign Heinz Rauner
Druck: Huber, Dießen
Printed in Germany

Inhaltsverzeichnis

Anhang

Vorwort

Die Idee für die vorliegenden Interviews mit namhaften Programmierern unserer Zeit stammt von Min S. Yee, dem Verleger von Microsoft Press. Es ist wenig erstaunlich, daß er, der mit den Mühen und dem Erfolg des kreativen Wirkens vertraut und Autor mehrerer Bücher ist, während seiner Tätigkeit für Microsoft (in erster Linie ein Software-Unternehmen, aber auch ein Verlag) Parallelen zwischen der Arbeit eines Autors und der eines Programmierers feststellte. Im Verlauf seiner Gespräche mit Programmentwicklern bei Microsoft ergab sich eine Fülle von Nuancen in der Kunst, dem Handwerk und der Wissenschaft des Programmierens. Bei seinen Streifzügen durch Buchhandlungen entdeckte Yee eine Flut von Büchern wie »Programmieren leicht gemacht«, jedoch zu unpersönliche und zu oberflächliche Informationen über die Erfahrungen, die Annäherung an Aufgaben sowie die Erkenntnisse von Software-Entwicklern. Also entschloß sich Microsoft Press, die Gedanken und die Persönlichkeiten, die sich hinter der Software verbergen, zu ergründen. Um dies zu erreichen, beschlossen wir weiterhin, die einzelnen Programmierer in veröffentlichten Interviews für sich selbst sprechen zu lassen.

Es war niemals unsere Absicht, durch diese Interviews den Programmierern vertrauliche Informationen oder Stellungnahmen über die neuesten Entwicklungen der Software-Industrie zu entlocken. Vielmehr war es unser Ziel, zeitlose Themen zu besprechen, die in dieser schnellebigen Industrie oft zu kurz kommen. Wir wollten dem Zauber und dem Geheimnis der Entwicklung eines Betriebssystems wie das des Macintosh, eines Anwenderprogramms wie Lotus 1-2-3 oder eines Computerspiels wie Pac Man auf den Grund gehen. So lauteten unsere Fragen: Wie entstand die Idee? Wie schwierig war es, die Idee zu verwirklichen? Was empfindet man, wenn man mit der Entwicklung eines Programms Neuland betritt? Ist es Kunst oder Wissenschaft? Handwerk oder Begabung? Ist es nachvollziehbar?

Als Interviewer hatte ich nie die Absicht zu dominieren, Fangfragen zu stellen oder zu manipulieren. Ich versuchte nie, mein Gegenüber durch gezielte Fragen zu bestimmten Äußerungen zu bewegen. Es war immer mein

Bestreben, mich soweit wie möglich im Hintergrund zu halten, dem Programmierer die Möglichkeit zu geben, seinen Gedanken in aller Ruhe nachzugehen, um anschließend seine eigene Methode des Programmierens zu erläutern.

Bei den Interviews bemühte ich mich, allen Programmierern die gleichen Fragen zu stellen, um so einen Rahmen zu gestalten, der es ermöglichte, die Interviews später nachzulesen und zu vergleichen. Wir waren der Meinung, die sich aus dem Gespräch ergebenden allgemeinen Fragen würden die Ähnlichkeiten und Unterschiede beim Programmieren herausstellen und somit die Persönlichkeit und das persönliche Interesse jedes Programmierers herauskristallisieren. Und so war es auch. Einige von ihnen, wie zum Beispiel Gary Kildall und Butler Lampson, gaben aus der Erfahrung heraus wertvolle theorie- und praxisbezogene Hinweise zum Programmieren. Andere wie Dan Bricklin und Bob Carr konzentrierten sich stärker auf die einzelnen Entwicklungsphasen eines Programms, während zum Beispiel Bob Frankston und Jaron Lanier mehr auf die Zukunft von Software und Mikrocomputern fixiert waren. Das Ergebnis dieser aufschlußreichen und unterschiedlichen Gespräche ist der Anfang eines mosaikartig zusammengetragenen Porträts des Programmierers unserer Zeit.

Mit einigen Programmierern traf ich mich zwei- bis dreimal mehrere Stunden, ganz einfach, um Gedanken fließen lassen, zu plaudern, zu erforschen. Aber selbst nach Abschluß der Interviews war die Arbeit noch lange nicht getan. Wir ließen die Interviews nach Band schreiben, überarbeiteten sie und gaben sie den Programmierern zum Nachlesen. Wir gaben ihnen die Gelegenheit, die Texte so zu formulieren, daß sie genau ihrer Aussage entsprachen.

Außerdem baten wir jeden Programmierer um Arbeitsproben – entweder einen Teil eines Programmoduls, ein Programm, einige Aufzeichnungen oder Skizzen ihrer Programmentwürfe, damit unsere Leser einen kurzen Einblick in die Art und Weise bekommen, wie ein Programmierer seine Ideen zu Papier bringt. Wir erhielten sehr viel Material. Ein Teil davon hat historischen Wert. Dan Bricklin überließ uns zum Beispiel seine Aufzeichnungen über den ursprünglichen Entwurf von VisiCalc. Andy Hertzfeld schickte uns etwas ganz Besonderes: von ihm erhielten wir ein komplettes, mehr als 30 Seiten langes Programm für den Macintosh mit dem Namen »IconBounce«. Das Ergebnis ist ein aufschlußreicher und tiefer Blick in die Gedankenwelt und die Arbeit jedes einzelnen von ihnen.

Es gibt sehr viele ausgezeichnete Programmierer. Sie können nicht alle in diesem Buch vertreten sein. Deshalb ist dieses Buch das erste einer geplanten Serie mit Gesprächen mit namhaften Programmierern unserer Zeit.

In dieser schnellebigen Industrie findet tagtäglich ein Durchbruch statt, Innovationen auf dem Gebiet der Software werden eingeführt, neue Unternehmen gegründet. Ein ständiges Kommen und Gehen der Stars ist bezeichnend für diese Industrie. Es wäre ein tollkühnes Unterfangen unsererseits gewesen, die etwa zwanzig besten Programmierer der Welt finden zu wollen. Statt dessen entschieden wir uns für einen Querschnitt durch Fachgebiete und Erfahrungen, wobei wir uns primär auf Programmierer von Mikrocomputern konzentrierten, obwohl einige der hier erwähnten Programmierer über recht viel Erfahrung, sowohl mit Mikrocomputern als auch Großrechnern, verfügen.

Es war gar nicht einfach, den richtigen Buchtitel zu finden, weil die Wörter »Programmieren« und »Programmierer« die verschiedensten Bedeutungen haben. In der Software-Industrie wird gewöhnlich derjenige als Programmierer bezeichnet, der die für die Lauffähigkeit des Computers notwendige Software schreibt und entwickelt.

Da sich die Software-Industrie immer weiter entwickelt und größer wird, unterscheidet man zunehmend zwischen einem Software-Designer und einem Programmierer. In diesem Buch steht das Wort »Programmierer« für Personen, die sich mit der Entwicklung oder dem Design von Software befassen, und die oft, aber nicht unbedingt, selbst Quellcode schreiben. Einige der hier Erwähnten wie Butler Lampson, Toru Iwatani und Jef Raskin räumten ein, daß sie den Quellcode ihrer Programme eigentlich nicht selbst schreiben und sich auch nicht als Programmierer im eigentlichen Sinne betrachten, sondern eher als Software-Designer. Auch wenn die Idee für das Programm von ihnen stammt, die Algorithmen von ihnen entwickelt, die Spezifikationen von ihnen geschrieben und die Fähigkeiten von ihnen entworfen wurden, müssen sie nicht unbedingt die Tausende von Codezeilen, aus denen das Programm besteht, selbst eingegeben haben. Es ist immer schwierig, derart unterschiedliche und vielseitig talentierte Persönlichkeiten in Kategorien einzuordnen.

Mit diesem Buch soll nur eine kleine Auswahl aus der großen Gruppe talentierter Programmierer aufgezeigt werden. Einige dieser Persönlichkeiten erschienen bereits auf der Titelseite von Zeitschriften, während sich andere mehr im Hintergrund halten. Wir berichten über Personen verschiedenster Altersgruppen und Erfahrung, von den älteren etablierten Programmierern um die Vierzig, die die Mikrocomputerrevolution ins Rollen brachten, bis hin zu den jüngeren, aggressiven, weniger traditionellen Denkern, die fest entschlossen sind, die Computerrevolution weit über die uns heute bekannten Grenzen hinauszutragen. Da wäre die eine Gruppe, die für große Unternehmen arbeitet, wie zum Beispiel C. Wayne Ratliff und Charles Simonyi, dann die Gruppe der entschieden Unabhängigen, wie Jonathan Sachs und Peter Roizen, und schließlich die Gruppe der unentwegten Unternehmer wie Ray Ozzie, Gary Kildall und Bill Gates. Einige waren hell begeistert, andere ernüchtert; einige sehr erfolgreich, andere weniger. Und doch besteht kein Zweifel, daß die in diesem Buch zu Worte kommenden Programmierer außergewöhnliche Persönlichkeiten sind und einen faszinierenden Einblick in die kreativen Phasen des Programmierens und die unterschiedlichen Charaktere und Erfahrungen in der Computer-Industrie gewähren.

Ursprünglich sollten die Programmierer in den Interviews über ihre Arbeit berichten, was die Interviews jedoch gleichzeitig ergaben, ist ein Bericht über die Geschichte der Software-Industrie aus der Sicht einiger der wichtigsten Mitwirkenden. Das Buch schildert in groben Zügen die Geschichte dieser Industrie, wenn auch viele der Beteiligten sich zwischenzeitlich anderen Produkten und Fachgebieten – über ihr ursprüngliches Arbeitsgebiet auf dem Software-Sektor hinaus – widmen.

Wir beginnen mit Charles Simonyi, der als erster für dieses Buch interviewt wurde. Er hatte bereits in den sechziger Jahren in Ungarn mit Computern zu tun, als er am russischen Ural II arbeitete. Dann berichten wir über Butler Lampson, Professor von Charles Simonyi an der University of California in Berkeley und Kollege am Xerox-PARC-Forschungszentrum. Lampson arbeitete an der Entwicklung des Alto-Personalcomputers und trug zur Gewinnung vieler grundlegender Erkenntnisse bei, die letztendlich die Mikrocomputerrevolution auslösten. John Warnock, ebenfalls Forscher am Xerox-PARC-Forschungszentrum und an der Entwicklung von PostScript beteiligt, kam von der University of Utah an die Westküste, wo er den Höhepunkt der Forschung auf dem Gebiet der Computergrafik unter der Führung von Evans und Sutherland aktiv miterlebte.

Es folgt Gary Kildall, der CP/M, das erste Betriebssystem für Personalcomputer, entwickelte. Dann Bill Gates, der sich mit BASIC befaßte, eine der meistverwendeten Computersprachen. John Page, Designer der PFS-Software-Serie, entwarf eines der ersten Programme, das speziell auf Neulinge auf dem Gebiet der Personalcomputer in der Industrie zugeschnitten war. C. Wayne Ratliff entwickelte dBase, ein Programm, das seinen Bekanntheitsgrad als eines der am weitesten entwickelten Datenbankprogramme seit den Anfängen der Mikrocomputerrevolution gehalten hat. Als nächstes wenden wir uns der Software-Industrie an der Ostküste zu, nämlich Dan Bricklin und Bob Frankston, denen wir VisiCalc verdanken, eines der ersten Kalkulationsprogramme für den Personalcomputer. Dann folgen Jonathan Sachs, der Programmierer von Lotus 1-2-3, und Ray Ozzie, der, bevor er Symphony für Lotus entwickelte, für Jonathan Sachs bei Data General sowie für Dan Bricklin und Bob Frankston von Software Arts arbeitete. Der Nächste ist Peter Roizen, der T/Maker, ein weiteres Kalkulationsprogramm, entwickelte, das sechs Monate nach VisiCalc vorgestellt wurde, gefolgt von Bob Carr, von dem Framework stammt, ein Konkurrent von Symphony. Dann wenden wir uns dem Macintosh zu und präsentieren die Interviews mit Jef Raskin, der ursprünglich das Macintosh-Projekt leitete, und mit Andy Hertzfeld, dem die Entwicklung des Mac-Betriebssystems zugeschrieben wird.

Zur letzten in diesem Buch vorgestellten Gruppe gehören die unkonventionellen, experimentierfreudigen und künstlerisch veranlagten Programmierer. Wir besuchten den Designer des überaus erfolgreichen Spiels Pac Man, Toru Iwatani, in Tokio, Japan, und sprachen mit ihm über die Philosophie, die hinter seiner Arbeit steckt. Scott Kim, Grafikdesigner, Musiker und Programmierer, sprach über Programmgeneratoren und durchgreifende neue Ideen für das Design von Benutzerschnittstellen. Jaron Lanier, der ebenfalls Musiker ist und früher Spieleprogrammierer war, beschäftigt sich mit visuellen Programmiersprachen, von denen er glaubt, daß sie eine neue Dimension in unsere Computererfahrung bringen und das Programmieren revolutionieren. Wir beschließen unsere Interviews mit Michael Hawley von Lucasfilm. Mit 24 Jahren ist er der jüngste der in diesem Buch genannten Programmierer (und Musiker). Seine Arbeit beinhaltet die Entwicklung von Software für den Sound Droid, einen neuen Computer für die Bearbeitung und Zusammenstellung der Audiokomponenten von Filmen.

Wir hoffen, daß dieses Buch das Rüstzeug bietet, junge Programmierer und auch Fachleute, die das Erfolgsgeheimnis der Software-Industrie von Experten erfahren möchten, zu ermutigen. Abgesehen von seinem Lehrwert bietet dieses Buch eine angenehme Lektüre. Es gibt denjenigen eine lebendige Beschreibung der Software-Industrie, die gern wissen möchten, was sich hinter den Kulissen abspielt und eine detaillierte Schilderung der unzähligen Ideen, Methoden und Persönlichkeiten, die hinter der Entwicklung innovativer Software-Produkte stehen.

Susan Lammers

```
5200   22 7200 4   5240   16 5006 4
   1   00 0001 0      1   22 6570 4
   2   13 5214 0      2   22 5376 0
   3   22 5311 0      3   22 5306 0
   4   22 5171 4      4   02 7542 0
   5   22 5341 0      5   14 5515 0
   6   22 6631 4      6   21 5123 0
   7   11 0014 0      7   02 5121 0

5210   21 5345 4   5250   16 5012 0
   1   25 2302 0      1   22 5373 0
   2   22 5074 0      2   22 5171 4
   3   11 0002 0      3   00 0000 0
   4   21 5355 4      4   11 0016 0
   5   22 7000 4      5   21 5415 4
   6   56 0000 4      6   22 6570 4
   7   02 5002 4      7   22 5036 0
```

```
5220   16 5006 4   5260   16 5005 0
   1   02 0000 4      1   25 2267 0
   2   22 5332 0      2   22 5074 0
   3   11 0001 0      3   22 5015 4
   4   21 5415 4      4   22 5015 4
   5   25 2304 0      5   22 5134 4
   6   22 5074 0      6   02 5011 0
   7   22 7342 4      7   11 0001 0

5230   00 0002 0   5270   22 5157 4
   1   14 5514 0      1   22 5522 0
   2   21 5415 0      2   22 5435 4
   3   25 2300 0      3   22 6512 0
   4   22 5074 0      4   22 5435 4
   5   02 6077 0      5   22 5022 0
   6   16 5012 0      6   22 7342 4
   7   02 5002 4      7   00 0002 0
```

```
Uct  8 11:59 1985  examplel Page 1


        vfli.dypAfter = 0;
        if (vfli.cpMac == caPara.cpLim)
                {
                int dyp = vpapFetch.cyaAfter / dyaPoint;
                vfli.dypLine += dyp;
                vfli.dypBase += dyp;
                vfli.cypAfter = dyp;
                }
/* First, need to scan thru grpchr, till we find a chr whose ich is >= ichMac
(this can happen because we add a chr and then decide to do the line break
before the character indexed by chr.ich) or until we reach &(**vhgrpchr)[vbchrMac]
*/
        for (pchr = pchrBeg = &(**vhgrpchr)[0],
                (char *) pchrMac = (char *) pchr + vbchrMac;
                pchr < pchrMac;
                (char *) pchr += pchr->chrm)
                if (pchr->ich >= vfli.ichMac)
                        break;
/* Now, enter chrmEnd in grpchr. Note: no need to check for sufficient space*/
        vbchrMac = (char *) pchr - (char *) pchrBeg;
        pchr->chrm = chrmEnd;
        pchr->ich = vfli.ichMac;

        Scribble(5,' ');
        CkFli();
        return;
}
```

Oben: *Programmcode, der 1965 auf dem russischen Computer Ural II geschrieben wurde. Alle Änderungen mußten mit GOTOs gepatcht werden (die Anweisungen, die mit »22« beginnen).*

Unten: *»Ungarischer« Code aus Microsoft Word. Der Name »vbchrMac« bedeutet zum Beispiel, daß die Variable global ist (v) und sie ein Zeiger auf eine Gruppe ist, der auf dem aktuellen Maximalwert basiert, der ein Element über das letzte Element (Mac) hinauszeigt. Der Name »chr« hat die weitere Bedeutung »character run«, was ein spezifischer Datentyp von Microsoft Word ist. Im Anhang finden sich Beispiele von Simonyis »frühem ungarischen Stil«.*

Charles Simonyi

Den ersten Kontakt mit Computern und dem Programmieren hatte Charles Simonyi, der am 10. September 1948 in Budapest, Ungarn, geboren wurde, während seiner Gymnasialzeit. Aufgrund der Kontakte seines Vaters bekam er die Gelegenheit, einem Techniker zu assistieren, der in jener Zeit an einem der wenigen in Ungarn vorhandenen Computer arbeitete.

1966 hatte Charles Simonyi nicht nur die Hochschulreife erlangt, sondern seinen ersten Compiler geschrieben. Aufgrund der so gewonnenen Erfahrung bekam er eine Anstellung bei der A/S Regnecentralen in Kopenhagen, Dänemark. 1968 verließ Charles Simonyi Dänemark, um in den USA an der University of California, Berkeley, zu studieren, wo er das erste Staatsexamen 1972 ablegte und dann 1977 an der Stanford University promovierte.

Simonyi arbeitete im UC Berkeley Computer Center, bei der Berkeley Computer Corporation, am ILLIAC-4-Projekt, am Xerox PARC und seit 1981 bei der Microsoft Corporation. Während seiner Arbeit bei Xerox entwarf Charles die Bravo und Bravo-X-Programme für den Alto PC. Bei Microsoft leitet er die Anwendersoftware-Abteilung, von der Multiplan, Microsoft Word, Microsoft Excel und andere bekannte Anwenderprogramme stammen.

Charles Simonyi hat die Mikrocomputerwelt entscheidend geprägt, sei es durch eigenständige Entwicklungen oder Beeinflussung seiner Mitarbeiter. Er ist bescheiden, aber hochbegabt, stets gutgelaunt und kann auf jedem Gebiet mitreden, ganz gleich, ob computerbezogen oder nicht.

Insgesamt trafen wir uns zweimal mit Charles Simonyi, einmal zum Mittagessen und einmal in seinem Büro, und die Themen reichten von den Vorzügen von Microsoft Excel über das Fliegen von Hubschraubern bis zur modernen Literatur. Er spricht mit deutlich ungarischem Akzent, der zu seinem Markenzeichen sowohl in der Sprache als auch im Programmieren geworden ist. Da er fast ausschließlich in abgewetzter Jeansjacke, Hemd und alten Jeans erscheint, erinnert er an die Berkeley-Studenten der sechziger Jahre, doch sein umfassendes Wissen, sein Auftreten und seine Leistungen lassen auf ein großes Maß an Weisheit und Erfahrung schließen.

INTERVIEWER: Bereits vor dem Abitur in Ungarn hatten Sie Ihr erstes Computerprogramm fertig, stimmt das?

SIMONYI: Das stimmt, da ist zum einen mein erstes Programm und zum anderen mein erstes professionelles Programm. Mein allererstes Programm war ein magisches Quadrat, in dem alle Spalten und Zeilen die gleiche Summe ergaben. Ich programmierte es auf einem vorsintflutlichen Röhrencomputer. Einen ganzen Nachmittag lang drückte ich Knöpfe, nur um es in die Maschine einzugeben. An jenem Abend kam ich mit gräßlichen Kopfschmerzen und riesigen Papierrollen mit Ausdrucken der magischen Quadrate mit 80 mal 80 Zahlen nach Hause. Das war 1964.

INTERVIEWER: Welches war der erste Rechner, an dem Sie arbeiteten?

SIMONYI: Das war ein russischer Rechner, ein Ural II. Er hatte nur 4 KByte Speicher, 40 Bit Gleitkommaformat und 20 Bit Operationen. Der Rechner wurde oktal mit absoluter Adressierung programmiert (kein Assembler). Ich habe Tausende von Codezeilen darin geschrieben.

Alle Funktionen dieses Rechners wurden über die Konsole gesteuert; das war wirklich eine praxisbezogene und direkte Erfahrung. Ein Programmierer mußte nicht erst auf einen Operator warten, der einen Stapel Karten durchlaufen ließ. Der Ural II war genau wie ein PC, da gab es nur dich und die Maschine und niemand sonst. Mit dem 4-KByte-Speicher und der niedrigen Geschwindigkeit war er dem Altair sehr ähnlich, der 1974 auf den Markt kam. Meine persönliche Erfahrung im Jahr 1964 mit dem Ural II war genauso aufregend wie das Erlebnis von Bill Gates mit dem Altair im Jahr 1974.

Natürlich unterschied sich der Ural II in gewisser Beziehung von einem PC. Der Ural II hatte die Größe eines riesigen Raumes, und Ein- und Ausgabe erfolgten unglaublich primitiv – vorwiegend über Konsolenschalter. Die Konsole sah wie eine altmodische Kasse aus: Da waren sechs volle Schaltergruppen und rechts eine Eingabetaste. Die Tasten jeder Gruppe gingen von null bis sieben. Jede Zahl wurde wie bei einer Registrierkasse eingegeben. Wollte man die Zahl 2275 eingeben, wurden die Tasten zwei, zwei, sieben und fünf gedrückt. Machte man einen Fehler, konnte er vor Betätigung der Eingabetaste korrigiert werden. Das Ganze war fast komisch, denn das Ding machte einen unglaublichen Lärm. Jedesmal, wenn ein Schalter betätigt wurde, war ein deutlich klickendes Einrastgeräusch zu hören. Immer wenn ich eine Eingabe löschte – und das geschah alles mechanisch – wurden sämtliche Tasten auf einmal mit einem unüberhörbaren Geräusch freigegeben.

INTERVIEWER: Was war Ihr erstes professionelles Programm?

SIMONYI: Das erste professionelle Programm, das ich schrieb, war ein Compiler für eine recht einfache, Fortran-ähnliche höhere Programmiersprache. Ich verkaufte es an eine staatliche Organisation als Innovation und habe ganz gut dabei verdient; leider habe ich das Geld niemals ausgeben können, da ich kurze Zeit später Ungarn verließ.

Damals traf ich ein paar Dänen, die sich mit Computern befaßten, das war auf einer Handelsmesse in Düsseldorf. Ich stellte mich ihnen vor und sie erzählten mir eine Menge über ihren neuen Rechner. Zur nächsten Ausstellung brachte ich ein kleines Demonstrationsprogramm von mir mit. Es lieferte sofortige Angaben über genau den Teil eine umfangreichen Ausdrucks, den die Maschine gerade analysierte. Ich bat einen von ihnen, das Programm mit nach Dänemark zu nehmen und es irgend jemandem zu zeigen, der etwas davon verstand. Es muß ihnen gefallen haben, denn sie boten mir einen Job an. So kam ich aus Ungarn heraus.

Eineinhalb Jahre lang arbeitete ich also als Programmierer in Dänemark und konnte dabei genug Geld sparen, um an der University of California in Berkeley zu studieren. Ich wurde Programmierer am dortigen Computerzentrum. Das Geld, das ich verdiente, reichte gerade, um meine Ausbildung zu finanzieren.

Während meiner Studienzeit in Berkeley schrieb ich einen recht guten SNOBOL-Compiler: Einem der Informatikprofessoren, Butler Lampson, gefiel der Compiler sehr und er ließ seine Informatik-Studenten damit arbeiten. Als er gemeinsam mit anderen Professoren die Berkeley Computer Corporation gründete, bot er mir einen Job an. Als BCC dann in die Brüche ging, wurde der harte Kern vom Xerox PARC übernommen.

INTERVIEWER: Wer hat Ihren Programmierstil beeinflußt?

SIMONYI: Sowohl ein Techniker in Ungarn als auch der Rechner, mit dem ich in Dänemark arbeitete, haben mich beeinflußt. Mein Mentor in Ungarn war der Techniker, der am Ural-II-Rechner arbeitete: Ich war mehr eine Art Mitläufer in der Gruppe; bieten konnte ich noch nicht sehr viel, so bot ich meine freie Mitarbeit, um an einem Platz toleriert zu werden, wo ich gar nichts zu suchen hatte. Eigentlich war dort kein Platz für einen Jugendlichen. Es handelte sich um einen von vielleicht insgesamt fünf Computern in Ungarn und somit um etwas ganz Besonderes.

INTERVIEWER: Wie sind Sie da überhaupt reingekommen?

SIMONYI: Mein Vater war Professor der Elektrotechnik, und besagter Techniker hatte bei meinem Vater studiert. Ich glaube, mein Vater bat ihn damals um den Gefallen, mich einmal mitzunehmen. Ich habe mich dann nützlich gemacht. Ich habe ihm sein Mittagessen geholt, ihm die Sonden gehalten und ihm schließlich angeboten, die Nachtwache zu übernehmen.

Nachts wurde der Rechner immer aus- und morgens wieder eingeschaltet. Wenn Röhren aus- und eingeschaltet werden, gehen die Glühfäden leicht kaputt, wenn sie kalt sind und aufgewärmt werden. Bei einer Maschine mit zweitausend Röhren geht beim Einschalten jedesmal mindestens eine kaputt. Die erste Arbeitsstunde jedes Tages war also der Suche nach der defekten Röhre gewidmet. Wenn ich aber die Nacht über dort blieb, konnte der Rechner eingeschaltet bleiben und die Fehlersuche entfiel. Nun, während ich den Rechner des Nachts bewachte, konnte ich ihn auch benutzen.

Na ja, der Techniker und ich wurden Freunde. Er war ein mathematisches Genie. Von ihm lernte ich manchen Trick, wie man symbolische Probleme mit Arithmetik angehen muß.

Auch der dänische Rechner hat mich stark beeinflußt. Damals hatte ich wahrscheinlich den besten Algol-Compiler der Welt, nämlich Gier-Algol. Schon bevor ich nach Dänemark ging, hatte ich vollständige Listings des Compilers, die ich in- und auswendig kannte. Alles war in Maschinensprache, man lernte also nicht nur das Programmieren in Maschinensprache, sondern es war auch eine sehr ästhetische Art, einen Compiler zu entwickeln. Das Design stammt von Peter Naur; der Buchstabe N in BNF, der Backus-Naur-Notation für Syntaxgleichungen, bezieht sich auf ihn. Ich kannte das Programm in- und auswendig und habe es bis heute behalten.

Der SNOBOL-Compiler, den ich in Berkeley schrieb, war zum Beispiel lediglich eine Variation des gleichen Themas. Eigentlich ist das Gier-Algol-

Programm mir immer gegenwärtig und beeinflußt meine Programmierweise bis heute. Ich frage mich immer: »Wenn dies ein Teil des Algol-Compilers wäre, wie würden die das machen?« Das ist ein echt cleveres Programm.

Eine Idee, die mich nicht losläßt, ist das Rückwärts-Scanning des Quelltextes. Manchmal stellt sich heraus, daß Dinge, die vorher schwierig erschienen, durch das Rückwärts-Scanning plötzlich ganz einfach werden. Die Auflösung von Vorwärtsreferenzen kann recht schwierig sein. Versucht man es aber rückwärts, bekommt man eine Rückwärtsreferenz, die leicht zu lösen ist. Geht man an ein Programm nur von einem anderen Gesichtspunkt aus, werden die Dinge, die anfangs fast unlösbar schienen, plötzlich ganz einfach. Der Algol-Compiler war voller wunderbarer Tricks.

INTERVIEWER: Wie sind Sie dann zu Microsoft gekommen?

SIMONYI: Als ich mich entschlossen hatte, von Xerox wegzugehen, habe ich meine Fühler ausgestreckt. Ich traf mich mit Bob Metcalfe, dem Ethernet-Mann und Präsidenten und Gründer von 3Com, der etwa zwei Jahre vor mir von Xerox weggegangen war, zum Essen. Er gab mir eine Liste mit den Namen der Leute, die ich ansprechen sollte. Nummer eins auf der Liste war Bill Gates. Ich weiß nicht mehr, wer die Nummer zwei war, denn weiter bin ich mit der Liste nicht gekommen.

INTERVIEWER: Ist Programmieren Technik oder Begabung?

SIMONYI: Was ist Programmieren? Das ist eine Streitfrage. Manche sagen, es sei eine *Wissenschaft*, andere, es sei *Kunst*, wieder andere, *Fertigkeit* oder *Handwerk*. Ich glaube, es gehört von allen dreien etwas dazu. Wir sagen gern, daß viel Kunst dazugehört, aber wir wissen, es ist vorwiegend Wissenschaft.

Kindern wird in der Schule Mathematik beigebracht, und wenn sie das Gymnasium absolviert haben, sind sie der Meinung, Mathematik bestehe aus Addition und Multiplikation, vielleicht auch Algebra und Infinitesimalrechnung. Doch hinter der Arithmetik steckt eine unglaubliche Grundlagenwissenschaft, auch für etwas einfaches wie eine Addition.

Auch hinter dem Programmieren steht eine unglaubliche Grundlagenwissenschaft. Der mathematische Beweis für Gödels Theorem ist zum Beispiel lang und umfangreich, wendet man aber das Theorem von Turing an, ist der Beweis ein Kinderspiel. Theorie und Informatik haben große Wirkung auf die Mathematik, und umgekehrt.

Es steckt viel Wissenschaft im Programmieren, aber gleichzeitig ist es auch ein Handwerk. In der Tat ist Programmieren für viele Leute große Geschicklichkeit, ähnlich der Werkzeugherstellung, wo mit viel Geschick vorgegangen werden muß. Ich glaube, wenn man eine gute Dosis von allen dreien nimmt (Wissenschaft, Kunst und Handwerk) lassen sich wirklich gute Ergebnisse erzielen.

INTERVIEWER: Welcher Teil des Programmierens ist Ihrer Meinung nach Kunst? Ist es die Entwicklung der Benutzerschnittstelle?

SIMONYI: Ich bin der Meinung, daß das Programmieren einen gewissen ästhetischen Aspekt hat, nicht nur im Design, sondern auch im *Erscheinungsbild* der Benutzerschnittstelle. Die künstlerischen Grenzen der Programmierer werden deutlich, wenn man einige der häßlichen Bildschirmdarstellungen betrachtet. Sonst ist Programmieren ebenso eine Kunst, wie Hochenergiephysik eine Kunst ist.

»Was ist Programmieren? Manche sagen, es sei eine Wissenschaft, andere, es sei Kunst, wieder andere, Fertigkeit oder Handwerk.«

INTERVIEWER: Bezieht sich der ästhetische Aspekt nur darauf, wie der Anwender das Programm findet, oder wird er auch von einem anderen Programmierer wahrgenommen, der sich das Programm betrachtet und sieht, wie es geschrieben ist?

SIMONYI: Aber ganz bestimmt. Die Ästhetik der Listings und der Computer selbst haben mich schon immer fasziniert.

Der russische Computer zum Beispiel sah wie ein Science Fiction-Computer aus, weil jedes Flipflop (die elektronische Kippschaltung, die ein Bit einer Information speichert) in der Maschine eine kleine altmodische orangefarbene Gaslampe hatte. Hunderte solcher orangefarbener Gaslichter leuchteten hinter Glastüren und Schränken. So konnte man das pulsierende Leben des Rechners unmittelbar beobachten.

Der dänische Rechner war ein wunderschönes Möbel. Er hatte ungefähr die Größe eines alten Kleiderschranks. An der Vorderseite hatte der Rechner drei Teakholztüren. Einmal sah ich, wie ein Manager aus den USA den Rechner anstarrte, als traue er seinen Augen nicht, weil er mit Teakholz vertäfelt war. Er besaß sogar eine dänisch-moderne Konsole. Die ganze Maschine duftete faszinierend nach Teakholz.

Der Berkeley-Computer war ziemlich groß, etwa 6 m lang, 1,80 m hoch und 60 cm tief. Er war in einer Betonkammer versteckt, die man völlig schwarz angestrichen hatte. Der angestrahlte Rechner in seiner Betonkammer erinnerte ein wenig an den Monolith in dem Film *2001*.

INTERVIEWER: Was ist für Sie ästhetisch schön oder angenehm in einem Listing oder der Struktur eines Algorithmus, wenn Sie ein bestimmtes Programm betrachten?

»Programmieren ist eine Kunst, ebenso wie Hochenergiephysik eine Kunst ist.«

SIMONYI: Für mich sind Listings so wohltuend wie ein gepflegtes Heim. Ein einziger Blick genügt, und man sieht, ob es schmutzig ist – wenn Abfall und schmutziges Geschirr herumstehen – oder ob alles schön sauber ist. Das mag nicht unbedingt ausschlaggebend sein. Nur weil ein Heim sauber ist, bedeutet es nicht, daß es nicht auch eine Lasterhöhle sein kann! Aber es ist ein wichtiger erster Eindruck und sagt etwas über das Programm aus. Ich wette, daß ich auf den ersten Blick weiß, ob ein Programm schlecht ist. Ich würde nicht garantieren, daß es *gut* ist, aber wenn es schon aus drei Metern Entfernung schlecht aussieht, dann kann ich Ihnen garantieren, daß es nicht mit Sorgfalt geschrieben wurde. Und wenn es nicht sorgfältig durchdacht ist, dann kann es auch keine Schönheit im logischen Sinn haben.

Aber nehmen wir mal an, es sieht gut aus. Dann geht man tiefer: Die Struktur eines Programms zu verstehen, ist sehr viel schwieriger. Es gibt unterschiedliche Meinungen, was einer Struktur Schönheit verleiht. Da sind die Puritaner mit der Überzeugung, daß nur strukturierte Programme mit gewissen sehr einfachen Konstruktionen, die strikt mathematisch anzuwenden sind, schön sind. Das war eine sehr vernünftige Reaktion auf die Situation vor den sechziger Jahren, als die Programmierer die strukturierte Programmierung noch nicht kannten.

Auch wenn man diesen Konzepten nicht folgt, können Programme für mich voll Schönheit sein, wenn sie dafür andere Merkmale besitzen. Das ist so, als würde man moderne Poesie mit klassischer vergleichen. Ich bin der Meinung, daß klassische Poesie etwas Großartiges ist. Aber ich kann doch meine Wertschätzung und Aufgeschlossenheit nicht nur auf die Klassiker begrenzen. Und es bedeutet auch nicht, daß wahllos zu Papier gebrachte Worte, auch wenn man sie als Poesie bezeichnet, Schönheit besitzen. Wenn aber ein Programm einige andere gute Qualitäten besitzt, dann bin ich der Meinung, daß es nicht im mathematischen Sinn strukturiert sein muß, um schön zu sein.

INTERVIEWER: Wäre es möglich, daß jemand Teile eines Ihrer Quellprogramme liest und erkennt: »Dieses Programm stammt von Charles Simonyi«?

SIMONYI: Selbstverständlich, da gibt es keinen Zweifel. Ob ich es selbst geschrieben habe oder nicht, wäre eventuell schwierig, zu erkennen, aber eines ist sicher: Sie schauen es sich an und können erkennen, ob es unter meiner Anleitung oder unter meinem Einfluß geschrieben wurde. Es ist nämlich so, daß seit etwa 1972 alle von mir stammenden Programme mit bestimmten Namenskonventionen geschrieben wurden, die allgemein als »ungarisch« bezeichnet werden. Sie können also sofort alle unter meinem Einfluß geschriebenen Code, einschließlich Microsoft Word und Multiplan, Bravo und viele andere, die mit diesen Konventionen geschrieben wurden, erkennen.

INTERVIEWER: Was meinen Sie mit »ungarischen« Namenskonventionen?

SIMONYI: Die Bezeichnung »ungarisch« ist mehr ein Scherz. Sie kennen doch die Redensart »das sind für mich böhmische Dörfer« und es bedeutet, daß man es nicht versteht. »Ungarisch« ist eine Verdrehung dieser idiomatischen Redewendung, denn die Benennungskonventionen sollen den Code verständlicher machen. Der Witz ist, daß das Programm so unverständlich aussieht, es könnte genausogut in Ungarisch geschrieben sein. Aber es ist ein Satz von Konventionen, der die Benennung aller Größen im Programm kontrolliert oder regelt.

Nehmen wir an, Sie wollen ein Programm in Stücke zerlegen, zermahlen es in einer Mühle, und wenn Sie dann die Einzelteile sortieren, stellen Sie fest, daß der Großteil des Programms aus Namen besteht. Wenn Sie nur »Äpfel + Orangen« schreiben, besteht die Bezeichnung »Äpfel« aus fünf Buchstaben, der Befehl »+« aus einem Zeichen und die Bezeichnung »Orangen« aus sieben Buchstaben, insgesamt also dreizehn Zeichen. Nur ein Zeichen, nämlich das Pluszeichen, hatte etwas mit der Operation zu tun. Für mich schien daher logisch, daß, wenn ich hier eine Vereinfachung oder Verbesserung vornehmen wollte, ich den umfangreichsten Teil zu verbessern versuchen mußte – nämlich die Namen. »Ungarisch« ist eine Art fast automatischer Benennungen aufgrund der Eigenschaften der bezeichneten Größen. Ähnlich wie ein Schneider häufig mit dem Namen Schneider angeredet wird oder der Hufschmied mit dem Namen Schmitt.

Anstatt nun einer Struktur mit bestimmten Eigenschaften einen willkürlichen Namen zu geben, wobei sich jeder erst mit der Beziehung zwischen Name und Eigenschaften vertraut machen muß, verwenden Sie die Eigenschaften als eigentliche Namen. Erstens ist es ganz einfach, einen Namen zu erfinden – Sie gehen die Eigenschaften durch, Sie schreiben sie auf, und schon haben Sie den Namen. Zweitens ist das leichter verständlich, denn wenn Sie etwas lesen, lernen Sie eine Menge über die Eigenschaften aus den Namen. Je mehr Eigenschaften hinzukommen, desto schwieriger wird es, sie genau zu beschreiben. Deshalb wurde mit »Ungarisch« eine Namenskurzschrift eingeführt, um die Eigenschaften auf wenig Platz zu codieren. Für Unerfahrene ist das ein heilloses Durcheinander, das ist der Witz an der Sache.

Es gibt Leute, die glauben, wenn sie jedes Wort eines Programms lesen können, dann ist das ganze Programm lesbar. Lesbarkeit in diesem Sinn ist ohne jede Bedeutung. Niemand wird sich mit dem Listing in der Hand auf ein Podium stellen und das Programm laut vorlesen. Verständlichkeit ist wichtig. Die Tatsache, daß Sie die einzelnen Worte lesen und aussprechen können, ist ohne Bedeutung. Sehen die Leute ein Listing auf »Ungarisch«, sind diese Worte schwer aussprechbar, und sie glauben vielleicht, es sei nicht lesbar. Tatsächlich aber ist es leichter verständlich und informativer aufgrund der Zuordnung von Namen und Eigenschaften. Mitarbeiter, die mit »Ungarisch« gearbeitet haben, benutzen es normalerweise weiter, auch wenn sie meine Organisation verlassen haben. Es gibt eine Reihe Splitterorganisationen von mir bei Apple Computer, 3Com und einer Reihe anderer Unternehmen.

INTERVIEWER: Lassen Sie uns von dem Prozeß sprechen, den Sie durchlaufen, wenn Sie Programme schreiben. Gibt es einen Prozeß, der für alle Programme anwendbar ist?

SIMONYI: Ganz sicher. Wenn wir strikt vom Programmieren reden, dann lassen Sie uns einmal annehmen, daß ich schon genau weiß, was ich machen will. Weiß ich das nicht, besteht ein Aspekt des Prozesses, der allen Problemlösungen gemeinsam ist: Was will ich tun? Wie lautet mein Ziel?

Ich möchte zum Beispiel einen menügesteuerten Texteditor haben, der schnell ist, ein Rechtschreibprüfprogramm hat und so weiter. Ich muß das Endprodukt vor Beginn des Programmierens kennen. Die Auswahl des Ziels hängt manchmal davon ab, wieviele Tricks ich in meinem persönlichen Repertoire habe. Bei Bravo wurde das Programm von Algorithmen geleitet. Butler Lampson beschrieb einige interessante Algorithmen, und so bemühten wir uns, den Editor um die Algorithmen herumzuschreiben, um sie voll zu nutzen. Außerdem hatte J. Moore – das ist der Moore vom Boyer-Moore Stringsuchalgorithmus – einige sehr interessante Algorithmen zum Editieren von Dokumenten. Wieder sagten wir uns: »Warum machen wir nicht einen Editor, der die Editieralgorithmen von Moore beinhaltet, die Bildschirmalgorithmen von Lampson und ein paar Cache-Speicher.« Wenn ich erst einmal ein gutes und zufriedenes Gefühl über das gesetzte Ziel habe, dann beginnt das eigentliche Programmieren. Ich komme in Fahrt und setze mich an die Arbeit, schließe die Tür und sage: »Jetzt wird programmiert.«

INTERVIEWER: Wenn Sie dann so in Fahrt kommen und mit dem eigentlichen Programmieren beginnen, was tun Sie zuerst?

SIMONYI: Der erste Schritt beim Programmieren ist die Vorstellungskraft, mir kristallklar vorzustellen, was passieren wird. In diesem Anfangsstadium benutze ich Papier und Bleistift. Ich kritzele einfach herum, ich schreibe keinen Code. Vielleicht male ich ein paar Kästchen oder ein paar Pfeile, doch das meiste sind Rohskizzen, denn das echte Bild existiert in meiner Vorstellung. Ich stelle mir die Strukturen vor, die beibehalten werden, die Strukturen, die das darstellen, was ich zu codieren versuche.

Existiert die Struktur erst einmal fest und klar in meiner Vorstellung, schreibe ich das Programm. Ich setze mich an mein Terminal – früher nahm ich ein Blatt Papier – und beginne zu schreiben. Das ist ziemlich einfach. Ich notiere einfach die verschiedenen Transformationen und weiß, wie das Ergebnis aussehen soll. Der Großteil des Programms entsteht wie von allein, der Schlüssel jedoch sind die Datenstrukturen, nach denen ich mich richte. Sie stehen an erster Stelle, und sie sind mir während des gesamten Prozesses gegenwärtig.

INTERVIEWER: Ist das der wichtigste Schritt?

SIMONYI: Ganz bestimmt, das ist der wichtigste Schritt: Die Kenntnis der besten Algorithmus ist die Wissenschaft, und die Erfindung der Struktur ist die Kunst. Die Einzelheiten der Algorithmen, das Schreiben effizienter Programmzeilen, um die Transformation dieser Strukturen zu implementieren, das ist der handwerkliche Aspekt des Programmierens. Technisch gesehen wird dies als Beibehaltung der Invarianz in den Strukturen bezeichnet. Das Schreiben eines Programms, das die Invarianzen beibehält, ist ein relativ simpler Fortschritt des handwerklichen Könnens, erfordert aber viel Sorgfalt und Disziplin.

INTERVIEWER: Kommt es vor, daß Sie keine Lust zum Programmieren haben?

SIMONYI: Ja.

INTERVIEWER: Schreiben Sie Programme widerwillig oder macht es Ihnen Spaß?

SIMONYI: Das ist unterschiedlich. Es wäre töricht, wenn ich behaupten würde, jede Minute sei das reinste Vergnügen. Wie sagen doch die Athleten: »Wenn es nicht wehtut, dann trainierst du nicht hart genug.« Nach zwanzig Jahren empfinde ich das Ganze nicht mehr als etwas Neues wie im ersten oder zweiten Jahr. Das kommt auch heute noch gelegentlich vor, aber nur ganz selten.

INTERVIEWER: Arbeiten Sie nach einer bestimmten Routine? Programmieren Sie jeden Tag, oder lassen Sie das Problem eine Weile liegen und arbeiten dann konzentriert eine ganze Woche lang daran?

SIMONYI: Ich habe gar nicht die Gelegenheit, täglich zu programmieren. Ich muß auch vor keinem Problem weglaufen, weil die Leute mich unterbrechen. Meine Routine besteht darin, daß ich während der Nacht programmiere und während des Tages laufend gestört werde.

INTERVIEWER: Gehen Sie ins Büro, wenn Sie nachts arbeiten, oder arbeiten Sie zu Hause?

SIMONYI: Ich arbeite hier im Büro. Ich wohne ganz in der Nähe, das ist überhaupt kein Problem. Es ist so, als ginge ich in meinem Haus in ein anderes Zimmer. Statt mich in mein Arbeitszimmer zum Programmieren zurückzuziehen, gehe ich in mein Büro. Ich bin in zwei Minuten dort.

INTERVIEWER: Wie kontrollieren Sie die Programmierer, die für Sie arbeiten? Finden Sie, daß Sie heute mehr kontrollieren als programmieren?

SIMONYI: Ich mache beides, und augenblicklich programmiere ich mehr. Zur Bravo-Zeit war die Kontrolle der Programmierer sehr direkt. Einmal schrieb ich tatsächlich eine in alle Einzelheiten gehende Arbeitsanweisung, die als Metaprogramm bezeichnet wurde. Das war fast ein Programm, mit dem Unterschied, daß es in einer Metasprache geschrieben war. Wir stellten zwei junge Studenten von Stanford als »Versuchskaninchen« ein. Sie schrieben das Programm genauso, wie ich es haben wollte, dabei erreichten wir zweierlei: Erstens war es für mich einfacher, in dieser unglaublich hohen Programmiersprache zu arbeiten und im wesentlichen diese Studenten anzuleiten. Zweitens lernten sie das Programm viel besser kennen, als wenn ich es fertiggestellt hätte und ihnen anschließend das Listing mit den Worten gegeben hätte: »Befaßt euch mit dem Programm«. Ich schrieb das Programm und sie schrieben es auch. Das war einfach toll.

Ich bin der Meinung, daß man mit persönlichem Beispiel und ständigen Programmbesprechungen die Mitarbeiter am besten führen kann. Wir machen Programmbesprechungen so oft wie nur möglich.

INTERVIEWER: Läßt sich ein Programm schneller entwickeln, wenn mehr als ein Programmierer daran arbeitet?

SIMONYI: Nicht unbedingt. Es wird weniger Code pro Mitarbeiter erstellt, je mehr Personen am Programm schreiben. Folglich kann der Umfang des produzierten Codes eine Zeitlang höher liegen, aber dann kann er plötzlich wieder absinken. Mit zwei Mitarbeitern könnte man 50 Prozent mehr Code in der gleichen Zeit erzielen.

»Gute Programme bleiben ewig ... wenigstens solange die Hardware besteht, vielleicht sogar länger.«

Außerdem verringert sich die Effizienz des Codes mit steigender Anzahl der am Programm arbeitenden Personen. Die besten Programme werden von einer einzigen Person geschrieben. Das Problem dabei ist nur, daß das ewig dauern kann, und das ist unmöglich. Also müssen zwei oder drei, fünf oder zehn oder Hunderte von Mitarbeitern an einem Projekt arbeiten.

INTERVIEWER: Können Sie abschätzen, wie lange die Erstellung eines Programms dauern wird?

SIMONYI: Wir haben größte Schwierigkeiten, die Programmierzeit vorherzubestimmen. Dafür gibt es gute Gründe. Es bedeutet nicht, daß wir nicht sorgfältig vorausschätzen, denn es gibt durchaus Gründe, weshalb eine Vorhersage wichtig sein kann, so wie eine Wettervorhersage wirtschaftliche und andere Vorteile haben kann.

Gute Programme bleiben ewig und brauchen auch eine Ewigkeit zum Schreiben, wenigstens solange die Hardware besteht, vielleicht sogar länger. Sie wissen, Bravo lebte so lange, wie der Alto existierte. Die Leute, die es schrieben, waren nur einen Sommer lang da. Am Ende des Sommers ging einer weg, der andere blieb. Die erste Version nahm etwa drei Monate in Anspruch. Insgesamt wurden zirka vierzehn Versionen in etwa fünf Jahren geschrieben.

Das gleiche gilt für Multiplan. Wenn Sie sich vorstellen, daß Multiplan in Microsoft Excel weiterlebt, dann wird Multiplan eine Fortsetzungsgeschichte. Und Microsoft Excel auf dem Macintosh wird längst nicht die letzte Anwendung in dieser Kette sein. Es geht mit Windows weiter.

INTERVIEWER: Glaubten Sie damals, als Sie Bravo schrieben, daß der Xerox Alto ein Rechner sei, den jeder benutzen würde?

SIMONYI: Das glaubte ich, denn ich war naiv. Ich hatte insoweit recht, als die Folgemodelle des Alto von jedem verwendet werden können. Man könnte sagen, daß der Macintosh und Windows die Nachfolger sind von . . . (Simonyi unterbricht, um ein Telefongespräch zu beantworten, spricht kurz, und fährt dann fort). Das war Tom Malloy, einer der Studenten in den Semesterferien, die ich erwähnte – der blieb. Ich habe ihn seit einem Jahr nicht mehr gesprochen. Er wechselte zu Apple und schrieb den Editor für die Lisa.

INTERVIEWER: Warum schreiben Sie Programme? Betrachten Sie das als Job oder Beruf oder eine Möglichkeit, Geld zu verdienen? Ist es eine Begabung, die man hat oder nicht?

SIMONYI: Das gehört alles dazu. In jungen Jahren hatte ich eine besondere Begabung. Selbst als ich noch nichts vom Programmieren verstand, wußte ich über Dinge Bescheid, die mit dem Programmieren zu tun hatten. Es fiel mir leicht, komplexe Dinge zu behalten. Je älter man wird, desto schwerer fällt einem das. Das Vorstellungsvermögen läßt nach.

INTERVIEWER: Wieso läßt das Vorstellungsvermögen nach?

SIMONYI: Wahrscheinlich, weil sich mit zunehmendem Alter die Denkweise verändert. Heutzutage muß ich mich wirklich konzentrieren, und kriege dabei vielleicht Kopfschmerzen, wenn ich versuche, mir etwas klar und deutlich vorzustellen, das aus zwanzig bis dreißig Komponenten besteht. Als ich jung war, konnte ich mir ein Schloß mit zwanzig verschiedenen Zimmern mit je zehn verschiedenen Gegenständen vorstellen. Das war gar kein Problem. Das kann ich heute nicht mehr. Ich denke heute mehr aus der Erfahrung heraus. Statt des schönen Blaus einer Ansichtskarte sehe ich ein Wolkenfeld. Aber ich schreibe bessere Programme.

INTERVIEWER: Gibt es irgendwelche Erfolgsregeln, um ein ein guter Programmierer zu werden?

SIMONYI: Das bezweifle ich.

INTERVIEWER: Ist es angeborenes Talent oder Ausbildung?

SIMONYI: Es gibt zahlreiche Formeln, die einen guten Kandidaten zu einem guten Programmierer machen. Wir beschäftigen talentierte Leute. Ich habe keine Ahnung, wie sie zu ihrem Talent kommen, das interessiert mich auch nicht. Aber sie haben Talent. Auf dieser Grundlage kann sich die Umgebung verdammt stark prägend auswirken.

Die Programmierer bekommen an ihrem ersten Tag hier ein paar Bücher. Eines davon ist »How to solve it«, von dem Mathematiker George Polya. (Simonyi nimmt das Buch aus dem Regal neben seinem Schreibtisch und schlägt eine bestimmte Seite auf.) Diese beiden Seiten sind wichtig. Der Rest des Buches ist lediglich eine Ausarbeitung dieser Seiten. Das ist wie eine Checkliste zur Lösung von Problemen. Dies ist die Checkliste vor dem Abflug, beim Starten und beim Landen. Das bedeutet nicht, daß Ihnen damit das Fliegen beigebracht wird, sondern bedeutet, wenn Sie dies nicht tun, werden Sie abstürzen, auch wenn Sie fliegen können.

Wir folgen diesen vier Stufen der Problemlösung: Verstehen des Problems, Aufstellen eines Plans, den Plan verwirklichen, und schließlich der Rückblick. Wir haben etwa vier Bücher dieser Art, und ich glaube, bei uns werden die Programmierer besser als sie bei Ihrer Ankunft waren.

INTERVIEWER: Wie sehen Sie die Rolle des Programmierers in der Zukunft?

SIMONYI: Wenn Sie meinen, ob wir so überheblich werden, wie es die Physiker waren, wer weiß? Wenn in irgendeiner Wissenschaft ein durchgreifender Erfolg erzielt wird, neigen die, die daran beteiligt waren, dazu, von sich zu sagen »Wir *wußten* ja, daß wir die Größten sind«. Und dann wollen sie Probleme auf anderen Gebieten lösen.

Hier muß ich an die Physiker nach 1945 denken. Sie sagten: »Wir haben es geschafft! Nun wollen wir uns mal umschauen«. Sie zeigten auf die Biologie und Kybernetik und sagten: »Typen, die sich mit dem menschlichen Gehirn befassen, haben keine Ahnung. Die wissen nicht mal, wie das Gedächtnis aufgebaut ist. Wen wundert das schon, mit denen ist nichts los. Das nehmen *wir selbst* in die Hand. Das kriegen *wir* schon hin. Wir wenden die Heisenberg-Gleichungen an oder die Quantenmechanik oder was sich sonst bewährt hat und übertragen das auf die Gehirnforschung, und es wird uns wieder ein Durchbruch gelingen.«

Manchmal funktioniert das, manchmal auch nicht. Wer weiß das? Vielleicht kann die Informatik einmal helfen, die DNA zu decodieren und das nicht nur durch Bereitstellen der Werkzeuge. Das Knacken der DNA könnte zum größten Wunschtraum eines jeden Hackers werden.

INTERVIEWER: Glauben Sie, daß sich Programme der Zukunft sehr von den heutigen unterscheiden werden?

SIMONYI: Ich glaube, daß die Computer um einiges effektiver sein werden als heute, aber ich glaube nicht, daß es allzugroße Unterschiede geben wird. Ich kann mir nicht vorstellen, daß die sechste oder sei es die zweiunddreißigste Generation irgendwas drastisch Neues oder Großartiges hervorbringen wird. Die neuen Methoden mit den großen Versprechungen öden mich an. Persönlich sehe ich große Verbesserungsmöglichkeiten für die derzeitigen Methoden. Ich setze viel Vertrauen in die heutigen Methoden, nicht, weil ich konservativ bin, sondern weil ich weiß, daß ich keinen der Vorteile verlieren werde.

Ich befürchte immer, daß wir mit der Einführung jener gepriesenen neuen Vorteile die alten Vorteile verlieren. Dann muß man sich entscheiden, wobei man abwägen muß, wo die Vorteile liegen. Ich bin für einen klaren Sieg. Ich würde es lieber sehen, daß wir das, was wir haben verbessern und dabei die Vorteile beibehalten und die Nachteile eliminieren, anstatt neue Spiele mit neuen Vor- und Nachteilen einzuführen. Ich kann mich natürlich irren, und ich werde der erste sein, der zur erfolgreichen Seite umschwenkt. Zweifelsohne werden sich die Dinge zum Guten hin ändern, aber das wird seine Zeit brauchen.

INTERVIEWER: Warum braucht das seine Zeit?

SIMONYI: Weil erst einmal die ganzen unbrauchbaren Ideen verschwinden müssen. Deshalb braucht der Fortschritt seine Zeit. Zuerst müssen neue Ideen hervorkommen, dann müssen die schlechten Ideen, die den Fortschritt aufhalten, verschwinden. Das ist schon immer so gewesen. Auch bei der Relativitätstheorie und der Quantenmechanik mußten sich die guten Ideen erst herauskristallisieren. Und dann waren diejenigen, die mit unabdingbarer Beharrlichkeit an der alten Physik klebten, zum Aussterben verurteilt.

INTERVIEWER: Können Sie ein Beispiel geben?

SIMONYI: Würde ich etwas Abscheuliches wie Lochkarten anführen, wäre das gewiß kein großartiges Beispiel. Ich muß also etwas finden, an das die meisten glauben. Ich denke, daß der »Kult der Simplizität«, nämlich die Idee, daß Einfachheit das erwünschte Ziel ist, recht suspekt ist. Seit vielen Jahren ist dies eine Heuristik, die es uns ermöglicht, uns auf die lohnendsten Probleme zu konzentrieren. Aber es ist nur ein Mittel zum Zweck. Ich glaube, daß die Informatik, zusammen mit all den anderen logischen Wissenschaften (Mathematik, Physik und moderne Molekularbiologie) durch das Begreifen sehr komplexer Phänomene revidiert wird. Hier ist die Mathematik aufgrund der Entdeckung komplexer fundamentaler Dinge führend. Die herkömmliche Bezeichnung der Klassifikation dieser Dinge, »einfache Gruppen«, gibt ironischerweise den althergebrachten Grundsatz wieder, daß »fundamental« mit »einfach« gleichzusetzen ist. Vielleicht ist es nicht so. Auf dem Gebiet der Computer können wir möglicherweise in den Bereichen künstliche Intelligenz, Benutzerschnittstellen, Sprachen usw., überhaupt nichts erreichen, indem wir auf Einfachheit pochen.

INTERVIEWER: Was tun Sie, wenn Sie nicht programmieren? Haben Sie andere Interessen?

SIMONYI: Es gibt ein paar interessante Dinge, für die ich gern Zeit hätte. Ich habe mich ein wenig mit ägyptischen Hieroglyphen befaßt. Fremdsprachen lernen, reisen, ferne Länder kennenzulernen, das würde mich reizen. Ich besitze einen Privatpilotenschein für Hubschrauber.

»Ich programmiere, weil das meine Arbeit ist. Nicht nur, weil ich das Programmieren mag, sondern auch, weil ich die Arbeit mag.«

Ich glaube nicht, daß Programmieren wesentlich wichtiger ist als irgend etwas anderes. Betrachtet man aber die geschäftliche Seite, ist das anders. Die geschäftliche Seite beschäftigt mich mehr als das Programmieren. Und wie die Dinge laufen, programmiere ich mehr, als mir lieb ist.

INTERVIEWER: Glauben Sie, daß Sie Ihre Zeit nutzbringender für die geschäftliche Seite des Programmierens anwenden könnten?

SIMONYI: Nein. Was ich meine ist, ich programmiere, weil das meine Arbeit ist. Nicht nur, weil ich das Programmieren mag, sondern auch weil ich die Arbeit mag. Ich sage selbstverständlich nicht bei jeder Zeile, die ich schreibe: »Wie toll, schon wieder eine Zeile mehr zu schreiben. Mensch, schreib weiter, das macht Spaß.« So ist das ganz und gar nicht. Diese Zeile habe ich wahrscheinlich bereits zehnmal geschrieben. Es wird einem durchaus langweilig, das dämliche Ding nochmal einzutippen, bis einem die Finger wund werden. Wenn ich so etwas mache, tue ich es, weil es dazugehört, es ist Teil meines Geschäfts.

Der bedeutendste Unterschied zwischen abstraktem Programmieren und dem Programmieren als Arbeit ist der, daß die Arbeit einem ernsthaften Zweck dient. Sonst wäre es abstrakt wie das Schachspielen. Wenn das Spiel vorbei ist, werden die Figuren achtlos zusammengeworfen. Das Spiel ist aus. Ist das Programm fertig, wird es von verschiedenen Leuten benutzt, und ich weiß, daß es ihnen Spaß macht, es anzuwenden, das wiederum finde ich höchst befriedigend. Manche bezahlen sogar dafür, und etwas von dem Geld fließt in meine Tasche, was ich dann für Reisen nach Ägypten ausgebe oder für eine halbe Stunde Hubschrauberfliegen, was übrigens dem Programmieren sehr ähnlich ist: Starten und Landen sind eindrucksvoll, das Fliegen selbst kann schnell langweilig werden, und das ganze Ding kann jederzeit zu Bruch gehen.

INTERVIEWER: Was halten Sie von anderen Programmierern dieser Zeit?

SIMONYI: Ich empfinde Hochachtung vor den Männern, die mich in der Vergangenheit beeinflußt haben. Ich schätze sie sehr. Aber ich empfinde auch Hochachtung vor den Leuten, mit denen ich augenblicklich zusammenarbeite.

INTERVIEWER: Arbeiten Sie mit irgendwelchen anderen Programmierern zusammen, die bedeutende Programme entwickelt haben? Tauschen Sie Ideen aus?

SIMONYI: Ich habe großen Respekt vor meinen Konkurrenten. Ich hatte die Gelegenheit, Bob Frankston und Dan Bricklin (die Gründer von Software Arts und Autoren von VisiCalc) auf ein paar Fachmessen zu treffen. Jonathan Sachs habe ich auch kennengelernt (einer der Gründer der Lotus Development Corporation). Leider kommen wir nicht sehr viel herum, und kaum einer dieser Programmierer hat einen Grund, nach Seattle zu kommen. Bruce Artwick (der den Flugsimulator schrieb und entwarf) kommt manchmal vorbei und einige der Leute von Apple, wie Bill Atkinson (einer der Lisa-Programmierer, der später das Programm MacPaint für den Apple Macintosh entwarf) – meiner Meinung nach ist Atkinson der Größte – und Bill Budge (er programmierte das Pinball Construction Set für Electronic Arts). Eigentlich sind sie alle großartig.

Viel zu reden haben wir nicht. Wir sind auf der gleichen Wellenlänge und machen nicht viele Worte. Ich weiß, wenn einer von ihnen den Mund aufmacht, dann weiß er, wovon er spricht. Fängt er also nun wirklich an zu reden und weiß wirklich, wovon er spricht, dann gibt es keine große Überraschung. Und da ich im Grunde genommen auch weiß, wovon ich rede, würde ich wahrscheinlich das Gleiche von mir geben, warum also überhaupt erst anfangen? Das ist wie bei den Witzeerzählern, wenn die sich treffen, werden auch keine Witze erzählt. Einer sagt nur die Nummer des Witzes und alles lacht.

Es wäre natürlich fabelhaft, mit ihnen zusammenzuarbeiten, aber wir sind Konkurrenten im Geschäft. Gemeinsam könnten wir die tollsten Sachen machen. Vielleicht werden wir mal von den Marsmenschen überfallen und wir müssen ein Manhattan-Projekt mit Rechnern machen. Wir würden alle nach New Mexico verschickt. Wer weiß?

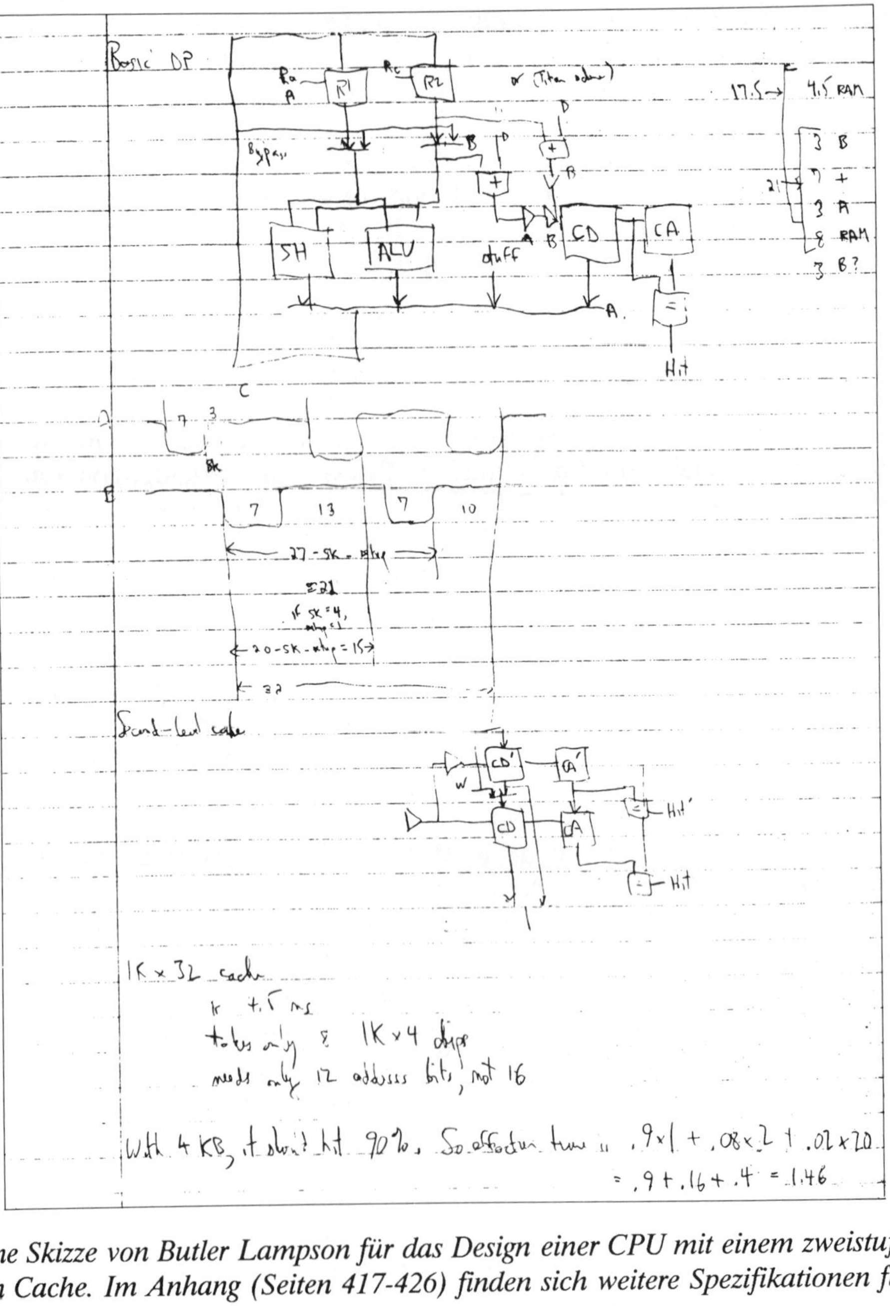

Eine Skizze von Butler Lampson für das Design einer CPU mit einem zweistufigen Cache. Im Anhang (Seiten 417-426) finden sich weitere Spezifikationen für seine CPU und andere Programme.

Butler Lampson

Vor seiner jetzigen Tätigkeit als leitender Techniker am Systems Research Center der Digital Equipment Corporation in Palo Alto, Kalifornien, war Butler Lampson außerordentlicher Professor der Informatik an der University of California, Berkeley, Mitgründer der Berkeley Computer Corporation, und einer der Senior Fellow der Forschung am Xerox PARC Informatik-Forschungszentrum.

Lampsons weitreichende Leistungen auf vielen Gebieten von Computerdesign und -forschung haben ihn zu einem anerkannten Profi auf diesem Gebiet gemacht. Er hat an Hardwaresystemen, wie dem lokalen Netzwerk Ethernet und den Personalcomputern Alto und Dorado gearbeitet, an Programmiersprachen wie Lisp und Mesa, an Anwendungsprogrammen wie dem Bravo-Editor und dem Star-Bürosystem, an Netzwerk-Servern wie dem Dover-Drucker und dem Grapevine-Mailsystem.

Ich traf mich mit Butler Lampson in Palo Alto im Büro der Digital Equipment Corporation, wo er alle sechs Wochen eine Woche arbeitet. In den restlichen fünf Wochen arbeitet er in Philadelphia. Er bezeichnet sich selbst als »Tele-Pendler«, weil er einen Großteil seiner Arbeit per Telekommunikation erledigt.

Im Gegensatz zu vielen seiner Kollegen in dieser schnellebigen und schnell wachsenden Industrie zeigt Butler Lampson wenig unternehmerisches Interesse. Er konzentriert sich nur auf eines: Er will ein erfolgreiches Computersystem schaffen, gleich ob Hardware, Software-Anwendungen, Sprachen oder Netzwerke. Er schreibt heute nur noch selten Programme; er ist ein Systemdesigner, der Mann mit Weitblick und Know-how, der den Grundstein für ein umfassendes System legt. Ohne Zweifel ist er einer der Besten.

INTERVIEWER: Was finden Sie an Computern anziehend?

LAMPSON: Für mich ist der Computer das beste Spielzeug der Welt. Man kann wundervolle Dinge erfinden und sie tatsächlich realisieren.

INTERVIEWER: Das kann man auf anderen Gebieten auch . . .

LAMPSON: Auf anderen Gebieten ist das viel, viel schwerer. Wenn Sie Physiker sind, müssen Sie sich mit dem abfinden, was die Natur Ihnen bietet. In der Informatik aber können Sie nach Herzenslust erfinden. Es ist wie in der Mathematik, aber was man erfindet, ist greifbar.

INTERVIEWER: Sind Sie Mathematiker oder Physiker?

LAMPSON: Ich habe Physik in Harvard studiert. Gegen Ende meines Studiums habe ich eine Weile für einen Professor der Physik programmiert, der Zündkammerfotos mit einer PDP-1 analysieren wollte. Als ich dann nach Berkeley ging, um mein Physikstudium fortzusetzen, lief da ein sehr interessantes Computer-Forschungsprogramm, das war alles sehr geheim. Ich erfuhr davon durch einen Freund, als ich in San Francisco an einer Computerkonferenz teilnahm. Er fragte mich, wie denn das Projekt so laufe. Als ich ihm antwortete, daß ich davon überhaupt nichts wisse, gab er mir wertvolle Tips, wie ich da herankommen konnte.

INTERVIEWER: Und was erwartete Sie?

LAMPSON: Es handelte sich um die Entwicklung des ersten Timesharing-Systems, des SDS 940.

INTERVIEWER: Haben Sie an dem Projekt mitgearbeitet?

LAMPSON: Und wie. Ich gab sogar mein Physikstudium auf, weil mir die Arbeit mit Computern sehr viel mehr zusagte. Das war mein Glück, wenn ich nämlich bei der Physik geblieben wäre, hätte ich genau zu der Zeit promoviert, als der große Umbruch für Doktoranden der Physik kam.

INTERVIEWER: Sie sind also aufgrund eines zufälligen Hinweises auf ein geheimes Computerprojekt vom Physiker zum Programmierer geworden? Hatten Sie damals außer Ihrer Arbeit am PDP-1 noch anderweitig mit Computern zu tun?

LAMPSON: Ja, mit einem Freund zusammen habe ich ein bißchen auf einem IBM 650 rumgehackt, als wir noch in der High-School waren. Der 650, der erste Bürocomputer, war ziemlich überaltert, so daß Computerzeit darauf nicht sehr gefragt war.

»Für mich ist der Computer das beste Spielzeug der Welt. Man kann wundervolle Dinge erfinden und sie tatsächlich realisieren.«

INTERVIEWER: Sie haben einige naturwissenschaftliche Fächer studiert. Sehen Sie Gemeinsamkeiten bei Physik, Mathematik und Informatik?

LAMPSON: Nur darin, daß Physik und Mathematik, wie andere angesehene Disziplinen, logisches Denken erfordern. Das ist der Grund, weshalb viele erfolgreiche Computerleute aus diesen Bereichen kommen. So wie das heute gemacht wird, ist das viel schwerer – man studiert Informatik und bleibt dabei, weil es eine oberflächliche Disziplin ist. Man wird durchaus nicht so gefordert, daß man alle Fähigkeiten voll einsetzen muß.

INTERVIEWER: Ist Ihrer Meinung nach das Gebiet oberflächlich, weil es noch unausgereift und neu ist?

LAMPSON: Das ist der Hauptgrund. Es hat sich gezeigt, daß es weniger oberflächlich wird, das ist aber ein langsamer Prozeß.

INTERVIEWER: Betrachten Sie Informatik als gleichwertig mit Physik und Mathematik?

LAMPSON: Ich war immer der Meinung, daß das Informatikstudium vor dem ersten Staatsdiplom nicht gut ist, es sollte abgeschafft werden. Neulich ist mir klar geworden, daß ich meine Meinung revidieren muß. Ein erstes Staatsdiplom der Informatik ist durchaus ein respektables berufliches Diplom, genau wie Elektrotechnik oder Betriebswirtschaft. Aber ich bin der

Meinung, daß es ein Fehler ist, das erste Staatsdiplom ausschließlich in Informatik abzulegen, wenn man beabsichtigt, die weiteren Diplome in Informatik zu erwerben.

INTERVIEWER: Warum?

LAMPSON: Weil das meiste, was man lernt, schnell überholt ist. Man lernt nicht, flexibel zu denken, was viel wichtiger wäre, sondern man ergeht sich in Einzelheiten, wie man einen neuen Compiler schreibt; denn das ist alles, was das Informatikstudium vor dem ersten Diplom bringt. Es wäre für alle viel besser, wenn die weiterführenden Informatikfakultäten sich gemeinsam dazu entschließen könnten, niemanden mit einem ersten Diplom in Informatik zuzulassen. Statt dessen sollte diesen Bewerbern geraten werden, ein Jahr lang etwas Grundsätzliches, wie Mathematik oder Geschichte, zu studieren, ehe sie sich in den höheren Semestern der Informatik widmen. Aber das wird wohl nie kommen.

INTERVIEWER: Welche Ausbildung oder Denkweise führt zu der höchsten Produktivität auf dem Gebiet der Computer?

LAMPSON: Durch die Mathematik lernt man, logisch zu argumentieren. Man lernt auch, was es bedeutet, etwas zu beweisen und abstrakt zu denken. Von einer experimentellen Wissenschaft wie der Physik oder den humanistischen Wissensgebieten lernt man, durch Anwendung dieser Abstraktionen Verbindungen in der Praxis herzustellen.

INTERVIEWER: Sie waren wie viele andere einflußreiche Programmierer Anfang der siebziger Jahre eine Zeitlang am Xerox PARC Forschungszentrum, umgeben von großen Könnern. War das für Sie eine inspirierende Zeit?

LAMPSON: Das war toll. Wir kamen uns vor, als würden wir die Welt erobern.

INTERVIEWER: Wurden Sie von Ihren damaligen Kollegen in Ihrer Denkweise beeinflußt?

LAMPSON: Wir haben uns gegenseitig beeinflußt. Das war ein Geben und Nehmen. Besonders großen Einfluß übte Bob Taylor aus. Es war die Art, wie er das Zentrum leitete, in Verbindung mit seinen gesunden Ansichten über die Bedeutung der Computer.

INTERVIEWER: Obwohl Xerox jede Menge Informatikexperten heranzüchtete, gelang es ihnen nicht, viele der Ideen zu realisieren und auf den Markt zu bringen. Waren Sie darüber enttäuscht, oder dachten Sie, Sie wären Ihrer Zeit zu weit voraus?

LAMPSON: Es ist immer schwierig, zu wissen, für was der Markt reif ist. Waren wir uns der Umwelt bewußt? Ja, wir wußten, daß sie existiert. Ob wir die ganze Situation richtig eingeschätzt haben? Wahrscheinlich nicht. Waren wir überrascht, als Xerox nicht in der Lage war, Stars zu verkaufen? Nein, eigentlich nicht.

Meine Ansicht über die Situation am Xerox PARC war, daß man nicht etwa glauben darf, so etwas könne ewig so weitergehen. Es ging fast 15 Jahre gut, das war immerhin etwas.

»Ich sehe viele Gründe, weshalb Systeme mit künstlicher Intelligenz wahrscheinlich nicht funktionieren werden.«

PARC war ein Lernzentrum. Man fühlt sich in der Schuld eines Unternehmens, das einen für das Lernen bezahlt, daher sahen wir uns verpflichtet, uns im Rahmen des Möglichen zum Wohle von Xerox anzustrengen. Daß diese Ideen von Xerox kamen, war kein Problem. Das schließliche Scheitern war eigentlich nicht überraschend, denn man versuchte, in einen neuen Markt einzudringen, den niemand genau kannte. Da kann vieles schiefgehen. Einiges lief falsch im Marketing – die Techniker waren sämtlich hochqualifiziert, aber keine Marketingexperten, wie sie das Unternehmen nötig gehabt hätte.

Bob Sproull und ich hatten zum Beispiel viel Zeit in ein Projekt mit dem Namen Interpress, einer Standard-Seitenbeschreibungssprache, investiert. Ich hatte mir sehr viel Arbeit damit gemacht und hätte es gern gesehen, wenn Xerox sie genommen und alle damit gearbeitet hätten. Statt dessen wurde alles vermasselt. Das Ergebnis war, daß einige derer, die daran gearbeitet hatten, weggingen und Adobe System gründeten, und ein ähnliches Produkt mit der Bezeichnung PostScript entwickelten, das ganz klar ein Ausgabestandard ist, der sich überall durchsetzen wird. So etwas ist zwar ärgerlich, doch das Hauptprodukt eines Forschungszentrums sind Ideen.

INTERVIEWER: Gibt es noch Forschungzentren, bei denen die Idee im Vordergrund steht?

LAMPSON: Ich habe da meine ganz persönliche Meinung. Die besten Forschungszentren sind Digital Equipment Company, wo ich jetzt bin, und Bell Labs.

INTERVIEWER: Glauben Sie, daß der Forschung durch die Realität Grenzen gesetzt sind?

LAMPSON: Ich denke, daß es unwahrscheinlich ist, daß Expertensysteme funktionieren. Anfang der siebziger Jahre wußten wir genau, daß die Projekte, an denen wir arbeiteten, wirklich funktionieren würden. Wenigstens konnte ich keine ursächlichen Gründe sehen, weshalb sie nicht funktionieren sollten; jetzt dagegen sehe ich viele Gründe, weshalb Systeme mit künstlicher Intelligenz wahrscheinlich nicht funktionieren werden. Mir scheint, daß sich ein paar Leute auf wenige Experimente stützen, die nur unklare Ergebnisse bringen können, und diese Ergebnisse völlig unsinnig verallgemeinern.

»Nur ganz wenige derer, die sich für die künstliche Intelligenz begeistern, haben sie ausprobiert.«

INTERVIEWER: Aus welchem Grund, glauben Sie, sind die Menschen von der Idee der künstlichen Intelligenz so begeistert?

LAMPSON: Ich bin mir nicht sicher. Das liegt zum Teil an dem weitverbreiteten Irrtum, daß der Computer eine Universalmaschine ist, die alles kann. Wenn keine Möglichkeit vorhanden ist, deutlich zu zeigen, daß etwas unmöglich ist, glauben immer ein paar Leute, daß es möglich sein muß. Viele Menschen können die Folgen der Komplexität nicht begreifen, und wenn dieses Verständnis fehlt, werden sie auf die Nase fallen. Wenn sie nicht bereit sind, jemandem zu glauben, der sich bereits die Finger verbrannt hat, gibt es nur einen Weg für sie, nämlich es selbst zu versuchen und sich selbst die Finger zu verbrennen. Nur ganz wenige derer, die sich für die künstliche Intelligenz begeistern, haben sie ausprobiert.

Ich kenne da ein paar extreme Fälle. Die Defence Advanced Research Projects Agency zum Beispiel finanziert ein Programm, das alle diese wunderbaren Expertensysteme und Techniken der künstlichen Intelligenz und auch Parallelverarbeitung verwenden soll, um wahrhaft wundervolle Militäreinrichtungen wie selbstgesteuerte Panzer zu produzieren. Sie stellten einen 10-Jahres-Plan über die einzelnen Entwicklungsstufen und Zeitabschnitte auf. Das ist alles Unfug, denn niemand weiß, wie so etwas läuft. Einige der Probleme werden vielleicht in den nächsten zehn Jahren gelöst – aber einen Plan aufzustellen! In der Praxis sieht es anders aus. Wenn man die Lösungen der Probleme noch nicht kennt, kann man auch keinen Zeitplan für das Projekt aufstellen.

INTERVIEWER: Sie scheinen sich über Komplexität lustig zu machen. Streben Sie nach Einfachheit, wenn Sie ein System entwickeln?

LAMPSON: Richtig. Alles sollte so einfach wie möglich gemacht werden. Dazu muß man jedoch die Komplexität beherrschen.

»Alles sollte so einfach wie möglich gemacht werden. Dazu muß man jedoch die Komplexität beherrschen.«

INTERVIEWER: Wie können Sie das in der Praxis erreichen?

LAMPSON: Es gibt zwei grundlegende Techniken, die Komplexität zu beherrschen. Im Grunde genommen teile ich es auf und gehe dann daran. Ich zerlege das Ganze und versuche, die Aufgabe jedes einzelnen Teils ziemlich genau zu beschreiben. Das ist der Entwurf, wie man vorgehen muß. Wenn man nicht in der Lage ist, die Spezifikation zu schreiben, liegt das daran, daß man nicht weiß, was Sache ist. Es gibt dann zwei Möglichkeiten: Man wendet sich einem anderen Problem zu, das man versteht, oder man muß mehr nachdenken.

Außerdem darf die Beschreibung eines Systems nicht zu lang sein. Unter Umständen muß ein großes System in kleinere Einzelteile zerlegt werden. Das ist wie in der Mathematik: Man kann Bücher voll brauchbarer Hinweise schreiben, aber keinen Algorithmus anbieten.

INTERVIEWER: Ich weiß, daß Ihre Erfahrung mit Computern sehr breit gefächert ist. Sie haben Computer, Betriebssysteme und Anwendungen entwickelt. Erfordert jedes davon eine andere Art Disziplin?

LAMPSON: Ganz offensichtlich braucht man für die Entwicklung von Anwenderpaketen ein gewisses Maß an Gefühl für Benutzerschnittstellen, was bei der Entwicklung der Hardware weniger wichtig ist. Beim Design von Hardware hat man typischerweise mehr mit den jeweiligen Einschränkungen der speziellen Technologie zu tun, mit der man arbeitet.

Niemand weiß, wie wirklich komplizierte Hardwaresysteme aufgebaut werden, deshalb scheint das Design von Hardware einfacher zu sein. Software ist viel komplizierter.

INTERVIEWER: Programmieren Sie noch?

LAMPSON: Nur im übertragenen Sinn. Ich habe nicht mehr die Zeit, Programme zu schreiben. Aber ich habe die ersten sechs Monate dieses Jahres damit verbracht, ein fünfundzwanzig Seiten langes abstraktes Programm für einen Namens-Server zu schreiben. Um Ihnen einen Einblick über die Beziehung zwischen einem abstrakten Programm und einem wirklichen Programm zu geben – das Abstraktum wurde in etwa siebentausend Zeilen Modula-2-Code übersetzt. Also mogele ich. Seit sechs oder sieben Jahren habe ich kein komplettes Programm mehr geschrieben. Früher aber viele.

INTERVIEWER: Was sind die bedeutendsten Programme, die Sie geschrieben haben?

LAMPSON: Ich habe große Teile des 940-Betriebssystems geschrieben und zwei oder drei Compiler für eine interaktive Sprache für wissenschaftliche und technische Berechnungen. Ich habe einen SNOBOL-Compiler geschrieben. Außerdem haben Peter Deutsch und ich eine Programmiersprache entwickelt, einen der Vorgänger von C, und einen Compiler dafür. Ich habe Design-Automationsprogramme geschrieben sowie ein weiteres Betriebssystem Anfang der siebziger Jahre bei Xerox.

INTERVIEWER: Fällt es Ihnen heute leichter, Programme zu entwickeln, als vor zehn oder fünfzehn Jahren?

LAMPSON: Das Entwickeln von Programmen ist jetzt eigentlich schwieriger, weil die Ideenvielfalt größer ist. Aber das Programmieren selbst ist heute viel einfacher als früher. Die Maschinen haben größere Speicher, man muß nicht mehr alles zusammenquetschen. Man kann sich mehr auf die eigentliche Aufgabe konzentrieren und muß sich weniger damit befassen, das Beste aus begrenzten Mitteln zu machen. Das macht alles einfacher. Auch die Hilfsmittel zum Programmieren sind heute besser. Seit ich keine Programme mehr schreibe, ist die Entwicklung für mich *sehr* viel einfacher.

INTERVIEWER: Welchen Prozeß durchlaufen Sie, wenn Sie ein Programm entwerfen oder entwickeln?

LAMPSON: Ein neues Programm ist in der Regel eine Verbesserung, Erweiterung oder Generalisierung eines bestehenden Programms. Gewöhnlich handelt es sich dabei um nichts völlig Neues. Normalerweise füge ich einem neuen Programm eine Erweiterung oder Verbesserung aus einem bestehenden Programm oder einer Benutzerschnittstelle hinzu. Bravo zum Beispiel entstand aus zwei Ideen von mir. Die eine war, wie man den Text darstellt, der im Computer editiert wird, und die andere, wie die Bildschirmdarstellung aktualisiert werden kann. Aber die Grundidee für Bravo stammt von einem System namens NLS, das Ende der sechziger Jahre von Doug Englebart bei

SRI entwickelt wurde. NLS hatte einen Maus-orientierten Ganzseitenbildschirm mit strukturiertem Text. Das Zusammenspiel dieser Ideen führte zu der Entwicklung von Bravo.

Früher habe ich mir Notizen auf ein Blatt Papier gemacht und dann angefangen, zu hacken, oder jemand anderes übernahm das Hacken für mich. Heute versuche ich, die schwierigen Teile einer Idee so exakt wie möglich aufzuschreiben, aber abstrakt, als Text. Typisch in diesem Stadium sind die vielen Wiederholungen.

Einmal habe ich zusammen mit Andrew Birtell und Mike Schroeder an einem Namens-Server gearbeitet. Bei Xerox gab es ein System mit dem Namen Grapevine, es war ein bereits im Handel befindlicher Namens-Server. Grapevine konnte mehrere tausend Namen bearbeiten, doch das System brach zusammen, als die Anzahl der Namen sich dem Limit von einigen Tausend näherte. Als wir dieses Projekt in Angriff nahmen, hatten wir uns bereits überlegt, wie der Namens-Server aufgebaut sein sollte, aber wir wollten mehrere Millionen Namen bearbeiten, was für uns ein großes Designproblem wurde. Ich entschied mich für lokale Datenbanken als grundlegende Elemente und jede einzelne sollte ein baumartig strukturiertes Standard-Namensschema implementieren. Alle Datenbanken sollten lose miteinander verbunden sein.

Die Operationen wurden festgelegt und Programme auf einem ziemlich hohen Level geschrieben, ohne zu sehr ins Detail zu gehen. Das Ergebnis war eine fünfundzwanzig oder dreißig Seiten umfassende Kombination aus Programm und Spezifikationen. Sie diente als Designstudie für einen Studenten in den Semesterferien, der daraus siebentausend Zeilen der ersten Implementierung machte.

So gehe ich normalerweise vor. Wie lange das dauert, hängt vom Schwierigkeitsgrad des Problems ab. Manchmal dauert es Jahre.

INTERVIEWER: Machten die Sprachen, die Sie entwickelt haben, auch so viel Arbeit?

LAMPSON: Manchmal geht es schnell: Peter Deutsch und ich hatten einmal die erste Version einer Programmiersprache in etwa zwei Monaten fertig. Auf der anderen Seite habe ich mit Rod Burstall an einer Programmiersprache für Systemkerne, mit der wir zwei- oder dreimal pro Jahr arbeiten, geschrieben. Das Projekt läuft jetzt fünf Jahre und wir haben immer noch keine Implementierung. Wir ändern ständig unsere Meinung.

INTERVIEWER: Glauben Sie, daß es bestimmte Techniken gibt, die zu einem guten Programm oder einem guten System führen?

LAMPSON: Ja. Das wichtigste Ziel ist, die Schnittstelle zwischen System und Anwender so genau wie möglich zu definieren, dazu gehören auch die Schnittstellen zwischen den Hauptteilen des Systems selbst. Die größte Änderung meines Designstils ist, dem zu lösenden Problem sehr viel mehr Bedeutung beizumessen und die Techniken zu finden, die Schnittstellen exakt zu definieren. Das macht sich wirklich bezahlt; das macht deutlich, was das Programm wirklich macht und identifiziert die wirklich schwierigen Teile. So können auch die Anwender verstehen, wie sich das System zusammensetzt. Das ist im Grunde der wichtigste Aspekt des Programmdesigns.

Der Entwurf eines Programms ist völlig anders als das Erfinden von Algorithmen. Bei den Algorithmen geht es darum, daß der gesamte Plan fertig im Kopf ist, dann werden die Einzelteile so lange zusammengewürfelt, bis man sich für die beste Lösung entscheidet. Der Trick liegt einzig und allein in der so genau wie möglichen Definition der Algorithmen, damit man alles genau im Kopf hat.

INTERVIEWER: Wenn Sie ein System oder ein Programm entwerfen, woher wissen Sie, daß es auch implementiert werden kann?

LAMPSON: Eine Möglichkeit ist, das Design auf eine Programmierebene zu bringen, auf der zwei Dinge gegeben sind. Erstens kenne ich die Grundfunktionen, mit denen ich das Programm schreibe – sie wurden bereits viele Male vorher implementiert, ich kann also ziemlich zuversichtlich sein, daß das Programm funktioniert. Zweitens verstehe ich die Grundfunktionen gut genug, um mit der Ausnahme von zwei oder drei genau zu wissen, wieviel Speicher sie mich kosten. Nun kann ich mein Programm vernünftig aufbauen. Ich bin mir also ziemlich sicher, daß es möglich ist, eine Funktion zu implementieren und kann in etwa die Leistung abschätzen. Selbstverständlich kann man dabei unter Umständen etwas wirklich Wesentliches übersehen. Das kann immer passieren.

Die andere Möglichkeit ist, die Eigenschaften, die das Programm haben soll, sorgfältig und deutlich aufzuschreiben und sich dann zu vergewissern, daß alle vorhanden sind. Das macht man immer recht formlos, je methodischer es gemacht wird, desto mehr Arbeit wird es, und die Möglichkeit, etwas Wesentliches zu vergessen, wird geringer. An einem gewissen Punkt wird die streng methodische Analyse unproduktiv. Richtet man sich aber zu wenig danach, steigt das Risiko, etwas Wichtiges zu übersehen. Merkt man erst, daß ein Element fehlt, wenn das Programm schon codiert ist, war eine Menge Arbeit umsonst.

Natürlich wirft man dann meistens nicht einfach alles hin, man versucht zu flicken. Und das kann schlimme Folgen haben. Erstens löst man das Problem nicht. Es wird in ein anderes Problem umgewandelt, das nichts mit dem ursprünglichen Problem zu tun hat. Und dann wird das Programm so lange zusammengestückelt, bis das neue Problem gelöst ist. Dieses Vorgehen ist höchst unbefriedigend.

Manchmal denke ich, daß die Ziele der Menschen zu hoch gesteckt sind. Programmierer vergessen leicht, daß Probleme mit den Software-Systemen entstehen, weil das, was sie erreichen wollen, zu schwierig ist. Sie glauben, der Computer sei eine Universalmaschine, die alles kann. Man verfällt leicht der Annahme, daß eine Gruppe von einem oder fünf oder zehn oder fünfzig oder gar tausend Programmierern den Computer alles machen lassen kann. Das ist ein Irrtum.

INTERVIEWER: Welche Fähigkeiten braucht ein Programmierer, um ein erfolgreiches Programm schreiben zu können?

LAMPSON: Die wichtigste Eigenschaft ist die Fähigkeit, die Lösung des Problems in eine übersichtliche Struktur zu bringen, wobei jede Komponente auf einfache Weise definiert wird. Manchmal gelingt das den erfolgreichen Programmierern, aber sie sind nicht in der Lage, zu erklären, was sie gemacht haben, weil sie die Struktur nicht sehen. Manche Programmierer sind deshalb gut, weil sie sich mit mehr Einzelheiten befassen können als die meisten anderen Menschen. Es hat auch viele Nachteile, Programmierer aus diesem Grund auszuwählen – das Ergebnis können Programme sein, mit denen niemand außer ihnen arbeiten kann. Das scheint heute nicht mehr so häufig vorzukommen, denn im Moment geht der Trend dahin, daß ein Mitarbeiter oder eine Gruppe die Programme entwirft und von einem für diesen Zweck angeworbenen Mitarbeiter das Programm geschrieben wird.

INTERVIEWER: Finden Sie, daß darin eine Gefahr liegt?

LAMPSON: Die Gefahr ist, daß der Designer irgendwann den Boden der Realität verliert, das führt dann zu Entwicklungen, die nicht implementiert werden können.

INTERVIEWER: Haben Sie jemals Programme entworfen, die nicht implementiert werden konnten?

LAMPSON: Nein, ich glaube nicht. Es wäre fast einmal passiert, das war gegen Mitte der siebziger Jahre, am Xerox PARC. Mit einigen anderen zusammen entwickelte ich ein Dateisystem mit *Transaktionen*. Das ist die Fähigkeit, verschiedene Änderungen an gespeicherten Daten in Form einer *Grundlagenoperation* vorzunehmen: entweder werden alle Änderungen vorgenommen oder überhaupt keine. Ein Beispiel einer Transaktion ist die

Überweisung vom Konto einer Bank auf das Konto einer anderen Bank. Man wird das System nicht in dem Moment verlassen wollen, in dem das Geld von dem einen Konto abgebucht, aber auf dem anderen noch nicht gebucht ist. Ich habe lange an einem frühen Design dieses Systems mitgearbeitet, und es wurde auch gebaut. Es funktionierte, wurde aber allgemein als unbefriedigend eingestuft.

INTERVIEWER: Können Sie ein schönes Programm beschreiben?

LAMPSON: Ich weiß nicht, ob man diese Frage beantworten kann. Ich kann Ihnen nicht sagen, was ein schönes Gemälde oder ein besonders schönes Musikstück ist. Vielleicht ist es leichter, ein Programm zu beschreiben, denn es besteht aus den verschiedensten Faktoren, es ist ein technisches Objekt und gleichzeitig ein Kunstwerk.

Ein schönes Programm ist wie ein schönes Theorem: es erfüllt seine Aufgabe elegant. Es hat eine simple und klare Struktur; die Leute sagen: »Ach ja, so wird das also gemacht.«

INTERVIEWER: Wenn Sie eine Parallele zwischen dem Programmieren und einer anderen Kunst, wie zum Beispiel Malerei, Schriftstellerei, Komposition oder Skulptur ziehen, für welche würden Sie sich entscheiden?

LAMPSON: Ich würde die Architektur wählen, weil da viel Technik mitspielt. Ganz wenige Programme können als Kunst bezeichnet werden. Von einem Programm wird eine Leistung erwartet, und die Kunst ist Teil davon. Aber wenn ich sage, Programmieren ist eine Kunst, dann ist das so wie bei der Mathematik: Mathematik wird normalerweise nicht als Kunst eingestuft.

INTERVIEWER: In welchem Sinn ist die Informatik eine Wissenschaft?

LAMPSON: Die einfachste Antwort wäre, daß sie im gleichen Sinn eine Wissenschaft ist wie auch die Mathematik. Ein Computerprogramm kann als mathematisches Objekt betrachtet werden. Der eine Weg, ein solches Objekt zu verstehen, ist, abstrakte Darstellungen zu erstellen, die man beweisen kann. Der einzige andere Weg, das Objekt zu verstehen, ist probieren, was meistens zu nichts führt. Wenn es auch nur ein klein wenig kompliziert ist, sind die Versuche endlos und man findet die Eigenschaften des Objekts nie heraus.

INTERVIEWER: Glauben Sie, daß sich Design und Entwicklung der Systeme radikal ändern werden?

LAMPSON: Ja und nein. Was das Design verbessern kann, ist die Entwicklung höherer Abstraktionen. Sie können zum Beispiel ein VisiCalc-Arbeitsblatt leichter erstellen als ein BASIC-Programm, um ein gewisses Problem zu lösen.

Auf der anderen Seite schrauben wir unsere Ziele immer höher, so daß die Entwicklung besserer Abstraktionen die Aufgaben beim Programmieren nicht erleichtert: Das heißt, wir können kompliziertere Dinge tun. Wir können mehr tun, weil die Grundfunktionen, die wir verwenden, sehr viel mehr Möglichkeiten bieten.

INTERVIEWER: Meinen Sie, daß Mikrocomputer und Personalcomputer der Übergang zu etwas anderem sind?

LAMPSON: Natürlich nicht! Ich halte öfter eine Rede mit dem Thema »Die Computerrevolution hat noch nicht stattgefunden«. Der Grundgedanke ist, daß alle Veränderungen auf der Welt lange Zeit brauchen. Denken Sie an die industrielle Revolution. Es dauerte mindestens sechzig Jahre, ehe ein wirklicher Einfluß auf das Leben der Menschen bemerkbar wurde. Bei der zweiten industriellen Revolution war es ebenso. Telefon und Elektrizität wurden um 1880 erfunden, aber es dauerte bis in die zwanziger Jahre, bis sie überall verwendet wurden.

Ich bin sicher, daß es bei der Computerrevolution genauso sein wird. Die Menschen meinen, daß wir viel schneller fortschreiten, weil wir eine Idee innerhalb von sechs Monaten in das fertige Produkt umgesetzt haben. Das ist Unsinn. Computertechnik fängt eben erst an, zu einem bedeutenden Teil der Wirtschaft zu werden und das Leben der Menschen zu beeinflussen. Trends in der Technologie schreiten unglaublich schnell voran, und das beste Beispiel für diese Trends ist der sogenannte Personalcomputer.

Nehmen wir die Trends in der Basistechnologie und schauen wir uns ihre Richtung an. Man braucht Silizium, ein rotierendes magnetisches Medium, eine Tastatur und eine Anzeige, um einen Computer zusammenzustellen. Jede einzelne Komponente ist ausbaufähig, und man kann schließlich das, was man möchte, in einem kleinen Karton zu niedrigem Preis erwerben. Es gibt keinen Anlaß zu der Annahme, daß sich das ändern wird. Ich sage nicht, daß es keine großen Computer mehr geben wird, aber der Trend geht überwiegend zum Personalcomputer.

INTERVIEWER: Wo sehen Sie die Industrie in fünf bis zehn Jahren?

LAMPSON: Die Computerindustrie wird zumindest weitere zwanzig Jahre schnell voranschreiten. Es gibt unzählige neue Dinge, die die Computer allmählich übernehmen werden, weil sie heute noch nicht billig genug oder nicht schnell genug sind, oder weil die Leute ganz einfach ein Problem nicht richtig verstehen.

INTERVIEWER: Wird sich die Stellung der Informatik oder der Computerindustrie in unserer Gesellschaft verändern? Werden die Informatiker wie die Physiker Anfang der zwanziger Jahre werden und mit drastischen Durchbrüchen die Gesellschaft grundlegend verändern?

LAMPSON: Nein. Es wird anders sein als die Stellung der Physiker Anfang der zwanziger Jahre. Die meisten Leute wußten bis 1945 nicht, daß es überhaupt Physiker gab, denn erst dann wurden sie durch die Atombombe bekannt. Ich glaube nicht, daß Computer für einen Vergleich drastisch genug sind. Doch die Aussage: »Die Computerrevolution hat noch nicht stattgefunden« bedeutet, daß die Computer in zwanzig Jahren überall auf dem Vormarsch sein werden. Wir können sagen, daß sie auf manchen Gebieten ein fester Bestandteil werden, auf anderen nicht. Das wird weltweit zu drastischen Änderungen führen, wie die Erfindung des Automobils zu drastischen Änderungen führte. Das alles braucht viel Zeit, wie das Automobil seine Zeit brauchte, die Gesellschaft zu verändern. Als die ersten Automobile 1920 auf den Markt kamen, konnte man die Folgen nur schwer abschätzen. Einige waren deutlich erkennbar, aber nicht alle. Beim Computer ist das noch viel schwieriger, denn die durch ihn verursachten Änderungen sind wesentlich tiefgreifender.

INTERVIEWER: Sehen Sie ein Problem darin, wenn in zwanzig Jahren der Computer allgegenwärtig sein wird?

LAMPSON: Ich sehe da nichts Nachteiliges. Wenn vielleicht auch nicht jeder zehn an jedem Finger haben wird, so wenigstens einen an jedem Finger. Computer sollen eine Hilfe sein, und ich hoffe, daß sie das im positiven Sinne sein werden.

Kürzlich las ich einen interessanten Artikel, wie Verschlüsselungstechniken dem einzelnen mehr Kontrolle darüber geben können, wie persönliche Daten verbreitet werden. Der Ausgang läßt sich immer schwer voraussagen, da spielen politische als auch technische Fakten eine Rolle, auf alle Fälle gab der Artikel eine interessante Beschreibung, wie die Informatik jedem einzelnen bessere Kontrolle über sein Leben geben kann. Sogar in Situationen, wo große Organisationen wie beispielsweise Banken intensiv und unvermeidbar in unser Leben eingreifen, gibt es Möglichkeiten für den einzelnen eine bessere Kontrolle durch geschickte Anwendung der Rechner zu erhalten. Vor zehn Jahren hätte niemand geglaubt, daß Computer uns mehr individuelle Kontrolle geben könnten. Tatsächlich war man vom Gegenteil überzeugt.

INTERVIEWER: Sehen Sie Problembereiche für den heutigen Computer?

LAMPSON: Personalcomputer sind noch ziemlicher Schund. Das würde ich aber nicht als Problem bezeichnen. Sie sind neu und man muß lernen, mit ihnen umzugehen, und sie werden laufend besser. Alan Kay hat einen guten Kommentar über den Mac abgegeben – es sei der erste Computer, der es wert sei, kritisiert zu werden. Es ist doch verständlich, daß die Leute, die die nächste Generation von Computern oder Programmen bauen, sich darüber Gedanken machen, was an den vorhandenen nicht gut ist, damit die nachfolgenden besser werden.

»Zum Teufel mit lesenden und schreibenden Computern. Das ist doch total lächerlich. Studiere Mathematik. Lerne zu denken. Lese. Schreibe.«

Das ist der Grund, weshalb ich die Idee, daß Computer lesen und schreiben, für Blödsinn halte. Für mich bedeutet Lesen und Schreiben mit einem Computer, daß man lernt, die jetzige Generation von BASIC und Textverarbeitungsprogrammen anzuwenden. Das hat nichts mit der Realität zu tun. Es stimmt, daß für viele Aufgaben das BASIC-Programmieren erforderlich ist, aber die Meinung, BASIC sei grundlegende Voraussetzung, daß man in der Informatik und Prozessorenwelt des einundzwanzigsten Jahrhunderts bestehen kann, ist völliger Quatsch. Höchstwahrscheinlich gibt es überhaupt kein BASIC mehr im einundzwanzigsten Jahrhundert.

INTERVIEWER: Wie sollten wir uns auf die Zukunft vorbereiten?

LAMPSON: Zum Teufel mit lesenden und schreibenden Computern. Das ist doch total lächerlich. Studiere Mathematik. Lerne zu denken. Lese. Schreibe. Das sind die Dinge von bleibendem Wert. Lerne, wie ein Theorem bewiesen werden kann: Über die Jahrhunderte haben sich viele Beweise angesammelt, die darauf hinweisen, daß diese Fähigkeit sich auf viele andere Dinge übertragen läßt. Lediglich die Programmiersprache BASIC zu lernen, ist absurd.

INTERVIEWER: Wird die Industrie von BASIC-Programmierern überschwemmt?

LAMPSON: Nein, und ich glaube auch nicht, daß die Programmierung in BASIC besonders nachteilig ist. Schlecht ist, daß die Leute sich Sorgen machen und glauben, daß ihre Kinder nur dann eine Zukunft haben werden, wenn sie BASIC-Programmieren lernen. Es besteht kein Anlaß zur Sorge.

INTERVIEWER: Aber kein Mensch weiß genau, welche Fähigkeiten gebraucht werden.

LAMPSON: Nun, da ist schon was Wahres dran, aber wir haben eine gewisse Vorstellung, in welche Richtung sich die Informatik entwickeln wird. Man braucht sich nur die Systeme anzuschauen, die in den Forschungszentren gebaut werden, und man kriegt das Gefühl dafür. Bei einem Besuch bei Xerox im Jahr 1975 hätte man gut merken können, wie die Entwicklung auf dem Gebiet der Personalcomputer 1985 aussehen würde.

INTERVIEWER: Glauben Sie, daß wir den Tag erleben, an dem jeder seine eigenen Programme schreibt?

LAMPSON: Es gibt verschiedene Stufen der Programmierung. Als das Smalltalk-System gebaut wurde, sagte Alan Kay, eine seiner Zukunftsvisionen sei, daß Kinder damit umgehen und interessante Programme schreiben könnten. Aber das hat nicht funktioniert. Er meinte, Smalltalk sei für Kinder wie Bausteine zum Spielen: Kinder können aus Bausteinen bestimmte Strukturen aufbauen, aber nur ganz selten kann ein Kind einen Rundbogen erfinden.

Wenn Programmieren lediglich bedeutet, dem Computer Instruktionen zu geben, dann kann das bis zu einem gewissen Grad jeder. Die meisten Geschäftsleute arbeiten mit einer Tabellenkalkulation und das ist Programmieren im engeren Sinn. Das wird sich sicherlich ausdehnen. Kreatives Programmieren ist eine andere Sache.

INTERVIEWER: Haben Sie als Programmierer gemerkt, daß Ihre Arbeit Ihr Leben völlig für sich beansprucht?

LAMPSON: Dieses Stadium habe ich vor längerer Zeit durchlaufen. Heute bin ich zu alt dazu.

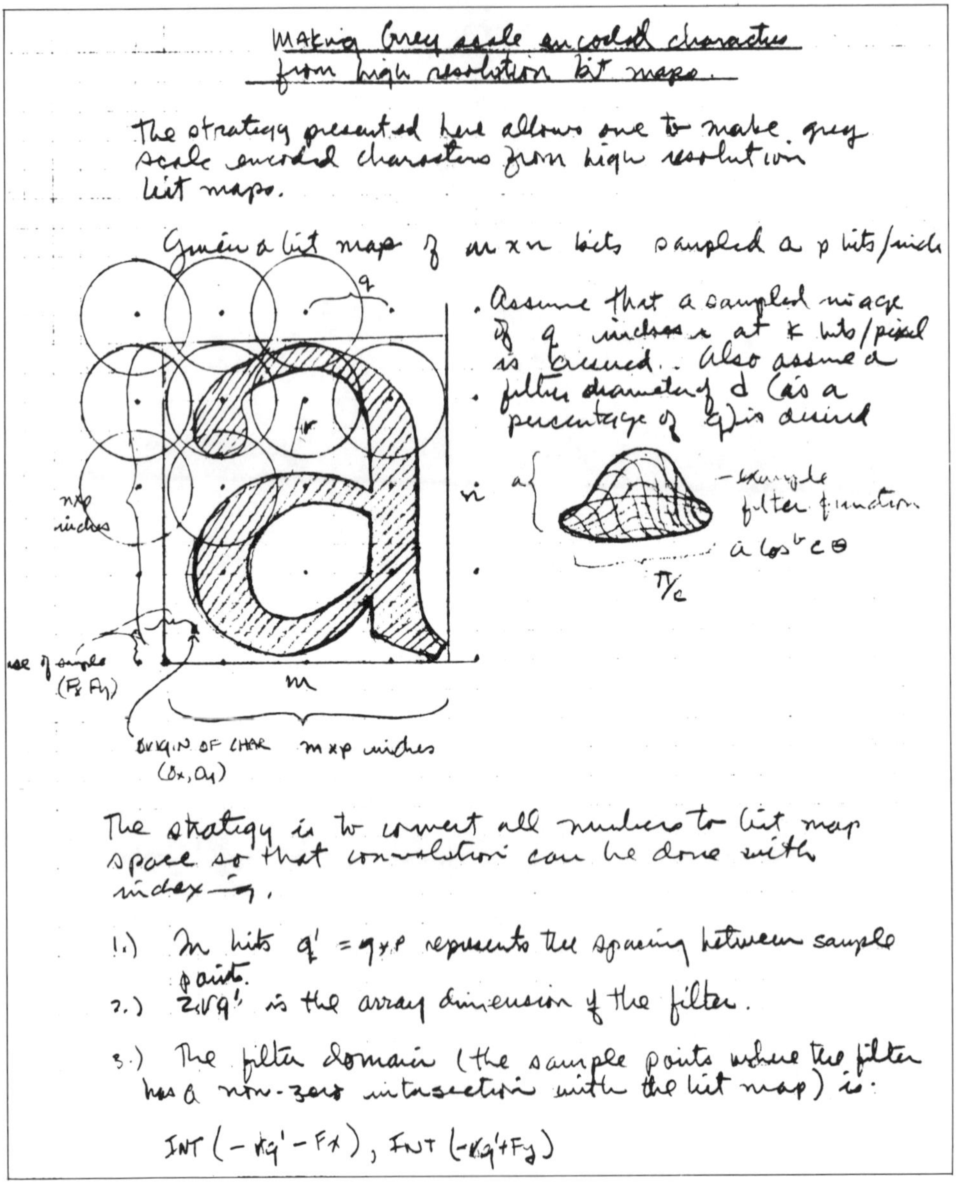

Eine Notizbuchseite, auf der beschrieben wird, wie man aus hochauflösenden Bitmaps Zeichen mit Graustufen erstellt.

John Warnock

John Warnock, Jahrgang 1940, wurde in Utah geboren, wo er auch aufwuchs und die Universität besuchte. Er erwarb das erste und zweite Diplom der Mathematik und promovierte in Informatik. Er wechselte zur Informatik über als Dave Evans die berühmte Forschungs- und Entwicklungsgruppe gründete, die sich an der Universität Utah mit dem Studium des interaktiven Designs und Computergrafik befaßte. Nach Abschluß des Studiums versuchte sich Warnock für kurze Zeit als Unternehmer mit einer Firma in Vancouver, British Columbia und arbeitete dann bei Computer Sciences of Canada in Toronto. Anschließend siedelte er nach Washington D.C. über und arbeitete am Goddard Space Flight Center. 1972 zog er nach Kalifornien, um mit Dave Evans und Ivan Sutherland am Illiac-IV-Projekt, dem NASA-Raumfahrtsimulator und Flugsimulatoren, mitzuarbeiten. 1987 ging er zum Xerox PARC und verbrachte vier Jahre am Computer Science Laboratory. Während seiner Tätigkeit am Xerox PARC arbeitete Warnock an der Verbesserung der Schriftbildqualität von Graustufen-Bildschirmen.

1982 gründeten Dr. John E. Warnock und Charles M. Geshchke Adobe Systems, um Software zu entwickeln, die Text und Grafik integrieren kann und gleichzeitig unabhängig vom Ausgabegerät ist. Das Ergebnis ihrer Bemühungen war PostScript, das erste Produkt von Adobe Systems.

Wenn man das Verwaltungsgebäude des Unternehmens in Palo Alto gleich neben der Embarcadero, einer Straße, die mit High-Tech-Unternehmen gepflastert ist, betritt, fällt sofort das Markenzeichen von Adobe Systems ins Auge. Es ist ziemlich groß und glänzt wie Gold. Es spiegelt den Erfolg des Warnock-Unternehmens in der letzten Zeit wider. Wie viele andere hat auch Warnock seine Ideen von Xeroc PARC in die Geschäftswelt getragen, wo er sie in die Sprache PostScript und in das Unternehmen Adobe Systems umwandelte.

John Warnock sieht mit seinem Vollbart und dem zerzausten braunen Haar wie ein Professor aus. Er wirkt bescheiden und lässig. Zu Baumwollhosen trug er eine Tweedjacke und ein weißes Hemd mit offenem Kragen. Sein über Eck gelegenes Büro ist beeindruckend, mit klaren Linien und sehr modern. Ich hatte den Eindruck, daß mein Besuch nur einer von vielen war, seit das Unternehmen so erfolgreich ist. Wie klagten uns gegenseitig unser Leid über den starken Verkehr. Heute ist seine Programmiertätigkeit auf PostScript-Routinen beschränkt, doch er bleibt eines der Programmierwunder unserer Zeit.

INTERVIEWER: *Wie war das damals am Computerzentrum an der Universität Utah Mitte der sechziger Jahre?*

WARNOCK: Es war sehr interessant, weil Dan Evans, der von Berkeley kam, einen großen ARPA-Forschungs- und -Entwicklungszuschuß in Höhe von etwa fünf Millionen Dollar jährlich bekam, um interaktives Design und Computergrafik zu entwickeln. Es gelang ihm, Ivan Sutherland, Tom Stockham und einige andere hervorragende Professoren zu sich zu holen.

Aus der bislang mittelmäßigen Informatikabteilung wurde fast über Nacht eine ganz hervorragende Abteilung. Zu diesem Zeitpunkt wechselte ich vom Mathematikstudium zur Informatik.

Noch während meines Mathematikstudiums hatte ich ab und zu für das Computerzentrum gearbeitet, und zwar schrieb ich für das Studentensekretariat ein System für die Anmeldungen. Eines Tages kam ein Student von Dave Evans rein und sagte: »Ich versuche, dieses Problem mit unsichtbaren Oberflächen zu lösen, kannst Du mir das vielleicht erklären?« Und ich antwortete: »Mir scheint, das Problem müßte so angepackt werden.« Es machte mir Spaß und es interessierte mich und dann habe ich eine Lösung programmiert. Meine Lösung reduzierte die Verarbeitung ganz erheblich. Ganz plötzlich bemühte sich die Informatikabteilung um mich, und ich wurde praktisch über Nacht Mitglied ihrer Gruppe. Ich hielt im ganzen Land Reden über meine Arbeit an diesem Problem der unsichtbaren Oberflächen und der Programmlösung, die ich gefunden hatte.

Sutherland, der 1963 Sketchpad entwickelt hatte, brachte eine Menge Zusammenarbeit und neue Ideen in diese neue Gruppe nach Utah. Diese hochtalentierte Gruppe bewältigte einen Berg von Arbeit in kürzester Zeit. Ed Catmull, später Leiter von Lucasfilm Ltd., und Jim Blinn, der die unglaublichen Bilder vom Jupiter-Vorbeiflug machte, kamen von Utah. Martin Newell, der später am Xerox PARC arbeitete und jetzt bei CAD Link ist, gehörte zur Gruppe. Alan Kay, sein Mentor Bob Barton und Patrick Boudelier, der viel Forschungsarbeit am PARC leistete, kamen auch von Utah. Bob Taylor war eine Weile in Utah, ebenso Henry Fuchs. Die meisten von ihnen waren Studenten von Dave Evans. Wenn man so zurückblickt und sich überlegt, daß die Arbeit dieser kleinen Gruppe in Utah die Anwendung der grafischen Datenverarbeitung für die von Lucasfilm Ltd. produzierten Filme bei Digital Productions und die heutige Fernsehwerbung möglich machte, dann ist das schon beeindruckend.

INTERVIEWER: Viele der Studenten von Dave Evans wurden Systemdesigner. Wie wird man Ihrer Meinung nach ein guter Systemdesigner?

WARNOCK: Es gibt nur ganz wenige wirklich talentierte Designer. Einige sind auf einem bestimmten Gebiet hervorragend, aber das System Design muß wirklich ausgewogen sein, indem hier eine Liste von Optionen genommen wird und da eine Liste von Optionen und sie so kombiniert werden, daß sie zusammen gut funktionieren. Viele entwerfen einen Algorithmus und bauen dann das System um den Algorithmus.

Gutes Systemdesign ist mehr eine technische Sache, es ist eine Zusammensetzung aus ausgewogenen Entscheidungen zwischen den Komponenten verschiedener Systeme. Ich glaube, daß das schwierigste am Systemdesign ist, daß man weiß, wie diese ausgewogenen Entscheidungen zwischen den verschiedenen Komponenten gemacht werden.

INTERVIEWER: Wann hatten Sie die Idee für die Sprache PostScript ?

WARNOCK: PostScript stammt aus der Zeit mit Evans und Sutherland, als wir an einem Hafensimulator für die Maritim Academy arbeiteten. Wir mußten ein Digitalmodell des Hafens von New York bauen, mit 1500 Gebäuden, Raffinerien, mit allen Brücken und Bojen und allen Einzelheiten, die genaue Landschaft. Der Simulator sollte die Sicht auf den Hafen von einer Schiffsbrücke aus gesehen projizieren. Wir mußten eine riesige dreidimensionale Datenbank schreiben und auch eine Menge Echtzeitsoftware, damit der Simulator so funktionierte, wie man es erwartete.

Wir hatten ein Jahr Zeit für dieses gigantische Projekt. Das Modell war farbig und dreidimensional. Wir entschieden uns, daß das Dümmste, was wir machen konnten, ein Design der Datenbank in einer Form wäre, die direkt vom Simulator verwendet werden kann. In anderen Worten: die Daten zu sehr zusammenzupacken. Wir einigten uns, eine Textdatei zu entwerfen und dann einen Compiler zu schreiben, um die Textdatei in der Form zu kompilieren, die der Simulator brauchen würde (welche das auch immer sein würde). Wir wußten immer noch nicht, wie der Simulator aussehen sollte.

Also begannen wir mit der Erstellung der riesigen Datenbank in Textform. Bei der Digitalisierung der Datenbank und während des Baus dieses großen dreidimensionalen Modells stellte sich deutlich heraus, daß es viel vernünftiger wäre, anstelle einer statischen Datenstruktur in der Textdatei eine Sprache zu haben. Es mußte eine sehr einfache, leicht zu analysierende und erweiterungsfähige Sprache sein. Von hier stammen die Grundideen von PostScript, sie ergaben sich während der Entwicklung einer Sprache für diese dreidimensionale grafische Datenbank.

INTERVIEWER: Nach Ihrer Arbeit bei Evans und Sutherland wechselten Sie zum Xerox PARC, nicht wahr? Welches waren Ihre Erfahrungen am Xerox PARC?

WARNOCK: Zum PARC zu gehen, war höchst interessant. Ich ging 1978 hin und blieb etwa vier Jahre. Im PARC gab es verschiedene Cliquen. Eine war die Mesa-Gruppe, die vorher BCPL gemacht hatte. Die Mesa-Gruppe verwendete traditionelle Sprachen. Dann gab es noch die Gruppe, die sich mit künstlicher Intelligenz befaßte, die Lisp verwendete.

Ich arbeitete in Taylors Labor, das war das Computer Sciences Laboratory. Ich persönlich bevorzuge die Lisp-Sprachen, weil sie interaktiver sind, und sie sind Interpreter. Mir gefallen Interpreter. Aber es wäre politischer Selbstmord gewesen, wenn ich Lisp benutzt hätte, dann wäre meine Arbeit einfach ignoriert worden.

Martin Newell und ich entschieden, das E&S-Designsystem wieder bei Mesa einzuführen. Wir nannten es JaM. Die Reimplementierung des Designsystems dauerte etwa drei Monate. Es wurde eine Interpretersprache, die wir als experimentelles Werkzeug verwenden konnten, um alle möglichen neuen Ideen auszuprobieren.

Nach vielleicht zwei Jahren, als sich das Imaging Science Laboratory vom Computer Science Laboratory löste, wurde JaM als Hauptentwicklungswerkzeug benutzt. Wir befaßten uns mit allen grafischen Vorgängen, die Bildschirm und Drucker ansteuern. Dann entstand aus dieser Basissprachenstruktur Interpress, das Xerox-Druckprotokoll. Diese gleiche Sprachenstruktur wurde ein drittes Mal als PostScript implementiert. Im Grund ist das alles die gleiche Sprache. Es ist eigentlich eine zehn oder elf Jahre alte Sprache, die sich immer wieder bewährt hat, mit vielen Ideen bei der Reimplementierung.

INTERVIEWER: Aus welchem Grund konzentrierten Sie sich auf bei der Sprache PostScript auf den Aspekt der Textausgabe?

WARNOCK: Also, erstens ist die Spracheigenschaft, die man für den Druck haben möchte, eine unkomplizierte Syntax. PostScript ist wie FORTH, weil die Syntax so einfach zu analysieren ist. Das heißt, wenn Sie mit einem anderen Prozessor kommunizieren wollen, brauchen Sie lediglich serielle Sachen über das Kabel zu schicken, und es kann von dem Prozessor am anderen Ende ganz einfach verarbeitet werden.

Ein anderer Vorteil einer einfachen Syntax ist, daß die anderen Computerprogramme leichter neue Programme erstellen können. Durch die unkomplizierte, einfache Syntax ist diese Sprachenstruktur ideal für ein Druckprotokoll, wenn das Druckprotokoll auf den Ablauf bezogen und eine Programmiersprache, nicht eine statische Datenstruktur sein soll.

Bob Sproull und William Newman entwickelten am PARC ein Format mit dem Namen Press Format, das aus statischen Datenstrukturen bestand. Aber sie fanden, daß es nicht der flexibelste Weg zum Drucken war. Um ein Feature hinzuzufügen, mußte das gesamte System neu gebaut werden und mehr Features beinhalten.

Wir waren der Meinung, daß es wichtig sei, daß das Druckprotokoll erweiterungsfähig ist. Wenn man dann weitere Eigenschaften braucht, können mit der Sprache selbst neue Möglichkeiten gebaut werden, im Gegensatz zur Neukonstruktion von Anfang an. Man kann nicht voraussagen, welche Eigenschaften man in Zukunft brauchen wird.

Interpress war daher ein geeigneter Kandidat für ein Druckprotokoll. Chuck und ich bemühten uns zwei Jahre lang, Xerox dazu zu bringen, etwas Vernünftiges mit Interpress zu machen, aber es wurde klar, daß sie es auf dem Weg zum Kunden kaputt machen würden. Sie hatten vor, einige Eigenschaften hinzuzufügen und andere herauszunehmen, was nicht nur die Implementation erschwerte, sondern auch schwierig zu warten war. Außerdem war es schwierig, den Anwendern das System zu erklären. Wir waren der Meinung, wenn wir allein zusammenarbeiteten, könnten wir ein unkomplizierteres und vernünftiges Produkt schaffen.

Wir nahmen das ursprüngliche, klare Design und erweiterten es in verschiedener Hinsicht, um zu einer praktischen Sprache zu kommen; dann widmeten wir uns dem Druck. Wir konzentrierten uns auf die Drucker, weil alle anderen Computerfirmen zu jener Zeit bemüht waren, Drucker herzustellen und eine Menge Geld für Forschung und Entwicklung ausgaben, um

Laserdrucker zum Funktionieren zu bringen. Viel Erfolg hatten sie dabei nicht. Die meisten Produkte paßten sich nur schwer an.

Wir glaubten, daß wir PostScript mit Erfolg an die Computerfirmen vermarkten konnten, weil es geräteunabhängig ist. Die Abhängigkeit von einer bestimmten Maschine wurde ausgeschlossen, und den Computerfirmen wurde so die Flexibilität gegeben, eine neue Technologie zu übernehmen, ohne die Software ändern zu müssen. Wir glaubten, daß dies ein Vorteil für den Verkauf sei, und so war es auch. Im Bildschirmgeschäft dagegen muß man mit allen anderen Bildschirmpaketen konkurrieren und muß auf die Betriebssysteme Rücksicht nehmen; dies aber war ein hübscher, klarer, separater Teil des Geschäfts ohne große Probleme.

INTERVIEWER: In welche Richtung entwickelt sich die Sprache PostScript weiter?

WARNOCK: Nun, bei Druckanwendungen hat sich der Verkauf verlangsamt. Heute ist es sinnvoll, sich der Bildschirmwelt zuzuwenden und den Workstations das System zu geben, das der Drucker hat. Hier müssen wir sie aufgrund der unterschiedlichen Anforderungen des Bildschirms beachtlich adaptieren. Diese Anforderungen sind hohe Geschwindigkeit für einige Garbage-Collection-Funktionen, und die Aufgaben der Speicherverwaltung gehören nicht unbedingt in den Bereich der Drucker. Wir schreiben dieses Programm und es entwickelt sich in diese Richtung.

INTERVIEWER: Schreiben Sie noch Programme?

WARNOCK: Ja natürlich, fast täglich. Es ist von hohem intellektuellem Wert, es macht Spaß.

INTERVIEWER: Welche Art von Programmen schreiben Sie heute?

WARNOCK: Meistens PostScript-Programme, zum Beispiel eine noch mehr ins Detail gehende Seite als das letzte Mal, oder eine Hilfsfunktion. Systemprogramme schreibe ich hier nicht.

Ich befasse mich viel mit Designaspekten und ähnlichen Dingen, und mit der allgemeinen Philosophie und Richtung, und wie die Dinge gemacht werden sollten, aber ich setze mich nicht hin und schreibe das auf. Wir haben Mitarbeiter, die das viel besser können als ich; außerdem ist es viel einfacher, wenn ihre Köpfe mit meinem zusammenarbeiten müssen.

INTERVIEWER: Ist es heute für Sie einfacher, gute Programme zu schreiben als vor zehn oder zwanzig Jahren?

WARNOCK: Die Werkzeuge sind besser. Die Programmierbedingungen sind besser. Die Programmiersprachen sind stärker. Die Computer sind heute sehr viel leistungsfähiger als vor zehn oder zwanzig Jahren. Aber es gibt auch mehr Optionen, das heißt sehr viel mehr Möglichkeiten, Fehler zu machen.

INTERVIEWER: Aber vereinfacht Ihre umfassende Erfahrung denn nicht das alles?

WARNOCK: Oh doch. Das ist ein Tausch – viel Erfahrung gegen die Vitalität, die ich hatte, als ich jung war. Mit zunehmendem Alter mache ich vielleicht weniger falsche Schritte, aber ich habe nicht die Kraft loszulegen und so schnell wie früher voranzukommen.

»Man darf nie davon ausgehen, daß man etwas weiß, was andere nicht wissen.«

INTERVIEWER: Gehen Sie heute an ein Programm anders heran als früher? Haben Sie eine andere Methode? Planen Sie alles genau?

WARNOCK: Ich stelle eine Menge Überlegungen an, ehe ich etwas beginne. Es macht mir nichts aus, es wegzuwerfen. Es ist sehr wichtig, daß ein Programmierer einen Teil eines Programms wie ein schlechtes Kapitel eines Buches betrachten und ihn ohne zu Zögern wegwerfen kann. Niemals von einer Idee zu begeistert sein, niemals hartnäckig an etwas festhalten, ohne es wegwerfen zu können, sollte die Einstellung jedes Programmierers sein.

Außerdem darf man nie davon ausgehen, daß man etwas weiß, was andere nicht wissen. Da lauert immer so ein schlauer Bursche, der mit einem besseren Algorithmus kommt, oder der für eine spezielle Aufgabe eine einfachere Lösung findet. Einer der Tricks in unserem Gewerbe ist, dies rechtzeitig zu erkennen, es schnell zu übernehmen und sofort auszuschöpfen, ohne zu sagen »Was geht mich das an?«, weil man es auf seine eigene Weise machen will.

INTERVIEWER: Was kennzeichnet ein gutes Programm?

WARNOCK: Wenn man mit einem guten Programm einen Leistungstest macht, sieht die Leistung ausgewogen aus. Das beweist, daß im Code keine Engpässe sind. Die Ausgewogenheit macht das Programm gut. Das ist sicher kein besonders schlauer Trick.

Ich bin in diesem Geschäft seit 1963, schreibe also seit über zwanzig Jahren Programme. Mit der Erfahrung sammelt man auch über die Jahre Hunderte von Algorithmen; man erinnert sich an Tricks, die man gelernt hat, und man erinnert sich an Fehler, die man gemacht hat und die Wege, die man zu gehen versuchte, die aber keine Lösung brachten. Man erinnert sich an alles, was man verkehrt gemacht hat und alles, was richtig war. Aus dieser Auswahl wird nun eine Vorspeise gewählt, um sozusagen ein gutes Menü zusammenzustellen, um eine gegebene Aufgabe zu lösen. Hier und da kann ein hervorragendes Gericht zustandekommen, zusammen aber kann das wie Hundefutter schmecken. Ein gut aufeinander abgestimmtes und gelungenes Essen zusammenzustellen, erfordert einen guten Koch. Die Teile eines Programms auf die gleiche Art zusammenzustellen, das kennzeichnet den guten Programmierer.

INTERVIEWER: Wie unterscheidet sich der gute Programmierer vom durchschnittlichen?

WARNOCK: Das ist schwierig zu sagen. Bei einem Einstellungsgespräch kann man den guten Programmierer normalerweise nicht vom schlechten unterscheiden. Es ist so, als wenn man eine Dichterlesung hört. Man kann während des Gesprächs nicht wissen, wie gut ein Autor ist, wenn man ihn interviewt. Hat aber ein Autor mehrere preisgekrönte Romane geschrieben, weiß man, wo das Talent liegt. Wir stellen die meisten unserer Leute aufgrund von Mundpropaganda ein. Wenn man eine Zeitlang in diesem Geschäft war, dann lernt man eine Menge Leute kennen. Man kann ziemlich genau denjenigen finden, den man gerade sucht, weil man sich am beruflichen Werdegang orientieren kann.

INTERVIEWER: Es gibt keine festgelegten Regeln?

WARNOCK: Mir sind noch keine untergekommen. Die verschiedenen Persönlichkeiten und ihre unterschiedlichen Talente in diesem Geschäft sind überwältigend. Einige sind wirklich gut für bestimmte Programmieraufgaben und andere sind auf anderen Gebieten gut. Das ist wie beim Schreiben einer Komödie im Vergleich zum Schreiben eines Dramas.

INTERVIEWER: Wann haben Sie sich zum ersten Mal für Computer und Programmieren interessiert?

WARNOCK: Ich wollte Professor an einem College werden und Mathematik unterrichten. Als Student höheren Semesters suchte ich 1963 einen Ferienjob. Ich war ein bißchen spät dran und der einzige Ferienjob, den ich finden konnte, war die Runderneuerung von Autoreifen bei Firestone. Bei dieser Arbeit war es heiß, dreckig und unglaublich laut. Bereits nach drei Wochen sagte ich: »Ich habe einen Magister in Mathematik, das habe ich gar nicht nötig.«

Ich ging zum örtlichen IBM-Büro und bewarb mich um einen Job. Ich mußte alle Tests über mich ergehen lassen und dann bekam ich ein Angebot mit unglaublich hohem Gehalt. IBM schickte mich nach Seattle und Los Angeles zum Training, um mich zum Systemtechniker auszubilden. Dann gab mir IBM die beiden größten Gebiete im Salt Lake Distrikt.

Nach einer Weile entschloß ich mich, von IBM wegzugehen, um zur Universität Utah zurückzukehren und meinen Doktor in Mathematik zu machen. Dann habe ich geheiratet und nun brauchte ich einen richtigen Job, um uns ernähren zu können, also arbeitet ich am Computerzentrum in der Uni. So bin ich zur Informatik gekommen.

»Mein großes Glück war, daß ich nicht zu früh mit Computern konfrontiert wurde.«

INTERVIEWER: Wenn Sie Ihre Ausbildung noch einmal wählen könnten, würden Sie sich für Mathematik oder Informatik entscheiden?

WARNOCK: Nun, Mathematik hat mir schon immer gefallen, es macht mir Spaß, Probleme zu lösen. Mein großes Glück war, daß ich nicht zu früh mit Computern konfrontiert wurde.

INTERVIEWER: Weshalb wäre es nicht gut gewesen, früher etwas über Computer zu lernen?

WARNOCK: Ich habe das Universitätsstudium bis zum ersten Diplom durchlaufen, also habe ich eine gute und solide liberale Ausbildung. Ich finde, daß es besonders in der Mathematik, in Englisch und den Naturwissenschaften wichtig ist, eine solide Grundlage zu haben. Später nach dem ersten Diplom ist es okay, soviel wie möglich über Computer zu lernen.

Will man wirklich erfolgreich sein, ist der vernünftigste Weg, an das Problem heranzugehen, wenn man sich die Kultur der Gesellschaft angeeignet hat und sich dann mit Computern befaßt. Mir gefallen Computer deshalb, weil man mit ihnen Dinge machen kann, die man in der Mathematik nur zu Papier bringen kann. Man bekommt ein greifbares Ergebnis. Und fehlerfreie Programme zu erstellen, sie tatsächlich zum Funktionieren zu bringen, ist faszinierend. Endlich kann man der Maschine Parameter vorgeben und sie gibt einem die korrekten Antworten.

Das macht wirklich Spaß; es ist höchst befriedigend, vergleichbar vielleicht mit dem Bergsteigen. Es ist wie bei vielen Aktivitäten im Leben: Wenn man Erfolg hat und alles richtig funktioniert, fühlt man sich gut und es macht einen Riesenspaß.

INTERVIEWER: Als Sie noch am PARC waren, hätten Sie sich damals vorstellen können, daß Sie einmal ein Unternehmen wie das Ihre heute haben würden?

WARNOCK: Nein. Das Geschäft anzufangen war interessant. Ganz zu Anfang haben wir uns überlegt, wo eine Marktlücke ist, und wir entschieden uns für das Dienstleistungsgeschäft. Wir konnten elektronische Drucker bauen, mit denen durch Personalcomputer Ausdrucke abgerufen werden konnten. Dann baten wir Hambrecht und Quist um Risikokapital, aber dort wurde uns gesagt, das Dienstleistungsgeschäft sei nichts. Das Dienstleistungsgeschäft ist etwas, über das die Risikokapitalgeber nicht mit einem reden. In finanzieller Sicht ist das ein äußerst kritisches Gebiet und der einzige Weg, Geld dabei zu verdienen ist, wenn man sich gut verkauft. Das ist wirklich schwierig, außer man ist ein wirklich guter Verkäufer und das waren wir nicht.

Wir überlegten uns, daß wir einen eher traditionellen Geschäftsplan brauchten. Wir entwarfen eine Workstation mit Software zur Dokumentationsaufbereitung, schlossen Laserdrucker und Satzmaschinen an, und verkauften Dokumentationssysteme. Das ist der gleiche Geschäftsplan wie ViewTech, Interleaf, XYVision und Texet – und wie sie alle heißen. Es war der gleiche Plan, den alle anderen auch hatten.

Nach drei Monaten Arbeit und nach Gesprächen mit verschiedenen bedeutenden Computerfirmen sahen wir ein, daß dies kein sehr kluger Plan war. Wir hätten ein Vertriebsnetz und eine Produktionsstätte aufbauen müssen. Im Grunde hätten wir ein ganzes Unternehmen aufbauen müssen. Ganz offensichtlich fehlte uns hier das Fachwissen.

Wir hatten aber das Fachwissen, besondere Teile der Software, die von den Computerfirmen gebraucht wurden, zu bauen. Also änderten wir unseren Plan und wurden ein OEM-Zulieferer von Software. Wir brauchten uns nicht mit Produktion, Marketing oder Vertrieb plagen. Und wir konnten die Computerleute ganz einfach beliefern. Dieser Plan erwies sich als gut.

INTERVIEWER: Glauben Sie, daß die Computer der Zukunft im Grunde die gleichen wie heute sein werden? Oder sehen Sie drastische Änderungen?

WARNOCK: Betrachtet man die Änderungen der letzten vier oder fünf Jahre, dann denke ich, wird eine Voraussage sehr schwierig. Die Entwicklung der Technologie in diesem Zeitraum war unglaublich. Vor fünf Jahren waren beispielsweise 64-KByte-Chips alles was es gab. Heute sprechen wir von Megabyte-Chips und CD-ROM. Ich sehe keine Anzeichen, daß das Wachstum langsamer wird. Heute weiß niemand, um was es sich bei der nächsten Innovation handelt. Das Zeitalter der Information ist ganz einfach ein riesiges Feedback, jedes neue zur Verfügung stehende Werkzeug wird als Basis benutzt, ein neues weitaus besseres Werkzeug zu bauen. Das Wachstum wird wahrscheinlich weitaus explosiver werden.

»Die Gesellschaft hängt heute völlig von der Technologie ab, und ich sehe keinen Grund, warum sich das ändern sollte.«

INTERVIEWER: Welche Rolle werden Computer Ihrer Meinung nach in Zukunft in der Gesellschaft spielen?

WARNOCK: Lesende und schreibende Computer werden ein wichtiger Bestandteil werden. Die Menschen haben täglich mit Computern zu tun, ohne sich dessen bewußt zu sein. Eine entsprechende Verbesserung der Benutzerschnittstellen wird unumgänglich werden, damit die Menschheit effektiver mit den Maschinen umgehen kann; das geht Hand in Hand. Die Gesellschaft hängt heute völlig von der Technologie ab, und ich sehe keine Grund, warum sich das ändern sollte.

INTERVIEWER: Was, glauben Sie, wird mit dem Verlagswesen geschehen?

WARNOCK: Das Verlagswesen übernimmt technische Innovationen sehr viel schneller als ich erwartete. Ich glaubte, daß dieser Reifeprozeß Jahre dauern würde und daß er durch eine langsame Evolution zu elektronischen Verlagstechniken führen würde. Doch es geschieht mit unglaublicher Schnelligkeit. Die führenden Verlage übernehmen die Technologie sofort. Die Knight-Ridder-Kette verwendet viele Laserdrucker und Macintosh-Computer. Die Gannet-Zeitungskette hat eine Reihe Laserdrucker erworben. Die Hearst-Zeitungskette hat einige gekauft, und kürzlich haben wir erfahren, daß Associated Press PostScript-Programme durch den Äther jagt. Das ist höchst erfreulich, weil die ersten Laserdrucker erst vor ein paar Monaten auf den Markt kamen. Ich hatte geglaubt, daß die Akzeptanz mehrere Jahre brauchen würde und nicht nur wenige Monate.

Viele Firmen machen heute ihre eigenen Firmenzeitung mit Macintosh-Computern und Laserdruckern, anstatt sie zum Setzen außer Haus zu geben.

Die Menschen sehen den Vorteil der neuen Technologie. Die Büros, der traditionelle Textverarbeitungsmarkt, geht aufgrund der verbesserten Qualität schnell zu Laserdruckern über.

INTERVIEWER: Wie lange, denken Sie, wird es dauern, bis die Qualität der Laserdrucker mit denen der Satzmaschinen vergleichbar ist?

WARNOCK: Das wird noch eine Weile dauern. Gewisse physikalische Eigenschaften der Toner-Bestandteile und andere Probleme erschweren es, eine höhe Auflösung zu erzielen. Satzmaschinen sind von Natur aus sehr präzise arbeitende Einrichtungen und es ist schwierig, das zu reproduzieren.

In der Kopiertechnologie muß das grundlegende Problem der Größe der Tonerbestandteile bewältigt werden. Sie arbeitet mit kleinen Kondensatorspeichern, es kommt also darauf an, wie klein die ladungsgekoppelten Bauelemente sein dürfen, damit sie immer noch auf den Toner wirken. Die Qualität ist heute gut, aber wenn man mit Satzmaschinen erstellte Seiten unter der Lupe mit kopierten vergleicht, kann man erkennen, daß die Kopiertechnologie noch hinterherhinkt. Vielleicht wird einigen der thermischen Technologien und der Tintenstrahl-Technologien noch vor der Kopiertechnologie Erfolg beschieden sein.

Satzmaschinen werden billiger werden und die Qualität der Kopierer wird besser werden. Die Kopierer werden auch billiger werden. In ein paar Jahren werden Laserdrucker für etwa 2000 Dollar auf dem Markt vertrieben werden. Ich glaube, daß die Schreibmaschinen mit Schriftarten mit festgelegtem Zeichenabstand durch qualitativ hochwertige Schriften ersetzt werden – wenigstens hoffe ich das.

INTERVIEWER: Was ist das Erfolgsgeheimnis in dieser Industrie?

WARNOCK: Um Erfolg zu haben, muß man sich hochtalentierte Mitarbeiter suchen, die sich in ihren Fähigkeiten ergänzen. Das ist das Geheimnis des Erfolgs.

INTERVIEWER: Wie gehen Sie an das Programmieren heran?

WARNOCK: Ich weiß nicht, ob es da einen bestimmten Weg gibt. Einige Punkte habe ich bereits erwähnt. Nicht zu schnell festlegen, Entscheidungen nicht voreilig, sondern erst dann treffen, wenn es sein muß. Immer etwas genereller bleiben als man für erforderlich hält, das ist wichtig und darauf muß man achten, um zu einem guten Ergebnis zu kommen. Etwas schnell zum Funktionieren bringen und es auch notfalls wegwerfen können.

Aus den kleinen Erfahrungen Lehren ziehen, nicht aus den großen. Kein zweijähriges Entwicklungsprojekt durchziehen, ohne ein Ergebnis nach der Hälfte der Zeit erzielt zu haben. Alle zwei Monate sollten Resultate vorliegen, dann kann man auswerten, umgruppieren und neu beginnen.

Häufig legen sich die Programmierer von Anfang an zu stark fest. Sie haben eine zentrale Idee und beginnen am ersten Tag mit der Codierung. Dann merken sie, daß sie sich wie auf konzentrischen Kreisen bewegen, weil alles durch die Abhängigkeit von so vielen anderen Faktoren viel größer wird. Wenn man das Ganze lockerer und freier laufen läßt und gegen Ende dann schneller arbeitet, kommt man im ganzen gesehen zu einem besseren Produkt.

INTERVIEWER: Warum, glauben Sie, tendieren Sie mehr zur Software als zur Hardware?

WARNOCK: Das ist der Mathematiker in mir. Ich bevorzuge das Abstrakte. Ich spiele lieber mit Ideen und Kombinationen von Ideen als mit Kombinationen von Objekten. Ich war noch nie technisch begabt.

INTERVIEWER: Was gefällt Ihnen am Softwareschreiben?

WARNOCK: Es ist jedesmal eine Herausforderung. Für mich ist Softwareschreiben wie die Arbeit eines Schriftstellers, wie ganz normales Schreiben. Man bemüht sich, Ideen und Konzepte so zu kombinieren, daß die Menschen aufhorchen, etwas, das neu und aufregend ist. Das Softwaregeschäft ist wie das Verlagswesen. Man verkauft Ideen, das ist Ihre Ware. Mir gefällt das, weil ich es ziemlich gut kann und ich hatte Erfolg, weil mir dazu ein paar gute Ideen eingefallen sind. Das ist schon toll.

INTERVIEWER: Welche der Ideen für die Software stammen von Ihnen?

WARNOCK: Die bedeutendste ist die Arbeit an den unsichtbaren Oberflächen in Utah. Das war damals sehr originell, und viele Programme wurden darauf aufgebaut. Es macht mir ungeheueren Spaß, eine Lösung für etwas zu finden, das schwierig aussieht und es dann einfach aussehen zu lassen. Das hat Ivan Sutherland so berühmt gemacht. Er konnte jedes Problem analysieren, es zerlegen und dann einfach aussehen lassen. Auf diesem Gebiet war er hervorragend.

Außerdem freue ich mich, wenn die Menschen die Dinge verwenden, die ich gemacht habe. Bei Xerox war ich ziemlich frustriert, weil ich tolle Produkte auf den Markt kommen sah und wußte, daß ich das auch konnte. Eine Zeitschrift durchzublättern und Abbildungen und Anzeigen zu sehen, die mit den Laserdruckern gemacht sind, ist phantastisch. Ich freue mich wirklich, wenn ich sehe, daß andere Leute die Früchte meiner Entwicklungen benutzen. Das ist das Höchste.

INTERVIEWER: Wie sieht Ihre Arbeitsroutine aus? Arbeiten Sie vorwiegend im Büro oder zu Hause?

WARNOCK: Ich arbeite zu Hause, aber auch im Büro, und ich reise oft. Ich rede mit den Kunden und halte Reden bei Konferenzen. Im Augenblick besteht meine Arbeit aus einer Kombination von wenig Schreibtischtätigkeit und vorwiegend Außendienst.

INTERVIEWER: Hat sich Ihr Leben bedeutend geändert, weil Sie nun selbständiger Unternehmer sind?

»Wie bei den meisten Projekten braucht man für die letzten zwei Prozent etwa 50 Prozent der Gesamtzeit.«

WARNOCK: Ja. In den ersten anderthalb Jahren widmete ich mich fast ausschließlich der Entwicklung, damit alles funktionierte. Jetzt ist das Projekt in der Marketing-, Public Relations- und Kundendienstphase. Den vorwiegenden Teil jedes Tages verbringe ich damit, mich mit Leuten zu treffen und mit Firmen zu verhandeln, mit Vizepräsidenten von Firmen zu reden und Verträge zu unterzeichnen. Das macht mir Spaß. In diesem Jahr ist es ein bißchen anders als im vorigen Jahr, und letztes Jahr war ein bißchen anders, als das Jahr zuvor. Aber genau darum geht es ja.

INTERVIEWER: Wieviele Mitarbeiter haben während der Entwicklungsperiode an PostScript gearbeitet?

WARNOCK: PostScript hat wahrscheinlich zwanzig Mannjahre für die Entwicklung gebraucht. Es handelt sich um ein ziemlich gewichtiges Programm, wenn Sie alle die Schriftarten bedenken. Im Laserdrucker haben wir ein halbes Megabyte ROM eingebaut und nichts durfte falsch sein. Alles ist eine Einheit und gehört zusammen. Ich glaube, daß dies eines der größten Einzelprogramme ist, das je in einem Festwertspeicher untergebracht wurde. Die Tests durchzuführen war eine der entnervendsten Zeiten hier.

INTERVIEWER: Welches war das größte Problem bei der Entwicklung von PostScript?

WARNOCK: Wie bei den meisten Projekten braucht man für die letzten zwei Prozent etwa 50 Prozent der Gesamtzeit. Das Programm dann wirklich gut zusammenzubauen, nahm eine gewisse Zeit in Anspruch. Dann muß man sich vergewissern, daß er bei allen Kommunikationsprotokollen anwendbar ist, daß alle Unterbrechungen möglich sind und was sonst dazugehört, ohne daß er zusammenbricht.

INTERVIEWER: Bevorzugen Sie grundsätzlich eine Programmiersprache?

WARNOCK: Die Leute hier haben genug Erfahrung, so daß sie nicht unbedingt etwas bevorzugen. Wir verwenden das, was die vernünftigste Umgebung und Compiler hat. Wenn Sie erst einmal ein halbes Dutzend gelernt haben, ist das nächste halbe Dutzend nicht schwer zu lernen.

INTERVIEWER: Aus welchem Grund verwenden die Designer Ihrer Meinung nach so wenige Sprachen?

WARNOCK: Es besteht kein Grund für eine große Auswahl. Manche Leute richten sich nach einem gewissen Designentwurf, so wie das bei Mesa war. Dann stellte sich heraus, daß dreißig bis vierzig Programmierer ein riesiges System zusammenschrieben, daher wurde es speziell für diesen Prozeß ausgelegt. Wenn Sie glauben, gute Software würde so geschrieben, dann wäre das die Sprache, die Sie entwerfen würden. Ich bin jedoch der Meinung, gute Software wird von kleinen Teams von zwei, drei oder vier Personen gemacht, die eng zusammenarbeiten. So entstehen die besten Programme. Ich würde versuchen, ein System so aufzubauen, daß es ganz unmöglich wäre, zwanzig Mitarbeiter daran arbeiten zu lassen.

INTERVIEWER: Weil sonst zu viele Ideen zusammenfließen? Oder zu viele unterschiedliche Wege eingeschlagen werden, ein Design anzugehen?

WARNOCK: Es gibt zu viele Methoden und Schnittstellen. Irgendwann habe ich gehört, daß jedes Programm, die Organisation, in der man arbeitet, widerspiegelt. Am PARC war das Informatikzentrum ganz flach organisiert unter der Leitung von Bob Taylor. Aber sie brauchten ein gemeinsames Werkzeug für diese in verschiedene Richtungen gehende Gruppe, weil etwa dreißig Personen an diesem einen riesigen Programmiersystem arbeiteten. So waren Mesa und seine Programmierumgebung ein Modell für den Arbeitsstil am PARC.

Adobe wurde als ganz kleines Unternehmen mit einem halben Dutzend Mitarbeitern gegründet. Der Code wurde von einem halben Dutzend Leuten geschrieben, das zeigt sich in der Struktur. Gewisse Teile gehören zu Person X, und gewisse Teile gehören zu Person Y, sie alle haben ihren eigenen Charakter und ihre eigenen Schnittstellen. IBM dagegen ist ein riesiges Unternehmen und ihr Programmcode ist gewunden, mit einer gewissen Eigendynamik und verschiedenen Strategien, die die einzelnen Abteilungen des Unternehmens widerspiegeln. Als Grundregel gilt ganz einfach, wenn man etwas einfach halten will, dann muß die Organisation dahinter auch einfach sein.

INTERVIEWER: Was passiert, wenn kleine Unternehmen sich zu einer großen Gesellschaft ausdehnen?

WARNOCK: Da sollte man von Hewlett-Packard lernen: Man macht daraus zwanzig unterschiedliche kleine Unternehmen. Immer wieder neu gruppieren und keine Riesenorganisation entstehen lassen, außer auf der Ebene, die sowieso keinen interessiert. Die Anzahl der Mitarbeiter so klein wie möglich halten und ihre Aufgabe fest im Auge behalten, projektorientiert, damit sie ihr Bestes geben können. Das wäre mein Bestreben.

INTERVIEWER: Was haben Mathematiker getan, ehe es Computer gab?

WARNOCK: Sich mit der Mathematik beschäftigt! Ich weiß nicht recht, ob die Mathematik heute so gut ist wie vor zehn Jahren. Die Zahl der Mathematiker weltweit ist wahrscheinlich stark zurückgegangen. Es scheint, daß ein Teil der frühen Theorien, die besten Theorien für die Computer, in den fünfziger Jahren entstanden. Die besten mathematischen Berechnungen für die Datenverarbeitung entstanden vor dem Erscheinen der Computer. Die Mathematiker schufen die Hauptgrundlage dessen, was ein Computer kann und was er nicht kann. Ich weiß nicht, ob heutzutage gute theoretische Arbeit für Computer gemacht wird. Ich nehme es an, aber es gibt keine große bedeutsamen Durchbrüche mehr, wie das früher war.

INTERVIEWER: Betrachten Sie Informatik als Wissenschaft?

WARNOCK: Nein, nicht im eigentlichen Sinne. Es ist mehr eine technische Disziplin; eine sehr wichtige technische Disziplin. Für mich bedeutet Wissenschaft die Suche nach Hypothesen, und Experimente durchzuführen, um Modelle für die Welt zu schaffen. Computer haben damit nichts zu tun. Sie sind sich selbst verwirklichende Prophezeiungen eines Modells in der Welt. Sie sind tolle Informationswerkzeuge; sie sind großartige Geräte der Gesellschaft, Informationen zu manipulieren und zu kontrollieren. Doch mir ist nicht klar, nach welcher Wahrheit die Informatik sucht.

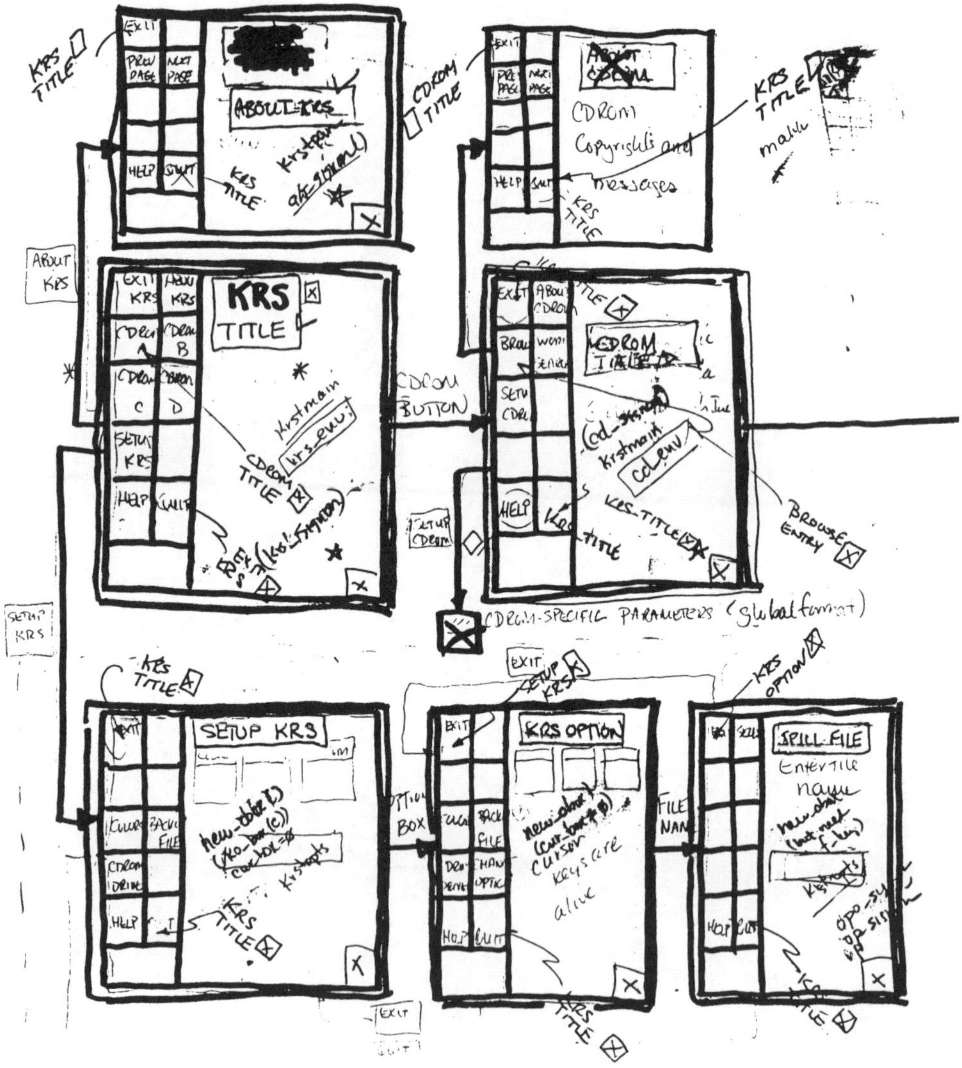

Gary Kildall machte diese Skizze während der Entwicklung des Knowledge Retrieval Systems, um den Aufbau des Menübaums grafisch darzustellen. Dem Anhang (Seiten 414-415) sind weitere Einzelheiten dieses Menüs zu entnehmen.

Gary Kildall

Als Gründer und Aufsichtsratsvorsitzender von Digital Research hat Gary A. Kildall zwischen 1972 und 1983 das erste Betriebssystem für Mikrocomputer entwickelt. Er nannte es CP/M (Control Program for Micros) Betriebssystem, und es war das erste Produkt seiner Firma. Außerdem entwarf er die Programmiersprache DR Logo für den IBM PC und entwickelte PL/1, eine der ersten höheren Programmiersprachen für Mikrocomputer.

Kildall wurde am 19. Mai 1942 in Seattle geboren und promovierte 1972 an der University of Washington in Informatik. Er ging anschließend zur Marine und unterrichtete Informatik an der Naval Postgraduate School in Monterey, Kalifornien, wo er auch nach seiner Verabschiedung aus der Marine weiter unterrichtete.

1984 gründete Kildall ein neues Unternehmen namens Activenture Corporation (vor einiger Zeit in KnowledgeSet Corporation umbenannt), um die potentiellen Marktchancen von optischen Platten zu untersuchen. 1985 gab Activenture bekannt, daß sie Grolier's Encyclopedia auf CD-ROM veröffentlichen würden. Kildall hat die Position eines Aufsichtsratsvorsitzenden von Digital Research inne und ist gleichzeitig Präsident der KnowledgeSet Corporation.

Wir fuhren an einem Montag morgen über den Highway I an der kalifornischen Küste entlang zu Digital Research. Die Landschaft ist eine der schönsten des ganzen Landes, und an der Küste verstreut liegen mehr Erholungsorte als Computerfirmen. Digital Research und KnowledgeSet, beide von Gary Kildall gegründet, sind zwei der wenigen High-Tech-Firmen in der Gegend. Ich konnte mir kaum erklären, wie sich jemand freiwillig in ein so typisch enges und schlecht beleuchtetes Büro einsperren konnte, um Programme zu schreiben, während draußen vor der Tür die wunderbarste Landschaft lockt. Aber Gary Kildall scheint keine Schwierigkeiten zu haben, sich auf seine Arbeit zu konzentrieren und sich die Schönheit seiner Umgebung für die Freizeit aufzuheben. Kildall legt für Arbeit und Freizeit den gleichen Eifer an den Tag. Zu seinem »Spielzeug« gehören ein neuer Lamborghini Countach, ein Pitts Doppeldecker für Kunstflug und ein Rolls-Royce.

Gary traf sich mit uns gegen Mittag in einem Konferenzzimmer. Er ist groß, hat rotes Haar und trägt einen gepflegten Bart. Zu knackig neuen Bluejeans nach Western Art trug er ein weißes Cowboyhemd und Stiefel. Er kam gerade von einem Wochenende in Tahoe, wo er, wie er uns gestand, zuviel gegessen hatte, und bestellte sich eine Diät-Pepsi, während der Rest von uns belegte Brote bestellte. Dann redete Gary auf seine zurückhaltende und kühl überlegende Art sehr ernsthaft und mit Begeisterung über das Programmieren. Tatsächlich hatten wir ihn für dieses Interview von der Arbeit am Quellcode für sein neuestes CD-ROM-Enzyklopädie-Projekt weggeholt. Eine der Gründe, warum er KnowledgeSet gründete, war, wieder zu den Grundlagen der Programmierung zurückzukehren und um Abstand von den Managementaufgaben seines ersten Unternehmens, von Digital Research, zu gewinnen, das recht groß geworden ist. Gary benutzte oft die weiße Plastiktafel, um Diagramme zu zeichnen oder um wichtige Punkte zu illustrieren, während er den exakten, kreativen Prozeß, den er beim Schreiben von Programmen durchläuft, die den Computer zum Funktionieren bringen, erläuterte.

INTERVIEWER: Sie unterrichteten an der Naval Postgraduate School. Angenommen, Sie würden wieder unterrichten, würden Sie es dann anders machen?

KILDALL: Wahrscheinlich nicht, weil ich auch nicht anders programmiere als damals. Ich würde den Kurs halten, der mir am meisten Spaß macht, nämlich Datenstrukturen. Er geht zu den Grundlagen des Programmierens zurück: das Problem zu vereinfachen. Ein Teil des Programmierprozesses ist, Lösungen für Probleme zu finden. Wie löst man ein komplexes Problem, sei es das Design eines Programms oder die Konstruktion eines Gebäudes? Man beginnt mit dem Punkt, von dem man glaubt, daß er zu schwierig ist, um eine Lösung dafür zu finden, und dann wird alles in kleinere Teile zerlegt. Das ist es, was ich den Leuten zu vermitteln versuche.

INTERVIEWER: Es ist schwierig, im Unterricht Prinzipien zur Lösung von Problemen zu vermitteln. Wie haben Sie das gemacht?

KILDALL: Ich sagte einmal am ersten Tag in einem Datenstruktur-Kurs: »Wir machen jetzt einen kleinen Test. Legen Sie die Bücher auf den Boden und nehmen Sie ein Blatt Papier. Ich möchte, daß Sie ein Programm schreiben, das symbolisch Differentialgleichungen löst. Bei einem vorgegebenen Polynom soll das Programm das Polynom differenzieren und zu einem symbolischen, keinem numerischen Ergebnis führen.« Die Studenten legten los, sie überlegten und die Köpfe rauchten. Ich gab ihnen etwa zehn Minuten Zeit und sagte dann, sie sollten nachdenken, wie sie an die Lösung des Problems herangehen. Welche Werkzeuge benutzten sie? Begannen sie, ein Programm zu schreiben? Dachten sie an die Mathematik? Fingen sie an, kleine Beispiele aufzuschreiben? Das ganze Semester über beschäftigten wir uns mit der Technik und den Werkzeugen für Problemlösungen. Dann, im Examen, gab ich ihnen wieder genau das gleiche Problem, das ich ihnen am ersten Tag gegeben hatte.

INTERVIEWER: Was waren die wichtigsten Prinzipien, die Ihre Studenten bei Abschluß Ihres Unterrichts gelernt hatten?

KILDALL: Ich lehrte sie zwei Dinge, die für Studenten unbedingt wichtig sind: das Lösen von Problemen und die für das Studium erforderliche Systematik. Wenn man weiß, wie man lernen muß, besteht man Prüfungen und man lernt eine Menge Tricks, sich relativ einfach durch das Studium zu lavieren. Und wenn man gelernt hat, Probleme zu lösen, kann man es im Leben zu etwas bringen.

INTERVIEWER: Wie würden Sie Ihren persönlichen Stil des Programmierens charakterisieren?

KILDALL: Ich richte mich nach ganz bestimmten Richtlinien, mit denen ich am besten zurechtkomme, andere kommen unter Umständen damit nicht so gut zurecht. Ich zeichne zuerst die Datenstrukturen, und dann verbringe ich viel Zeit damit, über sie nachzudenken. Ich denke auch an die Phasen, die das Programm durchlaufen muß, ehe ich anfange, Code zu schreiben.

Programme sind wie mechanische Dinge; die Art, wie ein Teil eines Programms mit einem anderen zusammenspielt, ist wie der Griff eines Zahnrads in ein anderes. Ein Programm zusammenzustellen ist beinahe wie das Zusammenbauen eines Getriebes. Der PL/1-Compiler, den ich vor einigen Jahren schrieb, ist ein gutes Beispiel. Die anderen sagten, es sei unmöglich, einen Compiler auf einem Mikrocomputer zu schreiben, aber nach ein paar Jahren Arbeit wurde er als einer der am besten optimierenden Compiler auf dem Markt angesehen.

Wenn die Datenstrukturen erst einmal entwickelt sind, schreibe ich einzelne Teile des Programms, die ich im weiteren Verlauf verbessere und anpasse. Ständiges Überprüfen bei der Arbeit gewährleistet, daß die Änderungen, die ich einfüge, genau zu lokalisieren sind; und wenn ich Probleme habe, finde ich sie sofort. Dieser ganze Vorgang iterativer Verbesserung erfordert Schnelligkeit, wenigstens für mich; es ist von höchster Wichtigkeit, schnell zu editieren, zu Ende zu kommen und Fehler zu korrigieren. Diese Methode funktioniert bei einem Großrechner oder einem Lochkarten-Batch-System weniger gut, weil man keine kleinen Änderungen durchführen und überprüfen kann.

INTERVIEWER: Bevorzugen Sie die Arbeit in einer Interpreterumgebung?

KILDALL: Nein. Die derzeitigen Interpreter gefallen mir nicht besonders. Ich hätte gerne einen für eine Systemsprache wie C, der einem bestehenden Compiler ähnlich ist, aber es ist fraglich, wie gut das funktionieren würde, weil die meisten Systemprogramme entweder leistungsorientiert oder zeitabhängig sind. Wenn ich einen wirklich leistungsfähigen Interpreter hätte – ähnlich dem, den ich bei der Entwicklung von PL/M oder jetzt eventuell für C verwende – könnte die Verwendung eines Interpreters lohnend sein.

INTERVIEWER: Wie kamen Sie zum Programmieren?

KILDALL: Eigentlich wollte ich Mathematiklehrer an der High-School werden und belegte Mathematik an der University of Washington. Aber ein Freund zeigte mir eine Fortran-Programmierkarte und meinte, das wäre etwas ganz Tolles. Das erweckte meine Neugierde und ich mußte herausfinden, was dahintersteckte. Ich belegte also zuerst einen Programmierkurs in Maschinensprache und gleich anschließend einen Kurs in Fortran, und das war's dann, es hatte mich gepackt. Mir wurde klar, daß mir das Programmieren aus genau den gleichen Gründen Spaß machte wie Modellbau, Autos und solche Dinge. Ich fand, ein Programm zu entwickeln, war dem allem sehr ähnlich.

INTERVIEWER: Können Sie sich an das erste Programm erinnern, das Sie geschrieben haben?

KILDALL: Ja. Ich berechnete die Zahl der Sekunden zwischen zwei wahllos herausgegriffenen Tageszeiten und zwei Kalendertagen. Das Programm gibt es noch, jedesmal wenn ich meinen Schreibtisch aufräume, fällt es mir in die Hände, wie alte Klamotten, die man im Schrank wiederfindet.

INTERVIEWER: Erinnern Sie sich and das erste professionelle Programm, das Sie geschrieben haben?

KILDALL: Ich schrieb es an der Schiffahrtsschule, die meinem Vater gehörte. Wir bereiteten von Hand Tabellen für Ebbe und Flut für einen Verlag bei uns in Seattle vor. Ich schrieb ein Fortran-Programm zur Berechnung der Gezeiten. Das war das erste Programm, an dem ich Geld verdiente – etwa 500 Dollar.

INTERVIEWER: Wie kam es dazu, daß Sie am CP/M-Betriebssystem arbeiteten?

KILDALL: Das Betriebssystem war eigentlich nur ein Bruchteil eines sehr großen Projekts. Ich arbeitete mit XPL, einer Sprache für Großrechner, die von Bill McKeeman in Stanford geschrieben wurde. Ich entwickelte eine ähnliche Sprache, PL/M genannt, eine Programmiersprache für Mikrocomputer. Ich versuchte, PL/M auf dem 8080-Mikroprozessor zu verwenden und mußte eine Schnittstelle für die Kommunikation mit einem Diskettenlaufwerk schreiben. Es stellte sich heraus, daß das Betriebssystem CP/M (Control Program for Micros) glücklicherweise auch sehr nützlich war.

INTERVIEWER: Während Sie CP/M entwickelten hatten Sie also keine Ahnung, daß es ein derartiger Erfolg werden würde?

KILDALL: Nein, ich wußte nicht, daß CP/M ein derartiger Hit werden würde, aber ich wußte ganz sicher, daß die Disketten einer werden würden. Ich hatte länger als eineinhalb Jahre mit Lochstreifen gearbeitet. Ein Diskettenlaufwerk kostete 550 Dollar und ein Lochkartenleser mehr als 2000 Dollar. Beim Kostenvergleich beider Laufwerke wurde mir klar, daß die Diskette ein wirtschaftlicher Erfolg sein mußte.

INTERVIEWER: Einige Programmierer werfen ihr Programm in den Papierkorb und fangen ganz neu an, wenn sie mit ihrem Code auf ein außergewöhnlich schwieriges Problem stoßen. Haben Sie das auch schon getan?

KILDALL: Nein, denn meine Probleme werden nie so groß, daß ich ganz neu anfangen muß. Ich fange niemals mit dem codieren an, ohne sicher zu sein, daß ich die richtige Datenstruktur habe. Wenn ich ein Programm auseinandernehme, dann liegt das meistens daran, daß die zugrundeliegenden Datenstrukturen nicht gut waren und nicht an den Algorithmen, die ich verwendet habe.

INTERVIEWER: Benutzen Sie Kommentare, wenn Sie Programme schreiben?

KILDALL: Selten, außer ganz zu Anfang, und dann kommentiere ich auch nur die Datenstruktur. Ich schreibe keinen Kommentar zum Code selbst, weil ich der Auffassung bin, daß ein anständig geschriebenes Programm sich selbst erläutert. Wenn ich erst einmal die Algorithmen festgelegt habe, schreibe ich das Programm direkt in die Maschine. Ich schreibe es auch nicht auf ein Blatt Papier, ehe es in den Computer eingegeben wird; das ist nicht unbedingt erforderlich. Der eigentliche Programmierprozeß flößt mir immer etwas Angst ein, weil ich weder weiß, ob ich den richtigen Code schreibe noch was ich als nächstes schreiben werde. Es scheint einfach aus mir herauszusprudeln. Manchmal wird mir klar, daß ein Programmteil nicht hundertprozentig richtig ist, aber ich weiß im Unterbewußtsein, daß er in bezug zu etwas anderem steht – das wird sich herauskristallisieren und letztendlich auch richtig sein, auch wenn ich beim Schreiben noch nicht genau weiß wie.

»Es macht Spaß, an einem Terminal zu sitzen und den Code einfach fließen zu lassen.«

Der Zauber bei der ganzen Sache ist, daß – an einem bestimmten Punkt angekommen – das Ganze plötzlich zu einer Einheit wird. Es ist wie bei der Booleschen Logik, die sich vereinfacht und weiter vereinfacht, und plötzlich stimmt's. Wenn ich den Punkt erreiche, an dem der Code lückenlos ist, bin ich sicher, daß das Programm funktioniert, und ich habe dann auch keinen Zweifel, daß ich den bestmöglichen Weg gefunden habe. Ich verstehe den Prozeß nicht völlig, aber bei mir funktioniert er, auch wenn ich ziemlich umfangreiche Änderungen an Datenstrukturen und Algorithmen vornehme.

INTERVIEWER: Ist das Schreiben eines Programms immer ein unvorhersehbarer und schwieriger Prozeß?

KILDALL: Nein. Wenn ich ohne Termindruck programmieren kann, ist das richtig entspannend. Manchmal, wenn ich auf einer längeren Flugreise bin, nehme ich einen kleinen tragbaren PC mit und programmiere nur so aus Spaß. Auch wenn man unter Termindruck steht, macht es Spaß, an einem Terminal zu sitzen und den Code einfach fließen zu lassen. Das mag ein wenig fremd klingen, aber es sprudelt einfach aus mir heraus; wenn ich einmal begonnen habe, muß ich nicht mehr darüber nachdenken.

INTERVIEWER: Ist es Ihnen jemals vorgekommen, daß ein Programm nicht so funktioniert hat, wie Sie sich das vorgestellt hatten?

KILDALL: Es ist die Ausnahme, daß jemand sich mit meinem Programm befaßt und dann sagt: »Das hätten wir viel besser machen können«, aber es kommt vor, daß er nicht lückenlos ist. Der Editor im DR Logo-Interpreter ist ein gutes Beispiel. Ich hatte Programmteile, von denen ich wußte, daß sie nicht ganz richtig waren – alles funktionierte prima, aber das Zusammenspiel der einzelnen Faktoren war nicht ganz richtig, irgend etwas stimmte nicht. Die Techniker, die den Code übernahmen, waren mit diesem Programmteil nicht zufrieden, aber wir hatten keine Zeit, Änderungen durchzuführen, weil das Produkt raus mußte. Man hofft zwar, daß so etwas nie eintritt, aber manchmal passiert es eben; dann macht man sich ans Werk und bringt es wieder in Ordnung und lernt gleichzeitig etwas über den eigenen Stil.

INTERVIEWER: Glauben Sie, man kann Programmieren üben so wie man das Klavierspielen übt?

KILDALL: Nun, in gewissem Sinn kann man es üben. Seymour Papert ist der Meinung, daß Kinder erfinderisch werden, indem sie mit Getrieben und anderen mechanischen Vorrichtungen spielen. Die Fähigkeiten, die man bei dieser Art Spiel lernt und übt, übertragen sich auch auf andere Gebiete. Papert spricht da ein Kindheitserlebnis an, das ich hatte. Mein Vater war ein hervorragender Handwerker. Ich konnte ihm stundenlang zuschauen, anschließend nahm ich auch Hammer und Nägel und versuchte, ihm nachzueifern.

Datenstrukturen, die Grundlagen der Programme, sind von Natur aus mechanisch, wie die Dinge, mit denen ich als Kind spielte. In diesem Sinne habe ich mich damals im Programmieren geübt. Der große Unterschied ist, daß ein Gegenstand aus Holz oder Stahl stundenlange körperliche Arbeit erfordert; wenn man es nicht richtig macht, muß man es komplett neu machen. Programme können sofort geändert werden.

INTERVIEWER: Wie kann man seine Möglichkeiten als Programmierer noch ausbauen?

KILDALL: Man muß die Arbeit anderer Leute studieren. Ihre Art und Weise, ein Problem zu lösen und das Werkzeug, das sie dazu benutzen, lassen einen die eigene Arbeit in einem anderen Licht sehen. Man muß nur ein paar Richtlinien beherrschen, ehe man ein Programm schreiben kann. Wenn Sie zum Beispiel Compiler schreiben, dann ist das erste, was Sie schreiben, ein Scanner, ein kleines Werkzeug, das häufig verwendet wird. Wenn Sie diese Werkzeuge beherrschen, ist der Rest nur noch Zusammenfügen einzelner Teile. Sie holen sich die Teile von überall her und fügen sie zusammen. Genaues Ansehen der Programme anderer gibt Ihnen neue Ideen für die Entwicklung zusammenpassender Programme. Aus diesem Grund habe ich als Lehrer viel Zeit dafür verwendet, den Studenten saubere Algorithmen zu zeigen, die ich irgendwo gefunden hatte.

INTERVIEWER: Sie haben uns erzählt, wie Sie anderen etwas beigebracht haben. Hat irgend jemand oder irgend etwas Ihren Programmierstil beeinflußt?

KILDALL: Ich bin sehr pragmatisch. Ich baue gern schnelle und kleine Programme, und verwende klare, präzise Algorithmen. Diesen Stil habe ich von der frühen Burroughs 5500, einer für ihre Zeit sehr fortschrittlichen Maschine, die auf der ALGOL-Philosophie der blockstrukturierten Sprachen basierte. Der ALGOL-Compiler war mit Sicherheit eines der hübschesten Programme jener Zeit. Ich verbrachte Stunden damit, den Compiler zu korrigieren und zu ändern. Die intensive Arbeit damit beeinflußte meine Denkweise über das Programmieren und meinen Stil grundlegend. Glücklicherweise wurde die ALGOL-Philosophie die Basis für das Design beliebter Programmiersprachen wie Pascal und C, so daß dieser Stil für mich nur von Vorteil sein kann.

INTERVIEWER: Man hört so viel über die verrückten Arbeitsweisen der Programmierer. Wie ist das bei Ihnen? Haben Sie eine bestimmte Arbeitsweise?

KILDALL: Mein Arbeitsrhythmus ändert sich mit der Entwicklung des Programms. An gewissen Punkten wird der Code explosiv, dann habe ich alles gleichzeitig in meinem Kopf: alle Variablennamen, und welche Beziehung sie zueinander haben, wo die Zeiger anfangen und wo sie enden, Plattenzugriff usw. Alle möglichen Dinge gehen mir durch den Kopf, und ich kann sie nicht zu Papier bringen, weil ich sie laufend ändere. Ich bräuchte mehr Zeit für das Aufschreiben als für das Programmieren selbst, und das Projekt würde niemals innerhalb einer angemessenen Zeitspanne fertig.

Wenn die Datenstrukturen so neu sind, verlangen sie einem eine hohe Konzentration ab, damit man sie im Kopf behält. Wenn ich an diesem Punkt bin, fange ich um 3 Uhr früh an und arbeite etwa bis 18 Uhr. Nach dem Abendessen gehe ich früh zu Bett, stehe am nächsten Morgen wieder früh auf und arbeite konzentriert.

Wenn es etwas ruhiger und weniger hektisch ist, kommen mir die Lösungen für die nächste Phase. Wenn ich versuche, ein Problem zu lösen, das aus einer Serie von Stufen besteht, gehe ich sie der Reihe nach an – Stufe A, Stufe B und dann Stufe C. Ich habe es versucht, aber ich kann nicht an C arbeiten, ehe nicht B fertig ist.

Wenn weniger zu tun ist, mache ich Kurzurlaub, denn ich möchte das Leben genießen. Durch das Fliegen gewinne ich Abstand. Das wirkt sich positiv auf meine Arbeit aus, denn ich komme jedesmal mit neuen Ideen zurück.

INTERVIEWER: Hat das Fliegen noch andere Auswirkungen auf Ihre Programmiertätigkeit?

KILDALL: Ich hoffe zuversichtlich, daß meine Programmierplanung besser als mein fliegerisches Können ist. Ich habe gehört, daß eine ganze Reihe von Programmierern auch Flieger sind. Ich weiß, daß Charles Simonyi einen Hubschrauber fliegt. Und Fred Gibbons und Vern Rayburn haben auch ein Faible für das Fliegen.

»Wenn ein Programm ganz auseinandergenommen ist, ist es wie ein Auto, das in seine einzelnen Bauteile zerlegt ist.«

Programmierer fliegen gern, denn das ist ein mechanischer Vorgang, genau wie das Programmieren. Außerdem mögen Computerfreaks alle möglichen Instrumente, und im Flugzeug wimmelt es davon. Da sind Anzeigen und Rädchen und Knöpfe, mit denen man herumspielen kann. Das Spiel selbst wird ein wenig gefährlich, denn es handelt sich um ein echtes Flugzeug, nicht um ein Videospiel. Computer sind sehr abstrakt, aber Flugzeuge sind Realität.

INTERVIEWER: Sind Sie es manchmal leid, zu programmieren?

KILDALL: Ich finde meine Arbeit nicht langweilig, falls Sie das meinen. Wenn ich im Urlaub bin, freue mich schon wieder darauf. Nur wenn der Code explodiert, freue ich mich nicht darauf, zurückzukehren. Dann wird es anstrengend, weil ich unter Druck arbeiten muß, um das Programm neu zusammenzufügen. Wenn ein Programm ganz auseinandergenommen ist, ist es wie ein Auto, das in seine einzelnen Bauteile zerlegt ist. Die Teile liegen in der Garage auf dem Boden verstreut, weil das defekte Teil ausgetauscht werden muß. Es ist unendlich schwierig, ein Programm wieder auf die Grundlinie zu bringen.

INTERVIEWER: Gibt es bei Ihrer Arbeit etwas, was Sie ästhetisch besonders anspricht?

KILDALL: Eine ganze Menge. Ist ein Programm sauber und ordentlich, gut strukturiert und konsistent, dann kann es wunderschön sein. Wahrscheinlich würde ich ein Programm nicht mit der Mona Lisa vergleichen, aber es ist von anziehender Schlichtheit und Eleganz. Stilistische Unterschiede verschiedener Programme sind faszinierend, wie die Unterschiede, die Kunstkritiker vielleicht zwischen Leonardos Mona Lisa und einem Van Gogh sehen. Mir gefällt die Programmiersprache Lisp ganz besonders, weil sie so angenehm ist. Es gibt eine spezielle Form von Lisp mit dem Namen M. Schreibt man einen Algorithmus unter Verwendung von M, ist er so wunderschön, daß man ihn am liebsten rahmen ließe, um ihn an die Wand zu hängen.

»Nur wenn der Code explodiert, freue ich mich nicht darauf, zurückzukehren.«

Als ich an meiner Dissertation arbeitete, versuchte ich ein schwieriges Problem der Datenflußanalyse zu lösen. Ich wußte, daß es eine Lösung geben mußte, aber ich konnte sie nicht finden. Endlich, als ich ein klares mathematisches Modell hatte, programmierte ich die Algorithmen in Lisp. Ich brauchte nur zwei Stunden, um das Programm zu schreiben, und es war umwerfend schön; es machte genau das, was ich von ihm wollte. Zu diesem Zeitpunkt hatte ich keinen direkten Beweis, daß das Programm funktionierte, aber jedes Beispiel, das ich in Lisp laufen ließ, funktionierte genau, wie ich es mir vorgestellt hatte. Ich schrieb das gleiche Programm in XPL, das ist eine Systemsprache für Compiler. Später, als ich den Beweis hatte, daß das Programm korrekt war, fand ich heraus, daß es das Konzept des hübschen Lisp-Programms zur Grundlage hatte und nicht die Konzepte des relativ häßlichen XPL-Programms.

INTERVIEWER: Betrachten Sie Programmieren als Kunst oder Wissenschaft?

KILDALL: Ein gewisser Teil ist Kunst. Aber ein Großteil des Programmierens ist Erfindung und Technik. Das ist wie bei einem Tischler, der genau weiß, wie der Schrank, den er machen will, aussieht. Er kämpft mit Design und Konstruktion, um die physikalische Formgebung zu erhalten. Das ist genau das, was ich beim Programmieren mache.

Programmieren ist zu einem gewissen Grad auch Wissenschaft. Experimentelle Wissenschaft bedeutet Hypothesen aufstellen, Dinge auszuprobieren und die Ergebnisse zu vergleichen, und in diesem Sinne ist das Programmieren eine Wissenschaft. Man hat vielleicht ein Konzept, wie ein Zugriffssystem funktionieren sollte, aber man muß es erst mit ausreichenden

Daten laufen lassen, ehe der Mechanismus in Bewegung gerät und Statistiken erstellt werden.

Aber bedenken Sie, daß ich auf ein Gebiet des Programmierens spezialisiert bin: Compiler, Betriebssysteme, Zugriffssysteme und andere Systemsoftware. Ein auf Grafik spezialisierter Programmierer zum Beispiel, denkt vielleicht völlig anders über das Programmieren. Weil Grafikprogrammierer sich mehr mit der physikalischen Seite befassen – zum Beispiel, wie Lichtquellen Objekte beeinflussen – kann ihre Arbeit mehr Mathematik und Wissenschaft beinhalten. Wissen Sie, ich glaube auch, daß das Programmieren für viele Menschen eine Art Religion ist.

»Ich glaube, daß das Programmieren für viele Menschen eine Art Religion ist.«

INTERVIEWER: Was genau meinen Sie damit, das Programmieren könnte für viele Menschen eine Religion sein?

KILDALL: Nun, wenn Sie mit einer Gruppe von Programmierern reden, die mit der gleichen Sprache arbeiten, dann klingen sie wie Prediger. Sie bilden eine feste Gemeinschaft, halten an einem gewissen Glauben fest und befolgen gewisse Regeln beim Programmieren. Es ist wie eine Glaubensgemeinschaft mit einer Programmiersprache als Bibel.

Forth ist ein gutes Beispiel, es ist eine Programmiersprache, die für viele Menschen fast zur Religion geworden ist. Als Forth auf den Markt kam, wurde behauptet, jeder Algorithmus könne zehnmal schneller gemacht werden. Das war eine typische Behauptung. Wollten Sie über dies oder jenes argumentieren, fanden Sie schnell heraus, daß Sie gegen eine Wand redeten, und der Eintritt in die heilige Stätte wurde Ihnen entschieden verwehrt. Selbstverständlich will ich nicht abfällig über die Leute reden, die diese Sprache anwenden. Es ist eine recht hilfreiche Gruppe und eine effektive Sprache, lediglich die Diskussionen entbehrten der Vernunft. Sie basierten auf Glauben. Wenn ich das hier sage, werde ich wahrscheinlich tausend Briefe zum Thema Forth und die Religion erhalten. Auf der anderen Seite ordne ich mich auch nicht in eine spezielle Kategorie ein. Ich könnte über die Wunder von Lisp einen ganzen Tag lang predigen.

INTERVIEWER: Welche Rolle, glauben Sie, werden Computer in Zukunft spielen?

KILDALL: Im Grunde geht unsere Technologie dahin, mechanische Vorgänge zu vereinfachen. Das ist der Grund, weshalb Computer so erfolgreich sind: Wir ersetzen Zahnräder, Rädchen und Relais durch Röhren und dann durch Halbleiter. Nehmen wir das Auto als Beispiel. Mehr und mehr am Auto, wie am 1984er Corvette, wird von Halbleitern übernommen. Wenn Halbleiter Geschwindigkeitsmesserkabel und Tachometer ersetzen, wird das Auto preiswerter und zuverlässiger und ist einfacher zu produzieren. Computersysteme durchlaufen im Augenblick einen ähnlichen Wandel; das Festplattenlaufwerk ist eine mechanische Vorrichtung. Weil es mechanisch ist, wissen wir, daß es irgendwann ersetzt werden wird. Wir wissen zwar noch nicht wie, aber wir wissen, daß das ein Hauptziel ist.

Einige Einrichtungen und Vorgänge werden weiterhin mechanisch bleiben, wie die Radlager eines Autos, weil es schwierig wäre, sie aus Halbleitern zu machen. Aber viele andere Dinge unseres täglichen Lebens werden von der Mechanik zur Elektronik überwechseln. Die Druckindustrie ist ein gutes Beispiel; CD-ROM und optische Speicherung sind dort von Bedeutung. Die Computer helfen, vom mechanischen Druckprozeß wegzukommen: Druckpressen laufen zu lassen, Layout und Umbruch von Hand, Kameras einzustellen. Halbleiter werden den mechanischen Prozeß übernehmen. Doch die Computer werden hier nicht Halt machen. Im Moment regeln sie den Druckvorgang aber nicht die eigentliche Darstellung der Information.

Heute ist der große Engpaß der (und das ist auch einer der Gründe, weshalb die Personalcomputer-Industrie stagniert), daß wir nicht wissen, was wir mit den Computern (außer Tabellenkalkulation und Textverarbeitung) anfangen sollen. Wir kennen den nächsten Schritt nicht. Wir sind in der Sackgasse.

Das bezieht sich auf das, was ich über die Abhängigkeit des Programmierens vom Glauben anstelle der Vernunft gesagt habe. Letztendlich ist das Problem, daß wir, die Gesellschaft, die Großrechner nahmen, mit denen wir umgehen konnten, und ihre Architektur, Sprachen und Konzepte für die Entwicklung der Mikrocomputer verwendeten. Wenn wir den Computern allmählich Kontrollfunktionen übertragen, werden wir feststellen müssen, daß die Kommunikation zwischen den Prozessoren wichtiger ist als die Funktion, die sie ausüben. Dann werden wir gezwungen sein, die Art, wie wir programmieren, zu ändern. Das wird ein langsam voranschreitender Prozeß.

INTERVIEWER: Die Zukunft hängt also tatsächlich von unserer Fähigkeit ab, uns von alten Denkweisen zu befreien?

KILDALL: In den frühen Tagen der Mikroprozessoren war ich der Überzeugung, daß sie vorwiegend als dedizierte System eingesetzt werden sollten, die miteinander reden und den Übergang vom mechanischen zum elektronischen Prozeß koordinieren. In diese Richtung, glaubte ich, würde die Computerindustrie gehen. Ich sah sie als Ersatz der zufälligen Logik und nahm an, daß die Techniker die Hauptanwender dieser kleinen Maschinen würden. Tatsächlich schlug mir irgendwer von Lawrence Livermore Labs vor, ich solle BASIC für den Mikrocomputer entwickeln – das war wohl so um 1974. Ich sagte ihm, das sei der größte Unsinn, den ich je gehört hatte. Wer in Gottes Namen wollte BASIC für Mikrocomputer machen, wenn sie in solche Werkzeuge wie Inventurkontrollsysteme, Bildschirme und Textverarbeitungssysteme eingebaut wurden. Ganz offensichtlich habe ich mich geirrt. Es hat sich gezeigt, daß einer meiner Studenten, Gordon Eubanks, großen Erfolg mit CBASIC hatte, und ebenso Paul Allen und Bill Gates.

Manchmal müssen wir unsere Ansicht über Mikrocomputer revidieren, wenn wir den Fortschritt der Computer wollen. Die Leute, die einen Computer zu Hause haben, wollen kein anderes Computersystem kaufen. Sie haben eines gekauft und können nicht viel damit anfangen. Sie wollen nicht noch einmal reingelegt werden. Und wir reden hier von 95 Prozent, nicht 5 Prozent der Computerbesitzer. Jedes Jahr werden 16 Millionen Fernseher verkauft; es gibt überhaupt keinen Grund, weshalb wir nicht auch 16 Millionen Geräte mit eingebauten Mikroprozessoren verkaufen sollten.

INTERVIEWER: Sie haben vorhin CD-ROM erwähnt und den potentiellen Einfluß auf die Druckindustrie. Wird es irgendeine andere Rolle bei der Weiterentwicklung der Computer spielen?

KILDALL: Optische Speicherung wird der Computerindustrie eine neue Richtung weisen. Als wir mit Disketten arbeiteten, haben wir lediglich aus großen Maschinen kleine Maschinen gemacht. Sehr viel weiter sind wir bis heute auch nicht gekommen.

Optische Speicherung ist völlig anders. Das ist dann nicht mehr Informatik, sondern hier reden wir von Information, die den Leuten zur Verfügung gestellt wird. Heute kaufen die Leute Personalcomputer, weil ihnen jemand dazu geraten hat; mit optischen Speichern werden die Leute Computer wegen der Information kaufen. Computer werden stärker mit dem Verlagswesen konkurrieren.

INTERVIEWER: Die Information könnte also eine elektronische Enzyklopädie sein, so wie die, die Sie auf CD-ROM haben. Wie stellen Sie sich das Design vor – das Zugriffssystem und die Erweiterungen?

KILDALL: Ich nehme das Konzept für das Ausgangsprodukt, überlege mir, was ich machen will und beginne mit der Codierung der Struktur und lasse den Dingen freien Lauf. Solange ich die grundlegenden Datenstrukturen nicht begrenze, können Features hinzugefügt werden. Wir haben eine Videodisk mit dem Namen Knowledge Disk gemacht, die sich leicht auf das CD-ROM-Zugriffssystem übertragen ließ. Der ganze Text wurde mit Bitmap-Schriften auf Pixelebene gemacht. Eine angenehme Nebenwirkung bei der Verwendung der Pixel ist, daß die Darstellungen sich schön und sauber einfügen lassen. Wir müssen also nicht noch einmal von vorne anfangen und Bilder in einen Text einfügen, der bereits auf CD-ROM existiert.

Problematisch wird es dann, wenn das Design so ausgelegt ist, daß später keine Features eingefügt werden können. Wenn ein Programm neu gemacht werden muß, kann man dabei so viel Zeit verlieren, daß man nicht mehr wettbewerbsfähig ist. Ein flexibles Programm beweist den Unterschied zwischen einem guten Designer und jemandem, dem es nur darum geht, Code zu produzieren.

Im Augenblick segeln wir unter vollem Wind, um soviele Leute auszubooten, wie möglich. Wir hoffen, daß wir das bis Mitte 1986 geschafft haben. Wirtschaftlich gesehen haben wir keine andere Wahl, als schnell voranzugehen und diese Technologie anzuwenden. Das ist am besten. Dann werden wir sicherstellen, daß wir dafür Lizenzrechte vergeben.

INTERVIEWER: Sind Informationssysteme Teil der Richtung, in die der Heimcomputermarkt tendiert?

KILDALL: Ja. Normalerweise geht man nicht nach Hause, um zu arbeiten. Einiges, was die Leute zu Hause machen, steht in gewisser Beziehung zu ihrer Arbeit, wie Steuererklärungen oder eine Nebenbeschäftigung. Die meisten Leute gehen nach Hause, um sich zu entspannen. Ich bin der Meinung, daß Spiele und Unterhaltung wertvoll sind. Wir verwenden sehr viel Mühe darauf, herauszufinden, wie man die Leute zu Hause unterhalten kann. Das Fernsehen macht das im Augenblick recht gut; mit »Denver Clan« zu konkurrieren, ist ziemlich schwierig.

Eine zukünftige Anwendung der Computer wäre, Kindern bei den Schulaufgaben zu helfen. Meine 14jährige Tochter hätte in einigen Fächern Nachhilfe nötig. Eine Computeranwendung in dieser Richtung wäre für mich ein direkter Vorteil: Mein Kind wird besser in der Schule und das ist für seine

Zukunft von Vorteil. Ganz gewiß ist das ein wichtiges Gebiet, das der Entwicklung bedarf.

Ein weiteres Entwicklungsgebiet wäre die fachbezogene Information, wie zum Beispiel die Medizin. Die Leute gehen aus den verschiedensten Gründen zum Arzt. Manchmal sind es psychologische Gründe. Aber manchmal brauchen sie nur eine Information. Der Arztbesuch kostet eine Menge Geld, und wenn die Menschen billigere Möglichkeiten hätten, an diese Informationen heranzukommen, würden sie Gebrauch davon machen. Und noch ein weiteres Beispiel: Wenn ich mir ein neues Auto kaufen will, erkundige ich mich in Los Angeles, San Francisco und San Jose nach den besten Preisen. Doch es ist praktisch unmöglich, Information über die günstigsten Autohändler zu bekommen, weil nämlich die Leute, die nicht wollen, daß man sich umsieht und vergleicht, die Information geheimhalten. Ich wäre ein Kandidat für derartige Informationen, denn damit könnte ich Tausende von Dollar sparen, von der Zeit ganz zu schweigen. Ich wäre bereit, einen angemessenen Betrag dafür zu zahlen.

Wir wollen Anwendungen entwickeln, die den Leuten wirtschaftliche Vorteile bieten, wenn sie sie kaufen. Deshalb haben wir uns für die Enzyklopädie als erste CD-ROM-Anwendung entschieden. Jeder weiß, daß eine Enzyklopädie um die 1000 Dollar kostet. Man kann also rationalisieren, indem man den Computer mit der Enzyklopädie kauft, wenn er etwa das gleiche kostet wie die Enzyklopädie selbst.

INTERVIEWER: Wie anwenderfreundlich wird diese Maschine sein?

KILDALL: Nun, ich glaube nicht, daß das mit Anwenderfreundlichkeit zu tun hat, denn wenn das Programm tatsächlich etwas bringen soll, muß es relativ umfangreich sein.

Manche Leute meinen, die Maschinen wären anwenderfreundlich, wenn die Eingabe in einer natürlichen Sprache wäre. Aber die natürliche Sprache ist wahrscheinlich die schlechteste Lösung, weil sie durchaus zweideutig sein kann. Der Informationszugriff wäre so zeitaufwendig, daß es vorteilhafter wäre, die Information direkt von einem Experten zu bekommen.

Expertensysteme werden das Nonplusultra der Anwenderfreundlichkeit sein. Doch bis dahin liegt ein weiter Weg vor uns. Der Arzt auf der Diskette, ein phänomenales Produkt, ist unglaublich komplex. Es müßte perfekt sein. Irgendwann einmal werden wir solche Programme haben. Ich weiß nur nicht, wie lange das noch dauern wird, und bis dahin müssen noch unzählige Probleme gelöst werden, doch das ist das Aufregende an der Sache.

```
BASIC MPU 8080/Z80      GATES/ALLEN/DAVIDOFF      MACRO %50(272)-1 21:12 21-FEB-78 PAGE 1
F3       MAC      17-FEB-78 19:18           VERSION 4.40 -- NOT MANY FEATURES TO GO

165              00400   COPYRIGHT 1975 BY BILL GATES AND PAUL ALLEN
166              00410   --------- ---- -- ---- ----- --- ---- -----
167              00420
168              00430
169              00440   ORIGINALLY WRITTEN ON THE PDP-10 FROM
170              00450   FEBRUARY 9 TO  APRIL 9
171              00460
172              00470   BILL GATES WROTE A LOT OF STUFF.
173              00480   PAUL ALLEN WROTE OTHER STUFF.
174              00490   MONTE DAVIDOFF WROTE THE MATH PACKAGE.
175              00500
176              00510   THINGS TO DO:
177              00520   PRINT PUNCTUATION MANDATORY
178              00530   MULTIPLE LET
179              00540   MAKE STACK BOUNDARY STUFF EXACT
180              00550   *
181              00560   RADIX 10                            ;THROUGHOUT THE NON-MATH PACKAGE ROUTINES
182   000000     00570   .P==0                               ;FOR SIMULATOR FIXUPS
183   000035     00580   NUMLEV==19+LENGTH*5                 ;NUMBER OF STACK LEVELS RESERVED
184              00590   IFN     NCRBAS,<NUMLEV=NUMLEV+4>
185              00600                                       ;WITH AN EXPLICIT CALL TO GETSTK
186              00610   IFE     TIMSHR,<
187              00620   IFE     LPT3,<
188              00630   IFE     NCRLPT,<
189   000120     00640   LPTLEN==80>                         ;WIDTH OF LINE-PRINTER
190              00650   IFN     NCRLPT,<
191              00660   IFE     CPMIOMC,<
192              00670           EXTERN  LPTLEN,NLPPOS,FINLPT>>
193              00680   IFN     RSHACK1CPMIOMC,<
194   000204     00690           LPTLEN==132>
195              00700   >                                   ;END LPT3 COND
196   000110     00710           BUFLEN==72                  ;INPUT BUFFER SIZE
197              00720   IFN     MSD,<
198              00730           BUFLEN==196>                ;MAKE BUFFER LARGER FOR MSD
199   000377     00740   IFN     LEN2,<BUFLEN==255>          ;LONG LINES
200              00750   >                                   ;T/S BASIC
201   000004     00760           STRSIZ==4
202   000003     00770   IFN     LENGTH&2,<STRSIZ==3>
203   000003     00780           NUMTMP==3                   ;NUMBER OF STRING TEMPORARIES
204   000012     00790   IFN     LENGTH&2,<NUMTMP=10>
205              00800   IFE     TIMSHR,<
206   000017     00810           CONTO=15                    ;CHARACTER TO SUPRESS OUTPUT
207   000000     00820           LISTEN==0                   ;ON MEANS LISTEN FOR ^C
208              00830   IFN     REALIO,<
209   000001     00840           LISTEN==1>
210              00850   >                                   ;T/S BASIC
211   000000     00860           BUFOFS==0
212              00870   IFN     LEN2,<
213   000002     00880           BUFOFS==2>                  ;MUST CRUNCH INTO EARLIER PLACE FOR SINGLE QUOTE
214              00890   IFE     TIMSHR,<
215              00900   IFN     FAST,<
216              00910   KBFLEN=BUFLEN+<BUFLEN/4>>           ;MAKE KRUNCH BUFFER SOMEWHAT
217              00920                                       ;LARGER THAN SOURCE BUFFER (BUF)
218              00930   >                                   ;T/S BASIC
219              00940

BASIC MPU 8080/Z80      GATES/ALLEN/DAVIDOFF      MACRO %50(272)-1 21:12 21-FEB-78 PAGE 1-4
F3       MAC      17-FEB-78 19:18           SOME EXPLANATION

363              02380   SUBTTL  SOME EXPLANATION
364              02390
365              02400   COMMENT *
366              02410
367              02420   ALTAIR BASIC CONFIGURES MEMORY AS FOLLOWS:
368              02430
369              02440   LOW LOCATIONS     (NON-TIMESHARING VERSION)
370              02450
371              02460           RST      SUBROUTINES
372              02470
373              02480                    0       STARTUP
374              02490                            INITIALLY A JMP TO THE INITIALIZATION CODE
375              02500                            BUT CHANGED TO A JMP TO READY.
376              02510                            RESTARTING THE MACHINE AT 0 DURING PROGRAM
377              02520                            EXECUTION CAN LEAVE THINGS MESSED UP.
378              02530
379              02540                    1       SYNCHK
380              02550                            A CHECK IS MADE TO MAKE SURE THE
381              02560                            CHARACTER POINTER POINTS AT A SPECIFIC
382              02570                            CHARACTER. IF NOT THE "SYNTAX ERROR"
383              02580                            ROUTINE IS CALLED. IF SO,
384              02590                            THE CHRGET RST IS DROPPED INTO SO
385              02600                            THE CHARACTER AFTER THE MATCHED
386              02610                            ONE WILL BE PUT IN [A] AND
387              02620                            THE CONDITION CODES WILL REFLECT THIS
388              02630                            EXAMPLE: SYNCHK THENTK (THE MATCH CHARACTER IS
389              02640                            GIVEN IN THE LOCATION AFTER THE RST)
390              02650                            WOULD CHECK TO MAKE SURE [H,L] POINTED TO A THENTK
391              02660                            AND IF SO FETCH THE NEXT CHARACTER INTO [A].
392              02670                            IF NOT, A "SYNTAX ERROR" WOULD BE GIVEN.
393              02680
394              02690                    2       CHRGET
395              02700                            USING [H,L] AS THE TEXT POINTER
396              02710                            THE TEXT POINTER IS INCREMENTED
397              02720                            AND THE NEXT CHARACTER IS FETCHED INTO [A]
398              02730                            IF THE CHARACTER IS A " " IT IS SKIPPED
399              02740                            OVER AND THE NEXT CHARACTER IS FETCHED.
400              02750                            THE STATEMENT TERMINATORS ":" AND 0
401              02760                            LEAVE THE ZERO FLAG SET.
402              02770                            THE NUMERICS "0" THROUGH "9" LEAVE THE CARRY
403              02780                            FLAG SET. THE CURRENT CHARACTER CAN BE
404              02790                            REFETCHED INTO [A] BY DOING A MOV A,M.
405              02800                            IF THE CONDITION CODES MUST BE SET UP AGAIN
406              02810                            DCX H,CHRGET WILL WORK. IT IS VERY DIFFICULT
407              02820                            TO REEXAMINE THE CHARACTER BEFORE THE CURRENT
408              02830                            ONE SINCE SPACES MAY BE IN-BETWEEN.
409              02840                            DCX H,DCX H,CHRGET WILL NOT ALWAYS WORK.
410              02850
411              02860                    3       OUTCHR
412              02870                            THE CHARACTER IN [A] IS PRINTED ON
413              02880                            THE USER'S TERMINAL. [A] AND THE
414              02890                            CONDITION CODES ARE PRESERVED.
415              02900
416              02910                    4       COMPAR
417              02920                            [D,E] AND [H,L] ARE COMPARED AS UNSIGNED
```

Ausschnitt aus einem Listing des Quellcodes für 8080-BASIC, der ersten für einen Mikrocomputer geschriebenen höheren Programmiersprache. Beachten Sie die Erwähnung der Verfasser in den Zeilen 172 - 174 und die Bezugnahme auf den MITS-Altair-Computer in Zeile 367. Bitte entnehmen Sie weitere Einzelheiten dieses sowie anderer Altair-Programme dem Anhang (Seiten 392-400).

Bill Gates

Als Geschäftsführer

von Microsoft kann William H. (Bill) Gates als eine der Triebfedern hinter der heutigen PC- und Büro-Automationsindustrie bezeichnet werden. Gates begann seine Laufbahn auf dem Gebiet der Computersoftware in sehr jungen Jahren. Beide, Gates und der Mitgründer von Microsoft, Paul Allen, arbeiteten als Programmierberater, während sie noch die High-School in Seattle, Washington, besuchten. 1974, vor dem ersten Staatsdiplom an der Harvard University, arbeitete Gates gemeinsam mit Allen an der Entwicklung einer BASIC-Programmiersprache für den ersten kommerziellen Mikrocomputer, den MITS Altair. Nach erfolgreichem Abschluß dieses Projekts gründeten die beiden Microsoft, um Software für den eben aufkommenden Mikrocomputermarkt zu entwickeln.

Microsoft ist für die Software-Industrie richtungsweisend in den Bereichen Programmiersprachen, Betriebssystemen und Anwendersoftware. Gates hatte den Weitblick für neue Produktideen und Technologien des Unternehmens. Er berät auch selbst die Techniker, die neue Produkte entwickeln und verbringt den meisten Teil seiner Zeit damit, die Software, die Microsoft vertreibt, zu beurteilen und Verbesserungsvorschläge zu machen.

Gates wurde in der Nähe von Seattle, Washington, geboren, wo er auch heute seinen Wohnsitz hat.

INTERVIEWER: *Als Geschäftsführer von Microsoft haben Sie ganz offensichtlich sehr viele Verpflichtungen. Programmieren Sie noch?*

GATES: Nein, das mache ich nicht mehr. Ich helfe noch beim Design von Algorithmen und beim Angehen von Problemen und manchmal schaue ich mir auch Programme an. Aber seit ich am IBM-PC-BASIC und dem Tandy Model 100 arbeitete, habe ich keine Gelegenheit mehr gehabt, selbst ein Programm zu schreiben.

INTERVIEWER: *Welche Rolle spielen Sie bei der Entwicklung von Programmen bei Microsoft?*

GATES: Ich mache zwei Dinge. Einmal wähle ich die Eigenschaften von Programmen aus. Um dies zu tun, muß man einigermaßen sicher sein, was leicht und was nicht leicht zu machen ist. Man muß auch wissen, welche Art von »Produktfamilien«-Strategie man verfolgt und was mit der Hardware geschieht.

Ich beschäftige mich auch damit, wie neue Eigenschaften am besten implementiert werden können, so daß sie klein und schnell sind. Ich habe zum Beispiel ein Memo darüber geschrieben, wie ein Feature, das wir in Excel verwendeten, geschaffen und implementiert werden kann, damit das Programm die Formeln jedesmal neu berechnet, wenn der Bildschirm sich ändert.

In den ersten vier Jahren nach der Gründung des Unternehmens gab es kein Microsoft-Programm, an dem ich nicht aktiv mitgearbeitet habe. Bei allen diesen ersten Produkten, sei es BASIC, Fortran, BASIC 6800 oder BASIC 6502 ging nicht eine Zeile Code 'raus, die ich nicht überprüft hatte. Heute beschäftigen wir 160 Programmierer, so daß ich im allgemeinen nur noch Produkte und Algorithmen überprüfe.

INTERVIEWER: *Was betrachten Sie als Ihre größte Leistung auf dem Gebiet des Programmierens?*

GATES: Da muß ich das BASIC für den 8080 nennen, wegen der Wirkung, und weil das so zeitgerecht war und weil wir es so klein halten konnten. Es war das Programm, das wir gerade schrieben, als wir uns entschieden, Microsoft zu gründen.

Drei von uns kannten das Originalprogramm auswendig. Unten in Albuquerque bekamen wir in irgendeinem Sommer die Chance, es völlig umzuschreiben, und ich hatte gedacht, wir könnten ein paar Bytes sparen und alles etwas kompakter zu machen. Wir tuneten das Programm so vorsichtig wie möglich und das Ergebnis war ein 4-KByte-BASIC-Interpreter.

Wenn man ein Programm derart gut kennt, ist man sicher, daß niemand sich den Code anschauen kann und anschließend sagt: »Das hätte man viel besser machen können.« Das tut einem richtig gut, und die Tatsache, daß das Programm auf unzähligen Maschinen verwendet wird, macht einen stolz darauf, der Urheber des Programms zu sein.

Ich bin auch höchst zufrieden über die Software für das Model 100, und ganz besonders darüber, wie wir einen sehr nützlichen kleinen Editor hineingepackt haben. Das habe ich zusammen mit Joe Suzuki, einem japanischen Programmierer gemacht. Wir hatten nur wenig Zeit, das Projekt durchzuziehen. Wenn man Software für ROMs entwickelt, dann hat man keine Gelegenheit, Fehler zu machen.

INTERVIEWER: Was ist Ihrer Meinung nach der schwierigste Teil des Programmierens?

GATES: Der schwierigste Teil ist die Festlegung der Algorithmen und sie dann soweit wie möglich zu vereinfachen. Man muß sich selbst vorstellen, wie das Programm funktionieren soll und dann muß man sich ganz sicher darüber sein, wie die einzelnen Programmteile zusammengeschlossen als Ganzes funktionieren. Die beste Software entsteht, wenn ein einzelner sich genau vorstellen kann, wie das Programm funktioniert. Um sich das vorstellen zu können, muß man das Programm lieben und sich darauf konzentrieren, es einfach zu halten, und zwar ganz unglaublich einfach.

INTERVIEWER: Die Computer werden immer stärker und haben größere Speicher; werden die Programme auch komplexer oder lediglich salopper? Welchen Einfluß hat das auf die Art, wie Programme geschrieben werden?

GATES: Die Tage, in denen jedes Programm ein Meisterstück war, sind vorbei. Aber am Herz der Programme, die ein durchschlagender Erfolg werden, werden Sie erkennen, daß die Schlüsselpartien des Codes von den wenigen Leuten gemacht wurden, die genau wissen, was sie tun.

Heute ist es nicht mehr ganz so wichtig, etwas in 4-KByte-Speicher zu quetschen. Immer mehr Leute können es sich leisten, C anstelle von Maschinensprache zu verwenden. Leider sind viele Programme so umfangreich, daß überhaupt niemand alle Teile kennt und der Anteil des gemeinsam verwendeten Codes ist nicht groß. Außerdem ist die Möglichkeit von vorn anzufangen und etwas, was ganz und gar nicht großartig ist, völlig neu zu schreiben, gar nicht so toll, denn da fallen einem immer wieder neue Eigenschaften ein, die man dem gleichen Programm hinzufügt.

Die schlechtesten Programme sind die, bei denen die Programmierer, die die Basisarbeit machen, keine solide Grundlage schaffen, und dann auch nicht damit arbeiten. Beim Schreiben solcher Programme gelangt man zu dem Punkt, den ich »experimentelles Programmieren« nenne. Die Programmierer verstehen so wenig von diesen Programmen, daß sie sich nicht vorstellen können, wie Änderungen beispielsweise die Geschwindigkeit beeinflussen können. Vielleicht verwenden sie Module, die bereits existieren, oder vielleicht verstehen sie nicht, welche Abhängigkeiten durcheinander gebracht werden, wenn sie etwas ändern. Also fügen sie neuen Code hinzu, lassen ihn laufen und sagen: »Guck mal, so läuft das nicht.« Das ist eine sehr unwirksame Art, mit einem Programm umzugehen, aber viele Projekte enden genau so.

INTERVIEWER: Wie gelingt es Ihnen in einem Unternehmen wie Microsoft mit 160 Programmierern eine Umgebung zu schaffen, in der erfolgreiche Programme entwickelt werden können?

GATES: Ein Weg sind kleine Projektteams mit vier oder fünf Leuten, von denen einer die Fähigkeit haben muß, ein Programm völlig zu verstehen. Und wenn dieser Gruppenleiter über irgend etwas im Zweifel ist, muß er oder sie in der Lage sein, das mit erfahreneren Programmierern zu besprechen.

Ein Teil unserer Strategie ist, die Programmierer dazu zu bringen, alles gut zu durchdenken, ehe sie mit der Codierung beginnen. Das Schreiben der Dokumentation für das Design ist entscheidend, weil eine große Vereinfachung erfolgt, wenn man die Probleme in Form von Algorithmen sieht. Sie sind dann etwa in der kleinsten Form, in der man erkennen kann, wo die Überlappung ist.

Ein anderes wichtiges Element ist die Programmüberprüfung, indem man sicherstellt, daß man den Code genau durchschaut und prüft, ob erfahrenere Leute Hinweise geben können, wie etwas besser gemacht werden kann. Und man muß ähnliche Projekte, die ein Supererfolg waren, genau unter die Lupe nehmen; die Programmierer können sich dann ansehen, wie diese anderen Leute das vor ihnen gemacht haben und Ideen von dem anderen Projekt übernehmen, wie sie ihr eigenes Programm verbessern können.

INTERVIEWER: Woher kommen die Ideen für Programme?

GATES: Nun, da gibt es mit Sicherheit keinen besonderen Prozeß. Bei Microsoft gibt es da normalerweise ein Brainstorming, nachts oder am Wochenende. Jeder kommt mit seinen Vorschlägen, etwa: Wir wollen die beste Textverarbeitung der Welt machen. Oder: Wir wollen, daß die Abteilung für technische Dokumentation damit alles machen kann, was sie braucht. Wir sitzen da und reden. Nun, wie könnten wir es wirklich schnell machen? Sollten wir die Möglichkeit von Zeichnungen einbauen? Oder können wir die Grundkonzeption festlegen, ohne das Programm total langsam werden zu lassen? Eine Vielzahl von Problemen wird besprochen, und einige brauchbare Ideen werden geboren.

INTERVIEWER: Im Grunde ist das also eine Gruppenentscheidung?

GATES: Hinsichtlich der Entscheidung, welche Programme wir machen werden, kommen die Vorschläge von einer ziemlich großen Gruppe. Es folgt ein Auswahlprozeß. Schließlich treffe ich die Entscheidung, welche dieser Ideen einleuchtend sind und dann vergewissere mich, daß wir Top-Leute haben, die sich persönlich dafür einsetzen, daß das Produkt ein Erfolg wird. Wir haben uns entschieden, nur ganz wenige Produkte zu machen, denn man muß sich mit so unglaublich vielen Dingen beschäftigen, um das Produkt auf den Markt bringen zu können und einen neuen Weltklasse-Standard zu setzen.

INTERVIEWER: Es wird viel darüber geredet, daß große Softwareunternehmen Schwierigkeiten haben, talentierte Programmierer zu bekommen, die gute Software machen können, weil diese Einzelgänger so unabhängig sind, daß sie lieber allein arbeiten. Wie kommen Sie an die guten Leute und wie können Sie sie bei Microsoft halten?

GATES: Große Programmierer gehen sehr sorgfältig an die Erstellung von Softwareprodukten heran. Wir halten nichts von einem Primadonna-Kult, wo jemand, bloß weil er gut ist, seinen Code nicht kommentieren mag oder nicht mit anderen Leuten reden will, oder der allen anderen seine Vorstellungen aufdrängt.

Wir brauchen Leute, die sich gegenseitig respektieren. Ich glaube, daß die meisten großen Programmierer gern mit anderen großen Programmierern zusammen sind. Wenn sie sich einen unglaublichen Algorithmus ausgedacht haben, sind sie gern mit Gleichgesinnten zusammen, die das, was sie sich ausgedacht haben, auch verstehen und anerkennen. Denn wenn man mit so einer Idee kommt und das Modell fest im Kopf hat, ist das eine einsame Sache. Wenn man angenommen hatte, ein Prozeß würde kompliziert sein und man dann einen Weg findet, ihn zu vereinfachen, ist das ein herrliches Gefühl. Aber dazu braucht man Feedback von anderen. Wenn man erst einmal ein paar gute Leute hat, kommen andere nach.

Früher galt die alte Regel, daß der Vorgesetzte eines Programmierers ein besserer Programmierer sein muß, und da gab es keine »technischen Inversionen«, wie wir es nannten, wo ein Programmierer für jemanden arbeitet, der nicht weiß, wie programmiert wird. An einer Philosophie haben wir festgehalten: Auf gewissen Ebenen beschäftigen wir Manager, aber wir haben keine Nicht-Programmierer als Leiter von Programmierprojekten.

INTERVIEWER: Müssen Ihrer Meinung nach bestimmte Regeln beachtet werden, um ein gutes Programm zu schreiben?

GATES: Manche Leute stürzen sich einfach drauf und beginnen mit der Codierung, andere sitzen an ihrem Schreibtisch und überdenken alles sehr genau, ehe sie beginnen, und ich meine, daß die, die sich erst hinsetzen und dann den Code schreiben, ihn nur als Anhaltspunkt benutzten. Das, was in ihren Köpfen vorgeht, ist das Wichtige.

Man muß jemanden haben, der superschlau ist. Ein großer Programmierer beschäftigt sich ohne Unterlaß mit dem Programm, auch beim Autofahren oder Essen. Diese Methode verbraucht eine unglaubliche Menge geistiger Energie.

INTERVIEWER: Wie würden Sie Ihre Art zu programmieren beschreiben?

GATES: Ich durchdenke das gesamte Programm auf Designebene, ehe ich mich hinsetze und den Code schreibe. Wenn ich dann am Programmschreiben bin, fange ich noch einmal von vorne an und schreibe alles neu.

Der wichtigste Teil beim Schreiben eines Programms ist das Design der Datenstrukturen. Der zweitwichtigste Teil ist das Zerlegen der verschiedenen Programmteile. Erst wenn man da richtig drin ist und es aufschreibt, beginnt man zu begreifen, wie die allgemeinen Unterroutinen aussehen müssen.

Die wirklich guten Programme, die ich geschrieben habe, sind die, über die ich wirklich lange nachgedacht habe, ehe ich mit dem Schreiben anfing. Ich habe einen BASIC-Interpreter für einen Mikrocomputer in der High-School geschrieben. Ich machte grobe Fehler in diesem Programm, und dann habe ich mir einige andere BASIC-Interpreter genau angesehen. Als ich mich dann 1975 hinsetzte, um Microsoft-BASIC zu schreiben, war es keine Frage mehr, ob ich das Programm schreiben konnte, sondern die Frage war, wie ich es in 4 KByte hineinquetschen und es superschnell machen konnte. Ich konnte an nichts anderes denken, als »Wird das Ding auch schnell genug werden?« »Hoffentlich gelingt es niemandem, ein schnelleres auf den Markt zu bringen.«

Ich muß immer an einen Mann namens Norton denken, der mir am TRW begegnete. Immer wenn ich etwas nicht ganz toll gemacht hatte, wies er mich darauf hin. Wenn ich merke, daß ich nachlässig oder träge bin, stelle ich mir vor, daß er plötzlich auftaucht, sich das Programm ansieht und mir sagt: »Sieh mal, so könnte das besser gemacht werden.« Kleine Unzulänglichkeiten können sich bei der Entwicklung des Programms einschleichen, will man aber wirklich zufrieden damit sein, muß man ständig darauf bedacht sein, daß sich nichts Derartiges einschleicht. Deshalb ist es unter Umständen nachteilig, wenn ein anderer an dem Projekt arbeitet. Andere programmieren niemals so, wie man es eigentlich haben will. Ich erinnere mich, als wir an BASIC arbeiteten, habe ich oft die Teile, die andere programmiert hatten, neu geschrieben, ohne jedoch drastische Verbesserungen hinzuzufügen. Es stört die anderen, wenn man so etwas macht, aber manchmal kann man einfach nicht anders, man muß es machen.

INTERVIEWER: Als Sie in einer Gruppe arbeiteten, waren Sie immer der Leiter des Design?

GATES: Klar, an allen Programmen, mit denen ich direkt zu tun hatte, war ich der Leiter des Design. Vom Original-BASIC kritzelte ich das Design auf einzelne Blätter. Paul Allen, ein Mit-Autor, entwarf und implementierte die gesamten Entwicklungswerkzeuge.

Ehe ich mich hinsetze und Code schreibe, habe ich die meisten Instruktionen fest im Kopf. Es ist noch nicht alles ganz perfekt festgelegt und es kommt vor, daß ich Änderungen vornehme, aber alle guten Ideen sind mir eingefallen, ehe ich mit dem eigentlichen Schreiben des Programms beginne. Und wenn ein Fehler in dem Ding ist, fühle ich mich elend. Ich fühle mich schlecht, denn wenn da ein Fehler ist, bedeutet das, daß die geistige Vorstellungskraft nicht perfekt ist. Und wenn die geistige Vorstellungskraft erst einmal nicht perfekt ist, könnten möglicherweise Tausende von Fehlern im Programm sein. Für mich ist es entsetzlich, wenn ich Leuten beim Programmieren zusehe und ich fühle, daß sie dabei nicht denken.

Eine meiner nettesten Programmiererfahrungen hatte ich, als wir BASIC machten. Ich hatte das 8080-BASIC geschrieben, anschließend waren zwei Wochen Arbeit zusammen mit Marc Chamberlain an der 6809-Version von BASIC geplant. Zu Beginn dieser zwei Wochen las ich die Instruktionen und schrieb vielleicht drei oder vier Programme. Dann sah ich mir einige andere Programme an, um zu sehen, was die anderen aus den Instruktionen gemacht hatten. Es war unglaublich toll, das Problem, an dem ich gearbeitet hatte auf diese neuen Instruktionen umzustellen und festzustellen, wie gut wir das zusammenbauen konnten.

Die Programme von heute sind sehr umfangreich; die Extras verlangsamen das Programm, weil spezielle Checks eingebaut werden. Wenn man eine Eigenschaft hinzufügen will, werden diese Checks mit hineingepackt, ohne zu bedenken, wieviel langsamer das Ganze dadurch wird. Um das zu verhindern, muß der Programmierer das Programm in- und auswendig kennen. Nachdem wir BASIC fertig hatten, brachten wir etwa drei Jahre lang nichts Innovatives hervor. Erst in den letzten anderthalb Jahren haben wir

Mitarbeiter, die sich mit BASIC identifizieren und es völlig beherrschen, die in der Lage sind, zu sagen: »Unterroutinen hinzuzufügen und Zeilennummern herauszunehmen ist ein Kinderspiel.« Das war immer unser Ziel, aber dazu muß man die geeigneten Mitarbeiter haben.

Es ist wahr, daß wir die Programme heute umfangreicher machen als früher. Aber in bezug auf die Geschwindigkeit ist es reine Faulheit, wenn etwas nicht so schnell wie möglich ist, weil die Anwender, auch wenn sie das nicht so genau sagen können, doch merken, wenn ein Programm echt schnell ist. Bei den wirklich erfolgreichen Programmen ist die Geschwindigkeit etwas Prachtvolles.

INTERVIEWER: Wie entscheiden Sie sich, wenn Sie die Wahl zwischen Geschwindigkeit und Leistung haben?

GATES: Manchmal muß man sich zwischen zusätzlichen Features und Schnelligkeit entscheiden, aber es gibt Möglichkeiten, mehr und mehr Features einzubauen und trotzdem schnell zu sein. Grundlegend muß man sich entscheiden, welche gemeinsamen Bereiche im Programm sind und dann einfach loszulegen, damit man sich mit all den Checks nirgends festfährt. Wenn die Hauptschleife alle möglichen Checks beinhaltet, dann wird Ihr Programm langsamer als jedes andere.

INTERVIEWER: Wenn Ihnen plötzlich die Idee kommt, die tollste Textverarbeitung der Welt zu machen, was tun Sie dann? Wie gehen Sie an das Design heran? Sehen Sie sich erst einmal alle die Textverarbeitungen an, die es bereits gibt?

GATES: Genau, in bezug auf die Fähigkeiten guckt man sich alle anderen Textverarbeitungsprogramme auf dem Markt an und fragt sich: »Arbeitet da jemand auf dem Bildschirm mit Unterschneidungen oder kann man genau sehen, wie die gedruckte Seite aussehen wird?« »Wie schnell ist das Programm?« Meistens ist da jemand am oberen Ende des Produktspektrums, der sehr teuere Hardware nimmt und das Problem mit roher Gewalt löst. Das können wir nicht machen; der Computer, mit dem wir arbeiten, hat eine sehr begrenzte Geschwindigkeit. Viele der Dinge, die wir machen, wurden mit leistungsfähigeren Computern gemacht; wir versuchen lediglich, sie für solche Maschinen anwendbar zu machen, von den es bereits Millionen gibt.

Man kann eine erstaunliche Zahl von Tricks in ein Produkt einbauen. Man legt die Liste mit den Features fest und gleichzeitig versucht man, eine Antwort auf die Frage zu finden: »Warum werden unsere Algorithmen besser funktionieren als die der anderen?« Features sind irgendwie problematisch, denn je mehr Features man hat, desto umfangreicher wird das Handbuch. Features nützen nur dann etwas, wenn sie auch angewendet werden.

Geschwindigkeit dagegen – wenn man die Seiten schneller ausdrucken kann, oder den Bildschirm schneller abrufen kann – ist unglaublich wertvoll. Wenn man dem Anwender ein paar einfache Kommandos geben kann und das Programm so effizient macht, daß die Anwender mit den wenigen Kommandos alles machen können, was sie brauchen, ist das viel besser. Ein Merkmal guter Programme ist die Einfachheit hinter der Kulisse. Soll etwas Komplexes durchgeführt werden, wird der Code intern durch einfache Operationen abgerufen und man muß diese komplexe Operation nicht ganz von vorn durchführen.

INTERVIEWER: Wie wichtig ist der Anwender? Wie können Sie wissen, was der Datenbankmanager da draußen wirklich in seiner Datenbank oder seiner Kalkulation braucht oder haben will?

GATES: Nun, einige Programmierer geben gar nicht erst vor, daß sie genau wissen, was der Endverbraucher will, und trotzdem sind sie Programmierer von Weltklasse. Aber das Wissen um den Markt ist wichtig, besonders bei den Anwendergruppen, deshalb haben wir festangestellte Mitarbeiter, die nur Kunden die Programme zeigen, oder sich andere Spezifikationen ansehen und ähnliches. Als wir Microsoft gründeten, machten wir nur Systemprogramme. Wir wußten, was die Programmierer wollten, weil wir selbst Programmierer sind. Also schrieben wir BASIC.

INTERVIEWER: Was genau war die Innovation bei BASIC?

GATES: Die Art, wie wir es dem Anwender ermöglichten, die ganze Kraft der Maschine verfügbar zu haben. Wir packten PEEK und POKE hinein, mit denen man den Maschinenstatus abfragen und verändern kann. Wir bauten Trace-Routinen namens TRON und TROFF ein. Wir ermöglichen den Anwendern, obgleich sie in der höheren Sprache sind, Zugriff zu allen möglichen kleinen Spielereien, die sie vielleicht gern in ihrer Maschine hätten. Und sie können verstehen, wie der Speicher ohne BASIC verwendet wird. Wir geben ihnen das Gefühl, daß sie ihre Maschinen beherrschen.

Um BASIC in 4 KByte hineinzupressen, verwendeten wir ein System, das als »Single-Representation-Interpreter« bezeichnet wird. Das war eine prima Entscheidung. Nie zuvor hatte ich einen Interpreter gesehen, der so gemacht war. Ihn so zu machen, barg ein gewisses Risiko, aber ich hatte unglaubliches Vertrauen dazu. Ich ließ es mir durch den Kopf gehen und hatte ein gutes Gefühl dabei.

INTERVIEWER: Als sie daran schrieben, hatten Sie irgendeine Vorstellung, daß es derart erfolgreich sein würde?

GATES: Nein, überhaupt nicht. Paul Allen brachte mir die Zeitschrift mit der Abbildung vom Altair und wir sagten uns: »Mann, jetzt müssen wir uns ranhalten, denn diese Maschinen werden ungeheuer beliebt werden.« Das gab den Ausschlag dazu, daß ich keine Kurse mehr besuchte und wir arbeiteten rund um die Uhr. Das Grundprogramm schrieben wir in etwa dreieinhalb Wochen. Schließlich brauchten wir noch acht Wochen, um es so zu verfeinern, bis ich zufrieden damit war. Später habe ich es noch einmal völlig neu geschrieben.

Kein großer Programmierer lehnt sich einfach nach hinten und sagt: »Jetzt verdiene ich das große Geld«, oder: »Ich werde hunderttausend Kopien verkaufen.« Eine derartige Denkweise ist überhaupt keine Hilfe bei der Problemlösung. Ein großer Programmierer denkt folgendermaßen: »Sollte ich die komplette Unterroutine neu schreiben, damit sie anstelle von drei Leuten von vier aufgerufen werden kann? Sollte ich das Programm um zehn Prozent schneller machen? Sollte ich wirklich durchdenken, welches der gemeinsame Speicherbereich ist und wie ich die Checks abrufe? Wenn man ein guter Programmierer ist, programmiert man so, daß alle Routinen voneinander abhängig sind, kleinere Fehler sind dann nicht so schlimm. Deshalb muß man alles so genau abwägen können und bereit sein, wieder zurückzugehen und Änderungen vorzunehmen.

INTERVIEWER: Wenn mehr als eine Person an einem Programm arbeitet, wie können Sie da sicher sein, daß alle die unterschiedlichen Elemente richtig zusammen funktionieren?

GATES: Also, zuallererst muß das Programmierteam aus Leuten bestehen, die sich gegenseitig respektieren, denn man arbeitet sehr eng zusammen, so wie das auch in einer Sportmannschaft ist. Auch bei einem Programm sind viele Entscheidungen und viel Kreativität erforderlich. Einige der großen Programmierer können nicht im Team arbeiten; sie ziehen es vor, allein zu arbeiten. Aber ich glaube, es gehört auch eine gewisse Größe dazu, daß man lernt, mit anderen zusammenzuarbeiten und ihnen etwas zu beizubringen. Mir gibt es eine gewisse Befriedigung, wenn dann jemand aus dem Team ein großartiger Programmierer wird. Nicht ganz so viel, als wenn ich das Programm selber schreibe, aber es ist ganz bestimmt etwas Positives. Meine Art, jemanden zu einem großen Programmierer zu machen, ist die, daß ich mich zu ihm setze und mich lange mit ihm unterhalte und ihm meine Programme zeige. In einem Teamprojekt werden eigene Programme zum Allgemeingut des Teams.

INTERVIEWER: Hat sich dieser Prozeß hier erst langsam entwickelt oder haben Sie ihn mit Absicht eingeführt?

GATES: Ehe Paul und ich das Unternehmen gründeten, hatten wir an einigen großen Softwareprojekten mitgearbeitet, die echte Katastrophen waren. Immer neue Leute wurden hinzugezogen, und keiner wußte, wie man das Projekt in den Griff bekommen sollte. Damals haben wir uns geschworen, daß wir das besser machen. Und unsere Überlegung, viel unserer Zeit den einzelnen Gruppen zu widmen, ist schon immer wichtig gewesen.

Die besten Vorbedingungen sind folgende: Bilde kleine Gruppen, vergewissere dich, daß jeder einzelne in der Gruppe superclever ist, gib ihnen das beste Werkzeug und verwende eine gemeinsame Terminologie, damit jeder mit jedem wirkungsvoll kommunizieren kann. Außerhalb der Gruppen müssen ein paar leitende Programmierer verfügbar sein, die bei auftretenden Problemen um Rat gefragt werden können. Es ist erstaunlich, wie sich die Art der auftretenden Schwierigkeiten immer wieder ähnelt. Bei der Überarbeitung von Entwürfen macht es mir echt Spaß, wenn ich einen Rat geben kann, der auf einem Programm beruht, das ich gemacht habe.

INTERVIEWER: Glauben Sie, daß es jemals eine radikale Änderung in bezug auf das Programmieren geben wird, oder in der Funktion der Computer?

GATES: Die Werkzeuge für die Software werden immer besser. Es wäre möglich, daß wir einmal in der Lage sein werden, lediglich Spezifikationen und eine Beschreibung dessen, was die Maschine effizient macht, zu nehmen, und daß dann ein super Hochsprachen-Compiler eine Menge der Arbeit übernimmt, die heute die Programmierer machen.

Viele finden es ausgezeichnet, daß ein Compiler, zum Beispiel ein C-Compiler, keinen Code schreiben kann wie der, der von Menschen geschrieben wird. Doch einige Teile des Prozesses werden wir vielleicht in den nächsten drei oder vier Jahren wesentlich mechanisieren können. Menschen werden immer noch die Algorithmen erstellen, aber ein Großteil der Implementierung könnte von Maschinen übernommen werden. Ich glaube, daß wir innerhalb der nächsten fünf Jahre Werkzeuge zur Verfügung haben werden, die einen Job ebenso gut erledigen wie ein Programmierer.

INTERVIEWER: Sie haben vorhin die Mathematik erwähnt. In welcher Beziehung stehen Informatik und Mathematik zueinander?

GATES: Die Mathematik hat großen Einfluß auf die Informatik. Die meisten guten Programmierer haben einen mathematischen Hintergrund, denn es ist von Vorteil, die Klarheit beim Beweisen eines Theorems zu kennen, wo keine vagen Angaben gemacht werden, sondern nur ganz exakte. In der Mathematik entwickelt man komplette Charakterisierungen und man muß Theoreme in nicht klar auf der Hand liegender Weise kombinieren. Häufig versucht man zu beweisen, daß ein Problem in kürzerer Zeit gelöst werden kann. Mathematik hat eine enge Verbindung zum Programmieren, jedenfalls trifft das für mich besonders zu, bei anderen mag das weniger zutreffen, denn ich komme von der Mathematik. Für mich besteht eine natürliche Verbindung zwischen beiden.

»Ich glaube, daß wir innerhalb der nächsten fünf Jahre Werkzeuge zur Verfügung haben werden, die einen Job ebenso gut erledigen wie ein Programmierer.«

INTERVIEWER: Ist die Informatik wirklich eine Wissenschaft?

GATES: Sie wird eine werden. Sehen Sie mal, das ist noch so neu. Die Leute schrieben Doktorarbeiten über Arbeiten, die wir heute von Programmierern als Teil ihres Jobs erwarten. Die Informatik entwickelt sich unglaublich schnell, aber anders als in der Mathematik, wo 300 Jahre lang mathematische Theorien von Genies entwickelt wurden, haben wir unsere in nur etwa 20 Jahren entwickelt mit Leuten, die sich dafür entschieden haben. Wirklich brillante Leute kommen jetzt zur Informatik und leisten ihren Beitrag. Programmieren ist heute wesentlich weiter verbreitet. Die Tatsache, daß junge Leute so früh Kontakt mit Computern bekommen, wird die gesamte Denkweise in diesem Bereich verändern. Viele der ganz guten Programmierer haben bereits als Teenager programmiert, in einem Alter, in dem man wahrscheinlich flexibler über die Dinge denkt.

In der Vergangenheit reichte es nicht, lediglich ein hervorragender Programmierer zu sein, man mußte auch noch Leute managen und andere Dinge tun. Glücklicherweise ändert sich das jetzt. Jetzt ist klargeworden, daß es sich um eine Wissenschaft handelt, die es wert ist, daß man dabei bleibt und sie anderen beibringt.

INTERVIEWER: Wird das Programmieren durch jahrelange Erfahrung tatsächlich einfacher?

GATES: Nein, ich glaube, daß es nach den ersten drei oder vier Jahren feststeht, ob man ein guter Programmierer ist oder nicht. Nach ein paar Jahren weiß man mehr über die Leitung großer Projekte und Persönlichkeiten, aber nach drei oder vier Jahren steht fest, was man sein wird. Bei Microsoft gibt es keine einzige Person, die zwei Jahre lang nur mittelmäßig war und dann ganz plötzlich aus heiterem Himmel alles sehr viel besser gemacht hätte. Wenn ich mich mit jemandem über das von ihm geschriebene Programm unterhalte, weiß ich sofort, ob er ein wirklich guter Programmierer ist. Wenn er wirklich gut ist, liegt ihm jede Einzelheit auf der Zungenspitze.

»Die Tatsache, daß junge Leute so früh Kontakt mit Computern bekommen, wird die gesamte Denkweise in diesem Bereich verändern.«

Das ist wie beim Schachspielen. Wenn man das ernsthaft macht, ist es ein leichtes, jeden einzelnen Zug von zehn Spielen auswendig zu können, weil man sich intensiv damit beschäftigt. Andere mögen dieses Erinnerungsvermögen bei Schachspielern oder Programmierern als Freak-Show abtun. Aber das ist völlig natürlich. Bis heute kann ich mich an die Tafel stellen und große Teile vom Quellcode von Microsoft BASIC anschreiben, die ich vor zehn Jahren geschrieben habe.

INTERVIEWER: Wie fühlen Sie sich, wenn Sie programmieren?

GATES: Wenn ich etwas zusammenstelle und die richtigen Resultate kommen, fühle ich mich prima. Ich mache keinen Spaß, wenn ich sage, daß bei allen großen Dingen Emotionen hineinspielen, ohne Ausnahme. Man wird durchaus in Versuchung geführt, einfach den Code einzugeben, aber es gibt nichts Schlimmeres als eine Routine einzutippen, nur um zu Resultaten zu kommen und dann feststellen zu müssen, daß die schwierigen Sachen immer noch geschrieben werden müssen. Denn wenn das wirklich erst noch gemacht werden muß, dann muß man auch das ändern, was man schon gemacht hat. Ich ziehe es vor zu warten und das Fundament auszubauen, ehe ich mir das Vergnügen gönne, es zu codieren und laufen zu sehen. Das ist so, als läßt man den besten Bissen bis zuletzt auf dem Teller.

INTERVIEWER: Sehen Sie einen Unterschied in der Art des Programmierens bei jüngeren Programmierern im Vergleich zu älteren?

GATES: Die Programmierer, die heute damit anfangen, brauchten nie etwas zusammenzuquetschen. Daher ist es ein bißchen schwieriger für sie, sich für die richtige Denkweise zu entscheiden, denn sie glauben, daß Ressourcen sofort verfügbar sind. Vor zehn Jahren mußte sich jeder Programmierer mit Ressourcenbegrenzungen herumplagen, deshalb denken die älteren Programmierer an solche Dinge.

Beim Programmieren wird unglaublich viel Energie verbraucht, also sind die meisten Programmierer ziemlich jung. Und das kann wieder ein Problem sein, weil das Programmieren soviel Disziplin verlangt. Wenn man jung ist, hat man noch nicht gelernt, nur sein Ziel im Auge zu haben; man wird durch dies oder jenes abgelenkt. Junge Programmierer sollten sich nicht entmutigen lassen, und sie werden besser werden. Ich glaube, ich habe mich zwischen 1975 und 1980 als Programmierer drastisch verbessert. 1975 hätte ich noch gesagt: »Hey, paßt auf, ich kann alles.« Ich glaubte das auch, denn ich hatte so viele Programme gelesen und war niemals auf Programmteile gestoßen, die ich nicht sehr schnell lesen konnte. Ich bin noch heute der Überzeugung, daß der beste Test für die Programmierfähigkeit der ist, daß man dem Programmierer ein etwa 30 Seiten langes Programm in die Hand drückt, um zu sehen, wie schnell er es durchlesen und verstehen kann.

INTERVIEWER: Glauben Sie das ist Talent?

GATES: Sicher ist das Talent, da können Sie Gift darauf nehmen. Das ist ein IQ in reinster Form. Man muß sich nur auf den Code konzentrieren und ihn zu Programmen, die man geschrieben hat, in Beziehung bringen. Viele Leute würden sagen: »Ich brauche Tage und Wochen, um das zu lesen.« Ein wirklich guter Programmierer aber sagt: »Laß mich das mit nach Hause nehmen. Ich werde mir heute abend mal eine Stunde Zeit nehmen und die ganze Geschichte durchsehen.« Der Unterschied in der Fähigkeit ist riesengroß.

INTERVIEWER: Ist das Informatikstudium die beste Vorbereitung für einen Programmierer?

GATES: Nein, die beste Vorbereitung ist das Schreiben von Programmen und großartige Programme, die andere geschrieben haben, genau zu studieren. Ich selbst bin damals an die Papierkörbe im Computer Science Center gegangen und habe mir die Listings der Betriebssysteme herausgefischt.

Man muß die Bereitschaft haben, die Programme anderer Leute zu lesen, dann die eigenen zu schreiben, und andere den eigenen Code überarbeiten lassen. Man muß einfach in diesen unglaublichen Feedback-Kreis hineinwollen, in dem die Weltelite einem sagt, was man falsch macht. Auch persönliche Empfindlichkeit darf einen nicht davon abhalten, diesen Feedback zu bekommen. Einige dieser Weltklasse-Programmierer hacken auf irgendeinem rein idiosynkratischen Detail herum, zum Beispiel, wie man das Programm kommentiert. Da muß man einfach durch, denn irgendwie versuchen die Programmierer, einen nach ihrem eigenen Ebenbild zu formen; sie versuchen, einen dazu zu bringen, willkürlich gewählte Dinge genau wie sie selbst zu tun. Da kann es vorkommen, daß sie leicht über das Ziel hinausschießen.

»Wenn Sie sich einmal mit einem großen Programmierer unterhalten, werden Sie feststellen, daß er seine Tools so gut kennt wie ein Maler Staffel und Leinwand.«

Wenn Sie sich einmal mit einem großen Programmierer unterhalten, werden Sie feststellen, daß er seine Tools so gut kennt wie ein Maler Staffel und Leinwand. Es ist ganz erstaunlich festzustellen, wieviele Gemeinsamkeiten große Programmierer in ihrer Entwicklung haben – wie sie ihr Feedback kriegten, und wie sie ihren ausgeprägten Sinn für Disziplin entwickelten und über oberflächliche oder sorgfältige Arbeit urteilten. Wenn man diesen Leuten einen bestimmten Teil eines Programms in die Hand gibt, bekommt man von allen die gleiche Reaktion.

INTERVIEWER: Hat Sie jemand in der Art, wie Sie Ihre Programme schreiben, beeinflußt?

GATES: Jeder. Der Autor des PDP-Betriebssystem hat mich beeinflußt. Und John Norton vom TRW, der Memos über anderer Leute Programme verfaßte – ich hatte so etwas nie zuvor gesehen. Ich versuchte das selbst mit anderer Leute Programme zu machen.

Es bestand ein Gedankenaustausch zwischen Paul Allen und mir, weil wir einen Großteil der Programme, die wir in unserem Leben geschrieben haben, zusammen gemacht haben. Es ist gut, wenn man jemanden hat, der sofort für einen da ist, wenn man nach einem Fehler im Programm sucht oder man sich über eine spezielle Entscheidung nicht sicher ist. In gewissem Sinne ist es, als macht man eine Pause, man kann die Spannung abbauen, ohne das Thema zu wechseln, indem man einfach mit jemandem darüber redet. Während der kreativen Phase tut es gut, ein bißchen Druck abzulassen und sich trotzdem auf das gleiche Thema zu konzentrieren. Paul und ich haben gelernt, wie man wirkungsvoll zusammenarbeitet. Es gibt nicht viele derartiger Partnerschaften. Er hat großen Einfluß auf mich ausgeübt. Und dann, zur Microsoft-Zeit, haben mich auch Charles Simonyi und einige andere beeinflußt.

INTERVIEWER: Wie wird sich die Software Ihrer Meinung nach weiterentwickeln? Werden wir weiter eine großartige Textverarbeitung nach der anderen machen oder eine andere großartige Tabellenkalkulation? Oder werden die Computer sich auf Gebiete ausdehnen, von denen wir heute noch nicht einmal träumen, die wir uns heute noch nicht vorstellen können?

GATES: Wir durchlaufen gerade das Spektrum des Mehr-und-mehr-Denkens seitens des Computers. Ich habe den Begriff »softer Software« geprägt. Das bezieht sich auf ein Programm, das sich selbst den Wünschen des Anwenders und seinen Interessen allmählich anpaßt. Es werden weitere tolle Textverarbeitungen und Tabellenkalkulationen entwickelt werden und wir werden Netzwerke und Grafiken und neue Architekturen anwenden. Es werden große Speicherkapazitäten durch Compact-Disks verfügbar sein, auf denen Enzyklopädien abgespeichert werden können.

Was wirklich anders sein wird, ist das Programmieren nach festen Regeln. Das ist anders, denn anstatt nur ein Programm zu schreiben und zu sagen: »Wenn das und das passiert, machst du dies oder jenes«, denn so arbeiten die Programme jetzt; man schreibt Regeln auf und dann hat man da so ein Maschinchen, das sich die gegebenen Fakten und Regeln ansieht. Es versucht, neue Fakten abzuleiten und entsprechend zu handeln. Zum Beispiel kann das Programm Regeln der Schwerkraft beinhalten, und wenn irgend etwas vom Tisch fällt, weiß das Programm, daß – wenn es sich um Glas handelt – es zerbrechen kann. Das Programm stellt also Ergebnisse auf eine Art und Weise her, die im Gegensatz zum normalen Programmieren nicht sofort erkennbar sind.

Das ist die Technik, auf der sogenannte Expertensysteme aufgebaut sind. Auf festen Regeln beruhendem Programmieren liegt die Idee zugrunde, Abweichungen durch eine Versuchsmaschine machen zu lassen und sie nicht genau im Programm festzulegen. Vielleicht werden diese Techniken in den kommenden vier oder fünf Jahren noch keine große Bedeutung erlangen. Ein junger Programmierer, der sich profilieren will, täte jedoch gut daran, sein Augenmerk auf diese neue Art des Programmierens zu richten.

INTERVIEWER: Kann auf festen Regeln beruhendes Programmieren verschiedenartige Informationen effektiver bearbeiten als konventionelle Programmiermethoden?

GATES: Nun, das ist ziemlich schwierig zu erklären. Nehmen wir an, Sie haben ein Programm, das Ihnen zeigt, wie Brücken gebaut werden. Es enthält alle Angaben über Belastung und Biegsamkeit und die Eigenschaften von Metall. Eingebettet in das Programm sind Informationen über Technik und Materialien und solche Sachen. Wenn man nun hergeht und zu dem Programm sagt: »Wir wollen Brücken aus Plastik bauen,« so ist das eine ebenso drastische Änderung, als würde man sagen: »Wir wollen auf dem Mars Brücken bauen.«

Im auf Regeln basierenden Programmieren werden alle die physikalischen Prinzipien, welcher Belastung Material ausgesetzt werden kann und wie die Schwerkraft funktioniert, im Extremfall ausschließlich als Regeln dargestellt. Alle Schlußfolgerungen werden aus der Prüfung dieser Regeln und ihrer genauen Durcharbeit abgeleitet. Heute besitzen wir keine ausreichend guten Maschinen zur Prüfung dieser Regeln; es ist schrecklich ineffizient zu versuchen, Dinge auf diese Art zu machen. Aber dies ist eine der Techniken, in denen wir Fortschritte erzielen. Sie ist bereits am Horizont als etwas, das das Programmieren verändern wird. Dies und eine andere Idee: daß wir Hunderte von Computern haben, die gleichzeitig parallel laufen. In der Tat könnte uns das helfen, dieses auf Regeln basierende Zeug effizient laufen zu lassen. Diese Art der architektonischen Änderungen könnte die Art, wie programmiert wird, oder wie die Programmierer über das Programmieren denken, beeinflussen.

Am meisten fürchten sich die Programmierer davor, daß die Compiler oder die Computer so gut werden, daß die Programmierer nicht mehr zählen. Ich hatte eigentlich immer Angst, daß, wenn ich mich auf etwas spezialisiere, es irgendwann an Bedeutung verlieren könnte.

INTERVIEWER: Microsoft ist ein breit gefächertes Unternehmen, und die Industrie als Ganzes unterliegt ständigen Änderungen. Wie schaffen Sie es, immer auf dem neuesten Stand zu bleiben?

GATES: Nun, man kann nicht in allem auf dem neuesten Stand sein. Ich arbeite mit Top-Leuten bei IBM, Apple, DEC und in Japan zusammen. Ich muß wissen, was passieren wird. Ich kann es mir nicht leisten, meine Zeit mit Ratespielen zu vergeuden. Wenn ich mit jemandem von Microsoft im Flugzeug sitze, reden wir darüber, was passieren wird. Und das E-Mail-System bei Microsoft hilft mir, am Ball zu bleiben.

Ein Weg, um wettbewerbsfähig zu bleiben, ist die Anwendung der Personalcomputer und sicherzustellen, daß ich die zehn besten Softwareprodukte kenne und die Handbücher gelesen habe. Produkte ändern sich nicht so schnell, so daß ich mich durchaus damit vertraut machen kann. Wenn man sich wirklich für Personalcomputer interessiert, hat man jeden einzelnen auch ausprobiert, weiß etwas darüber und überlegt, wie man es besser machen kann als andere Produkte.

»Wir werden Software erstellen, die den Computer auf jeden Schreibtisch und in jeden Haushalt bringt.«

In gewisser Weise sind die Personalcomputer einfacher geworden. Jetzt gibt es nur noch zwei Architekturen: PC und Mac. In den guten alten Tagen gab es dreißig oder vierzig verschiedene Maschinen, die völlig inkompatibel waren, dazu kam eine Reihe von Programmiersprachen, mit denen die Leute rumpfuschten. Uns ist es gelungen, die breite Masse anzusprechen, weil wir es homogener und standardisierter gemacht haben, damit die Anwender eine Idee davon kriegen, was überhaupt passiert.

Vieles was da in der Industrie passiert, bringt keinen echten Fortschritt. Ich konzentriere mich lieber auf Netzwerke oder Grafik, weil das, was wir auf dem Gebiet machen, mit der neuesten Technologie zu tun hat, anstatt mich darum zu kümmern, ob eine Einzelhandelskette Pleite gemacht hat, wer wen bestochen hat, oder ein Unternehmen dem Mitarbeiter genügend Aktien übereignete. Wen interessiert das schon? Die wirklich klugen Köpfe hier konzentrieren sich auf ihre Arbeitsgebiete; sie machen für mich alles, was ihrer Meinung nach von Bedeutung ist, jedes Projekt, das für den Markt von Bedeutung ist.

INTERVIEWER: Wo sehen Sie Microsoft in zehn Jahren?

GATES: Unsere Ziele sind sehr einfach. Wir werden Software erstellen, die den Computer auf jeden Schreibtisch und in jeden Haushalt bringt. Ich weiß nicht, ob das zehn Jahre dauern wird – es ist nicht mein Fachgebiet, Zeitpläne abzuschätzen. Microsoft will auch dazu beitragen, daß diese Maschinen gute Maschine werden, die Systemsoftware hineinbauen und sie mit vielen wichtigen Anwendungen ausstatten, die auch benutzt werden.

Obwohl immer mehr Maschinen auf den Markt kommen werden, sind wir der Meinung, daß wir unsere Entwicklungsgruppen nicht zu vergrößern brauchen, weil wir Programme herstellen werden, die in größeren Mengen verkauft werden. Wir können einen großen Softwareumsatz erzielen und unser Unternehmen in der gleichen Größe beibehalten. Das bedeutet, daß wir jeden einzelnen Mitarbeiter kennen, miteinander reden, Tools austauschen können und die hohe Qualität unserer Produkte beibehalten.

»CD-ROM ist die Technologie, die wir verwenden werden, um Personalcomputer in jeden Haushalt zu bringen.«

Eines der neuen Gebiete, denen wir uns bei Microsoft zuwenden werden, sind die Compact-Disc (CD). CD-ROM ist die Technologie, die wir verwenden werden, um Personalcomputer in jeden Haushalt zu bringen.

INTERVIEWER: Wie wollen Sie das bewerkstelligen?

GATES: Wenn Sie sich heute einen Computer kaufen wollen und sich dann ein Lernprogramm kaufen, stellt sich heraus, daß es gar nicht lehrreich ist. Die Zahl der Antworten, die Auswahl, und die Art, wie das Programm das wirkliche Leben simuliert, ist gar nichts. Mit der großen Speicherkapazität der CD können wir eine Situation schaffen, in die man einbezogen wird, bei der die Information, die Vielfalt der Antworten, das Einbezogensein ein überwältigendes Gefühl vermitteln.

Es ist eine Welt, die vom Wettbewerb beherrscht wird. Bei der Lernsoftware konkurrieren wir mit Zeitungen, Büchern und Fernsehen. Die Lernprogramme, die heute herausgebracht werden, sind nicht wettbewerbsfähig. Außer wenn Sie Ihr Kind davor bewahren wollen, zu verblöden, gibt es keinen Grund, die Maschine zu kaufen. Man wird nicht miteinbezogen und ein Laie erst recht nicht.

INTERVIEWER: Glauben Sie, daß die neuen CD-ROM-Anwendungen mit dem Fernsehen in Wettbewerb treten?

GATES: Fernsehen ist passive Unterhaltung. Wir sind überzeugt, daß die Leute eingreifen wollen, Befehle eingeben wollen und von der Maschine über etwas, das sie gelernt haben, Feedback erwarten. Sie können sich etwas

Bestimmtes aussuchen, was Sie interessiert. Die interaktive Art der Vorrichtung ist der Unterschied dazu, nur den Fernseher einzustellen und sich etwas anzusehen.

INTERVIEWER: Gehen Sie bei Ihrem Design für die CD-ROM-Software-Produkte nach den gleichen Grundsätzen vor?

GATES: CD-ROM ist völlig anders. Wir hoffen, daß man sich mit CD-ROM eine Karte der USA ansehen kann, irgendeinen Punkt bestimmt, und fragt: »Hey, was für Hotels gibt es in der Gegend?« Und das Programm sagt es Ihnen. Und wenn Sie die Enzyklopädie aufgerufen haben, bestimmten Sie eine der Beethoven-Symphonien, und der Computer spielt sie Ihnen vor. Es ist eine neue Schnittstelle; es hat überhaupt nichts mit Produktivitätswerkzeugen wie Textverarbeitungen oder Tabellenkalkulationen zu tun. CD-ROM-Programme werden völlig andere Probleme lösen. Wie jedes neue Medium wird es unglaublich wettbewerbsfähig sein. Wie können wir die Programmierfähigkeiten einsetzen, um eine bessere CD-ROM-Systemanwendung als andere zu machen? Das erfordert sehr gründliches Nachdenken. Es ist kein neuer Markt für Programme, die wir bereits gemacht haben. Es ist ein Markt, von dem wir hoffen, daß unsere Intelligenz es uns ermöglicht, etwas Neues und Angemessenes zu gestalten.

INTERVIEWER: Es ist also nicht so einfach, als würde man einen Stapel Zeitungen nehmen und sie auf CD-ROM bringen und dann Zugriffssoftware zu schreiben?

GATES: Irgend jemand wird das sicher machen, aber wir nicht. Für uns ist das nicht interessant genug. Wir glauben fest daran, daß eines Tages CD-ROM-Systeme in jedem Auto und jedem Haus sein werden. Und wenn man irgendwo im Land reist, nimmt man die kleine Diskette mit und sie zeigt die Fahrtrouten an und sagt einem, wo etwas Interessantes zu besichtigen ist.

Nehmen wir mal den Sport. Sie haben eine Diskette für Sport, schieben sie ein und es erscheinen Informationen und Bilder der Sportler. Sie können sich die alten Spiele ansehen, ebenso können Sie die Regeln abrufen. Auf jeder einzelnen Diskette sind Informationen über ein Gebiet, über das Sie etwas lernen möchten. Auf jeder einzelnen Diskette ist auch ein kleines Quiz wie: »Wenn Sie meinen, Sie wüßten so viel über Baseball, dann sagen Sie doch bitte mal, wer das hier ist und was er gemacht hat!«

Auf jeder Diskette werden interaktive Spiele sein. Auf der Sport-Diskette ist das sofort einsichtig. Auf der Musik-Diskette heißt das Spiel: »Erkennen Sie die Melodie?« Sie können den Punktestand abrufen, Komponisten nachschlagen und sich anhören, wie die verschiedenen Instrumente klingen. Sie sitzen da und geben Ihre eigenen Punkte ein. Wenn Sie Pilot sind, interessieren Sie sich wahrscheinlich für Abbildungen von Flughäfen und Flugzeugen und so; wir haben die Diskette für Sie.

INTERVIEWER: Werden diese CD-ROM-Anwendungen in Buchhandlungen verkauft werden?

GATES: Das glaube ich schon. Während der Einführungsperiode werden wir entscheiden, welche Vertriebswege für uns interessant sind. Ganz besonders, ob es eine Zukunft für das Computerfachgeschäft gibt. Das glaube ich zwar nicht, aber man kann ja nie wissen.

Einige der CD-Anwendungen klingen wie Fantasie. Aber wie häufig wird ein neues Medium erfunden? Beinahe nie. Video ist kein neues Medium, es ist lediglich eine verspätete Entwicklung vom Radio zum Fernsehen. Die interaktive Videodiskette hatte eine Chance, ein neues Medium zu werden, ist aber nicht bis zur kritischen Verbreitung vorgedrungen. Sie hatte nicht genug Material, preisgünstige Spiele, Annehmlichkeiten. Sie wurde nicht in die Kultur aufgenommen. CDs sind ein Superset des interaktiven Video, aber wir müssen es noch besser machen.

Die Änderungen durch die CD werden gewaltig sein. Ich kann mir kaum vorstellen, daß in Zukunft Ersatzteilkataloge noch gedruckt werden. Für alles, was als Referenz dient und wo man nicht nur Seite für Seite umblättern möchte, sondern nach Informationen sucht, die man manipulieren möchte und von verschiedenen Gesichtspunkten betrachten möchte, ist diese elektronische Form bei weitem den meisten anderen Formen überlegen. Unser stärkster Wettbewerb sind eindeutig Bücher. Wir werden dem Buchmarkt keinen eigentlichen Schaden zufügen, aber die CDs werden Kataloge und bestimmte Nachschlagewerke ersetzen.

INTERVIEWER: Glauben Sie, daß daraus eine neue Kultur entsteht, wie die Fernsehkultur?

GATES: Ich weiß nicht, was eine Kultur ist, aber die CDs sind weitaus interaktiver als das Fernsehen. Die CD ist nicht nur für das Programmieren geeignet wie die PCs heutzutage. Und trotzdem ist es gleichermaßen faszinierend und fesselnd. Sie werden einbezogen, es werden Ihnen Quizfragen gestellt und Sie sagen sich: »Ich bin ein Superstar, das will ich jetzt ausprobieren.« Wir machen das Quiz so, daß viele Leute daran teilnehmen können, indem einer die Frage für den anderen auswählt. Wenn ein Kind ein Personalcomputer-Freak ist, ist das meiner Meinung nach besser, als wenn es vor dem Fernseher hockt, denn es wird zum Denken angeregt. Ich gehöre nicht zu denen, die das Fernsehen hassen, aber es strengt das Gehirn überhaupt nicht an. Ich besitze auch keinen Fernseher.

INTERVIEWER: Könnte Ihrer Meinung nach die Entwicklung von CD-ROM eingeengt werden, wenn unterschiedliche Normen verwendet werden?

GATES: Es werden große Anstrengungen von Microsoft und Unternehmen, die hundertmal größer als wir sind, unternommen, um auf diesem Gebiet eine Norm zu erstellen. Es besteht ein Potential für zwei, eventuell auch drei inkompatible Sichtgeräte. Und bei den Kosten der Softwareentwicklung wäre das nicht gut. In diese Richtung geht unser Ziel und unsere Aufmerksamkeit. Wir werden alles daransetzen, daß *unser* Standard *de*r Standard wird. Das wird schwer sein, das ist eine Herausforderung. Wir müssen sehr schnell vorgehen, damit alle Aktivitäten auf einen einzigen Standard gerichtet werden, und es ist unsere Aufgabe, sicherzustellen, daß dieser Standard gut ist.

»Wenn ein Kind ein Personalcomputer-Freak ist, ist das meiner Meinung nach besser, als wenn es vor dem Fernseher hockt . . .«

Ohne die Halbleiterindustrie wäre es gar nicht möglich, derartige Sichtgeräte zu produzieren. Es sind die unwahrscheinlich niedrigen Kosten für Speicher und Hochgeschwindigkeitsprozessoren, Video- und Audiochips, die es uns ermöglichen, die Computer zu einem multimedialen Gerät zu machen. Die Halbleiterindustrie macht das Wunder möglich. Erst in den letzten zwei Jahren wurden alle die Bauteile in unwahrscheinlich hohen Stückzahlen von anderen Anwendern gekauft, was zu einer attraktiv niedrigen Preisgestaltung führte.

INTERVIEWER: Ist es möglich, daß CD-ROM mit Expertensystemen verschmilzt?

GATES: Nein. Die beiden sind unabhängig voneinander. Vielleicht werden einmal die Daten für Expertensysteme auf CD geliefert, denn man kann eine umfangreiche Datenbank darauf aufbauen. Aber keines ist auf das andere angewiesen. Beide müssen mit ihrer eigenen schwierigen Herausforderung fertig werden.

Das Gemisch an Fähigkeiten, das für die Erstellung der besten CD der Welt erforderlich ist, ist erschreckend, denn es beinhaltet Video, Audio, Programmierung und es ist interaktiv. Es wird schwierig sein, wie bei jedem neuen Medium. Als die Leute zu Anfang im Fernsehen auftraten, glaubten sie, sie seien so viel besser als die Leute im Radio, aber sie standen einfach nur da. Es dauerte lange, ehe die tollen Farben, die Action, die dreidimensionale Darstellung und die Spezialeffekte, die man heute im Fernsehen sieht, erfunden wurden. Genau wie das Fernsehen werden auch die CDs immer besser werden, je mehr Erfahrung wir mit dem Medium machen. Ich kann mich hier hinsetzen und Ihnen genau sagen, welche Fehler wir nicht machen werden, und in fünf Jahren kann ich mich wieder hier hinsetzen und Ihnen genau sagen, welche Fehler wir gemacht haben. Wie kreativ wir auch sind, wir können die Medien nicht sofort vollständig ausschöpfen.

INTERVIEWER: Haben Sie sich irgendwann einmal gewünscht, Sie würden wieder allein programmieren?

GATES: Ja natürlich, ganz bestimmt. Dann kontrolliert man alles selbst. Es gibt keine Kompromisse. Jede Zeile ist von einem selbst und man ist mit jeder Zeile zufrieden. Das mag egoistisch sein, als dürfe man reine Mathematik machen und trotzdem kriegt man ein Feedback, indem man etwas Funktionierendes macht. Manchmal beneide ich meine Kollegen, die sich nur auf das Programm, das sie gerade schreiben, konzentrieren.

John Page

Bereits als Teenager begann John Page, der am 21. September 1944 in London, England, geboren wurde, mit Computern zu arbeiten. Er befaßt sich seit über zwanzig Jahren mit Computern, also seine gesamte berufliche Laufbahn.

1970 ging Page zu Hewlett-Packard und war vier Jahre lang Technischer Leiter für HP in London, Genf und anderen Städten Europas. 1974 zog er nach Cupertino, Kalifornien, und übernahm in der Hauptverwaltung von Hewlett-Packard die weltweite technische Leitung für den Computer HP 3000. Später ging er in die Forschung und Entwicklung von Software und entwickelte das Datenbankmanagement-System Image. Während seiner Tätigkeit bei Hewlett-Packard studierte Page künstliche Intelligenz an der Stanford University und erwarb das zweite Staatsdiplom in Informatik.

1980 verließ Page Hewlett-Packard und gründete zusammen mit Fred Gibbons und Janelle Bedke die Software Publishing Corporation. Page, der in einer Garage anfing, entwickelte das erste Produkt der Software Publishing Corporation, das spätere Programm PFS:FILE. Die PFS-Serie umfaßt heute mehr als sechs Programme für alle Gebiete des Informationsmanagements. John Page ist Vizepräsident des Bereichs Forschung und Entwicklung der Software Publishing Corporation.

John Page ist ein adretter, aufgeweckter, jugendlich aussehender Mann mit gütigen Augen, einem warmen Lächeln und leicht englischem Akzent. Zu grauen Hosen trug er ein blaues Hemd mit offenem Kragen. Page ging mit mir durch die behaglichen nach kalifornischem Stil mit Rotholzbalken verkleideten Büros zu einem großen, leeren Konferenzzimmer. Hier berichtete Page entspannt über seine Gedanken und seine Analyse des Programmierens und die Leitung eines Software-Unternehmens.

Als ich John Page bat, uns Proben seines Quellcode für dieses Buch zur Verfügung zu stellen, lehnte er dies ab und meinte, diese Bitte erschiene ihm abwegig. »Architekten würden Bilder der Kirchen und Museen veröffentlichen, die sie gebaut haben, aber doch nicht Teile der Konstruktionszeichnungen.« Seiner Meinung nach sind Proben relativ unwichtig für den Leser. Stattdessen, so schlug er vor, sollten wir seine vielen Errungenschaften und Leistungen für die Computerwelt aufzählen. Und ganz besonders diese Bemerkung charakterisiert wie keine andere seine Einstellung zum Programmieren. Im Vorfeld seiner Gedanken steht der Anwender. Für Page zählt das Endergebnis als solches und nicht, wie es erreicht wurde.

INTERVIEWER: Wie kamen Sie dazu, das Programm PFS:FILE und die PFS-Software-Serie zu schreiben?

PAGE: Als ich zum Hewlett-Packard-Werk in Kalifornien versetzt wurde, wo die HP3000-Software gemacht wird, habe ich mich intensiv mit der Software befaßt. Dann begann ich mit Image, einem Datenbankmanagement-Programm für den HP3000. Es ist das am häufigsten installierte Datenbanksystem für Großrechner und Minicomputer.

Nachdem ich mich längere Zeit bei Hewlett-Packard mit Datenbankmanagement-Systemen beschäftigt hatte, wurde mir plötzlich klar, daß sie mehr auf die Programmierer als auf die Anwender zugeschnitten waren. Das war durchaus in Ordnung für die damalige Zeit, denn die Firmen tendierten dazu, ein Entwicklungswerkzeug statt eines Produkts für die Anwender zu machen. Als ich aber die Entwicklung der Personalcomputer verfolgte, wurde mir bewußt, daß es durchaus möglich war, ein Datenbankmanagement-System für gewöhnliche Leute zu entwickeln. Damals begann ich mich mit der Idee für ein solches Projekt zu beschäftigen.

Hewlett-Packard war damals nicht an Personalcomputern interessiert und noch weniger an der Software. Ich traf mich mit Janelle Bedke und Fred Gibbons, mit denen ich später die Firma gründete. Wir diskutierten das

Projekt und beschlossen, einen Software-Verleger zu suchen. Wir konnten keinen finden.

Aber als uns klar wurde, daß das Software-Geschäft eine Blüte erlebte, wußten wir, daß dies die Gelegenheit war, eine Firma zu gründen, also gründeten wir SPC. Wir stellten einen Geschäftsplan auf, der uns das Wachstum und die potentielle Marktdurchdringung aufzeigte, die wir erwarten konnten. Als wir die Entscheidung getroffen hatten, die Firma zu gründen, hatte ich die Möglichkeit, meine Software-Ideen zu verwirklichen, die bereits seit einem Jahr meine Gedanken beherrschten, nämlich die PFS-Programmserie.

»Komplizierte Programme sind weit leichter zu schreiben als die einfacheren . . .«

INTERVIEWER: Auf welche Weise sollte PFS sich von anderen damaligen Programmen unterscheiden?

PAGE: Meiner Meinung nach fehlte die einfache Bedienung, wie zum Beispiel beim Telefon oder Auto. Das Ziel war, ein Programm zu schreiben, das so einfach wie ein Haushaltsgerät zu handhaben ist. Ich mußte mich entscheiden: Entweder maximale Verständlichkeit oder maximale Leistung und Funktionsfähigkeit. Das ist wie beim Telefon, wenn man es nur von außen betrachtet. Man wählt eine Nummer, das Telefon klingelt, und man spricht mit jemandem. Das scheint alles zu sein. Irgendwie klingt das ganz einfach, oder? Aber man braucht eine umfassende Technologie dazu. Das PFS-Design ist dem Telefonsystem ähnlich: nach außen hin einfach, aber im Hintergrund ausgereifte Technologie.

Als ich das Design für PFS machte, stolperte ich über ein altes Software-Prinzip: Komplizierte Programme sind weit leichter zu schreiben als die einfacheren – also, genau das Gegenteil dessen, was man sich vorstellt. Komplizierte Programme zu schreiben ist einfach, weil die Komplexität an den Anwender weitergegeben wird, der Anwender wird gezwungen, alle Entscheidungen zu treffen. Nehmen wir einmal an, der Anwender möchte wissen, wieviele Blöcke in einer Datei sind. Man legt sie also so aus, daß er das selbst herausfinden kann. Ich möchte nur wissen, was der Anwender mit der Information anfangen kann. Aber bei einem sehr einfachen Programm muß der Designer die Antworten selbst finden. Es war faszinierend, von der Entwicklung sehr komplexer Software, die vorwiegend für Programmierer entwickelt wurde, zur Entwicklung von Programmen für jedermann überzugehen.

INTERVIEWER: Warum wurde PFS in Pascal geschrieben?

PAGE: Bedenken Sie, daß PFS das Programm ist, das sich am längsten auf dem Markt gehalten hat, wo auch VisiCalc jetzt weg ist. Damals, vor fünf Jahren, gab es C noch nicht, also hatten wir die Wahl zwischen BASIC, Assembler oder Pascal. Basic war nicht das Richtige. Ich wollte auch nicht alles in Assembler runterhacken, das hätte zu lange gedauert, ich brauchte also eine höhere Programmiersprache und Pascal blieb als einzige übrig. Bedenken Sie auch, daß dies noch vor dem IBM PC war, so daß die einzige Maschine auf dem Markt, die in Betracht kam, der Apple II war, und Pascal die einzige Programmiersprache war, die meinen Anforderungen an diese Maschine entsprach.

Wir gehen zu C über, wenn wir neue Versionen entwickeln, weil sie eine bessere Entwicklungssprache als Pascal ist. Aber Pascal hat uns nie im Stich gelassen, wenigstens nie so wie einige Programmierfreaks denken. Meiner Meinung nach kann man in C nur 5 bis 10 Prozent produktiver als in Pascal sein.

INTERVIEWER: Sie sagten, PFS war äußerst schwierig zu entwickeln. Wie lang nahmen Entwurf und Schreiben in Anspruch?

PAGE: Ich brauchte etwa achtzehn Monate für Design und Schreiben von FILE und Report. Ich habe sie fast ausschließlich allein gemacht, obwohl ich zum Schluß noch Unterstützung hatte.

INTERVIEWER: Was war das größte Problem bei der Entwicklung des Programms?

PAGE: Das größte Problem war damals, das Ganze in den 48-KByte-Apple hineinzubringen und dabei eine angemessene Geschwindigkeit zu erzielen. Das Pascal wurde interpretiert, und die Leistung ließ einiges zu wünschen übrig. Und als das Programm fertig war, war es extrem langsam, so daß ich alle die Teile herausnahm, die den Engpaß verursachten und sie in Maschinensprache neu programmierte. Das löste die Probleme, und das Programm funktionierte hervorragend, aber etwas in Maschinensprache ohne Debug-Hilfen neu zu codieren war ganz entsetzlich.

Das andere Problem lag in der Geschäftsstrategie. Genau zu der Zeit, als wir PFS herausbrachten, wurde der 48-KByte-Apple als riesige Konfiguration angesehen. In der Tat war er das Nonplusultra, während die 32-KByte-Maschine die bevorzugte Maschine war. Es gab zwar einen 64-KByte-Apple, aber die zusätzliche 16-KByte-Platine kostete 550 Dollar. Bedenken Sie, daß die Computer damals private Anschaffungen waren; die Leute gaben ihr eigenes Geld für diese Maschinen aus, und eine Platine für 500 bis 600 Dollar war eine große Ausgabe. Wir mußten zu einer Entscheidung kommen.

Es war unmöglich, das Programm in 32 KByte laufen zu lassen. Wir hatten bereits FILE und Report als zwei verschiedene Programme gemacht, weil sie nicht zusammen in den 48-KByte-Apple paßten. Es sind bis heute zwei getrennte Programme geblieben, obwohl sich das bald ändern wird. Konnten wir es mit einer 48-KByte-Maschine schaffen? Größere Speicherkapazität war ein Risiko, weil das den Absatzmarkt einschränken würde. Ich habe nächtelang wachgelegen und mir überlegt, ob das gut ginge.

INTERVIEWER: Kamen damals noch andere Datenbankprogramme auf den Markt?

PAGE: Damals befürchteten wir, daß DB Master von Stoneware uns das Wasser abgraben könnte. Aber es gelang uns, das Problem zu umgehen, indem wir den Markt segmentierten – wodurch DB Master als technisch zu hoch entwickelt und zu schwierig für die Anwendung eingestuft wurde. Eigentlich ist es schon komisch, wie unser Schicksal über die Jahre Höhen und Tiefen durchlief.

INTERVIEWER: Konnten Sie sich vorstellen, daß PFS ein derart großer Erfolg werden würde?

PAGE: Überhaupt nicht. Ich neige dazu, mir ein Ziel zu stecken, und wenn ich das gemacht habe, denke ich nicht mehr darüber nach, ob es richtig war, oder wie schwer es zu erreichen ist, ob ich es immer noch verfolgen soll, oder ob ich Erfolg haben werde. Ich verfolge mein Ziel, ohne nach rechts oder links zu schauen. So habe ich es auch mit FILE gemacht. Als es sich dann gut verkaufte, war ich ziemlich überrascht, ich dachte: »Himmel, das hat funktioniert. Das ist ja kaum zu glauben.«

INTERVIEWER: Programmieren Sie noch?

PAGE: Es macht noch immer Spaß, aber ich programmiere nicht mehr soviel wie ich gerne möchte. Aus innerbetrieblichen Gründen ist es für die Firma nicht gut, wenn man zu sehr in ein Projekt oder ein Programm hineingezogen wird. In einem größeren Unternehmen brauchen die Leute jemand, der sie leitet und der alles kann, aber nur soweit, daß die Mitarbeiter sich nie minderwertig oder überflüssig vorkommen. Die Mitarbeiter müssen sich mit ihrer Arbeit identifizieren und psychologisch Besitz ergreifen von den Ideen, die sie implementieren, sonst sind sie nicht motiviert.

Ich frage mich oft, wie es wohl bei Microsoft sein mag, denn eine der leitenden Persönlichkeiten dort ist technisch sehr dominierend und sehr bekannt. Ich wüßte zu gern, ob das sich negativ auf die Moral der Softwareleute in der Firma auswirkt. Ich frage mich auch, ob jemand, der alles unter Kontrolle hat, das Wachstumspotential der Firma hemmt. Wenn die Firma erst einmal eine Größe erreicht hat, wo der Gründer nicht mehr alles selbst machen kann, müssen andere bereit sein, die Firma zu leiten und zwar genau so, wie er es tun würde. Bei SPC versuchen wir, erst einmal aus dem Rampenlicht herauszukommen und uns dann später zu vergrößern.

INTERVIEWER: Fanden Sie den Wechsel vom Programmierer zum Leiter eines Großunternehmens schwierig?

PAGE: Der Wechsel ging sehr langsam vor sich, denn ich führe seit zwanzig Jahren Mitarbeiter. Und wenn ich ehrlich sein soll, es war viel schwieriger, vom Manager zurück zum Programmierer. Vor der Gründung der Firma war ich bei Hewlett-Packard daran gewöhnt, eine Menge Leute unter mir zu haben. Als ich dann zum Programmieren zurückging, war ich plötzlich auf mich allein angewiesen. Das war wie ein Schock. Es war beinahe beängstigend – ich fragte mich schon, ob ich überhaupt noch in der Lage sei, Programme zu schreiben. Aber da geht es einem wie mit dem Fahrradfahren – so etwas vergißt man nie, man radelt einfach drauflos.

INTERVIEWER: Da Sie selbst nicht mehr programmieren, wie finden Sie gute Programmierer?

PAGE: Die Firmen brauchen Mitarbeiter, die echte Architekten sind, Mitarbeiter, die über das erforderliche Werkzeug hinausblicken, um zu verstehen, was gebaut werden soll, die verstehen, welche technischen Dinge ausgeschöpft werden können und wie. Ein cleverer Techniker zum Beispiel, der weiß, daß die Speicher unglaublich groß werden, wird sich hinsetzen und fragen, welche Bedeutung das für das Design hat. Von welchen Annahmen bin ich ausgegangen, weil ich der Meinung war, die Speicherkapazität sei knapp? Wie kann ich herkömmliche Ideen abschaffen? Wie kann ich ein neues Design entwickeln, das die neuen Ideen widerspiegelt? Das sind die Leute, die ein Unternehmen braucht.

Außerdem brauchen die Unternehmen Mitarbeiter, die Code für die große Architektur schreiben – Leute, die lediglich gute Mechaniker sind. Was gemacht werden muß, ist genau festgelegt, und das kann jeder Schulabgänger mit einem Diplom in Informatik. Höchstwahrscheinlich machen die ihre Sache auch gut. Die Frage, die sich dann stellt, lautet, wie bringe ich diese verschiedenen Mitarbeiter unter einen Hut?

INTERVIEWER: Ist es ein Unterschied, ob Sie ein Programm allein oder im Team schreiben?

PAGE: Werden für ein Projekt vier oder fünf Mitarbeiter benötigt, dann nimmt man es anders in Angriff, als wenn man es allein schreibt. Ich bin der festen Meinung, daß nur eine Person, und ganz bestimmt nicht mehr als zwei, das Design und die höhere Struktur machen sollten. Man erhält Konsistenz und Eleganz, wenn alles von einer Person stammt. Man kann dem Fehler unterliegen und ein ganzes Komitee das Ding entwerfen lassen, damit alle ihren Spaß daran haben. Das wäre absolut fatal.

Ich habe eine kleines Team, das an den Definitionen arbeitet, und das ich, wenn es erforderlich wird, erweitere, um das Design zu implementieren. Je größer das Team für die Implementierung des Designs eines Programms ist, desto mehr Disziplin ist beim Aufteilen der Struktur in leicht zu handhabende Teile und der Definition der Schnittstelle erforderlich. Man muß nicht viele strukturierte Programmberichte erstellen, jede einzelne Stufe dokumentieren, es sei denn, das Programm ist so groß, daß es von zwei oder drei Mitarbeitern geschrieben werden muß.

Für einige Systeme, wie das Design eines Programms zur Kontrolle des Space Shuttle braucht man hundert Programmierer. Dann braucht man die Disziplin, die Struktur so aufzuteilen, daß alles funktioniert. Es kann vorkommen, daß ein kleines Programm eine zu große Struktur und ein großes Programm eine zu kleine hat – man muß die Techniken der Größe des Problems anpassen. So mache ich es jedenfalls.

INTERVIEWER: Was ist mit den Programmierern, die nichts mit dem Design zu tun haben, wie bringen Sie die zur Mitarbeit an einem Projekt?

PAGE: Vielleicht sind sie enttäuscht. Aber es wird ihnen von Anfang an gesagt, daß sie akzeptieren müssen, daß sie nichts mit dem Design zu tun haben und daß dies die Voraussetzung für die Mitarbeit an dem Projekt ist. Glücklicherweise gibt es immer Programmierer, die das Spiel noch nicht so gut kennen, und die von einem guten Designer etwas lernen möchten. Es ebnet ihnen den Weg in die Industrie und ist ein Weg zu dem Ziel, ein eigenes Design zu entwerfen.

INTERVIEWER: Wie führen Sie ein Team, das an einem Programm arbeitet?

PAGE: Wenn in unserem Hause einem Team ein Projekt zugeordnet wird, muß jeder eine Menge lernen, wie die Dinge auf SPC-Art gemacht werden – wir lösen Probleme so, daß unser Produkt sich von anderen unterscheidet. Ich hämmere ihnen dieses Prinzip von Anfang an ein. Ich sage nicht, wie sie das Design machen sollen, sondern versuche, ihnen zu erklären, wie ich das Design machen würde. In anderen Worten, ich versuche, ihnen etwas beizubringen. Ich bemühe mich, Fähigkeiten zu übermitteln, die für ihr ganzes Leben gut sind. Manchmal kommen sie mit Dingen, die mich nicht unbedingt begeistern, aber manchmal sind sie von der Art, wie ich Dinge angehe, auch nicht begeistert. Die ersten Programme, die ein Team aufbaut, enthalten immer ein paar Stolpersteine. Diesen Prozeß lassen wir sie mit Absicht durchlaufen, denn ich brauche Mitarbeiter in der Firma, die das zukünftige Wachstum mittragen können, damit wir keine Magengeschwüre kriegen. Das funktioniert auch hervorragend. Wir haben Teams hier, die an ihrem dritten Projekt arbeiten, und die sind echt gut. Die machen das noch besser als ich. Ich kann direkt etwas von ihnen lernen, ich finde das Klasse.

»Man muß seine Kunden und die Maschine kennen und dann das allerbeste Produkt für diesen Kunden und diese Maschine entwerfen.«

INTERVIEWER: Was ist charakteristisch an der Art, wie SPC Probleme angeht? Gibt es gewisse Techniken oder Regeln, an die sich die Programmierer halten müssen?

PAGE: Es bestehen keine besonderen Grundregeln, außer daß man seine Kunden und die Maschine kennen und dann das allerbeste Produkt für diesen Kunden und diese Maschine entwerfen muß.

Man muß die Kunden kennen und verstehen, was sie wollen. Dann kann man auch das richtige Produkt für sie entwerfen. Die Programme reichen von recht einfach aussehenden, wie PFS:FILE bis zu ziemlich komplex aussehenden, zum Beispiel einem Compiler. Erstere entwirft man für den normalen Gebrauch, die anderen für einen Programmierer oder Techniker. Ich kann es nicht vertragen, wenn Software-Entwickler nur an den komplizierteren Programmen arbeiten wollen. Für mich ist diese Einstellung unreif. Ein guter Architekt geht mit gleichgroßem Enthusiasmus an den Entwurf eines kleinen Erkers wie an den eines Museums, beide sind eine Herausforderung auf ihre Art. Ich glaube, es ist eine echte Herausforderung, Software zu entwickeln, die nach außen einfach erscheint, aber innen komplex ist. Ich wundere mich über Leute, die diese Herausforderung nicht annehmen, weil das für mich persönlich eine faszinierende Aufgabe ist.

INTERVIEWER: Was glauben Sie, wie sich Computer in den Jahren Ihrer Arbeit auf diesem Gebiet weiterentwickelt haben?

PAGE: Die Computer befinden sich auf einem Abstellgleis, weil sich seit geraumer Zeit nichts ereignet hat. Der Markt hat uns in überkomplizierte

Systeme manövriert, und das ist zum größten Teil die Schuld der IBM-Computer. Alle »neuen« Features, die hineingebaut wurden, sind von Minicomputern und Großrechnern geborgt. Die Bedienung jeder neuen PC-Generation ist komplizierter und schwieriger als die der vorherigen. Der PC ist dabei, wieder ein Minicomputer zu werden und vielleicht gelingt es IBM sogar, ihn wieder in einen Großrechner zu verwandeln. Die alte Komplexität ist wieder da, und die Eleganz verschwindet. Sogar der gute alte Macintosh wird angegriffen, weil er nicht alle Dinge hat, die die Manager von Managementsystemen lieben. Die Macintosh-Designer werden wahrscheinlich gezwungen werden, die ganze Komplexität in den Mac hineinzubauen. Es ist schade, daß so etwas früher oder später passieren muß.

»Ich glaube, es ist eine echte Herausforderung, Software zu entwickeln, die nach außen einfach erscheint, aber innen komplex ist.«

Das Endergebnis wird sein, daß die Personalcomputer bei den Mitarbeitern großer Konzerne immer beliebter werden, die bislang Großrechner verwendeten. Sie nehmen den Personalcomputer mit offenen Armen auf, versuchen aber immer noch, ihn wie einen Minicomputer zu behandeln. Aber das ist er nicht, es ist ein riesiger Taschenrechner und das haben wir vergessen.

INTERVIEWER: Wird sich der Trend zu mehr Komplexität fortsetzen?

PAGE: Das will ich nicht hoffen. Ich denke, der Personalcomputer wird in zwei Richtungen gehen. Einmal wird es für Büros Personalcomputer mit den gleichen Werkzeugen geben, die auch die Großrechner benötigten, wie COBOL und all das gräßliche Zeug. MIS-Manager programmieren noch immer in COBOL, genau wie vor zwanzig Jahren. Und wenn Sie versuchen, denen etwas Innovatives zu geben, sagen sie nur: »Nein danke, warum die Dinge schwerer machen. Ich will meine geliebte alte COBOL-Sprache.

Ich glaube ganz bestimmt, daß die Industrie wieder richtige Personalcomputer macht, die die Leute auch benutzen können, wie den ersten Apple. Sie werden billiger, leistungsfähiger und einfacher in der Anwendung sein. Im Augenblick sind wir entgleist. Die Entwicklung des echten Personalcomputers wird Leben in die gesamte Industrie bringen.

INTERVIEWER: Wie passen Sie die Entwicklung Ihrer Programme den ständig wechselnden Ansprüchen der Kunden an?

PAGE: Man kann zwei Wege gehen, um ein Produkt dem sich ändernden Markt anzupassen. Eine Art des Wachstums wird vom Computer und seiner Technologie angekurbelt. Man findet neue Anwendungen für den Computer, auch wenn sie sich aus den Anwendungen, mit denen man anfing, entwickeln. Diese Art des Wachstums bringt völlig andere Bedürfnisse als die, mit denen man anfing. Wenn man zum Beispiel zum Fotosatz übergeht, dann merkt man plötzlich, daß die Personalcomputer ideal für den Fotosatz sind. Dazu wird Software gebraucht, die total anders ist, als die ursprünglich entwickelte, damit man sie verkaufen kann.

»Die Bedienung jeder neuen PC-Generation ist komplizierter und schwieriger als die der vorherigen . . . und die Eleganz verschwindet.«

Die andere Art des Wachstums wird durch die hinzugewonnenen Erfahrungen der Kunden angekurbelt. Sie verstehen immer besser, was der Computer für sie machen kann, ihre Anforderungen steigen, aber der Wunsch nach Komplexität nicht. Sie wollen, daß die neuen Programme mehr können, aber dabei einfach bleiben. Unsere Herausforderung besteht darin, dieser Forderung gerecht zu werden, denn das ist das Wachstum, für das wir uns entschieden haben. Ich glaube auch, daß man den Kundenwünschen Rechnung tragen muß, um die technische Weiterentwicklung voranzutreiben, wie zum Beispiel ein Programm funktioneller aber nicht gleichzeitig komplexer zu machen. Dazu müssen wir unseren Verstand anstrengen, doch das Ergebnis ist echter Fortschritt. Leider ist die Industrie von der Komplexität betört und will sie unbedingt haben, um sie aus irgendeinem perversen Grund vorzeigen zu können.

INTERVIEWER: Ihrer Meinung nach orientiert sich die Industrie mehr an der Technologie als am Markt?

PAGE: Genau. Die wollen die Technologie zum Vorzeigen. Es ist ein bißchen wie bei teueren Stereoanlagen – je mehr man zahlt, desto mehr Lämpchen und Knöpfe sind dran. Das ist alles Blödsinn, denn wenn Sie mit dem echten Anwender, zum Beispiel der Frau des Käufers sprechen, dann merkt man, daß diese Armaturen lediglich verwirren. Ich gehe jede Wette ein, wenn man anhand von Fingerabdrücken alle Regler herausfindet, die tatsächlich benutzt werden, dann stellt sich heraus, daß höchstens drei von den insgesamt vielleicht neunzig jemals berührt wurden. Keiner weiß, wozu die restlichen da sind und niemand berührt sie, weil die Stereoanlage auch so funktioniert.

Mit den Programmen geht es den Leuten genauso. Sie kaufen ein umfangreiches, schlecht entworfenes Textverarbeitungsprogramm, weil sie Briefe oder Berichte schreiben möchten. Aber es ist voller Steuereinrichtungen, die niemand will oder berührt. Der Trick ist, diese Aversion durch Technologie zu umgehen. Weil SPC absichtlich die Technologie vor dem Anwender versteckt, werden wir leider als eine Firma angesehen, die sich nicht der Technologie verschrieben hat. Das kann einen schon ärgern, man arbeitet so schwer, die Technologie zu verstecken und wird dann abgestempelt, weil das Programm nicht komplex genug zu sein scheint.

INTERVIEWER: Wie können Sie die Komplexität verstecken?

PAGE: Ich nenne Ihnen ein Beispiel mit PFS:Report. Wenn Sie eine ordentliche, sachliche Liste haben möchten, wählen Sie einfach die vier Punkte, die in der Liste enthalten sein sollen: den Firmennamen, die Adresse, den Umsatz und den Namen des Verkäufers. Das Programm sucht in der Datenbank nach der Breite der größten Spalte. Dann wird über eine heuristische Routine das Verhältnis der Breite der Zwischenspalten zu den Rändern berechnet. Die heuristische Routine im Programm ist ein komplizierter Tausendsassa. Sie probiert verschiedene Sachen, bis sie einen »annehmbaren« Quotienten für jede einzelne Spalte gefunden hat, sie ordnet zu und sucht aus. Dadurch sieht die Liste ästhetisch ausgewogen aus, mit gleichbreiten Rändern an beiden Seiten und nicht zu eng und die Spalten nicht zu weit auseinander.

Das Programm verwendet ein Vertikaltabulationsschema, damit die Liste vertikal auf der Seite zentriert ist. Das Ergebnis sieht gut aus und die Daten passen. Wir schieben die Daten solange hin und her, bis es auf der Seite gut aussieht. In 99 Prozent der Fälle sehen die Listen hervorragend aus, und auch das restliche eine Prozent ist durchaus verwendbar. Das Endergebnis ist, daß die Anwender gut aussehende Listen bekommen, indem sie lediglich die Daten angeben, ohne einen Gedanken an das Layout zu verschwenden.

Bei weniger fortschrittlichen Programmen muß der Anwender angeben, wie breit jede Spalte sein soll und wo sie auf dem Papier stehen soll. Der

Anwender wird gezwungen, sich auszutüfteln, wie breit die Namensspalte ist. Der Anwender legt sich also auf eine gewisse Breite fest, beispielsweise fünfundzwanzig Zeichen, weil er der Meinung ist, Namen seien nicht länger. Und dann ist da doch einer, der länger ist, und der wird einfach abgeschnitten. Der Anwender muß viel Energie aufwenden und eingeben, an welcher Stelle auf dem Papier die Dinge stehen sollen, und das Ergebnis ist grausig, weil er vorher nicht erkennen kann, wenn es unsymmetrisch ist.

Und hier liegt der Hase im Pfeffer. Die Programme, die schwieriger anzuwenden sind, machen aus dieser Schwierigkeit ein Verkaufsargument. Sie machen es zum Feature: Der Anwender eines komplexen Systems kann genau angeben, wohin die Spalten kommen, wogegen PFS sie automatisch zuordnet. In der Realität sieht es so aus, daß fast jeder, der das komplexere Programm verwendet, den Bericht fünfmal ändert, ehe er anständig aussieht. Oder man gibt sich mit einem scheußlich aussehenden Bericht zufrieden. Ich bezweifle, daß das produktiv ist. Das Designproblem wird zum Streitpunkt Kontrolle gegen Produktivität. Man kann entweder eine hohe Produktivität oder Kontrolle haben. Mit dieser Entscheidung werden Programmierer und Anwender täglich konfrontiert.

INTERVIEWER: Es klingt, als ob die Entwicklung eines einfach anzuwendenden Programms wesentlich zeitaufwendiger ist. Wie können Sie sich das leisten?

PAGE: Wir machen das, weil es zum Vorteil des Anwenders ist. Das unterscheidet uns von den Wettbewerbern. Wir bauen Programme mit Automatikgetriebe, die wesentlich schwerer zu entwickeln sind als Programme mit mechanischem Getriebe. Aber das wollen unsere Kunden. Mehr als zwei Millionen Programme von uns laufen da draußen, deshalb nehmen wir diese zusätzliche Investition auf uns, weil das auch für uns einen Vorteil bringt.

INTERVIEWER: Woher kommen die Ideen für neue Programme?

PAGE: Das frage ich mich auch manchmal, aber die richtige Antwort ist der Kontakt zum Kunden. Ich brauche die Grunddaten und will sie selbst interpretieren. An einem ruhigeren Tag gehe ich unsere Kundendatei durch und rufe unsere Kunden wahllos an. Ich frage sie, warum sie unser Produkt gekauft haben und wozu sie es verwenden. Zuerst sind die Kunden schokkiert, weil man sie persönlich anspricht, aber dann erzählen sie normalerweise eine Menge über das, was sie mit dem Produkt machen.

Wir beobachten den Wettbewerb sehr genau, aber wir lassen uns nicht vom Gruppendenken der Industrie beeinflussen. Wir nehmen auch an den Tagungen und Meetings teil, die unsere Mitbewerber nicht besuchen. Wir gehen gern zu Konferenzen, die sich nicht nur auf die Computerindustrie beziehen, aber durchaus eine Diskussion über Computer erwarten lassen. Bei

Investitionskonferenzen sind meistens Leute aus den verschiedensten Bereichen anwesend – der Halbleiterindustrie, Hardware, Software und Vertrieb. Wir bemühen uns, die Händler persönlich zu betreuen. Die Meinung jedes einzelnen hilft, ein Mosaik der Industrie zusammenzusetzen.

Das Glück spielt auch mit. Der Name Software Publishing Company ist irreführend, denn wir verlegen keine Software. Aber fast jeder, der ein Programm hat, das verkauft werden soll, schickt es zu uns. Wir kriegen also hunderte neuer Ideen aus dem ganzen Land zu Gesicht.

Die meisten Ideen stammen aus dem Unternehmen selbst. Wir verwenden unsere eigenen Produkte – wir erwarten von unseren Mitarbeitern, daß sie unsere Produkte so weit wie möglich verwenden, weil wir ein Feedback über ihren Erfolg und ihre Fehler brauchen. Mit 200 Mitarbeitern, die unsere Programme verwenden, bekommen wir eine Menge Daten. Und selbstverständlich kommen die Leute aus der Entwicklungsabteilung auch mit ihren eigenen Ideen.

INTERVIEWER: Haben Sie viel Kontakt mit anderen Programmierern?

PAGE: Wir versuchen, Kontakt zu den Softwareleuten zu halten, denn sie sind die Leute draußen, die die guten Ideen mitbringen. Seltsamerweise beeinflussen wir uns gegenseitig nicht. Da draußen laufen ein paar wirklich clevere Leute 'rum. Das Seltsame an den meisten Programmierern ist, daß sie die Sachkenntnis haben, aber häufig nicht wissen, was sie damit anfangen sollen. Sie treffen sich bei Tagungen und reden bis in die frühen Morgenstunden über Listings oder ähnliches. Für mich ist so etwas langweilig. Ich sage mir: »Nun gut, das ist zwar interessant, Lebensinhalt? Nein!«

Es gibt nicht viele Orte, wo man hingehen und die Leute treffen kann, die sich mit Problemlösungen auf meine Art beschäftigen. Ich finde es erschreckend, daß ich nur Baumeister und keine Architekten treffe. Ich wünschte, es gäbe einen Weg, Designer von anderen Gebieten kennenzulernen – Raumfahrt, Baugewerbe oder Technik. Ich weiß, daß es viele Parallelen gibt, obwohl ich nicht weiß, was für welche. Es wäre bestimmt toll, eines Tages ein derartiges Meeting zu veranstalten.

INTERVIEWER: Welche Rolle werden Ihrer Meinung nach die Computer in der Zukunft spielen?

PAGE: Sie werden überall Mittelpunkt sein. Information ist ein fundamentaler Bestand des Universums. Information über die Dinge ist fast so wichtig wie die Dinge selbst, und die Computer verarbeiten Information. In Business Week las ich einen sehr interessanten Artikel über die Macht der Information. Die Menschen beginnen, sich darüber klar zu werden, wie wichtig gute Information ist. Ein Mann, der Millionen Dollar investierte, sagte, er sei ganz ehrlich der Meinung, daß die Information für seine Investitionen in Dollar viel mehr wert sei als die Investitionen selbst.

Bedenken Sie – das bedeutet, daß die Information eine Quelle oder Rohmaterial und damit Gold wert ist. Bedenken Sie, wie vorsichtig sie es verwenden, verarbeiten und schützen würden. Das ist das, was die Computer so gut können. Die Voraussage, daß Computer in alle Bereiche der Gesellschaft eindringen, wird sich sicherlich erfüllen.

»Die Voraussage, daß Computer in alle Bereiche der Gesellschaft eindringen werden, wird sich sicherlich erfüllen.«

INTERVIEWER: Auf welchen speziellen Gebieten werden sich die Computer entwickeln?

PAGE: Ich sehe zwei bedeutende Gebiete, die in den nächsten zehn bis fünfzehn Jahren reif für die Entwicklung sind. Eines ist, die Personalcomputer wieder auf ihre alten Gleise zu stellen, damit sie ihren Namen »Personal« wieder verdienen – in der Größe eines Buches und zu einem Preis von 300 Dollar. Das wird innerhalb von zwei Jahren geschehen.

Das zweite Gebiet ist die Kommunikation. Wie die Information jetzt gehandhabt wird ist unausgereift – langsam, schwerfällig und teuer. Neue Wege werden sich öffnen aufgrund des Wettbewerbs und der neuen Technologie. Unter diesem Gesichtspunkt ist die Aufsplitterung von AT&T interessant.

INTERVIEWER: Welche Auswirkung werden die Computer auf die Kommunikation haben?

PAGE: Kommunikation wird schneller und billiger. Information ist nur nützlich, wenn man sie haben kann, und im Augenblick kann man sie nicht haben. Ich glaube, die Leute wissen gar nicht, wie schlecht sie informiert sind. Wenn sie erst einmal die vielen Möglichkeiten kennen, werden sie sich nicht mehr vorstellen können, daß sie je ohne diese umfassende Information ausgekommen sind.

Der Zugriff zur Information wird unser Leben sehr verändern. Zum Beispiel kann man über digitalisierte Sprache kommunizieren. Erinnern Sie sich an die Nachricht, die Sie für mich hinterließen, als Sie die ersten Male anriefen. Sie kriegten meinen Anrufbeantworter, der ein Computer ist. Ihre Stimme wurde digitalisiert und auf Diskette in einem Computer gespeichert, der mit dem ganzen Gebäude verbunden ist. Ich kann Ihre Nachricht an andere weitergeben, ich kann die Nachricht abändern und von zu Hause weiterleiten. Ich wähle ganz einfach das System über ein Drucktastentelefon an. Ohne Computer wäre das nicht möglich. Bald werden Heimversionen auf dem Markt sein, die um die 300 Dollar kosten – Anrufbeantworter werden tatsächlich miteinander reden können; das ist fast beängstigend.

INTERVIEWER: Zu welcher Art von Information werden wir in Zukunft Zugriff haben?

PAGE: Lassen Sie mich an einem Beispiel erklären, was das sein könnte. Nehmen wir an, Sie wollen irgendwo in Europa Urlaub machen. Sie wollen gutes Trinkwasser, ein nettes Hotel am Strand mit Schwimmbad und Drachenflugmöglichkeit in der Nähe. Wie in aller Welt können sie das alles in Erfahrung bringen? Das gute Hotel am Strand können Sie in einer Broschüre finden, aber da steht höchstwahrscheinlich nichts über die Dinge drin, die Sie am meisten interessieren, nämlich Drachenfliegen und ein Schwimmbad. Wenn Sie nicht zufällig ein Foto in die Hand bekommen, haben sie praktisch keine Information, von der Sie Ihre Ferienentscheidung abhängig machen können. Also endet man jedes Jahr wieder am gleichen Ferienort, weil man nichts besseres finden kann. Es gibt weitere Beispiele und tonnenweise Information, die wir nicht haben, über fast alle Aspekte unseres Lebens.

INTERVIEWER: Bestehen heute bereits einige dieser Informationsquellen?

PAGE: Ja. Ich bin zum Beispiel Flieger. Meine Möglichkeiten zu fliegen wurde um 20 bis 30 Prozent vergrößert, weil ich den Wetterbericht anloggen kann und weil ich Anweisungen über meinen Computer bekomme. Die andere Art, eine Wettervorhersage zu erhalten, ist weniger effizient. Ich rufe das Wetteramt an und muß eventuell eine halbe Stunde warten. Wenn ich dann endlich durchkomme, verstehe ich vielleicht die Wettervorhersage nicht richtig oder ich mache einen Fehler beim Notieren. Ich tippe meine Frage in den Computer – und da ist die Antwort, schnell und präzise. Das ist schon irre – ich bekomme bessere Informationen als der Tower. Und das kommt daher, daß ich mich direkt zum National Weather Service in Boulder, Colorado, schalte, während die ihre Wettervoraussage über ein veraltetes System bekommen, für dessen Modernisierung die Regierung kein Geld hat. Meine Flugpläne muß ich noch immer per Funk durchgeben, aber auch das wird sich bald ändern, wenn ich sie direkt eingeben kann.

INTERVIEWER: Aus welchem Grund sind so viele Programmierer Hobbyflieger?

PAGE: Ein Grund ist der, daß erfolgreiche Programmierer es sich leisten können, zu fliegen. Zweitens ist das Fliegen eine technische Disziplin, weil es die Beherrschung der Komplexität erfordert, und das lieben die Techniker. Auch die Programmierer lieben es, Komplexität zu zähmen, und das Fliegen ist extrem schwierig, also ist es toll, wenn man es beherrscht. Schließlich ist Fliegen wie Programmieren. Ein guter Pilot bietet dem Passagier einen reibungslosen, langweiligen Flug, während ein guter Programmierer dem Anwender eine reibungslose, langweilige Erfahrung mit dem Computer bietet.

INTERVIEWER: Haben Sie noch andere Interessen oder Dinge, mit denen Sie sich beschäftigen?

PAGE: Ich baue ein Haus, ich spiele Gitarre und ich schwimme gern, nicht um der Sache willen, sondern wegen des Trainings.

INTERVIEWER: Das klingt nicht so, als wären Sie ein Arbeitstier.

PAGE: Nein, die einzige Zeit, in der ich mich ganz meiner Arbeit widme ist, wenn ich etwas ganz Spezifisches tue und ich mich ganz darauf konzentriere, wie ich das vorhin bereits sagte. Das habe ich schon länger nicht gemacht. In meiner Führungsposition ist es mir unmöglich, Überstunden zu machen. Eine solche Position ist eine zwischenmenschliche Aktivität, die während der Arbeitszeit stattfindet. Das schlaucht einen unglaublich. Das nimmt viel Kraft, ohne einem Kraft zu geben. Man sieht die Ergebnisse indirekt in der steigenden Zahl der Leute um einen, in den Projekten, die erstellt werden und im Erfolg des Unternehmens als Gesamtheit. Das alles macht Spaß, doch hier fehlt die direkte Freude an der eigenen Leistung, wie das beim Programmieren ist. Das Ergebnis ist, daß ich nicht zu lange arbeiten kann. Ich brauche Zeit für mich, damit ich nicht mein Gleichgewicht verliere und ausflippe.

INTERVIEWER: Kann es Ihnen als Programmierer, der sich zeitweilig intensiv auf etwas konzentriert, passieren, daß Sie Ihr Gleichgewicht verlieren?

PAGE: Man muß allen seinen Verwandten sagen: »Paßt mal auf, ich bin etwa sechs bis neun Monate nicht erreichbar, ich bin zwar physisch hier, aber ich könnte genausogut nicht hier sein. Ich werde an der und der Sache arbeiten und völlig abwesend sein. Ich möchte, daß ihr das versteht und toleriert und ich verspreche euch, daß ich das wieder gutmache, wenn ich damit fertig bin.« Wenn Sie jemanden haben, der Ihnen nahesteht, ist dies Versprechen wirklich wichtig. Derart hart zu arbeiten, kann schreckliche Folgen für eine Ehe und andere Partnerschaften haben.

Manche Leute sind so beglückt, wenn sie ein Projekt fertig haben, daß sie sich gleich in das nächste stürzen. Doch da laugt man sich selbst aus. Jedesmal, wenn man unmittelbar an ein neues Projekt geht, wird man schlechter.

Wenn man wirklich hart an einem komplizierten Projekt arbeitet, muß man unbedingt Sport treiben. Das Fehlen körperlicher Bewegung ist das Verderben der meisten Programmierer. Es verursacht den Verlust des geistigen Scharfsinns. Es führt auch zu körperlichen Schwächen. Es erhöht das Gefühl der Desillusion, das auf einen zweiten oder dritten Programmierversuch folgt. Man blickt in den Spiegel und fragt: »Großer Gott, schau mich an, warum habe ich das getan?«

INTERVIEWER: Warum sind Programmierer so besessen?

PAGE: Man versucht die ganze Zeit über das komplette System, an dem man arbeitet, im Kopf zu haben. Wenn man diese geistige Vorstellung verliert, kann man sie nur schwer zurückbekommen. Das ist wie bei einem Fluglotsen, der die Position von neun Flugzeugen kennt und genau weiß, wohin sie fliegen. Lenken Sie ihn ab, indem sie ihn fragen, wann seine Schicht zu Ende ist, dann vergißt er die Flugzeuge – das Modell, das er in seinem Kopf hatte. Beim Programmieren ist ein kompliziertes Modell sehr effizient, wenn sie im gewohnten Gleis bleiben. Kommen Sie davon ab, müssen Sie eine Weile daran arbeiten, daß sie wieder dahin kommen.

INTERVIEWER: Haben Sie eine bestimmte Programmierroutine?

PAGE: Ich persönlich arbeite am besten morgens. Ich stehe gern früh auf, wenn alles still ist, und programmiere. In der Tat mache ich alles, was Konzentration verlangt, am frühen Morgen. Ich versuche, Meetings auf den Nachmittag zu legen, wenn meine geistige Fähigkeit nicht mehr so ganz auf dem Höhepunkt ist. Ich bin immer noch ein guter Redner, aber ich bin am Abend kein guter Problemlöser mehr. Ab 18 Uhr bis zum nächsten Morgen ist mit mir nicht viel anzufangen.

INTERVIEWER: Welchen Prozeß durchlaufen Sie, wenn Sie programmieren?

PAGE: Ich setze mich hin und erarbeite, was das Programm machen soll. Dann bestimme ich die Komponenten. Ich beschäftige mich zuerst mit den Teilen, die mir problematisch erscheinen, und versuche, sie zu verstehen. Dies sieht schwierig aus, und das sieht schwierig aus und die restlichen Teile sind einfache Dateien und altbekannte Hash-Tabellen. Wenn ich erst einmal mit den schwierigen Teilen isoliert fertiggeworden bin – sei es durch Schreiben eines kleinen Programms oder durch Beweis einer Theorie – bin ich zuversichtlich was das Gesamtprogramm betrifft. Ich habe Ausschnitte, die entweder ganz einfach sind oder unheimlich schwierig, aber ich weiß, daß ich damit fertig werde. Dann kann ich mit der Strukturierung des Programms beginnen, ehe ich mich an die Implementierung mache.

Ich muß davon überzeugt sein, daß das, was ich angehe, auch möglich ist, andernfalls fühle ich mich nicht wohl. Ich habe unreife Programmierer gesehen, die sich so vor dem Endziel gefürchtet haben, daß sie einfach irgendeinen Ausschnitt des Programms genommen haben und zu schreiben anfingen. Sie gehen von einer unwichtigen Position zurück in das Programm.

Wenn ich erst einmal die Struktur aufgezeichnet habe, arbeite ich der Reihenfolge nach an jedem Teil und definiere die Schnittstellen dazwischen. Ich kann dieses nagende Gefühl nicht ausstehen, daß ich etwas entwerfe, mir aber nicht sicher bin, ob eine wesentliche Komponente gebaut werden kann. Das macht mich ganz krank, nimmt mir das Vertrauen, mit dem Projekt so richtig loszulegen.

INTERVIEWER: Wenn ein gewisser Teil dann nicht funktioniert, werfen Sie die ganze Sache dann weg und fangen von neuem an?

PAGE: Ich rege mich schrecklich auf, wenn ich schwer gearbeitet habe und mir dann klar wird, warum niemand das, an dem ich gearbeitet habe, vor mir gebaut hat. Wenn ich es lösen kann, dann kann ich etwas, von dem jeder glaubte, es sei unmöglich. Dann gehen mein Adrenalinspiegel und mein Puls hoch. Das ist etwas für mich. Dann geht es mir wie dem Hund mit dem Knochen – ich lasse nicht los. Ich denke darüber nach beim Autofahren, beim Schwimmen und unter der Dusche. Ich beschäftige mich solange mit dem Problem, bis ich einen Weg finde, es zu lösen, indem ich irgendeine Technik anwende, auf die vor mir niemand gekommen ist. Natürlich, wenn das unmöglich ist, muß ich aufgeben. Aber oft, wenn ich lange und intensiv genug darüber nachdenke, finde ich einen Weg, das Problem zu umgehen. Das mag nicht immer eine elegante Lösung sein und mag auch nicht den Regeln der Informatik entsprechen, aber zum Teufel damit, wenn es funktioniert.

Ich habe immer gesagt, die Informatik ist keine Wissenschaft, denn man entdeckt eigentlich nichts über das physikalische Universum – aber das ist nur die halbe Wahrheit. Manchmal paßt die Lösung zu einem Problem so gut, als sei sie schon immer dagewesen und ich hätte sie nur aufgespürt. Ich prüfe sie und finde sie perfekt. Das ist schon komisch.

Nehmen Sie das Design von PFS:FILE. Ich erinnere mich, wie ich mich hingesetzt habe und 4 oder 5 Entwürfe machte, die völlig unterschiedlich waren. Einige waren relational, andere in natürlicher Sprache. Ich erinnerte mich an die Kriterien, die ich suchte: Ich suchte nach einem Weg, ein Programm zu entwerfen, das zu einer Programmfamilie erweitert werden konnte

– Berichte schreiben, Textverarbeitung und Grafikprogramm. Sie mußten zusammenpassen und tadellos arbeiten. Gleichzeitig mußte das Programm funktional vollständig sein. Es mußte alles können, was ich von ihm erwartete, und dazu einfach und leicht sein. Ich synthetisierte Ideen und versuchte verschiedene Entwürfe. Einige funktionierten auf einigen Gebieten recht gut und auf anderen Gebieten überhaupt nicht. Jeder Entwurf entsprach den unterschiedlichen Kriterien mehr oder weniger zu einem unterschiedlichen Grad. Und ganz plötzlich hatte ich den Einfall, der allem gerecht wurde.

Manchmal, wenn ich ein echt gutes Programm geschrieben habe, kommt es mir vor, als hätte ich es entdeckt. Wenn ich damit fertig bin, schaue ich es mir an und denke, daß ich es gar nicht anders machen konnte. Es ist beinahe so, als hätte ich überhaupt keine Wahl – die Lösung ist einfach da. Es gab keinen anderen Weg. Dieses Gefühl sind ein Zeichen dafür, daß ich etwas auf der Spur bin. Ja, Entdeckung ist der Weg zur Lösung, aber das passiert nicht sehr oft.

```
PAGE 1  TRIMMERS.C 10/23/85 9:9

/*=================================================================*/
/*

strdcpy - copy string until a specified character is found (or entire
        string is copied)

    returns a pointer to 'chr' in from string (or terminator)
*/

char    *strdcpy(from, to, chr)
char    *from;
char    *to;
char    chr;
{
    char    c;

    while (c = *to = *from) {
        if (c == chr) {
            *to = '\0';
            return (from);
            }
        to++;
        from++;
        }
    return (from);
    }
/*=================================================================*/
/*

strtrim - trim off blank characters (and CR, LF) from right side of line

*/

strtrim(line)
char *line;
{
    int     i;
    char    *p;

    i = strlen(line);
    p = line + i - 1;                   /* RHE of line */
    while (i--) {
        if (*p == ' ' || *p == '\t' || *p == '\n' || *p == '\r')
            *p = '\0';
        else
            break;
        p--;
        }
    return;
    }
```

Zwei von Ratliff geschriebene C-Unterroutinen, die denselben Programmierstil zeigen, den er auch in dBASE III verwendete.

C. Wayne Ratliff

Von 1969 bis 1982 arbeitete C. Wayne Ratliff für die Martin Marietta Corporation in verschiedenen Ingenieur- und Managementpositionen. Er war Mitglied des Viking-Flugteams der NASA, als der Viking-Satellit 1976 auf dem Mars landete und schrieb das Datenmanagementsystem MFILE für das Viking-Landesystem.

1978 schrieb er das Programm Vulcan, das er selbst von 1979 bis 1980 vertrieb. Ende 1980 schloß er einen Marketing-Vertrag mit Ashton-Tate und taufte das Programm Vulcan in dBase II um. Mitte des Jahres 1983 kaufte Ashton-Tate die dBase II-Technologie und das Copyright von Ratliff, und er wurde Vizepräsident für neue Technologien bei Ashton-Tate. Ratliff war Projektmanager für dBase II und gleichzeitig Designer und Leiter der Programmiergruppe.

Ratliff wurde 1946 in Trenton, Ohio, geboren und verbrachte seine Kindheit in Ohio und Deutschland. Heute wohnt er in der Nähe von Los Angeles.

Ich fuhr zum Ashton-Tate-Forschungszentrum in Glendale, um mit C. Wayne Ratliff, dem Entwickler von dBase, zu reden. Er begrüßte mich in seinem geräumigen Büro, wo wir uns an einen runden Tisch setzten und ausgiebig über seine Errungenschaften und Ansichten über das Programmieren unterhielten. Ratliff ist ein großgewachsener Weststaatler und macht einen sehr unabhängigen und selbstsicheren Eindruck. Nach über fünfzehn Jahren in der Computerindustrie zeigt er noch immer einen erfrischenden Enthusiasmus. Ungleich anderen Programmierern, die des Schreibens von Programmen müde geworden sind, macht es Ratliff Spaß, täglich an allen Phasen der Entwicklung eines Programms zu arbeiten.

INTERVIEWER: Warum sind Sie Programmierer geworden?

RATLIFF: Als ich im College war, habe ich kleine Zweisitzer mit Heckmotor entworfen. Das war in den sechziger Jahren, als die Autos groß und schnell waren. Dann verwendete ich einen CDC 6400-Computer für das Design des Autos, denn ich wollte Auto-Design vom Standpunkt eines Ingenieurs betrachten und nicht nur schätzen, wie groß der Motor sein dürfte, um in mein Design hineinzupassen. Ich schrieb mehrere kleine Programme als Hilfe für das Problem der Aufhängung, die Bestimmung des Gravitationszentrums und ähnliche Dinge. Es dauerte nicht lange, und ich beschäftigte mich mit dem Schreiben weiterer Programme, denn sie machten mir mehr Spaß als die Autos.

INTERVIEWER: Das Programmieren hat Sie also vom Auto-Design weggelockt?

RATLIFF: Die Computer selbst haben mich vom Auto weggeholt. Noch ehe ich mein Diplom hatte, bekam ich einen Job bei Martin Marietta in Denver. Ich war ein Computer. Meine Berufsbezeichnung war wirklich Computer. Andere Leute haben Computerprogramme geschrieben, aber ich war einer.

INTERVIEWER: Das müssen Sie näher erklären.

RATLIFF: Nun, das war zu Anfang der Raumfahrttechnik. Wenn die Mitarbeiter zum Beispiel eine Differentialgleichung zu lösen hatten, stand eine ganze Armee mit Monroe-Taschenrechnern bereit, und jeder Einzelne arbeitete an einem Teil der Gleichung. Ein Mitarbeiter war für die Additionen verantwortlich und gab seine Ergebnisse an den nächsten weiter, der die Multiplikationen machte und so weiter. Diese Leute wurden Computer genannt. Computer waren damals eher Verwaltungsassistenten, nur daß sie technikbezogene Jobs anstelle von Verwaltungsjobs machten. Und weil ich programmieren konnte, wurde ich eben so eingesetzt. Dann wurde ich zum Militär eingezogen, 1969, auf dem Höhepunkt des Vietnamkriegs.

INTERVIEWER: Gingen Sie nach Vietnam?

RATLIFF: Nein, und zwar wegen des Jobs bei Martin Marietta. Ich übte eine zivile Tätigkeit aus, das Programmieren. Zwei Jahre lang arbeitete ich an einem logistischen Kriegsspiel namens LOGEX, in COBOL programmiert. Meine Hauptaufgabe bestand darin, Ausrüstungen und Zulieferungen zu ordern. Es war wie bei der Inventur für ein Großunternehmen, außer daß hier ungewöhnliche militärische Regeln zu beachten waren – wie Atomwaffen, die die Autorisierung durch den Präsidenten erfordern.

»Meine Berufsbezeichnung war wirklich Computer. Andere Leute haben Computerprogramme geschrieben, aber ich war einer.«

INTERVIEWER: Wie kamen Sie dazu, das Programm Vulcan zu schreiben?

RATLIFF: Nach meiner Entlassung aus der Armee war ich Angestellter bei Martin Marietta und hatte einen Vertrag am Jet Propulsion Laboratory. Ich arbeitete am Viking-Projekt und schrieb das Datenmanagementsystem für das Viking-Landesystem mit dem Namen MFILE. Das war 1976, etwa zu der Zeit, zu der ich mich für das Design und Experimentieren mit natürlicher Sprache interessierte, weshalb ich mir den 8-Bit-Computerbausatz IMSAI 8080 kaufte und ihn zusammenbaute. Es dauerte ein Jahr, bis ich das Ding zusammengebaut hatte, die meiste Zeit wartete ich auf irgendwelche fehlenden Teile. Ich mußte mehr als 2200 Stellen löten. Wenn ich das Ding zusammengebaut zum gleichen Preis bekommen hätte, oder annähernd zum gleichen Preis, hätte ich es selbstverständlich fertig gekauft.

Als ich alles zusammengebaut hatte, besaß ich lediglich einen Computer. Nichts war darin enthalten außer 1 KByte Speicher. Ich mußte laufend etwas nachkaufen, selbst die Tastatur. Ich hatte bereits 1000 Dollar für den Bausatz ausgegeben, dann mußte ich noch 159 Dollar für die Tastatur bezahlen. Insgesamt habe ich etwa 6000 Dollar ausgegeben. Heute kann man einen AT mit Festplatte, komplett und betriebsfertig, für 6000 Dollar kaufen.

INTERVIEWER: Waren Ihre Experimente mit natürlicher Sprache der Grundstein für dBase?

RATLIFF: Die Idee für dBase stammt seltsamerweise vom Fußballspiel. Ich gehörte zu einer Tippgemeinschaft und hatte mich nie zuvor derart intensiv mit Fußball beschäftigt. Es war die Motivation, zu gewinnen und weniger das Spiel an sich, was mich interessierte. Ich überlegte mir, daß ich vielleicht gewinnen könnte, wenn ich mich auf die mathematischen Grundsätze konzentrieren würde.

Dazu muß man die vorausgegangenen Ergebnisse studieren. Jeden Montag morgen bringen die Zeitungen zwei ganze Seiten mit den Ergebnissen der Wochenendspiele. Drei oder vier Wochen nach Beginn der Fußballsaison war ein ganzes Zimmer völlig mit Zeitungen ausgelegt! Ich versuchte, die Siegesmannschaft zu bestimmen, indem ich Zeitung für Zeitung durchging, ein entsetzliches Verfahren und ich entschied, daß das ohne Computer nicht machbar war. Nun, eines führte zum anderen und nach einer Woche hatte ich den Fußball völlig vergessen. Ich hatte entschieden, daß die Welt einen Datenbankmanager mit natürlicher Sprache brauchte. Offensichtlich war der Computer die Lösung, und das war der Grund, weshalb ich den IMSAI 8080 kaufte.

Ich ging los und kaufte stapelweise Bücher über natürliche Sprache und künstliche Intelligenz, ich war hin- und hergerissen und führte viele Experimente durch. Ich hatte die Datenbank nicht so genau studiert wie den Aspekt der natürlichen Sprache.

Ich entschied mich, den Datenbankmanager als Grundlage für die natürliche Sprache zu verwenden. Die natürliche Sprache selbst ist ein großes »Und jetzt?« Man braucht eine Grundlage. Ich erinnerte mich an das Datenmanagementprogramm, das ich für Viking geschrieben hatte und ich hatte vor, es auf die 8-Bit-Maschine, den IMSAI, umzusetzen. Ganz durch Zufall fiel mir die Beschreibung eines Programms mit dem Namen JPLDIS, oder JPL Display and Information Systems, in die Hände. Es war leichtverständlich, sehr einfach und klar. Sofort war ich der Überzeugung, daß man es leicht auf einem Mikrocomputer implementieren könne.

JPLDIS war meiner Meinung nach ein – wie man es heute nennen würde – Klone oder Nachbau eines IBM-Produkts mit dem Namen Retrieve, das auf irgendeinem Timesharing-System lief. Es läuft also eine Art Entwicklungslinie von Retrieve über JPLDIS zu meinem Programm, das ich Vulcan nannte. Zuerst wollte ich mich der Datenbank widmen, um mich dann mit der natürlichen Sprache zu beschäftigen, aber ich schob die natürliche Sprache vor mir her und habe sie bis heute nicht entwickelt.

INTERVIEWER: Welche Form nahm diese frühe Version von dBase oder Vulcan an?

RATLIFF: Ich nahm das JPLDIS-Konzept, nahm einige Spezifikationen heraus und schrieb Vulcan. JPLDIS konnte zweihundert Datenfelder verarbeiten, aber meiner Meinung nach waren sechzehn ausreichend. Ich brachte es zum Funktionieren und etwas mehr als ein Jahr später machte ich meine Steuererklärung damit. Also überlegte ich mir, daß Vulcan einen kommerziellen Wert haben müsse, ich führte einige Verbesserungen durch und machte es vertriebsreif. Im Oktober 1979 ging ich auf den Markt und schaltete meine erste Anzeige für Vulcan in der Zeitschrift BYTE, es war eine viertelseitige Anzeige, die über vier oder fünf Monate lief. Ich bekam mehr Anfragen als ich bewältigen konnte.

INTERVIEWER: Die Reaktion war also sofort positiv. Wer waren Ihre Wettbewerber zu jener Zeit?

RATLIFF: FMS 80 und später Condor und Selector. Im Verlauf der einundzwanzig Monate, in denen ich den Code für Vulcan schrieb, brach mein Diskettenlaufwerk zweimal zusammen. Es dauerte jedesmal drei Monate, bis es wieder funktionierte, so daß ich insgesamt sechs Monate verlor. Ich sagte mir immer wieder, wenn ich sechs Monate früher damit gekommen wäre, wäre ich der Allererste gewesen.

INTERVIEWER: Also, plötzlich hatten Sie ein Produkt, das in den Markt einbrach. Waren Sie über diesen Erfolg überrascht?

RATLIFF: Ich war völlig überarbeitet. Ich machte alles selber. Wenn eine Bestellung hereinkam, tippte ich sie ein, füllte die Rechnung aus, packte das Programm ein und machte eine Kopie der Diskette. Ich schaltete alle Anzeigen selbst, und ich arbeitete an dem Programm. Ich kam also von meinem Job nach Hause, arbeitete wieder bis Mitternacht, fiel erschöpft ins Bett, stand am nächsten Morgen auf und der ganze Ablauf fing von vorne an. Vulcan war an einem Punkt angelangt, an dem ich einige Neuerungen einbauen mußte. Über die Monate ging mir die Puste aus.

Im Sommer des Jahres 1980 entschied ich mich, keine Anzeigen mehr zu schalten und Vulcan langsam in der Versenkung verschwinden zu lassen. Ich würde weiterhin alle die Leute beraten und unterstützen, die es gekauft hatten, aber ich wollte nicht unbedingt mit aller Gewalt nach neuen Kunden suchen.

INTERVIEWER: Warum haben Sie nicht versucht, es an eine größere Firma zu verkaufen, oder einen Mitarbeiter einzustellen?

RATLIFF: Ich bin gar nicht auf die Idee gekommen. Damals gab es auch keine großen Firmen. Soweit ich wußte, gab es nur kleinere Unternehmen.

Ein Professor der University of Washington und seine Frau waren interessiert, das Marketing zu übernehmen, als George Tate und Hal Lashlee mich anriefen. Sie kamen zu mir und ich gab ihnen eine Vorführung; und obwohl bei einer Vorführung immer irgend etwas schief geht, waren sie verständnisvoll, sie wußten, wie das so bei Vorführungen ist. Das hat mich ziemlich beeindruckt. Die meisten Leute verlieren das Interesse, wenn bei einer Vorführung etwas nicht klappt. George und Hal waren bereits im Geschäft, ihre Firma hieß Discount Software. Sie hatten einen einzigen Mitarbeiter – aber es hörte sich an, als hätten sie eine ganze Schar von Mitarbeitern, obwohl sie tatsächlich nur den einen hatten. Außerdem waren sie nicht weit weg, etwa zehn oder fünfzehn Meilen. Es kam mir beinahe vor, als seien sie mein Schicksal. Sie machten mir ein Angebot für die Exklusiv-Marketingrechte und ich schlug ein. Es lief dann auch zwei oder drei Jahre.

INTERVIEWER: Als Sie Vulcan schrieben, hätten Sie sich vorstellen können, das es so ein Erfolg wird?

RATLIFF: Ich durchlief verschiedene Stadien. Ehe ich selbst mit dem Marketing begann, stellte ich mir vor, daß zehn Prozent der Leute, die BYTE gelesen hatten, es kaufen würden. Ich könnte meinen Job an den Nagel hängen und mich zur Ruhe setzen. Diesen Gedanken mußte ich schnell verwerfen. Als die ersten Großaufträge *nicht* eingingen, mußte ich meine Erwartungen revidieren. Sogar nachdem ich den Vertrag mit Ashton-Tate abgeschlossen hatte, schrieb ich in mein Tagebuch, daß ich einen Profit von 100000 Dollar erhoffte, insgesamt. Das war, glaube ich, der Beweis, wie konservativ meine Erwartungen geworden waren.

INTERVIEWER: Lassen Sie uns über die Verwandlung von Vulcan in dBase reden. Welche Art Neuerungen machten Vulcan zu dem heutigen Produkt?

RATLIFF: Es wurden einige Änderungen an der Benutzerschnittstelle durchgeführt und einige Leistungsverbesserungen, aber die größte Änderung war, von der zeilenorientierten Verarbeitung zur Bildschirmverarbeitung überzugehen. Nachdem ich DataStar gesehen hatte, wurde mit klar, daß der zweidimensionale Bildschirm das war, nach dem jeder verlangte.

Die neuen Befehle, die ich hinzufügte, gehörten fast ausschließlich zur Benutzerschnittstelle. Ich glaube, ich habe es nie geschafft, alle Verbesserungen, die ich mir wünschte, zu realisieren. Wenn ich heute so zurückblicke, ist mir klar, daß dBase nicht sehr anwenderfreundlich ist; wäre ich meinem Herzen und nicht dem Rat anderer gefolgt, wäre dBase fast perfekt geworden.

INTERVIEWER: Aber es ist doch ein sehr erfolgreiches und geschätztes Produkt. Spricht jetzt der Perfektionist aus Ihnen?

RATLIFF: Ich bekam Ratschläge für die verschiedensten Dinge. Mach' es größer, mach' es schneller, mach' es kleiner, gehe auf 16-Bit, mach' es Multi-User-fähig, nimm mehrere Sprachen, Französisch, Englisch, Holländisch, Deutsch . . . ich versuchte einfach, in zu viele Richtungen zu gehen, um jeden wenigstens ein kleines bißchen zufriedenzustellen. Letztendlich war das mein eigener Fehler.

»Wäre ich meinem Herzen und nicht dem Rat anderer gefolgt, wäre dBase fast perfekt geworden.«

Meine Absicht war, das Programm leistungsfähiger und anwenderfreundlicher zu machen. Wäre ich dabei geblieben, wäre das Programm heute besser, obwohl ich mir nicht sicher bin, ob es auch erfolgreicher wäre. Vielleicht war der Rat, der mir gegeben wurde, doch richtig. In vieler Hinsicht kann ich mir nur schwer vorstellen, daß das Programm mit Hinblick auf den Umsatz erfolgreicher gewesen wäre.

INTERVIEWER: Aus welchen Grund ist Ihrer Meinung nach dBase so erfolgreich?

RATLIFF: Da hat unheimlich viel Glück mitgespielt. Denn dBase war das richtige Programm zur richtigen Zeit am richtigen Ort, und das ist nicht nur Glück, das ist auch ein Resultat des Designs. Die Tatsache, daß es sowohl eine Sprache als auch ein Datenbankmanager ist, hat sich als sehr wichtig erwiesen.

dBase hat Aufmerksamkeit erregt, weil es ein sehr offenes System ist. Ich habe mein ganzes Leben lang wie ein Werkzeugentwickler programmiert. Wenn ich mich – auch schon vor zehn Jahren – mit anderen Programmierern vergleiche, sehe ich, daß ich mich immer bemüht habe, soweit wie möglich zu verallgemeinern, während sie Programme zu schreiben versuchten, die einen spezifischen Bedarf abdeckten. Ihre Programme waren immer schneller fertig, aber meine hatten eine längere Lebensdauer. Wenn der spezifische Bedarf abgedeckt war, waren ihre Programme tot, sie mußten für jede andere Anwendung neu geschrieben werden. Ich habe immer so geschrieben, daß das Programm jeweils eine ganze Gruppe von Problemen lösen konnte und nicht nur ein einziges Problem.

dBase unterschied sich von Programmen wie BASIC, C, FORTRAN und COBOL darin, daß ein Großteil der Fummelarbeit bereits gemacht worden war. Die Datenmanipulation wird von dBase gemacht, nicht vom Anwender, so daß der Anwender sich auf das konzentrieren kann, was er machen will und sich nicht mit blöden Einzelheiten wie Öffnen, Lesen und Schließen von Dateien abzuplagen oder Speicher zu verwalten.

INTERVIEWER: Sie haben bei der Entwicklung von dBase von Anfang an an den Anwender gedacht?

RATLIFF: Ja, unbedingt. Die Leute stellen mir laufend Fragen wie: »Sollen wir das so oder so machen?« Ganz automatisch denke ich dann: »Was brauchen die Anwender? Wie werden sie es benutzen? Was bringt es ihnen?« Viele Programmierer denken nur daran, wie etwas programmiert werden kann. Die haben noch nie selbst verkauft oder etwas selbst auf den Markt gebracht. Sie sind sehr gute Programmierer, aber sie denken nicht an den echten Markt.

INTERVIEWER: Würden Sie aus dieser Sicht gesehen den Programmierern den Rat geben, sich weniger von der Technologie und mehr von den Anwendern und dem Markt leiten zu lassen?

RATLIFF: Ja. Glauben sie, daß Hacker ein guter oder ein schlechter Ausdruck ist? Wenn sie meinen, daß es eine gute Bezeichnung ist, dann sind sie Hacker. Es sind tüchtige Leute, die aber mehr an ihren Job als an die Anwender denken und davon muß man abkommen. So kam dBase zustande. Ich überlegte, wie ich es anwenden wollte.

INTERVIEWER: Sie haben große Änderungen in der Industrie miterlebt. Wie haben sich Ihre Programmiertechniken mit der Zeit geändert?

RATLIFF: Die Änderungen kommen nicht durch das, was ich gelernt habe, sondern durch Änderungen an den Computern. Als ich meine Arbeit mit Computern begann, habe ich die Programme auf Lochkarten gemacht, und dann bin ich mit meinen Karten zum Operator gegangen und habe ihn mit Engelszungen überredet, sie durchlaufen zu lassen. Jede halbe Stunde stand ich am Fenster, um zu sehen, ob sie durchgelaufen und gedruckt waren. Im allgemeinen schrieb ich das Programm auf Papier, radierte und änderte, und gab es dann dem Lochkarten-Operator zur Eingabe. Das war der entscheidende Moment. Man schrieb das gesamte Programm und brachte es so sorgfältig wie möglich zu Papier. Der Durchlauf auf dem Computer war nur dazu da, es zum Funktionieren zu bringen. Da gab es keine schrittweise Verbesserung.

Heute, wo uns Bildschirme zur Verfügung stehen, gibt man das Programm selbst ein. Bei den Personalcomputern hat man so gut wie keine Wartezeiten, aber sie sind nicht so leistungsfähig wie die großen Maschinen, so daß die Kompilierung und die Ausführung eine Zeit dauern können. Deshalb neige ich dazu, ein paar Zeilen zu schreiben und sie auszuprobieren, mache sie funktionstüchtig und schreibe dann wieder ein paar Zeilen. Ich bemühe mich, bei jedem Durchlauf so wenig wie möglich zu arbeiten, um wesentliche Änderungen durchzuführen. Heute ist das Programmieren eine langsame Entwicklung, während es früher mehr ein großer Knall war.

INTERVIEWER: Unterscheidet sich das Endprodukt wesentlich von Ihrem ursprünglichen Plan?

RATLIFF: In mancher Hinsicht. Ich habe immer neue Ideen und Vorschläge, während ich arbeite. Wenn ich heute ein Projekt durchziehe, dann beinhaltet es zum Schluß alles, was ich ursprünglich geplant hatte und dazu eine Menge anderer Dinge. Oder, wenn ich damit herumspiele, sehe ich plötzlich eine Möglichkeit für eine Verbesserung. Ich bin ständig auf der Suche nach solchen Möglichkeiten.

INTERVIEWER: Programmieren Sie heute auch noch?

RATLIFF: Nicht so oft, wie ich es gerne tun würde. Ich bin zu sehr mit der geschäftlichen Seite beschäftigt.

INTERVIEWER: Ja, es scheint, daß viele Programmierer, die erfolgreiche Programme haben, ihre Ideale vergessen und im Management landen ...

RATLIFF: So ist es mir gegangen, aber meine Aufgaben im Management werden weniger, vielleicht verschwinden sie sogar. Ich hoffe, daß das tatsächlich so kommt, denn das Management verlangt einen großen Zeitaufwand. Wenn ich ins Büro komme, programmiere ich überhaupt nicht. Ich rede nur, entweder am Telefon, mit den Mitarbeitern oder in Meetings. Ich programmiere praktisch nur zu Hause.

INTERVIEWER: Wie vereinbaren Sie Ihr Privatleben mit dem Geschäft und dem zeitweiligen nächtelangen Programmieren?

RATLIFF: Ganz allgemein arbeite ich an Programmierprojekten, wenn meine Frau Carolyn es mir erlaubt. Ehe wir heirateten (es ist meine zweite Ehe) arbeitete ich etwa bis Mitternacht. Ich arbeite gern nachts, denn da wird man nicht abgelenkt. Das Telefon klingelt nicht, weder Postbote noch Gärtner kommen. Alles ist still, man kann sich konzentrieren.

INTERVIEWER: Haben Sie einen besonderen Arbeitsstil gefunden, der für Sie selbst am produktivsten ist?

RATLIFF: Ich kann am besten allein oder mit sehr kleinen Gruppen arbeiten. Wenn in einer Gruppe mehr als sechs zusammenarbeiten, gerät alles außer Kontrolle. Ted Glaser, der verschiedene Patente hält und eine anerkannte Persönlichkeit in der Computerindustrie ist, und der im Who's Who steht, erzählte einmal, daß das größte Team, das er managen kann, ein Team sei, das zum Pizzaessen in einem VW fahren kann. Seit dieser Zeit hat sich bei ihm einiges geändert, er fährt heute ein amerikanisches Auto. Ich stimme ihm aus vollem Herzen zu.

Bei mehreren gleichzeitig laufenden Projekten konzentriere ich mich immer nur auf eines. Wenn ich zu einem anderen übergehe, konzentriere ich mich völlig auf das andere. Es kommt vor, daß ich etwas beiseite lege und daß ich es monatelang nicht anschaue, und dann nehme ich es mir wieder vor. Aber das ist die Ausnahme. Wenn ich mit einem Projekt einmal angefangen habe, dann will ich es auch durchziehen. Es mag noch nicht die endgültige und vollständige Version sein, aber ich bringe es zu einem annehmbaren Abschluß. Um etwas beiseite zu legen, muß ich wirklich einen triftigen Grund haben. Etwas wirklich Schwerwiegendes, zum Beispiel Schuldgefühle. Schuld funktioniert immer. Wenn ich mir klar werde, daß ich ein Versprechen, das ich gegeben habe, nicht einhalte, dann lege ich etwas beiseite, auch wenn ich es wirklich viel lieber machen würde.

Ich gehöre zu der Sorte Programmierer, die vorausplanen, aber ich plane nicht alles bis ins Detail. Ich stelle mir vor, was das Ziel ist, doch der wirkliche Job ist der, daß ich herausfinde, welches der nächste Schritt ist, der mich zu diesem Ziel führt. Ich mache das Minimum dessen, was mich zum nächsten Schritt führt. Innerhalb des Ziels, innerhalb des Schrittes tue ich nur das unbedingt Erforderliche. Ich mache mich nicht zuerst an den schwierigsten Teil und auch nicht an den leichtesten. Es ist nicht mathematisch definiert. Es ist emotional und nach Eingebung definiert.

INTERVIEWER: Sie würden sich als nicht detailorientiert ansehen?

RATLIFF: Nein, ich mache die Details, weil ich weiß, daß sie gemacht werden müssen. Es ist nichts, was ich besonders gern tue. Meiner Meinung nach ist das Feilschen um Nanosekunden völlig nebensächlich. Wenn das Programm nur mit der halben Geschwindigkeit läuft, mit der es eigentlich laufen sollte, weiß man, daß es spätestens in einem Jahr, wenn die neuen Maschinen da sind, so schnell läuft.

INTERVIEWER: Was befriedigt Sie am Programmieren?

RATLIFF: Nun, die spezialgefertigten Sportwagen, an denen ich arbeitete, waren ein befriedigendes Objekt, denn ich konnte etwas machen und es dann mit meinen eigenen Augen betrachten. Das größte Problem an diesem Projekt war, daß ich Teile brauchte, die es nicht gab. Wenn ich für den Computer um Mitternacht etwas brauche, was mir fehlt, dann kann ich es machen, ganz gleich was es ist. Das Schlimmste, was passieren kann, ist, daß ich viel Zeit dazu brauche.

Natürlich ist das nicht alles, was mir am Programmieren Spaß macht. Der High-Tech-Appeal gefällt mir. Ich finde es prima, wenn ich etwas machen kann und es erscheint auf dem Bildschirm. Wenn man ein Programm gut macht, ist es sehr elegant; es arbeitet, es ist gut. Es gefällt mir vom technischen Aspekt her gesehen genauso wie ein schönes Auto, eine gut gebaute Brücke oder ein gut gebautes Haus. Alles daran ist ausgewogen und abgestimmt.

»Wenn ich für den Computer um Mitternacht etwas brauche, was mir fehlt, dann kann ich es machen, ganz gleich was es ist.«

INTERVIEWER: Können Sie dieses Gefühl für Ausgewogenheit und Eleganz ein wenig genauer erklären?

RATLIFF: Ausgewogenheit hat viele Formen. Der Code muß präzise und genau sein. Man muß jeden Modul in einem Satz erklären können, alles sollte alphabetisch geordnet sein, wenn möglich. Vom optischen Gesichtspunkt dürfen Einrückungen nicht über die Papierkanten hinausgehen. Es sollte kein großer »IF«-Teil mit einem kleinen »ELSE«-Teil kombiniert werden. Alles muß bis ins Kleinste ausgewogen sein. Ausgewogenheit ist das Schlüsselwort.

INTERVIEWER: Wenn Sie ein Programm schreiben, ist es dann gleich ausgewogen oder müssen Sie viele Änderungen vornehmen?

RATLIFF: Ich ändere sehr viel. Ich sehe eine Ähnlichkeit zwischen dem Schreiben von Programmen und dem Formen einer Skulptur aus Ton. Man startet mit einem Klumpen Ton und dann beginnt man zu modellieren, man kratzt Ton weg, fügt Ton hinzu und kratzt wieder Ton weg. Hin und wieder findet man, daß ein Bein nicht richtig aussieht, es wird abgerissen und ein neues geformt. Es ist eine Tätigkeit voller Interaktion. Der ideale Modul ist etwa eine Seite lang. Wird er länger als eine Seite, muß ich mich entscheiden, was mache ich hier eigentlich? An wieviel unterschiedlichen Dingen arbeite ich? Sollten sie in einzelne Module aufgegliedert werden? Ein Teil der Eleganz und der Ausgewogenheit ist, daß ab einer gewissen Ebene in dieser aus Schichten aufgebauten Hierarchie eines Programms alle Module das gleiche Gewicht, die gleiche Größe, die gleichen Aufgaben und die gleiche Funktionalität haben sollten.

INTERVIEWER: Inwiefern ist Ausgewogenheit gut für ein Programm?

RATLIFF: Das Programm ist funktionsfähig. Ist eine gute Ausgewogenheit vorhanden, dann ist das so, als ob Sie einen fundamentalen physikalischen Grundsatz gefunden und angewandt haben. Wenn alles unausgewogen wird, dann wissen Sie, daß etwas nicht in Ordnung ist. Wahrscheinlich steckt da irgendwo ein Fehler drin, der die Unausgewogenheit verursacht. Wenn ich das Gefühl habe, daß etwas nicht stimmt, wenn ein Modul zu groß ist, überdenke ich, was ich tue, gehe in eine andere Richtung oder setze die Teile neu zusammen.

INTERVIEWER: Hat jemand Ihren Programmstil besonders beeinflußt?

RATLIFF: Ich war sehr von einem Buch von Gary Meyer mit dem Titel »Software Reliability« (Zuverlässigkeit von Software) beeindruckt. Auch andere Bücher haben mich auf einfache Weise beeinflußt. Anordnung in alphabetischer Reihenfolge ist ein Trick, den ich aus Programmierbüchern gelernt habe. Das vereinfacht die Dinge, macht das Programm sauber und ist ein Schritt in Richtung Eleganz. Das ist absolute Einfachheit: Ich kann mir gar nicht vorstellen, daß ich da nicht selbst draufgekommen bin.

Starken Einfluß hatte auch einer meiner Vorgesetzten bei Martin Marietta, Phil Carney. Damals schrieb ich Fortran-Programme, und wenn ich eine neue Anweisungsnummer brauchte, nahm ich die nächste in der Reihenfolge. Man denkt über solche Dinge nicht genau nach, wenn man am Programm sitzt, und ich wählte sie willkürlich aus. Als er das sah, war er sehr verwundert und sagte: »Bring' das in eine geordnete Reihenfolge, fang mit einhundert an und nimm jedesmal zehn dazu.« Das hat mir eingeleuchtet. Das sind zwar kleine Dinge, aber auch die sind wichtig.

INTERVIEWER: Kommt es vor, daß Sie keine Lust zum Programmieren haben?

RATLIFF: Wenn ich das gleiche immer und immer wieder machen muß, wird es mir langweilig. Ich erinnere mich, daß ich bei JPL das vage Gefühl hatte, die gleiche Schleife immer und immer wieder zu schreiben. Alles war ein klein wenig anders, wenn ich es schrieb, aber die Schleife war im Grunde die gleiche. Eines Tages blätterte ich durch das Buch »Structured Programming« und fand diesen Ablaufplan für strukturierte Programmierung und dachte, das ist genau das, was du brauchst. Und das war es auch.

INTERVIEWER: Schreiben Sie viele Kommentare in Ihre Programme?

RATLIFF: Eigentlich nicht. Ich bin hier in der Firma schon kritisiert worden, weil ich sehr wenige Kommentare schreibe. Ich meine, es gibt zwei Arten von Kommentaren: der eine erklärt das Offensichtliche, ist also mehr als nur wertlos, der andere erläutert den verwendeten umständlichen Code. Nun, ich vermeide umständlichen Code. Ich versuche wirklich starken, klaren, sauberen Code zu programmieren, auch wenn ich dazu fünf Zeilen mehr brauche. Ich bin beinahe der Überzeugung, je mehr Kommentare erforderlich sind, desto schlechter ist das Programm und irgend etwas stimmt nicht damit. Ein gutes Programm braucht nicht viele Kommentare. Das Programm sollte sich selbst erklären.

Module sollten relativ klein sein. Wenn ein Modul über eine Programmseite hinausgeht, stimmt etwas nicht. Man braucht ganz entschieden eine Kommentarzeile am Anfang jedes Moduls, in der mit einem Satz erklärt wird, was das Modul macht. Können Sie das nicht in einem Satz erklären, ist etwas faul.

INTERVIEWER: Welche Qualitäten kennzeichnen den guten Programmierer?

RATLIFF: Programmieren umfaßt ein weites Spektrum. An einem Ende ist der Programmierer, der 100 Prozent für den Anwender arbeitet; am anderen Ende ist der Programmierer, der an einem mathematischen Problem arbeitet und dem der Anwender völlig gleichgültig ist. Seltsamerweise sind die Spieleschreiber mehr auf die Anwender ausgerichtet. Die Mathematik des Spiels irritiert wahrscheinlich diesen Programmierer, wogegen auf der anderen Seite der Programmierer, der einen besseren Quadratwurzel-Algorithmus schreibt und entscheiden muß, ob er oben oder unten auf dem Bildschirm sein soll, dies als irritierend empfindet. Ich würde mich selbst zu dreiviertel zu den Spieleschreibern zählen, zur Benutzerschnittstellen-Seite.

Man kann nicht über die ganze Breite des Spektrums hinaus vergleichen, aber man kann innerhalb des Spektrums von oben und unten vergleichen. Theodore Sturgeon sagte einmal, 90 Prozent von allem ist Schrott. Das ist gar nicht so abwegig. Vielleicht ein wenig pessimistisch – aber doch 60, 70 oder 80 Prozent. Es gibt eindeutige Beweise, daß 3 Prozent der Bevölkerung, in jeder identifizierbaren Teilmenge, 10 Prozent der Arbeit verrichten; und auf der anderen Seite verrichten 50 Prozent der Bevölkerung nur 30 Prozent der Gesamtarbeit. Das gilt für den Libero im Fußball, Programmierer, Zeitungsreporter und alle anderen. Es gibt immer ein paar Leute, die sechsmal soviel Arbeit leisten als jene 50 Prozent. So gibt es gute und schlechte Programmierer, wie es eben auch gute und schlechte Mitarbeiter auf allen Gebieten gibt.

INTERVIEWER: Wenn Sie ein Programm entwickeln, ist das ein lästiger oder ein angenehmer Prozeß?

RATLIFF: Ein bißchen von beidem. Programmieren hat Ähnlichkeit mit dem Militär. Als ich meinen Militärdienst leistete, habe ich das inbrünstig gehaßt. Jede Minute war mir zuwider. Ich wartete auf den Moment, wo ich da rauskam. Jetzt, wo ich draußen bin, ist es ganz gut, daß ich diese Erfahrung machen konnte. Wenn ich programmiere, macht es mir Spaß, auf dem Weg kleine Dinge auszutüfteln; und wenn ich fertig bin, ist es schön, es gemacht zu haben und trotzdem würde ich lieber in der gleichen Zeit viel mehr leisten. Es ist also immer auch eine etwas kämpferische Angelegenheit.

»Programmieren hat Ähnlichkeit mit dem Militär. Jetzt, wo ich draußen bin, ist es ganz gut, daß ich diese Erfahrung machen konnte.«

Der schönste Augenblick beim Programmieren ist der, wenn ich etwas fast fertig habe. Ich probiere es zum erstenmal aus und es ist einfach miserabel, und es versagt vielleicht noch hundertmal und plötzlich funktioniert es. Das ist der Höhepunkt, denn nun weiß ich, jetzt habe ich es geschafft. Ich muß mir nur noch einmal die Hemdsärmel hochkrempeln und die letzten Fehler ausmerzen.

INTERVIEWER: Ist die Arbeit eines Programmierers so individuell, daß sich jemand Ihren Code ansehen kann und sagt: »Das hat C. Wayne Ratliff geschrieben«?

RATLIFF: Nun, Gary Balleisen, der SuperCalc geschrieben hat, und der den Quellcode aus den Anfängen von dBase verwendete, behauptet, daß er anhand des Stils genau bestimmen kann, wer was geschrieben hat. Ich weiß, daß einige Dinge, die ich mache, anders aussehen als die von anderen Programmierern, zum Beispiel wie ich Blöcke abschließe. Und ich bin überzeugt, daß mein Weg der bessere ist.

Als ich zum Beispiel C zum ersten Mal sah, gefielen mir die geschweiften Klammern überhaupt nicht, die auf der linken Seite weit herausragen. Ich fand das verwirrend. Durch Zufall stieß ich in einem Schriftstück von Digital

Research auf den Vorschlag, diese Terminatoren auf gleiche Höhe mit dem eingerückten Code zu setzen. Dies ist wieder eine der vielen kleinen Änderungen, die den großen Unterschied machen. Und ich habe versucht, allen anderen klarzumachen, daß das die richtige Art ist, es zu tun. Das ist mir nur mit mäßigem Erfolg geglückt. Ich habe sogar ein Programm modifiziert, ein C-Verschönerungs-Programm, damit das automatisch gemacht wird. Ich kann ein Programm von einem anderen nehmen und durch das Programm laufen lassen und es wird so eingerückt, wie ich das will.

INTERVIEWER: Haben Sie sich jemals mit künstlicher Intelligenz beschäftigt?

RATLIFF: Ich habe mich in der Anfangszeit dieses Unternehmens intensiv mit künstlicher Intelligenz beschäftigt. Vor einem Jahr etwa habe ich mich wieder damit beschäftigt, weil ich glaubte, das sei die Zukunft. Ich bin aber wieder davon abgekommen.

KI hat eine Zukunft, aber nicht sofort. Zuerst ist da das Problem der natürlichen Sprache. Wenn Sie ein System mit natürlicher Sprache haben, dann kaufen Sie es, bringen es nach Hause und stecken es in Ihren Computer. Es folgt ein wochenlanger, vielleicht auch monatelanger Prozeß, in dem Sie ihm beibringen, was Ihre speziellen Worte bedeuten. Das gleiche Wort kann in einem anderen Zusammenhang eine andere Bedeutung haben. Selbst so ein einfaches Wort wie »Gewinn« kann verschiedene Bedeutungen haben. Es muß ganz exakt definiert sein, bezogen auf das Gewerbe, das man ausübt, und wie Ihre Bücher geführt werden und anderes mehr. Dieser lange Lernprozeß zum Training der Maschine ist der Untergang für die künstliche Intelligenz, zumindest als gebrauchsfertiges Produkt.

Hochinteressant sind die Expertensysteme. Meine Voraussage lautet, daß innerhalb der nächsten zwei oder drei Jahre Expertensysteme nicht mehr mit künstlicher Intelligenz in Zusammenhang gebracht werden. Das ist das Schicksal der künstlichen Intelligenz: Wenn etwas anfängt, bekannt zu werden, fällt es auseinander. Strukturerkennung wurde als künstliche Intelligenz betrachtet, aber jetzt ist es ein separates Gebiet. Das ist das Schicksal der Expertensysteme. Ich glaube, Expertensysteme werden für unsere Industrie sehr wichtig werden, ähnlich den vertikalen Anwendungen.

INTERVIEWER: Glauben Sie, daß es grundlegende Änderungen der heutigen Programme geben wird, in der Art, wie wir damit arbeiten und mit ihnen umgehen? Vielleicht eine neue Sprache, die so einfach, so anwenderfreundlich ist, daß jeder programmieren kann?

RATLIFF: Natürlich wird eine Evolution stattfinden. Einige der geheimnisvollen Features werden verschwinden. Eine Sprache wie dBase beinhaltet einige schlechte Dinge, die aber mit der Zeit durch eine allmähliche Evolution verschwinden. Und wir können immer die Daumen drücken und hoffen, daß ein Durchbruch gelingt, wie bei der Tabellenkalkulation, als sie zum ersten Mal erschien. Ich hoffe, daß uns die Zukunft etwas derart Großartiges wieder bescheren wird, doch das kann man nicht voraussagen.

Ich mag das UNIX-Programm mit dem Namen yacc, das einen Parser baut. Man gibt ihm die Spezifikationen in Backus-Naur-Notation, die im Informatikbereich weit verbreitet ist. Es liefert ein C-Modul, das eine Sprache analysiert, die den Spezifikationen entspricht. Das würde ich gerne mit einem höheren Programm machen können. Ideal wäre, wenn man ein Programm nur als Spezifikationen schreibt, es dann kompiliert, und das Ergebnis wäre das Programm. Dann könnte man wahrscheinlich etwas in der Größenordnung von dBase in einem Monat schreiben.

INTERVIEWER: Haben Sie je daran gedacht, sich vom Programmieren zurückzuziehen?

RATLIFF: Nein. Ich hoffe, daß ich noch Jahre programmiere. Meine Frau träumt manchmal davon, daß wir die ganzen Computer abschaffen und uns nur noch den Pferden widmen, und ich sage: »Hab noch einen Moment Geduld, das ist nicht das, was ich will.« Den Streß wäre ich gern los, aber auf das Programmieren möchte ich nicht verzichten.

INTERVIEWER: Wenn ein derart intensives Projekt wie dBase abgeschlossen ist, wirkt das wie ein Abstieg?

RATLIFF: Dann muß man ein neues Projekt ins Auge fassen. Ein Programm ist ganz zu Anfang, wenn man die ersten Ideen hat, was es machen soll, etwas Schönes. Die Ideen wachsen dann sehr schnell. Man hat einen kleinen Zündfunken und nun packt man weitere Fähigkeiten hinein. Wenn die Euphorie langsam abnimmt und man mit der Codierung anfängt, wird es schwieriger.

Ich hatte immer geglaubt, jeder in diesem Geschäft sei ein Designer. Ich besuchte George Tate zu Hause, wir tranken Bier und aßen Pizza, und oft traf ich mich mit Hal und George eine halbe Stunde vorher, ehe wir mit dem Biertrinken begannen und während dieser halben Stunde konnte ich die Arbeit für ein ganzes Jahr planen. Jeder möchte gern am Design arbeiten. Die Implementierung, das Jahr voller Arbeit und der ganze Rest, wird jemand anderem übertragen.

INTERVIEWER: Aber Sie machen das überhaupt nicht. Sie schreiben es und machen auch das Design.

RATLIFF: Ja, aber ein Großteil des Designs ist ein weiterführender Prozeß, es ist nicht nur eine kurze Einsichtnahme und dann sofortige Implementierung. Eines der Probleme, mit denen dieses Unternehmen kämpft, ist die Suche nach dem besten Weg, Software zu machen.

Aus irgendeinem Grund meint man hier, Einzelpersonen nicht vertrauen zu können, oder wenigstens einer kleinen Zahl von Einzelpersonen. Jetzt läuft es so, daß das Marketing bestimmt, was das Programm können soll, dann informiert das Marketing die Entwicklung darüber, was sie meinen, was das sein könnte, und dann verbringt die Entwicklung mehrere Monate damit, sehr detaillierte Spezifikationen über das, was sie glauben aus den Angaben von Marketing verstanden zu haben, aufzuschreiben. Anschließend prüft eine Reihe Leute diese Spezifikationen und diskutiert, was gemacht werden soll. Die harte Arbeit ist damit vorbei; von jetzt ab wird nur noch codiert.

Dieser Prozeß mag richtig sein, wenn man Brücken bauen will, denn man weiß genau, was von der Brücke erwartet wird. Sie muß von der einen Seite des Flusses zur anderen reichen, und man kann im voraus genau die maximale Tragfähigkeit und andere Einzelheiten festlegen. Tatsächlich könnte ich mir vorstellen, daß bei einer Brücke alles auf einem Blatt Papier spezifiziert werden kann. Das ist so ungefähr die Menge an Spezifikationen, die auch ein Computerprogramm haben sollte: ein Blatt Papier.

Alle in der Firma sind sich einig, daß der gegenwärtige Prozeß nicht funktioniert, oder so mühsam ist, daß es die Sache nicht wert ist. Es ist besser, jemanden zu finden, der eine Idee hat, ihn dafür zu bezahlen und ungehindert eine Weile arbeiten zu lassen, und wenn er fertig ist, läßt man andere Leute mit dem Programm arbeiten und Vorschläge machen, wie es verbessert werden kann.

Es ist wichtig, das Programm bei den Anwendern ausprobieren zu lassen, damit sichergestellt ist, daß es den Bedürfnissen der Anwender entspricht. In dieser Hinsicht geht die Firma vom Weg ab, die Anwender werden ignoriert. Sie haben sich im Marketing festgebissen und bekämpfen im Grunde genommen die Konkurrenz. Alle Anzeigen werden vom Vertrieb geschaltet, sie werden nicht von den Anwendern gemacht, die sagen, dies oder jenes hätten wir gern. Ein Wettbewerber kämpft gegen den anderen und sie kämpfen den Kampf der Spezifikationen. Ich denke, daß das verkehrt ist. Auf den Anzeigen kann man großartig erscheinen, aber was bringt das? Der Verkauf von dBase ist nicht das Verdienst von Anzeigen, obwohl, wenn ich darüber nachdenke, die ersten Anzeigen außerordentlich gut waren.

INTERVIEWER: Wie sah die erste Werbekampagne aus?

RATLIFF: Das war die dBase-Anzeige mit der Bilgenpumpe von Hal Pawluk. Die Anzeige löste damals einige Diskussionen aus.

INTERVIEWER: *Wieso?*

RATLIFF: Die erste Zeile der Anzeige lautete: »Wir alle wissen, daß Bilgenpumpen saugen.« Der Hersteller dieser bestimmten Bilgenpumpe schrieb einen Brief an George Tate und informierte ihn darüber, daß sie es nicht gut fänden, ihre Bilgenpumpe in herabsetzender Weise in einer Anzeige abgebildet zu sehen. George sagte: »Nun gut, wir werden eine kleine Bemerkung ganz unten auf der Anzeige hinzufügen, daß diese bestimmte Bilgenpumpe nicht saugt.« Aus irgendwelchen Gründen fanden sie diese Anzeige auch nicht gut.

»Ich bin Unternehmer: Ich fange gerne mit Nichts an und mache etwas daraus.«

INTERVIEWER: *Das war eine gute Werbung. Damals war das Geschäft wahrscheinlich nicht so hart wie heute. Vermissen Sie das?*

RATLIFF: Oh ja. Im Moment haben wir auch Probleme in unserer Firma. Ich bin Unternehmer: Ich fange gerne mit Nichts an und mache etwas daraus. Andere lassen lieber ein kleines Unternehmen eine Wachstumsphase durchlaufen und lassen es groß werden, wieder andere bauen ein großes Unternehmen aus und machen es noch größer. Das sind die drei Phasen. Ich glaube, daß jeweils zwei der aufeinander folgenden Phasen ziemlich kompatibel sind. Ich habe das Gefühl, daß ich mich in der ersten Phase befinde und versuche, mit der dritten Phase kompatibel zu sein. Das führt zu Unstimmigkeiten.

INTERVIEWER: *Das ist eine gute Analyse. In der Industrie ist es wohl ähnlich. Man erreicht eine gewisse Größe, Firmen sind schnell gewachsen und nun muß man damit fertig werden, man ist frustriert . . .*

RATLIFF: Aber die Software hat sich nicht verändert. Die Firmen haben sich verändert. Es wird durchaus deutlich, daß die Einstellung der Firmen falsch ist. Natürlich muß ein Geschäftsmann eine Firma leiten, aber in gewisser Weise haben die Leute, die erst heute in diese Industrie kommen, keine richtige Vorstellung davon, was Software wirklich ist. Sie konzentrieren sich auf das Geschäft, nicht auf das Softwaregeschäft.

INTERVIEWER: Was bedeutet Software in dieser Beziehung?

RATLIFF: Idealerweise ist es ein Weg, einen Computer etwas Nützliches zum Wohle der Menschen machen zu lassen. Ich bin nicht so altruistisch, das ist nicht mein Ziel. Mein Ziel ist, neue Software zu schreiben, Programme, die eine Herausforderung sind. Es ist nicht meine Aufgabe, soziale Bedürfnisse zu befriedigen, aber das könnte ein gutes Ergebnis von Software werden.

»Es ist nicht meine Aufgabe, soziale Bedürfnisse zu befriedigen, aber das könnte ein gutes Ergebnis von Software werden.«

INTERVIEWER: Betrachten Sie das Programmieren als Kunst, Wissenschaft, Handwerk, Geschäft . . . ?

RATLIFF: Ich glaube, Wissenschaft und Kunst gehören dazu. Mit wachsender Anpassung an die menschliche Natur wird es mehr und mehr zur Kunst. Die Spieleprogrammierer beschäftigen sich auch mit einer Art Kunst auf dem Bildschirm und benutzen ein hochtechnisches Produkt, um die Kunst darzustellen. Das ist genauso, als müsse man die chemischen Bestandteile von Ton kennen, um eine Skulptur zu formen. Ton in wenigen Minuten zu formen, kann man lernen, aber mit einem Computer vertraut zu werden, braucht Zeit, und nicht nur das, man muß es wollen.

INTERVIEWER: Was kommt nach dBase?

RATLIFF: Die Bereiche ändern sich. Für die drei klassischen Werkzeuge – Datenbank, Textverarbeitung und Tabellenkalkulation – gibt es keine großartigen neuen Möglichkeiten, obgleich es an Mitstreitern nicht mangelt. Nehmen wir Paradox: Sie versuchen, zur führenden Datenbank aufzusteigen, oder wenigstens einen Marktanteil zu gewinnen. Dann gibt es noch Javelin mit starken Bemühungen, 1-2-3 zu verdrängen. Ich bin mir nicht sicher, wer wen verdrängen wird. Keine der Textverarbeitungen hat eine dominierende Marktposition, obwohl einigen ein guter Durchbruch gelungen ist. Das reichhaltige Angebot an Programmen wie Microsoft Word, Multimate, WordStar, Word Perfect, Samna und vielen anderen läßt kaum Platz für eine neue erfolgreiche Textverarbeitung.

Es gibt durchaus noch neue Wege, aber nicht auf diesen Gebieten. Expertensysteme haben meiner Meinung nach eine große Chance, und zwar nicht nur das Äußere, sondern auch das Hintergrundwissen. Auch hier müssen noch einige Probleme bewältigt werden. Mit derartigen Expertensystemen könnten Dutzende von Vertikalmärkten angesprochen werden.

INTERVIEWER: Wird es Ihrer Meinung nach möglich sein, ein System für etwa ein Dutzend solcher Vertikalmärkte zu schreiben?

RATLIFF: Möglicherweise. Wenigstens kann man eines nach dem anderen in Angriff nehmen. Selbst wenn es eintausend Vertikalmärkte geben sollte, gibt es für jeden davon mehrere tausend potentielle Käufer. Auch wenn immer nur einer angesprochen wird, erreicht man theoretisch bei einem kleinen Vertikalmarkt mit einem guten Produkt eine Marktsättigung, weil sie wie eine Clique sind.

INTERVIEWER: Wird IBM die führende Rolle beibehalten?

RATLIFF: Ich glaube schon. Mir scheint, daß Apple seine Chance auf der ganzen Linie verpaßt hat, was wohl dem Heimcomputermarkt geschadet hat. Ernüchterung über das Macintosh-Potential macht sich breit. AT&T scheint nicht voranzukommen und keinem der anderen Unternehmen scheint ein Durchbruch zu gelingen. Was IBM oben hält sind die vielen Klones.

Eigentlich gefällt mir die derzeitige Marktsituation ganz gut; der Wettbewerb zwingt IBM, immer einen Schritt voraus zu sein und die Konkurrenz muß mithalten, wenn sie nicht auf der Strecke bleiben will. Es wäre gut, wenn das so bleibt. Durch die bloße Existenz hält IBM alle anderen in Schach. Von mir aus kann das immer so bleiben. Als IBM noch stärker auf dem Großrechnersektor war, fand ich die IBM-Computer scheußlich. Die ganzen Serien von 360, 370, 3030x und 4340 gefielen mir überhaupt nicht. Ich habe mich über den Vertrag zwischen Microsoft und IBM gefreut. Ich befürchtete, daß IBM ein eigenes Betriebssystem entwickeln würde, und ich kenne von IBM entwickelte Betriebssysteme.

INTERVIEWER: Wenn Sie zurückblicken, sind Sie über die Entwicklung erstaunt?

RATLIFF: Sicher. Manches hätte anders laufen können. Immer wenn ein neues Produkt auf dem Markt erschien, war ich besorgt und skeptisch. Als wir Vulcan schrieben, rief mich spät abends jemand an und fragte: »Hast du schon mal was von DataStar gehört?« Ich sagte Nein. »Eine ganzseitige Anzeige«, sagte er, »Ein MicroPro-Produkt«. Damals hatte ich dreißig oder vierzig Vulcan-Exemplare verkauft. Ich sagte mir, das war's dann wohl, denn mit diesen Ressourcen kann ich nicht mithalten. Ich war richtig entmutigt, aber das verging wieder. Als nächstes kam InfoStar. MicroPro lösten ihre

Probleme mit DataStar; eine große Werbeaktion, alles groß aufgemacht, und ich dachte mir: »Was soll's?« Das gleiche mit KnowledgeMan. Als KnowledgeMan auf den Markt kam, war ich gerade dabei, ein Ziel zu verwirklichen, das ich mir gesetzt hatte. Ich hatte 60 bis 70 Prozent des Wegs hinter mich gebracht, und dann mußte ich befürchten, daß ein neues Produkt mir das Wasser abgräbt.

Je häufiger das passierte, desto weniger machte ich mir daraus. Ich machte mir keine Gedanken über R:base und noch weniger über ANSA. Sich Gedanken zu machen, nützt gar nichts, was passieren soll, passiert doch.

INTERVIEWER: Haben Sie sich Paradox schon angesehen?

RATLIFF: Nein. Ich habe mir überhaupt noch nichts von der Konkurrenz angesehen. Letzte Woche traf ich Eric Kim und Dave Hull vom Marketing auf einer Party, und sie wollten meine Meinung über Paradox wissen. Ich sagte, daß ich es nicht kenne. »Was, das hast du noch nicht gesehen?« fragten sie. Ich antwortete, daß ich mir solche Sachen nie ansehe und daß ich mir nicht einmal R:base 4000 angesehen habe. »Was, das hast du auch nicht gesehen?« fragten sie. Wir sprachen über all die anderen Programme, die ich auch nie gesehen hatte. Sie konnten es einfach nicht glauben, daß ich sie nie gesehen hatte, nicht damit herumgespielt und mir neue Ideen geholt hatte.

INTERVIEWER: Woran arbeiten Sie zur Zeit?

RATLIFF: Seit kurzem arbeite ich an einem Public-Domain-Paket, das ich von Pascal auf C übertragen habe. Es ist eine Design- und Dokumentationssprache, eine Art Nachbau von PDL, Program Design Language, vorgeschlagen von Caine, Farber und Gordon in Pasadena. Das macht Spaß, denn es ist fast so, als würde man ein Programm schreiben, aber es wird nicht vom Computer ausgeführt. Das ist ein Weg, Spezifikationen und Entwürfe zu machen.

INTERVIEWER: Was würden Sie jungen Programmierern raten?

RATLIFF: Wenn jemand *wirklich* programmieren will, wird es für ihn leicht sein. Fehlt dieser Wille, wird es bestenfalls schwierig, egal wie sehr man sich anstrengt. Wahrscheinlich werden sie entmutigt. Deshalb lautet mein Rat: Tue das, was du gerne tun möchtest.

Ich kenne Leute, die eigentlich nichts mit dem Programmieren zu tun hatten, die es mal probierten und denen es Spaß machte. Sie wurden über Nacht zu Computerfreaks und gingen völlig darin auf. Andere wiederum geben sich alle Mühe, schaffen es aber nie.

INTERVIEWER: Was ist der Zauber dabei? Was läßt einen völlig darin aufgehen?

RATLIFF: Nun, das sind verschiedene Dinge. Manchmal frage ich mich, was ich wohl geworden wäre, wenn ich hundert Jahre früher zur Welt gekommen wäre. Ich bin mir nicht sicher, vielleicht wäre ich Detektiv geworden, denn im Programmieren steckt eine Menge Detektivarbeit, speziell in der Fehlersuche. Man arbeitet nach Vermutungen und Hinweisen. Der Vorteil beim Programmieren ist der, daß man es mit der Realität zu tun hat, während bei einem Detektiv oft viele Fragen ungelöst bleiben. Programmieren ist einfach harte Arbeit. Wenn man lange genug an einem Projekt arbeitet, bleibt keine Frage offen. Ich betrachte mich als Allroundtyp, und das ist auch wichtig für meine Arbeit. Es gibt Programmierer, die besser sind als ich, besser in der Fehlersuche und überhaupt besser. In so vornehmer Gesellschaft kann ich nicht wörtlich wiederholen, was ein Feldwebel mir einmal gesagt hat, aber dem Sinn nach hieß es: »Sie sind ein Hansdampf in allen Gassen, aber richtig können tun Sie nichts.«

REFERENCE CARD 3 January 1979

← →	- Moves the cursor.
space	- Changes the direction indicator.
>	- Absolute move. Requests coordinates of where you want to move; you end coordinates with ↓.
!	- Recalculates all values (to force an extra recalculation).
label entry	- Start with a letter (A-Z), or ", and end with ←, →, or ↓. Use ESC to erase last thing typed.
value entry	- Start with a number (0-9), +, or -; end with ↓ or, if appropriate, ← or →. Entry references may be used wherever numbers are allowed; type coordinates or point with cursor. Evaluation is left to right with <u>no</u> precedence. ESC erases last thing typed.
/N	- Sets entry to NA value.
/B	- Blanks out entry; erases what was there.
/OO	- Sets order of recalculation to C (down columns) or R (across rows).
/OR	- Sets recalculation to be auto (A) or manual (M)
/OC	- Sets size of columns on the screen (must be >0 characters). End with ↓. If screen is split, only affects part of screen with cursor.
/R	- Replicates entry. Needs range (such as A2-D2) specifying where to place copies (followed by ↓). If replicating an expression, it will ask for each entry reference whether it should not be modified (N), or should always refer to entry in same relative position (R).
/S	- Screen control, sets split screen (H for horizontal, or V for vertical) at cursor position, undoes split and makes it one screen (1), sets label areas at cursor position (L), or undoes label areas and returns screen to normal (N). ↳ prompts for Horizontal (H) or Vertical (V or normal (N)
;	- If screen is split, moves cursor from one half to another.

Bricklins Referenzkarte für eine frühe Version von VisiCalc (damals Calculedger oder kurz CL genannt), die er auf einer geliehenen IBM Selectric-Schreibmaschine für eine Demo bei Apple schrieb. Weitere frühe Notizen für VisiCalc sind dem Anhang (Seiten 376-377) zu entnehmen.

Dan Bricklin

Dan Bricklin wurde am 16. Juli 1951 in Philadelphia geboren und erwarb 1973 sein erstes Staatsdiplom für Elektrotechnik und Informatik, arbeitete dann als Programmierer für Digital Equipment Corporation und Fas Fax Corporation, ehe er sein Studium an der Harvard University fortsetzte. Hier entwarf er eine elektronische Tabellenkalkulation, wobei ihm die Erfahrung und die Ratschläge seiner Kommilitonen und Professoren eine große Hilfe waren.

Noch während seiner Studienzeit an der Harvard University schloß er sich mit Bob Frankston, einem alten Studienkollegen vom MIT zusammen, um eine funktionsfähige Version des Programms zu entwickeln. So entstand VisiCalc. Die beiden gründeten 1979 eine Firma namens Software Arts und noch im gleichen Jahr wurde ein Vertrag mit Personal Software unterzeichnet, die den Vertrieb von VisiCalc übernahmen. (Personal Software wurde später VisiCorp.) VisiCalc war ein Riesenerfolg. Mehr als 100000 Exemplare von VisiCalc wurden bis Mai 1981 verkauft und bis 1983 waren es über 500000. Der Erfolg von Software Arts dauerte bis 1984, als der Rechtsstreit über die Urheberrechte von VisiCalc mit VisiCorp begann.

Im Mai 1985 verließ Dan Bricklin Software Arts und arbeitete kurze Zeit als Berater für Lotus. Sein jüngstes Projekt führte im November 1985 zur offiziellen Gründung eines Unternehmens mit dem Namen Software Garden. Sein erstes Produkt trägt die Bezeichnung »Dan Bricklins Demo Programm«.

Ich besuchte Dan Bricklin in seinem Haus am Stadtrand von Boston. Sein Büro ist ein umfunktioniertes Gästezimmer, von dem aus er sein Ein-Mann-Unternehmen, Software Garden, leitet. Seine durch das Auf und Ab mit Software Arts gewonnene Erfahrung ließ Dan Bricklin eine neue Philosophie entwickeln und einen neuen Anfang wagen. Dieses Mal aber ohne den unbeschwerten Enthusiasmus und die beflügelnde Energie seines ersten Anlaufs, sondern vielmehr mit etwas Vorsicht, reiflicher Überlegung und gründlichem Abwägen. Wie Bricklin erklärt, hat er weder die Absicht, eine Ranch zu führen noch eine Farm zu leiten; er will Software heranzüchten, wie in einem Garten hinter dem Haus, der seinen Ansprüchen gerecht wird, an dem er sich erfreuen kann und der ihm Befriedigung gibt.

Ganz offensichtlich hat ihn die Erfahrung mit VisiCalc schwer getroffen. Der natürlich wirkende, intelligente Mann spricht mit leiser Stimme. Abwägend und nachdenkend berichtete er über seine Erfahrung bei der Entwicklung der Tabellenkalkulation VisiCalc und das Management von Software Arts, und sprach offen über seine Vorstellungen für die Zukunft mit dem neuen Programm und seiner neuen Firma.

INTERVIEWER: *Inwiefern hatten Sie während Ihrer Studienzeit am MIT mit Computern zu tun?*

BRICKLIN: Ich ging Anfang 1970 zum MIT und arbeitete mit Computern. Ich bekam einen Job am MAC, dem heutigen Laboratory for Computer Science. Dort traf ich Bob Frankston, David Reed und andere Programmierer, die damals und in der folgenden Zeit Großartiges leisteten.

Ich programmierte die ganze Zeit bis zum ersten Staatsdiplom. Mein erstes Projekt war ein einfacher Rechner. Ich war überrascht, daß das Timesharing System am MIT keinen Befehlszeilenrechner hatte, in den man »Calc 2 plus 2« eingeben konnte und der dann »4« sagte, oder Sinus X oder sonst etwas, daher beschloß ich, einen zu entwickeln. Die KI-Gruppe ein Stockwerk höher arbeitete an LISP. Viele bekannte Leute waren damals am MIT, wie zum Beispiel Richard Stallman, der berühmte Hacker. Am MIT traf ich mit Experten der verschiedensten Gebiete zusammen.

INTERVIEWER: An welchen anderen Projekten arbeiteten Sie am MIT?

BRICKLIN: Ich arbeitete an einer Reihe von Projekten. Ich war im Team, das APL entwickelte und 1973 leitete ich bereits das APL-Projekt. Außerdem war ich am LISP-Projekt beteiligt.

Im Herbst 1973 nahm ich einen Job bei Digital Equipment Corporation an, und zwar in der Gruppe Typeset-10, die sich mit Computersatz befaßte. Eigentlich war mir ein Job in der Programmiersprachen-Gruppe angeboten worden, das entsprach meiner Ausbildung. Aber während meines Einstellungsgesprächs bei Digital traf ich jemanden, mit dem ich am MIT zusammengearbeitet hatte, nämlich Michael Spier, der mir vorschlug, in die Computersatzgruppe zu gehen. Mein Vater und mein Großvater waren Drucker, deshalb fand ich den Vorschlag interessanter als die Sprachen. Der Fotosatz erschien mir praxisbezogener. Wir hatten Videobildschirme und computergesteuerte Satzmaschinen.

INTERVIEWER: Was war Ihre Aufgabe in der Typeset-10-Gruppe?

BRICKLIN: Als erstes arbeitete ich an Übersetzungsprogrammen für den Telegrammdienst. Die drahtlos vermittelten Nachrichten wurden in eine Sprache übersetzt, die der Computer für den Schriftsatz verstehen konnte. Während dieser Tätigkeit lernte ich sehr viel über die Praxis. Fehler im Programm verzögerten den Druck, wodurch wiederum die Zeitung zu spät erschien, was sehr viel Geld kostete und was man mich auch sehr wohl wissen ließ. Wir jagten von Termin zu Termin und waren unter ständigem Zeitdruck.

Die Zeitungsleute wollten auch nur ihren Job machen. Technologie interessierte sie herzlich wenig. Solange die Technologie funktionierte waren sie zufrieden und machten sich weiter keine Gedanken darüber. Hier lernte ich, wie Nicht-Techniker über die Technik denken.

Ich werde nie vergessen, wie eine Zeitung über Rundfunkwerbung die Veröffentlichung der Watergate-Tonbänder ankündigte, und die Bänder in einem Format übermittelt, das das Programm nicht verarbeiten konnte. Um sie rechtzeitig zu veröffentlichen mußten wir das Programm von einer Sekunde zur anderen modifizieren. Gleichzeitig lasen wir die Bänder zum ersten Mal, als sie telegrafisch übermittelt wurden. Ich kann mich noch genau daran erinnern, denn ich war gerade auf dem Weg zu einer anderen Zeitung und wurde vom Flughafen zurückbeordert. Es war eine unglaubliche Hektik. Als ich eintraf, hatte ich lediglich eine Zahnbürste in meiner Jackentasche, mein Gepäck war im Flugzeug nach Kanada.

Durch die Zeitung lernte ich die Praxis kennen, den unglaublichen Druck im Gegensatz zu einer Arbeitsgruppe, die Compiler entwickelt oder zum MIT, wo man mit Problemen recht tolerant umgeht und sagt: »Nun, das erledigen wir im nächsten Monat.«

Noch etwas hat mich beeindruckt, nämlich, daß Anwender völlig anders arbeiten als Programmierer. Immer wenn ihnen etwas nicht schnell genug ging, setzten die Zeitungsleute die Priorität herauf, so daß der komplette Zeitplan-Algorithmus am Computer durcheinandergeriet. Und sie waren baß erstaunt, daß dadurch Probleme entstanden.

»Anwender arbeiten völlig anders als Programmierer.«

Sie benutzten zum Beispiel einen Fernschreiber Model 33 für die Systemkonsole, und einmal blieb ein kleines Stück Papier im optischen Zeichenleser stecken, der die Druckseiten las. Wegen dieses Stückchen Papiers kamen noch ein paar mehr Fehler pro Seite hinzu, die das Fotosatzprogramm unweigerlich fand, und die Meldung lautete: »Fehlerhaftes Format.« Alle Nachrichten erschienen auf der Bedienerkonsole, die dann nicht mehr mitkam, denn es handelte sich um einen billigen, langsamen Fernschreiber Model 33. Das gesamte System wartete also, bis die Maschine nachkam.

Da saßen sie also mit ihrem Millionen-Dollar-System und die komplette Zeitung erschien wegen eines Stückchen Papiers verspätet und der Grund war der langsame Fernschreiber. Kurz darauf kauften sie sich ein Terminal mit dreißig Zeichen pro Sekunde und die Welt war wieder in Ordnung.

INTERVIEWER: Was kam nach Typeset-10?

BRICKLIN: Als nächstes hatte ich mit den ersten Versuchen einer Textverarbeitung bei DEC zu tun. Ich hatte bereits ein Satzterminal für DEC gemacht, dann ging ich zur Textverarbeitung über, nachdem ich mich mit der Software an einem anderen Satzterminal befaßt hatte. Ich schrieb ein Mikroprogramm in einfacher Sprache, ich schrieb die erste Version des Mikrocodes für einen Rechner mit einem Speicher von 512 Bytes. Das Programm sollte in ROMs gebrannt werden. Dann befaßte ich mich mit den PDP-8 und der Textverarbeitung.

INTERVIEWER: Welche Features hatte diese Textverarbeitung?

BRICKLIN: Wir hatten strenge Auflagen für die Hardware und mußten herkömmliche Digital-Hardware verwenden. Es gelang uns, eine kleine Modifikation an einem der Digitalterminals vorzunehmen, so daß wir auf-

und abscrollen konnten, das war aber auch schon alles. Wir konnten keine spezielle Hardware für die Textverarbeitung verwenden, wie es die meisten anderen Firmen taten. Ich war Projektleiter einer Gruppe, die ein Textverarbeitungssystem entwickelte. Es war ein PDP-8 mit 16 KWorten und 12 Bit Worten. Was die Features anbelangte war unser Produkt WordStar sehr ähnlich.

Wir hatten ein gutes Mailmerge, dazu Listenverarbeitung und Hintergrunddruck. Wir konnten ein Dokument so groß wie eine Floppy editieren, weil es sich nicht um einen Editor handelte, der nur im Speicher arbeitete. Das Design entwickelten wir gemeinsam, und ich schrieb die eigentliche Spezifikation für die Textverarbeitung und den Code für das Dateisystem, das Befehlssystem und den Hintergrunddruck.

Ich lernte dabei eine Menge darüber, wie man ein Produkt auf den Markt bringt. Das Design computergesteuerter Satzmaschinen verdeutlichte mir wie wichtig es ist, den Bildschirm voll zu nutzen und die Anzahl der Tastenanschläge so niedrig wie möglich zu halten, weil viele Setzer nach Tastenanschlägen bezahlt werden. Dieses Wissen kam mir später bei der Entwicklung von Textverarbeitungen sowie auch bei meiner Arbeit mit VisiCalc zugute.

INTERVIEWER: Standen Sie bei Ihrer Arbeit bei DEC unter ebensoviel Zeitdruck wie beim Typeset-10-Team?

BRICKLIN: Bei Digital arbeitete ich gewöhnlich von 11 Uhr vormittags bis 1 Uhr nachts. Ich trug zerrissene Jeans, einen Bart bis hier unten und Haare bis auf die Schultern.

Dann zog Digital nach New Hampshire, wozu ich keine Lust hatte, ich begann mich umzusehen und schaltete Kopfjäger ein. Es stellte sich heraus, daß ich das zweite Diplom in Betriebswirtschaft brauchte, um mich besser verkaufen zu können. Es wurde mir klar, daß viele Programmierer in festgefahrenen Jobs ohne Aufstiegsmöglichkeiten saßen und sich gegen junge Besserwisser wie mich wehrten, die ein gutes Training hatten, die mit niedrigeren Gehältern zufrieden waren, und die bereit waren, Tag und Nacht zu arbeiten. Ich erkannte ganz deutlich, daß es sehr schwer ist, oben zu bleiben. Ich sah, wie Programmierer in ihren Fünfzigern aufgrund ihres Alters keinen Job finden konnten. Hinzu kam, daß ich schon immer ein eigenes Geschäft haben wollte, also kam ich zu dem Schluß, daß Betriebswirtschaft das Richtige für mich sei.

Ich bewarb mich an der Harvard Business School sowie auch am MIT. Ich wurde von beiden angenommen. Ursprünglich wollte ich mich für das MIT entscheiden, weil das Studium kürzer war und weil ich schnell fertig sein wollte, aber letztendlich entschied ich mich für Harvard, denn es gab dermaßen viel zu lernen, daß es auf die zwei Jahre nicht ankommen sollte. Während ich auf den Studienbeginn wartete, nahm ich einen anderen Job an, der sich als höchst interessant herausstellte.

»Selbst wenn es nur 15 oder 20 Minuten dauerte, ein kleines Programm ... zusammenzustellen, war das nicht schnell genug.«

Es war der Job des Leiters der Programmierabteilung in einem kleinen Unternehmen, das elektronische Registrierkassen auf der Basis von Mikrocomputern herstellte. Man verwendete den Motorola 6800. Die Platinen faßten 64 KByte. Die Registrierkassen waren untereinander durch Koaxialkabel verbunden. Die Programmiersprache war eine Variante von Forth. Ich arbeitete intensiv an dem vorhandenen System, fügte einige Features hinzu und brachte es auf den Stand der neuen Hardware.

Die Anwender waren vorwiegend Teenager in Schnellimbißstuben. Trat irgendwo eine Störung auf, verging ein ganzer Tag, ehe ein Kundendiensttechniker auftauchte, und das kann man sich in einem Schnellimbiß nicht leisten. Es war ein wirklich ausgereiftes System. Die Hauptverwaltung rief jeden Abend über Computer alle Informationen elektronisch ab. Man wußte genau, wieviele saure Gurken noch im Regal waren. Wenn man eingab, daß man einen Big Mac haben möchte, erschien das Rezept.

Das kleine Unternehmen konkurrierte tatsächlich mit NCR und anderen Großen. Das war für mich etwas ganz Neues nach Digital, wo die Umsätze etwa eine Milliarde Dollar erreichten und die zu den oberen 500 gehörten. Jetzt war es Zeit für mich, zur Business School zu gehen.

INTERVIEWER: Kam Ihnen die Idee für VisiCalc während Ihrer Zeit an der Business School? Wie kamen Sie überhaupt darauf?

BRICKLIN: In der Business School verwendete ich das DEC-System, als ich ein kleines BASIC-Programm für meine Hausaufgaben schreiben mußte. Aber es war nicht schnell genug. Selbst wenn es nur 15 oder 20 Minuten dauerte, ein kleines Programm für die Analyse eines Gruppenprojekts zusammenzustellen, war das nicht schnell genug, meistens waren zudem Fehler im Programm.

Das brachte mich auf die Idee für VisiCalc, nämlich die Direktheit der Textverarbeitung mit direkter Bildschirmanzeige unter einen Hut zu bringen.

INTERVIEWER: Wie stellten Sie sich das Design von VisiCalc ursprünglich vor?

BRICKLIN: Das ursprüngliche Design war futuristisch. Eine Hand hatte ich am Taschenrechner und unten am Taschenrechner war ein Ball, wie eine Maus, über den der Cursor auf dem Bildschirm bewegt wurde. Durch die günstige Position der Zahlentastatur konnte man Berechnungen durchführen, ohne die Hand wegnehmen zu müssen. Ich wollte eine Überkopfanzeige implementieren wie bei einem Kampfflugzeug, wo man die Zahlen direkt vor sich hat. Im Frühjahr 1978 schrieb ich einen Prototypen in BASIC.

INTERVIEWER: Hätten Sie sich damals, als Sie diese Idee hatten, einen derartigen Erfolg vorstellen können?

BRICKLIN: Das Programm durchlief viele Entwicklungsstufen, bis die Endversion von VisiCalc stand. Ich erzählte John Reese, meinem Freund in Harvard davon, der mich sehr ermutigte. Als nächstes hatte ich die Idee, einen Rechner auf der Basis des Z80 oder ähnliches zu verwenden, dazu einen Fernsehbildschirm. Trotzdem wollte ich gern eine Maus haben. Aber als ich am Harvard-Rechner den Prototyp entwickelte, der keine Maus hatte, mußte ich mir wirklich etwas einfallen lassen. Ich stand vor dem Problem »Wie mache ich dies oder jenes, oder wie kann ich dies oder das hinzufügen«, weil der Harvard-Rechner nun mal keine Maus hatte. So kam ich auf die Zeilen und Spalten.

Ich sprach mit meinem Professor darüber. Er wirkte sehr ermutigend und sagte: »Wissen Sie, über was Sie da reden, das machen die Leute heute auf Tafeln in der Produktionsplanung. Manchmal sind die Tafeln so lang wie zwei Klassenzimmer. Und da sitzen sie und berechnen die Wochenplanung: soviel Umsatz, soviel Produktion, soviel Restbestand.« Ich sprach noch mit einem anderen Professor vom Rechnungswesen, Jim Cash, der mir Mut gab, indem er sagte: »Was den kommerziellen Produkten fehlt sind gute Benutzerschnittstellen. Das ist das große Problem bei den meisten Systemen.« Dieser Mann wußte genau, wovon er sprach.

Dann sprach ich mit meinem Finanzwesen-Professor, der alles andere als ermutigend war. Er blickte von seinen Ausdrucken zu mir hoch und sagte: »Es gibt bereits Planungssysteme für die Finanzplanung, und Leute wie Haus- und Grundstücksmakler kaufen keine Mikrocomputer. Reden Sie doch mal mit diesem Fylstra, er ist einer meiner Studenten und hat gerade ein Gutachten darüber erstellt, warum sie keine kaufen.« Also rief ich Fylstra an, um Näheres zu erfahren und er sagte: »Meine Verlobte und ich stellen Software her und verkaufen sie von unserem Apartment aus. Wir wollen Schachprogramme verkaufen. Falls Sie etwas Interessantes für uns haben, zeigen Sie es uns doch mal.« Den nächsten Kontakt hatte ich erst im Herbst mit ihm.

In jenem Sommer traf ich eine Entscheidung, während ich die Straße entlangradelte: Nach dem Diplom würde ich mein eigenes Geschäft gründen und dieses Produkt vermarkten. Im Notfall würde ich es sogar an der Haustür verkaufen. Im Herbst besuchte ich Fylstra, um zu sehen, was er an Rechnern hatte. Er besaß einen Apple II und einen Radio Shack. Er bot mir an, seinen Apple II zu benutzen, falls ich etwas entwickeln wolle.

Ich verbrachte also ein Wochenende damit, ein BASIC-Programm mit einer einigermaßen passablen Tabellenkalkulation zu schreiben, und dabei kam ich darauf, es mit Zeilen-/Spalten-Koordinaten, d.h. A-B-C- und 1-2-3-Koordinaten zu versuchen. Ich wollte noch immer eine Maus verwenden, aber stattdessen ging ich über die Cursorbewegung. Aber die Spielkonsolen funktionierten immer nur in einer Richtung, nämlich entweder horizontal oder vertikal. Die Spielkonsolen waren zu langsam in BASIC, deshalb verwendete ich die Pfeiltasten. Und da der Apple II nur zwei Pfeiltasten hat, verwendete ich die Leertaste anstelle des Steuerknopfes, um von horizontal auf vertikal umzuschalten. Ich mag keine Shift-Tasten. Ich versuche immer, Shift-Tasten so wenig wie möglich einzusetzen. Aus diesem Grund verwende ich Schrägstriche für die Ausführung der Befehle, sie sind nicht geshiftet, auf jeder Tastatur vorhanden und man muß nicht so viele Tasten bedienen.

Bei einer Demo zeigte ich, wie der Cursor auf dem Bildschirm hin- und herbewegt werden konnte. Sogar innerhalb des Formulars konnte man sagen: »1 plus 7 und 1 plus A1«, während der Cursor auf A1 stand, genau wie bei den heutigen Tabellenkalkulationen. Ich konnte aber nicht hoch- und runterscrollen, und das Ganze war mehr schlecht als recht. Die Kalkulationsänderungen dauerten etwa 20 Sekunden und der Computer surrte bei jeder Zelle, so daß man ihn Rechnen hören konnte. Schließlich stellte sich heraus, daß die Hälfte der Zeit für die Geräusche draufging. Aber die Demo gab eine Vorstellung davon, was man eigentlich machen konnte.

Ich zeigte das Ganze meinen Kommilitonen, einer davon war John Reese, der mich darauf hinwies, daß man bei einer Referenz auf eine andere Zelle diese nicht direkt eingeben müssen sollte. Ich dachte darüber nach, die Eingabe zu analysieren; wenn man »1 plus« eingibt und dann die Pfeiltaste betätigt, muß das bedeuten: 1 plus die Zelle. Also konzentrierte ich mich darauf, alles mit einem Minimum an Befehlen durchzuführen. Daraus entstand eine Schnittstelle, wie wir sie heute als Standard-Schnittstelle von einfachen Tabellenkalkulationen wie VisiCalc her kennen.

Ich zeigte es einer anderen Professorin, Barbara Jackson. Ihr Kommentar lautete: »Also, wenn Sie den Direktor einer Firma dazu bringen wollen, etwas damit zu machen, dann muß alles sehr einfach sein. Sie sind ganz dicht dran.« Das gab mir den Mut, alles noch einfacher zu machen.

»Für mich ist der wichtigste Teil des Programms der Entwurf der Datenstruktur.«

Etwa ein Jahr später, als das Produkt auf dem Markt war, zeigte ich es ihr und sagte: »Da Sie im Rechner-Komitee von Harvard sind, sollten Sie wissen, wie wichtig dieses Programm ist, da einige Ihrer Studenten es zur Zeit benutzen. Sie sollten sich darauf vorbereiten.« Und bereits im gleichen Jahr verwendeten es die Professoren für Betriebswirtschaft für die Auswertung der Prüfungsfragebogen und waren den anderen Professoren durch die Zeitersparnis weit voraus. Heute muß man sich allerdings erst einen PC zulegen, ehe man an der Harvard University zugelassen wird.

Als wir die Benutzerschnittstelle fertig hatten, war es an der Zeit, sie zu programmieren. Ich hatte mir Datenstrukturen ausgedacht und mir einige Gedanken darüber gemacht, sie so klein und kompakt wie möglich zu machen, weil sie für einen kleinen Rechner gedacht waren. Die meisten Apple-Systeme hatten damals 16 KByte und Disketten waren weniger verbreitet als heutzutage.

INTERVIEWER: War das der Zeitpunkt, zu dem Frankston, Sie und Fylstra sich entschlossen, Partner zu werden?

BRICKLIN: Eigentlich schon. Wir beschlossen das mit Handschlag. Frankston und ich sollten das Programm schreiben und Fylstra es über sein Unternehmen (Personal Software) vertreiben. Als erstes würden wir es für den Apple schreiben, denn Fylstra konnte uns seinen Apple kostenlos überlassen und war auch der Meinung, das sei der beste Rechner für den Anfang. Auch hatten wir Tools, die auf dem Apple liefen.

INTERVIEWER: Wie gingen Sie an das Design von VisiCalc heran?

BRICKLIN: Ich hatte die Interna und die meisten Datenstrukturen und das Layout entworfen. Für mich ist der wichtigste Teil des Programms der Entwurf der Datenstruktur. Man muß auch eine genaue Vorstellung davon haben, wie die Benutzerschnittstelle aussehen soll. Also entwarf ich eine Datenstruktur, die kompakt genug für eine gewisse Datenmenge war und die leichten Zugriff bot.

Außerdem mußten wir eine Unterkunft für unsere Firma finden. Ich war immer noch in Harvard und Bob war Berater bei der Interactive Data Corporation. Schließlich entschieden wir uns für den Anschluß an ein großes Timesharing-System. Glücklicherweise kamen die Rechnungen erst nach Monaten, so daß wir nicht in Schwierigkeiten kamen.

Bob schrieb den Code nachts, weil da die Timesharing-Zeit am billigsten ist. Er stand gegen 15 Uhr auf, wenn ich von der Uni kam. Wir besprachen dann die Änderungen, die er am Programm vorgenommen hatte; ich testete das Programm, überlegte mir neue Features, sprach mit Fachleuten vom Rechnungswesen und machte andere Vorarbeiten. Meistens blieb ich noch bis gegen 23 Uhr. Ab 18 Uhr wurde der Tarif billiger und dann um 23 Uhr noch einmal. Und so gegen 1 oder 2 Uhr nachts wurde der Rechner richtig schnell. Bob arbeitete bis in die Morgenstunden und schlief anschließend. So entstand das Produkt.

INTERVIEWER: Hatten Sie Angst, eine andere Firma könnte mit einer ähnlichen Idee herauskommen? Aus welcher Motivation heraus arbeiteten Sie so schwer?

BRICKLIN: Wenn man eine ganz klare Vorstellung hat, dann will man die Idee auch umsetzen. Wir hatten Angst, Texas Instruments könnte etwas von unserer Idee erfahren und sie für ihre eigenen Computer verwenden. Apple und Atari hatten wir unser Produkt unter dem Siegel der Verschwiegenheit gezeigt. Atari war begeistert, ein Produkt zu bekommen, aber sie hatten noch keinen Rechner. Wir besorgten einen alten Prototyp, der wie ein Cromemco-Computer aussah, an dem die Platine durch eine Atari-Platine ersetzt worden war. Es war ein echter Prototyp.

Bei Apple war man nicht ganz so begeistert. Ich selbst nahm an dem Meeting nicht teil; Fylstra, unser Verleger, zeigte ihnen eine Kopie des späteren VisiCalc. Aus unserer Sicht als Programmierer glaubten wir, in etwa vier Wochen fertig zu sein. Nach zwei bis drei Wochen hatte Bob das Programm soweit fertig, daß es hoch- und runterscrollen, addieren und subtrahieren und Kalkulationsänderungen vornehmen konnte. Und das zeigte Fylstra ihnen. Ich bastelte weiter an meinem BASIC-Prototyp herum. Viele meiner Ideen konnte ich nicht verwirklichen, weil wir lediglich 16 KByte Speicher hatten.

Positive Reaktionen kamen von der Westküste. Ich befragte einige Professoren, einer war besonders ermutigend und sagte: »Phantastisch, wie schnell diese Kalkulationen gemacht werden. Von Hand hätte das Stunden gedauert. Ich werde die Beispiele in meinem Buch auf den neuesten Stand bringen.«

Dann schrieb ich ein erstes Handbuch und Bob bemühte sich, das Programm anhand meiner Aufzeichnungen zu implementieren. Wir waren ein prima Team und ermutigten uns gegenseitig. »Bob, das hier muß schneller werden, das ist noch nicht gut so«, sagte ich ihm, oder: »Dieses Feature muß unbedingt mit hinein«, während er mir, wenn ich etwas weglassen wollte, antwortete: »Nein, nein, das muß alles mit rein.«

Als Speicherzelle verwendete er dann eine Variation meines Designs. Ich hatte fast das ganze Design entwickelt, und die interne Programmstruktur stammte fast ausschließlich von ihm. So entstand schließlich das Programm VisiCalc.

INTERVIEWER: Wie war die Reaktion auf das fertige Produkt?

BRICKLIN: Gute Rezensionen von ein paar Leuten. Die meisten Zeitschriften ignorierten es. Es dauerte etwa ein Jahr, ehe ein paar Zeitschriften darüber berichteten. Lediglich BYTE brachte einen kurzen Artikel und das nur, weil der Reporter, Carl Helmer, bei Fylstras Hochzeit Trauzeuge war, und wir ihm davon erzählt hatten. Selbst dieser Artikel war für Techniker geschrieben, sprach von Sinus und Kosinus, was wir gar nicht implementiert hatten. Jetzt hatten wir keine andere Wahl, nachdem er darüber berichtet hatte und mußten sie nachträglich implementieren. Einen ganzen Sommer vergeudete ich mit der nachträglichen Implementierung von Sinus und Kosinus und anderen Features.

Mit geliehenem Geld kauften wir unser eigenes Timesharing-System. Ich verkaufte mein Haus, um die Anzahlung zu finanzieren. Bob nahm seine Ersparnisse und lieh sich Geld von seiner Familie. Wir kauften einen Minicomputer auf Ratenzahlung und zogen in ein Büro um.

INTERVIEWER: Welche Pläne hatten Sie für den Vertrieb von VisiCalc?

BRICKLIN: Wir hatten keine Vorstellung, wie gut sich das Produkt verkaufen lassen würde. Wir wußten, daß es sehr gut war und eigentlich jeder damit arbeiten sollte. Wir hatten jedoch damals keinen blassen Schimmer, wie elektronische Tabellenkalkulationen aufgenommen werden würden, zumal diese komische Maschine mitgekauft werden mußte, und die Textverarbeitungen hatten sich nicht durchgesetzt.

INTERVIEWER: Sie hatten also Ihr eigenes Geschäft gegründet; was mußten Sie dann tun? Reisten Sie im Land herum, um Demos zu machen?

BRICKLIN: Personal Software, unser Verleger, machte das hauptsächlich für uns. Wir gaben eine Demo anläßlich der National Computer Conference, wo es auch der Öffentlichkeit vorgestellt wurde. Außerdem führten wir es bei der West Coast Computer Fair und anderen Ausstellungen vor.

Dann konzentrierten wir uns darauf, das Programm für andere Rechner funktionsfähig zu machen. Wir portierten es auf den TRS-80, einem damals sehr wichtigen Rechner; unserer Meinung nach war er der zweitbeste Computer auf dem Markt. Der Programmierer war Seth Steinberg, der nun unserem Team angehörte. Steve Lawrence war unser allererster Mitarbeiter. Er arbeitete an der Fertigstellung von VisiCalc im numerischem Bereich und einigen anderen Funktionen. Dann machte er sich an die Versionen für Atari und Commodore PET.

Bei der Z80-Version entschied sich Seth dafür, den 6502-Code Zeile für Zeile in den Z80-Code zu übersetzen. Da wir ein gutes Timesharing-System hatten, konnte er alles, was er brauchte, erfinden. So schrieb er ein Druckprogramm, bei dem der 6502-Code und der Z80-Code nebeneinander aufgelistet wurden. Jahre später stellte sich heraus, daß die Fehler im 6502-Code auch im Z80-Code waren und umgekehrt. So gut war die Übersetzung. Dieser Code hielt sich viele Jahre. Er wurde mit etwas mechanischer und ganz wenig manueller Übersetzung auch für die IBM-Version verwendet.

Es gelang uns, schnell an den IBM Personalcomputer heranzukommen. Bei der Einführung durch IBM wurde er gleich mit VisiCalc vorgestellt. Bedingung aber war, daß ein genügender Umsatz gewährleistet war, um den Vertrieb zu rechtfertigen. Die sind da komisch. Dazu konnten wir die Standard-Konvertierungsprogramme nicht verwenden, weil wir unseren eigenen Assembler hatten. Einer unserer Programmierer, David Levin, modifizierte den Assembler so, daß er den Z80-Code in den 8086/8088-Code übersetzen konnte und löste die Probleme. Um die Umwandlung machen zu können, mußte der Konvertierer gut ausgeklügelt sein, und er war weit besser als die meisten anderen auf dem Markt verfügbaren Konvertierer. Das war der Grund, weshalb wir so schnell an IBM herankamen; der Versand erfolgte einige Monate nach der Auslieferung der Personalcomputer, so verkauften wir große Stückzahlen des neuen Produkts.

INTERVIEWER: Wie kam es zur Zusammenarbeit mit IBM?

BRICKLIN: IBM kam zuerst zu uns, denn wir besaßen das Copyright. Laut Vertrag mußten sie mit Personal Software verhandeln, deshalb schickten wir sie zu Personal Software. Schließlich hatten wir ein Dreiecks-Abkommen mit IBM. Als wir von IBM angesprochen wurden, verabredeten wir uns für den folgenden Tag. Wir sprachen über unseren Vertrag und zeigten die Passagen des Vertrags, die wir berechtigt waren, ihnen zu zeigen, um von Anfang an klare Fronten zu schaffen.

Wir hatten bereits mit verschiedenen anderen Herstellern zu tun gehabt und uns viel Mühe gegeben mit Unternehmen, ins Geschäft zu kommen, von denen einige später viel Erfolg hatten und andere nicht. Leider kann man im voraus nie wissen, wer es schafft und wer nicht.

INTERVIEWER: Hatten Sie zu jenem Zeitpunkt das sichere Gefühl, IBM werde es schaffen?

BRICKLIN: Wir brauchten einige Zeit, um zu sehen, wie der Rechner war. Ohne Zweifel war es ein großartiges Design. Aber die Grundidee, einen 8088 zu verwenden, eine komplette Tastatur hinzuzufügen, einen 80 x 25-Bildschirm und das ganze Zeug, das war etwas, was alle anderen damals auch machten, einschließlich der besten Hardwaredesigner, die es damals gab. Das Design war gut, das war klar; aus diesem Grund wußten wir, daß wir es schaffen würden.

Wir hatten große Vertragsschwierigkeiten mit Personal Software. Zum Beispiel bestimmten sie, zu welchen Rechnern wir VisiCalc zu liefern hatten. Sie versuchten, den Vertrag zu lösen, wollten aber keine ausreichend hohe Abstandssumme zahlen. Deshalb mußten wir unsere Produkte an so viele Systeme wie möglich anpassen.

INTERVIEWER: Lassen Sie mich etwas zu dem Auf und Ab von Software Arts fragen. Hätten Sie gedacht, es könne jemals soweit bergab gehen?

BRICKLIN: Auch als ich ganz oben war, wohnte ich in der gleichen Art von Haus, in dem ich auch als Angestellter von Digital oder einem anderen Unternehmen gewohnt hätte. Ich habe meine Ausgaben immer gezügelt, damit ich mir das leisten konnte, was ich jetzt tue. Ich wollte nie von der Firma abhängig sein.

Das war der Grund, weshalb wir die Firma zur Zeit unseres Höhepunktes verkaufen wollten, stattdessen endeten wir damals mit einem Gerichtsverfahren und bei einem laufenden Gerichtsverfahren kann man eine Firma schlecht verkaufen. Wir waren im Besitz einer angesehenen Firma. Dem Papier nach waren Bob und ich ziemlich wohlhabend, aber wir hatten keine Möglichkeit, etwas zu ändern, so sehr wir uns auch bemühten. Durch meinen Einblick in unsere Industrie erwarb ich einige Aktien, die es mir ermöglichten, wieder Unternehmer zu werden.

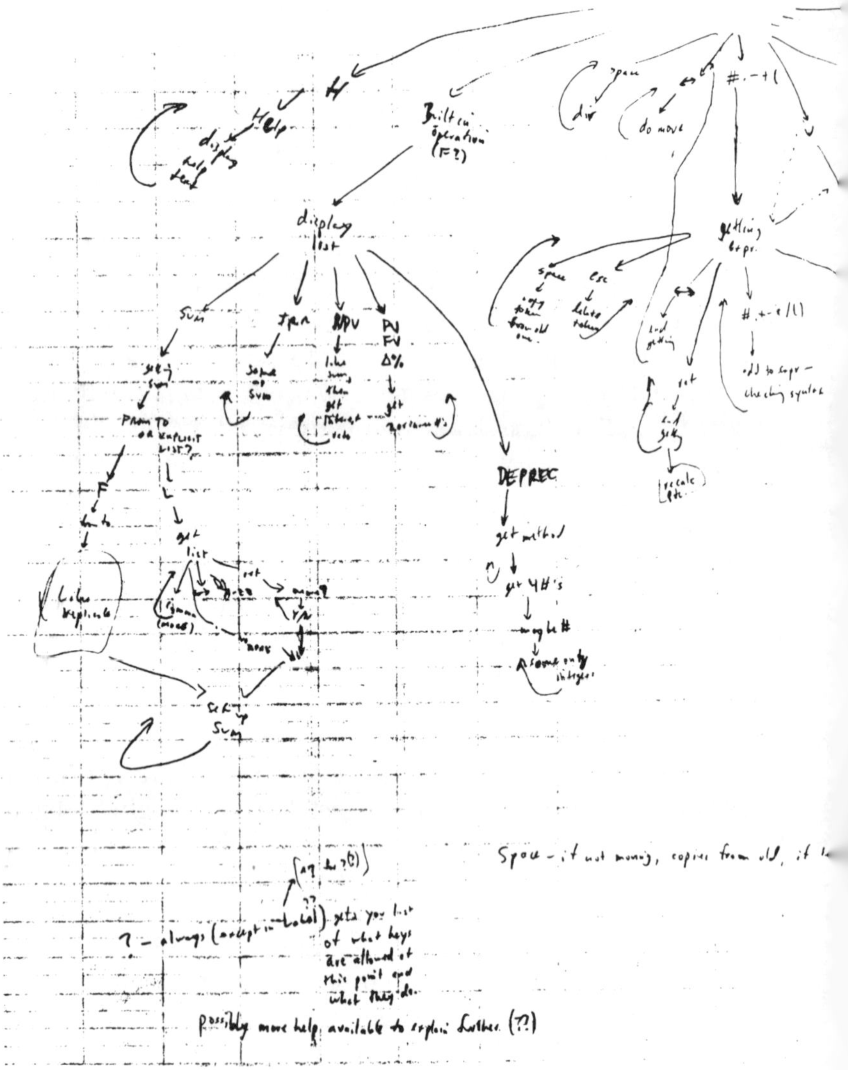

Bricklins ursprüngliches Befehlsdiagramm für VisiCalc vom November 1978. Das Diagramm wurde auf einen Kalkulationsbogen geschrieben, das Bricklin in der Business School benutzte (daher das Raster im Programm).

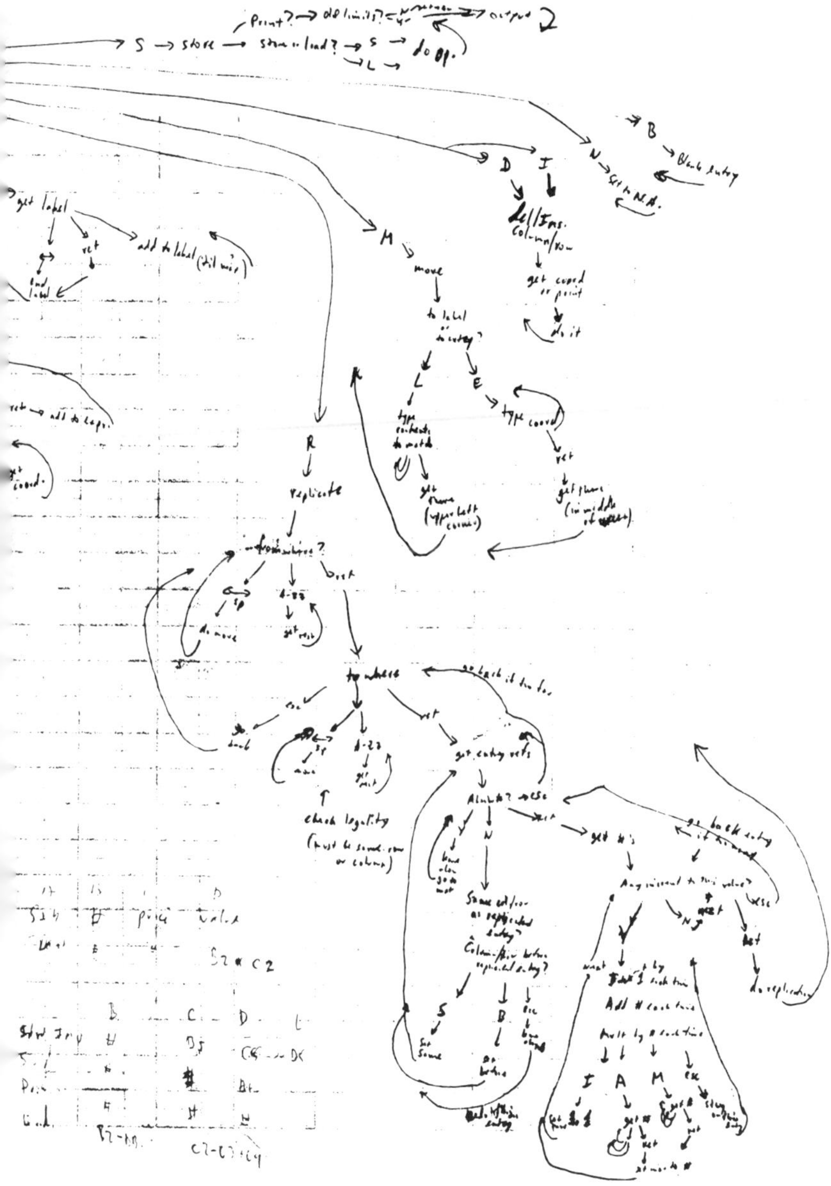

Die Erfahrung mit dieser Firma hat sich als wertvoll erwiesen. Im vergangenen Jahr habe ich einige lukrative Angebote von verschiedenen Firmen abgelehnt. Ich wußte also, daß ich wieder unterkommen konnte, wenn ich mich dazu entschlösse, aber ich bin Unternehmer.

Ich blicke gern zurück. Natürlich wäre es schön gewesen, wenn wir weiter so viel Erfolg gehabt hätten und sehr reich dabei geworden wären, es sollte nicht sein. Ich habe mehr verdient, als wenn ich bei Digital geblieben wäre – vielleicht kann man es so ausdrücken.

Ich habe gern bei Software Arts gearbeitet. Ich habe mich dort immer wohl gefühlt außer zu der Zeit, in der die geschäftlichen Probleme aufkamen. Aber auch das war eine Erfahrung, aus der man lernt. Ich habe viel über den Geschäftsablauf gelernt. Mein neues Unternehmen gründe ich mit wesentlich mehr Zuversicht, nachdem ich diese Erfahrung gemacht habe. Wer einmal an dem Punkt angekommen ist, an dem die eigenen Stühle, Terminals, die Bilder von den Wänden, der Schreibtisch und das T-Shirt, das man gerade trägt, unter den Hammer kommen, der weiß wie ich, daß man ganz hoch steigen und ganz tief fallen kann und trotzdem überlebt.

INTERVIEWER: Würden Sie heute nach Ihrer Erfahrung mit Software Arts manches anders machen?

BRICKLIN: Nun, es wäre mir lieber, ich wäre nicht verklagt worden, dann wäre manches anders gelaufen.

INTERVIEWER: Wie kam es eigentlich dazu?

BRICKLIN: Wir hatten ein Schreiben in der Post, auf dem stand: »Sie werden angeklagt«. Wir hatten seit Jahren Meinungsverschiedenheiten mit unserem Verleger, VisiCorp (Personal Software), aber zu jenem Zeitpunkt hatten wir bereits über ein Jahr Verhandlungen über eine Einigung geführt. Aus irgendwelchen Gründen aber wollten sie es zu einer Gerichtsverhandlung kommen lassen. Vielleicht waren sie der Meinung, sie seien im Recht und würden das Geld für ihr Produkt, nämlich VisiOn-Calc, bekommen. Aber sie versäumten, erst einmal zu prüfen, ob sich das Produkt verkaufen ließe. Sie sprengten die Brücken, ehe sie sie überquert hatten und schnitten sich ins eigene Fleisch. Eigentlich hatten wir nie so richtig angenommen, daß sie gegen uns klagen würden.

Manches hätte anders gemacht werden können, wenn ich die Erfahrung gehabt hätte, die ich heute habe. Einiges hätte anders gemacht werden können, wenn der Markt anders gewesen wäre. Wäre ein großer Verleger wie McGraw-Hill bereit gewesen, in dieses Geschäft einzusteigen? Hätten wir Apple überreden können? Wer weiß? Aber eigentlich war das Ergebnis nicht zu schlecht, weshalb sollte ich es anders machen? Ich hätte nie die Erfahrungen gemacht, die ich gemacht habe. Ich bin gesund und auch nicht arm, und ich besitze den Respekt meiner Kollegen. Im Grund habe ich alles erreicht, außer daß ich nicht reich geworden bin und daß mir der Makel meines Geschäfts anhaftet. Den meisten geht es mal besser und mal schlechter. Denken Sie nur an Apple.

INTERVIEWER: Wenn Sie die Gelegenheit hätten, würden Sie das gleiche noch einmal tun?

BRICKLIN: Nur wenn ich der Überzeugung wäre, daß es richtig ist. Mir gefällt, was ich augenblicklich mache. Ich habe ein großes Softwaregeschäft gemanagt, ich weiß, wie das ist. Heute kann ich das, was ich tun möchte, mit meinem kleinen Geschäft machen. Irgendwann wird es zwar auch durch eine gewisse Größe bedingt schwerfällig werden, aber es ist eine Herausforderung. Herausforderungen gibt es immer; die eine war, ein großes Unternehmen aufzubauen. Heute geht es darum, Erfolg mit einer kleinen Firma zu haben.

INTERVIEWER: Sehen Sie Software Garden aus Ihrer Erfahrung mit Software Arts heraus wachsen?

BRICKLIN: Ja und Nein. Mit Software Arts haben wir eine Reihe Ideen ausprobiert: große Firma, große Umgebung, Forschungs- und Entwicklungsabteilung. Ich war der Meinung, daß man entweder mit seinem Produkt viel Geld verdienen oder sehr niedrige laufende Kosten haben muß. Mir macht es Spaß, es mit verschiedenen Produkten zu versuchen. Ich habe die verschiedensten Produkte entwickelt, ich möchte auf den verschiedensten Gebieten arbeiten. Ich will einen kleinen Garten hier schaffen, keine Farm, wo ich mich auf ein Gebiet spezialisieren muß, es sei denn, ein Produkt ist besonders lukrativ.

Ich vertreibe meine Produkte über den Versandhandel und über Händler, die von mir kaufen. Ich habe bereits einen Distributor, mit einigen anderen bin ich noch im Gespräch. Ich biete das Produkt zu einem günstigen Preis von 74,95 Dollar an und versuche, einige Publicity zu bekommen.

INTERVIEWER: Wie heißt Ihr neues Produkt?

BRICKLIN: Dan Bricklins Demo Programm. Netter, einfacher Name, nicht wahr? Ich wollte es unbedingt Dan Bricklin nennen, weil ich der Überzeugung bin, daß das verkaufsfördernd wirkt; das habe ich von vielen Leuten gehört. Der Name beschreibt, was dahintersteckt; es ist für Demos gedacht.

Die Verpackung ist wirklich einfach. Sehen Sie diesen Umschlag? Die Dokumentation ist mit der Maschine geschrieben, aber gut. Ich werde das Geschäft von meinem Haus aus betreiben und im Moment geht das auch. Die Diskette ist auf einem Stück Pappe befestigt und wird in diesem Umschlag verschickt. Das ist alles.

Ich weiß, wie man das echt edel verpacken kann. Aber wenn ich mir vorstelle, ich wäre der Benutzer, was sollte ich dann mit so einer Verpackung anfangen? Sie nimmt mir Platz auf dem Regal weg. Das Programm befindet sich im Computer. Daher habe ich mich für das Einfache entschieden. Warum etwas vorgeben, was nicht nötig ist?

»Vielleicht werde ich von der Technologie überholt, vielleicht auch nicht.«

INTERVIEWER: Für wen ist das Programm gedacht?

BRICKLIN: Jeden, der mit dem Design von Programmen zu tun hat, für jeden, der mit dem Entwicklungsprozeß zu tun hat. Dokumentationsleute können damit Demos und praktische Übungen schreiben. Hat man dieses Programm erst ein paarmal angewendet, hat es sich bereits durch die eingesparte Zeit bezahlt gemacht.

Ich beobachte auch sehr wohl die Lebensfähigkeit verschiedener Geschäftszweige. Wie hoch kann der Umsatz bei niedrig gehaltenen laufenden Kosten, einem guten Produkt, hohem Bekanntheitsgrad und niedrigen Preisen liegen? So mancher hat es auf diesem Gebiet zu etwas gebracht. Ich möchte wissen, wie es da aussieht, denn davon hängt ab, was aus meinem Garten noch alles kommen wird.

INTERVIEWER: Glauben Sie, daß Sie immer Software programmieren werden?

BRICKLIN: Ich glaube schon. Das scheint mir am besten zu liegen. Wie es dann wird, wenn die Technologie sich verändert, weiß ich noch nicht. Vielleicht liegen meine Fähigkeiten eher auf dem Gebiet der Textbildschirme, hier habe ich die meiste Erfahrung im Gegensatz zur Grafik, wo ich weniger Erfahrung habe. Vielleicht werde ich von der Technologie überholt, vielleicht auch nicht.

INTERVIEWER: Glauben Sie, daß die kleinen Software-Unternehmen auch in Zukunft weiter bestehen? Oder wird die Software-Industrie von einer Handvoll Großunternehmer beherrscht werden?

BRICKLIN: Nein. Jeder schreibt sein eigenes Programm. Jeder, der eine Tabellenkalkulation verwendet, schreibt sein eigenes Programm, lediglich die Programmiersprache ist jetzt anders.

Bob Frankston hört man oft die Geschichte mit dem Telefon erzählen. In den Zwanziger Jahren wurde gesagt, daß bis 1950 das Telefon so verbreitet ist, daß jeder seine eigene Vermittlung ist. 1950 hieß es: »Ha, das war falsch.« Und doch war die Prognose zutreffend, denn jeder war seine eigene Vermittlung, man hatte Selbstwahltelefone. Die Technologie hatte die Aufgabe vereinfacht.

»Wir helfen den Anwendern, mehr und mehr selbst zu programmieren, ohne daß ihnen das bewußt wird.«

Das gleiche gilt für das Programmieren. Wir helfen den Anwendern, mehr und mehr selbst zu programmieren, ohne daß ihnen das bewußt wird. Bereits die Verwendung verschiedener Druckformatvorlagen in Microsoft Word ist Programmieren; die Verwendung von Tabellenkalkulationen ist Programmieren.

Das Programmieren beinhaltet ein wesentliches Merkmal eines Familienbetriebs. Wir verbessern ständig die verfügbaren Werkzeuge, die Betriebssysteme, die Umgebung, die Sprachen usw. Folglich kann jeder Einzelne immer mehr tun.

Das ist wie in der Schriftstellerei. Für eine Enzyklopädie werden viele Mitarbeiter benötigt; ein Einzelner kann das nie schaffen. Einige der heutigen Betriebssysteme sind wie eine Enzyklopädie. Aber es gibt ja noch die Kurzgeschichte, den Roman und das Gedicht. Sie sind auf ihre eigene Art von Vorteil, auch wenn sie einfach und trivial erscheinen mögen.

In jeder großen Firma könnten Tausende von Programmierern an einer Idee arbeiten, um eine noch bessere zu entwickeln, aber das ist in Wirklichkeit nicht so, weil es nicht funktioniert. Hier fehlt die Wirtschaftlichkeit. Manchmal ist die Idee hinter einem Programm etwas ganz Kleines und Kreatives. Wie in der Kurzgeschichte ist eine kleine Wendung der Handlung der Grundgedanke, auf dem alles beruht. Das gleiche trifft für Programme zu.

Für das Marketing braucht man eine große Marketingorganisation. Aber hier stehen verschiedene Wege offen, wie bei den Büchern. Man kann sie selbst herausgeben oder man geht zu einem Verlag. In der Filmbranche übernehmen die großen Verleihfirmen diese Aufgabe.

Die größten Hits in der Softwareindustrie wurden von wenigen Leuten geschrieben. 1-2-3 wurde von zwei Leuten geschrieben und entwickelt, einem Programmierer und einem Teil-Programmierer, das gleiche trifft für VisiCalc zu, dBase wurde, soviel ich weiß, von nur einer Person geschrieben, Paradox von zwei. So werden Programme geschrieben.

INTERVIEWER: Wird die Software Ihrer Meinung nach in ganz neue Gebiete eindringen, oder bleibt sie auf Tabellenkalkulation, Textverarbeitung usw. begrenzt?

BRICKLIN: Es entstehen alle möglichen Produkte. Die Leute fragen: »Was ist mit dem Netzwerkbetrieb, warum können wir die Geräte nicht einfach verbinden?« Wie sieht es mit den Desktop-Publishing-Programmen aus, zum Beispiel den preisgünstigen, die es für den Mac gibt? Und den wirklich guten, die es für die größeren Rechner wie Apollo und Sun gibt? Noch vor ein paar Jahren hätte niemand gedacht, daß das Druckreifmachen in der eigenen Firma ein bedeutender Anwendungsfaktor für Computer werden könnte.

Die Anwender wollen, daß alles viel zu schnell geht. Wie lange hat es gedauert, bis die Maus kommerziell genutzt wurde? Waren es fünfzehn Jahre oder mehr? Englebart erfand sie in den Sechziger oder Anfang der Siebziger Jahre. Und die Compiler – Fortran wurde in den Fünfzigern entwickelt. Heute sind sie eine Selbstverständlichkeit geworden, aber ihre Entwicklung dauerte zwischen fünf und zehn Jahren. In der Software gelingt alle fünf bis zehn Jahre ein neuer Durchbruch. Aus welchem Grund sollte sich da viel ändern?

Wenn man eine bestimmte Hardware hat, eröffnen sich gewisse Möglichkeiten, die vorher nicht da waren. Und immer wieder stellt sich heraus, daß man etwas auch ohne spezifische Hardware machen kann. Für den IBM zum Beispiel gibt es bestimmte Systeme, weil der Macintosh sie hatte und die Anwender danach fragten. Die neue Hardware, wie der Mac, zeigt deutlich, daß die Systeme nützlich sind. Aus diesem Grund ist es der Mühe wert, herauszufinden, wie man das auf der alten Hardware machen kann.

Der Apple II ist noch ein gutes Beispiel. Als er herausgebracht wurde, glaubte man, die Grenzen des Möglichen erreicht zu haben. Aber es wird immer noch mehr entdeckt, was der Apple alles machen kann. Es ist wie bei einem Testpilot, der ein neues Flugzeug über die Grenzen der erwarteten Leistungsfähigkeit hinaus einsetzt. Viele stürzen ab und verbrennen, so wie beim Macintosh.

INTERVIEWER: Wo liegen Ihrer Meinung nach die Gründe für den Mißerfolg dieses Rechners?

BRICKLIN: Beim Macintosh kann man Versuchungen erliegen, die einen an den Rand des Abgrunds treiben, wie z.B. die Verwendung verschiedener Schriftarten. Verschiedene Schriftarten machen den Computer wesentlich langsamer. Was man davon hat, ist eine träge Textverarbeitung, und das ist genau das, was man nicht haben will. Die Leute wollen etwas Schnelles. Wenn man erst verschieden große Schriftarten verwendet, wird dies und jenes langsamer, wenn auch das Endergebnis gut aussieht. Aber man endet bei einem Produkt, mit dem man nicht hundertprozentig zufrieden ist, weil man sich in Versuchung führen ließ. Allmählich lernt man, dieser Versuchung zu widerstehen.

INTERVIEWER: Wie wichtig sind Geschwindigkeit, Anwenderfreundlichkeit oder andere Gesichtspunkte?

BRICKLIN: In einigen Fällen hängt das ganze Produkt davon ab. Es sind die hervorstechenden Merkmale des Produkts.

Angenommen man würde Microsoft Word auf einer Hercules-Karte laufen lassen. Gewisse Dinge wären dann wirklich langsam, und zwar langsamer, als wären nicht so viele schmückende Extras eingebaut worden. Damit wird Word für einige Anwender unbrauchbar. Obgleich die Funktionalität die gleiche bleibt, werden es immer weniger Leute benutzen wollen.

Das Gefühl für das Produkt ist meiner Meinung nach sehr wichtig. Das hat sich bei Lotus 1-2-3 gezeigt. Es gab einmal ein Produkt mit dem Namen Context MBA, genauso leistungsfähig und mit zahlreichen Features, aber es war so langsam, daß viele Anwender es erst gar nicht in Betracht zogen, es konnte daher kein Erfolg werden. Lotus war immer auf Geschwindigkeit bedacht.

Bei VisiCalc hatten wir die gleiche Geschwindigkeit wie auf dem Original Apple II. Ich sagte: »Bob, das ist nicht schnell genug, das muß schneller gemacht werden. Hoch- und runterscrollen müssen so schnell wie die Dauertaste an deinem Rechner sein.« Ich wußte damals nicht, daß unterschiedliche Rechner mit unterschiedlicher Geschwindigkeit wiederholten. Unsere Geschwindigkeit lag etwa in der Mitte. Ich versuchte, das auf den IBM-Rechner zu übertragen, mit dem Ergebnis war ich zufrieden.

INTERVIEWER: Betrachten Sie Programmieren als Handwerk oder Wissenschaft?

BRICKLIN: Nun, ein Teil ist Handwerk und ein Teil ist Wissenschaft. Die Wissenschaft beschreibt Dinge, die durchaus hilfreich sein können, wie das Power-Design und ähnliches. Aber da ist auch eine handwerkliche Komponente, bei der die Lehrjahre ins Spiel kommen. Handwerkliches Können erfordert eine Lehre, wie bei vielen Dingen führt die Praxis dann zur Perfektion. Es ähnelt eigentlich mehr der Kunst oder dem Handwerk. Es ist kein fest vorgeschriebener Ablauf, sondern eher eine handwerkliche Kunst.

Das kann man schnell durch einen Blick auf bestimmte Programme feststellen, und zwar, wenn man ihren Code näher betrachtet. Programmierer mit fundierter Ausbildung haben meistens einen Vorteil gegenüber jenen, die keine haben. Der akademische Hintergrund ist oft wichtig. Manche Leute haben den goldenen Finger, andere nicht, aber es ist immer gut, wenn man sich mit einem Gebiet grundlegend befaßt.

INTERVIEWER: Programmieren Sie immer in der gleichen Art und Weise?

BRICKLIN: Nein, es hängt davon ab, was ich gerade tue. Ich will damit sagen, daß ich versuche, professionell vorzugehen, das muß man aber nicht unbedingt. Wenn man Produkte für kommerzielle Anwendung macht und die Sachen raus müssen, darf man die Arbeit nicht zu eng sehen oder sich etwa sagen: »Ich programmiere nur in höheren Programmiersprachen«, oder »Gute Programmierer verwenden nur Assembler.« Man macht das, was für die besondere Situation angemessen ist.

INTERVIEWER: Welche Rolle, glauben Sie, werden Software und Computer in fünf oder zehn Jahren spielen?

BRICKLIN: Ich glaube, die Computer werden andere Formen als heute haben. Eine davon ist eine Schachtel, die auf dem Schreibtisch steht, der Personalcomputer von heute.

Ich denke, der Personalcomputer von morgen wird anders aussehen als der Tischcomputer, der heute wie ein Telefon auf dem Schreibtisch einen Platz hat. Tischcomputer haben sich bislang in Haushalten nicht durchgesetzt, weil der PC, wie wir ihn heute kennen, für das Heim das gleiche ist wie der Großrechner für eine Firma – man muß zu ihm hin pilgern oder sich daran anschließen lassen. Viele Anwender möchten keinen Anschluß an einen Großrechner, oder Karten einschicken oder ähnliches. Die Anwender wollen nicht erst nach oben in den Computerraum gehen, um ein Rezept herauszusuchen. Das ist ja auch Quatsch.

Der Personalcomputer der Zukunft sollte mehr ein Notizblock sein. Ich trage meinen Notizblock immer mit mir herum, warum sollte das nicht ein Computer sein? Nun, der wäre auch anders als der PC von heute. Computertechnologie wird auf vielen neuen Gebieten wie diesen eingesetzt werden.

In einigen Jahren wird die Spracherkennung ziemlich gut entwickelt sein. Man hat dann ein kleines Tonband da stehen, das Befehle versteht, warum noch einen Knopf drücken? Man sagt einfach: »Spiel mir die letzten fünf

Minuten von dem Band.« Es ist nicht an einen PC auf Ihrem Schreibtisch angeschlossen, um diesen Befehl auszuführen. Es ist alles eingebaut.

Tischcomputer werden ständig verbessert. Der Preis spielt hier eine wichtige Rolle. Einen neuen Kopierer kann man zum Beispiel heute für ungefähr den gleichen Preis wie früher kaufen, aber die Leistungsfähigkeit ist wesentlich verbessert. Ich bin sicher, daß Personalcomputer mit völlig neuen Aspekten auf den Markt kommen.

Portia Isaacson pflegt zu sagen, daß Roboter an Bedeutung gewinnen, weil der Computer hinter einem herlaufen kann. Eine andere Art, den Computer immer bei sich zu haben, ist ihn zu verkleinern. Warum denn erst die Mühe machen und ihm Beine unterbauen, wenn wir ihn so klein machen, daß wir ihn ständig mit uns tragen können. Es wird nicht mehr lange dauern, bis wir leistungsfähige Computer auf kleinstem Raum unterbringen können.

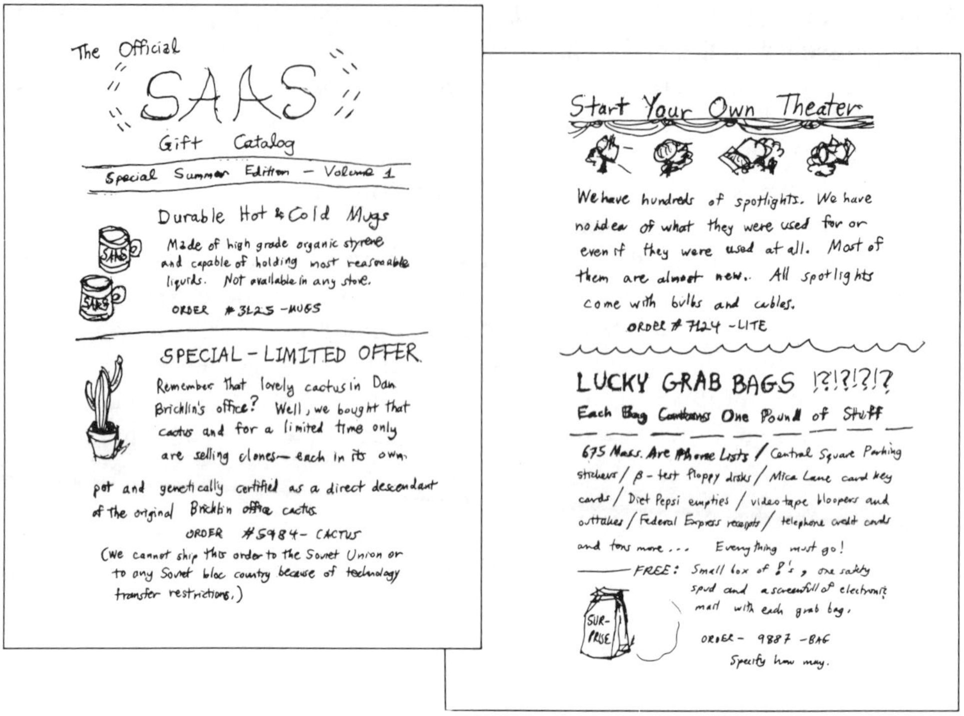

The Official
SAAS
Gift Catalog
Special Summer Edition – Volume 1

Durable Hot & Cold Mugs
Made of high grade organic styrene and capable of holding most reasonable liqurds. Not available in any store.
ORDER #3L25 -MUGS

SPECIAL - LIMITED OFFER
Remember that lovely cactus in Dan Bricklin's office? Well, we bought that cactus and for a limited time only are selling clones— each in its own pot and genetically certified as a direct descendant of the original Bricklin office cactus.
ORDER #5984- CACTUS
(We cannot ship this order to the Soviet Union or to any Soviet bloc country because of technology transfer restrictions.)

Start Your Own Theater
We have hundreds of spotlights. We have no idea of what they were used for or even if they were used at all. Most of them are almost new.. All spotlights come with bulbs and cables.
ORDER # 7124 -LITE

LUCKY GRAB BAGS !?!?!?!?
Each Bag Contains One Pound of Stuff
675 Mass. Ave Phone Lists / Central Square Parking stickers / β - test floppy disks / Mica Lane card key cards / Diet Pepsi empties / videotape bloopers and outtakes / Federal Express receipts / telephone credit cards and tons more . . . Everything must go!
FREE: Small box of ?'s, one salty spud and a screenfull of electronic mail with each grab bag.
SUR-PRISE
ORDER - 9887 -BAG
Specify how many.

Seiten aus einem »Geschenkartikelkatalog« von einem Mitarbeiter von Software Arts für eine Auktion, die die Firma anläßlich der Geschäftsauflösung veranstaltete.

Bob Frankston

Der 36jährige Bob Frankston programmiert seit über zwanzig Jahren. Seine Jugend verbrachte er in Brooklyn, New York. Bereits seit frühester Kindheit interessierte er sich für Elektronik und Computer. Später konnte er sich diesen Interessen am MIT (Massachusetts Institute of Technology) intensiv widmen und erwarb dort 1970 zwei erste Staatsdiplome und zwar in Mathematik sowie in Elektrotechnik und Informatik. 1974 legte er das zweite Staatsexamen am MIT als Ingenieur und Informatiker ab. Während seiner Studienzeit lernte er Dan Bricklin kennen und die beiden wurden Freunde.

Als Bricklin während seiner Studienzeit an der Harvard Business School die Idee für eine elektronische Tabellenkalkulation hatte, war es Frankston, der eine funktionsfähige Version des Programms erarbeitete. Frankston arbeitete nachts an dieser Sache oder wann immer er es zeitlich ermöglichen konnte. Er saß in seiner Dachstube und entwickelte ein Programm aus Bricklins Prototyp. Beide gründeten gemeinsam Software Arts und arbeiteten zusammen, bis sie ihr Produkt VisiCalc 1979 fertiggestellt hatten. Im Frühjahr 1985, nachdem Software Arts nach langem Rechtsstreit mit VisiCorp (ehemals Personal Software, später Paladin) aufgelöst wurde, ging Frankston zur Lotus Development Corporation als leitender Wissenschaftler des Informationsdienstes.

Das neue Bürogebäude von Lotus befindet sich in der Cambridge Street gegenüber von Boston am anderen Ufer des Charles. Bei meinem Besuch regnete es in Strömen und das kürzlich fertiggestellte Glasdach über der großzügig gebauten dreigeschossigen Halle war an mehreren Stellen undicht.

Ein kleiner Mann mit herabhängendem braunem Haar, dunkelumrandeter Brille mit einem Schirm unter dem Arm betrat die Halle. Es war Frankston. Außer Atem und triefend naß kam er auf mich zu und gab mir die Hand. Wir fuhren mit dem Lift zu seinem neuen Büro, das er allerdings noch nicht bezogen hatte. Wir gingen durch einen großen offenen Raum, der in kleine Sektionen unterteilt war. Mir fielen die vielen noch leeren Büros auf und ich fragte mich, ob es mehr Büros als Angestellte gab, oder ob sie lediglich noch nicht bezogen waren.

Frankstons geräumiges Büro war ein Eckzimmer mit Blick auf den Fluß. Die Einrichtung bestand aus zwei großen Holzschreibtischen und einem runden Tisch, aber es waren keine Stühle da, so daß Frankston zwei aus dem anliegenden Konferenzraum holte. Er eilte dann nochmals hinaus und kam mit zwei Tassen Kaffee wieder. Er setzte sich und holte eine zerdrückte Papiertüte aus seiner Tasche, aus der er ein frisches Gebäckstück hervorzauberte, das er mit mir teilte, ehe wir mit dem Interview begannen.

Die Art, wie er redete und sich bewegte, ließ darauf schließen, daß er ein rastloser Zeitgenosse ist. Er ist ein schneller und scharfer Redner, seine Gedanken sprudeln nur so aus ihm heraus. Trotz seiner fast verkniffenen Art, seiner Schlagfertigkeit und Lebendigkeit wirkt Bob Frankston ungeheuer ernsthaft. Er betrachtet sich als Schöpfer in technischer Hinsicht, aber er kam mir wie ein Schulmeister vor, der stets darauf bedacht ist, seinem Gegenüber alles genauestens zu erklären. Während unseres Gesprächs bombardierte er mich mit genauso vielen Fragen wie ich ihn.

INTERVIEWER: Wie kamen Sie ins Softwaregeschäft?

FRANKSTON: Bereits vor dem ersten Diplom, im Jahr 1963, nahm ich an einem Einführungskurs für den IBM 1620 teil. Dieser Kurs brachte mir in kreativer Hinsicht sehr viel. Ich hatte das Gefühl, etwas davon zu verstehen, und ich war von den vielfältigen Möglichkeiten des Programmierens angetan.

INTERVIEWER: Ist Programmieren eine Kunst, eine Wissenschaft, ein Werkzeug oder ein Gewerbe?

FRANKSTON: Alles zusammen. Als wir die Firma gründeten, um VisiCalc zu entwickeln, nannten wir sie Software Arts. Die Frage sollte eher lauten: »Was ist Kunst im Vergleich zur Technik?«

INTERVIEWER: Wie würden Sie den Unterschied definieren?

FRANKSTON: Der Unterschied ist gar nicht so groß. In der Technik kann man leicht erkennen, wenn man einen Fehler macht, weil etwas zusammenbricht. Doch gute Technik ist guter Kunst sehr ähnlich. Inwieweit kann man sie verstehen? Wie kann sie beibehalten werden? Ist sie einfach? Ist sie unnötig kompliziert? Wie verständlich ist sie? In diesem Sinn sind Kunst und Technik ähnlich. In der Kunst als solcher gibt es weniger Funktionstests, also hat man es einfacher. Technik ist praxisbezogener, weil man etwas schaffen muß, das »funktioniert«. Aber funktioniert es nur einmal und fällt dann auseinander? Können beseitigte Fehler neue Fehler hervorrufen? Je besser der Techniker, desto ästhetischer und künstlerischer die Maschine, desto größer die Chancen, daß sie funktioniert.

INTERVIEWER: Wann ist ein Computerprogramm am ästhetischsten?

FRANKSTON: Da gibt es nicht nur einen Test, das ist eine Kombination von Elementen. Ist das Programm verständlich? Ist es elegant? Zeigt es grundlegendes Verständnis und bis ins Einzelne durchdachte Ideen und besteht es nicht nur aus zusammengefügten Teilen? Ist es leicht zu modifizieren, leicht zu entwickeln, leicht zu ändern?

INTERVIEWER: VisiCalc und Software Arts waren Ihr erster Erfolg. Wie entstanden das Programm und die Firma?

FRANKSTON: Dan Bricklin und ich schrieben VisiCalc und waren der Meinung, es sei besser, das Copyright durch die Gründung einer Firma zu schützen und nicht durch eine Partnerschaft. Ich weiß noch, wie wir in einem Restaurant saßen, das ich scherzhaft »Kentucky Fried Fish« nannte, als wir auf den Namen Software Arts kamen. Das Büro von Software Arts war im Dachgeschoß meines Apartments. Dan ging tagsüber zur Uni, also programmierte ich und er machte das Design und übte Kritik.

INTERVIEWER: Wieso setzten Sie und Dan Bricklin auf VisiCalc? Vor Ihnen hatte so etwas bislang keiner getan.

FRANKSTON: Nun, wir hatten das nötige Hintergrundwissen. Dan hatte bei der Digital Equipment Corporation gearbeitet; er entwarf die DEC-Textverarbeitung, die noch heute unter dem Namen DecMate II verkauft wird, also war er Bildschirmschnittstellen gewöhnt. Die ursprüngliche Idee beinhaltete einen Fernsehbildschirm und einen Taschenrechner, mit dem man durch Fernbedienung bestimmte Stellen auf dem Bildschirm anfahren konnte.

INTERVIEWER: *Wie lange dauerte die Entwicklung von der Fernseheridee bis zum endgültigen Produkt?*

FRANKSTON: Mehrere Monate. Das Programmieren selbst bis zur ersten Demo nahm etwa vier Wochen in Anspruch, dann noch etwa zehn Monate, bis wir das Produkt auslieferten. Aber diese Zeit ging nicht etwa nur für das Programmieren drauf, in dieser Zeit gründeten wir auch die Firma.

»Ideen verschwinden nicht einfach. Sie verändern sich in der Form und vermischen sich mit anderen Ideen.«

INTERVIEWER: *Waren Sie an der Reaktion der Presse auf das VisiCalc-Programm überrascht?*

FRANKSTON: Also, so schnell kam der Erfolg auch nicht, es dauerte zwei Jahre. Wir waren der Meinung, daß die Leute ganz schön lange brauchten, um schließlich zu begreifen, was VisiCalc überhaupt war. Noch heute haben einige es nicht verstanden. Sie betrachten es zum Beispiel immer noch nicht als eine Programmiersprache, sie begreifen diesen Aspekt nicht.

INTERVIEWER: *Wußten Sie schon damals, als Sie VisiCalc entwickelten, daß es ein bedeutender Durchbruch werden würde?*

FRANKSTON: Nein, wir wußten, daß es ein gutes Programm mit vielen Anwendungsmöglichkeiten war; auf alle Fälle war es besser, als in einer Firma angestellt zu sein. Vor allem hat es Spaß gemacht, etwas zu entwickeln, das andere benutzen würden, wie die Entwicklung einer neuen Maschine. Wenn die Leute das Produkt erst einmal verwenden würden, bezog sich das Interesse nicht mehr ausschließlich auf das Programmieren, sondern auch auf die Ästhetik und die Anwendungsmöglichkeiten. Wir gingen davon aus, daß Computer nützlich sind – warum sollten wir diesen Vorteil nicht nutzen?

INTERVIEWER: *Wird es Ihrer Meinung nach immer Variationen von Tabellenkalkulationen, Textverarbeitungen und anderen Anwendungsprogrammen geben?*

FRANKSTON: Selbstverständlich. Es wird immer Variationen von allen geben. Die Menschheit schreibt noch immer in Hieroglyphen. Ideen verschwinden nicht einfach. Sie verändern sich in der Form und vermischen sich mit anderen Ideen.

INTERVIEWER: Treffen Sie sich noch mit Dan Bricklin?

FRANKSTON: Ja. Er wohnt gar nicht weit von mir. Ich treffe mich oft mit den alten Kollegen. Dan zog es vor, sich allein in ein Büro zu setzen und mit niedrigen laufenden Kosten zu programmieren. Ich dagegen brauche für meine Entwicklungen größere Ressourcen.

»Jeder, der mit einem Telefon umgehen kann, kann auch programmieren.«

INTERVIEWER: Werden Computer in der Zukunft den gleichen Zweck erfüllen wie heute?

FRANKSTON: Nein. Im Grunde glaube ich, daß sie verschwinden werden. Computer werden Intelligenzvermittler oder Haushaltsgeräte werden. Personalcomputer werden nach und nach von der Bildfläche verschwinden. Es wird ein allmählicher Wandel vor sich gehen. Eine Zeitlang wird ein Großteil der Arbeit auf Personalcomputer ausgerichtet sein, aber das ist nicht das Ende der Entwicklung. Heute kann sowieso niemand sagen, wie die eigentliche Rechnertätigkeit abläuft. Und wer will schon diese große Kiste auf seinem Schreibtisch stehen haben?

INTERVIEWER: Was passiert mit der Software, wenn die Computer durch diese Änderungen einfacher in der Anwendung werden?

FRANKSTON: Es wird immer mehr Software gebraucht werden, aber ganz besonders müssen die Programme einfacher zu schreiben sein, wodurch die meisten Programmierer überflüssig werden. Auch Nicht-Programmierer können dann programmieren. VisiCalc als Programmiersprache ist dafür ein Beispiel. Jeder, der mit einem Telefon umgehen kann, kann auch programmieren.

INTERVIEWER: Ja gut, aber der größte Teil des Programmierens wird von einer relativ kleinen Gruppe von Spezialisten gemacht. Wie wird man ein großer Programmierer im Vergleich zu den zahlreichen Anwendern?

FRANKSTON: Wie wird man auf irgendeinem Gebiet besonders gut? Wie wird man ein guter Autor? Ein hervorragender Programmierer wird man durch das Zusammenspiel zweier Faktoren: Eine flexible Einstellung und etwas Grips im Kopf. Diese Kombination ist zwar selten, aber es gibt sie.

Vieles beim Programmieren ist erlernbar. Einem guten Programmierer muß das Programmieren Freude machen, und er muß sich dafür interessieren, dann versucht er, mehr dazuzulernen. Ein guter Programmierer muß Sinn für Ästhetik verbunden mit einem Schuldkomplex haben und muß klar erkennen können, wann die Ästhetik verletzt werden darf. Durch den Schuldkomplex macht er sich intensiver daran das Programm zu verbessern und es ästhetischer werden zu lassen.

»Wenn man sein eigenes Programm selbst nicht versteht, kann es der Computer noch viel weniger.«

INTERVIEWER: Wenn Sie das Programmieren mit einer der Künste vergleichen, würden Sie es mit Schriftstellerei, Bildhauerei, Malerei oder Musik vergleichen?

FRANKSTON: In der Musik, wie in verschiedenen anderen Künsten, müssen wir uns innerhalb gewisser Regeln bewegen, aber in gewisser Hinsicht gehen wir auch darüber hinaus. In der Musik gibt es eine Vielzahl von Regeln, und man muß ganz sicher sein, wann man sich über die Regeln hinwegsetzen kann und wann nicht, genau wie beim Programmieren.

Den Schriftstellern kann man beibringen, wie sie ein Konzept ausarbeiten, wenn ihnen das beim Aufbau dienlich ist. Beim Programmieren gibt es viele Organisationstechniken, die erlernbar sind. Dem Bildhauer ist es dienlich, wenn er die Schwerkraft kennt oder wenigstens ein Gespür dafür hat, denn sonst könnte jemand verletzt werden, wenn das Kunstwerk umkippt.

In der Kunst fragt man sich auch, wie das eigene Werk wohl vom Publikum aufgenommen wird. Man versucht, einen bestimmten Eindruck zu übermitteln. Künstler sehen die Dinge aus verschiedenen Perspektiven wie auch viele Programmierer. Bei der Kommunikation, sei es in der Schriftstellerei oder beim Programmieren, muß das, was man sagen will, auch verständlich sein. Wenn man sein eigenes Programm selbst nicht versteht, kann es der Computer noch viel weniger.

INTERVIEWER: Wieviel Wissenschaft steckt in der Informatik?

FRANKSTON: Das Wort Wissenschaft halte ich für übertrieben. Ich würde die Informatik als Software-Technik oder computerorientierte Technik oder Informationstechnik bezeichnen. Ich bezeichne die Dinge lieber als Technik, weil dieser Begriff übergreifender ist. Aber ganz gewiß spielen wissenschaftliche Aspekte eine Rolle beim Programmieren.

Ich betrachte Informatik als einen eingrenzenden Begriff. Ein Großteil der Wissenschaft ist das Verständnis der Komplexität der Interaktionen. Wenn ich das Programmieren als solches betrachte, scheint es eine technische Disziplin zu sein.

INTERVIEWER: Welche Strategien verfolgen Sie beim Programmieren?

FRANKSTON: Es ist wichtig, sich das Ziel für ein Projekt zu verdeutlichen. Dann denke ich eine Weile über meine Ideen nach und entwickle einen Rahmen, von dem aus ich weiterarbeite. Dann baue ich ein Arbeitsgerüst, das mir sofort einen Überblick gibt und das mir außerdem die Möglichkeit gibt, meine Ideen zu testen und gegebenenfalls neu aufzubauen. Man könnte durchaus sagen, daß das Programm organisch ist; ich lasse es wachsen. Schließlich erreicht das Projekt die Phase, in der alle Prinzipien feststehen, und dann muß ich mich um jede kleine Einzelheit kümmern, damit es ausgeliefert werden kann.

INTERVIEWER: Fällt Ihnen das Programmieren heute leichter als vor zwanzig Jahren, als Sie damit anfingen?

FRANKSTON: Ich glaube schon, aber ich versuche auch, komplexere Dinge zu machen. Mit modernen Computern kann man sehr viel mehr machen als mit den alten. Ich betrachte mich als Student mit dem Notendurchschnitt zwei. Das ist unabhängig vom Fach. Wenn ich mich dafür interessiere, bekomme ich eine eins; wenn nicht, eine zwei. Das liegt an mir und hat nichts mit der Schwierigkeit des Unterrichtsfachs zu tun. Im übertragenen Sinn versuche ich beim Programmieren soviel wie möglich mit den mir zur Verfügung stehenden Werkzeugen zu machen.

INTERVIEWER: Wenn Sie programmieren, haben Sie dann an einem gewissen Punkt das komplette Programm im Kopf?

FRANKSTON: Normalerweise habe ich das Gesamtkonzept im Kopf. An gewissen Punkten angekommen, habe ich mehr oder weniger den Zusammenhang im Kopf. Es überwiegen die Zeiten, in denen ich daran herumbastele, hier und da etwas hinzufüge.

INTERVIEWER: Schreiben Sie viele Kommentare in Ihre Programme?

FRANKSTON: Das hängt davon ab, wie klar mir der Code vorkommt. Je höher die Programmiersprache, desto weniger Kommentare schreibe ich. Ich bemühe mich, lesbare Programme zu entwickeln und zu schreiben. Ich verwende nur die Sprachteile, die Sinn machen, und füge Kommentare hinzu, wenn ich der Meinung bin, daß das was ich tue, nicht ganz deutlich ist.

Mir ist schon gesagt worden, daß meine Programme leicht verständlich sind, und das ist auch mein Bestreben. Außerdem schreibe ich so, daß ich meine Programme nehmen und Änderungen einfügen kann, ohne mir über die Folgen den Kopf zu zerbrechen. Die Kommentare sollen vorwiegend vor Überraschungen schützen.

INTERVIEWER: Woher stammen die Ideen für Ihre Programme?

FRANKSTON: Von den Projekten, die ich machen will. Dabei richte ich mich danach, was andere nützlich finden; ich muß mit anderen Leuten reden, ich kann nicht in einem Vakuum arbeiten. Ich ziehe es vor, mit anderen zusammenzuarbeiten, um Werkzeuge zu schaffen, die nutzbringend sind. Ich benutze den Computer, um Ideen so auszudrücken wie sie meiner Meinung nach sein sollten.

INTERVIEWER: An welchen Projekten arbeiten Sie augenblicklich?

FRANKSTON: An einer Kombination aus Werkzeugen und Produkten. Ich gehe neue Wege. Es ist mehr als nur Programmieren oder Produkte auf den alten Problemgebieten zu schaffen.

INTERVIEWER: Welches ist für Sie der schwierigste Teil beim Programmieren?

FRANKSTON: Da gibt es die unterschiedlichsten Aspekte. Im allgemeinen versuche ich, die richtige Perspektive oder Richtung zu finden, das ist nicht nur beim Programmieren so. In der Schriftstellerei ist das ähnlich; wo liegt die richtige Erklärung? Welches ist die falsche Position? Halte ich mich zu sehr mit den Einzelheiten auf? Der schwierigste Teil des Programmierens ist, das Produkt auslieferungsbereit zu bekommen, es lauffähig zu machen und die Auflagen zu erfüllen.

INTERVIEWER: Ist es ein großer Unterschied, wenn viele Programmierer gemeinsam an einem Projekt arbeiten? Wo liegt die Dynamik?

FRANKSTON: Haben Sie jemals versucht, einen Artikel mit zehn Journalisten zu schreiben? Es ist die Dynamik, die normalerweise jedes Projekt hat. Das Problem ist nur, daß man bei einem großen Projekt mit einer Reihe anderer Leute zusammenarbeiten muß und sie umsichtig anweist und führt. Man muß das Endergebnis immer im Auge behalten und darf vor allem niemals sagen: »Das ist schlecht, daß muß so und so gemacht werden.« Wenn man so etwas zu oft sagt, verdirbt es die Atmosphäre.

INTERVIEWER: Welchen Rat würden Sie jungen Programmierern geben?

FRANKSTON: Ihr dürft nicht annehmen, daß ihr schon alles wißt. Versucht zu lernen und nehmt nicht alles Gegebene fraglos hin. Habt Selbstvertrauen, aber bleibt bescheiden und denkt immer daran, daß ihr etwas falsch macht. Erhaltet euch ein Schuldgefühl – nicht zuviel, denn sonst habt ihr

Angst davor überhaupt etwas anzufangen – aber soviel, daß ihr Sinn für Ästhetik behaltet. Versucht ein tiefes Verständnis zu erlangen. Verfallt nicht der Annahme, daß es nichts mehr zu verstehen gibt, bloß weil ihr einmal etwas zum Funktionieren gebracht habt.

Eines der heutigen Probleme mit den Computern ist, daß man etwas mit BASIC zum Funktionieren kriegt und daß man dann annimmt, man versteht es, obwohl man eigentlich erst angefangen hat. Beim Programmieren basiert das Verständnis auf der Psychologie und auf dem Verhältnis der Leute zu ihrer Umwelt. Letztendlich ist das was man tut der Versuch zu verstehen, wie Prozesse im allgemeinen funktionieren. Das Programm ist nur ein kleiner Teil. Aber man muß neugierig sein. Man kann auch mit weniger programmieren, aber ideal ist es, wenn man neugierig ist und durch neue Wege Verständnis erlangt.

INTERVIEWER: Was halten Sie von der künstlichen Intelligenz?

FRANKSTON: Das Problem ist, daß die Bezeichnung »KI« heute überbetont wird. Wenn man weiß, um was es sich handelt, dann geht man mit dem Wort Intelligenz etwas vorsichtiger um. Viele kommerzielle Expertensysteme sind lediglich Entscheidungstabellen, die zu groß sind, um einfach gelöst zu werden. Es ist da ganz und gar nichts Geheimnisvolles daran. Für mich ist die KI für erkennendes Verständnis und allgemeines Denken interessanter.

Ich bin von der KI begeistert, wenn damit versucht wird, schwierige Probleme anzugehen. Von der menschlichen Intelligenz können wir viel lernen, denn sie schafft es, wahre Meisterwerke auf einem mittelmäßigen Rechner zu vollbringen. Bei unseren Bemühungen, diese Intelligenz zu verstehen, entwickeln wir Prinzipien, mit dieser Komplexität fertig zu werden. Es ist durchaus fair zu sagen, daß viele der Errungenschaften in der Informatik durch die Suche nach der künstlichen Intelligenz erreicht wurden.

INTERVIEWER: Was halten Sie vom IBM PC?

FRANKSTON: Recht nett. Davon wurden eine Menge verkauft. Vielleicht hat das mit dem Älterwerden zu tun, aber ich programmiere lieber auf etwas, von dem es viel gibt, etwas worauf ich Einfluß habe. Der jetzige IBM hat seine Grenzen. Die Frage ist, wie clever sind wir, sie zu umgehen und sie darüber hinaus weiterzuentwickeln. Unsere Aufgabe, und das ist die Herausforderung und das Schöne, ist es, Ziele auf großer Ebene zu erreichen. Dem Programmieren stehen alle Wege offen.

```
/*
Cubic spline fitting - Ellis-McLain Method
Jonathan Sachs
22-Oct-85

This method generates a single-valued function from an ordered set of x,y data.
It produces the best results when used on smooth functions since it reduces
discontinuities in the second derivative.

The findgrad procedure is called first to determine slopes at each data
point. This step may be omitted if slopes are already given for each data
point. Next the coeff procedure is called for each interval to generate the
coefficients of the cubic polynomial that fits the data in that interval.

Reference:

Ellis, T.M.R. and McLain, D.H. (1977) "Algorithm 514 - A new method of cubic
curve fitting using local data". ACM Transactions on Mathematical Software,
Volume 3, pages 175-178.
*/

/*  find gradient at each data point

    findgrad(x,y,grad,n)

    x        n-vector of x coordinates of data points
             values must be in increasing order with no two equal

    y        n-vector of y coordinates of data points

    grad returned n-vector

    n        number of data points (must be at least 4)

*/

findgrad(x,y,grad,n)
double x[];
double y[];
double grad[];
int n;
{
    int i,iless2,iless1,iplus1,iplus2;
    double x0,x1,x2,x3,x4,y2;
    double prod1,prod2,num,denom,g;
    double coeff2,xdiff,xprod,weight;
```

Sachs schrieb dieses kurze Programm, das eine einwertige Funktion aus einer geordneten Menge von X-Y-Daten generiert. Siehe auch das komplette Programmlisting im Anhang.

Jonathan Sachs

Jonathan Sachs wurde 1947 geboren und wuchs an der Ostküste, in Neu-England auf. Sein Staatsexamen in Mathematik machte er am MIT. Sachs verbrachte insgesamt vierzehn Jahre sowohl mit seinem Studium als auch mit seiner Arbeit am MIT. Die Erfahrung, die er dort als Programmierer gesammelt hat, umfaßt mehrere Gebiete: Er arbeitete für das Raumforschungszentrum, für die Gruppe die mit Informationserkennung zu tun hatte und für das biomedizinische Technikzentrum. Sachs entwickelte in der Zeit, als er für das biomedizinische Technikzentrum arbeitete die Programmiersprache STOIC.

Mitte der Siebziger Jahre verließ Sachs das MIT und arbeitete bei Data General, wo er die Entwicklung eines Betriebssystems leitete. Dann war er Mitbegründer der Firma Concentric Data Systems, die für ihre Datenbankprodukte bekannt ist. Jonathan Sachs war es, der die unglaublich erfolgreiche Tabellenkalkulation Lotus 1-2-3 geschrieben hat. 1981 schloß er sich mit Mitch Kapor zusammen, um seine Tabellenkalkulation zu entwickeln und auf den Markt zu bringen, und im April 1982 wurde die Lotus Development Corporation gegründet, die damals acht Mitarbeiter zählte. Am 26. Januar 1983 begann Lotus mit der Auslieferung von 1-2-3 für den IBM Personalcomputer.

Bereits am 26. April desselben Jahres hatte 1-2-3 die Spitze der Softsel-Bestsellerliste zum ersten Mal erreicht und ist seit dieser Zeit immer ganz oben geblieben. Es war das erste Programm, das VisiCalc verdrängte. 1984 ging Sachs von Lotus weg und gründete seine eigene Firma.

Bei strömendem Herbstregen machte ich mich auf den Weg zum westlichen Zipfel von Cambridge, wo Jonathan Sachs sich mit mir treffen wollte. Nach einigem Umherirren durch den mir beschriebenen Bürokomplex stand ich nun vor einer Tür, auf deren Schild lediglich »Jonathan Sachs and Associates« zu lesen war. Ich hatte etwas Großartigeres erwartet.

Ich klopfte an und betrat ein Großraumbüro. Im Hintergrund hörte man Jazzmusik. An den einfarbig weiß gehaltenen Wänden hingen einige Drucke von Ansel Adams. Ein großer, graumelierter Herr in Wollpullover und Cordjeans stand von seinem Computerterminal auf, um mich mit sanfter Stimme zu begrüßen. Es war Jonathan Sachs, der Mann, der Lotus 1-2-3 entwickelte. Während Jonathan seinen IBM AT abschaltete und sich auf seinem Stuhl herumdrehte, um sich mit mir zu unterhalten, nahm ich auf einem Ledersessel Platz.

INTERVIEWER: Haben Sie mit dem Programmieren begonnen, als Sie auf der Universität waren?

SACHS: Ja, 1964, als ich im ersten Jahr am MIT studierte, belegte ich einen Grundkurs im Programmieren. Später jobbte ich etliche Male in den Ferien und schrieb Programme – einen Sommer arbeitete ich bei Woods Hole, ein anderes Mal am Jet Propulsion Lab. Im letzten Jahr unterbrach ich das Studium, um Geld zu verdienen, und arbeitete als Programmierer. Das Programmieren war meine einzige Begabung, die sich verkaufen ließ, aber meine Begeisterung war damals noch nicht überwältigend.

INTERVIEWER: Warum nicht?

SACHS: Ursprünglich handelte es sich bei meiner Arbeit um Batchprogrammierung in Fortran. Ich habe nichts gegen Fortran, aber pro Tag nur ein paar Versuche zu haben, um ein Programm laufen zu lassen, das ist ganz schön frustrierend.

Als ich in meinem letzten Jahr an der Universität das Studium unterbrach, analysierte ich am MIT Raumforschungszentrum Satellitendaten. Später ging ich nach San Francisco, wo ich nach dreimonatiger Suche immer noch keinen Job gefunden hatte, so daß ich wieder zurückkam, um mein Staatsexamen zu machen.

Gleich am ersten Tag nach meiner Rückkehr bekam ich beim MIT einen interessanten Teilzeitjob bei der Gruppe für Informationserkennung. Man entwickelte dort gerade eine Lesemaschine für Blinde. Ich arbeitete an einem PDP-9-Minicomputer und half bei der Entwicklung der Zeichenerkennung mit, bei der ein Scanner die Seite liest.

Zu diesem Zeitpunkt begann ich wirklich, mich für das Programmieren zu interessieren. Es war mein erster Programmierauftrag, bei dem ich mich hinsetzen und tatsächlich direkt mit dem Rechner eine Unterhaltung führen konnte. Es ist aufregend, einen Rechner dazu zu bringen, daß er so antwortet, wie man es gern hätte. Das Ganze war irgendwie elektrisierend. Ich erinnere mich noch ganz genau daran.

INTERVIEWER: Warum beschlossen Sie, zum MIT zurückzugehen und das Staatsexamen zu machen?

SACHS: Für Berufsanfänger war es sehr schwer, ohne Diplom eine Stelle zu bekommen. Und das MIT war für mich eine sichere Sache, ich kannte es ja schon von früher her.

Nachdem ich mein Diplom hatte, ging ich zum Raumforschungszentrum zurück. Man plante dort den Bau eines Röntgensatelliten und brauchte jemanden zur Entwicklung eines Minicomputers zur Analyse der per Telefon übermittelten Daten. Ich leitete die Entwicklung des Rechners und zog die gesamte Systemprogrammierung durch. Mehrere Examensstudenten schrieben einen Teil der Analyseprogramme, während ich an anderen Programmen arbeitete.

Nachdem der Satellit gestartet worden war (ein großer Erfolg), bekam ich keine Computerzeit mehr, so daß ich dort wegging und für das biomedizinische Zentrum des MIT arbeitete. Dort war man gerade dabei, medizinische Instrumente für den 8080-Chip zu entwickeln. Man benötigte jemanden zur Entwicklung einer Programmiersprache. So kam es, daß ich die Sprache mit der Bezeichnung STOIC, eine Variante von FORTH, schrieb.

INTERVIEWER: Warum wählten Sie den Namen STOIC?

SACHS: STOIC steht für Stack-Oriented Interactive Compiler. Ich kam auf diesen Namen, indem ich alle möglichen Anfangsbuchstaben auf eine Tafel schrieb, um das beste Kurzwort zu finden. STOIC gibt es immer noch. Sie ist Gemeingut, und hier und da sehe ich etwas, was mit dieser Sprache zu tun hat. Ich glaube tatsächlich, daß Epson STOIC für die Softwareentwicklung benutzt hat.

Jedenfalls beschloß ich nach insgesamt vierzehn Jahren beim MIT, wegzugehen. Ich wollte in das Management, also trat ich eine Stelle bei Data General als Leiter der Entwicklung eines Betriebssystems an. Ich war ungefähr zweieinhalb Jahre dort. Durch diesen Job merkte ich, daß mir das Management eigentlich gar keinen Spaß macht, und daß ich niemals mehr ein Betriebssystem entwickeln will. Jetzt habe ich viel mehr Verständnis für die Leute, über die ich mich früher beschwerte.

INTERVIEWER: Entwickelten Sie das Betriebssystem selbst oder leiteten Sie ein Team von Programmierern?

SACHS: Zeitweise bestand das Team aus acht Leuten. Etwas später verließ ich Data General; der Mann, für den ich arbeitete, John Henderson, ging auch weg, und später gründeten wir beide zusammen eine kleine Beratungsfirma mit dem Namen Concentric Data Systems. Wir schlugen uns mit Auftragsprogrammierung durch und schrieben auch eine Tabellenkalkulation für Data General-Hardware. Aber es wurde uns bald klar, daß wir mit der Tabellenkalkulation nichts verdienen konnten, obwohl wir es für eine gute Idee hielten, als wir es schrieben.

Diese Erfahrung wirkte sich negativ auf meine Beziehung zu Henderson aus – er machte die Auftragsarbeit, die das Geld einbrachte, und ich machte die Produktarbeit, die kein Geld einbrachte. Eines unserer Probleme war, daß es nicht gut gehen kann, wenn zwei Techniker gemeinsam eine Firma betreiben. Wir hielten uns mit technischen Streitfragen auf, anstatt uns um das Marketing zu kümmern. Also trennten wir uns, und ich erhielt die Rechte, auf der Basis der alten Tabellenkalkulation ein neues aufzubauen.

Ich ging mit der Tabellenkalkulation zu Mitch Kapor, der erfolgreich im Marketing tätig war. Er hatte die Programme VisiPlot und VisiTrend für Personalcomputer verkauft und erhielt Lizenzgebühren. Er wußte was zu tun war, und ich wußte wie. Unsere Geschäftsbeziehung funktionierte recht gut.

INTERVIEWER: Hatten Sie erst zu diesem Zeitpunkt die Idee dazu, oder war das Programm schon fertig?

SACHS: Das Programm war bereits fertig und innerhalb eines Monats hatte ich es auf C konvertiert. Von da an begann die Entwicklungsphase, Schritt für Schritt. Es war tatsächlich so, daß die ursprüngliche Idee ganz anders war, als das, was bei der endgültigen Version von 1-2-3 herauskam.

INTERVIEWER: Wie sah Ihre ursprüngliche Idee für das Programm aus?

SACHS: Ich wollte mehr Programmiersprache hineinbringen. Aber es wurde uns bald klar, daß der Markt hierfür nicht annähernd so groß war wie der für die Tabellenkalkulation als solche. Später fügten wir die Makrosprache hinzu, so daß doch ein Teil der Idee von der Programmiersprache wieder einfloß.

Lotus 1-2-3 sollte ursprünglich Tabellenkalkulation, Grafik und Textverarbeitung beinhalten. Irgendwann im Verlauf unserer Arbeit sahen wir den

Prototyp des Programms Context MBA. Der Textverarbeitungsteil dieses Programms beeinträchtigte das gesamte Programm. Daher kam ich zu der Ansicht, daß ein Versuch in Richtung Datenbank besser sei als die Textverarbeitung. Außerdem wäre ein Datenbankprogramm wesentlich einfacher.

Alle diese Entscheidungen erwecken den Anschein, als wären sie das Ergebnis sorgfältiger Marktforschung gewesen, aber das ist nicht der Fall. Die Methodik, nach der wir 1-2-3 entwickelten, hatte eine Menge mit dem Erfolg des Produkts zu tun. 1-2-3 begann zum Beispiel als funktionsfähiges Programm, und das blieb es auch über die ganze Entwicklungsphase hinweg. Zu jener Zeit arbeitete ich hauptsächlich ganz für mich allein. Ich hatte ein Büro in Hopkinton, wo ich damals lebte, und ich kam etwa einmal in der Woche ins Büro und brachte eine neue Version mit. Auftretende Störungen beseitigte ich sofort in der nächsten Version. Auch bei Lotus wurde ständig mit dem Programm gearbeitet.

Das war das genaue Gegenteil der Standardmethode, ein großes Programm zu entwickeln, nämlich indem eine Menge Zeit darauf verwendet wird, eine Spezifikation zu schreiben, eine modulare Trennung vorzunehmen, je einen Teil davon einer Arbeitsgruppe zu übergeben und hinterher alle fertigen Teile zusammenzubauen. Der Nachteil dieser Methode ist, daß man erst ganz zum Schluß ein funktionsfähiges Programm hat. Wenn man genau weiß, was man will, ist die Methode in Ordnung. Aber wenn man etwas Neues macht, tauchen überall unvorhergesehene Probleme auf. Jedenfalls wußten wir, daß wir bei unserer Methode, sobald wir an einem bestimmten Punkt der Entwicklung angelangt waren, das Programm liefern könnten. Vielleicht fehlten noch einige Features, aber wir wußten, das Programm würde funktionieren.

INTERVIEWER: Welche Nachteile hat diese Entwicklungsmethode?

SACHS: Diese Methode funktioniert nur, wenn höchstens drei Personen an dem Programm arbeiten. Und es kommt auch sehr darauf an, wer diese drei Leute sind. Wenn das Projekt größer wird, kommt es zur Teamarbeit, wie das zum Beispiel bei Jazz der Fall war. Ich habe nichts gegen mehrere Teams, aber diese Methode liegt mir nicht sehr.

INTERVIEWER: Arbeiten Sie beim Programmieren noch immer nach dem gleichen System, indem Sie Schicht für Schicht aufbauen?

SACHS: Ja. So mache ich es schon immer, wenn ich allein arbeite. Ich stelle das Programm soweit auf, daß es funktionsfähig ist, und füge dann die weiteren Features hinzu.

INTERVIEWER: Hätten Sie je daran gedacht, daß 1-2-3 so erfolgreich werden würde, wie sich hinterher herausstellte?

SACHS: Mitch setzte großes Vertrauen in 1-2-3. Ich dachte mir, wenn es klappt ist es gut, und wenn nicht ist es auch kein Beinbruch, das war meine Einstellung. Ich bezog immer noch mein Gehalt. Ich hatte nicht das Gefühl, ein großes Risiko einzugehen. Ich erinnere mich noch genau, als Mitch sich um die Finanzierung bemühte, sagte er den Leuten, daß das Produkt in der Computerindustrie Aufsehen erregen würde. Offen gesagt bin ich der Meinung, daß er das nicht wirklich glaubte; er trug da doch etwas dick auf. Aber hinterher behielt er doch recht.

INTERVIEWER: Hat Sie der Erfolg von 1-2-3 aus der Fassung gebracht, oder gingen Sie ganz einfach zur Tagesordnung über und machten an etwas anderem weiter?

SACHS: Um ehrlich zu sein, es berührte mich nicht sehr. Kurz nachdem im Februar 1983 die erste Version herausgekommen war, begann ich mit der Version 1A, die Treiber zur Portierung auf andere Systeme hatte. Wir stellten noch Programmierer ein, die bei den Portierungen helfen sollten, und ein paar neue Manager, die uns viele der alltäglichen Dinge abnahmen. Ein paar von uns bezogen ein Büro in Littleton und begannen dort mit der Arbeit an Symphony.

INTERVIEWER: Wollten Sie dadurch der Hektik des Lotus-Büros entkommen?

SACHS: Ja. Ich benötige ein gewisses Maß an Ruhe, um so konzentriert programmieren zu können, wie Symphony es erforderte. Man muß ständigen Telefonaten und störenden Unterbrechungen im Büro aus dem Wege gehen. Aber ich war die ganze Sache leid, als wir halbwegs mit Symphony durch waren; ich hatte genug von Tabellenkalkulationen und ein ungutes Gefühl, was die Entwicklung von Symphony betraf. Es schien, als würde die Sache zu groß und zu kompliziert. Ich mag kleine und einfache Dinge. Aus diesem Grund ging ich wieder in das Büro von Lotus in Cambridge und arbeitete an ein paar anderen Projekten. Danach, Ende 1984, ging ich von Lotus weg und gründete meine eigene Firma.

INTERVIEWER: Was machen Sie jetzt?

SACHS: Die einzige Sache von kommerziellem Wert, mit der ich zu tun habe, ist ein Textverarbeitungssystem. Ich stellte den Prototyp in ungefähr vier Wochen auf die Beine. Ich glaubte eigentlich gar nicht, daß Lotus besonderes Interesse daran hätte, aber offensichtlich ist es so. Das Projekt begann in ziemlich kleinem Rahmen, aber mit der Zeit wurde es immer größer. Nun habe ich fast alle Entwicklungsarbeiten delegiert und agiere als Architekt für das Projekt. Ich habe auch eine private Umweltstiftung gegründet und engagiere mich für den Umweltschutz hier in Neu-England. Das erfordert einen gewissen Teil meiner Zeit. Ich beschäftige mich jetzt mehr als Hobby mit dem Computer. Jetzt mache ich sogar Urlaub.

»Die zehn Monate der Entwicklung von 1-2-3 bestanden nur aus Essen, Schlafen und Arbeiten.«

INTERVIEWER: Waren Sie ausgelaugt, oder hatten Sie ganz einfach eine Pause nötig?

SACHS: Die zehn Monate der Entwicklung von 1-2-3 bestanden nur aus Essen, Schlafen und Arbeiten. Ich mußte alles andere aufgeben, weil ich keine Zeit dafür hatte – ich bin immer noch nicht ganz darüber hinweg. Wenn man eine wichtige Position in einer großen Firma bekleidet, steht man sehr unter Druck. Man kommt einfach nicht aus der Tretmühle heraus. Ich hatte beim MIT phasenweise hart gearbeitet, einen Monat oder zwei Monate nacheinander, aber nie zehn Monate lang ununterbrochen. Das Arbeiten unter diesem Druck über viele Monate hinweg war in mancher Hinsicht selbstzerstörerisch.

INTERVIEWER: Man hat den Eindruck, daß die begrenzten Möglichkeiten bei der Lösung eines Problems und die für das Programmieren so wichtige intensive Konzentration sich auf viele Programmierer negativ auswirken.

SACHS: Na ja, es ist nicht jeder vom Temperament her dafür geeignet. Viele werden nervös oder gereizt.

INTERVIEWER: Programmieren Sie gern, oder sind Sie lieber Designer oder Architekt? Setzen Sie sich jeden Tag hin und schreiben Programme?

SACHS: Ich ziehe gern das ganze Projekt durch, Design und Implementierung. Ich behalte gern die Übersicht über alle Teile. Eigentlich bin ich kein guter Teamspieler.

INTERVIEWER: Was war das größte Problem oder das härteste Stück Arbeit beim Programmieren, als Sie Lotus 1-2-3 schrieben?

SACHS: Um Ihnen die Wahrheit zu sagen – vom technischen Standpunkt aus ist 1-2-3 ein unkompliziertes Programm. Ich mußte also nichts überarbeiten. Ich ließ Programmteile und Ideen einfließen, die ich schon früher verwendet hatte. Der einzige Aspekt, der überhaupt von technischem Interesse war, war die natürliche Neuberechnung und die Algorithmen. Das stammt nicht von mir. Irgendwann im Sommer stellten wir Rick Ross ein. Es zeigte sich, daß das Problem der Neuberechnung dem Thema seiner Doktorarbeit entsprach; es hatte mit Garbage Collection in LISP zu tun. Er nutzte seine Forschungsarbeit als Grundlage für die Neuberechnung in 1-2-3.

INTERVIEWER: Warum sind Sie kein Mathematikprofessor an einer Universität?

SACHS: Mathematik ist zu schwer. Ich komme in der Mathematik bis zu dem Punkt, an dem ich nicht mehr in der Lage bin, mir das Problem zu vergegenwärtigen. Sobald etwas abstrakt wird, komme ich nicht weiter. Aber ich kann alles tun, wovon ich mir eine konkrete Vorstellung machen kann.

INTERVIEWER: Ist es das, was Sie tun, wenn Sie Ihre Computerprogramme schreiben?

SACHS: Vielleicht. Wenn man etwas fünfzehn Jahre lang gemacht hat, nimmt man den Ablauf nur noch unbewußt wahr.

INTERVIEWER: Fällt es Ihnen heute leichter, Programme zu schreiben, als vor fünfzehn Jahren?

SACHS: Das Programmieren scheint sich in den letzten fünfzehn Jahren kaum geändert zu haben. Wenn man erst einmal ein gewisses Maß an Erfahrung gesammelt hat, geht man von der Idee zum Programm und macht sich dabei keine Gedanken über die dazwischen liegenden Schritte; der Ablauf wird automatisch.

INTERVIEWER: Wie wird man ein guter Programmierer? Heißt der Schlüssel dazu Talent oder Ausbildung?

SACHS: Es ist eine Kombination von Talent, Temperament, Motivation und harter Arbeit. Ich glaube, sehr viele Leute erwarten, innerhalb kurzer Zeit wirklich gut zu sein, aber ich kenne nur wenige Leute, die auf diese Weise Erfolg hatten. Der Erfolg kommt dadurch, daß man dieselbe Sache immer wieder macht; jedesmal lernt man etwas dazu, und jedesmal wird es etwas besser. Ich hatte sehr viel Glück durch meine vielen interessanten Jobs, die doch ein breites Spektrum zu Beginn meiner beruflichen Laufbahn abdeckten. Heutzutage ist es für Anfänger viel schwieriger, Erfahrung auf breiter Ebene zu sammeln, weil die Arbeitsstellen bereits auf Fachgebiete ausgerichtet sind. Heute besteht die Tendenz, sich sehr früh zu spezialisieren.

INTERVIEWER: Besteht für Sie persönlich ein großer Unterschied darin, ob Sie ein Programm für ein wissenschaftliches Forschungsprojekt schreiben oder eine Tabellenkalkulation?

SACHS: Ich habe festgestellt, daß sich das Programmieren an sich in jeder Hinsicht erstaunlich ähnelt. Es gibt ein paar grundsätzliche Algorithmen, und Schleifen und Bedingungen, aber am Ende läuft doch alles auf dasselbe hinaus.

INTERVIEWER: Schreiben Sie normalerweise viele Kommentare in Ihre Programme?

SACHS: Über die Jahre hinweg habe ich mich auf einen Kommentarstil eingefahren. Ich teile die meisten meiner Programme in ziemlich kleine Module auf und schreibe ausführliche Kommentare zur Beschreibung des Moduls und dessen Ein- und Ausgabe. Das ist alles, wozu ich Kommentare schreibe. Ist man dort erst einmal angelangt, besteht keine Notwendigkeit für die Beschreibung der internen Abläufe der Module. Ein anderer Programmierer muß diese durch einen Blick auf den Code herausfinden können. So kann ich fast immer Programme lesen, die ich vor langer Zeit geschrieben habe – weil die Kommentare so aufgebaut sind.

INTERVIEWER: Haben Sie eine bestimmte Routine entwickelt?

SACHS: Ich arbeite nicht übermäßig; jeden Tag ein wenig. Bei 1-2-3 arbeitete ich jeden Tag sehr viel. Im Gegensatz zum Gros der typischen Programmierer arbeite ich früh morgens am besten.

INTERVIEWER: Arbeiten Sie in Ihrem Büro oder zu Hause?

SACHS: Ich arbeite zeitweise zu Hause, aber ich kann fast überall arbeiten. Ich kann bei Lärm oder ohne Lärm arbeiten – bis zu einem bestimmten Punkt. Mich stören menschliche Stimmen unwahrscheinlich, aber alle anderen Geräusche machen mir nichts aus.

INTERVIEWER: Wenn Sie sich Programme ansehen, was erscheint Ihnen vom ästhetischen Standpunkt aus angenehm oder schön?

SACHS: Wenn man in C schreibt, ist meiner Meinung nach ordentliches Einrücken sehr wichtig, und auch die mnemonische Bezeichnung der Variablen, so daß man gleich sieht, worum es sich handelt. Programme haben etwas Einfaches und Symmetrisches, wenn sie eben richtig sind.

INTERVIEWER: Kann man auf einen Blick erkennen, daß ein Programm von Ihnen ist?

SACHS: Einige Leute könnten das schon. Ich glaube, wenn man den Stil einer Person erst einmal kennt, kann man sagen, wer das Programm geschrieben hat.

INTERVIEWER: Wie gehen Sie an ein Programm heran?

SACHS: Ich beginne zunächst mit dem Gerüst für das Basisprogramm, dem ich jederzeit etwas hinzufügen kann. Ich versuche auch, zu viele ausgefallene Features in einer Sprache oder einem Programm zu vermeiden. Als Texteditor verwende ich zum Beispiel immer eine Weiterentwicklung des Editors, den ich vor fünfzehn Jahren am MIT schrieb. Er besteht lediglich aus ein paar einfachen Befehlen; aber er enthält alles Notwendige. Er ist nun in C geschrieben, also kann ich ihn für jeden neuen Rechner benutzen. Ich verwende nicht gern Tools oder Programme, die ich nicht selbst geschrieben habe, oder über die ich keine Kontrolle habe. Deshalb kann ich auch Änderungen vornehmen, wenn mir ein Teil nicht gefällt. Ich versuche grundsätzlich, die Programme einfach zu gestalten.

»Ich verwende nicht gern Tools oder Programme, die ich nicht selbst geschrieben habe, oder über die ich keine Kontrolle habe.«

Einige Leute verstehen sich wirklich gut auf die Optimierung jeder einzelnen Anweisung. Sie können ein kleines Modul wirklich kurz programmieren. Der andere Extremfall ist der, daß die Programmierer nur an den Algorithmus und die Implementierung als solche denken. Ich bewege mich irgendwo in der Mitte. Kurzen Code zu schreiben, liegt mir nicht. Ich weiß aus jahrelanger Erfahrung, daß man bei dieser Arbeitsweise im Falle einer Änderung das ganze Programm entwirren und neu schreiben muß. Aber wenn man sich etwas zurückhält und nur die Stellen kurz faßt, wo es darauf ankommt, ist es viel leichter, das Programm auszubauen, wenn es einmal fertig ist.

INTERVIEWER: Hat irgend jemand Ihren Programmierstil beeinflußt?

SACHS: Viele Leute. Der erste, der mich stark beeinflußte, war Eric Jensen. Er arbeitete an der PDP-1. Er ist ungefähr vier oder fünf Jahre älter als ich und hat alle Computer der Universität von Anfang an miterlebt. Er ist eine interessante Persönlichkeit. Mir sind nur ganz wenige Menschen wie er begegnet – Menschen, die auf einem bestimmten Gebiet so weit voraus sind, daß es schon fast unheimlich ist. Eric konnte zum Beispiel ein bestimmtes Programmodul so effektiv machen, wie ich es nie besser gesehen habe. Die ersten Computer hatten Konsolen mit vielen Lämpchen und Schaltern. Eric konnte Programme über die Schalter eingeben. Er pflegte an der Konsole zu sitzen, eine Hand am Schalter, der für die Eingabe der Schalterbelegung in den nächsten Bereich des Speichers vorgesehen war. Er schob alle Schalter mit einer Hand hoch, und drückte sie dann in Akkorden herunter, als würde er Klavier spielen, alle paar Sekunden einen Akkord. Er machte großen Eindruck auf mich. Ich lernte von ihm den Wert der Ästhetik und das Gefühl dafür, was richtig und falsch ist.

Ich habe auch durch Einblick in die Programme anderer Leute gelernt. Ich lernte zum Beispiel eine Menge Tricks, als ich das Paket von wissenschaftlichen Unterroutinen von IBM las (»Scientific Subroutine Package«), ein Riesenpaket von FORTRAN-Modulen. Ich lese eine Menge Bücher, sehe die Ideen anderer Leute und nehme sie auf. Ich bin nicht besonders kreativ; meine wahre Begabung liegt darin, Ideen aufzugreifen und sie zu einem guten Paket zusammenzufügen. Es ist nicht so, daß ich nichts Neues erfinden kann, aber ich bin nicht besonders gut auf diesem Gebiet.

»Ich bin nicht besonders kreativ; meine wahre Begabung liegt darin, Ideen aufzugreifen und sie zu einem guten Paket zusammenzufügen.«

INTERVIEWER: Glauben Sie, daß die Computer in Zukunft grundsätzlich dasselbe tun wie heute?

SACHS: Die Innovationen gehen ziemlich langsam voran. Es gibt in jedem Jahrzehnt nur ein paar wirklich neue Ideen. Im Grunde genommen ist es so, daß sich die Leute über die alten Zeiten der Lochstreifen und diese Dinge lustig machen, aber ein Teil der alten Technologie war wirklich gut. Und ich bin mir nicht sicher, ob im Laufe der Zeit noch soviel Fortschritt gemacht wird.

INTERVIEWER: Warum glauben Sie das?

SACHS: Nun, sehen Sie sich doch zum einen die Geschwindigkeit an. Denken Sie an die PDP-9. Sie hatte ungefähr die gleiche Geschwindigkeit wie ein Personalcomputer, aber sie hatte eine Festplatte, die sehr schnell war. Das Betriebssystem war sehr einfach. Es fehlten zwar ein paar Features, die in heutigen Betriebssystemen enthalten sind, aber es war unheimlich schnell. Es konnte ein ziemlich großes Programm innerhalb weniger Sekunden assemblieren. Selbst an einem AT muß ich mehrere Minuten warten. Das Plus an Technologie gleicht sich mit einer zunehmenden Verallgemeinerung und Untauglichkeit des Systems wieder aus. Man kann immer noch gute

Leistung erzielen, wenn man in Assembler schreibt und die Kontrolle über den Rechner übernimmt. So funktioniert 1-2-3 im Grunde.

Wäre 1-2-3 zum Beispiel nur unter Verwendung der vom Betriebssystem verfügbaren Features geschrieben worden, wäre es viel langsamer. So ist es, alles in allem gesehen, gar nicht so sicher, ob auf dem Gebiet der Computer ein echter Fortschritt gemacht wird.

»Die Innovationen gehen ziemlich langsam voran. Es gibt in jedem Jahrzehnt nur ein paar wirklich neue Ideen.«

Ich war nach Abschluß von 1-2-3 wirklich der Meinung, es müsse ein besseres Umfeld zur Entwicklung von Programmen geben als den PC oder den AT. So versuchten wir es auch mit einigen Sun Workstations. Ich stellte fest, daß damit ein großer Schritt zurück getan wurde. Sie kompilierten nicht schneller als ein AT. Es gibt all diese neuen Prozessoren, aber eine Menge Energie wird verschwendet, weil jeder alle Features haben möchte, und das geht zu Lasten der Geschwindigkeit.

INTERVIEWER: Glauben Sie, daß eines Tages jeder einen Computer zu Hause haben wird?

SACHS: Ja, da sie kleiner und erschwinglicher werden. Man hört von einigen Hardware-Firmen, daß sie an einem Chip arbeiten, der die Kapazität eines IBM Personalcomputers habe und alle Chips durch einen großen Chip ersetzen soll. Deshalb kann ich mir einen Computer in jedem Haushalt sehr gut vorstellen.

INTERVIEWER: Wie denken Sie über künstliche Intelligenz?

SACHS: Ich bin der Meinung, dieser Terminus ist weitgehend mißbraucht worden. Man rennt unweigerlich gegen eine Wand, wenn man versucht, intelligente Programme zu schreiben. Ein großer Teil des Programms läßt sich leicht entwickeln, aber sehr bald kommt der Punkt, an dem es nur sehr schwer weitergeht.

Zum Beispiel wollte das MIT einen Computer entwickeln, der Morsezeichen erkennt. Gut, es handelt sich ja lediglich um Striche und Punkte, aber da der Funker ein Mensch ist, sind die Punkte manchmal ein wenig lang und die Striche ein wenig kurz. Der Mensch nimmt die Morsezeichen hundertprozentig genau wahr, aber die Interpretation von Punkten und Strichen gleicht dem Lesen. Wenn man einen Text liest, achtet man nicht auf jeden Buchstaben, selbst wenn die Buchstaben vielleicht ausgefranst oder deformiert sind. Man sieht die Wörter und Sätze, und das Ganze ergibt einen Sinn. Das ist der Punkt, an dem eine Menge zusätzlicher Information ins Spiel kommt. Bei den Morsezeichen geht es nicht darum, herauszufinden, was ein Punkt und was ein Strich ist, sondern um die Aussage und die Bedeutung der Nachricht. Auf diesem Gebiet ist noch nie ein Fortschritt erzielt worden. Das Verstehen der Bedeutung war bei der Entwicklung von intelligenten Programmen schon immer ein Stolperstein, ob es sich um Spracherkennung, um die rechnergestützte Übersetzung von Sprachen oder Zeichenerkennung handelt. Niemand kann ein Programm schreiben, das – im weitesten Sinne – Erfahrung sammelt und etwas lernt.

INTERVIEWER: Wie sehen Sie Computer? Sind es ganz einfach Maschinen oder Super-Taschenrechner?

SACHS: Sie sind ganz gewiß ein Werkzeug. Das sage ich ganz objektiv. Aber sie sind auch Spielzeuge, sie machen Spaß. Man kann mit einem Computer einen Dialog führen. Und wenn man es nur richtig macht, kann man die fantastischsten Dinge realisieren.

Ray Ozzie

Ray Ozzie, geboren am 20. November 1955, wuchs in Park Ridge, in der Nähe von Chicago, auf. An der University of Illinois in Urbana studierte er Informatik. Während seiner Studienzeit arbeitete er an PLATO, einem computergestützten Ausbildungssystem, an das nahezu tausend Terminals aus der ganzen Welt angeschlossen sind.

Nach Abschluß seiner Ausbildung am College im Jahr 1978 arbeitete Ozzie für Jonathan Sachs bei Data General in der Nähe von Boston, wo die beiden ein kleines Bürosystem entwickelten. Von Data General wechselte Ozzie in die Welt der Mikrocomputer und Software bei Software Arts, den Erfindern von VisiCalc, über. Nachdem er über anderthalb Jahre für Software Arts gearbeitet hatte, ging Ozzie dort weg, um mit Jonathan Sachs und Mitch Kapor bei Lotus zusammenzuarbeiten, wo er auch blieb und später Projektleiter für Symphony wurde. Seit der Fertigstellung dieses Projekts hat Ray Ozzie sein eigenes Unternehmen aufgebaut, Iris Associates, das im Auftrag von Lotus Software entwickelt.

Ray und seine Frau Dawna Bousquet leben mit ihrem Sohn Neil in einem Vorort von Boston.

Ray Ozzie ist ein junger, aufgeweckter, begeisterungsfähiger Mensch. Wir trafen uns im neuen Gebäude der Firma Lotus, obwohl Ray eine eigene Firma, Iris Associates, leitet, die mit Lotus zusammenarbeitet. Während seiner ganzen beruflichen Laufbahn war es sein Ziel, selbständig ein eigenes Geschäft aufzubauen. Er betont ausdrücklich, daß dies nur mit der Hilfe seiner Frau Dawna Bousquet möglich war, und er zeigt ihr gegenüber hohe Anerkennung für ihre Geduld und ihr Verständnis für seine Arbeit. Seine tiefliegenden Augen, sein feines, aus der Stirn gekämmtes braunes Haar und sein gepflegter Bart geben Ozzie ein europäisches Aussehen. In seiner freundlichen, offenen Art sprach Ozzie stundenlang über seine Programmierkarriere, von seiner Arbeit am PLATO-System während seiner Zeit im College, von der Zeit als er Symphony für Lotus schrieb, bis hin zu der Zeit, als er sein eigenes Geschäft aufbaute. Er gab viele Ratschläge für Programmierer, die am Anfang ihrer Laufbahn stehen, und verschaffte Einblick in die zukünftige Entwicklung der Computersoftware.

INTERVIEWER: Gibt es ein Rezept zur Erstellung guter Programme?

OZZIE: Ich glaube an die geradlinige Struktur, konsistent und sauber. Ich bin auch überzeugt von der höheren Modularität und Vielschichtigkeit der Software sowie der freien Verwendung sowohl einer Anzahl von Dateien als auch Verzeichnissen. Ist man gezwungen, getrennte Teile zu bauen, dann treten die Schnittstellen stärker hervor und man muß sie formalisieren.

Wenn viele Leute an einem Programm arbeiten, ist es äußerst wichtig, zu Beginn des Projekts globale Fehlerbehandlungs-, Argumentübergabe- und Namenskonventionen für Unterprogramme zu erstellen (selbst wenn nicht jedermann damit einverstanden ist). Ich glaube jedoch, daß man anderen nie Vorschriften darüber machen sollte, wie sie Programme kommentieren, geschweifte Klammern einsetzen oder einrücken. Wenn man am Baustein eines anderen arbeitet, sollte man auch dessen Konventionen einhalten. Das ist Teil des Lernprozesses, mit anderen zu arbeiten.

Wünschenswert ist auch ein vollkommen freier Ideenaustausch. Bei Entwicklungsbesprechungen muß die Möglichkeit für hitzige und intensive Diskussionen gegeben sein. Ich habe die Erfahrung gemacht, daß gute Designer dahin tendieren, den Standpunkt, den sie für richtig halten, zu verfechten, aber gleichzeitig erkennen, wann und wie sie nachgeben müssen. Gute Designer leiden nicht unter dem »Was geht mich das an?«-Syndrom.

INTERVIEWER: Wie kamen Sie auf die Idee für Ihr jetziges Projekt?

OZZIE: Obwohl ich über mein derzeitiges Projekt nicht offen sprechen kann, möchte ich sagen, daß die meisten Produkte durch eine ständige Annäherung und Verfeinerung entstehen, und nicht durch eine »Blitzidee«. Das Projekt entstand mit dem Wunsch, ein Produkt zu entwickeln, womit die Anwender ihre Computer effektiver und mit mehr Spaß für ihre Geschäfte einsetzen können.

Manche Leute tendieren dazu, Programme zu schreiben, um Geld damit zu machen, aber nicht um Probleme zu lösen. Anstatt sich etwas Neues einfallen zu lassen, versuchen sie mit ihrer »Das kann ich ja viel Besser«-Einstellung, bereits bestehende Programme zu kopieren. Es wird eine Menge Mühe und Arbeit für die Entwicklung besserer Tabellenkalkulationen verschwendet, aber es besteht kein Bedarf an zig Kalkulationen. Ich glaube, die Zeit der Leute, die in dieser Industrie groß rausgekommen sind, ist schon vorbei. Wenn erst einmal der Traum von siebenstelligen Zahlen zu Ende geht, wird man den Vertikalmarkt ernster nehmen und daran gehen, Software für bestimmte Anwendungsgebiete zu entwickeln, statt mit Produkten, die keiner braucht, Phantomen nachzujagen.

Unser Produkt ist kein Nachbau. Ich glaube, daß es vielen Leuten sehr helfen wird. Aber wenn es dazu führt, daß ein paar Leute glücklich und produktiver werden, dann haben wir unsere Aufgabe erfüllt.

INTERVIEWER: Wenn Sie ein Idee für ein bestimmtes Softwareprodukt haben, sind Sie dann zuversichtlich, daß Sie es schaffen werden und rechtzeitig liefern können?

OZZIE: Ja, darüber bin ich mir ziemlich sicher. Durch die bisher gewonnene Erfahrung weiß ich, was ich leisten kann. Komplizierte Programmierprojekte, die unter der Leitung von Nicht-Programmierern laufen, sind oft zum Scheitern verurteilt, weil diese Manager weder die Schwierigkeiten der Projektkomponenten noch die persönlichen Eigenarten der Programmierer kennen. Software-Projektleiter müssen die Leute, die für sie arbeiten, verstehen. Ich kenne, sofern dies möglich ist, die Familienverhältnisse, den Lebensstil und die Arbeitsgewohnheiten aller meiner Mitarbeiter. Ich bin mir durchaus bewußt, daß wir ein Projekt nicht in ein paar Tagen durchziehen können. Ich weiß auch, daß ich von meinen Leuten nicht verlangen kann, daß sie über die ganze Zeit des Projekts hinweg 24 Stunden am Tag arbeiten. Aber ich weiß genau, daß ich im Falle einer brenzligen Situation rund um die Uhr auf sie zählen kann, wenn es notwendig ist. Das erfordert eben Fingerspitzengefühl.

Ich arbeite auch lieber mit Leuten, die schon etwas routinierter sind, und das alles schon mitgemacht haben. Ich frage den Programmierer, wieviel Zeit er für eine bestimmte Aufgabe benötigt, nehme seine Angaben als Grundlage für meine Planung und lasse meine in der Vergangenheit mit ihm gemachten

Erfahrungen einfließen. Bei jungen Programmierern kann es passieren, daß sie sich beträchtlich verschätzen. Aber dann, wenn die Leute älter werden, lernen sie, auf der Basis ihrer Arbeitsgewohnheiten und ihres derzeitigen Motivationsstandes ihren »eventuellen Leistungsabfall« einzubeziehen.

> »Software-Projektleiter müssen die Leute, die für sie arbeiten, verstehen.«

INTERVIEWER: Das hört sich so an, als sei die Menschenführung der Schlüssel dazu, Termine einzuhalten und hochwertige Qualitätsprodukte zu entwickeln. Wie machen Sie das?

OZZIE: Viele Projektleiter haben Schwierigkeiten, mit Programmierern zu arbeiten. Ich hatte damit selten ein Problem. Es scheint, daß Probleme meistens dann auftauchen, wenn das Management versucht, Verordnungen herauszugeben oder übermäßige Kontrolle auszuüben. Programmierer sind sehr kreative, selbständige, sich selbst motivierende Menschen. Man muß das von vornherein erkennen und sich darauf beschränken, nur dann einzuschreiten, wenn dies wirklich erforderlich ist. Wenn man von seiner gewohnten Art abweicht, um dem Team die Arbeit zu erleichtern, weiß das Team dies sehr wohl zu schätzen und erinnert sich auch daran, wenn es einmal darauf ankommt.

Die Umgebung muß positiv zum Programmieren beitragen. Jeder benötigt für seine Arbeit eine ganz persönliche Umgebung. Bei uns ist das ein schönes Büro mit den besten Geräten, die wir uns leisten können, mit einer Stereoanlage in jedem Raum und einem stets gefüllten Kühlschrank.

Bei Iris arbeiten einige Mitglieder der Gruppe gern daheim, deshalb haben sie dort den kompletten Maschinenaufbau, wie an ihrem Arbeitsplatz.

Programmierer sollten sich nicht darum kümmern müssen, ob sie nun genau soviel tun wie ihre Kollegen (oder die Mitglieder des Management), denn diese Unsicherheit kann die Motivation negativ beeinflussen. Sie sollten sich als Mitglied eines Teams fühlen; das ist der Grund, warum das Team relativ klein und, wenn möglich, ohne Hierarchie sein sollte.

INTERVIEWER: Sie erwähnten gerade, daß Sie Leute bevorzugen, die bereits routiniert sind. Was meinten Sie damit?

OZZIE: Um routiniert zu sein, muß man an einer Vielzahl von Aufgaben gearbeitet haben. Das Beste, was man nach Abschluß des Studiums am College tun kann, ist, erst einmal ungefähr ein Jahr lang intensiv an einer bestimmten Sache zu arbeiten und sich anschließend einem vollkommen anderen Fachgebiet der Informatik zu widmen. Man könnte zum Beispiel mit Betriebssystemen beginnen, und dann auf Netzwerkbetrieb, Grafik, Compiler oder Datenbanken übergehen, um so mit den verschiedenen Gebieten vertraut zu werden. Auf lange Sicht gesehen ist man als allgemeiner Programmierer gefragter und vielseitiger einsetzbar.

Vielen Leuten, die direkt aus der Ausbildung kommen, fehlen das breite Wissen und die Erfahrung, die unerläßlich sind, wenn man selbständig ein hochwertiges Qualitätsprodukt entwerfen und entwickeln will. Ein routinierter Programmierer ist vielseitig, er identifiziert sich mit seinen Fähigkeiten und seinem Lebensstil, er kann abstrakt denken, er kann gut mit anderen zusammenarbeiten, und ist sowohl motivierend als auch selbst gut motiviert.

INTERVIEWER: Erzählen Sie mir, wie Sie zum Programmieren kamen.

OZZIE: 1969 war mein erstes Jahr in der High-School. Einer der Mathematiklehrer brachte einen programmierbaren Taschenrechner in die Klasse mit (einen Olivetti-Underwood Programma 101), um uns für dieses kleine niedliche Spielzeug zu begeistern. Er lud diejenigen, die damit spielen wollten, zu sich nach Hause ein. Ein paar von uns folgten der Einladung und verbrachten eine Menge Zeit damit, herauszufinden, was dieser Taschenrechner alles konnte.

Wir merkten, daß auch die Lehrer ihr kleines Spielzeug hatten. Im Mathematikraum stand ein Fernschreiber, der mit einem Timesharingsystem im Schulbezirk verbunden war, ein General Electric Modell 400. Ein paar Mathematiklehrer spielten damit herum und versuchten herauszufinden, wie er arbeitete. Wir wollten dabei natürlich mitmachen, fanden die Passworte heraus und hatten Spaß daran, in BASIC und Fortran zu programmieren. Es machte mir viel Spaß, aber nach und nach verlor ich das Interesse daran, weil andere Aktivitäten mehr Zeit in Anspruch nahmen.

INTERVIEWER: Was für Aktivitäten?

OZZIE: Ich war in der High-School an technischen Vorlesungen und an der Elektronik interessiert. Ich besuchte alle angebotenen Elektronik-Kurse und arbeitete während der Sommerferien als Elektronik-Techniker. Beim Besuch des College an der University of Illinois in Urbana wollte ich Elektrotechnik studieren, und ich verbrachte auch mein erstes und zweites Jahr damit.

Als ich damit begann, weitere Kurse auf dem Gebiet der Elektrotechnik zu belegen, stellte ich fest, daß es eigentlich nicht so war, wie ich es mir vorgestellt hatte. Ich hatte zwar Spaß an elektronischen Experimenten, aber die mathematische Theorie lag mir überhaupt nicht.

Ich war gerade dabei, nach einem neuen Hauptfach zu suchen, als ein Freund aus der Informatik mich dazu überredete, einen Programmierkurs zu belegen. Die uns gestellten Maschinenprobleme waren leicht und machten Spaß. Obwohl ich nicht alle Konzeptionen verstand, mochte ich das Programmieren aus dem gleichen Grund wie die Elektronik. Ich konnte kleine Dinge damit bauen – Programme statt Geräte. Es war einfach toll.

INTERVIEWER: Es hatte Sie also gepackt?

OZZIE: Der Unterricht war okay, aber was mich wirklich packte war ein Rechnersystem auf dem Universitätsgelände mit dem Namen PLATO. Als ich das herausfand, hatte ich ganz einfach das Bedürfnis, es zu benutzen. Ich stellte fest, daß eine Möglichkeit, Zugang zu diesem System zu erhalten, die war, einen Informatik-Kurs zu belegen, in dem mit diesem System gearbeitet wurde. Ich belegte also diesen Kurs und begann, mit dem System zu spielen. Das war der eigentliche Beginn meiner Programmiererfahrung.

Da ich als Systemprogrammierer gelegentlich Zugang zu dem Rechner hatte, wurde meine Beziehung dazu vertieft. Jeden Abend um 22 Uhr stand das Gerät zur Verfügung, und eine kleine Gruppe von Gleichgesinnten arbeitete normalerweise die ganze Nacht bis 6 Uhr morgens. Das ging jahrelang so. Wir hatten viel Spaß.

Von dem Moment an, als ich freien Zugang zum Rechner hatte, konnte ich mich nicht mehr auf die Schularbeit konzentrieren. Der einzige Grund, weshalb ich mich überhaupt einschrieb, war, diese Gewohnheit nicht aufgeben zu müssen. Hätte man mich hinausgeworfen, hätte ich nicht mehr mit dem Rechner spielen können. Ich war kein besonders guter Student, aber ich kam über die Runden. Ich brauchte bis zu meiner Promotion am College fünfeinhalb Jahre.

INTERVIEWER: Wie vollzog sich dann nach der Promotion der Sprung vom Studenten zum Systemprogrammierer?

OZZIE: Ich hatte meine erste Vorlesung in Politik, als ich mit PLATO arbeitete. Nachdem ich neun Monate lang um Zugang als Student gekämpft hatte, wurde mir klar, daß es nicht genügte, gut programmieren zu können, oder Freude daran zu haben. Man mußte überall taktisch vorgehen, um sein Ziel zu erreichen. Es bestand eine strenge Hierarchie von Privilegien zur

Benutzung des PLATO-Systems, weil so viele Leute an dieses System heran wollten.

INTERVIEWER: Glauben Sie, daß es daran lag, daß so viele Leute das System benutzen wollten, oder daran, daß PLATO eine Art mystisches Objekt war, von dem die Universität Menschen fernhalten wollte?

OZZIE: Vielleicht etwas von beidem. PLATO von der University of Illinois ist ein rechnergestütztes Ausbildungsprogramm, das über einen Großrechner von Control Data mit fast tausend angeschlossenen Terminals überall auf der Welt läuft. Das System wurde von einer sehr kleinen, fest zusammenhaltenden Gruppe entwickelt und implementiert. Diese Leute erhoben großen Anspruch auf ihre Erfindung, besonders wenn es darum ging, Leuten das Systemprogrammieren zu gestatten.

Am Anfang bestand der Personenkreis, dem das Systemprogrammieren gestattet wurde, lediglich aus den Fakultätsmitgliedern, die das System entwickelt hatten und einigen wenigen High-School- und Collegestudenten, die mit dem harten Kern jahrelang gearbeitet und freundschaftliche Beziehungen geknüpft hatten. Wer nicht zu diesem Personenkreis gehörte, durfte in »Tutor«, einer mittelmäßigen Interpretersprache programmieren. Ich war fest entschlossen, das Systemprogrammieren zu betreiben, also kämpfte ich mich zum inneren Kern durch.

INTERVIEWER: Was machten Sie als Systemprogrammierer mit PLATO?

OZZIE: Als ich mich in Verbindung mit dem von mir belegten Kurs mit PLATO beschäftigte, erfuhr ich, daß die PLATO-Hardwaregruppe gerade damit begann, ein programmierbares Terminal auf der Basis des Z80 zu entwickeln. Das PLATO-Team beauftragte mich mit der Entwicklung der entsprechenden Firmware für das programmierbare Terminal.

Zu jener Zeit arbeitete ich gerade als Elektronik-Techniker für die nukleartechnische Abteilung, wo ich für die Examensstudenten kleine, einzeln gefertigte Geräte baute. Später, während des letzten Jahres, war ich einer von dreien, die eine kleine Firma namens Urbana Software Enterprises zum Zweck der Softwareentwicklung für eine Grundstücksagentur gründeten. Man beabsichtigte dort ein Mikrocomputersystem für die firmenspezifische Vertikalanwendung zu bauen, und beauftragte deshalb eine Hardwaregruppe mit der Entwicklung eines auf dem Z80 basierenden Gehäuses; wir erhielten den Auftrag für Sprachencompiler und Interpreter sowie für ein Betriebssystem.

INTERVIEWER: Warum benötigten Sie mehr als fünf Jahre bis zum Studienabschluß?

OZZIE: Ich schrieb mich zu Beginn eines jeden Semesters für die übliche Anzahl von Kursen ein und ließ dann zwei oder drei davon fallen. Ich setzte auch für eine Weile aus. Ich blieb dabei, weil ich befürchtete, ohne Promotion niemals eine Stelle zu bekommen. Was die Jagd nach einem Job betraf, so war ich ziemlich nervös und unsicher. Glücklicherweise war das Jahr, in dem ich meine Einstellungsgespräche führte, ein gutes Jahr für Bewerbungen, ein Jahr, in dem große Firmen intensive Personalvergrößerungen vornahmen. Ich stellte mich bei zwölf Firmen vor und kam gut an, in erster Linie wegen meiner praktischen Erfahrung.

INTERVIEWER: Wie trafen Sie die Entscheidung, für wen Sie arbeiten wollten?

OZZIE: Die meisten meiner Freunde gingen an die Westküste oder zu Digital in Maynard, Massachusetts. Ich wurde von Digital abgelehnt, was schade war, denn ich hätte gerne zusammen mit meinen Freunden gearbeitet. Ich war auch der Meinung, daß Digital aufgrund der Möglichkeit, auf dem Gebiet der VAX-Softwareentwicklung zu arbeiten der günstigste Arbeitgeber sei (das war bevor die VAX herausgebracht wurde).

Ich nahm eine Stelle bei Data General an. Nachdem ich den Job angenommen hatte, erhielt ich noch ein Schreiben von Digital, worin man mir mitteilte, daß man an einem weiteren Gespräch mit mir interessiert sei. Aber ich hatte mich Jonathan Sachs gegenüber bereits verpflichtet, bei DG zu arbeiten. Wir sollten ein neues Betriebssystem und den Aufbau für ein kleines Bürosystem von Anfang an entwickeln. Die Kerngruppe bestand aus nur drei Leuten.

INTERVIEWER: Erzählen Sie uns doch etwas mehr über das System, das Sie entwarfen.

OZZIE: Wir arbeiteten an einem preisgünstigen Bürosystem. Das System sollte eine bestehende Produktlinie ersetzen, und die Bildschirmausgabeleistung sollte mit der der Wang-Textprozessoren wettbewerbsfähig sein.

Was bei unserer Arbeit herauskam, war ein kleines System, das auf Nova Workstations aufgebaut war, sowie auf Eclipse Datei-Servern basierte. Jede Workstation hatte ihren eigenen Prozessor mit 64 KByte Speicherkapazität (aber keinen Massenspeicher), eine Tastatur und einen Bildschirm. Sie waren mit den anderen Workstations, Dateiservern und Druckservern über ein von uns entwickeltes lokales Netzwerk verbunden. Ich entwickelte die Firmware und das Betriebssystem für die Workstations, während Jon Sachs und Scott Norin den Dateiserver entwickelten. Es dauerte ungefähr zwei

Jahre, bis das System gut lief, und zu jenem Zeitpunkt ging Jon weg und gründete mit John Henderson Concentric Data Systems. Scott und ich blieben noch ein Jahr und gaben dem System den letzten Schliff. In der Abteilung herrschte eitle Freude, und das Produkt war mehr oder weniger fertig.

INTERVIEWER: Und was machten Sie dann?

OZZIE: Es packte mich allmählich der Frust bei Data General. Die Art und Weise, wie in einer großen Firma die Dinge durchgezogen werden, machte keinen Spaß mehr. Also wandte ich mich an einen sogenannten Kopfjäger, und zwar zu der Zeit, als Jon ging. Ich erzählte der Mitarbeiterin dieser Vermittlungsagentur, daß ich gern zu einer kleinen Firma ginge, die mit Mikrocomputern zu tun hat. Ich hatte Zeitschriften gelesen und mit CP/M gespielt, also erschien mir die Arbeit mit Mikrocomputern interessant. Aber keines der Vorstellungsgespräche brachte etwas. Die meisten Firmen arbeiteten an großen Computern, nicht an Mikrocomputern. Ungefähr ein Jahr später rief mich die Mitarbeiterin der Agentur an und sagte mir, sie hätte eine kleine Firma gefunden, die interessant für mich sein könnte. Es stellte sich heraus, daß es sich um Software Arts handelte. Ich stellte mich dort vor und hatte gleich ein gutes Gefühl. Ich wurde als 29. Mitarbeiter eingestellt.

Wie sich herausstellte, war ich genau zum richtigen Zeitpunkt von DG weggegangen, denn ungefähr einen Monat später wurde das Projekt aus firmenpolitischen Gründen abgeblasen. Data General versuchte, einheitlich für das gesamte Unternehmen ein Betriebssystem einzuführen, und unser Projekt war nicht kompatibel. Es war fertig und auslieferungsbereit. Ich hätte nie gedacht, daß so etwas passieren würde.

INTERVIEWER: Was machten Sie bei Software Arts?

OZZIE: Ich arbeitete zuerst an einem Interpreter für den Radio Shack TRS-80 Modell 3 und legte damit das Fundament für die Implementierung von TK!Solver. Ich war erst ein paar Wochen dort, als ein neues Gerät für die VisiCalc-Entwicklung gebracht wurde – der IBM PC. Ich konnte es kaum glauben, wie dieses System abgesichert wurde. Die Räume waren verschlossen und wir konnten die Handbücher nicht mit hinausnehmen. Das Gerät war ganz offensichtlich ein Prototyp. Nachdem ich ein paar Tage damit experimentiert hatte, wußte ich, daß ich so ein System haben wollte.

INTERVIEWER: Hatten Sie den Eindruck, daß nach und nach jeder den Wunsch hatte, ein solches System zu besitzen?

OZZIE: Ganz sicher. Ich war jedenfalls der Meinung, daß zumindest Programmierer so ein System haben wollten. Ich war im Grunde genommen immer noch ein Hacker. Wenn IBM mit einem Mikrocomputer herauskommen würde, bedeutete dies, daß die Preise fallen und die Computer erschwinglicher werden würden. Das würde bedeuten, daß Programmierer wie ich nicht länger auf Großrechner angewiesen wären.

Ich war vom IBM PC begeistert, denn meiner Meinung nach war das der erste Mikrocomputer, der die Kapazität hatte, ein Programm zu kompilieren, an dem ich gerade arbeitete. Ich konnte auf demselben Gerät ein Programm editieren und kompilieren, binden, und einen Testlauf durchführen. Als wir zum ersten Mal eine Festplatte bekamen, wurde ein Traum Wirklichkeit. Ich saß nur noch in meinem Büro und arbeitete drauflos. Die Dokumentation war entsetzlich. Es war fast ein Ding der Unmöglichkeit, aus der technischen Information schlau zu werden, aber das war mir egal. Selbst wenn man mehr Zeit dazu brauchte, die Arbeit auf dem Mikrocomputer war besser.

»Ich würde es gern sehen, wenn für junge Leute, die gern spielen möchten, sich selbst aber kein eigenes Gerät leisten können, Computer-Center verfügbar gemacht würden.«

Ich bin von Personalcomputern begeistert, weil die jüngeren Leute, die das Zeug zum Programmieren haben, nicht mehr darum kämpfen oder taktische Klimmzüge machen müssen, um an einen Computer heranzukommen, wie das bei uns der Fall war. Ich hoffe, daß Eltern und Schulen erkennen, welch großartige Hilfsquelle die PCs darstellen. Ich würde es gern sehen, wenn für junge Leute, die gern spielen möchten, sich selbst aber kein eigenes Gerät leisten können, Computer-Center verfügbar gemacht würden.

INTERVIEWER: Es hört sich so an, als seien Sie bei Software Arts durchaus zufrieden gewesen. Hatten Sie je daran gedacht, dort wegzugehen?

OZZIE: Ich war ein paar Monate bei Software Arts, als ich mit Jon Sachs zum Essen ging. Er war gerade von Concentric Data Systems weggegangen und wollte mir von einem aufgeweckten Jungen, Mitch Kapor, erzählen, der eine kleine Firma namens Micro Finance Systems gegründet hatte. Jon beabsichtigte, mit ihm zu arbeiten. Als ich ihn fragte, was sie eigentlich täten, konnte er es mir nicht sagen; ich kam jedoch zu der Annahme, daß es sich um eine VisiCalc-Kopie handelte. Er fragte mich, ob ich daran interessiert sei, dort zu arbeiten.

Ich wußte nicht, was ich sagen sollte. Ich hatte gerade bei Software Arts angefangen und war froh, am echten VisiCalc zu arbeiten; wir waren gerade dabei, die Radio Shack-Version zu zeigen. Für mich war das ein großer Schritt, es bedeutete, daß es VisiCalc überall geben würde. Warum an einer Imitation arbeiten, wenn man an der echten Sache arbeiten kann? Ich beschloß zu bleiben. In der Zwischenzeit arbeiteten Jon und Mich an ihrer Sache, sie bauten Lotus 1-2-3.

INTERVIEWER: Wann sahen Sie Jon das nächste Mal?

OZZIE: Ich sah ihn das nächste Mal auf der Comdex, wo 1-2-3 der Öffentlichkeit vorgestellt wurde, und wo ich auch Mitch kennenlernte. Zu jener Zeit hatte ich ungefähr eineinhalb Jahre lang bei Software Arts gearbeitet, TK!Solver war fertig und bereits ausgeliefert.

Schon als ich aus dem Flugzeug stieg, wußte ich, daß Mitch und Jon (jetzt Lotus) auf dem richtigen Weg waren. 1-2-3 war das Gesprächsthema der Ausstellung, obwohl ich damals noch keine Ahnung hatte, daß es VisiCalc schlagen würde.

Ich sprach lange Zeit mit Jon. Er schlug mir vor, bei ihm zu arbeiten. Obwohl 1-2-3 nun fertig war, gab es noch eine lange Liste von Features, die er und Mitch in die zweite Version von 1-2-3 einbauen wollten. Ich sagte, ich wolle mir die Sache gründlich überlegen.

INTERVIEWER: Waren Sie bereit, von Software Arts wegzugehen?

OZZIE: Der innere Wunsch, Software Arts zu verlassen, war wohl stärker, als mir bewußt war, denn sechs Monate vor der Comdex I war ich schon drauf und dran, mit drei Leuten von Digital eine Firma zu gründen. Einer davon war von einem Vertreter von National Semiconductor angesprochen worden. Man wollte angeblich ein Projekt zum Bau eines preisgünstigen VAX-ähnlichen Systems entwickeln, das auf der CPU 16032 basierte, die zu jener Zeit gerade auf den Markt gebracht werden sollte. Wir sollten ein Betriebssystem hierfür entwickeln, das VAX/VMS emulierte.

Letzten Endes kam das Vorhaben nicht zustande, weil sich National nicht entschließen konnte und nicht bereit war, zur Finanzierung ein paar Millionen Dollar herauszurücken. Wir ließen uns davon nicht abhalten. Wir nahmen Kontakt mit einigen Kapitalgebern für Risikokapital-Projekte auf. Es war eine sehr ernüchternde Erfahrung, die wir dabei machten, denn man stellte uns eine Menge schwieriger Fragen, auf die wir nicht genügend vorbereitet waren, besonders was das Marketing betraf. Auf Grund dessen lösten wir die Firma auf.

INTERVIEWER: Ließen Sie sich das Angebot von John gründlich durch den Kopf gehen?

OZZIE: Zu jener Zeit erwartete meine Frau Dawna ein Kind. Nachdem Neil geboren war, wandten wir uns dem Thema abermals zu. Da ich immer noch den Drang hatte, eine neue Firma zu gründen, hatte ich an vorläufigen Spezifikationen für ein neues Softwareprodukt gearbeitet. Nachdem ich die Lage der Dinge mit Mitch bei Lotus besprochen hatte, kamen wir überein, daß ich zu Lotus kommen und an einer Sache arbeiten würde, die später Symphony werden sollte. Nach Abschluß des Projekts wollten wir uns wieder mit meinen Spezifikationen und meinen unternehmerischen Ambitionen beschäftigen.

INTERVIEWER: Wie war die Arbeit bei Lotus?

OZZIE: Bald nachdem ich dort angefangen hatte, stellte ich fest, daß das über einstündige Hin- und Herfahren zwischen meiner Wohnung und Cambridge viel zu viel von meiner Arbeitszeit beanspruchte. Nachdem ich die Sache mit Mitch besprochen hatte, bezogen Jon und ich ein kleines Büro in Littleton, das für alle drei mit diesem Projekt beschäftigten Personen zentral gelegen war (Jon, ich und Barry Spencer).

INTERVIEWER: Sie arbeiteten also an Symphony. Waren die Ideen für Symphony bereits ausgereift, als Sie dazukamen?

OZZIE: Fünf oder sechs Seiten grobes Konzept und eine endlose Liste von Features, die man gern im Produkt gehabt hätte, war alles, was vorlag.

Ich begann mit der Arbeit am Hauptteil, dem der Textverarbeitung. Barry Spencer, der auch gerade angefangen hatte, arbeitete an der Kommunikation, einem anderen umfangreichen Teil. Nach einigen Monaten schien Jon der Arbeit an diesem Projekt überdrüssig zu werden. Er war einfach nicht mehr ganz bei der Sache, vielleicht weil er an dem gleichen Programm zu lange und zu hart gearbeitet hatte. Er zog sich also zurück, und ich wurde Projektleiter. Zur Ergänzung unseres Teams auf drei Mann holten wir uns einen guten Programmierer, Matt Stern. Matt arbeitete zunächst an den Datenbankkomponenten. Weitere neun Monate arbeiteten wir drei wie die Besessenen. Alle zwei Wochen hatte ich eine Besprechung mit Mitch bei Lotus, um ihn über den neuesten Stand des Projekts zu informieren. Er sah sich unsere Arbeit an und beurteilte sie; dann wurden die Zeitpläne neu angepaßt, und wir machten uns für die nächsten zwei Wochen wieder an die Arbeit.

INTERVIEWER: War das eine Arbeitsweise, die Ihnen etwas brachte?

OZZIE: Unbedingt. Ein Hauptgrund, weshalb ich sage, daß Lotus die beste Firma ist, für die ich je gearbeitet habe, ist Mitch. Es macht ihm nichts aus, Autorität zu delegieren. Er ist äußerst interessiert an den Details der Features, der Benutzerschnittstelle und der Reihenfolge, in der wir die Features implementieren. Aber das Programmieren liegt in unserer Hand, da sein Interesse nicht unbedingt den Algorithmen gilt. Er kommt nicht alle fünf Minuten herein, um grundlos Änderungen am Entwurf vorzunehmen.

INTERVIEWER: Warum glauben Sie, kommt ein so kompliziertes Programm wie Symphony so leicht zustande?

OZZIE: Einer der Gründe war, daß ein großer Teil des Unternehmens voll auf Symphony konzentriert war. Jeder war stolz auf das Produkt und entschlossen, termingerecht fertig zu werden. Viele von uns waren auch etwas besorgt über die potentiellen Konkurrenten, Ovation und Framework, ob wir das nun zugaben oder nicht.

Ein weiterer Grund, weshalb wir unsere Termine einhielten, war, daß die Kommunikation klappte. Die Kommunikation zwischen einem kleinen Entwicklungsteam in einer abgeschiedenen Umgebung ist sehr produktiv. In dem Moment, als die Kommunikation mit dem Hauptbüro von Lotus nicht mehr klappte, war unsere Reaktion die, daß wir unsere Niederlassung zumachten und ins Hauptbüro zurückgingen.

Außerdem war unser Entwicklungsteam auch klein. Ich glaube, daß das Produktdesign und die Implementierung von höchstens fünf Personen durchgezogen werden sollten. Wird jedoch ein großes System wie das IRS Steuersystem implementiert, reicht ein so kleines Entwicklungsteam nicht aus. Aber kleine Teams sind normalerweise immer von Vorteil.

INTERVIEWER: Warum ist ein kleines Team effektiver als ein großes?

OZZIE: Ich glaube, daß die Kommunikation zwischen den einzelnen leidet, sobald ein Team aus mehr als fünf Mitgliedern besteht, was sich natürlich negativ auf die Konsistenz des Produkts auswirken kann.

Fehler sind oft typisch für schlechte Schnittstellen zwischen Untersystemen, die häufig auf die mangelhafte Kommunikation zwischen den Leuten, die das Untersystem entwerfen, zurückzuführen sind. Sobald eine Störung gefunden wird, neigt man dazu, diese innerhalb des Untersystems zu suchen und nicht das Programm als ganzes zu prüfen. Wenn nicht ein paar Leute da sind, die wissen, wie jedes Untersystem arbeitet und wie es in die Gesamtheit paßt, kann es passieren, daß ein Produkt voller Bugs dabei herauskommt.

INTERVIEWER: Gibt es noch weitere wesentliche Kriterien für ein gutes Programm?

OZZIE: Wenn man an einem Produkt arbeitet, ist ein ganz klarer, konsistenter Aufbau außerordentlich wichtig. Man kann den Aufbau während der

Arbeit ändern, aber es ist immer problematisch, wenn am Ende ein schlechter Aufbau durch Patchen behoben werden muß; es kann passieren, daß man sich, anstatt ein paar geringe Störungen zu beheben, mit einer Reihe von Lücken herumschlagen muß.

1-2-3 ist ein brillant entworfenes, konsistentes Programm. Symphony ist ein Programm, das auf dieses saubere Produkt aufbaut – ein sehr umfangreiches Programm mit starker Interaktion zwischen den einzelnen Teilen. Störungen größerer Art traten bei diesem Programm nie auf, weil jeder, der damit zu tun hatte, die Interaktion zwischen den Untersystemen und der Struktur von 1-2-3 genau kannte.

INTERVIEWER: Was machten Sie, als Symphony abgeschlossen war?

OZZIE: Mitch hielt sein Wort. Ich ging die Spezifikationen, die ich vor Beginn meiner Arbeit bei Lotus geschrieben hatte, noch einmal durch, und wir besprachen sie. Er schlug vor, ich solle ein paar Monate an den Spezifikationen arbeiten, bis ich so weit sei, beschreiben zu können, wie das Produkt arbeitet, wozu es gut ist, wie man es benutzt und wie es auf den Markt gebracht werden kann. Barry Spencer übernahm die Entwicklung von Symphony, so daß ich meine gesamte Energie dem neuen Produkt widmen konnte.

Nachdem ich die Design-Spezifikationen fertig hatte, sahen sie sich die Geschäftsführer unverbindlich an. Ich mußte das Design ohne jegliche Zusagen, daß auch wirklich Interesse bestand, noch einmal überarbeiten. Das Produkt mußte unter prüfenden Blicken seine Qualifikationen unter Beweis stellen.

Schließlich war Lotus bereit, mein Projekt in Form einer eigenen Firma zu finanzieren, Iris Associates. Bei Iris kamen gleich zwei frühere Kollegen, Tim Halvorsen und Len Kawell, beide von Digital dazu. Seit dieser Zeit haben wir zwei weitere Mitarbeiter eingestellt.

INTERVIEWER: Welche Art von Programmen, glauben Sie, wird man in fünf oder zehn Jahren auf dem Markt finden?

OZZIE: Ich kann es kaum erwarten, zu sehen, wie es wirklich sein wird. Ich dachte immer, den Ausgang voraussehen zu können, aber jetzt habe ich keine Ahnung. Wie viele andere auch, glaubte ich fälschlicherweise immer an so etwas wie einen Heimcomputermarkt.

Ich war immer der Meinung, daß ein persönliches Terminplanungsprogramm unheimlich nützlich sei. Es stellte sich jedoch heraus, daß es bei weitem weniger bequem ist, einen Computer im Aktenkoffer herumzutragen und auszuräumen, nur um Termine nachzusehen, als ganz einfach im Taschenkalender zu blättern. Ein Terminkalender, den meine Sekretärin und ich gleichzeitig führen könnten, wäre natürlich von Vorteil, weil wir damit beide meine Termine bequem eintragen könnten. Ich wünschte mir, ein kluger Kopf würde einmal einen solchen Terminkalender erfinden.

INTERVIEWER: Können Sie aus der Erfahrung heraus Leuten, die Software entwickeln möchten, einige besondere Hinweise geben?

OZZIE: Diejenigen, die dem Anwender in Vertikalmärkten Verständnis entgegenbringen, haben gute Chancen. Von den zahlreichen Anwendungen des Massenmarktes wie 1-2-3 kann nur eine gewisse Anzahl existieren. Man kann sie derzeit an fünf Fingern abzählen: Textverarbeitung, Tabellenkalkulation, Datenbanken. Wenn sich die Personalcomputer auf lange Sicht gesehen erfolgreich durchsetzen sollen, dann geschieht dies aufgrund maßgeschneiderter Programme, die den Bedürfnissen der jeweiligen Anwender entsprechen.

»Ich komme zur Arbeit, weil ich gern mit Computern spiele.«

Informatikstudenten, die im elterlichen Betrieb gearbeitet haben, haben große Chancen, Vertikalpakete zu schreiben. Sie wissen Bescheid über den Computer und deren Auswirkung auf den jeweiligen Betrieb. Ich bin der Meinung, weniger Leute sollten Phantomen nachjagen können, und mehr Leute die Gelegenheit haben, an passender Stelle unterzukommen.

INTERVIEWER: Wie wichtig ist es, bei der Entwicklung eines Programms die Bedürfnisse der Anwender zu berücksichtigen?

OZZIE: Ich komme zur Arbeit, weil ich gern mit Computern spiele, aber meine Art, Produkte zu entwickeln, kommt aus dem Bedürfnis heraus, dem Verbraucher etwas Nützliches zu liefern. Es ist äußerst wichtig, das Endziel während sämtlicher Entwicklungsphasen des Produkts im Auge zu behalten.

INTERVIEWER: Wie geben Sie den Anwendern was wirklich gebraucht wird?

OZZIE: Zunächst versuchen wir, ein Profil der potentiellen Anwender des Produkts zu entwickeln. Dann versuchen wir, eine grobe Schätzung des Prozentsatzes der Gesamtanwender eines jeden Feature vorzunehmen, damit wir eine einigermaßen fundierte Vorstellung davon haben, welche Programmeigenschaften am gefragtesten sind. Wir verbringen den größten Teil der Zeit damit, die prozentual von den meisten Anwendern bevorzugten Features auszuarbeiten. Auf eine unbedeutendere Funktion, die nur von einem kleinen Bruchteil der Anwender benutzt wird, verwenden wir weniger Mühe beim Design. Aber wir wissen erst dann, ob die von uns erarbeiteten Profile richtig waren, wenn das Produkt im Handel ist.

INTERVIEWER: Hören Sie dann und wann von den Anwendern?

OZZIE: Oh ja. Da gibt es viele Geschichten. Ich finde es gut, einen Bericht von jemandem zu bekommen, der das Produkt über lange Zeit täglich benutzt und einen Fehler in einem unbedeutenderen Feature festgestellt hat. Es ist einfach toll, wenn man bedenkt, daß es da draußen Menschen mit einem vollkommen anderen Lebensstil in einem anderen Teil des Landes gibt, die die Software benutzen, die man entwickelt hat; und es ist schön zu wissen, daß diese Menschen so positiv dazu eingestellt sind, daß sie sich die Zeit nehmen, einen Brief zu schreiben und zu sagen, was ihnen nicht gefällt.

»Das Programmieren ist für jemanden, der gerne herumexperimentiert, das ideale Gebiet.«

Das Erstaunlichste, was ich in diesem Zusammenhang erlebt habe, war ein Telefonanruf, kurz nach der Gründung von Iris, und zwar von einem Chirurgen, der Symphony für die Echtzeit-Datenanalyse während Herzoperationen einsetzte. Der Gedanke, daß da jemand auf dem Operationstisch liegt und möglicherweise darauf angewiesen ist, daß mein Programm gut läuft, ist schon ziemlich ernüchternd. Das macht einem die Verantwortung bewußt, die man dem Anwender gegenüber wirklich hat.

INTERVIEWER: Sehen Sie das Programmieren als Spielerei? Ist es Mühe oder Vergnügen, wenn Sie ein Programm schreiben?

OZZIE: Ich würde es nicht tun, wenn es mir kein Vergnügen bereitete. Der unschöne Teil dabei ist, daß ich während intensiver Entwicklungsphasen Dawna und Neil nicht zu Gesicht bekomme. Ich wünsche mir immer, der Tag hätte ein paar Stunden mehr. Ich wäre nie in der Lage, das alles ohne die Unterstützung von Dawna zu bewältigen, und ich weiß das zu schätzen.

INTERVIEWER: Was ist das Faszinierende am Programmieren? Es kommt mir oft so vor, als seien viele Programmierer von Natur aus experimentierfreudige oder technisch veranlagte Menschen, die Dinge bauen und später das Programmieren entdecken. Warum eigentlich?

OZZIE: Das Programmieren ist für jemanden, der gerne herumexperimentiert, das ideale Gebiet. Zum Herumspielen braucht man Werkzeuge.

Elektroingenieure haben verschiedene Komponenten, die sie zusammensetzen und damit etwas bauen können. Aber sie sind auf die ihnen zur Verfügung stehenden technischen Teile angewiesen. Bei einem Computer ist es so, daß man das tun kann, was man sich ausdenkt. Man kann im Verlauf der Arbeit seine eigenen Werkzeuge entwerfen oder gestalten. Gefällt einem etwas nicht, kann man es ganz einfach ändern oder neu schreiben. Es ist wie ein weit geöffneter Werkzeugkasten, der von der Hilfsquelle, dem Computer, kommt. Die einzigen einschränkenden Faktoren bestehen aus der Zeit, die der Computer benötigt, um eine Aufgabe zu erfüllen und aus der Zeit, die für das Schreiben des Programms erforderlich ist. Man kann unglaublich flexibel sein.

INTERVIEWER: Was tun Sie, damit Sie sich nicht irgendwann in der Entwicklung festfahren?

OZZIE: Ich mute mir innerhalb einer gewissen Zeit nicht zuviel zu und gönne mir immer wieder eine Pause zwischen dem Hacken. Wenn ich über längere Zeit mit intensiver Programmierarbeit beschäftigt bin, richte ich es mir so ein, daß ich zwischendurch mindestens sechs Monate lang etwas wie zum Beispiel einen Rohentwurf einschiebe, bevor ich mich wieder an die schwierige Programmierarbeit mache. Ich mache eine Pause. Wenn ich dann zur schweren Programmierarbeit zurückkehre, habe ich das Gefühl, dafür wieder fit zu sein.

INTERVIEWER: Welchen Rat würden Sie jungen Programmierern heute geben?

OZZIE: Wenn Sie ein Mensch sind, der sich zum Programmieren hingezogen fühlt, der ganz einfach programmieren muß, dann würde ich Ihnen raten, optimistisch zu sein und soviel wie möglich bei möglichst vielen unterschiedlichen Projekten zu programmieren. Verbringen Sie soviel Zeit am Computer, wie Ihnen möglich ist, aber lernen Sie, Ihre Grenzen zu erkennen und zu beurteilen, und machen Sie sich nichts daraus, wenn man Sie für einen seltsamen Zeitgenossen hält.

```
This is the main loop for the edit command in our newest version  of T/Maker
which also supports Japanese and Chinese (thus the reference to "kanji").

I would say this code is pretty typical in terms of how it looks.


edit ()

 { inedit = 1;
   oops[0] = NUL;
   tcsd2 = tcs/2;
   move (tl1,tc1,1);
   pmenu (400);
   if (noimage)  gdraw (0,1,1,1,tl1,tl2);
   else          gdraw (0,1,0,0,tl2-3,tl2);
   error = maccol = maccnt = noprint = mmode = 0;
   inmac = chchin = rinfo = 0;
   chr = 390;
   for (;;) {
         if (rlines) {
            if (ccol >= tc1) ruleone (ccol,0,0);
            else             ruleone (ccol,1,0);
            pblip();
         }
         if (chr == 384) break;
         if (chr < 32 || chr == 127)   ederror(65); else
         if (chr >= 527 && chr <= 529) macro ();    else echar ();
         if (theline[ccol] > SPACE && ccol)
            if (callutl(kanji3,0,theline,&theline[ccol-1]))
               if (ccol < tc2) fs(0); else bs();
         if (rlines) {
            if (ccol >= tc1) ruleone (ccol,0,1);
            else             ruleone (ccol,1,1);
            pblip();
         }
         if (rinfo++ >= 50) { rinfo = 0; dinfo (1); }
         else            if (lastinfo != cline) dinfo(0);
         if (error) break;
         pblip();
         chr = gfunc ();
   }
   inedit = 0;
   clrbl();
   mmode = 0;
   dinfo (1);
 }
```

Dieses in C geschriebene Beispielprogramm zeigt den Stil von Peter Roizen.

Peter Roizen

Peter Roizen ist gebürtiger Kalifornier und wuchs in Palo Alto auf. Er besuchte die University of California in Berkeley, wo er 1967 sein Diplom in Mathematik erwarb. Seine erste Arbeitsstelle nach der Promotion war die eines Programmierers, obwohl er vor dieser Zeit nur sehr wenig mit Programmieren zu tun hatte. Roizen verließ Berkeley und verbrachte zwei Jahre in Montreal und Toronto, worauf er nach Europa ging, wo er sieben Jahre als Programmierer für die Weltgesundheitsorganisation arbeitete. Später ging er in die Vereinigten Staaten zurück und arbeitete für die Weltbank in Washington D.C. 1980 gründete Roizen sein eigenes Unternehmen und befaßte sich mit dem Marketing und dem Verkauf seines Kalkulationsprogramms, T/Maker, an dem er während seiner Tätigkeit bei der Weltbank in seiner Freizeit gearbeitet hatte. 1985 zog Roizen mit seiner kleinen Firma von Washington D.C. in das Gebiet am San Francisco Bay. Roizen ist 39 Jahre alt, verheiratet und hat einen fünf Jahre alten Sohn. Er wohnt in Los Gatos, Kalifornien.

Ich hatte arrangiert, Peter Roizen in den Geschäftsräumen seiner Firma, T/Maker, zu treffen, obwohl er dort nur ganz selten zu finden ist, manchmal nur einen Tag in der Woche. Er wirkte auch tatsächlich etwas fehl am Platz und schien sich im Büro inmitten klingelnder Telefonapparate, dem Stimmenwirrwarr und den hektischen Softwareleuten, gar nicht so wohl zu fühlen. Es war fast so, als ließe er das alles eigens für das Treffen mit mir über sich ergehen. Roizen bevorzugt vielmehr die Einsamkeit seines Büros zu Hause, wo er den größten Teil seiner Zeit mit der Entwicklung von Software verbringt.

Roizen, der auf die Vierzig zugeht, ist ein sportlich gekleideter, ruhiger Mann von legerem Aussehen, mit lockigem, dunkelbraunem Haar und einem kantigen Gesicht, auf dem oft ein warmes Lächeln erscheint. Er schätzt seine Freiheit, seine Unabhängigkeit von Arbeitgebern sowie die Möglichkeit, seinen Unterhalt mit dem zu verdienen, was er gern tut, dem Programmieren. Er bildet sich nichts darauf ein, Programmierer zu sein. Er hat keine Allüren, was seine Tätigkeit anbelangt und ist nicht der Typ, der große Pläne von der Entwicklung einer Software hat, mit der man die Welt verändern und ein Vermögen machen kann. Er sieht sich statt dessen als Mensch, der das Glück hatte, den richtigen Platz für sich auf der Welt gefunden und sich dort eingelebt zu haben.

INTERVIEWER: Was gefällt Ihnen am Programmieren?

ROIZEN: Nun, ich habe Spiele wie Schach und Backgammon immer gern gemocht, weil Strategie zum Gewinnen unerläßlich ist, und weil ich am Ende des Spiels immer weiß, ob ich gewonnen oder verloren habe. Das Programmieren ist einem Spiel sehr ähnlich. Wenn ich ein Programm zur Lösung eines Problems schreiben will, ohne viel Aufhebens zu machen, und wenn dabei nicht viele Entscheidungen zu treffen sind, kann ich das Problem normalerweise ziemlich direkt lösen. Aber es gibt immer verschiedene Richtungen, die man einschlagen kann.

Das Programmieren macht Spaß, weil es eine Herausforderung ist, die besten Entscheidungen für das Design zu treffen. Eine gute Sache am Programmieren ist, daß das Programm klar ist, wenn man gute Arbeit leistet. Wenn ich tapeziere, versuche ich auch saubere Arbeit zu machen, tue ich das nicht, ist das Ganze Pfusch. Wenn ich beim Programmieren gute Arbeit leiste, läuft das Programm in einer Sekunde und erfüllt die Aufgabe. Wenn ich bei der Arbeit pfusche, läuft es in zehn Sekunden und jedes zwanzigste Mal bricht alles zusammen. Ich weiß ganz gern, wann ich erfolgreich war.

INTERVIEWER: Beim Programmieren das Beste zu geben ist also für Sie eine Art Befriedigung?

ROIZEN: Sicher, obwohl ich es auch nicht maßlos übertreiben würde. Die Welt ist groß; in hundert Jahren wird kein Mensch mehr wissen, was das für ein Programm war. Ich erwarte nicht, den Lauf dieser Welt beeinflussen zu können. Ich versuche, jeden Tag etwas Nützliches zu tun, so daß ich mir, wenn ich damit fertig bin, sagen kann, daß sich sich der Zeitaufwand dafür gelohnt hat.

»Die Welt ist groß; in hundert Jahren wird kein Mensch mehr wissen, was das für ein Programm war.«

INTERVIEWER: Glauben Sie, daß Sie dem Programmieren verfallen sind?

ROIZEN: Eigentlich nicht. Ich kann jederzeit damit aufhören. Ich kann durchaus zeitweise auf Tastatur und Computer verzichten. Manchmal, wenn ich es leid bin zu programmieren, tue ich etwas anderes. Früher zeichnete ich oft Cartoons. Ich war nicht gut im Zeichnen, so daß es schwierig war, das Motiv zu bekommen, das ich wollte, aber es hat trotzdem Spaß gemacht. Ich laufe gern Ski, obwohl ich kein guter Läufer bin. Und jetzt verbringe ich einen großen Teil meiner Zeit mit meinem fünfjährigen Sohn und kümmere mich um das Haus. Aber die eigentliche Befriedigung kommt vom Programmieren. Mein Job ist nicht besser und nicht schlechter als jeder andere; ich habe nun mal diesen Weg durch Zufall eingeschlagen und bin glücklich dabei. Deshalb bleibe ich dabei.

INTERVIEWER: Wie gehen Sie ans Programmieren heran?

ROIZEN: Ich tendiere zum Programmaufbau »von unten nach oben«. Ich kümmere mich wenig um globale Strategien, weil ich immer erst dann das ganze Bild sehen kann, wenn ich alle Spezifikationen gemacht habe. Das Programmieren »von oben nach unten« ist eine feine Sache, wenn man die Arbeit an mehrere Leute delegieren kann – wobei natürlich ein Konzept gemacht werden muß, wie die einzelnen Teile zusammenpassen. Für mich ist das Programmieren primär ein iterativer Vorgang. Ich arbeite immer nur an kleinen Teilen eines Programms. Wenn ich an einer Stelle mit einem Programm herumspiele, muß ich es möglicherweise an einer anderen Stelle ändern. Ich arbeite mich nach oben oder unten durch, bis ich die passende Lösung gefunden habe.

Ich bin auch sehr praktisch veranlagt. Ich habe viele intelligente Leute gesehen, die gar nicht praktisch veranlagt sind. Sie verlieren sich darin, ein theoretisches Ziel zu erreichen, das vollkommen unnütz ist. Eine praktische Veranlagung ist für das Programmieren sehr wichtig. Man muß in der Lage sein, die Dauer eines Projekts einschätzen zu können, man muß kalkulieren können, was in dieser Zeit getan werden kann und was nicht, und man muß dann in der Lage sein, die Arbeit durchzuziehen und dabeizubleiben, der Versuchung zu widerstehen, zwischendurch andere Dinge zu tun. Praktische Veranlagung ist wichtig, wenn man versucht, jedes Stück Arbeit optimal zu machen, weil die Zeit, die einem für die Arbeit zur Verfügung steht, begrenzt ist. Es kann ganz leicht passieren, daß man das Dreifache an Zeit braucht, um ein Projekt fertigzustellen, wenn man sich damit aufhält, alles mit höchster Eleganz machen zu wollen. Aber wenn man immer noch daran arbeitet, verkauft es sich eben nicht so gut. Man kann kein Produkt vorweisen, und das erschwert es etwas, seinen Lebensunterhalt zu verdienen.

INTERVIEWER: Sie sind jetzt schon seit 18 Jahren dabei. Wie kamen Sie zum Programmieren?

ROIZEN: Als ich 1967 in Berkeley graduierte und mein Diplom für Mathematik erhielt, suchte ich einen Job und nahm die erste mir angebotene Stelle an, und zwar als Programmierer, obwohl meine Erfahrung auf diesem Gebiet ziemlich gering war.

Es gab damals nicht einmal eine Fakultät für Informatik. Ich hatte ein Semester Fortran belegt und war Dozent einer Programmierklasse. Um den Studenten zu helfen und deren Arbeiten zu korrigieren, mußte ich ihnen immer etwas voraus sein. Das war alles, was ich an Erfahrung auf diesem Gebiet hatte.

INTERVIEWER: Wollen Sie damit sagen, daß Sie sich einen Job als Programmierer an Land zogen, ohne jemals programmiert zu haben?

ROIZEN: Das Gebiet war damals Neuland, und die Arbeitgeber stellten auch Leute ein, die Talent zum Programmieren, aber keine Erfahrung hatten. Wie es bei vielen Leuten bei ihrer ersten Arbeitsstelle der Fall ist, war es mir eigentlich egal, was es war. Ich benutzte Fortran und COBOL und las die Handbücher, wenn ich Programme schrieb.

INTERVIEWER: Und sind Sie beim Programmieren geblieben?

ROIZEN: Nach dieser ersten Stelle arbeitete ich sieben Jahre in Europa für die Weltgesundheitsorganisation, danach sieben Jahre bei der Weltbank in Washington D.C. – beides waren große Organisationen – bevor ich 1980 meine eigene Firma gründete.

INTERVIEWER: Gehen Sie bei der Entwicklung eines Programms nach bestimmten Prinzipien vor?

ROIZEN: Ich verwende am liebsten das, was ich geschrieben habe. Nicht daß ich der beste Anwender meiner eigener Programme wäre, aber ich verwende sie ständig, so daß ich ihre Schwachstellen kenne und Änderungen vornehmen kann. Ich erinnere mich an ein Programm bei der Weltbank, das ich jemandem demonstrieren wollte. Das Programm war von jemand anderem, und ich hatte es selbst nie zuvor benutzt. Als die erste Zeile auf dem Bildschirm mit der Anweisung erschien, HELP einzugeben, um das Hilfemenü zu erhalten, dachte ich mir, das könnte ein guter erster Schritt sein. Also gab ich HELP ein und erhielt die Meldung: FATALER FEHLER - SETZEN SIE SICH MIT DER PROGRAMMIERABTEILUNG IN VERBINDUNG. Hierbei handelte es sich um einen Designer, der nicht einmal die erste Anweisung seines Programms auf dem Bildschirm befolgt hatte. Es ist sehr gefährlich, so zu verfahren.

INTERVIEWER: Wie kann es passieren, daß ein Programmierer sein eigenes Programm nicht ausprobiert?

ROIZEN: Früher machten viele Firmen einen Unterschied zwischen dem Analytiker und dem Programmierer. Der Analytiker erstellte den Gesamtplan mit Hilfe von Diagrammen, und der Programmierer fügte die Einzelheiten hinzu. Man erhält unweigerlich Schrott und keine Problemlösung, wenn man die Sache so anpackt, daß die einen Felder zeichnen und die anderen den Inhalt für diese Felder bestimmen. Als ich Programmierer war, war die Hälfte der von den Analytikern erstellten Pläne unbrauchbar. Diese Leute haben das Gesamtbild, aber es fehlen ihnen detaillierte Informationen, um gute Arbeit zu leisten. Niemand ist so intelligent, daß er einen Blick auf das Gesamtbild wirft und daraus die für das Funktionieren eines Programms erforderlichen Details erkennen kann. Deswegen bin ich dafür, daß eine Person das ganze Programm vom Anfang bis zum Ende schreibt.

INTERVIEWER: Glauben Sie, daß ein Programmierer, der in einer Firma arbeitet, Kompromisse schließen muß?

ROIZEN: Nicht unbedingt. Wenn einem jemand Gehalt zahlt, dann muß man tun, was gewünscht wird, aber nur bis zu einem gewissen Grad. Sehen wir es doch so wie es ist; Geld bedeutet Einfluß. Das ist nun mal die Regel. Aber ich würde das nicht als »Kompromisse schließen« bezeichnen. Einige Firmen würden das als Reife oder positive Anpassung bezeichnen. Als ich für die großen Organisationen arbeitete, hatte ich Aufgaben, die mir Spaß machten und mit deren Ergebnis ich zufrieden war; es gab keinen Grund, Kompromisse zu schließen.

INTERVIEWER: Wie gehen Sie an die Arbeit, wenn Sie ein Programm schreiben?

ROIZEN: Da ich gewöhnlich alles selbst programmiere, habe ich keine Zeit, komplizierte Features zu implementieren. Ich muß Programme entwickeln, die eine annehmbare Länge haben und innerhalb der vorgegebenen Zeit fertiggestellt werden können. Die Leute, die nur Spezifikationen schreiben, berücksichtigen die Zeit nicht sehr. Es besteht wirklich ein großer Unterschied zwischen dem, was wir gern tun möchten und dem, was tatsächlich getan werden kann. In mancher Hinsicht ist es ein Handicap, daß wir hier in unserer Firma nicht die Zeit und das Geld zur Verfügung haben, genau das zu tun, was wir gern tun möchten. In anderer Hinsicht ist es ein Segen, denn dadurch wird das Programm relativ kurz und brauchbar, weil kaum absolut nutzlose Features eingebaut werden.

INTERVIEWER: Schreiben Sie viele Kommentare in Ihre Programme?

ROIZEN: So gut wie keine. Wenn ich jemandem einen Teil eines Quellprogramms für etwas geben muß, gehe ich es schnell noch einmal durch und füge Kommentare hinzu. Meine eigenen Arbeiten sind für mich aussagekräftig. Die Namen und Routinen sind sämtlich Abkürzungen, die ihre Funktionen beschreiben, so daß Kommentare unnötig sind, ja mir sogar nur das Programm vollstopfen würden. Wenn ich eine Struktur an fünf oder sechs Stellen einsetzen will, kommentiere ich eventuell, was in jedem Element ist. Ansonsten belaste ich ein Programm nicht mit Kommentaren.

Ein gutes Gedächtnis für Einzelheiten ist wichtig, wenn ich meine Programme lese, obwohl ich glaube, daß ich sonst kein besonders gutes Gedächtnis habe. Ich kann mir keine Geburtstage merken. Ich weiß, daß ich irgendwo zur High-School ging, aber ich kann mich an nichts mehr erinnern. Mein Gedächtnis für diese Dinge ist schlecht. Aber geben Sie mir ein Problem, fragen Sie mich zum Beispiel was passieren würde, wenn Sie dies oder jenes täten, dann würde ich mich möglicherweise an den Teil eines Programms erinnern und ziemlich gut einschätzen, was damit passieren würde. Das Gedächtnis trennt wohl ziemlich scharf. Ich weiß, daß mich mein eigenes Gedächtnis manchmal in Erstaunen versetzt – positiv und negativ.

INTERVIEWER: Hat Ihr Quellcode einen besonderen Stil?

ROIZEN: Ich nehme an, jeder hat seinen eigenen Stil. Meine Programme sind nur sehr spärlich mit Zwischenräumen ausgestattet. Ich versuche, die Funktionen, die von verschiedenen Routinen benötigt werden, zu isolieren und so am Code zu sparen und die Geschwindigkeit zu verbessern.

INTERVIEWER: Gibt es Ihrer Meinung nach den einzig wahren, richtigen Weg, ein Programm zu entwerfen?

ROIZEN: Mit Sicherheit nicht. Man muß seinen eigenen Arbeitsstil und seine eigenen Gewohnheiten einhalten. Ich sitze gewöhnlich etwas vom Terminal weg, die Füße auf dem Schreibtisch, und greife nach der Tastatur wie ein Maler nach der Staffelei. So mache ich es, aber das bedeutet noch lange nicht, daß andere Leute nicht dasitzen und auf Ihre Tastatur starren sollen, als würden sie maschineschreiben. Das Wesentliche für ein gutes Programm ist echtes Interesse. Wenn man etwas wirklich gut machen will, muß man ernsthaftes Interesse daran haben. Wenn das fehlt, wird selbst das größte Talent der Welt nur ein lausiges Ergebnis erzielen. Wenn man wirklich Interesse hat, reicht ein Drittel des Talents für eine wirklich gute Sache.

»Ich sitze gewöhnlich etwas vom Terminal weg, die Füße auf dem Schreibtisch, und greife nach der Tastatur wie ein Maler nach der Staffelei.«

Interviewer: Aus welchem Grund haben Sie die Weltbank verlassen, um Ihre eigenen Wege zu gehen?

ROIZEN: Es ist meine Philosophie, aus jeder Situation das Beste zu machen. Ich war frustriert, weil es mir schien, daß gute Ideen nie aufgenommen wurden und wertvolle Zeit mit der Fortführung schlechter Ideen vertan wurde. Das traf sowohl für die Weltgesundheitsorganisation als auch für die Weltbank zu.

INTERVIEWER: Warum wurden Ihrer Meinung nach gute Ideen nicht aufgenommen?

ROIZEN: Bei großen Unternehmen ist die Umgebung nicht geeignet, kreatives Denken anzuregen. Man belohnt die Leute dafür, genau das zu tun, was man von ihnen erwartet. Ohne jeglichen Anreiz wird man nie mit Projekten an die Programmierer herantreten, die deren volles Interesse finden, und die Programmierer ihrerseits geben sich auch keine besondere Mühe, interessante Problemlösungen zu finden. In den Unternehmen, für die ich arbeitete, war es oft so, daß wir am Problem selbst nie arbeiteten, weil wir zuerst mit Durchführbarkeitsstudien beschäftigt waren, die meist mehr Zeit in Anspruch nahmen als die Arbeit selbst.

Mein Vater sagte immer: »Die Arbeit ist so gut wie der unmittelbare Vorgesetzte.« Das traf genau für mich zu. Bei guten direkten Vorgesetzten hatte ich genügend Spielraum, so daß ich mit Freude arbeitete und abends mit meiner Leistung zufrieden war. Bei schlechten Vorgesetzten, die an den Projekten nicht interessiert waren oder kein gemeinsames Interesse teilten, war meine Arbeit schlecht.

Ich ging hauptsächlich deswegen weg, weil ich es leid war, abends in dem Bewußtsein heimzugehen, nichts geleistet zu haben. Ich wollte das Gefühl haben, mein Geld ehrlich zu verdienen. Statt dessen ging ich jeden Abend heim und sagte mir: »Nun, ich habe heute genug gelitten und verdiene das Geld als Entschädigung.« Das ist auf Dauer kein Zustand.

INTERVIEWER: Was taten Sie, um Ihr Leben erträglicher zu gestalten?

ROIZEN: Nun, ich legte mir einen Computer zu und begann, abends an einigen meiner eigenen Ideen zu arbeiten. Ich hatte ungefähr 6000 Dollar gespart, die meine Frau und ich für etwas ausgeben wollten, vielleicht für ein neues Auto oder einen programmierbaren Taschenrechner. Damals waren gerade die Personalcomputer herausgekommen. Je länger ich darüber nachdachte, was ich kaufen sollte, desto sinnvoller erschien mir ein Computer. Also kaufte ich ein 48K-CP/M-System mit Terminal. Ich arbeitete tagsüber in meinem Job und abends und an den Wochenenden zu Hause. Ich entwickelte die Ideen nicht aus Profitgier, sondern weil ich wissen wollte, ob sie realisierbar seien. Meiner Meinung nach waren einige dieser Ideen der Mühe wert.

INTERVIEWER: Und das war also der Anfang von T/Maker. Was inspirierte Sie zu dieser Idee?

ROIZEN: Damals programmierte ich ziemlich viel für Budgetabteilungen, deren Hauptaufgabe darin bestand, Zahlenkolonnen zu addieren. Die Leute kamen gewöhnlich mit einem Problem zu uns, und gingen mit einer großen, ihnen nie so ganz verständlichen Datenbank wieder weg. Letztendlich waren die Berichte nie so, wie man sie sich vorstellte, und die Rechnungen für das Timesharing waren immens. Das war eine ungeheure Verschwendung von Ressourcen, ganz einfach mit Kanonen auf Spatzen schießen.

Also versuchte ich, eine einfache, leicht zu erlernende Tabellenkalkulation zu entwickeln, die dem Anwender das gewünschte Ergebnis bringen würde. Ich wollte ein Programm, mit dem sich Summen und Zwischensummen leicht erstellen lassen, und das dem Anwender die Möglichkeit bietet, wann immer er will, Text am Bildschirm einzugeben. Ursprünglich hatte ich bei der

Weltbank damit begonnen und das Programm für UNIX entworfen, so daß die Benutzer auf die Kalkulation ohne Überlastung des Großrechners zugreifen konnten. Ich wollte das Programm verfeinern, aber niemand in der Bank hatte Interesse daran. Dann ging ich zu einigen anderen Firmen und bot ihnen dieses Feature für ihr Timesharing-System an. Niemand war auch nur im geringsten interessiert. Jeder hielt mich für einen Spinner mit einer komischen Idee.

INTERVIEWER: Aber Sie gaben nicht auf?

ROIZEN: Ich kam zu dem Schluß, daß ein Fortschritt nur mit meinem eigenen System möglich war. Das war ein großes Risiko für mich, denn zu jener Zeit meinte ich, man müsse ein großes Unternehmen mit großen Ressourcen und organisierten Leuten sein, um mit einer Sache wie meinem Kalkulationsprojekt anzufangen. Ich glaubte nicht, daß dies einer kleinen Firma wirklich gelingen könne. Es dauerte ungefähr ein Jahr, bis die erste Version des Produkts lief.

INTERVIEWER: Machten Sie sich während dieses Jahres jemals Gedanken über den Wettbewerb – darüber, daß jemand Ihnen zuvorkommen könnte?

ROIZEN: VisiCalc kam ungefähr sechs Monate vor Fertigstellung von T/Maker heraus. Der Name machte mir wirklich Angst, denn er klang so nach dem gleichen Produkt. Ich wollte es mir nicht einmal ansehen, da ich das ungute Gefühl hatte, es könne das gleiche sein. Ich glaube, ich habe mich erst vergewissert, als ich T/Maker fertiggeschrieben hatte. Dann stellte ich fest, daß es vollkommen anders war. Natürlich brachte VisiCalc anschließend Millionen Dollar ein und T/Maker nicht, aber ich weiß, das hat bezüglich der Qualität eines Produkts nichts zu sagen.

INTERVIEWER: Können Sie beschreiben, wodurch sich die Tabellenkalkulation T/Maker von VisiCalc unterscheidet?

ROIZEN: T/Maker wurde ganz anders in Angriff genommen. Unser Programm verwendet einen leeren Bildschirm, während VisiCalc dem Anwender auf dem Bildschirm Unterteilungen zum Eintragen von Zahlen und Gleichungen vorgibt. Bei T/Maker ist die Sache viel lockerer; der Rechenteil des Programms ist im Hintergrund. Wenn man ihn benutzt, denkt man, man schreibe an eine Tafel, man hat nicht das Gefühl, mit einem Programm zu arbeiten.

Eine interessante Sache bei T/Maker ist, daß man eine Information, einen logischen Gedanken, vertikal statt horizontal auf den Bildschirm schreiben kann. Ich würde das zwar nicht als eine umwerfende Konzeption bezeichnen, aber ich habe niemals ein anderes Programm gesehen, das das kann.

INTERVIEWER: Was waren die Kriterien für Ihren Entwurf von T/Maker?

ROIZEN: Zum einen lag die Betonung darauf, einfache Lösungen für einfache Probleme zu finden. Wenn man drei Kolonnen addieren möchte, gibt man zusammen mit den Zahlen in die untere linke Seite des Bildschirms drei Pluszeichen ein, und darunter ein Gleichheitszeichen zur Anzeige des Gesamtbetrags. Nichts ist leichter als das. Ich wollte keine allgemeine theoretische Lösung mit einer Vielzahl von Möglichkeiten, die den Anwender verunsichern. Ich wählte eine Lösung für Leute, deren Arbeit primär darin besteht, Zahlenkolonnen zu addieren. Mit T/Maker können die Anwender einen sauber aussehenden Bericht erstellen, der allen ihren Spezifikationen gerecht wird. Dann können sie den Bericht genauso ausdrucken lassen, wie er auf dem Bildschirm erscheint, denn die Syntax von T/Maker gestattet es dem Anwender, an jeder beliebigen Stelle auf dem Bildschirm Text unterzubringen. Dadurch unterscheidet sich T/Maker von den meisten anderen Systemen.

Ein weiteres wichtiges Merkmal von T/Maker hat mit meinem Entwurfsstil zu tun. Wenn ich die Wahl habe zwischen einer bestimmten nützlichen Funktion und einer allgemeingültigen Lösung, tendiere ich zur allgemeingültigen Lösung, sofern diese nicht die einfachen Funktionen beeinträchtigt. Andere Pakete sind viel starrer. Man geht von der Annahme aus, daß der Anwender zwei Zeilen Überschrift und am unteren Rand eine Seitenzahl haben möchte. Bei T/Maker kann die Überschrift aus einer beliebigen Anzahl von Zeilen bestehen, und die Seitenzahl kann überall auf der Seite stehen. Das macht es zwar schwieriger für Personen, die eben zwei Zeilen Überschrift wollen, aber das Programm ist stärker für diejenigen, die es über einen langen Zeitraum benutzen. Das Schreiben eines Pakets wie T/Maker erfordert eine unheimliche Anzahl von Entscheidungen. Ich möchte meinen, daß in T/Maker die meisten gut getroffen wurden.

INTERVIEWER: Wie war die Arbeit an T/Maker?

ROIZEN: Sie machte Spaß. Es war immer wieder spannend, wenn ich kompilierte, und ein neues Feature funkionierte. Es war aufregend, wenn sich jemand das Programm ansah, und der Meinung war, es sei gut genug für den Verkauf. Noch aufregender war es natürlich, als die Schecks hier ankamen und ich meinen Lebensunterhalt mit etwas verdienen konnte, was mich befriedigte.

INTERVIEWER: Was war Ihr größtes Problem, als Sie das Programm schrieben?

ROIZEN: Die Tatsache, daß ich nur einen Computer hatte, erschwerte die Sache. Der Rechner brach grundsätzlich dann zusammen, wenn ich am nächsten Tag einen Teil des Produkts demonstrieren wollte. Außerdem mußte ich einen Bildschirmeditor schreiben, da T/Maker eine visuelle Syntax benutzt. Ich hatte so etwas nie zuvor getan, und es war etwas kompliziert.

INTERVIEWER: Welche Sprache benutzten Sie zum Schreiben des Programms?

ROIZEN: Ich schrieb die erste Version in CBASIC, weil es zu jener Zeit nichts anderes gab. Rückblickend gefällt es mir sogar. Die Version funktionierte nicht nur, sondern war auch verhältnismäßig schnell. Als ich schließlich C (BDS C) verwenden konnte, ging alles zehnmal schneller. Bis zum heutigen Tag bin ich stolz auf meine Leistung, einen Bildschirmeditor geschrieben zu haben, der in CBASIC läuft und zudem noch verhältnismäßig schnell ist.

»Ein Typ aus Südkalifornien, der mit T/Maker seine Ranch verwaltet, schickte uns eine Kiste Avocados.«

INTERVIEWER: Tauchten beim Schreiben dieses Kalkulationsprogramms unerwartete Aspekte auf?

ROIZEN: Der Kontakt mit den Anwendern hat unheimlich Spaß gemacht. Manchmal erhalten wir Post von Fans, und einige Briefe sind wirklich rührend. Einmal schickten wir einem Gefängnis eine kostenlose Kopie von T/Maker. Jemand schrieb uns von dort und erzählte uns, wie sehr man sich an der Arbeit mit dem Programm erfreue und wie dankbar man sei, daß jemand etwas für Gefangene übrig hat. Ein Typ aus Südkalifornien, der mit T/Maker seine Ranch verwaltet, schickte uns eine Kiste Avocados. Es ist wie in einer großen Familie. Obwohl man sich nie persönlich kennengelernt hat, werden die Anwender durch ein Telefongespräch oder ein bis zwei Briefe zu Familienmitgliedern. Das ist eine erfreuliche Begleiterscheinung unserer Arbeit.

INTERVIEWER: Hat sich Ihr Leben sehr verändert, seit Sie T/Maker geschrieben haben?

ROIZEN: Mein Leben hat sich sehr verändert, insbesondere meine Einstellung zu meiner Arbeit und meinem Einkommen. Als ich für andere arbeitete, war ich immer der Meinung, ich müsse mindestens fünf Prozent mehr bekommen, als bei meinem letzten Job, und ich wollte keine Risiken auf mich nehmen. Ich dachte immer an mein Gehalt und an den nächsten Ersten, weil ich mir vielleicht einen neuen Fernseher oder eine Stereoanlage kaufen wollte. Bei meinen ersten Jobs wunderte ich mich oft darüber, wie mir jemand soviel Geld dafür zahlen konnte, nichts zur Bereicherung der Menschheit beizutragen – dafür, daß ich herumsaß, mit anderen Leuten Kaffee trank, Durchführbarkeitsstudien schrieb, die nie realisiert wurden und Programme, die keiner verwenden konnte. Von meinem Job profitierte kein anderer als ich selbst, und der einzige Nutzen war mein Gehalt. Nach einiger Zeit fühlte ich mich allmählich wertlos, weil mir meine Arbeit nutzlos vorkam.

Jetzt habe ich das Gefühl, durchaus Fähigkeiten zu besitzen, die von Nutzen sind. Meine Arbeit gibt mir Zufriedenheit, also mache ich mir über mein Einkommen keine Gedanken. Wenn ich die Wahl hätte, entweder die Hälfte mit etwas zu verdienen, was mir Spaß macht, oder doppelt soviel mit etwas, was andere mir auftragen, würde ich mich für das niedrigere Einkommen und meine Freiheit entscheiden. Wenn ich grundsätzlich mit meiner Arbeit zufrieden bin, brauche ich keinen Porsche zu fahren, weil das in meinem Leben keine Bedeutung hat. Das zu tun, was mir Spaß macht, ist mir zum Lebensinhalt geworden.

INTERVIEWER: Woran arbeiten Sie zur Zeit?

ROIZEN: Ich arbeite an einer Überarbeitung von T/Maker. Nachdem ich fünf Jahre lang mit dem Programm herumgespielt habe, sehe ich etliche Stellen bei T/Maker, die verbessert werden können. Ich kenne jetzt Probleme, die ich beim Schreiben des Programms noch nicht sehen konnte. Wenn man ein Programm nicht über längere Zeit ausprobiert und ständig benutzt, kann man die Schwachstellen nicht sehen. Man sieht den Wald vor lauter Bäumen nicht. Das jetzige Gesamtbild von T/Maker könnte besser gestaltet werden.

Bislang machte das Produkt Leuten, die das Handbuch nicht lesen oder mit dem Computerjargon nicht vertraut sind, nur einige Zugeständnisse. Das war ein Gebiet, auf dem ich nicht besonders viel Einfühlungsvermögen hatte, weil ich mich jeden Tag von morgens bis abends mit Computern beschäftigte. Wenn ich mir die Funktion einer Taste merken muß, kann ich das auch. Ich kann Anwendern, die das Programm weniger oft benutzen, zum Beispiel nur am Wochenende, die Arbeit erleichtern. Es ist schwierig, sich von einem Sonntag bis zum nächsten Sonntag zu merken, wie das Programm funktioniert.

INTERVIEWER: Haben Sie jemals mit dem Gedanken gespielt, etwas ganz anderes zu machen als T/Maker?

ROIZEN: Es würde mir nichts ausmachen, etwas anderes zu versuchen. Aber ich habe soviel Zeit, Code und Mühe investiert, daß es schwerfällt, aufzuhören und etwas Neues anzufangen. Bei jedem neuen Projekt gibt es eine bestimmte Anlaufzeit. Und T/Maker ist erweiterungsfähig. Ich bekomme jetzt auch Hilfe von einem Programmierer, der die Maschine besser versteht als ich, das eröffnet neue Dimensionen.

»Für mich ist nicht nur die Aussage eines Programms wichtig, sondern auch, wie es aussieht.«

INTERVIEWER: Sehen Sie das Programmieren als Kunst, Wissenschaft, Handwerk oder Begabung?

ROIZEN: Ich sehe es ganz entschieden als Kunst. Ich denke, daß alles, was gut gemacht wird, Kunst werden kann, weil jede Arbeit ein gewisses Maß an Geschmack und künstlerischem Talent erfordert. Was meine eigene Arbeit betrifft, so ist für mich nicht nur die Aussage eines Programms wichtig, sondern auch, wie es aussieht. Ich gehe oft ein Programm noch einmal durch und nehme Korrekturen vor, damit es besser aussieht.

INTERVIEWER: Würden Sie das Programmieren mit einer anderen Kunst – dem Komponieren, Malen oder Schreiben vergleichen?

ROIZEN: Es ist schwierig, Vergleiche anzustellen, da ich nur eines dieser Dinge gut kenne. Ich kann mir keine Vorstellung davon machen, worum es einem Komponisten geht, wenn er ein Musikstück komponiert. Die Kunst liegt darin, an dem, was immer man tut, Interesse zu haben, und zu versuchen, hochwertige Qualitätsarbeit zu leisten. Das gilt für das Programmieren genauso wie für das Tapezieren.

INTERVIEWER: Sehen Sie die Informatik als echte Wissenschaft?

ROIZEN: Ich bin kein großer Verfechter der Ansicht, daß das Studium der Informatik einen guten Programmierer ausmacht. Es ist natürlich unumgänglich, zu lernen, wie man eine Hashtabelle oder bestimmte Algorithmen entwickelt. Aber vielleicht ist es von Vorteil, wenn man diese Dinge selbst lernt, wie das bei mir der Fall war. Nun, ich war mit dem Lernen auf mich selbst gestellt, weil es damals keinerlei Bücher oder Kurse zu diesem Thema gab. Ich sage das, weil die meisten Probleme außerhalb der Gebiete auftauchen, über die man aus Büchern oder in Kursen lernen kann. Man kann nicht zur Lösung eines Teilproblems auf Seite fünf eines Buchs nachschlagen und zur Lösung des nächsten Teilproblems auf Seite sechs, und beide zur Lösung des Gesamtproblems zusammenziehen. Solche Lösungen führen zu nichts.

Der größte und schwierigste Teil eines Problems besteht in der Entscheidung welche Richtung man einschlagen soll. Wenn ich mich längere Zeit mit etwas beschäftige, kommt ein Plan zustande, und dann ist das eigentliche Programmieren nicht mehr so schwer. Das Lernen von zehn verschiedenen Sortieralgorithmen in der Informatik bringt eigentlich nichts, wenn man eine Lösung erarbeiten muß.

INTERVIEWER: Sie geben hier aus Ihrer Erfahrung heraus wertvolle Tips an eine neue Generation von Programmierern. Hat Sie jemand besonders beeinflußt?

ROIZEN: Niemand Bestimmtes. Ich mochte »Zen und die Kunst der Wartung von Motorrädern«. Obwohl ich vielleicht dreiviertel davon nicht verstand, hatten die paar Zeilen, die ich verstand, eine große Wirkung auf mich. Als ich das Buch las, begann ich, etwas mehr über Qualität und gute Arbeit nachzudenken, obwohl es den Anschein hatte, daß das niemanden wirklich interessiert.

Der Autor beschrieb einen Motorradfahrer, der sein Motorrad in die Reparaturwerkstatt brachte. Ohne nachzudenken, ergriff der Monteur ein Werkzeug, das falsche, und löste sofort eine Mutter. Es gibt durchaus Leute, die die Arbeit als rein manuelle Tätigkeit sehen, ohne Denken zu müssen. Ich war beeindruckt von der Beschreibung des Autors, wie lohnend es sein kann, etwas gut zu machen.

INTERVIEWER: Haben Sie viel Kontakt mit anderen Programmierern?

ROIZEN: Nicht viel. Ich ziehe es vor, meine eigenen Gedanken weiterzuentwickeln. Ich weiß nicht, wie andere Programmierer arbeiten, aber ich glaube nicht, daß sie an meinen Ideen großes Interesse haben. Die Erfahrung, die ich machte, als ich den Leuten T/Maker verkaufen wollte, war die Bestätigung.

Einer der Vorteile beim Programmieren ist, daß man selbst ein System besitzen und die Arbeit selbst tun kann. Man ist nicht auf die Mitarbeit anderer Leute angewiesen, wenn man etwas machen will. Man ist vollkommen unabhängig. In der Firma habe ich meine Besuche im Büro mittlerweile auf einmal pro Woche reduziert. Ich mag die Aufgaben nicht, die dort erledigt werden müssen, wie etwa die Marketingstrategie zu planen oder an Konferenzen teilzunehmen. Das gibt mir keine Befriedigung. Ich arbeite lieber alleine zu Hause.

INTERVIEWER: Was, glauben Sie, macht einen guten Programmierer aus?

ROIZEN: Ein guter Programmierer ist ein guter Arbeiter mit einem gewissen Maß an Interesse für seine Arbeit. Es ist sein Ziel, sein Produkt so gut wie nur möglich zu gestalten, wie es so schön in Armeeanzeigen steht, ganz gleich, wie schwierig es ist, dieses Ziel zu erreichen. Er muß auch ein gutes Gedächtnis für Einzelheiten haben. Ich kann mir den Teil eines Programms heraussuchen, den ich vor Jahren geschrieben habe und komme im allgemeinen sehr schnell dahinter, was ich damals bezweckte.

INTERVIEWER: Wenn ein Programmierer ein ausgezeichnetes Programm geschrieben hat, ist der Erfolg dann sicher?

ROIZEN: Das dachte ich einmal. Aber jetzt bin ich mir dessen gar nicht so sicher. Es kommt darauf an, was Sie unter Erfolg verstehen. Ich definiere Erfolg so, daß ich tagsüber das tue, was ich tun will und am Monatsende die Rechnungen bezahlen kann. Diese Art von Erfolg ist nicht schwer zu erreichen. Egal was man tut, man kann diese Erfolgsstufe immer erreichen. Aber ich weiß genausogut, daß man ein so erfolgreiches Produkt wie Lotus 1-2-3 nicht verdrängen kann, selbst wenn man ein zehnmal besseres Paket schriebe. Und nicht nur das, gute Ideen kommen nicht so einfach. Man kann sich nicht hinsetzen und sagen: »Heute habe ich eine gute Idee.« Man kann auch nicht erwarten, daß zehn Leute locker mit fünfzig Ideen daherkommen. In meinem ganzen Leben hatte ich vielleicht drei oder vier Ideen, die für die Entwicklung nützlicher Projekte brauchbar waren. Eine davon war T/Maker, aber da ich den anderen Ideen nicht nachgegangen bin, habe ich sie mittlerweile vergessen.

INTERVIEWER: Was glauben Sie, wird in der Computerindustrie in den nächsten paar Jahren passieren?

ROIZEN: Ich weiß es nicht. Ich bin der Letzte, der diese Frage beantworten könnte, weil ich die Trends nicht verfolge. Wenn ich eine Computerzeitschrift in die Hand nehme und darin blättere, werde ich ganz traurig. Es gibt so viele brillante Produkte. Ich sehe die faszinierenden Abbildungen der schönen Bildschirme und bekomme unweigerlich das Gefühl, daß unsere minderwertig sein müssen. Eine Möglichkeit, Depressionen dieser Art zu umgehen, liegt darin, keine Zeitschriften zu lesen. Folglich bekomme ich nicht mit, was andere Leute tun. Aber das ist mir egal, solange wir Kunden haben. Wir nehmen an T/Maker ständig Korrekturen vor, und die Kunden kaufen weiterhin die neueste Version. Wir haben einige OEM-Kunden, die in regelmäßigen Abständen immer wiederkommen, und ich glaube, sie werden auch weiterhin unsere Kunden bleiben, wenn wir ihnen hier und da etwas Besseres anbieten können.

INTERVIEWER: Glauben Sie, daß der Computer einmal eine intelligente Maschine sein wird?

ROIZEN: Der Computer ist eine hoch verfeinerte, sehr schnelle und gewöhnlich sehr dumme Maschine. Er ist auch unglaublich nützlich für Aufgaben, die eine Menge Zeit benötigen und die sehr langweilig sind. Die Maschine übernimmt diese Aufgaben, weil sie für sie nicht langweilig sind. Sie steht nicht morgens auf und sagt: »Ich bin es leid, Zahlen zu addieren, ich hab's so satt.« Der Computer macht es einfach. Er ist ein Werkzeug wie ein Schraubenzieher auch. Wenn man es richtig gebraucht, kann man sich damit eine Menge langwierige Arbeit ersparen.

Für viele Aufgaben könnte ein Algorithmus entwickelt werden, der bessere Ergebnisse erzielte als die intuitiv entwickelten. Zum Beispiel kann ein Computer schneller eine bessere Diagnose für einfache Fälle wie Mandelentzündung oder einen bestimmten Bruch erstellen als ein Arzt. Anwendungen, die Schnelligkeit erfordern, wären unheimlich eindrucksvoll. Die medizinische Diagnose könnte den Anschein erwecken, der Computer sei intelligent, weil er sehr schnell ist und keine logischen Fehler macht. Aber wenn ein Fall mehr Denken erfordert, sagen wir die Diagnose einer komplexeren oder seltenen Krankheit, wie bestimmte Krebsarten oder Virusinfektionen, von denen wir noch nicht alle Faktoren kennen, die zu einer Lösung führen, dann halte ich es für unwahrscheinlich, daß der Computer jemals in der Lage sein wird, diese Probleme hinreichend zu lösen.

INTERVIEWER: Ist für Sie die Rolle des Computers in der Gesellschaft von Bedeutung?

ROIZEN: Eigentlich nicht. Mich kümmert nicht die Industrie, nicht die Welt. Mich beschäftigt die Welt nur insoweit, als ich gern hätte, daß sie eine friedvolle Welt ist, und dazu möchte ich gern beitragen. Aber was meine Arbeit anbelangt, ist es mir im Grunde genommen einerlei, ob es für die Programme, die ich schreibe, eine gute Marketingstrategie gibt, ob die Computerindustrie zurückgeht, oder ob der Zeitpunkt für ein bestimmtes Projekt gerade günstig ist. Ich kümmere mich nicht um solche Dinge. Ich könnte meine ganze Zeit damit verbringen, darüber nachzudenken, ob ich etwas tun sollte, und es würde keine Zeit übrig bleiben, wirklich etwas zu tun. Das ist wie mit den Steuern. Ich zahle gern Steuern, weil sie ein Beitrag für unsere Gesellschaft sind, und wenn es keine Gesellschaft gäbe, würde ich kein Geld verdienen. Ich kenne Leute, die in der Zeit, in der sie sich über ihre Steuern den Kopf zerbrechen, eine Menge Geld verdienen könnten.

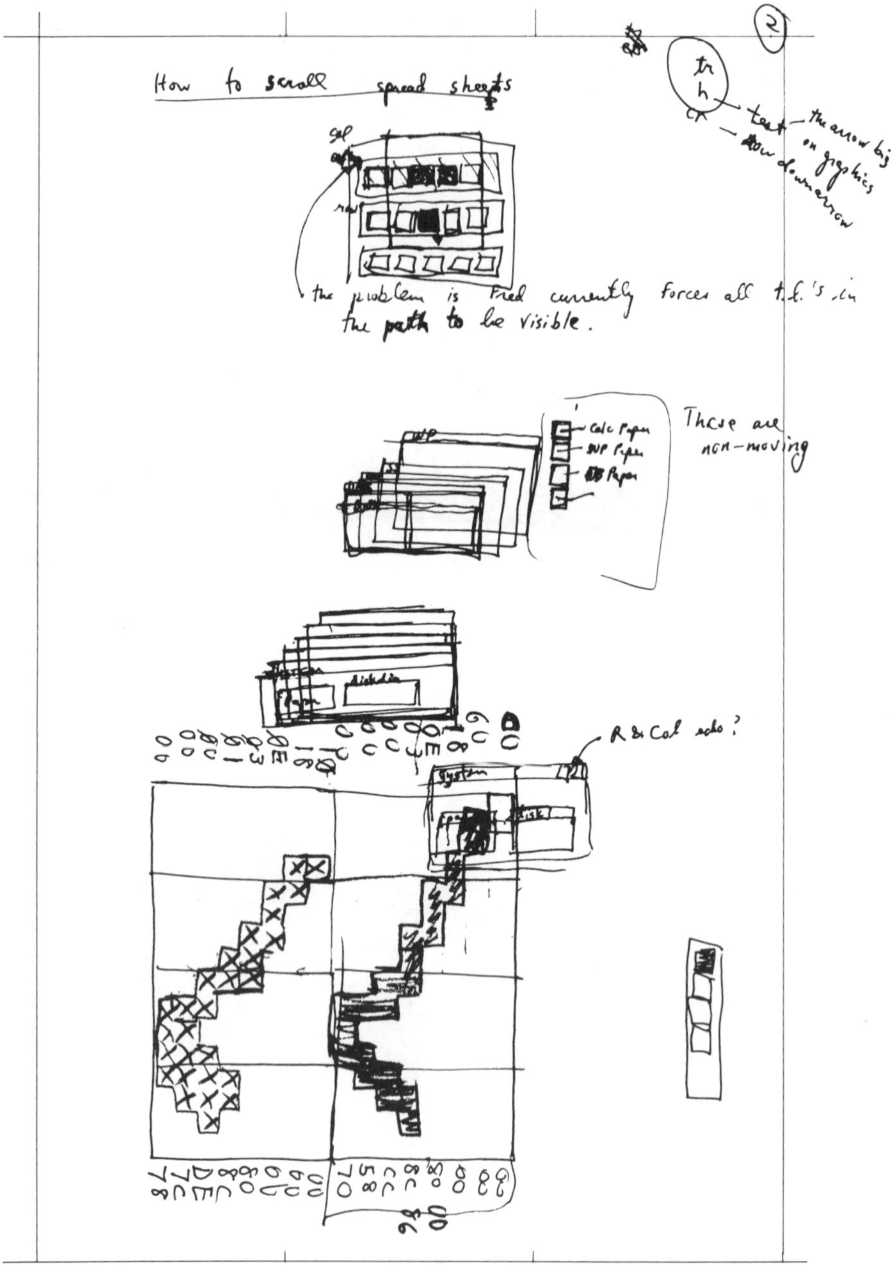

Diese »Wanderung der Arbeitsblätter« half Carr beim Design von Framework. Weitere Skizzen und Notizen finden Sie im Anhang (Seiten 378-391).

Bob Carr

Als leitender Entwickler bei Ashton-Tate, ist Bob Carr (29) mit der Leitung der Forschung für neue Produkte und Technologien betraut. Carr ist einer der Pioniere auf dem Gebiet der integrierten Software und der Mann, der Framework und dessen Nachfolger Framework II entwarf und bei deren Entwicklung federführend war.

Früher war Carr Vorsitzender der Forefront Corporation, eines Unternehmens, das er im Juli 1983 mitgründete, um die Entwicklung von Framework, einem Programm, das er in eigener Regie fünfzehn Monate vorher begonnen hatte, abzuschließen. Ashton-Tate war bereit, als Gegenleistung für die Marketingrechte an Framework, Forefront zu finanzieren. Im Juli 1985 kaufte Ashton-Tate das Unternehmen auf.

Vor der Entwicklung von Framework und der Mitgründung von Forefront arbeitete Carr als Programmierberater an der Entwicklung von Context MBA, einem der ersten integrierten Softwarepakete. Vor dieser Zeit arbeitete Carr am Xerox PARC an Vorgängern der Xerox-Star- und Smalltalk-Produkte. Er hat sowohl das erste als auch das zweite Staatsdiplom in Informatik von der Stanford University.

Forefront ist ein kleines Unternehmen, das aus einer Kerngruppe von Programmierern besteht, einem gut aufeinander eingespielten Team. Bob Carr ist jung, voller Energie, bescheiden und pfiffig. Er ist der technische Leiter dieser menschlich und arbeitsmäßig bewährten Gruppe.

Carr war ordentlich gekleidet: Brille mit Schildpattrahmen und runden Gläsern, Cordhose zum gestreiften Hemd. Während unseres Gesprächs redete er lebhaft gestikulierend und zeichnete Diagramme an die Tafel. Er sprach mit großer Begeisterung in wohlformulierten Sätzen. Er erzählte über seine Vergangenheit und schilderte die Art und Weise, wie er das Design eines Programms in Angriff nimmt – wofür das beste Beispiel sein ehrgeizigstes Projekt, der Entwurf von Framework, ist.

INTERVIEWER: *Wollten Sie schon immer Programmierer werden?*

CARR: An der Stanford University war ich hin- und hergerissen zwischen meiner ersten Liebe, den Geisteswissenschaften, und meiner etwas praktischer veranlagten Seite, die in Richtung Technik ging. Ich wurde beiden Seiten gerecht, indem ich für jedes dieser Gebiete an Vorlesungen teilnahm, um mir alle Wege offenzuhalten.

Ich schreibe gern und glaube, daß ich literarisch begabt bin. Ich spiele immer noch mit dem Gedanken, Romane zu schreiben. Einen Text oder Software zu schreiben beinhaltet weitaus mehr, als Gedanken in ein Programm umzusetzen oder auf Papier zu bringen. Es ist ein Vorgang, der die ständige Weiterentwicklung der Gedankengänge enorm fördert. Wenn man gezwungen ist, etwas niederzuschreiben, denkt man lieber einmal mehr darüber nach.

Nach meinem ersten Halbjahr an der Universität schloß ich einen entscheidenden Kompromiß. Ich sagte mir: »Ich hab's! Ich schreibe unheimlich gern, damit will ich meinen Lebensunterhalt verdienen, aber aus Vernunftsgründen werde ich technischer Schriftsteller. Dann kann ich meine Brötchen verdienen und trotzdem kreativ sein.« Ich sprach mit einigen Professoren der Journalistik, deren Meinung nach für gute technische Literatur nichts wichtiger ist als ein technisches Diplom, also beschloß ich, diesem Rat zu folgen. Aber dann stellte ich fest, daß mir die Technik nicht lag: Maschinenbau entsetzlich; die Elektronik war interessant, aber ich kam nicht damit zurecht; die Chemie; nichts davon war das Wahre für mich.

Noch im gleichen Quartal belegte ich einen Programmierkurs für Anfänger. Ich mußte Lochkarten auf einen Großrechner zum Programmieren in ALGOL verwenden. Es machte mir unheimlich Spaß. In dieser Zeit hatte ich auch einen Job als Wachmann für das neue Timesharing-System der Stanford University, dem LOTS. Man hatte dort eine DEC 20 mit 30 Terminals, und die Anlage war die ganze Nacht über offen. Ich saß am Empfang und paßte auf, daß niemand etwas mitnahm.

Ich konnte an den Rechner nicht ran, aber der gute alte Ralph Gorin stellte mir ein Terminal auf den Tisch, so daß ich Textverarbeitung lernte und anfing, ein wenig zu programmieren. Ich hatte vorher niemals mit einem Computer zu tun gehabt, aber genau das war der Zeitpunkt, an dem ich mich entschloß, mein technisches Diplom in Informatik zu machen. Es gab jedoch ein Hindernis zu überwinden; die Stanford University bot für Studierende vor dem ersten Staatsdiplom keinen Abschluß in Informatik an. Aber ich war fest entschlossen, mich von der Bürokratie nicht von meinen Plänen abbringen zu lassen. Ich erfuhr, daß es ein Diplom »Technik« gab, für das man sich ein »Schwerpunktfach« ausdenken konnte. Ich entschied mich für Informatik als Schwerpunktfach und nannte es Computertechnik.

Während der nächsten vier Quartale überwand ich etliche Hürden bis zum ersten Staatsexamen, aber es machte Spaß. Damals wurde mir klar, daß ich viel lieber programmierte als über das Programmieren zu schreiben.

INTERVIEWER: Also gesellten Sie sich 1978 mit dem ersten Staatsdiplom in der Hand zu den Profis?

CARR: Genau. Ich hatte das unheimliche Glück, am Xerox PARC zu landen, und zwar zu der Zeit, als eine Splittergruppe namens Advanced Systems Department (ASD) sich vom Hauptforschungszentrum trennte. ASD richtete seine Büros in unmittelbarer Nachbarschaft der Stanford University ein. Damals war Xerox auf vielen Gebieten weltweit führend, und ASD war eine Brutstätte der Forschung, bei der einige der Größten ein- und ausgingen. Leute wie Charles Simonyi, Harvard Professoren wie Ben Wegbreit und Jay Spitzen, die beide später Mitgründer der Convergent Technologies waren, Dough Brotz, einer der derzeitigen Top-Programmierer von Adobe Systems, und John Ellenby, der Gründer von GRiD Systems.

INTERVIEWER: Welchen Zweck erfüllte ASD bei Xerox?

CARR: Bei Xerox hatte man Probleme damit, die hervorragende Entwicklungsarbeit auf dem Gebiet der Technologie in die Entwicklungsphasen für die Produkte einfließen zu lassen. ASD hatte den Freibrief, diese Technologie in brauchbare Produkte umzusetzen, jedoch keine für den Markt bestimmten endgültigen Produkte daraus zu machen. ASD war ein Vermittler zwischen der Entwicklungsabteilung und der Abteilung für das Endprodukt in Los Angeles, die zum Beispiel Xerox Star gemacht hat. ASD entwickelte Prototypen zu Markttestzwecken.

Ich war Routinenprogrammierer. Ich arbeitete in einer Gruppe, die integrierte Bürosysteme entwickelte, und befaßte mich mit Textverarbeitung, Datenbank- und Kalender-orientierten Aufgaben. Das alles sollte auf eine einzige Datenbank aufgebaut werden.

INTERVIEWER: Haben Sie durch die bei Xerox und ASD gewonnene Erfahrung in puncto Management und kreativem Arbeitsplatz gelernt?

CARR: Ja, seit jener Zeit, und ganz besonders hier bei Forefront, habe ich immer versucht, Leute um mich zu haben, die besser sind als ich. Viele Mitarbeiter, die ich bei Forefront einstellte, sind bessere Programmierer als ich, und ich habe eine Menge von ihnen gelernt. Bei ASD lernte ich, daß die beste Softwareentwicklung vorwiegend aus einem guten anfänglichen Design, und dann aus sehr viel solider technischer Arbeit besteht.

INTERVIEWER: Was ist aus ASD geworden?

CARR: Xerox machte einen Führungswechsel durch, löste ASD auf und gliederte die Gruppe wieder in das Gesamtunternehmen ein. Damals gingen viele Leute weg. Ich ging zur Universität zurück, um mein zweites Staatsexamen zu machen. Ich war ziemlich desillusioniert, was die Informatik betraf, und fühlte mich gar nicht wohl in meiner Haut. Das Programmieren brachte mir im Hinblick auf Kreativität überhaupt nichts. Ich kam mir vor wie der Goldfisch im Karpfenteich. Einerseits war es eine große Chance zu lernen, aber andererseits erfand und entwarf ich selbst überhaupt nichts. Man muß eine Lehre durchmachen, aber damals sah ich das nicht so.

Der beste Ausweg war mein zweites Staatsdiplom. Als nächstes beschloß ich, einen Schlußstrich unter mein bisheriges Leben zu ziehen und ganz neu anzufangen. Es würde sich zeigen, was dabei herauskommt. Ich verkaufte meinen Wagen für 2000 Dollar und ging nach Lateinamerika. Ich war schon immer der Meinung, daß es grundsätzlich nützlich sei, in einem anderen Land zu leben und eine Fremdsprache zu lernen, also beschloß ich, auf Reise zu gehen und mich irgendwo in der Fremde niederzulassen und einen Job zu suchen, vielleicht als Programmierer.

Ich hatte vor, nach Südamerika zu gehen, aber über Mexiko bin ich nie hinausgekommen, weil es mir dort so gut gefiel. In Mexiko City arbeitete ich sechs Monate lang als Praktikant in einer Jugendherberge und wohnte bei dem Ehepaar, das die Jugendherberge betreute. Nach diesen sechs Monaten war mir wirklich wieder nach Arbeit zumute, also kehrte ich nach Los Angeles zurück und suchte Arbeit.

Was dabei herauskam, war ein kurzer Job, bei dem ich auf dem HP 41C, einem programmierbaren Taschenrechner, programmierte. Mit der Software, die ich schrieb, sollte analysiert werden, ob es sich für meinen Kunden, einen

Ölmagnaten, lohnte, bestimmte Raffinerien zu bauen. Während ich mit dieser Arbeit beschäftigt war, erfuhr ich, daß in der Nähe eine Firma aufmachen würde, die Programmierer suchte. Bei der Firma handelte es sich um Context Management Systems. Das waren die Leute, die Context MBA machten.

INTERVIEWER: War das Programm Context MBA nicht ein Konkurrenzprodukt von VisiCalc und Lotus 1-2-3?

CARR: Context MBA war die Idee für das bessere System. Es handelte sich um ein einziges Programm mit einer riesigen, leistungsfähigen Tabellenkalkulation, weitaus leistungsfähiger als VisiCalc, das damals Bestseller war. Man konnte damit innerhalb der Kalkulation Grafiken erstellen, Text bearbeiten und Daten verwalten. Es war in vieler Hinsicht wie Lotus 1-2-3.

Ich arbeitete ungefähr ein Jahr, bis wir das Programm fertig hatten. Es wurde im Juli 1982, sechs Monate früher als Lotus, ausgeliefert. Die Firma erhoffte den gleichen Erfolg wie den von Lotus 1-2-3. Man hoffte natürlich auf einen Riesenerfolg, der alle Erwartungen übertraf. Aber Context MBA war erfolglos. Lotus 1-2-3 kam und stahl die Schau, aus gutem Grund. Lotus hatte ein ausgezeichnetes Marketing, und wenn deren Produkt auch nicht so viele Features hatte wie Context, es war viel schneller. Context hatte auf eine Vielzahl nicht kompatibler Personalcomputer gesetzt, und deshalb die Portabilität als entscheidendes Wettbewerbskriterium gesehen. So bediente man sich des UCSD-Betriebssystems, das für den Datenaustausch sehr geeignet, aber hoffnungslos langsam ist. Man hatte auf das falsche Pferd gesetzt, denn der IBM Personalcomputer setzte die Norm. Der einzige Weg zum Erfolg war der, in Maschinensprache, und zwar speziell auf den IBM PC zugeschnitten, zu schreiben. Lotus 1-2-3 siegte und Context war aus dem Geschäft.

INTERVIEWER: Ich nehme an, Ihre Arbeit bei Context weckte erneut Ihr Interesse am Programmieren?

CARR: Wieder mit Computern zu arbeiten, war mir ein Ansporn. Der für die Software zuständige Geschäftsführer bei Context war unwahrscheinlich gut, und ich lernte dadurch eine Menge über Software auf den einschlägigen Gebieten bei der Lösung der anstehenden Probleme. Hier fühlte ich mich plötzlich nicht mehr wie ein Goldfisch im Karpfenteich. Jetzt war es anders. Diese Erfahrung tat mir gut und ich merkte, daß Programmieren tatsächlich Spaß macht.

Zur gleichen Zeit sah ich das aus nur vier Mitarbeitern bestehende Unternehmen innerhalb eines Jahres auf eine Belegschaft von fünfundzwanzig heranwachsen. Ich erlebte die Aufbauphase. Es waren eben sehr viele Entscheidungen zu treffen und viel Kleinarbeit zu bewältigen, jede kleine Aufgabe zur gegebenen Zeit, Schritt für Schritt.

INTERVIEWER: Arbeiteten Sie in dieser Zeit des Aufbaus mit jemandem zusammen, der Ihren Programmierstil beeinflußte?

CARR: Es waren etwa drei Programmierer dort, von denen ich lernte. Der erste war Clark Wilcox. Er entwickelte in der Zeit, als ich in Stanford war, eine Sprache namens Mainsail. Er ist ein unglaublich produktiver Programmierer. Wenn er zum Beispiel eine Begin-Anweisung schrieb, ging er sofort ein paar Zeilen tiefer und schrieb die End-Anweisung gleich dazu. Bei meiner damaligen Denkweise fand ich das ganz unmöglich. Und doch ist es eine Arbeitsweise, die ich heute als ganz wichtigen Teil bei der Ausübung meines Handwerks sehe. Ich bin peinlich darauf bedacht, es so zu tun.

Dann bei Xerox Jay Spitzen und bei Context Jon Peterson. Von beiden lernte ich eine Menge über das Design der Software. Sie arbeiteten an der Architektur und entwarfen Teile der Programme, und ich half bei der Implementierung, so daß ich aus den Entscheidungen der beiden großen Nutzen zog.

INTERVIEWER: Wann wurde die Idee für Framework geboren?

CARR: Als mein Vertrag bei Context sich dem Ende näherte, begann ich darüber nachzudenken, dem Anwender mehrere Funktionen anzubieten. Es wurde mir auch allmählich klar, daß es falsch wäre, alle diese Funktionen in einem einzigen großen Arbeitsblatt unterzubringen.

Eines Tages dachte ich darüber nach, was passieren würde, wenn man ein Arbeitsblatt hätte, das man öffnen könnte und ein anderes Arbeitsblatt fände, und in diesem Arbeitsblatt wieder eines. Ich stellte eine einfache Skizze her, und zeichnete ein Quadrat innerhalb eines Quadrats, das sich wiederum innerhalb eines Quadrats befand, um diese Vorstellung einer Information innerhalb einer Information zu verbildlichen. Eines Tages machte ich einem Freund gegenüber die Bemerkung, daß Context MBA zwar ein aufregendes Produkt sei, daß man es meiner Meinung nach jedoch besser machen könnte. Daraufhin stellte er mir die einfache Frage, bei der ich Feuer fing, und die der Katalysator für Framework wurde: »Nun«, fragte er mich, »wie würdest du es machen?«

Ich mußte mir selbst etwas beweisen. Ich hatte ein ungutes Gefühl, weil ich andere Projekte in meinem Leben angefangen und nicht zu Ende geführt hatte. Von da an wandelte sich das vage Gefühl, ein Problem besser lösen zu können, in eine Flut von Ideen, die sich in ein einziges Konzept ergoß, das Konzept von Quadraten in Quadraten, von Fenstern in Fenstern.

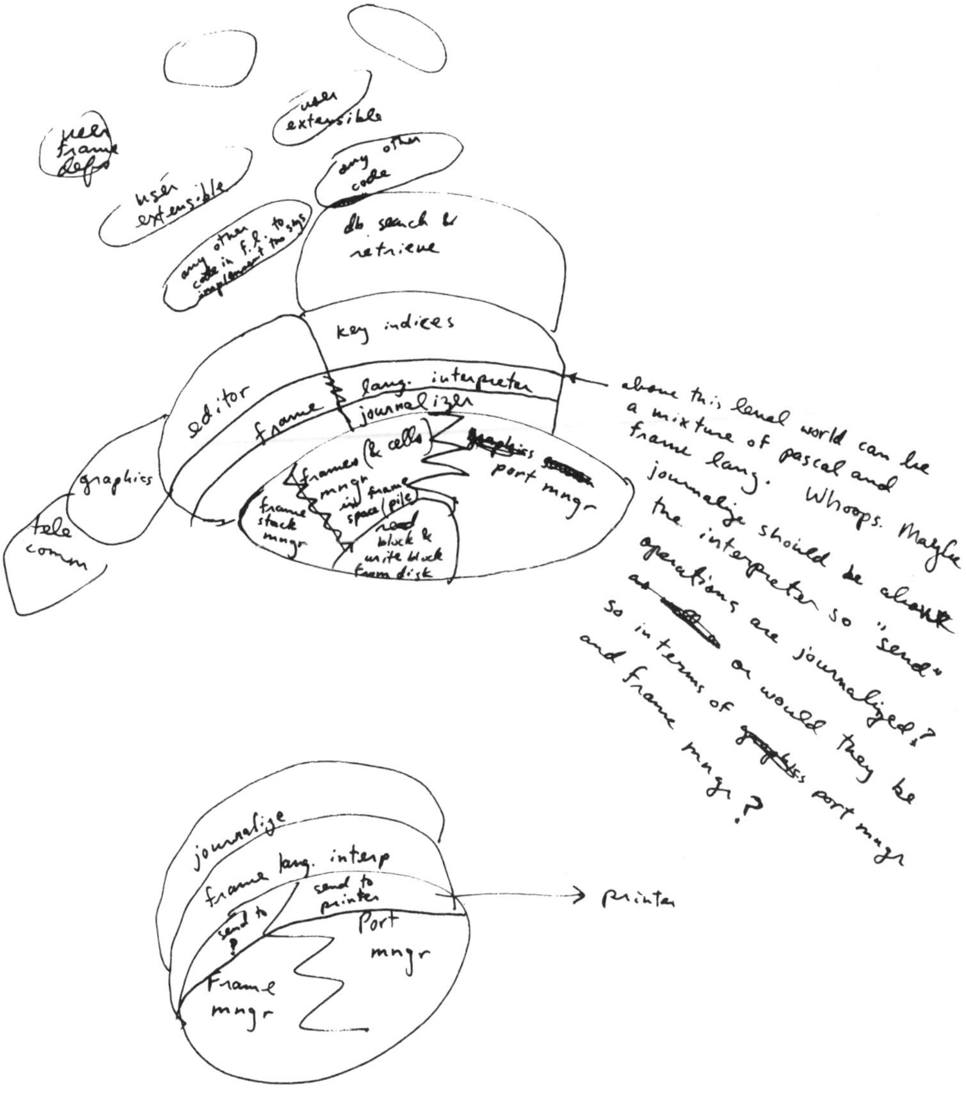

Diese verschachtelten Kreise zeigen die allerersten Strukturentwürfe von Robert Carr bei der Entwicklung von Framework.

Ich arbeitete morgens und abends an Framework und tat nichts anderes, als Notizen zu machen. Tagsüber programmierte ich. Nachdem ich vier Monate lang alle möglichen Ideen zu Papier gebracht hatte, kristallisierte sich eine Richtung heraus. Ich sprach mit der Geschäftsleitung von Context darüber. Man war sehr interessiert, hatte jedoch, was die Entwicklung des Unternehmens und die Produktlinie betraf, bereits feste Pläne.

Die Chance, meine Vorstellungen zu verwirklichen, war so gering, daß ich die Beziehung zu Context abbrach und nach San Francisco zog, wo ich nicht in Versuchung kommen konnte, wieder für diese Leute zu arbeiten. Es waren großartige Leute. Ich verlebte meine Ersparnisse und machte an dem Design weiter, weil ich mir eine Chance im Geschäft ausrechnete, wenn das Programm sich als funktionsfähig erweisen sollte. Ich war von der Idee besessen. Ich steigerte mich immer mehr in die Weiterentwicklung hinein und arbeitete härter, als ich je zuvor gearbeitet hatte.

INTERVIEWER: Was waren Ihre Ziele und Arbeitsrichtlinien bei der Arbeit an Framework?

CARR: Ein guter Rat, den ich erhalten hatte, war der, mit dem Programmieren so lange wie möglich zu warten. Wenn man erst einmal begonnen hat, dem Code äußere Gestalt zu verleihen, kann man nur sehr schwer die Richtung ändern. Das ist mit Beton zu vergleichen, der sich setzt und fest wird. So schob ich das Programmieren so lange wie möglich hinaus, aber ich konnte das Design ja nicht ewig im Kopf behalten.

Ursprünglich hatte ich mir vorgestellt, daß Framework ein Multifunktionsprodukt werden solle, mit Textverarbeitung, Tabellenkalkulation, Grafik und einer Datenbank. Außerdem hatte ich den ehrgeizigen Plan, ein Urprogramm zu implementieren. In anderen Worten, man entwickelt ziemlich unten ein System oder eine Sprache, worauf der Rest des Systems aufgebaut wird. Ich wollte eine trendsetzende Zaubermaschine bauen, die Sprache und System für Framework sein könnte. Ich war ganz schön frustriert, als ich einsehen mußte, daß das unmöglich war. Also schraubte ich meine Vorstellungen etwas zurück.

Ein weiteres Ziel, das ich mir gesetzt hatte, war, die Struktur und die Architektur so einfach wie möglich zu gestalten, und zwar mittels eines einzigen universalen Datenobjekts. Denn wenn man Schicht für Schicht detaillierter Features implementiert, die Speicherkapazität wegnehmen, benötigt man ein ausgesprochen einfaches Schema für die Interna, oder es geht kein Weg an einem unübersichtlichen Riesenprogramm vorbei.

Letzten Endes gab ich die Idee auf, eine einfache Sprache zu implementieren und beschloß, das Programm in C zu schreiben. Unglücklicherweise war mein Compiler mit Fehlern behaftet und ich sah sehr bald ein, daß ich damit nicht weiterkam. Also beschloß ich, in Maschinensprache zu schreiben, weil eine Speicherverwaltung mit der 8086er Architektur sehr von Vorteil war.

Im Januar 1983 begann ich, die Idee in das Programm umzusetzen. Sie beruhte auf diesem einzigen Datenobjekt, das ich Ausschnitt (frame) nannte, und worauf das ganze System implementiert werden sollte. Das war ein gewagtes Unternehmen. Wenn es funktionierte, könnte ich innerhalb kurzer Zeit ein System entwickeln und lauffähig machen. Wenn es nicht klappte, war ich genauso weit wie vorher.

Es lief unwahrscheinlich gut. Innerhalb weniger Monate hatte ich eine Menge funktionsfähiger Benutzerschnittstellen fertig, und nach einem halben Jahr hatte ich einen sehr leistungsfähigen Prototypen. Das war das System, wonach ich gesucht hatte, aber es war erst zu einem Fünftel vollständig.

Ich hatte den Desktop, die ineinandergeschachtelten Ausschnitte, Textverarbeitung, Dateiverwaltung, Druck und Pull-down-Menüs. Man konnte Kalkulationstabellen anlegen und sortieren. Alle diese Features entwickelte ich ganz allein in sechs Monaten.

INTERVIEWER: Erzählen Sie ein wenig mehr von Ihrem Konzept, nur ein einziges Datenobjekt oder »Ausschnitte«, wie Sie es nannten, zu implementieren.

CARR: Es gibt verschiedene Ausschnitte mit verschiedenen Eigenschaften. Eine Eigenschaft, zum Beispiel, könnte der zeilenorientierte Ausschnitt sein. Wenn Sie ein paar zeilenorientierte Ausschnitte untereinander in einen spaltenorientierten Ausschnitt setzen, bekommen Sie eine Tabellenkalkulation. Die Tabellenkalkulation wurde aus demselben Baustein implementiert, wie alles andere im System auch, wie zum Beispiel die Datenbank. Folglich erhielten wir auch eine hohe Effizienz dadurch, daß wir denselben Code immer wieder benutzten, wodurch das Programm wiederum mit vielen Funktionen ausgestattet werden konnte.

Zum Beispiel sind alle Textverarbeitungseigenschaften von Framework in der Tabellenkalkulation voll verfügbar. Um dies funktionell in einen Ausschnitt zu bekommen, muß man ein Kalkulationsmodul mit 200 KByte bauen, sowie ein weiteres Textverarbeitungsmodul in einem anderen Ausschnitt. Wenn die Tabellenkalkulation die Möglichkeit der Textverarbeitung bieten soll, muß man weitere 50 KByte bauen, um Fettdruck, Kursivschrift, Textumbruch, Suchen und Ersetzen, und alle diese Dinge zu bekommen.

INTERVIEWER: Tauchten noch neue Features auf, als Framework sich dem Endstadium näherte?

CARR: Wir fügten neue Features hinzu und machten das System robuster. Es gab vollkommen neue Funktionsgebiete, die wir und Ashton-Tate aufzunehmen beschlossen. Um die zwei größten zu nennen, die Tabellenkalkulation sollte ursprünglich keine volle Tabellenkalkulation werden, und doch war es das am Ende; zweitens nahmen wir noch die Kommunikation dazu, um mit Symphony konkurrieren zu können.

Die beste Arbeit kommt dadurch zustande, daß man von einem eleganten, guten Design ausgeht, die Sache ausbaut und zum Laufen bringt, und dann andere Ideen, die nur bei der Anwendung auftreten, berücksichtigt. Diese Art und Weise, die Sache anzupacken, ist kostspielig. Oft müssen größere Teile noch einmal geschrieben werden, oder man ist nahe daran, ganze Programmteile hinauszuwerfen. Die Programmierer, die das fertig bringen, müssen meiner Meinung nach Heldenhaftes leisten. Bei Framework hatte ich zum Beispiel eine funktionierende Textverarbeitung, bevor andere Programmierer an dem Projekt mitarbeiteten. Dann kam Dan Altman dazu und schrieb im folgenden Jahr die Textverarbeitung sage und schreibe dreimal neu.

Und an Framework II hat er zur Verbesserung der Speicherverwaltung einen großen Teil neu implementiert. Natürlich wird er für seine Arbeit bezahlt, aber es gehört mehr dazu, als eben mal von vorn anzufangen und etwas, worauf man bereits größte Mühe verwendet hat, noch einmal zu tun. Deshalb nenne ich das heldenhaft.

INTERVIEWER: Ein neues Unternehmen und ein neues Produkt gleichzeitig, wie geht das?

CARR: Es ist schwer. Ich glaube, ich hatte es leichter als die meisten, weil unsere Firma sich nur auf einen Zweig der Softwareentwicklung konzentrierte. Das Privileg, das wir uns nahmen, war das, eine für das Programmieren ideale Umgebung zu schaffen. Die Firma ist nicht perfekt, aber jeder hier bestätigt, daß dies der beste Job seines Lebens ist, ich selbst auch.

Es ist auch beängstigend, weil ich immer befürchte, unsere Umgebung einmal zu verlieren. Je besser es mir geht, desto größer wird meine Angst, daß das alles eines Tages ein Ende haben könnte. In unserem Fall ist es so, daß wir mit Ashton-Tate zusammengingen, was einige Änderungen brachte. Mein Partner und ich mußten uns um die Gehaltsabrechnungen kümmern, um die Krankenversicherung, die Bürofläche, die Mietdauer, für die wir uns festlegen konnten. Wir mußten uns Gedanken über unsere Verträge mit Ashton-Tate machen. Wird genug Geld hereinkommen? Werden sie gegen uns klagen? Klagen wir gegen sie? Werden wir Erfolg haben? Was passiert, wenn Framework nicht ankommt? Alle diese Fragen gehören zu dem, was man zu tragen hat, wenn man eine eigene Firma hat. Es ist eine Erleichterung, daß alle diese Themen und Sorgen jetzt der Vergangenheit angehören, so daß die Entwicklung der Software nunmehr wieder alles ist, worum ich mich zu kümmern habe.

INTERVIEWER: Entschieden Sie sich für die Fusion mit Ashton-Tate, damit Sie wieder programmieren konnten?

CARR: Ein Grund für die Fusion war, daß ich mehr Zeit für das Programmieren haben wollte. Da wir eine eigenständige Firma waren, und ich mich um die Verwaltung kümmern mußte, kam ich nicht zum Programmieren. Bei dem ursprünglichen Framework-Produkt war ich ganz schön in Bedrängnis. Ich programmierte ein Jahr lang und verbrachte noch mehr Zeit mit dem Design. Dann kamen fünf Programmierer und ein Mitarbeiter für die Dokumentation für dieses Projekt zu uns, und wir arbeiteten zehn Monate lang Tag und Nacht. Aber bei Framework II war ich nicht an vorderster Front, was das Programmieren anbelangte. Ich beschäftigte mich mehr mit der Leitung unserer Firma, Forefront.

INTERVIEWER: Beschreiben Sie die »ideale Umgebung« für Programmierer. Und welche Rolle hatten Sie bei Forefront bei deren Gestaltung?

CARR: Ein wesentlicher Teil unserer Arbeit besteht in unserer Interaktion, wenn wir zusammenarbeiten und versuchen, uns darüber zu einigen, wie wir ein Design angehen. Das heißt, das Team muß klein sein, sagen wir, höchstens aus sieben oder acht Leuten bestehen. Wir arbeiten bei der Entwicklung eines Designs sehr eng zusammen, schreiben eine Menge Ideen an die Tafel, wobei eigentlich keine Einzelperson eine tonangebende Rolle spielt. Falls die Gruppe stecken bleibt, haben wir einen neutralen Schiedsmann, bei uns kommt das jedoch nicht oft vor.

Meine Rolle ist die, die Arbeit zu erleichtern, indem ich die Ideen zum Design anzeichne und der Gruppe Entscheidungshilfen gebe. Das heißt nicht ich, sondern die Gruppe trifft die Entscheidung. Wir probieren eine Idee aus, indem wir sie implementieren und darauf eingehen, wobei neue und bessere Ideen entstehen. In der Gruppendynamik braucht man jemanden, der die Ideen anzeichnet und das Team anspornt. Manchmal kommt es vor, daß wir keine Einigung erzielen können. Dann gehen wir zurück und sehen uns noch einmal an, was uns an Zeit, Geld oder Platz zur Verfügung steht, und treffen dann aus dieser Perspektive heraus eine Entscheidung. Die ursprüngliche Entwicklung von Framework war langsam und von Wiederholungen geprägt.

INTERVIEWER: Das klingt so, als seien Sie dem Programmieren als solchem mehr zugetan als der geschäftlichen Seite der Angelegenheit.

CARR: Ja, ich programmiere gern, aber, was noch wichtiger ist, ich konzentriere mich gern auf eine bestimmte Sache. Ich kann nicht gleichzeitig an vier verschiedenen Projekten arbeiten und dabei mein ganzes Können in jedes Programm stecken. Bei mir läuft es besser, wenn ich meine Zeit einem einzelnen Projekt widmen kann. Die technische Leitung einerseits und die Mithilfe bei Verwaltungsaufgaben der Firma andererseits, nahmen je die Hälfte meiner Zeit in Anspruch.

»Der Schlüssel zum Handwerk Informatik – und ich sage Handwerk, weil die Informatik sicherlich noch keine Wissenschaft ist – ist der Aufbau von Regeln.«

INTERVIEWER: Wo erlernten Sie die Techniken, die Sie anwenden?

CARR: Aus der Erfahrung und auch durch Selbstbeobachtung. Ich entwerfe gern ein ziemlich einfaches Gerüst, und dann erst nehme ich die Erweiterung vor, damit es für die Praxis anwendbar ist. Und ich bin nicht böse, wenn das Gerüst nicht gleich perfekt für den vorgesehenen Zweck paßt, aber ich verspreche mir davon, daß es mir einen gewissen Einblick verschafft und mich dahin bringt, wohin ich letzten Endes will.

In Mathematik bin ich sehr schlecht, aber ich könnte mich gut als Physiker vorstellen, denn ich glaube, daß Physiker dasselbe tun wie ich: Sie reduzieren physikalische Fakten auf ein Minimum von Lehrsätzen und Regeln, mittels derer sie wiederum die physikalischen Fakten vorhersagen und interpretieren können. Genau das mache ich mit der Software – ich versuche, ein paar Grundsätze zu entwickeln.

INTERVIEWER: Glauben Sie, daß ein Programmierer oder ein Programm gut sind, wenn man sich an diese Techniken hält?

CARR: Ja, ich bin der Meinung, daß der Schlüssel zum Handwerk Informatik – und ich sage Handwerk, weil die Informatik sicherlich noch keine Wissenschaft ist – der Aufbau von Regeln ist. Es gibt in der Informatik einen klassischen Grundsatz, der besagt, daß ein paar wichtige Regeln gefunden werden müssen, und die besten Programmierer kennen diese grundsätzlichen Regeln gewöhnlich auch.

INTERVIEWER: Sie bezeichneten das Programmieren als Handwerk. Warum sehen Sie es als Handwerk und nicht als Kunst oder Wissenschaft?

CARR: Es ist eine Kombination von beidem. Ich bin mir dessen sicher. Sicherlich gibt es eine Reihe von sehr wissenschaftlich fundierten Prinzipien, die für die Softwareentwicklung äußerst wichtig sind, aber das allein reicht noch nicht für eine gute Software. Wenn Sie sich zum Beispiel die Skizzen ansehen, die Entscheidungshilfen für die Entwicklung von Framework waren, werden Sie feststellen, daß ich eine Menge Zeit mit Nachdenken, Skizzieren – hauptsächlich Tätigkeiten des Unterbewußtseins – verbrachte. (Die Skizze befindet sich am Anfang dieses Interviews.) Hier kommt die Kunst ins Spiel. In der Kunst kann man nicht genau erklären, wie es zu dem Endergebnis gekommen ist. Vom künstlerischen Standpunkt aus gesehen entsteht die beste Software im Reich der Intuition.

»Vom künstlerischen Standpunkt aus gesehen entsteht die beste Software im Reich der Intuition.«

INTERVIEWER: Haben Sie, von der Intuition abgesehen, konkrete Regeln für das Programmieren entwickelt?

CARR: Erstens ist die strukturelle Beschaffenheit sehr wichtig, die auch flexibel sein sollte. Auf diese Regel trifft man immer wieder. Bei einer Investition drückt sich dieser Grundsatz in der Diversifikation aus: Man möchte nicht alles auf eine Sache setzen, man möchte aber auch nicht in tausenderlei Dinge investieren, um den Überblick nicht zu verlieren. Bei der Software ist es so, daß die Anwender die Möglichkeit haben müssen, ihre Arbeit und das Programm in verschiedene Abschnitte zu unterteilen und es nicht mit einem riesenhaften Ganzen zu tun haben.

Zweitens leitet die strukturelle Beschaffenheit zu einem anderen meiner Grundsätze über, nämlich der Homogenität. Die Architektur sollte einheitlich sein; ohne viele Ausnahmen und Sonderfälle. Wenn man ein System entwirft, das sowohl Speicherobjekte in Megabyte-Größe als auch Objekte in Byte-Größe beinhaltet und für beide brauchbar sein soll, dann führt uns das zu einer immensen Komplexität. Es ist immer besser, sich entweder mit dem einen oder dem anderen zu befassen, das nenne ich Homogenität.

Eine weitere globale Regel betrifft die Rekursion – das ist eine der drei besten brillanten und wirkungsvollen Maßnahmen, die die Informatik in die Software eingebracht hat. Die überzeugendste Software wendet die Rekursion intern an und bietet auch dem Anwender diese rekursiven Möglichkeiten.

»Die Anwender sollten nicht den Eindruck haben, daß zwischen ihnen und der Information ein Programm steht.«

Der wichtigste Aspekt der internen Architektur eines Programms ist die Speicherverwaltung. Ein Grundsatz auf diesem Gebiet ist der, daß man dieselben Daten nie zweimal kopieren soll. Bei einigen Programmen – eines davon ist Context MBA – erscheinen dieselben Daten immer wieder zweimal, verschiedene Programmodule kopieren Daten und legen sie in einem Puffer ab, wo sie bearbeitet werden können, was darauf hinausläuft, daß die Daten überall im Speicher verstreut sind. Das ist aus mehreren Gründen ein Übel. Die benötigte Speicherkapazität wächst ins Uferlose, weil alle diese Zwischenpuffer benötigt werden.

Aber das ist nicht das einzige Übel. Auch die Entwicklungszeit und die Kosten wachsen ins Uferlose, weil man mehr Zeit für die Entwicklung und Störungsbeseitigung braucht. Das unangenehmste Problem bei dieser Idee ist das, daß man, wenn man die Daten von einem Puffer in den anderen schiebt, an Flexibilität und Funktionalität verliert, weil man mit den Daten immer nur eine Sache machen kann, wenn sie in einem bestimmten Puffer sind, wie man zum Beispiel Textbearbeitung nur in dem dafür vorgesehenen Puffer vornehmen kann. Im Gegensatz dazu ist die Flexibilität wesentlich höher, wenn man eine Darstellung und einen Platz für die Daten hat.

INTERVIEWER: Haben Sie bestimmte Regeln oder Richtlinien für die Entwicklung einer Benutzerschnittstelle?

CARR: Eine wesentliche Eigenschaft ist meiner Meinung nach das, was ich Transparenz nenne. Die Anwender sollten nicht den Eindruck haben, daß zwischen ihnen und der Information ein Programm steht. Statt dessen sollte es so sein, daß der Anwender, wenn er sich mit der Software vertraut gemacht hat, sich auf seine anstehende Aufgabe konzentrieren kann; es darf nicht so sein, daß er seine Arbeit unterbrechen und nachdenken muß, welchen Befehl er nun braucht. Die Konsistenz und Vorausschaubarkeit der Befehle und dessen, was dann passiert, sind die zwei wichtigsten Faktoren bei der Entwicklung der Transparenz.

»Wir alle wissen, daß ein Übermaß an sinnlichem Genuß eher ein Fluch als ein Segen ist; das gleiche gilt für Menüs.«

INTERVIEWER: Wie haben Sie es geschafft, die Benutzerschnittstelle von Framework einfach und klar zu gestalten und gleichzeitig eine Vielfalt an Funktion und Leistung beizubehalten?

CARR: Wir entwickelten das Menüschema mit Disziplin und Zurückhaltung. Wir alle wissen, daß ein Übermaß an sinnlichem Genuß eher ein Fluch als ein Segen ist; das gleiche gilt für Menüs. Sie erfordern große Disziplin.

Der beste Weg, dem Anwender die verfügbaren Kommandos darzustellen, ist über die Menüs. Es gibt jedoch Menüs, die so verzweigt sind, daß sie monströs werden. Dann gibt es die weniger großen Systeme, die dafür bekannt sind, daß sie sehr komplex und schwer zu erlernen sind, weil sie größtenteils zu große Menüs haben.

Bei Framework übten wir Zurückhaltung, was die Menüs anbelangte, und hatten zum Schluß auch nur neun Menüs und vier Untermenüs. Wir benutzten die Pull-down-Technologie, so daß man immer weiß, wo man ist. Ich zog die Pull-down-Menüs dem Stil von Lotus 1-2-3 vor, denn bei 1-2-3 kann man nicht sagen, woher ein Menü kommt; das neue Menü überschreibt die Zeile, die das vorhergehende Menü anzeigte. Pull-down-Menüs nehmen zwar Bildschirmfläche weg, aber der Anwender weiß immer, wo er ist. Wir hatten nicht mehr als 100 Befehle in allen Menüs. Wordstar hat mehr als 130, Lotus 1-2-3 hat 300, Symphony hat 600.

INTERVIEWER: Haben Sie zugunsten der Einfachheit Funktionalität geopfert?

CARR: Das Design auf jedem Gebiet, von der Architektur bis zu Möbeln, hat sich auf das Prinzip des »weniger ist mehr« eingefahren. In wenigen spezifischen Fällen opferten wir Funktionalität, aber was die Gesamtfunktionalität betrifft, nein. Framework besitzt übergreifende, mehrfach verwendbare Funktionen innerhalb eines einzelnen Befehls. Ich hatte am Ende ungefähr zehn, für alle Anwendungen grundlegende Funktionen, wie Kopieren, Verschieben, Löschen, Erstellen und Suchen; ich entschied mich zum Beispiel für denselben Kopierbefehl für die Textverarbeitung und die Tabellenkalkulation.

Um die Funktionalität auf verschiedenen Gebieten zu gewährleisten, mußte ich eine ausgezeichnete Entwicklungsidee stehlen, die von Xerox stammte: Alle Befehle reagieren direkt auf die vom Anwender bereits ausgewählten oder von ihm bezeichneten Daten. Das nennt man Objekt-Verb-Design, gegenüber dem Verb-Objekt-Design.

Bei der Verb-Objekt-Version hätte man den Kopierbefehl einzugeben, und die Software würde mit der Frage »Was möchten Sie kopieren?« reagieren. Man würde einen Text bezeichnen und die Frage erhalten »Wohin soll der Text kopiert werden?« Das würde man dann angeben. Diese Version ist sehr bedienerbezogen und erfordert Reaktion vom Anwender, was bis zu einem gewissen Grade erfolgreich ist, besonders wenn es sich um die Anleitung von Einsteigern handelt.

Auf der anderen Seite stellen unsere Objekt-Verb-Befehle oft das Äquivalent von zehn Befehlen in anderen Anwendungsmöglichkeiten dar. Eine Textverarbeitung kann gewöhnlich verschiedene Befehle für das Kopieren eines Worts, eines Satzes oder eines Zeichens haben. Wir hatten jedoch nur einen Kopierbefehl, weil Framework über ein leistungsfähiges Auswahlsystem verfügt, das durch Cursorbefehle aktiviert werden kann.

INTERVIEWER: Gibt es noch andere Gebiete, wie zum Beispiel die Psychologie oder das Grafikdesign, die Ihrer Meinung nach zum Gelingen des Software-Design beitragen?

CARR: Ich glaube, ein Gebiet ist die Linguistik. Wir müssen uns mit diesem Gebiet näher befassen, damit wir herausfinden, was es uns für das Software-Design bietet. Zur Zeit werden für die Produkte rätselhafte Zeichen, Symbole, oder ein Wort im Befehlsmenü für ein Konzept, eine Information oder einen Hinweis für den Anwender benutzt. Folglich müssen wir die Wissenschaft der Zeichen studieren, was immer das auch sein mag. Wir haben uns auf diesem Gebiet bei Forefront versucht. Wir haben ein paar Nichtprogrammierer mit psychologischem und pädagogischem Hintergrund, und diese Leute haben unser Design sehr bereichert.

INTERVIEWER: Könnten Sie ewig an einem Programm arbeiten, es neu schreiben, verfeinern, ändern?

CARR: Wir würden das nicht tun, obwohl es unerschöpfliche Möglichkeiten gibt, ein Programm zu variieren. An einem gewissen Punkt werden die Originalstruktur oder die interne Struktur aufgrund der aufgedrängten Änderungen abgeschlossener, veralteter. Darüber hinaus wird die Überarbeitung eines Programms schwieriger und weniger lohnend.

Um ehrlich zu sein, bei Framework wären wir echt gut beraten, wenn wir neue Implementierungen vornehmen und dabei die bestehende Codestruktur nicht durcheinander bringen würden, denn Framework ist ein sehr großes Programm. Es hat in zwei Jahren eine Menge Entwicklungszyklen durchlaufen. Wenn wir es noch einmal zu tun hätten, wäre es wohl besser, neu anzufangen und die gewonnenen Erkenntnisse in eine neue Architektur einfließen zu lassen.

INTERVIEWER: Sie beziehen sich ständig auf eine interne und eine externe Architektur. Könnten Sie das näher erklären?

CARR: Die externe Benutzerschnittstelle bei allen Produkten hat eine Architektur, oder Struktur. Sie besteht aus kleinen Wegen und Nebenwegen. Die interne Struktur eines Programms kann auch als Architektur bezeichnet werden. Diese beiden Architekturen sind das Wichtigste an einem Programm überhaupt. Wenn man darauf achtet, in welcher Beziehung sie stehen, und wie sie sich widerspiegeln oder auch nicht, kann man eine ganze Menge über den letztendlichen Erfolg eines Programms voraussagen.

Die besten Programme verfügen über eine externe Architektur, die die interne Architektur widerspiegelt. Das beste Beispiel ist die Tabellenkalkulation. Normalerweise wird sie als Zellenraster im Speicher implementiert. Auch der Anwender hat mit einem Zellenraster zu tun, also spiegeln sich die beiden Architekturen in vollendeter Weise wider. Sie sind »kongruent«. Tabellenkalkulationen können aufgrund dieser Eigenschaften sehr effizient, schnell und flüssig sein, und deshalb sind sie auf dem Markt so erfolgreich.

Aber was passiert, wenn man in einer Tabellenkalkulation eine Textverarbeitung implementieren will, das heißt, wenn man eine interne Architektur hat, aber extern eine andere Struktur entwickeln will, nämlich eine lange, auf- und abwärts rollbare Papyrus-Textrolle? Was dabei herauskommt, ist eine relativ schlechte Leistung mit einer umfangreichen Benutzerschnittstelle. Es gibt tatsächlich keine erfolgreichen Textverarbeitungen, die auf Tabellenkalkulationen aufgebaut sind.

Bei Framework war also eine meiner wichtigsten Regeln, eine interne Struktur auszuarbeiten, die die externe Struktur genau widerspiegelt. Die Idee der ineinanderverschachtelten Ausschnitte könnte von jedem Programmierer als eine Art Stammbaum gesehen werden. Framework ist ganz einfach eine Datenstruktur, die die Struktur eines Stammbaums hat, wobei jeder Ausschnitt wiederum auf seinen Sohn- oder Tochterausschnitt zeigt. Es handelt sich um eine ganz einfache, geradlinige Architektur.

INTERVIEWER: Wie denken Sie über das allgemeine Konzept integrierter Software?

CARR: Das ist ein umfangreiches Gesprächsthema. Es gibt eine Menge verschiedener Gesichtspunkte für ein Gespräch über integrierte Software. Ein Aspekt der Integration, nämlich der, an den die meisten Leute denken, sind mehrere Funktionen der Software, wo ein Stück Software das Gleiche tut wie ein paar Einzelpakete, wie Kalkulationsprogramme, grafische Programme oder Textverarbeitung. Die gleichzeitige Verfügbarkeit mehrerer Funktionen in einem integrierten Paket, gegenüber einer integrierenden Umgebung wie Microsoft Windows, bietet nichts anderes, als mehrere Funktionen gleichzeitig darstellen zu können. Man braucht mehr. Man hätte auch gern die Möglichkeit, die Daten unter den verschiedenen Funktionen aufzuteilen und die Möglichkeit, die verschiedenen Anwendungen im Austausch untereinander vorzunehmen. Das nennt man lernenden Transfer oder Befehlskonsistenz.

Zur Zeit jedenfalls, hat das integrierte Paket einen Riesenvorteil gegenüber der integrierenden Umgebung. Die einfache Anwendung und das leichte Erlernen bringen einen Vorteil bei den Benutzerschnittstellen, der daher kommt, daß Benutzerschnittstellen auf zwei Ebenen aufgeteilt werden.

Die beiden Ebenen der Benutzerschnittstelle sind Syntax und Semantik. Jede Benutzerschnittstelle hat eine Syntax, und das sind die Regeln und Aspekte, die die Interaktion mit den Befehlen als solche bestimmen – wie die Befehle dargestellt werden, wie man Befehle eingibt, und wie die Antworten oder Reaktionen auf die Befehle aussehen. Der Macintosh mit dem Toolbox-ROM, Microsoft Windows, GEM – diese Produkte leisten eine ausgezeichnete Arbeit auf dem Gebiet der Konsistenz in der Befehlssyntax. Ganz typisch ist, daß alle Befehle auf ähnliche Weise eingegeben werden. Man gibt den Befehl auf dieselbe Weise ein, mit einer bestimmten Taste oder einer Maus. Auf diese Art ist die Syntax über die verschiedenen Funktionen sehr beständig.

Aber es gibt noch eine andere Ebene, die für die leichte Anwendung von großer Bedeutung ist. Es handelt sich dabei um die semantische Ebene, die für die Bedeutung eines Befehls, oder für die Reaktion nach einem Befehl zuständig ist. Die meisten Umgebungen haben für die semantische Konsistenz nichts übrig. Heutzutage gibt es auf dem Macintosh eine Menge Datenbanken, von denen viele anders arbeiten als andere Datenbankprodukte. Die semantische Konsistenz fehlt. Bei einem Datenbankprodukt steht der Datensatz vor dem Maus-Cursor, bei einem anderen hinter dem Maus-Cursor. Wieder ein anderes benutzt überhaupt keinen Maus-Cursor, sondern hat den Befehl im Menü. Die Semantik ist sehr unterschiedlich. Folglich besteht ein niedriges Niveau des Übertragens des Gelernten, wann immer man von einem Datenbankprodukt zum anderen geht, obwohl normalerweise ein hohes Niveau in puncto Konsistenz der Syntax besteht.

»Der einzige Weg zur semantischen Konsistenz ist: eng zusammenarbeitende, gute Designer und Programmierer.«

INTERVIEWER: Gibt es eine Möglichkeit, diese semantische Konsistenz über mehrere Funktionen zu erhalten?

CARR: Ich behaupte ganz energisch, daß es bis jetzt noch keine technische Lösung gibt. Es gibt noch keine Compiler oder gut strukturierte, objektorientierte Schnittstellen, Bibliotheksmodule, oder gar schriftlich niedergelegte Regeln für eine semantische Konsistenz. Der einzige Weg zur semantischen Konsistenz ist das, was ich als organisatorische Lösung bezeichnen würde – eine gute Organisation: eng zusammenarbeitende, gute Designer und Programmierer.

Bei Framework haben wir das so gemacht. Dem Produkt wurde eine Spitzenstellung in bezug auf leichte Anwendung und leichtes Erlernen zugesprochen. Das kam daher, daß wir wie eine Einheit zusammenarbeiteten und auch so ziemlich die gleichen Gedanken hatten.

In der Zukunft könnte es eine Tendenz geben, die ich als »Komponentensoftware« bezeichnen möchte. Ich könnte mir vorstellen, daß die Betriebssysteme der Zukunft mehr zur modularen Software tendieren und damit eine Bindung verschiedener Module gestatten. Es ist möglich, daß man Module vom Regal in verschiedenen Paketen bekommt, so daß der Anwender immer ein Modul kaufen kann, wobei diese Pakete von tiefer semantischer Konsistenz sind. Diese Module müssen, mindestens noch für einige Jahre, von der gleichen Quelle kommen.

Es wird noch einige Zeit dauern, bis man eine integrierende Umgebung kaufen kann, die Tabellenkalkulation von einem Händler, die Textverarbeitung von einem anderen Händler, die Datenbank wiederum von einem anderen, und dabei den lernenden Transfer zwischen diesen Komponenten auf einem annehmbaren Niveau erhält.

INTERVIEWER: Warum keine Norm einführen? Würde das das Problem der semantischen Inkonsistenz lösen?

CARR: Erstens gibt es keine ideale Lösung für die Entwicklung der einzelnen Funktionen, sei es Tabellenkalkulation oder Datenbank. Und es wird noch schwieriger, wenn man versucht, ein konsistentes Design für die Befehle und ihre Reaktionen auf eine Datenbank, eine Tabellenkalkulation, eine Textverarbeitung und die Grafik zu entwickeln. Jeder dieser Bereiche hat seine eigenen Erfordernisse und besonderen Eigenarten. Was man letzten Endes erreichen muß, sind Befehle, die für alle diese Bereiche die ideale Lösung darstellen.

Die Datenintegration ist ein anderer Bereich, der von der integrierten Software aufgenommen werden könnte, und der bislang von der integrierenden Umgebung noch nicht abgedeckt wurde. Das erste wäre »Ausschneiden und Einfügen«, oder der Informationstransfer von einem Modul zu einem anderen. Ich bin der Meinung, daß die Umgebung für »Ausschneiden und Einfügen« bestens geeignet ist. Sie bestimmt normalerweise, wie das Ganze vor sich geht, und wenn die Module mit der Absicht des »Ausschneidens und Einfügens« geschrieben worden sind, können sie Zahlen aus der Tabellenkalkulation nehmen und sie in die Textverarbeitung oder die Grafik übertragen. Mit integrierter Software ist dies bereits möglich.

Ein weiterer wichtiger Aspekt der Datenintegration ist der, verschiedene Datenarten in ihrer tatsächlichen Größe zusammenzubringen. Können Sie in einem einzigen Dokument ein Kalkulationsblatt in Normalgröße, Text in tatsächlicher Größe auf beiden Seiten des Kalkulationsblatts sowie eine grafische Darstellung in tatsächlicher Größe bekommen? Als Menschen haben wir es mit logischen Größen zu tun. Es stört uns nicht, wenn in einem Bericht Zahlen, grafische Darstellungen sowie Text in gemischter Form enthalten sind. Für uns ist der Bericht eine einzige logische Größe – ein Rentabilitätsbericht über ein Marktsegment benötigt verschiedene Datentypen zur exakten Übermittlung der Information.

Warum soll der Anwender seinen Bericht in zwei verschiedene Dateien seiner Tabellenkalkulation, drei verschiedene Dateien seines Grafikprogramms für jede Grafik, und zwei verschiedene Dateien seines Textverarbeitungsprogramms auseinanderreißen? Warum sollte er nicht eine Datei haben, die er »Marketing-Bericht« nennt? Das ist ein Beispiel für die Datenintegration in tatsächlicher Größe, was vielleicht die Grundidee für Framework war. Ich war der Meinung, daß der Anwender die Möglichkeit haben müsse, seine Information in verschiedene Blöcke aufzuteilen, wobei diese Blöcke verschiedene Dateien enthalten. Bei Framework ist es die Software, die sich darum kümmert, und die dem Anwender gestattet, einen Bericht als eine einzige logische Größe zu sehen.

INTERVIEWER: Wie denken Sie über die Zukunft der Computer? Welche Tendenz zeigt sich, und wie wird es in fünf oder zehn Jahren sein? Glauben Sie, daß wir dann noch mit denselben Werkzeugen, denselben Sprachen arbeiten?

CARR: Die uns heute bekannten Produktivitätswerkzeuge werden uns noch lange Zeit begleiten; sie funktionieren gut, und deshalb benutzt man sie auch. Wir werden mit allen Systemen, die wir entwickeln, von vorn anfangen. Eine zukünftige Herausforderung sollte die sein, einen besseren Weg zu finden, Module miteinander zu kombinieren und aufeinander abzustimmen und eine Basis für flexible Bausteine zu schaffen. Betriebssystemumgebungen sind ein Schritt in diese Richtung. Durch sie entfällt die Notwendigkeit, eine Menge syntaktischer Benutzerschnittstellen in jedem Produkt noch einmal zu implementieren. Aus diesem Grund glaube ich, daß die heutigen Betriebssysteme von Dauer sein werden.

Ich hoffe, wir bewegen uns auf die Komponentensoftware zu. Der Anwender kann dann den Teil eines Programms durch ein »Einsteckmodul« von einer Softwarefirma ersetzen, die eine bessere Lösung für Fließkomma-Arithmetik oder Textverarbeitung anbietet. Das ist der Trend der nächsten zehn Jahre. Aber es ist ein hartes Ziel, weil wir von Schnittstellen zwischen verschiedenen Softwaremodulen, einem der noch am wenigsten beherrschten Gebiete des Softwaredesign, sprechen. Ich glaube nicht, daß viele von uns in der Lage sind, gute und saubere Schnittstellen zu entwickeln und zu implementieren.

Ich freue mich auch jetzt schon auf den Tag, an dem wir von der Segmentarchitektur des Intel-8086-Chip erlöst werden. Vielleicht durch den 80386. Ich bin durchaus der Meinung, daß der 8086 auch seine Vorteile hat, aber ich habe häufiger seine Nachteile zu spüren bekommen. Während der Entwicklung von Framework hatten wir dadurch sage und schreibe 30 Prozent mehr Entwicklungszeit und Entwicklungskosten, nur weil wir uns mit der

Art und Weise, wie dieser Chip den durchgehend adressierbaren Speicher durchbricht und den Speicher in verschiedene Segmente unterteilt, herumschlagen mußten.

INTERVIEWER: Glauben Sie, daß Sie beim Programmieren bleiben?

CARR: Nein, ich hoffe, etwas ganz anderes machen zu können. Programmieren kann süchtig machen. Einer der Hauptgründe, weshalb ich Framework auf den Markt brachte, war der, daß ich zum ersten Mal in meinem Leben arbeitswütig war. Während der Entwicklungszeit von Framework wußte ich, daß ich arbeitswütig war, weil ich es sein wollte. Ich erstrebte ein Ziel und ein Teil, dieses Ziel zu erreichen, bestand darin, daß ich mein Leben und meine Beziehungen aufgab. Aber ich möchte nicht immer arbeitswütig bleiben.

»Programmieren kann süchtig machen.«

Seit das ursprüngliche Framework fertig ist, konnte ich mich etwas zurückziehen, aber ich hoffe, daß mich das Programmieren oder ein anderes Ziel wieder einmal herausfordern. Ich habe auf diesem Gebiet noch viele Jahre vor mir – ich bin jetzt neunundzwanzig. In fünf oder acht Jahren ist die Zeit für eine grundlegende Veränderung gekommen. Meine Fähigkeiten scheinen sich auf etwas zu konzentrieren, das über das Programmieren hinausgeht. Ich kann mich mündlich und schriftlich recht gut ausdrücken und mit anderen Leuten gut kommunizieren, viel besser, als viele andere Programmierer. Das ist nicht nur für das Management, sondern auch für den Verkauf nicht zu unterschätzen.

Mit einer Idee, die so innovativ war wie Framework, mußte ich vom ersten Tag an verkaufen, verkaufen, verkaufen. Nicht im eigentlichen Sinne, aber ich mußte die Idee darstellen, klar und präzise, immer wieder. Jeder, dem ich das Programm zeigte, wollte eine Erklärung, warum es anders und besser sei. Einer der Gründe für unseren Erfolg mit Framework liegt darin, daß ich und mein Partner und Mitbegründer der Firma Marty Mazner, der mehr ein Marketingmann ist, in der Lage waren, eine hervorragende Konzeption mit der zugrundeliegenden technologischen Innovation zu kombinieren.

SYMMETRICAL AIRFOIL GENERATION PROGRAM.   JEF RASKIN, 1984

While this program is nothing that experienced programmers will learn much about coding from, it demonstrates the power of being able to embed executeable code into the text produced by a word processor. What this does is to make the mechanics of documentation simple. Using a typical program editor for extended text is usually bothersome enough a chore so that our program comments become terse and more difficult to read. I have observed that when I document a program in this thorough fashion, it often runs on the second or third try, whereas when I do not document carefully, much more debugging is required.

Please note that this text you are reading is part of the program (or, equivalently, that the program is part of the text).

The program itself plots, on an Apple II, given Information Appliance's SwyftWare environment, a family of airfoils that I am developing for my aerobatic model airplanes. It does it by a transformation of a circle, much as the Joukowsky transformation does. This permits relatively easy calculation of the lifting characteristics of the airfoil, although a program to do that is not shown here.

The program begins by setting up graphics mode and a few constants. First, for graphics mode:

```
90 HGR
```

The constants include

```
100 pi = 3.1415926
```

and one that determines how much the airfoil will "cusp" or be concave toward the rear.

```
110 c = .01
```

Another important variable controls the thickness ratio of the airfoil.

```
120 f = .22
```

The program works by using the usual pair of formulae

```
x = r cos t        y = r sin t
```

to generate a circle parametrically by letting t vary from 0 to 2 * pi in convenient steps. r is chosen to be .5 so that a circle of diameter 1 results.

```
130 FOR t = 0 TO 2 * pi STEP .04
140 x = .5 * cos(t)
150 y = .5 * sin(t)
```

The circle is centered on the origin, and we first move it to the right by .5 so that all the x-values are positive, and are, in fact, in the range (0,1).

```
160 x = x + .5
```

To understand how this transforms a circle into an airfoil rounded at one end and pointed at the other, note that if we multiply each y-value by the corresponding x-value we will, near x=0, have very small y-values, yielding a point. But as we approach x=1 the curve approaches a circle.

```
200 y = y * x^c
```

The exponent of x changes x's effect. Many functions of x will do for this role.

Airfoils tend to be long and thin. Thus we want to squash the shape in the y-direction. The thickness ratio is thus applied to y. This could have been done in the previous line of code, but it is separated out for clarity.

```
210 y = y * f
```

We now have -f < y < f and 0 <= x <=1. This has to be translated to Apple screen coordinates where 0 <= x < 280. Again, these transformations could have been included in some of the earlier program statements, but for clarity the plotting is separated from the generation of the foils. The 250 is chosen as conveniently large for the screen. This will make x vary from 0 to 250

```
400 x = x * 250
```

and to keep things square, we apply the same scaling to y, remembering that y has already been decreased by the f factor. We also have to make y always positive. Obviously, we will go off-screen if f is too large, but we will assume smart users who read this documentation and behave accordingly rather than bother with too much error checking.

```
410 y = y * 250 + 100
```

Now to plot these points, and close the loop, and then go into an infinite loop so that the computer will not mess up the screen with messages.

```
500 HPLOT x,y
510 NEXT t
520 GOTO 520
```

All that's left is to type and use the CALC command on "run". You will have to modify the program to run on systems otner than SwyftWare-equipped Apple II's.

Dieses Programm zeigt, wie Raskin ausführbaren Code in den von einem Textprozessor produzierten Text einbaut.

Jef Raskin

Jef Raskin, der die Idee für das Macintosh-Projekt von Apple Computer hatte, ist ein Mann mit vielen Talenten. Er war früher Dirigent der San Francisco Chamber Opera Company; er besitzt Patente am Paket-Design, an Flugzeugkonstruktionen und in der Elektronik; er ist ein Künstler, dessen Arbeiten im Museum of Modern Art in New York und im Los Angeles County Museum ausgestellt wurden; zur Zeit ist er Geschäftsführer der Information Appliance Inc. Er wurde 1943 in New York City geboren – zu der Zeit, wie er selbst sagt, als der Computer geboren wurde.

Er studierte Mathematik, Physik, Philosophie und Musik an der State University of New York und erhielt während dieser Zeit einige Stipendien sowie eine Beihilfe der National Science Foundation. Nach fünf Studienjahren machte er sein erstes Staatsdiplom in Philosophie. Er erwarb das zweite Staatsdiplom in Informatik an der Pennsylvania State University und wurde später Professor für Bildende Künste an der University of California in San Diego (UCSD). Er lehrte fünf Jahre lang an der UCSD und war auch Direktor des Third College Computer Center.

Er zog sich ohne Angabe näherer Gründe, die seiner Meinung nach niemanden etwas angehen, von der UCSD zurück. Dann wurde er Berufsmusiker, er unterrichtete und dirigierte. Als der 8080-Mikroprozessor herauskam, gründete er Bannister & Crun und machte sich die neue Technologie zunutze. Die Firma entdeckte eine lukrative Marktlücke und schrieb Handbücher und Software für Heath, Apple, National Semiconductor und andere Firmen.

1978 wurde er Dritter in der Hierarchie der Führungskräfte bei Apple Computer und Leiter der Abteilung Öffentlichkeitsarbeit. Später leitete er das Ressort für die neuen Systeme und stellte die Gruppe zusammen, die den Macintosh entwickelte. Nachdem er Apple 1982 verlassen hatte, lehrte er am Dansk Datamatik Institute in Dänemark und kehrte dann ins Silicon Valley zurück, wo er Information Appliance Inc. gründete.

Als ich ihm den Titel dieses Buches nannte, betonte er ausdrücklich, daß er eigentlich kein Programmierer als solcher, sondern eher ein Designer oder ein »Metaprogrammierer« sei. Jef Raskin ist ein Mensch, der danach trachtet, sich von der Menge abzuheben. Als Erfinder hat er originelle Ideen für neue Software und findet innovative Möglichkeiten für leistungsfähige Mikrocomputer. Er ist nicht der Mensch, der sich hinsetzt und den Quellcode schreibt. Der Unterschied zwischen einem Programmierer und einem Software- oder Systemdesigner wird immer deutlicher, je komplexer die Software wird, und je mehr Leute in der Technik der Umsetzung von Spezifikationen in Programmcode ausgebildet werden.

Das Büro der neugegründeten Firma von Raskin befindet sich an der University Avenue in Palo Alto, der Stadt, die, wie es scheint, viele Ehemalige von Apple anzieht. Die Büros von Information Appliance waren nicht so elegant und repräsentativ ausgestattet wie die, die ich bei vielen anderen Softwarefirmen gesehen hatte. Im Gegenteil, sie waren relativ klein, etwas schäbig und einfacher Durchschnitt. Es hätten genausogut die Büros eines kleinen Haushaltsgeräteherstellers sein können. Das war vermutlich ein Teil der Mikrocomputer-Philosophie von Jef Raskin.

Mit seinem graumelierten Bart, seinem lichten Haar und den lebhaften, durchdringenden Augen, hatte Raskin das Aussehen eines routinierten Professors. Er begrüßte mich etwas atemlos und erzählte mir, er habe auf dem Weg zur Arbeit einen Fahrradunfall gehabt und habe sich deswegen verspätet. Er bat mich in sein kleines Büro, wo er erst einmal etwas Ordnung schaffte. Hinter seinem Schreibtisch stand auf einer Seite ein Apple IIe, an der anderen Wand ein

Yamaha-Synthesizer. Hinter mir befanden sich ein 10-Gang-Fahrrad und eine Fahrradpumpe, sowie etwas, was wie ein kleiner orientalischer Schrein aussah.

Raskin ist ein sehr lebhafter, energiegeladener und begeisterungsfähiger Mensch. Manchmal kam ich mir vor wie in einem Vergnügungspark; einmal zeigte er sein neues Produkt, als würde er Zauberstücke vorführen, etwas später jonglierte er, dann schwang er sich herum und spielte ein Lied auf seinem Synthesizer, dann wieder ließ er ein kleines Automodell auf seinem Schreibtisch herumflitzen, und das alles, während wir über die Vergangenheit, die Gegenwart und die Zukunft der Mikrocomputer sprachen.

Er möchte die Mikrocomputer nicht als glorreiche, geheimnisvolle und schwer erfaßbare Maschinen sehen, sondern als im Hintergrund bleibende, leicht zu bedienende und praktische Geräte.

INTERVIEWER: In erster Linie sind Sie bekannt dafür, daß Sie den Macintosh bei Apple entwickelten. Welche Rolle spielten Sie dabei?

RASKIN: 1979 arbeitete man bei Apple an der Lisa. Sie werden es kaum glauben, ganz am Anfang war das ein Zeichengenerator. Ich war bei Apple Leiter der Abteilung Neue Systeme und war mit der Lisa gar nicht zufrieden. Sie war sehr teuer, und ich war der Meinung, daß es dumm von Apple sei, es auf dem Gebiet der Minicomputer dieser Preisklasse mit DEC, Data General und IBM aufzunehmen.

Als ich Anfang der Siebziger Jahre als Gastdozent beim Stanford Artificial Laboratory Center war, verbrachte ich viel Zeit im Forschungszentrum von Xerox in Palo Alto. Ich fand es faszinierend, was man am Xerox PARC mit Bitmap-Bildschirmen, generalisierten Tastaturen und der Grafik alles machte. So verschaffte ich mir eine starke Lobby und setzte bei Apple durch, daß die Lisa in ein Bitmap-System umgewandelt wurde. Ich trug dazu bei, daß Xerox und Apple zusammenkamen. Eine Zeitlang besaß Xerox 10 Prozent Anteile an Apple.

Was ich vorschlug, war ein Computer, der leicht zu bedienen sei, Text und Grafik mischen konnte und etwa 1000 Dollar kosten sollte. Steven Jobs hielt die Idee für verrückt und meinte, so etwas könne man nie verkaufen. Er versuchte, das Projekt sterben zu lassen.

Also umging ich Jobs und suchte den Vorsitzenden, Mike Markkula, auf und sprach mit ihm jede Einzelheit meiner Idee durch. Glücklicherweise bekam Jobs dann von Mike Markkula und auch vom Präsidenten, Mike Scott, zu hören, er solle mir nicht dazwischenfunken.

Ich stellte die ersten Leute ein: Bud Tribble, Brian Howard und Burrell Smith. Wir änderten den Aufbau ab und bauten Prototypen des Macintosh und seiner Software und brachten ihn zum Laufen.

Später, als Jobs die Sache übernahm, verbreitete er das Gerücht, das Mac-Projekt sei »Piraterie«. Wir wollten Apple auch nicht von dem Projekt ausschließen, wie er später erzählte. Wir hatten sehr gute Beziehungen zum Rest der Leute bei Apple. Wir versuchten lediglich zu vermeiden, daß Jobs sich in das Projekt einmischte. In den ersten zwei Jahren wollte er das Projekt abwürgen, weil er nicht verstand, worum es eigentlich ging.

Der ursprüngliche Macintosh war eine sorgfältige, rationale Entwicklung. Nach und nach hofften alle bei Apple, daß dieses System der Nachfolger des Apple II werden würde. Dann übernahm Jobs. Er kam einfach herein und sagte: »Ich übernehme die Macintosh-Hardware; Sie können die Software und die Öffentlichkeitsarbeit haben.« Er warf das Software-Design hinaus, machte die Macintosh-Software mit der Lisa kompatibel und bestand darauf, die Maus zu verwenden. Die Maschine wurde wesentlich größer, komplizierter und teuerer. Sie läuft jetzt wie ein schwerfälliger Koloß. Haben Sie jemals MacWrite benutzt? Wir nennen es hier MacWait. Ein paar Monate später sagte Jobs: »Ich übernehme die Software; Sie können die Öffentlichkeitsarbeit behalten.« Worauf ich sagte: »Die können Sie auch haben«, und ging. Das war 1982 im Mai. Er und Markkula sagten: »Bitte gehen Sie nicht weg. Geben Sie uns noch einen Monat, und wir machen Ihnen ein Angebot, das Sie nicht ablehnen können.« Also gab ich Apple noch einen Monat. Man machte mir ein Angebot, und ich lehnte es ab.

INTERVIEWER: Aber der Rechner war ein Erfolg. Jobs muß doch etwas dazu beigetragen haben.

RASKIN: Er veranlaßte, besonders in den frühen Tagen von Apple, ein paar ganz wichtige Dinge. Dadurch blieb Apple eben nicht eine Durchschnittsfirma unter vielen, sondern wurde groß. Er hatte gute Ideen: Er steckte den Apple II in ein schönes, einteiliges Gehäuse, betrieb Marketing, zog wirklich gute Leute an Land und achtete darauf, daß die Handbücher gut waren.

INTERVIEWER: Sie reagieren sehr sensibel, wenn es um die persönliche Anerkennung für Ihre Arbeit geht.

RASKIN: Es ist nicht meine Absicht, alle Lorbeeren für den Macintosh zu ernten. Es war Teamarbeit. Wenn man Jobs nur das zusprechen würde, was er für die Industrie wirklich getan hat, dann wäre das mehr als genug. Aber er will sich unbedingt auch noch mit fremden Federn schmücken, was ich nicht gut finde.

Ich amüsierte mich kürzlich sehr, als ich einen Artikel in der Newsweek las, in dem er sagte: »Ich habe immer noch ein paar gute Entwürfe im Kopf.« Er hatte nie Entwurfsideen. Er hat nicht ein einziges Produkt entworfen. Woz (Steve Wozniak) entwarf den Apple II. Ken Rothmuller und andere entwarfen die Lisa. Mein Team und ich entwarfen den Macintosh. Wendell Sanders entwickelte den Apple III. Was hat Jobs getan? Nichts.

»Ich wollte überhaupt keinen Computer. Ich wollte etwas, das wie ein Haushaltsgerät arbeitet.«

INTERVIEWER: Würden Sie sagen, daß Sie bei Apple schlechte Erfahrungen gemacht haben?

RASKIN: Nein. Die ersten paar Jahre, von 1976 bis 1980, waren herrlich. Es war eine sehr schöne Zeit und ich bedauere nichts. Am Anfang konnte man mit Jobs und Wozniak gut zusammenarbeiten. Aber dann, von Ende 1980 bis 1982, war die Arbeit bei Apple ein Alptraum für mich.

INTERVIEWER: Hatten Sie die Absicht, wieder ins Geschäft zu gehen, als Sie Apple verließen?

RASKIN: Damals wollte ich das nicht, und so etwas Stumpfsinniges wie die Arbeit im Silicon Valley wollte ich auch nicht mehr machen. Ich war es leid, sieben Tage in der Woche zu arbeiten.

Nachdem ich von Apple weggegangen war, unterrichtete ich wieder, in Dänemark. Ich hatte gerade geheiratet und war noch in den Flitterwochen, als mir diese Idee kam. Mir wurde klar, daß alles, was ich in all den Jahren angepackt hatte, falsch war. Ich hatte versucht, einen besseren Computer zu entwickeln, obwohl ich überhaupt keinen Computer wollte. Ich wollte etwas, das wie ein Haushaltsgerät arbeitet. Und meine Idee schien mir zu gut, um sie für mich zu behalten.

INTERVIEWER: Und diese Idee bewog Sie dazu, eine neue Firma zu gründen, Information Appliance. Inwieweit spiegelt das Wort »Appliance« (Geräte) die Produkte, die Sie hier entwickeln, wider?

RASKIN: Ist Ihnen schon einmal aufgefallen, daß es keine Miele-Benutzergruppen gibt? Niemand braucht großartig Unterstützung, wenn er eine Waschmaschine benutzen will. Man steckt die Wäsche hinein, drückt auf einen Knopf, und die Sachen werden sauber. Zur Informationsverarbeitung möchte ich keine Hardware und Software. Was ich wirklich möchte, ist ein Gerät, das die Aufgabe für mich übernimmt. Und welche Aufgaben habe ich? Die Statistik zeigt, daß 85 Prozent aller Benutzer von Personalcomputern Textverarbeitung anwenden, also brauche ich eine ausgezeichnete Textverarbeitung – die beste der Welt. Aber ich neige irgendwie zum Einfachen. Ich kann mir nur zehn oder fünfzehn Befehle merken. Deshalb benutze ich ein System, das nur fünf hat. Auf diese Weise kann ich nachts um 3 Uhr aufwachen, aus dem Bett steigen, zum Computer gehen, mich an die Tastatur setzen und eine Idee festhalten.

»Ist Ihnen schon einmal aufgefallen, daß es keine Miele-Benutzergruppen gibt? Niemand braucht großartig Unterstützung, wenn er eine Waschmaschine benutzen will.«

INTERVIEWER: Sie meinen, Sie haben ein System vereinfacht?

RASKIN: Richtig. Stellen Sie sich vor, eine Computerfirma hätte einen Toaster entwickelt. Sie wachen auf und wollen ein Stück Toast zum Frühstück. Als erstes schalten Sie den Toaster ein. Wäre das Gerät von General Electric, würden Sie ganz einfach den Toast hineinschieben, und das wär's, aber nein, dieser Toaster ist ja von einer Computerfirma entwickelt worden. Zuerst kommt der zweiminütige Toaster-Check. Dann legen Sie die Systemdiskette ein und laden das System. Danach legen Sie Ihre Frühstücksdiskette ein und tippen: »LOAD TOASTEN.CODE.«

Und was passiert dann? Dann erscheint das Menü. Es fragt: »Welche Brotsorte verwenden Sie?« Es handelt sich um ein Programm aus Kalifornien, also werden Croissants, Bagels, englische Muffins, Vollkornbrot, und ganz unten, natürlich, Weißbrot angegeben.

Diese Sorten sind mit A, B, C, D, E gekennzeichnet, also drücken Sie auf C, weil Ihnen heute morgen nach Muffins zumute ist. Jetzt passiert überhaupt nichts, weil Sie vergessen haben, die Eingabetaste zu drücken. Sie dachten, die Maschine ist schlau genug, um auf C zu reagieren, aber es ist ja auch egal, Sie drücken also die Eingabetaste.

Glauben Sie, daß er jetzt irgend etwas macht?

INTERVIEWER: Na . . .?

RASKIN: Natürlich nicht. Er wurde ja von einer Computerfirma entwickelt. Er fragt: »Wollen Sie das wirklich?« Jetzt sind Sie soweit, daß Sie das Ding am liebsten an die Wand werfen würden. Sind Sie dann noch nicht sauer? Sind Sie nicht schon seit Jahren sauer auf Computer? Aber da Sie schließlich ein paar tausend Dollar ausgegeben haben, nehmen Sie den ganzen Schlamassel in Kauf, und alle anderen tun das auch. Millionen von Leute machen diesen Blödsinn jedesmal durch, wenn sie einen Computer benutzen.

»Sind Sie dann nicht sauer? Sind Sie nicht schon seit Jahren sauer auf Computer?«

Also geben Sie »Ja« ein und drücken die Eingabetaste, aber es erscheint eine Fehlermeldung, weil Sie eine andere Taste hätten drücken müssen. Sie schlagen im Handbuch nach, aber Sie können nichts damit anfangen, weil die Leute, die dieses Handbuch geschrieben haben, einen Prototypen beschreiben, der inzwischen geändert wurde. Schließlich schieben Sie das Brot in Schlitz Zwei, und geben an, ob Sie es leicht, mittel oder stark getoastet haben wollen, worauf der Computer fragt: »Möchten Sie dieses Frühstück sichern, damit Sie nicht alles noch einmal eingeben müssen?« Also schreiben Sie »Ja«, und er befiehlt Ihnen, eine Diskette in Laufwerk Eins einzulegen, worauf Sie leider feststellen, daß Sie keine formatierten Disketten mehr haben.

Sie rufen den Händler an und fragen ihn, ob es eine Möglichkeit gibt, zu sichern, während Sie eine Diskette formatieren, damit Ihnen, das, was Sie heute morgen getan haben, nicht verloren geht. Er sagt Ihnen: »Ja, kaufen Sie das Festplattensystem zu 3000 Dollar mit MS-DOS 9.8, und Ihre Probleme sind gelöst. Das System wird mit Handbuch und Handwagen geliefert.« Der Handwagen ist für den Transport des Handbuchs vorgesehen. Und jetzt kommen Sie schon zu spät zur Arbeit . . . Aber so spielt sich das ab. Unser Produkt sagt eine Menge über dieses Dilemma aus. Kommen Sie mit mir zu meinem Computer hinüber.

(Wir setzen uns an einen Apple IIe mit SwyftCard und Tastaturaufklebern.)

Sehen Sie sich das an. Im Laufwerk ist keine Diskette. Ich möchte eine Notiz machen: »Nicht vergessen, Milch mitzubringen.« Wie gefällt Ihnen das? Ich schalte ihn ein und fange an, zu tippen. Keine Befehle, keine Eingabe, kein Editor, ich kann ganz einfach drauflostippen.

Jetzt möchte ich die Notiz ausdrucken lassen und in die Tasche stecken, damit ich sie später auch habe. Ich drücke eine einzige Taste, und er druckt. Ist das nicht praktisch?

INTERVIEWER: Können Sie darauf toasten?

RASKIN: Nein, die Krümel würden in das Laufwerk fallen.

INTERVIEWER: Was kann der Anwender noch auf diesem Gerät machen?

RASKIN: Wir können einfach damit rechnen. Früher mußte ich immer meinen Taschenrechner holen, wenn ich die Textverarbeitung benutzte und etwas ausrechnen wollte, und ich mußte ein separates Kalkulationsprogramm benutzen, oder SideKick aufrufen. Auf dem Mac rufen Sie den Taschenrechner auf und fügen das Ergebnis ihn in Ihr Dokument ein. Wir haben auch die Möglichkeit der Datenfernübertragung.

INTERVIEWER: Alles in einem Programm?

RASKIN: Es gibt keinen Unterschied bei allen Anwendungen. Was ist eine Textverarbeitung? Man benutzt sie, um Text zu generieren, umzustellen, zu ändern – wenn man einen Fehler gemacht hat – und um Dinge zu suchen. Was ist ein Datenfernübertragungspaket? Man benutzt es, um Text zu generieren, oder um den Text zu erhalten, den jemand anderes generiert hat. Statt über die Tastatur oder einen Drucker läuft der Text über eine Telefonleitung. Und was ist ein Taschenrechner? Man benutzt ihn, um Zahlen zu generieren, die nichts anderes sind als Text, und die Antwort will man in seinem Text haben. Also dämmerte es mir eines Tages; wenn diese Anwendungen dasselbe tun, warum sollte nicht ein einziges Programm alle Anwendungen gleichzeitig abdecken können?

INTERVIEWER: Nun, was für ein Produkt haben Sie entwickelt, um alle diese Features abzudecken?

(Raskin hält eine einfache Karte hoch.)

RASKIN: Es nennt sich SwyftCard. Es ist eine Platine für den Apple IIe. Ist nicht viel dran, was? Deshalb können wir sie für 89,95 Dollar verkaufen. Das System ist so bedienerfreundlich und einfach, daß wir tatsächlich von Leuten erfahren haben, daß sie ihre IBM oder Macintosh Computer verkauft und sich einen Apple IIe mit SwyftCard zugelegt haben, nachdem sie das gesehen hatten.

INTERVIEWER: Funktioniert das nur auf dem Apple IIe?

RASKIN: SwyftCard läuft bis jetzt nur auf dem Apple IIe. Wir werden bald identische Software in einem Produkt namens SwyftDisk für den Apple IIc haben. SwyftDisk wird voraussichtlich Anfang März '86 im Handel sein.

INTERVIEWER: Planen Sie eine Implementierung auf anderen Computern?

RASKIN: Wir sagen hier grundsätzlich nie vorher etwas über Produkte, die wir herausbringen wollen. Sobald Sie über dieses Produkt lesen, können Sie es auch bestellen. Aber lassen Sie mich Ihnen noch ein paar andere Vorteile dieses Systems zeigen . . . (Raskin geht zum Bildschirm zurück.) Wenn Sie vergessen, einen Text zu sichern und laden eine andere Datei, geht dieser Text normalerweise verloren. Dieses System ist so raffiniert, daß nie etwas verloren geht. Aber ich mache jetzt noch etwas viel Unglaublicheres. (Raskin steht von seinem Computer auf und hängt eine Diskette an einen großen Magneten an der Wand.) Das ist jetzt eine unformatierte, leere Diskette. Ich bringe sie mit diesem starken Magneten in Berührung, um zu beweisen, daß sie wirklich leer ist. Ich lege sie nun in das Diskettenlaufwerk ein, tippe einen Text und verwende den DISK-Befehl (die Diskette surrt vier Sekunden lang). Nun mache ich etwas noch Schlimmeres; ich schalte die Maschine ab. Ich garantiere immer noch, daß der Text gesichert ist, wenn ich die Maschine wieder einschalte. (Er schaltet den Rechner wieder ein; nach vier Sekunden erscheint auf dem Bildschirm der Text.)

Sehen Sie? Das System hat den Text auf einer vollkommen unformatierten, leeren Diskette in nur vier Sekunden gesichert. DOS kann sogar eine Diskette in weniger als einer halben Minute formatieren. Aber nicht nur das, als wir es wieder einschalteten, war sogar der Cursor noch genau an derselben Stelle.

INTERVIEWER: Okay, es ist raffiniert, aber ist es auch schnell?

RASKIN: So schnell, wie das System es aufnehmen würde, kann gar kein Mensch schreiben, und Textumbruch, Formatieren und Seitenumbruch gehen beim Schreiben automatisch. Der Cursor kann schneller bewegt werden als die Maus. Er ist nicht nur unwahrscheinlich schnell, sondern man bedient ihn auch schneller, weil er einen nicht irritiert.

INTERVIEWER: Wie erzielten Sie die Geschwindigkeit?

RASKIN: Sehr, sehr sauberes Design. Dieses System trinkt nicht und raucht nicht. Es ist ein Beispiel für die Dinge, an denen ich zur Zeit arbeite.

INTERVIEWER: Die meisten Anwender sind von der Maus beeindruckt; der Handel hat sie akzeptiert. Warum mögen Sie sie nicht?

RASKIN: Ich hasse Mäuse. Die Maus veranlaßt einen zu Armbewegungen, die zu Lasten der Geschwindigkeit gehen. Ich mochte sie nicht beim Macintosh, aber Jobs bestand darauf. Damals wurde alles gemacht, was er sagte, ob die Idee gut war oder nicht.

INTERVIEWER: Ihre Bemühungen scheinen insgesamt das Gegenteil von dem zu sein, wohin die Industrie tendiert, größere Computer zu bauen, um größere Programme einsetzen zu können . . .

RASKIN: Ja. Anstatt immer größer, heißt bei uns die Devise immer besser. Als ich unseren Kapitalgebern über dieses Projekt berichtete, sagte ich Ihnen: »Wir planen eine Textverarbeitung, ein Informationszugriffssystem und ein Kommunikationspaket mit nur fünfzehn Befehlen und 64 Byte Code.« Bei allen anderen Firmen waren Hunderte von Befehlen und Hunderte von Byte an Code im Gespräch. In der Firma (Information Appliance) war man überrascht, daß es zum Schluß nur noch fünf Befehle waren. Das ist das einzige Projekt, mit dem ich bisher zu tun hatte, das mit der Zeit einfacher statt größer und komplizierter wurde.

Das hier ist ein Tal voller Leute, die nur von UNIX kontra MS-DOS reden. Wozu brauchen wir das alles? Werfen Sie es weg; werden Sie den ganzen Ballast los. Vielleicht ist es wichtig für Informatiker, aber für Leute, die eine bestimmte Arbeit damit getan haben wollen, nein. Brauchen Sie ein Betriebssystem? Nein. Wir haben das ganze Konzept rausgeworfen. Anwendungen wie VisiOn, GEM und Windows sind kosmetische Behandlungen versteckter Betriebssysteme, aber bei uns steckt kein Betriebssystem dahinter. Wissen Sie, was passiert, wenn zuviel Kosmetik aufgetragen wird? Es entsteht ein kosmetisches Aussehen.

Das ist also ein Programm, das auf dem alten Apple IIe, einem 1-Megahertz-Prozessor, läuft, und vom Standpunkt des Anwenders aus läuft es schneller als IBM, Macintosh, Großrechner, SuperVax oder sonst was.

INTERVIEWER: Waren Sie bei diesem Projekt anders motiviert als damals, als Sie den Macintosh entwickelten?

RASKIN: Zum Teil war die Motivation dieselbe, zum Teil war sie anders. Beim Mac versuchte ich, den besten Computer bauen, den ich bauen kann. Als ich Information Appliance gründete, wollte ich keine Computer mehr machen. Ich wollte lediglich von der jedermann leicht zugänglichen Computertechnologie profitieren.

Diese Idee geht zurück auf die Sechziger Jahre, als ich Dozent für mehrere Fächer an der University of California in San Diego war und an der Fakultät für gestaltende Kunst lehrte. Ich war in gleichem Maße Künstler, Musiker und Informatiker, und ich unterrichtete gern die Studenten der Kunst und der Geisteswissenschaften im Programmieren. Ich unterrichtete auch Leute im Programmieren, in Computergrafik und in der Herstellung von Computerfilmen, die normalerweise nicht auf diesen Gebieten arbeiteten: eine Klasse Mutter Oberinnen oder Dritt- oder Viertkläßler.

INTERVIEWER: Vor Ihrer Zeit bei Apple hatten Sie sich so ziemlich der Kunst und Wissenschaft verschrieben. Was war Ihr eigentlicher Hintergrund in dieser Zeit?

RASKIN: Nun, mein Projekt in der sechsten Klasse war ein Computer, den ich mit Relais und großen Schaltern baute. Ich studierte Mathematik, Philosophie, Musik und Physik an der State University of New York (SUNY), Stone Brook. An der Pennsylvania State University wollte ich mich ursprünglich auf die Promotion als Doktor der Philosophie vorbereiten, stattdessen machte ich das zweite Staatsexamen in Informatik. An der U.C. in San Diego begann ich mit Musik, wurde aber stattdessen Kunstprofessor. Ich war fünf Jahre lang Professor und wurde dann Gastdozent an der Stanford University in deren Labor für künstliche Intelligenz.

Danach war ich Dirigent bei der San Francisco Chamber Opera Company und unterrichtete in San Francisco Musik. Dann kam der Personalcomputer, und ich sagte mir: »Aha, Computer interessieren mich wieder.« Ich kaufte einen der ersten Altair-Bausätze und baute das System. Die Handbücher fand ich entsetzlich, also gründete ich eine Firma für Dokumentation, Bannister & Crun, genannt nach zwei Gestalten aus einem alten englischen Radioprogramm, der Goon Show. Ich schrieb Handbücher für Heath, National Semiconductor und Apple. Ich gründete gleichzeitig eine Firma für Modellflugzeuge.

INTERVIEWER: Sehen Sie Parallelen zwischen Musik, Kunst und dem Computer?

RASKIN: Keine Parallelen. Aber ich versuche ganz entschieden, Dinge zu machen, die die Menschen erfreuen. Ein Grund, weshalb ich gern Musiker bin, ist, daß die Musiker auf dieser Welt wohl kaum etwas Schlechtes getan haben. Sind Sie Physiker, kann es passieren, daß Sie etwas erfinden, das explodiert. Bei Musikern ist das nie der Fall. Künstler können Propaganda-Plakate entwerfen, aber bei den Musikern ist normalerweise alles ziemlich neutral. Ich wollte immer schon gern etwas machen, das viele Menschen erfreuen würde.

Anwender von SwyftCard verlieren keine Dateien mehr, verbringen weniger Zeit mit der Arbeit und sind weniger frustriert. Sie werden zufriedener sein, als sie es mit anderen Systemen wären. Ich versuche, etwas wirklich Gutes auf dieser Welt zu tun. Eine andere Tatsache: Dieses System kann aufgrund der Cursorbewegungen von Blinden benutzt werden. Visuell orientierte Systeme wie der Macintosh sind für blinde Menschen vollkommen unbrauchbar.

Unsere Systeme sind zur Zeit bei der Seniorenverwaltungsstelle, dem Western Rehabilitationszentrum und der Sensory Aidsstiftung in Gebrauch, und man berichtet uns von dort und sagt uns: »Mann, damit können ja sogar blinde Menschen arbeiten.« Also mache ich hier etwas, das der Bereicherung vieler Menschen dient.

INTERVIEWER: Finden Sie noch Zeit für die Kunst?

RASKIN: Ich widme mich nicht der gestaltenden Kunst, aber ich bin immer noch Musiker, obwohl ich nicht mehr auftrete. Jetzt, da ich die Firma leite, habe ich nicht mehr genug Zeit zum Üben. Gelegentlich bittet man mich, bei der Hochzeit eines Freundes zu spielen. So habe ich mich auch vor dem Examen durchgeschlagen: Ich spielte in Bars und Nachtclubs. Jeden Mittwoch abend spielte ich an der Penn State University Klavier zur Begleitung alter Stummfilme. Daheim habe ich einen großen Konzertflügel. Ich spiele gern Bach und Mozart.

INTERVIEWER: Ein so großer akademischer Hintergrund muß Sie doch zu einem wertvollen Mitarbeiter bei Apple gemacht haben?

RASKIN: Während der ersten Jahre bei Apple war ich der einzige Mitarbeiter der ganzen Firma mit einem abgeschlossenen Studium der Informatik. Ich erzählte das den Leuten gar nicht, denn wenn man gewußt hätte, daß ich eigentlich Professor und Leiter eines Computercenters war, hätte man mich vielleicht nicht genommen.

INTERVIEWER: Warum?

RASKIN: In den Anfängen von Apple bestand ein gewisses Vorurteil gegen akademische Diplome. Es gelang mir, in die Firma hineinzukommen und gute Handbücher zu schreiben, weil ich zu Woz sagte: »Sie sind ein Experte für Hardware«, oder zu Randy: »Sie sind ein Experte für Software.« Ich sagte dann gewöhnlich: »Na ja, ich verstehe nicht soviel von dem Zeug, ich kann halt schreiben, auf diese Weise komme ich Ihnen nicht ins Gehege und Sie mir auch nicht.«

INTERVIEWER: Wie lang dauerte die Entwicklung der SwyftCard?

RASKIN: Unsere Firma ist seit ungefähr drei Jahren hier, aber in dieser Zeit haben wir auch andere Dinge gemacht, so daß es schwer ist, zu sagen wie lang. Wir gingen nicht ins Geschäft, um eine Platine für den Apple IIe zu produzieren, aber die Idee erschien mir so gut, daß ich das Gefühl hatte, das Produkt einfach herausbringen zu müssen. Ich sah eine Menge guter Produkte bei Apple und Xerox von Schreibtisch zu Schreibtisch wandern, aber nie auf den Markt.

INTERVIEWER: War es schwierig, die zur Gründung von Information Appliance notwendige Unterstützung zu finden, oder haben Ihnen die gute Idee und Ihr Bekanntheitsgrad vom Macintosh her die Kraft dazu gegeben?

RASKIN: Nachdem ich die Möglichkeiten, die SwyftCard bieten würde, bis in alle Details ausgearbeitet hatte, mußten mir einige Freunde von Apple und Xerox PARC schwören, daß sie nichts darüber erzählen würden, und ich zeigte ihnen die Spezifikationen. Nachdem sie einen Blick darauf geworfen hatten, sagten sie: »Unmöglich, das funktioniert nicht; das versuchen wir schon seit Jahrzehnten.« Dann riefen sie mich am nächsten Tag alle an und sagten: »Du, es sieht so aus, als ginge es doch.« Also beschloß ich, ein paar Programmierer einzustellen, nur mit dem mir selbst zur Verfügung stehenden Geld, und abzuwarten, ob sie meine Idee implementieren könnten. Ich entschied mich für eine Implementierung in FORTH, weil FORTH eine ziemlich kompakte Sprache und in der Implementierung nicht teuer ist. Sie ist nicht die Sprache, die ich bevorzugen würde, aber für diese spezielle Anwendung hielt ich sie für geeignet. Ich bin immer der Meinung, man muß für jede Arbeit das richtige Werkzeug benutzen.

Ich machte mich ans Werk und stellte einen FORTH-Programmierer, sowie ein paar andere Leute ein, die meisten davon persönliche Freunde von mir. Niemanden von Apple. Ich ging der Firma aus dem Weg. Auf keinen Fall wollte ich in irgendwelche rechtliche Schwierigkeiten geraten, denn Apple war damals so gehässig, daß man mit solchen Dingen rechnen mußte.

INTERVIEWER: Stiegen Sie mit einer Marketingkampagne für Ihr Produkt in das Geschäft ein?

RASKIN: Wir hatten kein großes Budget für Marketing. Wir zweigten einen kleinen Betrag ab und schalteten ein paar Anzeigen, damit die Leute draußen erfuhren, daß das Produkt zu haben war. Die Reaktion darauf zeigt uns, daß wir ein großartiges Produkt haben, und der Umsatz steigt viel schneller als erwartet.

INTERVIEWER: Sind Sie vorsichtig mit aggressivem Marketing und übertriebenen Promotionen? Glauben Sie, daß der Industrie dadurch Probleme entstanden sind?

RASKIN: Ganz sicher. Ich sah eine ganzseitige Farbanzeige in einer Zeitschrift über einen LCD-Bildschirm für den Apple IIc, also rief ich die Firma an. Man sagte mir: »Wahrscheinlich sind sie in zehn Monaten fertig.« Eine ganzseitige Farbanzeige! Meiner Meinung nach vergeudet man mit so etwas nur Geld.

INTERVIEWER: Als Professor an der Universität, als Journalist für Zeitschriften, als Autor von Handbüchern und als Designer von Computern haben

Sie eine Botschaft hinausgetragen – nämlich, daß die Vorteile der Computer jedermann zugänglich sind. Ist Information Appliance auch ein Instrument zur Verbreitung Ihrer Botschaft?

RASKIN: Wenn diese Firma wirklich erfolgreich ist, kann ich wiederum Millionen von Leuten ansprechen. Es ist das Produkt, das die Botschaft hinausträgt. Wenn das Unternehmen viel Geld verdient, wird jeder auf meine Botschaft hören. Es ist auf dieser Welt leider so, daß man Geld verdienen muß, wenn man eine Botschaft verbreiten will.

Wenn ich der Welt also sagen wollte, daß Bitmap-Bildschirme eine großartige Sache sind, würde gar nichts passieren, egal wieviele Artikel ich schriebe. Xerox schrieb Dutzende von Artikeln, und wer hörte darauf? Aber dann kommt der Macintosh zu einem annehmbaren Preis heraus, es werden einige Zehntausend verkauft, und nun raten Sie mal, was passiert? Jeder, der einen kauft oder darüber liest, entdeckt plötzlich das Tolle an Bitmap-Bildschirmen, der Grafik und der Tatsache, daß man keinen separaten Grafik- und Textmodus braucht, daß Buchstaben auch nichts anderes sind, als Grafik in anderer Darstellung, und daß ohne zusätzliche Hardware verschiedene Schriftarten möglich sind.

Das ist zwar sehr unschön, aber leider ist es heutzutage so; je mehr Geld man verdient, desto mehr sind die Leute geneigt, auf einen zu hören. Wenn man nicht in Fortune oder Forbes, oder dem Wall Street Journal erwähnt wird, hört keiner auf einen. Wenn man etwas sagt, womit man viel Geld macht, dann hören die Leute hin, egal, ob das, was man sagt, stimmt oder nicht.

INTERVIEWER: Da Sie ja nun beide Seiten der Firmenlandschaft kennen, was ist Ihre Meinung über das große Unternehmen gegenüber der kleinen Firma?

RASKIN: Sie hätten hören sollen, was Jobs alles vorhatte, als Apple groß wurde. Er vergaß seine Ideale nur zu schnell. Woz hielt wesentlich länger an seinen Idealen fest. Es gibt bei Apple eine Person, die sich dadurch, daß sie zu etwas Geld gekommen ist, überhaupt nicht verändert hat, und das ist Brian Howard. Er ist ein wunderbarer Mensch. Ich weiß zwar nicht, wieviel Geld er jetzt hat, aber er fährt immer noch den Wagen, den ich ihm vor zehn Jahren für 75 Dollar verkaufte.

INTERVIEWER: Was glauben Sie, ist das größte Problem für Ihre Firma?

RASKIN: Wie in aller Welt verkauft man etwas total anderes? Das ist das größte Problem. Man ist immer noch nicht bereit, etwas zu glauben. Es ist wie in den ersten Jahren bei Apple, als man sagte: »Wozu soll das gut sein?« Wir konnten keine wirklich zufriedenstellende Antwort geben, also nahm man an, die Maschine würde sich nicht verkaufen lassen. Aber eines ist sicher, ich baue den Absatz meines Produkts durch Mundpropaganda auf. Ein paar Leute probieren es und sagen: »Mit diesem Produkt kann ich ja tatsächlich meine Arbeit tun. Es hat keine fünfzehn Schriftarten. Ich kann zwar nicht in gothischen Schriftzeichen in Übergröße ausdrucken, aber mein Artikel war jedenfalls vor dem Abgabetermin fertig.« So kann ich verkaufen. Später wird man das einmal einsehen.

So war es auch, als ich mit dem Macintosh anfing. Kein Mensch, selbst Jobs nicht, wußte was Icons oder was Bitmap-Bildschirme sind. Heute sind diese Begriffe Bestandteil des Vokabulars aller Leute dieser Branche. Ich habe es schon immer so gemacht und werde es auch in Zukunft so halten.

INTERVIEWER: Wie denken Sie über die gegenwärtige Flaute in der Computerindustrie?

RASKIN: Ich glaube, dadurch verdienen wir in Zukunft sehr viel Geld. Der Grund der Flaute ist meiner Meinung nach der, daß jeder, der einen dieser schwer bedienbaren Rechner kaufen wollte, mittlerweile einen gekauft hat. Diese Rechner sind nur an solche Leute zu verkaufen, die wirklich einen haben wollen, sei es aus arbeitstechnischen Gründen, oder sei es, weil es andere ihnen einreden. Vielleicht auch weil Müllers fünf Häuser weiter auch einen haben. Zur Zeit sind die Chancen für ein Produkt, das wirklich leicht zu bedienen ist und Spaß macht, sehr groß. Meiner Meinung nach ist der Markt übersättigt mit schwierigen Rechnern, und ich glaube, unsere Firma wird einen ganz neuen Markt erschließen.

Wenn Sie unser System gesehen haben und dann wieder an Ihrem System arbeiten, werden Sie jedesmal sagen: »Wenn ich einen Information Appliance hätte, wäre ich jetzt schon fertig. Ich säße jetzt nicht däumchendrehend hier herum und hätte auch nicht die Idee oder diesen guten Satz, der mir gerade eingefallen war, schon wieder vergessen.« Ich versuche, ein System zu verkaufen, mit dem die Leute zufriedener sind. Man bewältigt mit unseren Produkten mehr Arbeit in weniger Zeit.

INTERVIEWER: Glauben Sie, daß der Computer irgendwann einmal etwas anderes macht als Textverarbeitung, Kalkulation und solche Dinge? Ich denke da zum Beispiel an die Versprechungen, die man macht, daß der Computer irgendwann den Haushalt führt?

RASKIN: Daran habe ich noch nie so recht geglaubt, und ich sage Ihnen auch warum. Erstens werden das für einen ganz bestimmten Zweck gebaute Systeme sein, die mit einem Mikrocomputer ausgestattet sind und verschiedene Aufgaben im Haushalt übernehmen. Es gibt ja bereits solche Systeme, aber man denkt nicht an Computer, wenn man sie sieht: Es sind Haushaltsgeräte. Wenn Sie einen tollen Mikrowellenherd benutzen, sind Sie sich wohl kaum der Tatsache bewußt, daß da drinnen tatsächlich ein Computer mit ein wenig RAM und ROM sitzt, auf dem Programme laufen? Denkt überhaupt jemand daran? Alles, was man tut, ist die Zeit einstellen, das Essen hineinschieben und es fürs Frühstück wärmen. Das ist ein versteckter Mikroprozessor. Es gibt eine Menge davon. Aber wird es bei Computern auch so werden? Auf keinen Fall. Zum ersten, haben Sie jemals zwei Computerprodukte gesehen, die wirklich kompatibel sind? Glauben Sie etwa, die Firma XYZ, die elektrisch betriebene Fenster herstellt, sorgt dafür, daß ihr Produkt mit den Computern der Firma G kompatibel ist? Sie kennen das Durcheinander, wenn man versucht, einen Drucker von einem anderen Hersteller mit dem Rechner laufen zu lassen. Nein, ich glaube nicht, daß das in Zukunft so sein wird.

INTERVIEWER: Haben Sie außer Ihrer Arbeit mit Computern noch andere kreative Projekte?

RASKIN: Alle möglichen. Ich bin der typische Erfinder. Ich habe Projekte, die in alle Richtungen zielen. Ich habe zum Beispiel eine Firma, die ferngesteuerte Modellflugzeuge baut. Ich arbeite auch gerade an einem Neuentwurf für ein Klavier. Vielleicht wird es genau so erfolgreich wie andere Innovationen auf dem Klaviersektor in den letzten hundert Jahren, nämlich überhaupt nicht. Mein neues Klavier klingt sehr schön, aber ich weiß nicht, ob es sich jemals verkaufen läßt.

Ich arbeite zur Zeit an einer numerisch gesteuerten Fräsmaschine, die zu einem Verkaufspreis von 5000 Dollar in den Handel geht, so daß auch kleine Werkstätten sie sich leisten können. Die jetzt lieferbaren Maschinen kosten zwischen 30000 und 100000 Dollar. Eine von meinen habe ich jetzt zu Hause in Gebrauch.

INTERVIEWER: Als ich das Handbuch für Ihr Produkt durchsah, fielen mir zwei Dinge auf: Erstens ist es sehr dick für ein so einfach gestaltetes Produkt, und zweitens ist es sehr umfassend und leicht zu lesen. Spiegelt dieses Buch etwa Ihre Meinung über Computerliteratur wider?

RASKIN: Die Grundidee, was dieses Handbuch betrifft, ist vollkommen anders. Wir gingen davon aus, daß Menschen wie Sie und ich dieses Handbuch benutzen. Wir wollen nicht auf hundert Handbücher zurückgreifen, und wir wollen auch in englischer Sprache lesen. Als ich mit diesem Projekt begann, machte ich mich daran, das einfachste, beste und schönste Handbuch zu schreiben.

Bevor wir dieses Handbuch veröffentlichten, machten wir uns die Mühe, einen ersten Entwurf zu schreiben und setzen zu lassen, wobei wir wußten, daß dieser Entwurf nicht rausgehen würde. Und doch sah er wirklich gut aus, also hatten die Leute nicht das Gefühl, ein vorläufiges Handbuch zu bekommen. Warum? Damit die Leute es ausprobieren und daraus lernen. Wir wollten, daß sie das Gefühl hatten, ein wirklich fertiges System zu bekommen. Wenn man seine eigene Firma hat, hat man die Möglichkeit, die Dinge zu lenken. Ich habe noch nie erlebt, daß man mir erlaubt hätte, erst ein Handbuch zu schreiben, es wegzuwerfen und neu zu schreiben. Wir machten alle diese kleinen verrückten Dinge, die leider viel zu wenige Firmen der Branche machen, wir erwähnten zum Beispiel alle Mitarbeiter dieses Projekts.

Für den Umfang des Handbuchs gibt es einen Grund. Wir dachten, man könne es sich ersparen, in anderen Handbüchern nachzulesen, wenn man dieses Handbuch und die diversen Geräte hat. In unserem Handbuch findet man die Antwort auf die meisten Fragen, nicht nur über die Geräte, sondern auch auf die meisten Probleme, an denen man sich festfahren kann. Wir glauben, daß sich unser Handbuch darin von den meisten anderen unterscheidet. Wenn Sie wissen möchten, warum das Produkt so einfach ist, lesen Sie über das Schema nach sowie unter »Hardwaregrundlagen«. Kein Geheimnis. Wenn Sie wissen wollen, warum es so schnell ist, können Sie unter »Softwaregrundlagen« nachlesen. Es gibt auch einen Abschnitt »Grundlagen der Benutzerschnittstelle«. Das habe ich bisher nirgendwo gesehen. Das Handbuch hat ein langes Glossar, das Aufschluß über die Industrie gibt. Jeder von uns verwendete Terminus wird erklärt. Es handelt sich dabei nicht etwa um eine oder zwei Seiten, nein, es ist ein richtiges Glossar. Außerdem gibt es noch ein seitenlanges textbezogenes Inhaltsverzeichnis.

INTERVIEWER: Liege ich richtig, wenn ich da eine gewisse Geringschätzung gegenüber Benutzerschnittstellen und Handbüchern feststelle, die nicht einfache englische Befehle und Texte verwenden?

RASKIN: Ich kann mir normalerweise nicht vorstellen, was Icons sind, aber ich verstehe sehr wohl englische Wörter. Es ist leichter, wenn ich Englisch in Spanisch oder Französisch übersetze, als wenn ich mir die Mühe mache, Bildsymbole aufzubauen, die jeder überall auf der Welt versteht.

Ich habe an dieser Sache lange gearbeitet. Erst als ich Abstand vom Silicon Valley hatte und sechs Monate lang meinen Kopf auskühlen ließ, sah ich urplötzlich, daß ich die ganze Zeit auf dem falschen Dampfer war.

INTERVIEWER: Sie meinen, Sie hatten sich dort mitreißen lassen, die Dinge zu schwierig zu machen?

RASKIN: Bildsymbole, Fenster, Mäuse, große Betriebssysteme, integrierte Pakete . . . Ich möchte die Menschen gern daran erinnern, daß das nicht sein muß, daß zwei Dinge nicht unbedingt zusammenpassen, nur weil sie im gleichen Menü stehen.

INTERVIEWER: Ist das Ihre Botschaft an das Silicon Valley? Wollen Sie den Leuten, die schwierige Systeme entwickeln, sagen, daß es eine einfache Alternative gibt?

RASKIN: Ja.

INTERVIEWER: Würden Sie sagen, dieses Handbuch ist der Höhepunkt Ihrer Karriere als technischer Autor?

RASKIN: Ich kam als freiberuflicher Journalist für Doctor Dobbs, die Zeitschrift Byte, sowie die Zeitschrift Silicon Valley Gazette, die nun nicht mehr erscheint, zur Computerindustrie. Ich wurde Leiter der Abteilung Öffentlichkeitsarbeit bei Apple und schrieb ein paar Handbücher, die hoch eingeschätzt wurden, aber dieses Handbuch hat mit allem, was ich geschrieben habe, nichts zu tun. Aber ich habe es nicht selbst geschrieben. Der Hauptautor ist David Alzofon; ich schrieb nicht einmal die Hälfte.

Das ganze System beruht auf ein paar Regeln, ein paar psychologischen Prinzipien für ein leicht zu handhabendes System. Wenn Sie im Handbuch unter »Grundlagen der Bedienung« nachlesen, werden Sie sehen, daß die Firma eine Theorie entwickelt hat, wie Menschen arbeiten, wodurch wir in der Lage waren, das Produkt so zu entwickeln, wie es heute ist.

INTERVIEWER: Worin bestehen diese Grundlagen, die Sie als Überschrift für dieses Kapitel wählten?

RASKIN: Sie sind ganz einfach. Ich stellte mir die Frage: »Was macht etwas für Menschen zur Gewohnheit?« Wenn ich ein System benutze, fühle ich mich am wohlsten, wenn ich mit meinen Gedanken bei meiner Arbeit bleiben kann und nicht über das System als solches nachdenken muß. Das System darf sich nicht in den Vordergrund drängen. Wenn ich meine Schnürsenkel zumache, ganz gewohnheitsmäßig, denke ich eigentlich nicht darüber nach. Ich muß mich nicht darauf konzentrieren, daß ich mir die Schuhe zubinde. Ich wollte, daß mein System genauso einfach wird, und daß es die Anwender nicht von ihrer Hauptaufgabe ablenkt; ich wollte, daß die Benutzung meines Systems ganz natürlich ist, wie eine alte Gewohnheit. Deswegen stellte ich die Frage: »Wie entsteht eine Gewohnheit?«

Nun ja, in den Psychologiebüchern, die ich las, steht, daß eine Gewohnheit etwas ist, was man immer wieder auf die gleiche Weise tut, und das man wahrscheinlich auch in Zukunft auf die gleiche Weise tun wird. Daraus ergeben sich ein paar direkte Folgerungen. Stellen Sie sich vor, Sie fahren Ihren Wagen. Nehmen wir an, jeden Donnerstag werden das Gaspedal und das Bremspedal miteinander vertauscht. Sie würden an einer Mauer oder gar auf der anderen Seite der Mauer enden. Sie könnten damit nicht leben. Und dennoch ändern die Computer ständig irgendwelche Dinge durch den

»Modus«. Ein System sollte überhaupt keinen Modus haben. Dieselbe Handlungsweise des Benutzers sollte auch immer dieselbe Wirkung haben.

SwyftWare ist im wesentlichen ohne Modus. Die meisten Computerdesigner bieten aus unerfindlichen Gründen gern die Möglichkeit an, eine Sache auf verschiedene Arten machen zu können. Wenn es fünfzehn Möglichkeiten gibt, eine Sache zu machen, dann glauben sie, das sei Freiheit. Tatsache ist, daß die meisten Anwender die Mehrzahl der Befehle ihrer Textverarbeitung gar nicht verwenden. Und obwohl sie das Handbuch gelesen haben und wissen, daß es vielleicht etwas effizienter sein könne, eine bestimmte Technik anzuwenden, machen sie es doch nicht. Sie verwenden immer wieder die gleichen Befehle.

Beim Macintosh gibt es eine Tastaturversion aller Mausbefehle, weil niemand ständig die blöde Maus benutzen will. Okay, aber sobald es mehr als eine Möglichkeit gibt, beginnt man zu zögern, wenn man über das Handbuch nachdenkt. Selbst wenn man eine gewisse Gewohnheit entwickelt hat, sitzt man manchmal bei der Arbeit und denkt: »Geht das denn nicht irgendwie schneller?«

Deshalb sollte nicht nur eine Funktion für eine Sache vorhanden sein, sondern es sollte auch nur eine Möglichkeit geben, an ein bestimmtes Ziel zu gelangen. Auf diese Weise macht man immer das gleiche und muß nicht immer wieder nachdenken. Wir nennen das »Monotonie«. Mein System ist nicht hundertprozent monoton, aber nahe am Machbaren. (Er lacht.) Vielleicht lerne ich eines Tages, wie man ein System ganz monoton macht.

INTERVIEWER: Welchen Beitrag glauben Sie, kann die künstliche Intelligenz zu unserer Gesellschaft leisten?

RASKIN: Die künstliche Intelligenz lehrt uns eine Menge über uns selbst und über das Wissen. Ein annehmbares KI-Programm wird auf einem preisgünstigen Rechner nicht laufen, zumindest jetzt noch nicht.

Wirkliche künstliche Intelligenz ist so etwas wie eine Religion. Früher sagten die Menschen, daß da oben der Himmel und die Engel seien. Dann wird eine Rakete ins Weltall geschossen, und man weiß, daß das nicht stimmt. Also stellt man sich darauf ein. Sobald etwas erreicht wird, ist es keine künstliche Intelligenz mehr.

Einmal glaubte man, daß die Schachprogramme künstliche Intelligenz beinhalteten. Als ich mich auf mein Examen vorbereitete, konnte man sein Diplom in künstlicher Intelligenz machen, indem man Schach programmieren lernte. Heutzutage kann man einen Schachcomputer für 29,95 Dollar kaufen, und keiner sagt mehr künstliche Intelligenz dazu. Es ist nichts weiter als ein ein bißchen Schach spielender Algorithmus.

Zunächst haben wir das Problem der Definition. Dann wird es komplizierter. Man ist der Meinung, die Programme müßten unsere natürliche Sprache verstehen, aber unsere Aussprache ist zu ungenau für einen Computer, oder sonst jemanden, um genau zu verstehen, was getan werden soll; deshalb haben wir ja auch die Programmiersprachen. Wer jemals mit den Spezifikationen der englischen Sprache zu tun hatte, der weiß, daß man damit kein Programm schreiben kann, weil sie nicht exakt sind. Wenn das also Menschen nicht gelingt, kann man kaum von einer Maschine erwarten, damit fertig zu werden. Wenn man mit sogenannten KI-Programmen arbeitet, müssen die Computer Vokabeln lernen. Nehmen wir an, Sie haben fünf Befehle und möchten, daß der Rechner jedes englische Äquivalent davon versteht. Aber er wird nicht jedes englische Äquivalent verstehen: Eine Person sagt vielleicht: »Suche mir den Angestellten Nr. «, während ein Engländer vielleicht sagt: »Würdest du bitte die Kennziffer für den Angestellten ... suchen.« Das ist genau das Problem, für das KI-Leute eine Lösung suchen.

Vieles, was die künstliche Intelligenz verspricht, wird auch falsch verstanden. Was wir bereits von der künstlichen Intelligenz über die Sprachen gelernt haben, ist fantastisch. Glaube ich also, daß die künstliche Intelligenz der Mühe wert ist? Absolut. Glaube ich, daß sie große Produkte hervorbringen wird? Ein paar. Glaube ich, daß sie die Versprechen, die man überall der Boulevardpresse entnehmen kann, einhält? Keineswegs. Werde ich eine Menge Geld in die künstliche Intelligenz stecken? Ich denke nicht daran.

INTERVIEWER: Vorhin haben Sie Macht und Prestige mit Geld gleichgesetzt. Nachdem Sie nun den Erfolg selbst erlebt haben, welche Veränderungen sind Ihnen dadurch aufgezwungen worden?

RASKIN: Ich möchte Ihnen eine lustige Geschichte erzählen. Ich hatte einmal einen alten Orangenlastwagen, den ich 1970 gekauft hatte. Es war ein International Harvester. Er hatte das Land ein paarmal überquert, bot Platz für alles, und man konnte hinten schlafen. Ein toller Lastwagen. Ich war nun also Mitglied der Geschäftsleitung bei Apple und fuhr mit Leuten in diesem alten Orangenlastwagen zum Essen. Aber ich hatte zu viel Arbeit, um über Autos auf dem letzten Stand der Dinge sein zu können. Ich hatte schon seit Monaten keinen »Spielwarenladen« mehr gesehen. So nach und nach fielen dann doch einige Bemerkungen. »Warum legen sie sich nicht einen guten Wagen zu?« Na ja, ich bin nun mal ein verantwortungsbewußter Arbeitnehmer.

Jeder fuhr in diesen Porsche 928- oder Mercedes-Karossen durch die Gegend, und ich wollte wirklich nie so einen Luxuswagen fahren. Aber man wollte, daß ich etwas Repräsentatives hatte. Also beriet ich mich mit meinem

Bruder, und wir hatten eine Idee. Er sagte: »Weißt du, für das Geld, das du für einen Mercedes oder Porsche zahlst, könntest du auch einen gebrauchten Rolls Royce in hervorragendem Zustand kaufen. Auf diese Weise könnte sich keiner beschweren, du hättest keinen passenden Wagen, und trotzdem hättest du nicht getan, was man von dir verlangt.« So kam ich zu einem Rolls Royce. Es ist komisch. Einige Leute in der Firma hatten vorher nie mit mir gesprochen, aber jetzt waren sie geradezu darauf besessen, sich mit mir zu unterhalten.

»Ich lernte eine Menge über die Welt in einem Rolls Royce. Nachdem ich von Apple weg war, verkaufte ich den Rolls.«

Jedenfalls lernte ich eine Menge über diese kleine Demokratie, die wir haben. Als ich zur Tankstelle fuhr, wurde plötzlich die Scheibe geputzt, und man nannte mich »Sir«. Und ich konnte mitten im Parkverbot vor einem Restaurant parken, und man nannte mich »Sir«, und man sagte: »Vielen Dank« und »Wir freuen uns, daß Sie Ihren Wagen direkt vor unserer Auslage geparkt haben, damit jeder sehen kann, daß uns ein Rolls Royce-Fahrer als Kunde beehrt.« Es hat auch immer Spaß gemacht, ins Drive-In zu Mac Donald's zu fahren.

Ich lernte eine Menge über die Welt in einem Rolls Royce. Ich fuhr zum Flughafen, und fünf Mann kamen herüber, öffneten die Tür und sagten: »Willkommen im San Francisco International Airport, Sir.« Das war mir mit einem anderen Wagen nie passiert. Sie erwarteten ein großes Trinkgeld. Aber es hat auch Spaß gemacht, in San Jose inmitten der langsamen Fahrer durch die Stadt zu fahren. Sie respektieren schwere Wagen in gleichem Maße, wie ich ihre Autos liebe.

Wenn ich wollte, konnte ich in jede große Werksanlage, wie zum Beispiel Kaiser, fahren, die alle bewacht sind, und ohne Schwierigkeiten passieren. Ich hatte immer schon das Gelände besichtigen wollen, aber nie eine Genehmigung dazu bekommen. Mit meinem Rolls fuhr ich nur vor und sagte: »Ich habe eine Verabredung mit Mr. Mumford.« »Vielen Dank. Fahren Sie nur weiter.«

Nachdem ich von Apple weg war, verkaufte ich den Rolls.

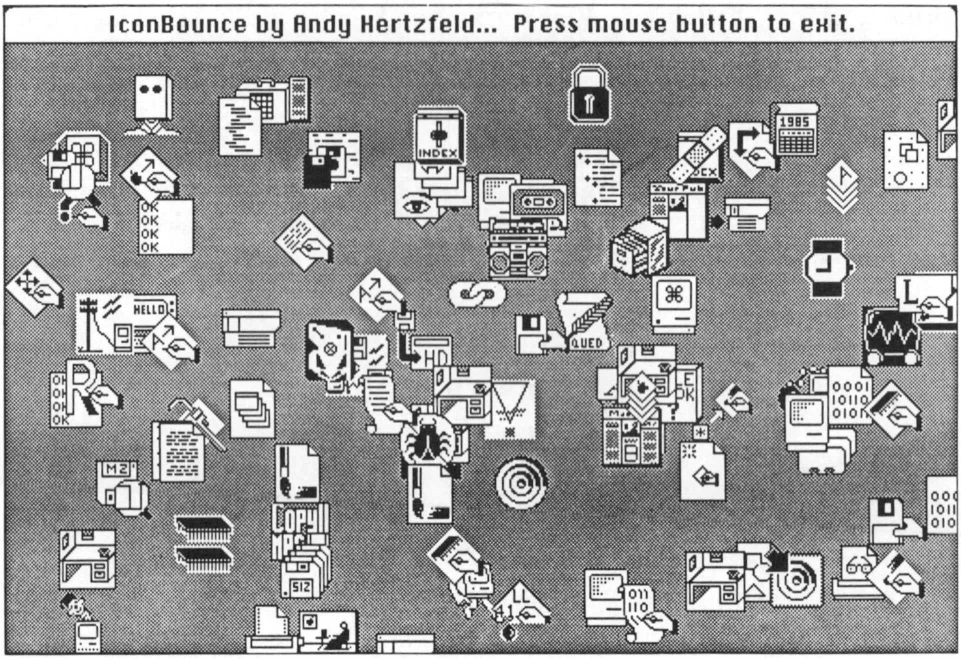

Bei dem von Andy Hertzfeld geschriebenen Programm »IconBounce« tummeln sich die Bildsymbole auf dem Bildschirm Ihres Macintosh. Geben Sie dazu das Programm im Anhang (Seiten 405-413) ein.

Andy Hertzfeld

Andy Hertzfeld, geboren am 6. April 1953, wuchs im Westen von Philadelphia auf. Die Computer hatten es ihm zum erstenmal in der High-School angetan, als er eines seiner ersten Programme schrieb, ein Aufforderungsprogramm für einen Schulball. Später studierte er Physik, Mathematik und Informatik an der Brown University, wo er 1975 sein Studium mit einem Diplom in Informatik abschloß. Sein Diplom für das zweite Staatsexamen in Informatik erhielt er später, 1979, an der University of California in Berkeley. Nach Abschluß seines Studiums ging Hertzfeld zu Apple Computer, wo er am Silentype-Drucker, am Betriebssystem des Apple III und anderen Produkten arbeitete. Im Februar 1981 kam er als zweiter Programmierer dieses Projekts zum Macintosh-Entwicklungsteam und wurde Leiter der Entwicklung des Macintosh-Betriebssystems. Vor einiger Zeit ging Hertzfeld von Apple weg, um sich selbständig zu machen. Seither hat er für den Macintosh ein Programm entwickelt, das Switcher heißt, sowie einen preisgünstigen Digitalisierer mit hoher Auflösung namens ThunderScan.

Die Tür stand offen, als ich in der Dämmerung auf das kleine, im Landhausstil gebaute und in einer Seitenstraße von Palo Alto gelegene Haus von Andy Hertzfeld zuging. Ich betrat einen spärlich beleuchteten Raum, wo ich Andy am Telefon sprechen hörte. Seine Stimme klang lebhaft und ebenmäßig, als er da auf dem Sofa saß, barfuß, in Jeans und T-Shirt, ein Bein unter sich angewinkelt. Er war ein kleiner, untersetzter, leicht zerzauster junger Mann, der freundlich und entspannt wirkte. Er lächelte, winkte mich herein und deutete auf einen Sessel, während er seine Unterhaltung am Telefon fortsetzte.

Ich nahm Platz und schaute mich um. Wir saßen in einem ziemlich geräumigen, offenen Wohnzimmer mit einem großen Sofa und einem Sessel. Ich wollte die Lampe neben mir einschalten, aber sie funktionierte nicht. So saßen wir also, während es mit der untergehenden Sonne immer dämmriger wurde. Zwei Bücherregale, bis zum letzten Millimeter mit aufrecht und quer gestapelten Büchern vollgestopft, ein Synthesizer, ein Macintosh und eine Stereoanlage füllten die Wände. Der Raum wirkte etwas unaufgeräumt, aber sauber. Später erzählte mir Andy, daß er schrecklich unordentlich sei, daß ich aber Glück hätte, gerade an dem Tag zu kommen, an dem das Haus sauber ist, weil die Putzhilfe da war. Sein Telefongespräch zog sich noch etwas hin, dann legte er den Hörer auf. In seiner redseligen und freundlichen Art sprach er offen über seinen Werdegang als Programmierer, wobei er sowohl die guten als auch die schlechten Zeiten bei Apple beleuchtete und erklärte, wie er das Programmieren angeht. Er programmiert, weil es ihm Spaß macht, das ist ihm wichtiger als alles andere, und wenn es einmal keinen Spaß mehr machen sollte, will er etwas anderes machen.

INTERVIEWER: Können Sie genau sagen, wann in Ihrer beruflichen Laufbahn die Begeisterung für Personalcomputer einsetzte?

HERTZFELD: Dieser große Augenblick meines Lebens ereignete sich im März 1977 auf der ersten West Coast Computer-Messe. Ich war voller Begeisterung, denn dort traf sich erstmals der ganze Clan einer sich gerade entwickelnden Industrie. Ich sah zum ersten Mal den Apple II und sagte: »Genau den will ich.« Er war wirklich faszinierend. Ein Computer mit grafischer Darstellung wäre gut genug gewesen, aber der Apple II hatte Farbgrafik, und das haute mich um. Unglücklicherweise waren die Apple II nicht gerade billig, und ich konnte mir keinen leisten. Im Februar 1978 schließlich bot Apple ihn zu einem um 440 Dollar reduzierten Sonderpreis an. Normalerweise trifft es zu, daß die Wirklichkeit die Erwartungen nicht erfüllen kann, aber der Apple II war doppelt so gut wie ich mir je vorgestellt hätte. Der Kauf dieses Rechners war der beste Kauf meines Lebens.

Ich wollte meine Examensarbeit über Personalcomputer schreiben, denn für mich waren es die faszinierendsten Maschinen auf der Welt. Ich war sehr überrascht, daß fast jeder Professor der Fakultät der Meinung war, daß die Personalcomputer das Schlimmste seien, was der Informatik überhaupt hat passieren können. So verlor ich das Interesse an meinen Kursen während des zweiten Vorbereitungsjahrs auf das Examen. Ich wollte nur mit meinem Apple spielen.

INTERVIEWER: Warum waren die Professoren gegen Personalcomputer?

HERTZFELD: Weil die Personalcomputer weniger Kapazität und einen kleineren Speicher hatten als die großen Computer, die sie programmierten. Sie waren der Meinung, durch die Personalcomputer würde das Programmieren um zwanzig Jahre zurückgeworfen. Sie hatten einfach nicht mitbekommen, wie furchtbar gern auch gewöhnliche Leute eine dieser Maschinen hätten. Plötzlich konnte jeder einen Computer erstehen. Das interessierte wohl viele Akademiker überhaupt nicht. Es war mir egal, daß die Personalcomputer nur ein Hundertstel der Speichergröße eines Großcomputers hatten. Sie waren um so faszinierender und kosteten nur ein oder zwei Riesen. Und so fing ich an, auf dem Apple II zu lernen. Im April 1978 wurde ich Gründungsmitglied des ersten Apple-Benutzerclubs im Bay-Gebiet. Dort zeigte man seine eigenen Programme und bekam die Programme anderer.

INTERVIEWER: Was für Programme schrieben Sie damals?

HERTZFELD: Das erste Programm, das ich dem Club übergab, war ein Musikeditor für allgemeine Zwecke. Er spielte ein Lied der Rolling Stones, »Mother's Little Helper«, auf dem Apple II. Das zweite Programm, das ich hergab, war ein I Ching-Programm, das die Grafik des Apple II für den Anwenderdialog benutzte. Um in meinem Programm Wurfspeere zu simulieren, ließ ich mehrere hundertmal pro Sekunde eine Zeile auf dem Bildschirm auf- und abblinken. Sobald ich auf die Spielkonsole des Apple II drückte, hörte das Blinken auf. Das machte ich sechsmal und erhielt ein Hexagramm. Die Interpretation des Hexagramms wurde dann angezeigt. Es war fesselnd für mich, wie die Digitaleigenschaft des I Ching und die Digitaleigenschaft des Computers zusammenpaßten. Diese Programme wurden damals in BASIC geschrieben, weil es sonst eigentlich noch nichts gab. Später begann ich, die Maschinensprache zu benutzen, weil ich wußte, daß man nur damit gute Programme schreiben kann.

INTERVIEWER: In welchem Alter beschäftigten Sie sich zum erstenmal mit dem Programmieren?

HERTZFELD: Als ich die High-School besuchte, hatte ich das Glück, daß meine Schule einen klobigen alten Western Electric besaß, der mit einem

GE-Timesharing-Computer verbunden war. In meinem ersten Jahr, 1969, lernte ich, in BASIC und Fortran zu programmieren und dann in PL/1. Damals war ich sechzehn Jahre alt.

INTERVIEWER: War das der Beginn einer Leidenschaft?

HERTZFELD: Ja, so ziemlich. Wie viele andere Leute auch hatte ich noch nicht einmal von Computern gehört, bis mir ein Freund von deren Existenz erzählte. Er zeigte mir ein paar Listen, aber selbst dann konnte ich mir noch keine klare Vorstellung davon machen, was ein Computer eigentlich ist, bis ich im folgenden Jahr einen Kurs belegte. Dann klickte es bei mir und es hatte mich gepackt. Heute sind die Computer überall. Man hört ja nur noch Computer hier, Computer da.

»Ein Computer vermittelt einem Jugendlichen ein erstaunliches Gefühl von Kontrolle und Macht.«

Ich stellte fest, daß ich Talent zum Programmieren hatte. Ein Computer vermittelt einem Jugendlichen ein erstaunliches Gefühl von Kontrolle und Macht. Sich etwas auszudenken, und dann den Computer soweit zu bringen, daß er das macht, was man wollte, war ein tolles Gefühl. Es war schon immer so. Das ist es, was mich dabei fasziniert. Programmieren lernen ist wie Radfahren lernen; man kann keine Bücher darüber lesen. Man muß es tun.

Eines der ersten Programme, die ich schrieb, war ein Aufforderungsprogramm für Klassen, das tatsächlich für den Frühlingsball verwendet wurde. Da meine Programmiererei vollkommen autodidaktisch war, funktionierte das Tanzprogramm nicht ganz so gut. Zum Schluß hatte sich eine große Menge Studenten eingefunden, die beobachteten, wie das Programm lief.

Ich hatte nicht darauf geachtet, daß dasselbe Mädchen mit jedem der Jungen tanzen mußte. Ein Mädchen wurde von Partner zu Partner dirigiert, und ich stellte fest, daß ich eines vergessen hatte, nämlich die betreffenden Personen, sobald sie jemandem zugeteilt waren, herauszunehmen. Aber was das Schlimmste war, es handelte sich um ein wirklich häßliches Mädchen.

INTERVIEWER: Ab wann nahmen Sie das Programmieren wirklich ernst?

HERTZFELD: Eigentlich war das erst in meinem ersten Jahr am College, als ich Physik und Mathematik als Hauptfächer belegt hatte, und mir eines

Tages dachte: »Oh mein Gott, eigentlich liegt ja die Wahl bei mir, was ich mit meinem Leben machen will.« Ich wollte keine Uniformjacken und Krawatten tragen und Teil einer Gesamtstruktur sein. Ein anderes Mal dachte ich mir: »Oh je, ich werde nie im Leben einen Job finden.« Dann, als ich merkte, daß die Kurse in Mathematik zur Vorbereitung auf das Examen wirklich hart waren, wurde daraus: »Mein Gott, wie hasse ich mein Hauptfach«, und ich kam von meiner geplanten beruflichen Laufbahn als Mathematikprofessor immer mehr ab. Das Programmieren schien mir als Beruf keine Aussichten zu haben. Es war damals noch kein Beruf.

Durch Ferienjobs und Beratertätigkeit bei der Computerabteilung für Studenten zu drei Dollar pro Stunde hatte ich mehr mit Computern zu tun. Dann belegte ich in meinem letzten Jahr an der Brown Computerkurse für Fortgeschrittene. Ich beschloß, Informatik zu studieren, aber ich dachte immer noch nicht daran, daß das Programmieren einmal mein Beruf sein würde.

Es war damals anders. 1975 war die Einstellung Computern und dem Programmieren gegenüber anders als heute. Damals hatten noch keine Personalcomputer jedermann das Programmieren nahe gebracht.

INTERVIEWER: Welche Bedeutung hatte das Programmieren damals, und welche Bedeutung hat es heute?

HERTZFELD: 1975 war ein Programmierer jemand, der für eine Bank oder vielleicht für die NASA arbeitete, etwas Besseres, aber der Beruf als solcher war unbekannt. Es gab keinen Grund für einen durchschnittlichen Teenager, Programmierer werden zu wollen. Das Konzept des Computers war zum Durchschnittsbürger noch nicht durchgedrungen, es sei denn als eine Art Zukunftsvision. 1975 konnte sich niemand einen Computer leisten. Die Revolution durch die Personalcomputer begann eigentlich damals gerade. Im Herbst 1975 kam der Altair-Bausatz auf den Markt, und ich fing an, Zeitschriftenartikel über Mikrocomputer zu lesen. Diese Entwicklung war für mich von großer Bedeutung.

Sehen Sie, als Programmierer bin ich den Dingen schon immer gern auf den Grund gegangen, indem ich mich auf die fundamentalste Ebene hinuntergearbeitet und verstanden habe, wie ein Computer auf dieser Ebene arbeitet. Mein Interesse galt den Betriebssystemen, aber ich war von allen Computern, die ich programmiert hatte, ziemlich frustriert. Ich konnte nie bis zur untersten Ebene durchdringen, weil an diesen Computern immer mehrere Leute arbeiteten und ich nie zu denen gehörte, die wesentliche Programmierarbeit machen durften. Ich konnte nicht experimentieren. Ich dachte, wenn ich meinen eigenen Computer hätte, könnte ich damit tun, was immer ich tun wolle. Aber der Altair-Bausatz war nichts für mich. Löten und Teile zusammenbauen lag mir nicht. Aber ich wußte vom ersten Moment an, daß Personalcomputer etwas für mich waren.

INTERVIEWER: Gab es etwas an Computern oder am Programmieren, das Sie besonders gern mochten?

HERTZFELD: Von der Grafik auf dem Computer war ich wirklich angetan. Minicomputer und Großrechner machten keinen Eindruck auf mich, weil es nicht viel Dialog zwischen ihnen und dem Anwender gab. Leute zu beeindrucken machte mir mehr Spaß als alles andere. Ich konnte meinen Freunden etwas zeigen, und sie staunten mit offenem Mund und sagten: »Mann, ist das toll.« Die meisten Leute waren an Geräusch und Grafik interessiert. Ich nehme an, ich wollte mich selbst am meisten beeindrucken.

INTERVIEWER: Zurück zu Ihrer Jagd nach einem Job. Welche Firma war interessiert, Sie als Programmierer einzustellen?

HERTZFELD: Dieser Mann flog mit mir nach Texas, um ein Einstellungsgespräch zu führen, er mochte mich, also bot er mir eine Stelle an. Die Stelle war bei der größten Versicherungsgesellschaft in Galveston, Texas, der wohl seltsamsten Stadt in den Vereinigten Staaten. Sie ist ein Kurort, dessen Blütezeit schon vorbei ist, voller Hotels und mit einer seltsamen Mischung von tätowierten Supermachos im Krabbenboot-Look, Ölbohrern und Viehzüchtern. Sie paßten einfach nicht zusammen.

Bevor ich zu dieser großen Versicherungsgesellschaft kam, war dort jemand für die Computerabteilung zuständig, der wirklich eine Niete war. Er war auf so etwas wie einem Trip nach Macht. Sehen Sie, wenn man für die Computerabteilung zuständig ist, will man die größtmögliche Computereinrichtung haben. Das poliert das Image auf, und man bekommt mehr Geld; typisch, das Gehalt hängt von der Anzahl der Computer in der Abteilung ab. Dieser Mann überzeugte nun die Gesellschaft davon, daß sie eine Computereinrichtung brauche, die sage und schreibe viermal größer war als man sie jemals auslasten könne. Die Gesellschaft besaß zwei enorm teure IBM Computer, 15 Millionen Dollar. Als man feststellte, daß nur 15 Prozent der Kapazität ausgelastet werden konnten, wurde der Betreffende zwar gefeuert, aber die Computer hatte man immer noch am Hals. Nun ja, etwa 20 Meilen von Galveston entfernt ist die NASA, die so viel Computerkapazität benötigt wie nur irgend möglich, also überredete mein Boss die NASA dazu, 50 Prozent der von der Versicherungsgesellschaft nicht benötigten Zeit zu kaufen. Durch die Verbindung zur NASA machte mir die Arbeit Spaß. Es war meine Aufgabe, ein APL-System, das die NASA benutzte, zu betreuen und zu verbessern. Ich lernte eine Menge über Betriebssysteme, bevor ich diese Gesellschaft verließ und mich in Berkeley auf das Examen vorbereitete.

Ich traf im September 1976 in Berkeley ein. Dort entdeckte ich den ersten Computerladen; es war ein Byte-Shop an der University Avenue. Dort trieb ich mich oft herum und schaute mir die Computer an. Viele davon hatten immer noch Lämpchen und Schalter. Ich war fasziniert.

INTERVIEWER: Sie sagten vorhin, nach Ihrem zweiten Vorbereitungsjahr zum ersten Examen galt Ihr Interesse mehr dem Apple II als Ihren Kursen. Was machten Sie damals an der Universität?

HERTZFELD: Geistig war ich vom Unterricht abwesend, aber ich besuchte weiterhin meine Kurse. Fünftausend Apple II waren verkauft worden, also mußte es einen Markt dafür geben. Ich hatte nicht mit dem Gedanken gespielt, Programme dafür zu verkaufen, bis ich den legendären Apple II-Programmierer Bob Bishop kennenlernte. Er hatte sich sechs Monate vor mir einen Apple gekauft, und zu der Zeit, als ich mich noch zurechtfummelte, schrieb er bereits gute Maschinenprogramme und Spiele. Er war der erste Programmierer, der seine Programme für den Apple II im Jahr 1978 auf den Markt brachte. Ich hatte ihn bei einem der Treffen des Apple II-Benutzerclubs getroffen. Er erzählte mir, daß er 6000 Dollar im Monat verdiene. Ich hielt das für erstaunlich; ich verdiente 7000 Dollar pro Jahr als Lehrassistent.

Ich schrieb dann noch mehr Programme. Ich legte den Schwerpunkt auf Systemprogramme und schrieb ein ehrgeiziges Programm; einen Zeichengenerator, der mittels der Grafik des Apple II Kleinbuchstaben machte, die es auf dem Rechner damals noch nicht gab. Es war ein ausgetüfteltes kleines Systemprogramm. Ich hatte auch schon einige Artikel und einige meiner Programme in Zeitschriften, wie Doctor Dobb's Journal und Micro, veröffentlicht. Ich wollte gerade mein neues Zeichengeneratorprogramm an eine Zeitschrift schicken, als ich einen Freund traf, der den Apple II benutzte. Er hieß Barney, und er sagte: »Bis du verrückt? Du kannst vielleicht 50000 oder 100000 Dollar damit verdienen.« Ich dachte darüber nach und stieg ins Geschäft ein. Die Idee war die, daß wir den Gewinn fifty-fifty teilen wollten. Ich sollte das Produkt entwickeln und keine weitere Verantwortung tragen. Er würde die Herstellung übernehmen, das Handbuch schreiben und die Geschäfte leiten. Das war zu der Zeit, als es sechs- oder siebentausend Apple II-Computer auf der Welt gab.

Barney begann damit, daß er anderen Firmen das Programm vorführte. Am Ende wollten wir es Apple anbieten, das war im Dezember 1978. Ich hatte vorher im Club ein paar Leute von Apple kennengelernt, darunter auch

Steve Wozniak (sein Spitzname war »Woz«), mein Held, ein Idealbild von dem, was ich sein wollte. Bei Apple sprachen wir mit Steve Jobs. Wir hatten furchtbare Angst, weil wir mit zwei früheren Mitarbeitern von Apple gesprochen hatten, die sagten: »Steve Jobs ist ein Ungeheuer, er nimmt euch auseinander. Ihr spielt mit eurem Leben, wenn ihr ihm dieses Produkt zeigt.« Aber es stellte sich heraus, daß er äußerst nett zu uns war, so nett wie nur möglich. Apple dazu zu bringen, unser Produkt zu verkaufen, war das Größte. Wir machten einen Handel mit ihm. Man wollte 5 Dollar für jedes verkaufte Programm an uns zahlen. Wir verabredeten einen Termin bei Apple für die folgende Woche, wo Einzelheiten besprochen und die technischen Mitarbeiter in die Arbeitsweise des Programms eingeweiht werden sollten. Dann sagte Jobs: »Ich hab's mir anders überlegt. Ihr Programm paßt nicht in unsere Produktlinie.« Es war nicht so schlimm, weil ich wußte, daß wir es anderweitig verkaufen konnten. Mountain Hardware (jetzt Mountain Computer) brachte es schließlich auf den Markt.

Innerhalb von ein paar Monaten verdiente ich 40000 Dollar. Ich kam zu der Ansicht, daß ich kein Studium brauchte, wenn ich Programme schreiben konnte, die so viel Geld brachten. Dann, im Januar, rief mich Steve Jobs an und bot mir eine Stelle als Programmierer an. Ich zögerte eine paar Monate lang, aber als ich auf der fünften West Coast Computer-Messe 1979 wieder auf ihn traf, sagte er: »Nun, warum sind Sie nicht zu uns gekommen?« Also ging ich zu einem Einstellungsgespräch. Nach dem Gespräch war ich nahe daran, abzusagen.

INTERVIEWER: Warum waren Sie nicht interessiert, dort zu arbeiten? Es scheint doch so, als wäre ein Traum wahr geworden.

HERTZFELD: Weil Apple alle diese Leute von Hewlett-Packard eingestellt hatte, die für die Technik des Apple II zuständig waren und überhaupt nichts über den Apple II wußten. Apple machte verschiedene Modeerscheinungen durch, indem immer von einer bestimmten Firma die Techniker eingestellt wurden. Es gab eine HP-Phase, eine Xerox-Phase, eine DEC-Phase, aber HP war in der Anfangszeit der Renner. Es gab ein paar Apple II-Fans wie mich, Bob Bishop, Charlie Kellner und Rick Auricchio, die alle Apple II-Computer gekauft hatten und so fasziniert waren, daß sie natürlich zu Apple überwechselten. Aber man stellte auch solche Leute ein, die zu Beginn ihrer Arbeit keine Ahnung davon hatten, was der Apple II überhaupt war. Mir war das vollkommen unbegreiflich. Warum arbeitet jemand bei Apple, wenn er den Apple II nicht einmal mag? Das war eine schlechte geschäftliche Entscheidung.

Die Hälfte der Leute, die das Einstellungsgespräch mit mir führten, wollten nicht über den Apple II sprechen. Sie wollten über UNIX sprechen, worüber ich sprechen konnte, weil ich das in Berkeley gemacht hatte. Apple hatte das tollste Produkt auf der Welt, und diese Leute waren nicht einmal davon überzeugt. Der letzte Gesprächspartner erwischt mich jedoch. Er hieß Dick Huston; es war der Mann, der das Apple-Boot-ROM geschrieben hatte.

»Das Laufwerk des Apple II ist erstaunlich ungewöhnlich. Es ist eine verrückte, verworrene, brillante Konstruktion.«

Wir sprachen über die Einzelheiten, wie das Diskettenlaufwerk funktionierte, was ich nicht wußte, aber was für mich wahnsinnig interessant war. Innerhalb von zehn Minuten erfuhr ich etwas, was ich monatelang versucht hatte, herauszufinden. Das Laufwerk des Apple II ist erstaunlich ungewöhnlich. Es ist eine verrückte, verworrene, brillante Konstruktion. Die meisten Diskettencontroller hatten normalerweise ungefähr dreißig Chips, einschließlich einiger teurer LSI-Chips. Der Diskettencontroller von Woz hatte fünf winzige, billige Chips, und er funktionierte auch besser als irgendeines dieser teuren Dinger. Später wurde ich ein Experte für die Arbeitsweise von Laufwerken, was genau das detaillierte Wissen war, das ich brauchte, um kopiergeschützte Programme zu knacken. Wenn einer ein neues Spielprogramm mitbrachte, brachte man es zu mir. Ich lag dann im Wettbewerb mit einem oder zwei Kollegen bei Apple, wobei jeder versuchte, den Kopierschutz als erster zu knacken.

Meine Arbeit bei Apple begann im Sommer 1979. Das erste von mir entwickelte Produkt war der Silentype-Drucker. Ich ging in der Erwartung zu Apple, dort unglaublich profunde Geheimnisse der Informatik sowie mehr über den Apple II zu erfahren, aber ich merkte sehr schnell, daß ich mehr über den Apple II wußte als die meisten Leute dort. Worüber ich am meisten lernte, war über die Option zum Kauf von Aktien. Darüber sprachen alle. Das Angebot für meine Stelle war 24000 Dollar pro Jahr und tausend Aktien auf Option, was später auf zweitausend erhöht wurde. Ich hielt nichts von den Optionsaktien, ich dachte tausend Aktien seien nichts Besonderes.

In der Zwischenzeit wurde der Apple III entwickelt. Er wurde damals »Sara« genannt, aber für die Leute dort war er eben der Apple III. Ich stellte mir vor, wir müßten von bewaffneten Wachen umringt sein, aber der Rechner stand einfach so da; ich war überrascht, daß nicht ständig eine Menschenmenge da war. Mit Ausnahme der Leute, die daran arbeiteten, hielt man ihn nicht für besonders aufsehenerregend. In meiner Freizeit schrieb ich Demoprogramme, um seine neuen Features herauszubekommen. Das war sehr spannend, weil es sich um brandneue Hardware handelte, die noch nichts machte.

»Ich ging in der Erwartung zu Apple, dort unglaublich profunde Geheimnisse zu erfahren, aber ich merkte sehr schnell, daß ich mehr über den Apple II wußte als die meisten Leute dort.«

INTERVIEWER: Haben noch andere bei Apple die Gelegenheit wahrgenommen, in ihrer Freizeit privat Projekten und Entwicklungen nachzugehen?

HERTZFELD: Zwei oder drei Leute bei Apple taten das. Bob Bishop war einer davon. Er gab dem Apple II die Spracherkennung, ohne zusätzliche Hardware, indem er ein Mikrophon in den Kassettenanschluß steckte. Damals war auch Woz noch dort, und ich kann mich erinnern, daß ich einen Schreibtisch in seiner Nähe bekam, was für mich sehr aufregend war. Ich hatte tatsächlich einen Schreibtisch neben meinem Helden. Ich konnte jeden Tag mit ihm sprechen. Ich konnte mit ihm zu Mittag essen. Ich war im Himmel.

Woz arbeitete an verschiedenen Projekten. Eines davon nutzte die gesamte Speichergröße des Apple II zur Berechnung der mathematischen Konstante E auf hunderttausend Dezimalstellen genau. Das war äußerst schwierig, denn der Apple II hatte keinen großen Speicher. Er mußte für diese große Ziffer jeden einzelnen Teil des Speichers, einschließlich des Speichers auf dem Ausgabebildschirm, benutzen. Und er bekam kein Zwischenergebnis, weil der gesamte Speicher diese eine Zahl hielt. Das Programm lief vierzehn Tage. Er saß nur da, vierzehn Tage lang, und wartete auf den Moment, wo es fertig sein würde. Es passierte oft, daß sein Apple II bei einem Experiment nach sechs Tagen überfordert war und zusammenbrach. Dann fing er wieder von vorn an. Solche verrückten Dinge machte er immer wieder.

»Gegen Ende 1980 wurde Apple dann eine Aktiengesellschaft. Plötzlich hatte ich es bei der Arbeit nur noch mit Millionären zu tun.«

INTERVIEWER: Was passierte in der Firma in finanzieller Hinsicht in dieser Zeit? War das nicht kurz bevor Apple eine Aktiengesellschaft wurde?

HERTZFELD: Der Umsatz von Apple ging ab wie eine Rakete. Ab Herbst 1979 und im Jahr 1980 schnellte der Umsatz in die Höhe. Gegen Ende 1980 wurde Apple dann eine Aktiengesellschaft. Plötzlich hatte ich es bei der Arbeit nur noch mit Millionären zu tun.

Ich erfuhr nach und nach, daß die Aktien unglaublich ungleich verteilt wurden. Man möchte annehmen, daß die Leute, die der Firma am meisten nützen, auch die meisten Anteile bekämen. Keineswegs. Die Leute, die auf die meisten Anteile scharf waren, hatten sie auch. Da waren Techniker, die ihre Zeit damit verbrachten, auszuhecken, wie man an noch mehr Aktien herankommt, was manchmal an Kriminalität grenzte, während andere wiederum, die sich die Seele aus dem Leib herausprogrammierten und fünfzehn Stunden am Tag für die Firma schufteten, nichts bekamen. Alle wußten das, aber es fiel erst so richtig auf, als die Firma eine Aktiengesellschaft wurde. Wenn Sie nach einer Party aufwachen, und einige Leute 5 Millionen Dollar besitzen, während andere noch immer ihr Jahresgehalt von 30000 Dollar beziehen, dann fällt Ihnen das ganz gewiß auf. Es gab da einige bittere Gefühle.

Es gibt eine Geschichte über Woz, der natürlich eine Menge Anteile bekam, weil er die Firma gründete. Er war der Meinung, es sei unfair, daß einige Leute überhaupt keine Aktien, und andere wiederum sehr viele bekamen, so daß er seine eigenen Anteile nahm und bis zu zweitausendfünfhundert Aktien an jeden verkaufte, der vor einem bestimmten Stichtag bei

Apple gearbeitet hatte. Woz hatte die besten Absichten, aber es wurde ein unglaublicher Sieg für die Bösewichte. Was geschah war Folgendes. Viele Mitarbeiter machten sich nichts aus Geld und machten von ihrem Recht, Aktien zu kaufen, keinen Gebrauch. So kamen ein paar ganz Gerissene auf die Idee, diesen Leuten zu sagen: »Okay, ich geben Ihnen das Geld und kaufe die Aktien für Sie.« Einige hörten auf zu arbeiten und wurden Aktienkäufer; es waren furchtbare Leute, schlechte Charaktere, schlechte Techniker, voller Gier. Innerhalb eines Monats machte einer dieser Typen Hunderttausende von Dollar damit. Es war im Grunde genommen nichts anders, als Woz zu bestehlen. Aber das war alles ein Teil der Umwandlung von Apple in eine Aktiengesellschaft.

Gegen Ende 1980 machte es nicht mehr so viel Spaß, bei Apple zu arbeiten. Es kam oft vor, daß ein Vorgesetzter von einer anderen Firma angeheuert wurde und das Produkt nicht kannte. Mike Scott erkannte, daß Apple für alle wichtigen Funktionen Pappfiguren eingestellt hatte, und warf sie im Februar 1981 allesamt am gleichen Tag hinaus. Er entließ vierzig Leute von einer Technikergruppe von neunzig Mitarbeitern. Dieser Tag in der Geschichte von Apple wird der »Schwarze Mittwoch« genannt. Die Leute waren bestürzt.

INTERVIEWER: Wie kamen Sie zum Macintosh-Projekt?

HERTZFELD: Wenn ich meine regulären Projekte durchgezogen hatte, machte ich in meiner Freizeit gern allerhand Demos auf neuer Hardware. Ich pflegte den Leuten im Hardwarezentrum auszuhelfen. Ein wirklich verrückter, junger Typ, Burrell Smith, machte eigentlich Computerreparaturen im Kundendienst, aber er trieb sich immer im Hardwarezentrum herum, wo die Techniker waren. Er stellte alle möglichen Fragen und versuchte, soviel wie möglich zu lernen. Ende 1979 arbeitete Jef Raskin, eine andere legendäre Persönlichkeit von Apple, an einem Projekt für einen neuen Computer, der Macintosh heißen sollte. Er wurde auf Burrell im Kundendienst aufmerksam und ließ ihn das Design für diesen kleinen Computer machen. Obwohl der Rechner von Burrell eigentlich ganz anders aussah als der endgültige Macintosh, sah er doch wie ein ganz ordentlicher Computer aus.

Niemand hatte ihn zuvor programmiert, also verbrachte ich meine Freizeit mit ein paar kleinen Demos, als er zusammengebaut war. Am ersten Tag, an dem er lief, arbeitete ich sehr lang und brachte ein Bild von Onkel Dagobert auf den Bildschirm, um zu beweisen, daß der Videoteil richtig funktionierte. Es war ein niedliches kleines Bild. Unmittelbar vor dem »Schwarzen Mittwoch« hatte Steve Jobs das Projekt irgendwie übernommen und setzte die vier Leute, die daran arbeiteten, an eine abgelegene Stelle, so daß ich nie mehr etwas davon zu sehen bekam. Und ich dachte mir: »Diese Burschen hier machen gewöhnliches Zeug. Ich möchte mit den Jungs da drüben am Macintosh-Projekt arbeiten.« Das sagte ich Mike Scott. An jenem Nachmittag saß ich an meinem Arbeitsplatz, und Steve Jobs kam herüber und sagte: »Andy, Sie arbeiten ab sofort am Macintosh.« Ich sagte: »Aber ich muß erst diese Sachen hier für den Apple II fertig machen.« »Nein, das brauchen Sie nicht, Sie arbeiten ab sofort am Macintosh-Projekt mit«, sagte er, nahm meine Utensilien und trug sie zum Wagen.

Ich hatte sehr viel Glück, weil ich der Fünfte war, der am Macintosh arbeitete. Alle Leute, die hier mitarbeiteten, waren Einzelgänger und arbeiteten nicht gern innerhalb einer Organisation. Es war ein aufregendes Projekt: ein Rechner, der unglaublich billig herzustellen sein würde; ein Rechner, der sage und schreibe die zehnfache Kapazität des Apple II hatte. Steve ließ diese cleveren Leute ohne Manager zusammenarbeiten. In gewisser Weise war hier die ganze Managementstruktur auf den Kopf gestellt, weil Steve Jobs einer von uns war.

INTERVIEWER: Welche anderen Mitarbeiter des Macintosh-Projekts spielten eine wesentliche Rolle?

HERTZFELD: Im Grunde genommen waren es fünf Mann, die die Systemsoftware schrieben: ich, Steve Capps, Bruce Horn, Larry Kenyon und Bill Atkinson, der seine Erfahrung von der Lisa mitbrachte. Der erste Macintosh-Programmierer, den Jef Raskin mitgebracht hatte, war Bud Tribble, der sehr talentiert ist. Er mußte das Projekt im Dezember 1981 aufgeben, weil er weiter Medizin studieren mußte. Heute hat er das zweite Staatsdiplom und den Doktortitel der Neurologie. Larry Kenyon arbeitete mit mir an den Peripheriegeräten für den Apple II, also wußte ich, daß er sehr gut war. Bruce Horn trug auch wesentlich dazu bei. Er war praktisch am Xerox-PARC aufgewachsen. Er hatte dort im Alter von vierzehn Jahren angefangen, und mit zweiundzwanzig arbeitete er am Macintosh. Dann, im Januar 1983, kam Steve Capps, ein fantastischer Programmierer, in unser Team. Es halfen noch andere Leute, aber diese fünf schrieben eigentlich das ganze ROM für den Macintosh.

INTERVIEWER: Mit welchen Strategien wurde der Macintosh entwickelt?

HERTZFELD: Meiner Meinung nach kann gute Arbeit nur geleistet werden, wenn das Design und die Implementierung von denselben Personen vorgenommen werden. Derjenige, der ein Programm schrieb, machte auch das Design dafür.

INTERVIEWER: Wußten Sie bereits während Ihrer Arbeit am Macintosh, daß er ein großer Erfolg werden würde?

HERTZFELD: Davon war ich überzeugt. Unserer Meinung nach war er sehr viel besser als irgend etwas anderes. Für uns war er der perfekte Computer. Aber während der Zeit, als wir daran arbeiteten, bis Ende 1981, galten wir bei Apple als nicht existent. Es arbeiteten nicht einmal zwanzig Leute daran, und der Rechner war auch nicht Bestandteil der Produktplanung von Apple. Alle glaubten, Steve Jobs sei verrückt, und der Macintosh sei der »kleinen Heimwerker«-Fantasie von Steve entsprungen. Jedermann wußte, daß man hundert Techniker zur Entwicklung eines neuen Computers brauchte. Das kann man mit sechs Leuten nicht bewerkstelligen. Aber Anfang 1982, als der Computer lief, sagten die Leute: »Wer weiß, vielleicht ist doch was dran.« 1983 wußte man bei Apple, daß es den Macintosh geben würde.

Ungewöhnlich war auch, daß Steve den Leuten die Anerkennung geben wollte, die die Arbeit wirklich getan hatten. Die Idee kam durch ein Ereignis, als die Lisa herauskam: Die Lisa hatte eine Menge Werbung hinter sich, und Bill Atkinson hatte 110 Prozent der wichtigen Arbeit gemacht. Er hat Lisa sprichwörtlich entwickelt. Aber in den Artikeln, die über den Computer herauskamen, wurde er mit keiner Silbe erwähnt. Das kam daher, daß das Lisa-Projekt an Bürokratie gebunden, das Macintosh-Projekt aber in gleichem Maße frei und ungebunden war. Lisa hatte eine komplizierte Organisation mit sechs Managementebenen und hundert Programmierern. Die Zeitschriften sprachen mit den Managern, und die Manager sahen sich selbst als die Architekten von Lisa, obwohl es zum größten Teil die Entwicklung von Bill war.

Bill fühlte sich elend. Etwas Ähnliches war ihm auf dem College passiert. Er hatte eine Arbeit gemacht, die einen Wendepunkt brachte, einen Computergrafikfilm über das Gehirn, das auf der Titelseite von »Scientific American« erschien. Der Professor, für den er sie gemacht hatte, nahm alles Lob für sich in Anspruch, obwohl Bill die ganze Arbeit gemacht hatte. Bill war so aus dem Gleichgewicht, daß er gehen wollte. Apple nahm ihn schließlich zum Trost in die Reihe der verdienten Mitarbeiter auf.

Also versprach uns Steve Jobs Anerkennung für unsere Verdienste für den Macintosh. Die Reklame erreichte ihren Höhepunkt mit der Vorstellung des Macintosh. Natürlich war er für uns der beste Computer auf der Welt, aber es stellte sich heraus, daß auch andere Leute ihn wirklich mochten. Ich fand mein Foto in den Zeitschriften Newsweek und Rolling Stone. Rolling Stone hatte ich seit meinem sechzehnten Lebensjahr gelesen.

INTERVIEWER: Wann und warum sind Sie von Apple weggegangen?

HERTZFELD: Ich verließ Apple nachdem der Mac ausgeliefert war, und die Mac-Gruppe anfing, bürokratisch zu werden. Ich geriet mit dem neuen technischen Leiter aneinander, mit dem ich das Einstellungsgespräch geführt und dessen Anstellung ich selbst zugestimmt hatte, und der sich jetzt als Kontroll- und Autoritätsfanatiker entpuppte. Dieser Mensch dachte, ich sei einige Nummern zu groß, und er könne mich kleinkriegen, indem er schlechte Berichte über mich schrieb. Ich war schockiert. Da hatte ich nun mein Leben lang für die Firma abgerackert, das Beste gebracht, das aus mir herauszuholen war und fünfzehn Stunden am Tag gearbeitet, um das Projekt fertig zu bekommen. Ich hatte mir die Sache mit dem Macintosh anders vorgestellt, aber das hatte dieser Mensch nun daraus gemacht. Mir blieb also keine andere Wahl, als zu gehen; aber auf der anderen Seite hatte ich zwei Jahre meines Lebens für den Macintosh geopfert; das war mir wichtiger als alles andere. Also blieb ich noch so lange, bis der Mac ausgeliefert wurde und ging dann weg, um mich selbständig zu machen.

INTERVIEWER: Was mögen Sie am Programmieren?

HERTZFELD: Es ist für mich die einzige Arbeit, bei der ich sowohl Techniker als auch Künstler sein kann. Es ist ein unglaubliches, unerbittliches technisches Element dabei, das ich sehr mag, weil man sehr präzise denken muß. Auf der anderen Seite ist die unbändige Kreativität, deren Grenzen nur von der Vorstellungskraft abhängig sind. Das Zusammenspiel dieser beiden Elemente machte das Programmieren so einzigartig. Man wird sowohl Künstler als auch Wissenschaftler. Ich mag das. Ich fange gern mit dem magischen Trick in der Mitte an, der die eigentliche Grundlage für das Schreiben des Programms ist. Der spannendste Teil beim Schreiben eines Programms ist der, wenn man zum ersten Mal sieht, wie der magische Trick, die Essenz des Programms, funktioniert.

INTERVIEWER: Glauben Sie, Sie werden immer beim Programmieren bleiben?

HERTZFELD: Ich glaube, ich werde immer programmieren, aber ich erwarte nicht, daß ich immer ein so guter Programmierer sein werde wie jetzt.

INTERVIEWER: Bei so viel Erfahrung hat man den Eindruck, daß das Programmieren mit der Zeit immer leichter wird.

HERTZFELD: Meine Art des Programmierens erfordert eine unglaubliche Konzentration. Immer alle verschiedenen Verbindungen im Kopf zu behalten ist eine Fähigkeit, die man verliert, wenn man älter wird. Die Konzentration ist ein Geschenk der Jugend. Wenn man älter wird, wird man weiser. Man wird erfahrener. Man kommt besser mit dem Leben zurecht. Aber ich glaube nicht, daß ich später einmal den gleichen Schliff habe wie heute. Meiner Meinung nach bin ich zur Zeit besser denn je, aber ich erwarte nicht, daß das so bleibt. Ich habe noch ein paar gute Arbeitsjahre vor mir. Ich glaube nicht, daß ich als Vierziger so gut sein werde wie als Dreißiger, aber ich erwarte, daß ich in meinen Dreißigern besser sein werde als ich als Twen war.

»Ich will, daß so viele Leute wie möglich meine Programme benutzen, das motiviert mich mehr als alles andere.«

INTERVIEWER: Wie glauben Sie, sieht die Welt der Computer in zehn Jahren aus?

HERTZFELD: Wer weiß? Was ich gern tun würde, ist einen Roman schreiben. Das habe ich schon immer gewollt. Als Kind war ich eine Leseratte, und ich mochte immer die modernen Romane. Ich schwärme für Schriftsteller wie Thomas Pynchon.

INTERVIEWER: Wie würden Sie Ihre Arbeitsgewohnheiten beschreiben?

HERTZFELD: Ich habe schon immer flexible Arbeitsgewohnheiten. Ich arbeite an jedem Projekt anders. Während der ersten sechs Monate dieses Jahres arbeitete ich an einem großen, komplizierten Programm für den Macintosh, genannt Switcher, und das war eines der Projekte, die zum Schluß sehr schwierig werden. Die Kernarbeit nahm sechs Wochen, das gesamte Projekt acht Monate in Anspruch. Wenn ich wirklich hart an etwas arbeite, arbeite ich meistens nachts. Ich ging in meiner Zeit bei Apple gewöhnlich nicht vor zehn Uhr abends nach Hause, denn dann sagte mir mein Körper, es sei jetzt an der Zeit, aufzuhören. Gewöhnlich mache ich den größten Teil meiner Programmierarbeit nach dem Abendessen, von 20:30 Uhr bis zwei oder drei Uhr morgens. Wenn ich wirklich an etwas dran bin, ist mir das wichtiger als alles andere.

Ich bin auch sehr faul, und ich habe keine Selbstdisziplin. Der einzige Grund, warum es hier nicht schlampig aussieht, ist, daß die Putzfrau gestern da war. Ich programmiere aus Begeisterung. Das was ich gerne mache, mache ich gut. Glücklicherweise mag ich das Programmieren, aber sollte ich jemals meinen Enthusiasmus verlieren, kann ich nicht mehr programmieren.

INTERVIEWER: Glauben Sie, die guten Ideen für Ihre Programme könnten Ihnen einmal ausgehen?

HERTZFELD: Nein, schon allein weil die Computer noch in den Kinderschuhen stecken und grundsätzlich alles alle fünf Jahre wiedererfunden wird. Plötzlich hat man das Fünffache an Speicher für seine Arbeit, wenn nicht das Zehnfache, und die Regeln ändern sich.

INTERVIEWER: Sie haben sicherlich Großes zur Computerindustrie beigetragen. Kommt daher ein Gefühl der Zufriedenheit?

HERTZFELD: Ich weiß, daß viele Leute jetzt meine Arbeit benutzen. Ich schrieb eine Menge der Grundsoftware für den Macintosh. Wann immer Sie sehen, daß auf dem Macintosh etwas getan wird, wissen Sie, daß Instruktionen von mir benutzt wurden. Das hat etwas unglaublich Aufregendes. Ich will, daß so viele Leute wie möglich meine Programme benutzen, das motiviert mich mehr als alles andere.

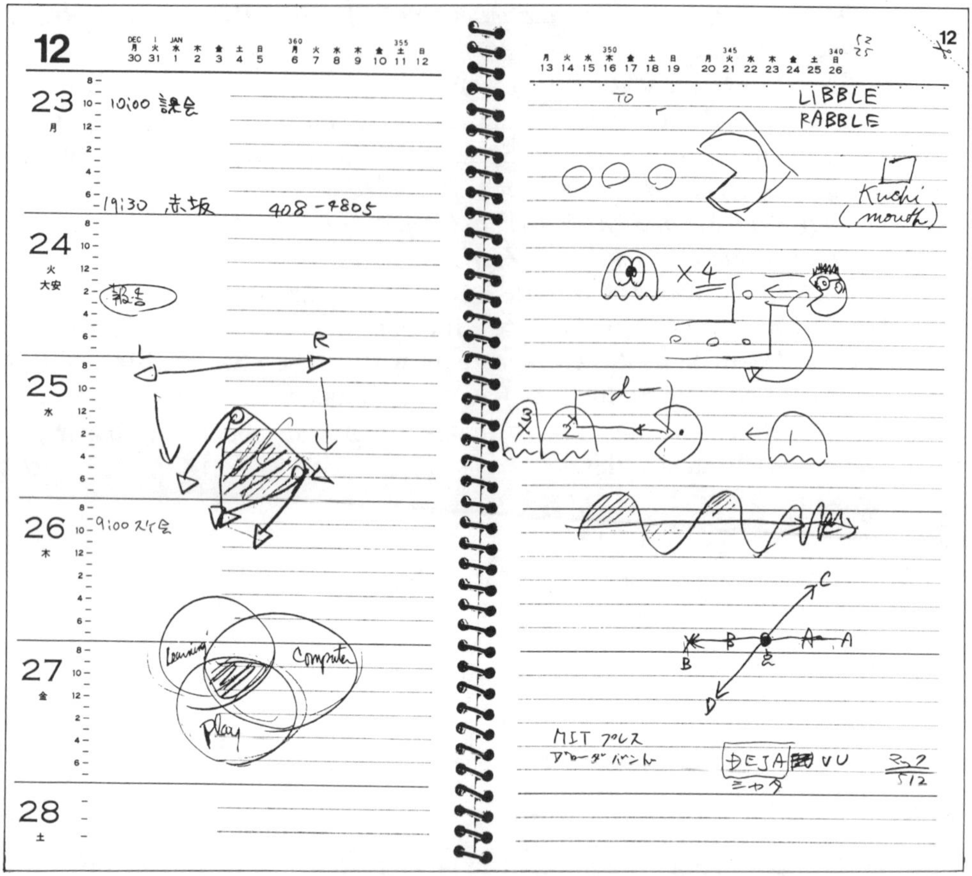

Im Verlauf des Interviews zeichnete Iwatani diese Skizzen und Diagramme in seinen Notizkalender. Sie zeigen, wie die Form von Pac Man entstand, und wie sich die Geister um Pac Man bewegen.

Toru Iwatani

Der Spieledesigner

Toru Iwatani wurde am 25. Januar 1955 im Bezirk Megura von Tokio, Japan geboren. Er ist Autodidakt, ohne jegliche Ausbildung im Computerbereich, den bildenden Künsten oder dem Grafikdesign. 1977, im Alter von 22, ging Iwatani zu NAMCO Limited, einem Softwareunternehmen in Tokio, das Videospiele herstellt. Während seiner Tätigkeit stellte Iwatani fest, daß das Design von Spielen genau das Richtige für ihn war. Er vollendete Pac Man mit Hilfe von vier Kollegen, nachdem er ein Jahr und fünf Monate daran gearbeitet hatte, und zwar von der Konzeption bis zum fertigen Produkt.

Das Spiel kam zuerst in Japan heraus, wo es sehr erfolgreich war. Als Pac Man exportiert wurde, eroberte er auch die Fantasie der Amerikaner und Europäer. Iwatani entwickelte noch weitere Spiele, von denen Libble Rabble sein Lieblingsspiel ist, das er nach Abschluß des Pac Man Projekts entwickelte. Später hatte Iwatani zunehmend mehr mit der Verwaltung von NAMCO Limited zu tun.

Geoff Leach, ein Freund und Kollege in Tokio, schickte mir eines Tages ganz aufgeregt ein Telex, worin er mir mitteilte, daß er den Namen des Designers von Pac Man durch dessen Vorgesetzten, Herrn Imaizumi, erfahren habe, der zufällig Mitglied einer Studiengruppe war, der auch der Designer angehörte. Er meinte, ein Interview für mich arrangieren zu können. Ich schickte stehenden Fußes ein Telex zurück und sagte ihm, wie begeistert ich über diese Aussicht auf ein Einstellungsgespräch sei.

In Japan ist es oft so, daß die für die Entwicklung eines Produkts verantwortliche Person namentlich nicht hervorgehoben und bekanntgegeben wird. Das Team oder die Firma ernten die Lorbeeren, und der einzelne, obwohl er bestimmten Kreisen bekannt ist, bleibt im Verborgenen und ungenannt. In diesem Fall wurde aufgrund des persönlichen Kontakts ein Interview gewährt.

Herr Leach fuhr mit mir mit der U-Bahn in den Randbezirk Tokios zum Büro von NAMCO. Nachdem wir an unserer Haltestelle angekommen waren, schlenderten wir durch enge, belebte Straßen eines Geschäftsviertels, bis wir auf ein auffälliges braunes Marmorgebäude stießen. Der Erfolg von Pac Man war der Firma offensichtlich zuträglich.

Wir betraten die große, in weißem Marmor gehaltene Empfangshalle durch eine Doppeltür. Dort wurden wir von einer gestikulierenden Roboterdame willkommen geheißen. Sie war in Rosa- und Cremetönen bemalt, mit einem hübschen rosafarbenen, helmähnlichen Hut und blauen Augen, und sie hatte eine wohlgeformte weibliche Figur. Sonst war weit und breit niemand zu sehen. Wir blieben einen Moment stehen und betrachteten sie aus einer gewissen Entfernung hinter dem Schalter. Als wir weiter in die Empfangshalle hineingingen, gab sie uns ein Zeichen, an den Schalter zu kommen. Auf einem Computerterminal neben ihr blinkten die Buchstaben »WILLKOMMEN BEI NAMCO«, worauf wir aufgefordert wurden, das Telefonverzeichnis durchzusehen und die Person anzurufen, die wir besuchen möchten. Wir standen amüsiert und etwas verdutzt am Schalter, als der Leiter der Öffentlichkeitsabteilung kam, uns begrüßte, und in einen Konferenzraum bat, wo man uns Tee servierte, während wir auf Herrn Iwatani warteten.

Er kam herein, und wir alle standen auf, grüßten, verbeugten uns und tauschten Visitenkarten aus. Herr Iwatani war ein großer, auffälliger Mann von ruhiger und doch wirkungsvoller Art. Er trug ein hellgelbes Polohemd zu einer breitgerippten Cordhose. Man erklärte, daß das Interview auf Japanisch geführt würde, wobei Herr Leach der Dolmetscher sei. Iwatani sprach vorsichtig und bedächtig mit sonorer Stimme, und wenn er seine Gedanken ausdrückte, kritzelte er zur Veranschaulichung dessen, worauf er hinaus wollte, Notizen und Skizzen in seinen Notizkalender.

INTERVIEWER: Wie kam es, daß Sie sich für Computer interessierten?

IWATANI: Ich muß Ihnen sagen, ich habe kein besonderes Interesse dafür. Ich bin daran interessiert, Darstellungen zu entwerfen, die mit den Menschen kommunizieren. Ein Computer ist nur ein Medium, das Darstellungen benutzt. Ich könnte genausogut den Film, das Fernsehen oder ein anderes visuelles Medium dafür verwenden. Es hat sich zufällig so ergeben, daß ich den Computer benutze.

»Ich bin daran interessiert, Darstellungen zu entwerfen, die mit den Menschen kommunizieren.«

Dem, was ich mit einem Computer machen kann, sind auch irgendwo Grenzen gesetzt. Die Grenzen der Hardware sind auch meine Grenzen. Sie beengen mich, und ich unterscheide mich darin nicht von anderen Künstlern – ich mag Einschränkungen nicht. Mir sind auch dahingehend Grenzen auferlegt, daß das Endergebnis ausschließlich auf dem Bildschirm zu sehen ist. Schaltet man den Computer aus, ist das Bild weg.

INTERVIEWER: Warum entschieden Sie sich gerade für Videospiele für die Kommunikation mit den Menschen?

IWATANI: Ich kam 1977 zu dieser Firma. Damals hatte ich selbst noch keine konkrete Vorstellung davon, was ich hier tun würde. Meine Mitarbeit hier gestaltete sich durch Zufall so, daß ich Videospiele machte.

INTERVIEWER: Haben Sie jemals das Design von Spielen oder allgemeines Design studiert?

IWATANI: Ich habe überhaupt keine Spezialausbildung; ich bin Autodidakt. In das Schema der bildenden Künstler oder Grafikdesigner passe ich nicht. Ich hatte eben eine bestimmte Vorstellung davon, was ein Spieledesigner ist – einer, der Projekte entwickelt, um Menschen Freude zu bringen. Das ist seine Absicht.

Es ist wichtig für Sie, zu wissen, daß ich kein Programmierer bin. Ich entwickelte die Spezifikationen und entwarf die Features, aber meine Mitarbeiter schrieben das Programm.

INTERVIEWER: Welcher Gedanke stand hinter Pac Man?

IWATANI: Ganz zuerst kam mir das Kanji-Wort »taberu«, essen, in den Sinn. Sehen Sie, das Design eines Spiels beginnt oft mit Wörtern. Ich begann, mit dem Wort zu spielen und machte Skizzen in mein Notizbuch. Alle damals käuflichen Computerspiele hatten mit Gewalt zu tun – Kriegsspiele und Spiele über die Eroberung des Weltraums. Es gab keine Spiele, die jedermann Spaß machen könnten, und ganz besonders für Frauen gab es keine. Ich wollte ein »lustiges« Spiel herausbringen, das auch Frauen gefallen würde.

»Die Japaner haben einen Ausdruck in der Umgangssprache, der paku paku heißt, und den sie für ... das Auf- und Zumachen des Mundes beim Essen verwenden. Der Name Pac Man kam von diesem Wort.«

Ich erzähle gern die Geschichte wie Pac Man zustande kam: Ich hatte einmal mittags großen Hunger und bestellte eine ganze Pizza. Ich nahm mir ein Stück, und was dabei herauskam, war die Idee für die Form von Pac Man.

INTERVIEWER: Stimmt die Geschichte mit der Pizza wirklich?

IWATANI: Nun, sie stimmt nur zur Hälfte. Auf Japanisch ist das Zeichen für Mund (kuchi) viereckig. Es ist nicht kreisrund wie eine Pizza, aber ich beschloß, es rund zu machen. *(Siehe Illustrationen von Iwatani am Beginn dieses Interviews.)* Es bestand die Versuchung, die Form des Pac Man weniger einfach zu machen. Während ich dieses Spiel entwickelte, schlug jemand vor, daß man Augen hinzufügen sollte. Aber nach und nach verwarfen wir diese Idee wieder, denn wenn wir erst einmal Augen dazugenommen hätten, wollten wir bestimmt auch eine Brille oder vielleicht einen Bart hinzufügen. Das wäre eine Liste ohne Ende.

Das Essen ist der andere Teil des Grundkonzepts. In meinem ursprünglichen Entwurf hatte ich den Spieler in die Mitte der überall auf dem Bildschirm verteilten Speisen plaziert. Als ich darüber nachdachte, wurde mir klar, daß der Spieler nicht genau wüßte, was er tun solle; der Zweck des Spiels wäre nicht klar.

Also entwarf ich ein Labyrinth und stellte die Speisen hinein. Damit hatte jeder, der das Spiel spielen wollte, eine Struktur, indem er durch das Labyrinth mußte.

Die Japaner haben einen Ausdruck in der Umgangssprache, der paku paku heißt, und den sie für die Beschreibung der Mundbewegung, das Auf- und Zumachen des Mundes beim Essen, verwenden. Der Name Pac Man kam von diesem Wort.

INTERVIEWER: Was war der nächste Schritt, nachdem Sie beschlossen hatten, daß Pac Man ein Spiel über Speisen und Essen sein würde?

IWATANI: Nun, es ist nicht viel Unterhaltung in einem Spiel über das Essen, also beschlossen wir, Feinde zu entwickeln, die etwas Aufregung und Spannung hineinbringen würden. Der Spieler muß die Feinde bekämpfen, um die Speisen zu bekommen. Und jeder Feind hat einen eigenen Charakter. Die Feinde sind vier kleine gespensterhafte Monster, jedes in einer anderen Farbe – blau, gelb, rosa und rot. Ich nahm die vier verschiedenen Farben in der Hauptsache wegen der Frauen, die dieses Spiel spielen würden – ich dachte mir, die hübschen Farben könnten ihnen gefallen.

Um etwas Spannung in das Spiel zu bringen, wollte ich, daß sie Pac Man in einer bestimmten Spielphase umzingeln. Aber ich hatte den Eindruck, es wäre zu anstrengend, wenn ein menschliches Wesen wie Pac Man ständig von Monstern umzingelt und angegriffen werden würde. Also machte ich es so, daß die Monster in Schüben einfallen. Sie greifen an und ziehen sich zurück. Nach einiger Zeit sammeln sie sich wieder, greifen an und lösen sich wieder auf. Das schien mir wirklichkeitsnaher als ständige Angriffe.

Dann war da noch der Geist (kokoro) zu entwerfen, oder die Energiespender von Pac Man. Wenn Sie das Spiel schon einmal gespielt haben, wissen Sie, daß Pac Man eine eigene Waffe hat. Wenn er einen der Energiehappen in den vier Ecken des Bildschirms aufißt, kann er sich rächen, indem er den Feind verschlingt. Dadurch hat Pac Man die Möglichkeit, sowohl Jäger als auch Gejagter zu sein.

INTERVIEWER: Welchen Charakter wollten Sie Pac Man geben?

IWATANI: Es ist schwierig, selbst Japanern den Charakter von Pac Man zu beschreiben – er ist ein naiver Charakter. Er hat nie gelernt, zwischen Gut und Böse zu unterscheiden. Er ist mehr Kind als Erwachsener. Stellen Sie ihn sich als Kind vor, das im Alltagsleben lernt. Wenn ihm jemand sagt, Schußwaffen seien etwas Schlechtes, dann eilt er hinaus und verschlingt

Schußwaffen. Aber mit größter Wahrscheinlichkeit würde er alle Schußwaffen verschlingen, auch die Pistolen der Polizisten, die ja nötig sind. Er macht keinen Unterschied, weil er naiv ist. Aber er lernt aus der Erfahrung, daß einige Leute, wie Polizisten zum Beispiel, Pistolen brauchen, und daß er nicht jede Pistole, die ihm vor die Augen kommt, verschlingen kann.

(Iwatani beginnt, Diagramme von Kurven mit Punkten in seinen Notizkalender zu skizzieren. Siehe die Abbildungen am Anfang dieses Interviews.)

INTERVIEWER: *Was war der schwierigste Teil bei der Entwicklung des Spiels?*

IWATANI: Der Algorithmus für die vier Geister, die die Feinde von Pac Man darstellen – alle Bewegungen korrekt aufeinander abzustimmen. Das war sehr kompliziert, denn die Bewegungen der Monster sind ziemlich komplex. Das ist das Herz des Spiels. Ich wollte, daß jeder geisterhafte Feind einen bestimmten Charakter und seine ihm eigene Bewegung habe, damit sie nicht alle in einer Reihe Pac Man hinterherjagen, was langweilig oder oberflächlich wirken könnte. Einer von ihnen, Blinky, jagt direkt hinter Pac Man her. Der zweite Geist erscheint ein paar Punkte vor dem Mund von Pac Man. Das ist seine Position. Wenn sich Pac Man in der Mitte befindet, sind Monster A und Monster B gleich weit von ihm entfernt, aber jedes bewegt sich unabhängig, wodurch sie ihn sozusagen in ihre Mitte nehmen. Die anderen Geister bewegen sich zielloser. Damit nähern sie sich Pac Man auf zufälligere Weise.

Wenn ein menschliches Wesen wie Pac Man ständig so angegriffen wird, wird es entmutigt. Deshalb entwickelten wir einen wellenartigen Angriff – erst Angriff, dann Auflösung; nach einiger Zeit gruppieren sich die Geister neu und greifen wieder an. Nach und nach werden die Kurven flacher, so daß die Angriffe der Geister häufiger stattfinden.

INTERVIEWER: *Wer hat sonst noch im Pac Man Entwicklungsteam mit Ihnen gearbeitet?*

IWATANI: Es waren ein Hardwaretechniker, jemand, der die Musik schrieb und der Designer des Pakets – ungefähr fünf Leute haben daran gearbeitet, der Programmierer und ich eingeschlossen.

Von der Idee bis zu der Zeit, als das Spiel im Handel war, waren mehr als ein Jahr und fünf Monate vergangen – eigentlich länger als üblich. Wir probierten jedes Feature sofort während der Entwicklung aus. Wenn ein Feature nicht wirklich Spaß machte, oder dem Spiel nichts brachte, ließen wir es wieder fallen.

INTERVIEWER: War Pac Man bei den Frauen so beliebt, wie Sie es erwartet hatten?

IWATANI: Ja. Nicht nur Pac Man war bei den Frauen erfolgreich, sondern auch alle anderen Versionen, wie Ms. Pac Man. Und Pac Man hatte auch in anderen Teilen der Welt mehr Erfolg als ich erwartet hatte. Ich war zuversichtlich, daß sich das Spiel in Japan relativ gut verkaufen ließe, aber ich war sehr überrascht über den Verkaufserfolg in den Vereinigten Staaten und anderen Ländern.

INTERVIEWER: Gibt es irgendwas an Pac Man, das Sie jetzt gerne ändern würden?

IWATANI: Pac Man habe ich vor langer Zeit gemacht. Als ich dieses Spiel entwickelte, hatte ich das Gefühl, bis an die Grenzen meines eigenen Könnens und das anderer gegangen zu sein. Aber das hat nicht viel mit dem zu tun, was ich heute mache.

Nach Pac Man entwickelte ich noch ein anderes Spiel, Libble Rabble. Die Grundidee macht das Spiel recht interessant – noch besser als Pac Man. Aber es hatte nicht den Erfolg, den ich mir versprochen hatte.

INTERVIEWER: Hat sich Ihr Leben seit der Entwicklung von Pac Man verändert?

IWATANI: Mein Leben hat sich nicht sehr verändert, obwohl sich meine Vorstellungen darüber, was ich erreichen möchte, geändert haben. In letzter Zeit ist mir danach, ein Spiel zu machen, das die Leute zum Weinen bringt – ihnen ein ganz anderes Gefühl zu vermitteln, als das Gefühl, das sie von den Videospielen her kennen. Ich würde gern eine Art dramatisches Spiel machen. Ich möchte ihnen die Gelegenheit geben, andere Gefühle, wie Traurigkeit, zu erfahren. Sie werden nicht weinen, weil sie verletzt sind. Sie werden bei meinem Spiel aus dem gleichen Grund weinen, wie sie bei dem Film E.T. weinen, weil sie gerührt sind. Sie gehen aus freien Stücken in traurige Filme, weil sie sentimental sein möchten, obwohl es sich dabei um ein trauriges Gefühl handelt. Ich würde gern ein Spiel entwickeln, das die Leute auf diese Art rührt.

INTERVIEWER: Glauben Sie, daß es schwieriger ist, Menschen traurig zu machen, als sie glücklich zu machen?

IWATANI: Viel schwieriger. Gelächter kann man innerhalb kurzer Zeit durch Witze hervorrufen, aber Leute zum Weinen zu bringen erfordert eine besondere Situation und dauert länger. Ein Film wie E.T., bei dem man lacht und weint, ist ganz schwierig.

INTERVIEWER: Sind Sie es manchmal überdrüssig, Spiele zu entwickeln?

IWATANI: Im Moment komme ich von der Entwicklung etwas ab und habe mehr mit der Verwaltung zu tun. Das ist schön, weil ich meine Mitarbeiter Dinge tun lassen kann, die ich selbst nicht gern tue und damit Frustrationen vermeiden kann, die ich früher hatte. Ich kann auch tun was ich will – niemand sagt nein, und das ist sehr angenehm.

INTERVIEWER: Entwickeln Sie außer Spielen noch etwas anderes?

IWATANI: Ich glaube, ganz gleich, was man tut, es ist immer kreatives Handeln. Wenn man zum Beispiel eine Frau sieht, überlegt man, wie man ihr gefallen könne. Sollte man ihr etwas schenken? Was sollte man ihr schenken? Man entwickelt eine Art Strategie oder Spielplan. Genau wie beim Design von Spielen muß man Freude daran haben, wenn das Gesicht eines anderen Glück ausstrahlt.

Ich gehöre einer Studiengruppe von 40 Leuten an, in der wir uns mit neuen Medien, einschließlich der Lernsoftware und den Problemen der Schulbildung, die damit angesprochen werden können, befassen. Das ist ein Gebiet, an dem wir weiterarbeiten müssen, denn es ist eine beschämende Tatsache, daß das Schulsystem in Japan das schlechteste ist. Ganz offen gesagt glaube ich, daß die Menschen nicht lernen, wenn das Lernen keinen Spaß macht und nicht unterhaltend ist.

Mein Fachgebiet ist natürlich die Unterhaltung. Wenn es ein Lernziel gibt, das auf eine Art erreicht werden kann, die Spaß vermittelt, dann wäre das eine Basis für ein gutes Spiel. Ich interessiere mich auch für Lernsoftware und computerunterstützten Unterricht (CAI), und zwar aus Gründen des wirtschaftlichen Überlebens. Firmen, die sich nur auf die Entwicklung von Spielen konzentrieren, haben keine sichere Zukunft. Und es gibt viele Leute, die bereit sind, gutes Geld für Lernsoftware auszugeben.

INTERVIEWER: Welche Fähigkeiten oder welche Philosophie muß ein erfolgreicher Designer für Spiele haben?

IWATANI: Man muß die Seele (kokoro) der Menschen kennen und so kreativ sein, daß man sich Dinge vorstellen kann, die sich andere nicht denken oder vorstellen können. Man muß etwas anderes tun wollen als die anderen und sich wohl dabei fühlen, anders zu sein. Man muß sich auch die Charaktere vorstellen können, die das Spiel gestalten, und man darf nicht mit der erstbesten Idee, die man hat, zufrieden sein. Letzten Endes muß es einem Spaß machen, Leuten Glück zu vermitteln. Das ist die Grundlage für einen guten Designer, und damit werden die Spiele wirklich gut.

INTERVIEWER: Welches Spiel ist Ihrer Meinung nach das beste?

IWATANI: Nun, ich will mich nicht selbst loben, aber Libble Rabble ist die Nummer Eins. Von den Produkten anderer Hersteller finde ich die Atari-Spiele auch gut.

INTERVIEWER: Wie wird es auf dem Spielesektor in zehn Jahren aussehen?

IWATANI: Man wird sich den Filmen genähert haben – das geschieht heute schon, wenn man die Entwicklung der großen Spiele betrachtet. Weiterhin wird es mehr Spiele für mehrere Spieler gleichzeitig, an verschiedenen Orten, geben, wie Mega War – die Faszination des Kampfes gegen das Unbekannte. Es ist faszinierend, wenn man bedenkt, daß man nicht nur mit einer anderen Person, sondern mit jemandem, den man weder kennt noch sieht, spielt.

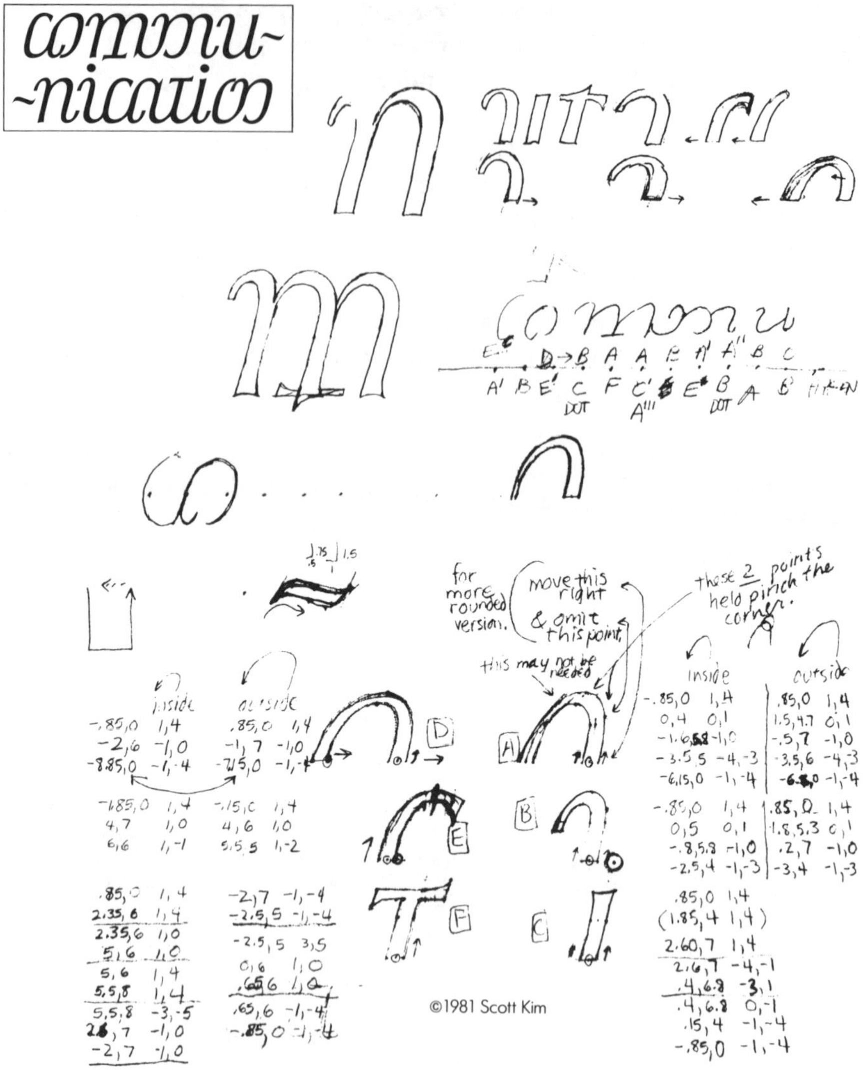

Die Koordinaten für Kurven und Buchstaben in dieser Skizze dienen der Zusammenstellung von Einzelteilen in Zeichenform. Aufgrund der Symmetrie der Formen wiederholen sich viele Teile. Die Formen wurden zuerst auf Papier entwickelt und dann interaktiv auf den Bildschirm reingezeichnet. Die endgültige Darstellung wurde mit einem Laserdrucker gedruckt. Weitere Skizzen von Kim im Anhang (Seite 416).

Scott Kim

Scott Kim stammt aus Los Angeles und wurde dort am 27. Oktober 1955 geboren. An der Stanford University studierte er Mathematik, Informatik und Musik und erwarb 1977 das zweite Staatsdiplom in Musik. Nachdem er 1975 an einem Kurs für Grafikdesign teilgenommen hatte, begann Kim an seinen »Inversionen« zu arbeiten. Diesen Terminus gebraucht er zur Umschreibung seiner künstlerischen Umsetzung von Wörtern, die aus vielen verschiedenen Richtungen, ähnlich der Palindrome und Anagramme, gelesen werden können. 1981 veröffentlichte Kim das Buch »Inversions«. Zu diesem Buch trugen viele hervorragende Persönlichkeiten aus dem Computerbereich bei. Das Buch beinhaltet ein Vorwort von Douglas Hofstadter, Professor und Freund von Kim. John Warnock half beim Programmieren der Darstellungen. Donald Knuth und David Fuchs halfen beim Satz, und Jef Raskin schrieb das »Rückwort«. In Anknüpfung an dieses Buch hat Kim vor kurzem eine Fourth-Party-Software entwickelt, Inversions für den Macintosh. Diese Software läuft auf MacPaint und beinhaltet viele Übungen, Techniken und Spiele für kreative Inversionen.

Kim hat sein profundes Wissen über Grafikdesign und die Schriftarten für seine Arbeit auf dem Gebiet der Informatik genutzt. Zur Zeit stellt er für seine Doktorarbeit an der Stanford University Forschungen über die Entwicklung einer grundlegend neuen Benutzerschnittstelle an. Seit Beginn seines Studiums arbeitet Kim am Xerox PARC als unbezahlter Berater. Er arbeitet auch bei Information Appliance in Palo Alto. Außerdem hat er eine eigene Firma, LOOK TWICE.

Kim und ich saßen neben einem Macintosh an einem großen Konferenztisch und sprachen stundenlang über seine Arbeit und seine Philosophie. Scott Kim ist ein leise sprechender, bedächtiger Denker; er hat sich der Lösung des Problems verschrieben, wie man einen Computer ändern kann, damit er ein direkteres, effektiveres Werkzeug für jedermann wird. Sein ungewöhnlicher Hintergrund auf dem Gebiet des Grafikdesign, der Mathematik und der Musik gibt ihm die Möglichkeit, das Problem von einer visuellen Perspektive anzugehen, ganz anders als die meisten Techniker. Kim ist vorwiegend ein visueller Denker. Seine Inversionen, die er auf Kommando durchführen kann, bezeugen seine geistige Gewandtheit und Flexibilität. Und eines Tages wird es ihm auch gelingen, seine Vision des direkt arbeitenden Computers, mit derselben Notation auf dem Bildschirm und im Speicher, zu realisieren.

INTERVIEWER: Was veranlaßte Sie zur Veröffentlichung Ihrer Inversionen als Buch?

KIM: Während meiner Zeit vor dem ersten Staatsdiplom in Stanford passierten drei wichtige Dinge, die mich zu diesem Buch inspirierten: Ich begann, mit Computern zu arbeiten, ich lernte Douglas Hofstadter kennen, und ich belegte einen Kurs in Grafikdesign.

1975 begann ich mit einer Serie von Computermusik-Kursen an der Musikfakultät zu belegen, und abgesehen davon, daß das ein guter Unterricht war, war es von großer Bedeutung, daß er im Zentrum für künstliche Intelligenz der Stanford University abgehalten wurde. Es ist vielleicht allgemein bekannt, daß man in den Kursen selbst eigentlich nicht sehr viel über Computer lernt, sondern eher durch die Querverbindungen zu Freunden und Leuten, die sich gegenseitig helfen. In meinem Fall war das Zentrum für künstliche Intelligenz genau die ideale Grundlage. Es war eine fantastische Umgebung zum Lernen. Das Zentrum war isoliert vom Universitätsgelände in einem langgezogenen Gebäude am Fuße der einige Meilen entfernten

Hügel untergebracht. Wenn man hinausschaute, sah man nur Hügel, Bäume und blauen Himmel.

INTERVIEWER: War das das Zentrum für Computerforschung für Musik und Akustik (CCRMA)?

KIM: Richtig. CCRMA war damals das gleiche wie das Zentrum für künstliche Intelligenz in Stanford. Die Musikstudenten waren nur eine kleine Splittergruppe am Rande.

INTERVIEWER: Dann stimmt es also, daß Sie ursprünglich durch die Musik mit Computern in Berührung kamen?

KIM: Genau genommen hatte ich meine erste Erfahrung mit Computern in der High-School, aber erst in Stanford lernte ich wirklich etwas über Computer. Durch verschiedene Computermusik-Kurse kam ich in die fantastische Gruppe der Leute, die sich aus Spaß an der Freude die Seele aus dem Leib hackten, und die einem für nichts und wieder nichts einen ganzen Nachmittag lang erklärten, was sie gerade machten. So lernt man am meisten.

Fesselnd war auch, sich mit den Textverarbeitungen und Videospielen, die man dort hatte, vertraut zu machen. Damals konnte man diese noch nicht überall bekommen. Das Zentrum für künstliche Intelligenz hatte die ersten Versionen von Krieg der Sterne, also schlichen wir uns in das Zentrum am Fuß der Hügel und spielten. Das war, bevor man einen Computer zu Hause hatte, von Videospielen und Ähnlichem ganz zu schweigen. Es war wirklich eine zauberhafte Zeit. Das war in meinem ersten Jahr in Stanford.

INTERVIEWER: Hat es Sie damals magisch angezogen? Erstreckte sich Ihr Interesse auf alle Gebiete?

KIM: Ja, bis zu einem gewissen Grad. Ich begann damit, wie ein Verrückter Computerkurse zu belegen. Ich belegte einen Kurs in LISP am Ende meines ersten Jahres. Im zweiten Jahr nahm ich an einer Reihe von Kursen in Datenstrukturen bei Knuth teil. Ich lernte alle Programmiersprachen. Ich bekam den größten Teil meiner Ausbildung in Informatik in den ersten zwei Jahren, so daß ich 1975, als ich mit dem Studium der Computermusik begann, bereits ein alter Hase war, oder mich zumindest als solcher fühlte.

INTERVIEWER: Wann hatten Sie die Idee für die Inversionen?

KIM: Den einzigen Kurs in Kunst vor dem ersten Staatsexamen belegte ich 1975 in Stanford. Es war ein Grundkurs in Design und war auf verschiedene Art prägend. Er weckte meine Begeisterung für die visuelle Seite der Dinge. Ich war schon immer an visuellem Spiel interessiert; ganz besonders der Zeichentrick war immer fesselnd für mich, aber das war Hobby. Als Kursarbeit entwickelte ich eine Inversion.

In jenem Studienjahr lernte ich auch Doug Hofstadter kennen. Er war gerade mitten in der Arbeit an einem faszinierenden Buch mit dem Titel »Gödel, Escher, Bach«. Ich hatte die große Ehre, ein paar Jahre mit ihm zusammenzuarbeiten, als er das Buch schrieb.

INTERVIEWER: Was machten Sie für Doug Hofstadter?

KIM: Wir wurden Freunde, und von der Zeit an arbeiteten wir Seite an Seite. Wir saßen nächtelang im Terminalraum und diskutierten unsere Ideen, dann druckte er die letzte Version eines Dialogs aus, und wir stürzten uns in die Entwicklung neuer Ideen. Wir waren wie Kollegen. Und die Arbeit an seinem Buch gab mir eigentlich den Mut, mein eigenes Buch zu schreiben. Doug ist ein wunderbarer Mensch. Er behielt nichts für sich. Er schrieb nicht nur das Buch, sondern machte sich auch die Mühe, es selbst zu setzen.

INTERVIEWER: Ja, das habe ich bemerkt. Für Ihr Buch machte, soviel ich weiß, John Warnock die Abbildungen.

KIM: John Warnock half mir dabei. Er ist jetzt bei Adobe, aber damals war er mein Berater und väterlicher Freund bei Xerox.

In meiner Studienzeit in Stanford war ich unbezahlter Berater am Xerox PARC. Die Universität in Stanford hat eine enge Verbindung zum dortigen Forschungszentrum. Ursprünglich ging ich zum Xerox PARC, um dort mit Metafont, einer Schriftdesignsprache, herumzuspielen. Nach und nach begann ich Darstellungen in der Sprache von Warnock – JaM, ein Vorgänger von PostScript – zu entwickeln. JaM steht für John und Martin, John Warnock und Martin Newell, die diese Schrift entwickelten.

Als ich die Illustrationen für mein Buch Inversions machte, prüfte ich die Möglichkeit, JaM für meine Abbildungen zu verwenden. Ich brauchte für diese Entwürfe keinen Computer, und tatsächlich entstanden zwei Drittel der Entwürfe ohne Computer. Aber bei einigen Entwürfen – zum Beispiel der Unendlichkeitsspirale – war mir klar, daß es zumindest interessant wäre, zu sehen, was passiere, wenn ich mir die Mühe machte, die Spirale über den Computer zu entwerfen. Da ich mit dem Programmieren ausreichend vertraut war, war das kein Problem. Für die Unendlichkeitsspirale schrieb ich das Programm, das die Buchstaben entwickelte. Ich arbeitete es zuerst auf Diagrammpapier aus, machte alle Skizzen, numerierte die Punkte und schrieb ein kurzes Programm zur Entwicklung des Wortes »Unendlichkeit« wie ich es entworfen hatte. Dann erklärte ich John Warnock, was ich von ihm wollte, und er schrieb Programme, die die geraden Linien in Spiralen umsetzten. Es ist sehr schön, mit ihm zu arbeiten, denn er hat viel Gefühl für Grafikdesign. Die Programme entwickelten Darstellungen, die ohne den Computer schwierig gewesen wären. Seit jener Zeit will ich herausfinden, was getan werden kann, damit den Computern und dem visuellen Ausdruck gleichermaßen Genüge getan werden kann.

INTERVIEWER: Sie entwickeln gerade eine Software, die mit Inversionen zu tun hat und mit der man erlernen kann, selbst Inversionen zu entwickeln. Wie gingen Sie bei der Entwicklung dieser Software vor?

»Meine Einstellung zum Programmieren ist, es wenn möglich zu vermeiden.«

KIM: Die Software heißt »Inversions für den Macintosh« und lehnt sich an das Buch an. Beides wird als Set ausgeliefert. Die Grundfrage, die ich stellte, war: »Was kann ich zur Verschönerung dieses Buchs auf dem Macintosh tun?« Nun ja, ich bin nicht der Typ, der etwas zeigt und sagt: »Sehen Sie sich das an, ist das nicht toll.« Bei mir heißt das immer: »Sehen Sie sich das an, und so können Sie es selbst auch machen.« Und das ist genau das, was Inversions auf dem Macintosh macht. Ich entwickelte die Software für MacPaint.

Es fällt mir nicht schwer, zu programmieren, aber ich entschloß mich bei der Entwicklung dieser Software zu einer ungewöhnlichen Strategie und schrieb keine Programme. Nachdem ich einige Zeit mit MacPaint experimentiert hatte, stellte ich fest, daß ich eigentlich kein Programm zu schreiben brauchte. Meine Einstellung zum Programmieren ist, es wenn möglich zu vermeiden.

INTERVIEWER: Warum neigen Sie dazu, das Programmieren zu umgehen?

KIM: Der Vorgang, ein großes komplexes Programm zu schreiben, ist indirekt. Ich würde den direkteren Weg vorziehen, wenn es eine Möglichkeit gäbe. Ich sehe das als eine Herausforderung. Was könnte ich auf einem Computer machen, der ohne ein Programm interaktiv wäre?

Inversions auf dem Macintosh ist das, was ich »Fourth-Party-Software« nenne. Es gibt bereits viele Beispiele dafür. Es gibt Schablonen (templates) für Tabellenkalkulationen und für MacPaint gibt es Clip Art. Templates sind eine gute direkte Antwort auf etwas, was man wirklich braucht. Clip Art ist ein Transfer von einem anderen Medium. Es ist sicherlich von Vorteil, aber nichts umwerfend Neues.

Meine Software besteht nur aus MacPaint-Dateien und Schriften. Ich entwickelte sie, wie jeder andere auch die Dateien für MacPaint entwickelt hätte, tippender- und zeichnenderweise. Die Dateien beinhalten visuelle Puzzles und Übungen, die einfach anfangen und immer schwieriger werden, je weiter man vorankommt. Aber meine Software ist nur die Hälfte von MacPaint; der Rest ist der Fantasie des Anwenders überlassen. Ich ermutige die Leute dazu, geistige Flexibilität zu entwickeln, sich vorzustellen, was passieren wird, bevor sie etwas tun. Diese Fähigkeit, sich vorstellen zu können, was passieren wird, wird in den Schulen normalerweise nicht gefördert. Wenn die Kinder zu Hause mit Bausteinen spielen, bekommen sie eine räumliche Vorstellung, aber in der Schule wird das nicht gelehrt.

»Aber meine Software ist nur die Hälfte von MacPaint; der Rest ist der Fantasie des Anwenders überlassen.«

INTERVIEWER: Sie erwähnten Fourth-Party-Software. Beschreiben Sie, was das ist, und was Sie daran mögen.

KIM: Third-Party-Software wird von den Firmen unter Verwendung der konventionellen Programmiersprachen entwickelt. Fourth-Party-Software wird vom Anwender selbst entwickelt, ohne Programmieren, zumindest im üblichen Sinne. Es baut auf Third-Party-Software auf. Deshalb muß es eine Menge guter Third-Party-Software geben.

Heutzutage gibt es Probleme mit der Software. Der Großteil der Software ist sehr teuer. Der Preis ist auf lange Sicht nicht vertretbar, und dennoch gibt es eine Menge Faktoren, die den derzeit hohen Preis rechtfertigen. Der Markt ist noch nicht so sehr groß, die Herstellungskosten für die Software sind hoch – es gibt noch andere handfeste Argumente.

Das Tolle an der Fourth-Party-Software ist, daß jeder Besitzer eines Computers sie selbst entwickeln kann. Man kann auf bestehende Programme aufbauen. Einige sind eigens dafür entworfen – das Pinball Construction Set ist hierfür ein Beispiel.

Die derzeit im Handel befindliche Software wurde von Programmierern geschrieben. Lassen Sie uns das mit dem Buchhandel vergleichen. Wenn nur Papierhersteller und Drucker Bücher schrieben, bekämen wir viele Anleitungen und Nachschlagewerke, aber wenige Romane und literarische Texte. Die Lösung hierfür wäre, nicht allen Leuten beizubringen, wie man Bücher selbst druckt, sondern das Drucken billig zu machen und jedermann anzubieten, so daß die Autoren sich auf den Inhalt konzentrieren könnten. Das Programmieren müßte so einfach sein, daß alle Anwender ihre ganz persönliche Software entwickeln können.

INTERVIEWER: Glauben Sie, daß die Entwicklung der Software einfacher wird, so daß jeder Besitzer eines Computers seine eigene Software gestalten kann?

KIM: Im Grunde erwarte ich eine Veränderung auf dem Gebiet des Programmierens. Zur Zeit ist es so, daß man alle Gedanken und Algorithmen im Kopf behält und sie im stillen Kämmerlein in nächtelanger Arbeit sortiert und ein riesenhaftes Puzzle damit baut. Ich nehme an, daß in ein paar Jahren viele der zur Entwicklung eines Programms erforderlichen Dinge, zumindest die, die am häufigsten benötigt werden, im Handel erhältlich sein werden. Wenn man zum Beispiel ein eigenes Programm bauen will, kann man in ein Geschäft wie Radio Shack gehen, und dort vorgefertigte Teile dafür kaufen.

Vor allem glaube ich, daß man nicht im derzeit üblichen Sinn programmieren wird. Selbst jetzt besteht meiner Meinung nach kein grundlegender Unterschied zwischen dem Programmieren eines Computers und der Benutzung eines Computers. Natürlich sind die Aktivitäten als solche vollkommen verschieden, aber beide haben eine gewisse Kontinuität gemein. Wenn man seinen Namen in den Computer eingibt, ist das bereits eine Art Programmieren. Die andere Art des Programmierens durch derzeit erhältliche Programme ist indirekter. Wenn einmal direkte Programmiersprachen im Handel sind, kann fast jeder sein eigenes Programm gestalten; das ist dann kein Programmieren mehr im üblichen Sinn. Es wird dann auch keine Sprachen als solche mehr geben.

INTERVIEWER: Okay, aber wie wird man die Computersprachen dann nennen? Oder wird es so sein, daß man sie gar nicht mehr als Computersprachen sieht, oder sich nicht mehr darüber bewußt ist, daß es sich um Sprachen handelt? Werden sie so eine Art Umgangssprache?

KIM: Die Ausdrücke, die wir zur Zeit für alle diese Dinge verwenden werden sich ändern. Die Vision von Alan Kay sieht so aus, daß der wirkliche Erfolg der Computer dann eintritt, wenn wir keine Wortcomputer mehr verwenden. Er sagte oft, daß man in den frühen Tagen der Elektrizität daran glaubte, daß eines Tages jedermann einen elektrischen Motor in seiner Wohnung haben würde. So ist es mit den Computern heute. Wenn die Computer klein und billig sind, fallen sie nicht mehr auf. Man wird nicht mehr darauf zeigen und sagen: »Das ist ein Computer«, weil sie überall herumstehen. Der Computer ist erst dann erfolgreich, wenn er nicht mehr auffällt.

INTERVIEWER: Hat Ihre Arbeit an Inversionen in irgendeiner Weise etwas mit Ihren Forschungen für Ihre Doktorarbeit zu tun?

KIM: Ich arbeite gleichzeitig an mehreren Projekten. Die Inversionen, insofern es graphische Darstellungen des Mediums Computer sind, haben indirekt mit meinen Forschungen zu tun. Für meine Doktorarbeit beschäftige ich mich eigentlich mit einem Design von graphischen Schnittstellen in der Art von Alan Kay, nur in einer anderen Richtung.

»Der Computer ist so etwas wie ein Blatt Papier mit Drähten und Hardware, die dahinter versteckt sind.«

Ich konzentriere mich auf etwas sehr Fundamentales. Ich sage mir: »Nehmen wir an, wir fangen ganz von vorn an, verwerfen alles, was wir über die Computer wissen, und entwerfen von Anfang an einen Computer, der für einen visuell orientierten Anwender wirklich brauchbar ist.« Ich will einen Computer, der wie ein Blatt Papier ist. Also muß er 21 cm breit, 30 cm lang sein, ungefähr dieselbe Stärke und dieselbe Form haben. Das würde metaphorisch nicht unbedingt alles passen, aber beim Papier ist wirklich schön, daß man man nicht wie bei einem Computer denken muß: »Wie komme ich in den Textmodus, welche Taste muß ich dazu drücken?« Papier ist sehr direkt. Auf dem Papier kann man sehen, was draufsteht, wogegen man beim Computer überlegen muß, was hinter der Seite steht, was sich hinter dem Bildschirm abspielt. Der Computer ist so etwas wie ein Blatt Papier mit Drähten und Hardware, die dahinter versteckt sind.

INTERVIEWER: Wie wollen Sie das Problem anpacken, den Computer in ein Blatt Papier zu verwandeln?

KIM: Zuerst überlege ich mir, was mir an den Computern, wie sie jetzt sind, nicht gefällt. Dann denke ich über das Grafikdesign und die Arbeit an den Abbildungen nach, und darüber, was ich auf diesem Gebiet gern tun würde, und dann überlege ich mir, wie ich beides kombinieren kann. Es gibt natürlich visuelle Künstler, die mit Computern arbeiten. Die meisten von ihnen benutzen Malprogramme. Malprogramme sind wirklich direkt, einem

Blatt Papier sehr ähnlich, aber der Computer fügt schöne Features hinzu. Man kann eine Farbe nachträglich ändern. Alles ist leicht zu ändern; man kann jederzeit Darstellungen miteinander kombinieren. Den Änderungen sind keine Grenzen gesetzt.

Viele Musiker sind dem Programmieren nicht abgeneigt. Es programmieren wesentlich mehr Musiker als visuelle Künstler. Die Musiker, zumindest die in klassischer Musik ausgebildeten, sind es gewöhnt, mit einer abstrakten Notenschrift zu arbeiten, sie sind an einen indirekten Vorgang gewöhnt. Nicht nur ihre Noten für die Musik, sondern auch das Konzept ihrer Gedankengänge sind anders. Sie erarbeiten die Dinge erst im Gehirn, dann bringen sie sie auf Papier.

Andererseits ist ein visueller Künstler gewöhnt, direkter zu arbeiten; und von der Seite aus gesehen, würde ein hauptsächlich improvisierender Musiker auch dem Lager der visuellen Künstler angehören. Das hat weniger mit Sehen oder Hören als mit dem Arbeitsstil zu tun. Es gibt auch visuelle Künstler, die sehr indirekt sind. Ein Grafikdesigner ist indirekter als ein Maler, weil ein Grafikdesigner mit Setzern zu tun hat und anderen Leuten Anweisungen erteilen muß. Aber die meisten visuellen Künstler sind indirekte Arbeit nicht gewöhnt und wollen wissen, wie etwas aussieht. Man hat von den heutigen Computern nicht gerade den Eindruck, daß die Person oder die Personen, die sie entwickelt haben, wissen wollten, wie etwas aussieht.

Zunächst überlege ich mir, was ein Computer ist und warum wir uns überhaupt mit Computern belasten. Mit Computern gibt es heutzutage eine Menge Probleme. Natürlich habe ich ad hoc auch keine Lösung dafür, aber ich versuche, die Computer kritisch unter die Lupe zu nehmen, weil ich der Meinung bin, daß es noch eine Menge immer noch unbekannter, zukunftsreicher Möglichkeiten gibt.

INTERVIEWER: Denken Sie dabei an einen Computer für jedermann oder einen Computer speziell für Künstler?

KIM: Der Künstler ist Teil meiner Überlegungen, aber letzten Endes denke ich dabei an eine Sache für jedermann. Man kann nicht nur in eine Richtung gehen. Ich arbeite gern an mehreren Projekten gleichzeitig, die zwar leicht unterschiedlich sind, aber sich in verschiedenen Dingen überlappen, und dann lasse ich die ganze Sache ausreifen.

Für meine Doktorarbeit wollte ich ursprünglich eine visuelle Programmiersprache entwickeln. Ich dachte, damit könnte ich das Ganze direkter machen. Ich entwickelte winzig kleine Projekte zur Erprobung bestimmter Ideen. Das erste, was mir einfiel, war eine Sprache in Form von Wortsequenzen, mit der Ausnahme, daß sie in einer Art Flußdiagramm angeordnete Symbole verwenden würde. Die meisten visuellen Programmiersprachen haben so etwas wie eine Analogie zu Schaltkreisen. Aber während der ganzen Zeit hatte ich das ungute Gefühl, daß das nicht richtig war. Von meinem inneren Gefühl her hätte ich genausogut in Pascal schreiben können.

»Der Computer ist sehr verlockend, er verleitet einen immer dazu, noch etwas mehr zu machen.«

Ich führte über dieses Thema mit vielen Leuten lange Gespräche, aber schließlich unterhielt ich mich mit Larry Tessler, der damals an einem Artikel über Programmiersprachen schrieb, der vor einem Jahr in der Softwareausgabe der Zeitschrift Scientific American veröffentlicht wurde. Er ist Experte für Programmieren und trug viel zur Entwicklung des Lisa-Computers von Apple bei. Er gab mir einen guten Rat, als er zu mir sagte: »Als Programmierer gelangt man an einen Punkt, an dem man sich selbst sagt 'Oh nein, ich muß einfach ein anderes Programm schreiben.'« Das ist, wie wenn man mit einer Idee im Kopf die Straße hinunterrast und dann einen großen Umweg zurück nach Hause machen muß. Das Programmieren ist immer noch eine interessante Tätigkeit, aber eigentlich ist es nicht das, was ich wirklich tun will. So empfinde ich es.

Ich habe lange gebraucht, bis ich merkte, wie wenig ich das Programmieren mag, weil ich es mir nicht vorstellen konnte, daß es auch anders sein kann; heute kann ich es mir vorstellen, also will ich es anders haben.

INTERVIEWER: Was empfindet man, wenn man feststellt, daß es anders sein könnte?

KIM: Irgendwie wird man ungeduldig. Man beginnt, jedem zu sagen: »Auf, ich möchte hier endlich mal ein paar Leute sehen, die etwas ganz Neues machen.« Ich sage den Leuten: »Akzeptiert die Dinge nicht immer so wie sie sind, sie können auch anders sein.« Ich stehe dem eigentlichen Programmieren etwas ablehnender gegenüber, von ganz wenigen Ausnahmen abgesehen. Der Computer ist sehr verlockend, er verleitet einen immer dazu, noch etwas mehr zu machen. Bei der Textverarbeitung möchte man die Typographie bis ins letzte Detail korrekt haben. Beim Programmieren möchte man jedes mögliche Feature einfügen. Es ist gut, wenn man weiß, wann man aufhören muß.

INTERVIEWER: Hat Sie irgend jemand bei dem, was Sie tun und wie Sie es tun, beeinflußt?

KIM: Lassen Sie mich überlegen. Wenn ich an die Software denke, sind es drei Leute, die mich beeinflußt haben. Dies sind Jef Raskin, David Thornburg (der auch an Inversions für den Macintosh mit mir arbeitete) und Ted Nelson. Diese drei Leute glauben an das Einfache – Mann, und wie die an das Einfache glauben. Wenn die »einfach« sagen, dann meinen sie das auch. Das erlaubte Maximum darf die Zahl fünf nicht überschreiten.

David Thornburg ist einer derer, die das ganz deutlich dargelegt haben. Er hat ein kleines Buch mit dem Titel »Zero Mass Design«, das besagt, daß man, wenn man mit einer bestimmten Arbeit beginnt – zum Beispiel, ein Buch oder Software schreibt oder ein anderes Projekt beginnt, das Planung erfordert – mit einem ganz einfachen Entwurf anfängt. Aber es ist weitaus mehr, als den Entwurf einfach zu gestalten; man beginnt mit einem Entwurf, der so einfach ist, daß er nicht funktioniert. Das erfordert eine Menge Disziplin, weil man das Projekt unter der Voraussetzung beginnt, daß man es nicht schafft; ehe man eine Sache nicht probiert hat und wirklich gesehen hat, daß sie scheitert, weiß man nicht, wie einfach man in seiner Arbeit werden kann.

Das Beispiel von Dave Thornburg, dem Buch »Conceptual Blockbusting« von James Adams entnommen, ist der Satellit Mariner IV. Er hatte große Solarzellenträger, die sich öffneten. Das in dem Buch dargestellte Problem war, einen Mechanismus zu finden, der die Träger beim Öffnen verlangsamte und auf diese Weise ein Zerbrechen beim Entfalten verhinderte.

Man versuchte es mit Öl, aber das war zu schmierig; also versuchte man es mit Federn; man versuchte alles Mögliche. Der Tag des Starts kam immer näher. Was sollte man tun? Erinnern Sie sich, es ging darum einen Verlangsamungsmechanismus für die Träger oder einen Bremsmechanismus zu finden. Schließlich hatte jemand die brillante Idee, es mit gar nichts zu versuchen, also probierte man es, und die Träger schüttelten und rüttelten, aber nichts zerbrach. Wenn man ein Problem mit Vermutungen angeht, schafft man sich Probleme. Man muß immer und immer wieder klein beigeben. Man hat fantastische Vorteile, wenn man mit einem einfachen Entwurf beginnt, aber das erfordert einen psychologischen Veitstanz; man muß ganz einfach davon ausgehen, daß es schief geht, und das muß einem sogar noch Spaß machen.

INTERVIEWER: Wie wollen Sie also, mit der Idee von »Zero Mass Design« im Hintergrund, erreichen, daß der Computer wie ein Blatt Papier wird?

KIM: Die Grunderkenntnis meiner Doktorarbeit ist, daß es diese Vorstellung in der Informatik gibt. Ich habe lange gebraucht, bis ich das merkte, weil diese Vorstellung noch sehr vage ist. Was man auf dem Bildschirm sieht, ist »die Illusion des Anwenders«, wie Alan Kay es nennt. Der Bildschirm ist zwar eine ziemlich getreue Wiedergabe, aber was wirklich da ist, sind die Datenstrukturen im Speicher. Diese Strukturen sind es, worauf der Computer wirklich achtet, nicht Sie. Der Computer gibt Ihnen auch ein Bild auf den Bildschirm, Sie müssen es sich ansehen und sich vorstellen, was der Computer hinter dem Bildschirm denkt. Das MacPaint-System ist sehr schön; man kann es genau erkennen – Pixel steht für Pixel, so daß die Illusion in einigen Fällen sehr gut gemacht ist und der Realität ziemlich nahe kommt. Lassen Sie mich ein Diagramm zeichnen.

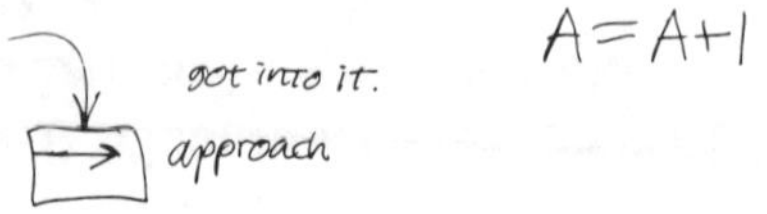

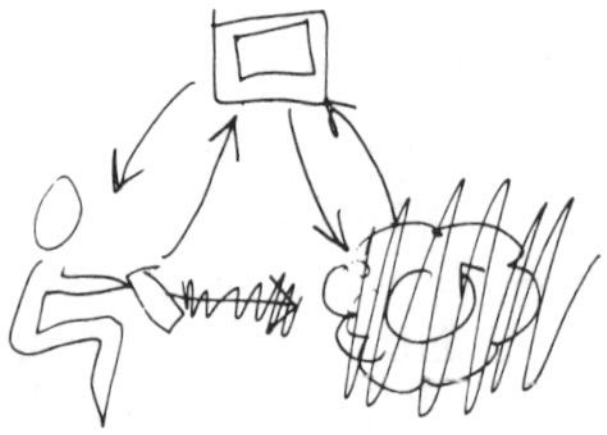

Hier ist der Anwender mit der Tastatur, dem Bildschirm und dem Speicher. Das ist Interaktion im Dreieck. Sie schreiben, und die Information geht in den Computer, der sie speichert und dann das Bild zurück auf den Bildschirm bringt, wo Sie es sehen können. Und hier denkt der Computer in seinem Speicher, aber es besteht ein Unterschied zwischen dem, was Sie auf dem Bildschirm sehen, und dem, was der Computer denkt.

Jeder, der über visuelles Programmieren nachdenkt, denkt in Wirklichkeit über eine visuelle Darstellung des Programmierens nach. Das Programmieren als solches ändert sich nicht, aber man fügt Bilder dazu. Meiner Meinung nach verschönert man damit nur die Oberfläche, aber mit der Substanz hat das nichts zu tun.

Hier kommt die fehlende Verbindung zwischen dem Computer und Ihnen ins Spiel. Der Computer sieht das, was Sie auf dem Bildschirm sehen, nicht. Wenn der Computer mit dem Bildschirm exakt so zu tun hätte, wie der Anwender, wäre die Interaktion direkt. Ich hätte gern, daß der Computer visuell denkt, und der Weg, dies zu ermöglichen, wäre, daß der Computer genauso verfährt, wie der Anwender.

Ich habe festgestellt, daß diese Idee so irre ist, daß ich bei Xerox zur Erklärung ein funktionierendes Beispiel bringen mußte.

INTERVIEWER: Wie ist es möglich, alles auf den Bildschirm zu bringen?

KIM: Nun, damit Sie nicht fluchtartig das Zimmer verlassen: Also realistisch gesehen ist das nicht möglich. Zur Zeit arbeite ich an einem ganz einfachen Programm, womit man eigentlich alles auf den Bildschirm bekommt.

Ehe man ein Programm bekommt, muß man die lebensfähige Umgebung für das Programm schaffen. Was ich baute, war ein äußerst einfacher Text- und Grafikeditor. Man kann es in dieselbe Kategorie einordnen wie MacPaint, aber es ist wesentlich einfacher. Bei MacPaint ist es so, daß man ein Wort, sobald man es geschrieben hat, nicht editieren kann. Man verliert die Möglichkeit, etwas zu überarbeiten, weil die Buchstaben der einzelnen Wörter, die man geschrieben hat, als Bits gespeichert werden und nicht als Zeichen.

MacPaint stellt das Bild auf dem Monitor mittels der verfügbaren Bits dar. Zum Editieren kann man alles nehmen, was da ist, selbst wenn es sich um einen halben Buchstaben handelt, und alles verschieben. Man kann vergessen, daß es sich um Buchstaben handelt, und kann sie genau wie Bilder behandeln, was eine feine Sache an MacPaint ist. Was fehlt, ist die Möglichkeit, von den Bits auf dem Bildschirm zu den ursprünglichen Buchstaben zurückzugehen.

INTERVIEWER: Was wollen Sie damit erreichen, daß man auf dem Bildschirm alles darstellen kann? Hat es der Anwender dadurch leichter?

KIM: Der von mir entwickelte Prototyp ist noch nicht die Antwort auf diese Frage. Er ist nur ein Schritt nach vorn. Ich stelle die Frage: »Was ist, wenn...«. Was ist, wenn alles auf dem Bildschirm erscheint? Ich glaube nicht, daß mein Prototyp wirklich die Antwort darauf ist. Aber andererseits haben viele Leute aufgegeben, ohne die Möglichkeit überhaupt ins Auge zu fassen.

Der typische Programmierer geht von der Annahme aus, daß das, was auf dem Bildschirm erscheint, nicht der Wirklichkeit entspricht. Die Bildschirmdarstellung, die Dokumentation, alles das sind Begleiterscheinungen. Was wirklich zählt, sind die Algorithmen, das Programm, das hinter dem Bildschirm abläuft.

Das ist sehr verführerisch, denn man verfällt beim Programmieren der Annahme, daß man alle diese komplexen, abstrakten Elemente im Griff hat. Daran glaube ich nicht. Durch das Grafikdesign wurde mir klar, daß es so nicht sein muß. Wenn man mit einem Grafikdesigner spricht, redet man nicht, man zeigt Bilder, das ist es, worauf es wirklich ankommt. Wenn man sich mit einem Grafikdesigner zusammensetzt, heißt es immer zuerst: »Okay, lassen Sie mich Ihre Arbeitsmappe sehen.«

Was zählt, sind nicht die abstrakten Konzeptionen, die zum Inhalt der Arbeitsmappe führten. Und das ist es auch nicht, was in der Arbeitsmappe drin ist. Der Inhalt der Arbeitsmappe ist das, was auf dem Papier ist.

INTERVIEWER: Wie ist das mit der Musik? Die Musik hat sich nie vom Abstraktum entfernt, nicht wahr? Die Noten werden nie verschwinden, oder?

KIM: Nun, der Großteil der Musik braucht Noten. Eigentlich habe ich das Gefühl, daß ich durch meine akademische Ausbildung als Musiker zum Krüppel geworden bin, ich habe mich in der Unbeweglichkeit der Musiktheorie, der Technik, der Noten festgefahren. Ich kann nicht so improvisieren wie viele andere.

Ich beneide diese Leute wirklich. Sie können gleichzeitig spielen und ihren Gedanken freien Lauf lassen. Anfang der Fünfziger Jahre sagte Grace Hopper, die Mutter der höheren Programmiersprachen, allen Leuten, sie sollten nicht in Maschinensprache schreiben, sie sollten etwas schreiben, das mehr dem Englisch entspricht. Man sagte ihr, daß Computer kein Englisch verstehen, daß das also unmöglich sei. Aber darum geht es nicht. Pascal ist kein Englisch. Es ist ein Kompromiß zwischen dem, was ein Computer verstehen kann, und dem, was ein Mensch verstehen kann.

Ich hätte gern mehr bildhafte Darstellungen für die Arbeit mit Computern. Das bedeutet nicht, daß ich abstrakte Notenschrift ablehne. Im Gegenteil, ich hätte gern Worte und Symbole als eine spezielle Art von Bildern dabei. Um dies zu erreichen, müßte der Computer in der Lage sein, die Bits auf dem Bildschirm in Buchstaben umzusetzen, was so etwas wie eine optische Zeichenerkennung wäre.

INTERVIEWER: Was hatte »Inversions« mit dieser Idee zu tun?

KIM: Nun, im Grunde genommen besteht da eine gewisse Verbindung. Eine besondere Eigenart besteht darin, daß das Buch nicht ernsthaft ist. Es ist total albern. Ich spiele gern; daher stammen viele neue Ideen. Eine andere Sache bei dem Buch ist die Frage: »Sind das Bilder oder Worte?« Das ist schwierig zu beantworten. Es ist ein wenig von beidem. Die meisten Leute vergessen, daß diese kleinen schwarz-weißen Dinger auf der Seite, diese Zeichen, eigentlich von jemandem gezeichnet wurden. Die Originale der Satzschrift wurden von jemandem gezeichnet. Buchstaben sind Formen, aber daran denkt man nicht, man meint, sie sind irgendwie anders. Und man vergißt das, weil die Vorgänge verschieden sind. Für den Satz und für die Illustrationen verwendet man ganz unterschiedliche Werkzeuge, und am Ende des Herstellungsprozesses eines Buchs werden sie alle vereint.

Vor der Zeit Gutenbergs waren Illustration und Satz das gleiche; sie waren unzertrennlich. Aber in der Zeit danach waren es zwei getrennte und auseinanderdriftende Disziplinen. Jetzt, mit dem Macintosh, kann ich ein Medium erkennen, das beide wieder zusammenbringt. In MacPaint gibt es keine Unterscheidung zwischen Worten und Bildern.

Die Zeichen unseres Alphabets waren ursprünglich Bilder. Sie sind von Menschen geschaffen. Irgend jemand muß sie ja wohl in Stein gemeißelt haben. Sie haben sich über die Jahrhunderte geändert und entwickelt. Es ist wichtig, zu erkennen, daß alle Schriften, ob in der Musik, der Sprache, oder in den Computersprachen, erfunden wurden. Sie sind Symbole, die geändert werden können. Es gibt Alternativen. Die Fähigkeit, die Schrift zu ändern, liegt in der Hand der Menschen.

Jaron Lanier

Von New Mexico und West Texas, wo Jaron Lanier aufwuchs, zog er 1981 nach Kalifornien, um, wie er sagte, »ein Leben wie ein Hippie in Santa Cruz zu führen und im Einkaufszentrum Flöte zu spielen«. Doch dazu ist es nie gekommen. Statt dessen leitet Lanier heute, im Alter von 25 Jahren, eine eigene Firma, Visual Programming Languages und entwickelt Produkte, von denen die meisten von uns nicht einmal zu träumen gewagt haben. Ursprünglich kam er mit der Entwicklung des Tonteils von Videospielen ins Computergeschäft. Nach und nach entwickelte er Videospiele während seiner Tätigkeit bei Atari. Sein erfolgreichstes Videospiel war Moon Dust, das 1983 unter den ersten Zehn der Omni-Topliste war. Zur Zeit konzentriert er seine Arbeit als Programmierer auf die Entwicklung einer Sprache, von der Lanier glaubt, daß sie die Computerindustrie revolutionieren wird. Er wohnt in Palo Alto, Kalifornien.

Nach einiger Suche fand ich das Haus von Jaron Lanier an einer kleinen, ziemlich abgelegenen Straße abseits des El Camino Way, einer kleinen Umgehungsstraße, die von der vielbefahrenen El Camino Real in Palo Alto abzweigt. Ich parkte meinen Wagen hinter ein paar anderen in der Einfahrt und schlenderte den kurzen Weg hinauf zu dem im Landhausstil gebauten, weißen Haus mit blauen Ornamenten. Üppig wachsende Sträucher zierten das gemütliche, rustikale und heimelig anmutende Haus. Ich blieb unter dem Vordach vor der Eingangstür stehen, neugierig darauf, was ich im Haus vorfinden würde. Dann klopfte ich an, auf Unerwartetes gefaßt.

Hunderte von Musikinstrumente, darunter viele exotische, füllten den Wohnraum, in dem ich wartete. Auf dem Teetisch lagen Flöten und Blockflöten in den verschiedensten Größen verstreut, die meisten aus Bambus. Saiteninstrumente, darunter Mandolinen, hingen in großer Vielfalt an den Wänden. Batikgewebe schmückte die mir gegenüberliegende Wand. Die Arbeit war nicht in der Mitte der Wand aufgehängt und hing schief. In einer Ecke stand ein Flügel, der aufgeklappt war, so daß man die Saiten sehen konnte. An der nächsten Wand stand ein Yamaha-Synthesizer, und daneben ein Macintosh-Computer. Das waren die beiden modernsten Instrumente im Raum. Mir gegenüber befand sich ein Bücherregal mit Werken verschiedenster Themen, vom Buddhismus bis zu SmallTalk.

Jaron betrat das Zimmer beschwingten Schrittes. Er trug Sandalen und ein kurzärmeliges dunkelblaues Hemd mit offenem Kragen, dessen Zipfel aus der Hose hing. Er war ein großer, untersetzter junger Mann mit hellbraunem, lockigem Haar und großen, lebhaften, haselnußbraunen Augen. Er hatte ein breites Lächeln auf dem Gesicht und begrüßte mich mit angeregter, lebhafter Stimme. Er ließ sich in einen Sessel neben dem Futon-Sofa, auf dem ich saß, nieder. Nachdem wir eine Weile miteinander gesprochen hatten, hatte ich das bestimmte Gefühl, daß Jaron ein frei denkender, unberechenbarer Mensch ist, ständig voller Ideen und Kapriolen. Als ich, auf die Instrumente zeigend, Jarons offensichtliches Faible für Musikinstrumente ansprach, spöttelte er, er sei Mitglied des Musikinstrument-der-Woche-Clubs.

Während des ganzen Interviews schien Jaron dem Computer etwas Geheimnisvolles und eine ungewöhnliche Zukunft zuzuschreiben, ein Zukunft, die sich die meisten Leute der Computerindustrie anders vorgestellt hatten. Er stellte die Frage: »Was wäre, wenn der Computer Ihren Sinn für die Realität und die Art und Weise, wie Sie Dinge wahrnehmen, beeinflußte?«

INTERVIEWER: Was machen Sie zur Zeit in puncto Programmiersprachen?

LANIER: Nun, im Grunde genommen arbeite ich an einer Programmiersprache, die viel leichter anzuwenden ist.

INTERVIEWER: Leichter, weil sie Symbole und Grafiken benutzt?

LANIER: Sie braucht auch Text. Sie besteht nicht ausschließlich aus Grafiken. Mit der normalen Sprache sagt man dem Computer, was er tun soll, und er tut es. Oberflächlich gesehen, klingt das durchaus vernünftig. Aber man muß sich in Gedanken eine enorme, ausgetüftelte Struktur vorstellen, um die Instruktionen (Programme) für den Computer schreiben zu können. Jeder Fehler in dieser großen geistigen Vorstellung führt zu einer Störung im Programm. Es fällt den Menschen schwer, sich diese große Struktur in Gedanken vorzustellen. Was ich mache ist leicht wahrnehmbare, konkrete Modelle davon zu bauen, was im Inneren eines Computers vor sich geht. Auf diese Weise kann man das Programm sehen, während man es entwickelt. Man kann es direkt formen und nach Wunsch ändern. Man muß sich das Programm nicht mehr in Gedanken vorstellen.

INTERVIEWER: Woher kam für Sie die Inspiration für diese besondere Programmiersprache?

LANIER: Als ich Videospiele machte, wurde mir klar, daß Programme vieles sein können. Sie können eine Ausdrucksform sein, Lernwerkzeug – vieles. Und ich war der Meinung, daß auch durchschnittliche Menschen in der Lage sein müßten, Programme zu machen, und daß nicht nur Hacker die exklusive Fähigkeit dazu haben sollten, Programme zu schreiben. Programme müßten für die Menschen etwas Selbstverständliches sein. Eine kleine Welt im Innern des Computers aufzubauen müßte so leicht sein wie ganz alltägliche Dinge. Ich glaube wirklich, daß wir diesen Punkt erreichen, und das wird eine sehr tiefe Kommunikation sein.

INTERVIEWER: Wollen Sie damit sagen, daß in Zukunft eine Kommunikation über Programme möglich ist?

LANIER: Sicher. Stellen Sie sich vor, wir seien Höhlenmenschen. Eines Tages kommt einer daher und macht uns irgendwie klar, daß es etwas gibt, das man Sprache nennt und das man sprechen kann. Und Sie fragen ihn »Wozu ist das?« In einer ähnlichen Situation sind wir heute. Heute verwenden wir Symbole, sogenannte Wörter, die, wenn sie ausgesprochen werden, in unseren Gedanken eine Bedeutung auslösen. Aber was mich mehr interessiert ist, daß man in der Realität ganze Begriffsmodelle bauen kann, anstatt sie zu benennen. Zum Beispiel können wir sagen »das Sonnensystem«, wir können sagen »die Planetenbahnen«, und wir können das auch beschreiben. Aber mit einem Computer kann man das auch bauen, eine echte Simulation für den Begriff, von dem wir reden. Meiner Meinung nach ist diese Möglichkeit, ganze Begriffsmodelle zu bauen, anstatt sie nur zu benennen, der lohnendste Beitrag, den die Computer der Menschheit bringen. Die Menschen werden nach und nach in der Lage sein, einen Ideenaustausch vorzunehmen, der heute kaum möglich ist.

»Was ich mache ist leicht wahrnehmbare, konkrete Modelle davon bauen, was im Inneren eines Computers vor sich geht.«

INTERVIEWER: Machen Sie Fortschritte?

LANIER: Oh ja, große. Das größte Problem hatten wir mit der Hardware. Das größte Problem mit Computern heutzutage liegt darin, daß man mit einer bestimmten Maschine anfängt zu arbeiten, und wenn man mit einem Projekt fertig ist, gibt es die Maschine überhaupt nicht mehr. Das hält uns etwas auf. Die endgültig ausgereifte, professionelle Version von dem, woran wir gerade arbeiten, kommt frühestens in ein paar Jahren heraus. Aber wenn es soweit ist, wird sie die Ansichten der Leute über das Programmieren wirklich ändern. Jedermann wird programmieren. Ich scherze nicht. Man wird gern programmieren, weil man Spaß daran haben wird.

INTERVIEWER: Zielen Sie auf die große Masse ab? Wollen Sie die Programmiersprachen von heute ersetzen?

LANIER: Keine von diesen erreicht die große Masse, obwohl Turbo Pascal eine halbe Million oder wieviel auch immer an Umsatz erreicht. Da kann man kaum von der großen Masse sprechen. Also ja, ich ziele auf die große Masse ab, die noch nie von einer Programmiersprache erreicht wurde. Aber mein Ziel umfaßt auch die Leute, die bereits Programmiersprachen benutzen. Eine der Eigenschaften meiner Programmiersprache besteht darin, daß sie sich wie ein Chamäleon verändern kann. Ich kann in technischer Hinsicht nicht sehr viel zur Erklärung sagen. Sie kann eine traditionelle Programmiersprache nachahmen, sie kann zum Beispiel die äußere Erscheinung von C annehmen, für Leute, die diese Sprache gewöhnt sind. Sie wird sehr nachsichtig sein. Die Leute können sich, ohne plötzliche Umstellung, allmählich daran gewöhnen.

INTERVIEWER: Warum können Sie zu diesem Zeitpunkt nicht viel zur Technik der Sprache erklären?

LANIER: Weil eine Firma dahintersteckt, und Sie kennen den üblichen Schleier um große Geschäftsgeheimnisse.

»Programme müßten für die Menschen etwas Selbstverständliches sein.«

INTERVIEWER: Ihre Firma ist Visual Programming Languages, VPL. Wie kamen Sie dazu, eine Firma zu gründen.

LANIER: Ach, wissen Sie, so etwas passiert ganz einfach. Ich arbeitete an diesen Sprachen, und ein paar Leute unterstützten mich bereitwillig. Als ich kein Geld mehr hatte, sagten sie: »Wir wollen in dieses Projekt investieren.« Und siehe da, da war die Firma.

INTERVIEWER: Wie kamen Sie ursprünglich zum Programmieren?

LANIER: Ich sah eines Tages jemanden an einem Textverarbeitungssystem hantieren und ich dachte: »Ein erstaunliches Ding. Wäre es nicht toll, wenn man so etwas für Musik machen könnte!« Zu jener Zeit war ich Komponist. Das war vor fünf oder sechs Jahren. Ich fand die Idee sehr gut, aber ich habe nie einen gebaut.

Ich schob es immer wieder auf, um ein allgemeineres, stärkeres Werkzeug zu bauen. Mit dem, was wir gerade entwickeln, wird es viel leichter sein, ein Textverarbeitungssystem für Musik, oder hundert andere Werkzeuge zu bauen.

INTERVIEWER: Lernten Sie das Programmieren in der Schule?

LANIER: Nein. Damals schien mir das nicht sinnvoll. Ich war mehr am Computer von der Idee her interessiert. Also begann ich, die Erfinder der Computer aufzuspüren. Sie leben immer noch, und man kann sogar Kontakt mit ihnen aufnehmen. Man braucht sie nur anrufen. Ich erfuhr, wie man früher über Computer dachte. Niemand setzte sich am Anfang hin und dachte darüber nach, wie ein Computer eigentlich sein müsse. In den Anfängen dachten die Leute im Sinne von verschiedenen Metaphern, meistens im Sinne der Mathematik. Ich bekam den Eindruck, daß der ganze Entwicklungsprozeß der Computer ohne bestimmtes Ziel ablief. Ich möchte damit nicht die Leute schlechtmachen, die sie erfunden haben, denn sie haben etwas ganz, ganz Wunderbares vollbracht. Aber man kann einfach nicht in die Zukunft blicken. Heute verwenden wir Computer für Aufgaben, die man ihnen ursprünglich nie zugedacht hatte. Was ich damit sagen will ist, die Vorstellung über eine Programmiersprache hat nicht sehr viel mit ihrer Verwendung zur Textverarbeitung zu tun. Die Programmiersprachen wurden von Leuten erfunden, die mathematisch dachten, und die Textverarbeitung wurde von denen erfunden, die Geschäft und Büros im Sinn hatten; das sind zwei ganz verschiedene Welten. Verschiedene Leute sehen dieselbe Sache mit verschiedenen Augen.

INTERVIEWER: Sie meinen, die ursprüngliche Idee hat sich mit der Zeit verändert, was die Realität betrifft?

LANIER: Sehen Sie, was ich mache, geht zurück bis in die Fünfziger Jahre. Ich gehe zurück und biege in die Straße ein, an der jedermann vorüberging. Jeder Programmierer ist anderer Ansicht darüber, wie man einem Computer sagen soll, was er tun muß. Bei meiner Programmiersprache ist das nicht so. Es ist es so, daß man tatsächlich sieht, was das Programm tut, und man kann so lange herumspielen, bis es richtig ist. Es ist ein ganz anderer Prozeß.

Nehmen Sie zum Beispiel ein Rezept, nach dem jemand einen Kuchen backt oder kocht. Das ist wie das Programmieren heute. Stellen Sie sich vor, der Motor Ihres Wagens muß eingestellt werden. Sie beobachten den Motor und verstellen ihn so lange, bis er so läuft, wie Sie es gern hätten. Meine Programmiersprache ist letzterem Beispiel ähnlicher.

INTERVIEWER: Wollen Sie damit sagen, daß es beim Programmieren heutzutage nicht viel Kreativität gibt?

LANIER: Nein, nein. Es ist großartig, wie die Leute programmieren. Es gibt viele hervorragende Programmierer. Ich will damit sagen, daß die Sprachen, die sie benutzen, schwer zu handhaben sind. Die Programmierer werden dadurch eingeengt. Und insbesondere ist es so, daß viele Leute, die interessante Programme machen könnten, keine machen, weil die Sprachen so schwierig sind, daß man sie erst gar nicht in Betracht zieht.

Mit meiner Programmiersprache wird jeder, ganz gleich auf welchem Gebiet er Ideen umsetzen will – Geschichte, Philosophie, Politik, Psychologie, und gewiß in der Wissenschaft und der Mathematik – in der Lage sein, ein eigenes Programm zu entwickeln.

INTERVIEWER: Welche Programmierer bewundern Sie am meisten?

LANIER: Oh Gott, es gibt so viele brillante Leute. Gerade heute morgen sprach ich mit Dan Ingels, einem der ersten Mitglieder des SmallTalk-Teams. Er ist ein sehr ermutigender Mensch. Und einige Leute aus der Generation derjenigen, die die Computer erfunden haben, sind einfach toll, wie Dough Ingelbart. Er hat die Maus, die Fenster und andere Dinge entwickelt; darauf bauten Xerox und der Macintosh auf. Man trifft ihn immer noch. Er lebt in Menlo Park. Dann ist da noch Marvin Minsky. Er hat sozusagen die künstliche Intelligenz erfunden. Er ist sehr motivierend.

INTERVIEWER: Was halten Sie von der künstlichen Intelligenz?

LANIER: Ich finde, daß es ein seltsamer Begriff ist. Die Bezeichnung künstliche Intelligenz ist ziemlich irreführend. Die Menschen assoziieren Bewußtsein mit Verhalten, das heißt, die offenbare Fähigkeit, bestimmte Aufgaben zu erfüllen. Ich sehe da überhaupt keine Verbindung. Es scheint klar zu sein, daß man Computer dazu bringen kann, sich so zu verhalten, wie man es ihnen durch das Programmieren gesagt hat. Einige Programme sind vielleicht so schwer, daß man sie als intelligent bezeichnen möchte, aber das ist für mich eine Bezeichnung ohne Bedeutung. Was man am MIT macht, ist ganz interessant: Man lehrt einen Computer, ein bestimmtes Bild zu erkennen. Aber alle die Expertensysteme sind Schwindel. In vielen der kommerziellen Produkte, die KI genannt werden, ist überhaupt nichts drin. Künstliche Intelligenz wird von jedem anders aufgefaßt.

INTERVIEWER: Kann Ihr Programm Ihrer Meinung nach kommerziell genutzt werden?

LANIER: Ja, sicherlich. Es wird kommerziell von Bedeutung sein. Es wird dazu beitragen, die Software viel schneller und dadurch auch billiger zu entwickeln. Die Leute werden ihre Software ganz anders aussuchen, und auch die Entwicklung der Software wird sich ändern. Heute kann die Software noch mit dem einzigen Argument verkauft werden, daß sie funktioniert, weil alles noch so neu ist. In Zukunft wird der Standard jedoch viel höher. Man wird sagen: »Natürlich funktioniert es. Ich kann dafür sorgen, daß es funktioniert.« Und man wird sich fragen: »Bin ich zufrieden damit? Hilft sie mir, so zu denken, wie ich denken will? Paßt sie irgendwie zu meiner Art zu schreiben?«

Meiner Meinung nach wird das Programmieren bald mehr nach seiner Qualität und dem ästhetischen Inhalt beurteilt und weniger danach ob es funktioniert oder nicht.

INTERVIEWER: Wird Ihre visuelle Programmiersprache schön aussehen? Wie genau wird Sie aussehen?

LANIER: Worum geht es bei der Ästhetik beim Programmieren überhaupt? Nun, das hängt vom Programm ab. Eine sehr wichtige Programmart ist der Editor, mit dem man Text gestalten kann.

Mit einem Grafikprogramm wie MacPaint kann man Bilder machen. Und es gibt Programme, mit denen man Musik machen kann. Nimmt man nun alle diese Programme unter die Lupe, stellt man fest, daß sie in ihrem Aufbau alle davon ausgehen, was man hinterher damit machen will. Bei Textverarbeitungssystemen ist das nicht so schlimm, denn bei der Gestaltung von Text reiht man nur Wörter in der richtigen Reihenfolge aneinander.

»Meiner Meinung nach wird das Programmieren bald mehr nach seiner Qualität und dem ästhetischen Inhalt beurteilt und weniger danach ob es funktioniert oder nicht.«

Aber wenn es um Bilder oder um Musik geht, nimmt man die Einschränkungen eher wahr. Mit MacPaint kann man zum Beispiel die Darstellungen nicht umdrehen; diese Möglichkeit besteht einfach nicht. Es geht auch nicht so sehr um die bestimmte Funktion, die fehlt, sondern um die Tatsache, daß dem Programm Ideen zugrunde liegen, die sich nicht mit der Denkweise des Anwenders decken. Viele Leute denken möglicherweise anders über bestimmte Linien oder die Qualität der Linien und stellen sich die Gestaltung und Farbgebung anders vor, als sie im Programm dargestellt sind. Die Leute werden in Zukunft nicht das gute Textverarbeitungssystem oder das gute Grafikprogramm suchen, sondern sie werden nach dem Programm suchen, das ihrer Arbeitsweise entspricht. Ist das Programm für meine Denkweise geeignet? Macht es mit, wenn ich etwas Bestimmtes damit tun will? Das ist eine Seite der Ästhetik.

Die andere Seite der Ästhetik ist die, wie ihnen ein Programm etwas sagt. Nehmen wir zum Beispiel die Sonnensystem-Simulation, von der ich vorhin sprach: bei Lernsoftware dieser Art geht es um etwas anderes. Wie gut erklärt das Programm das Thema? Wie überzeugend ist es? Bietet es wirklich die Möglichkeit einer Interaktion, die einem Einblicke verschafft, die man nicht hätte, wenn man sich einfach einen Film ansieht oder so etwas? Es wird in Zukunft mehr Ausdrucksformen der Ästhetik geben. Das ist schwierig vorauszusagen. Als der Film herauskam, wußte niemand, wie er sich entwickeln würde. Die Computer sind jetzt in ihren Anfängen und wir haben über ihre Zukunft nicht die geringste Ahnung.

INTERVIEWER: Haben Sie ein fertiges Konzept, wenn Sie eine neue Programmiersprache entwickeln, oder arbeiten Sie das Programm im Verlauf der Entwicklung aus?

LANIER: Ich weiß schon ein wenig, wenn ich anfange. Ich habe schon Teilversionen von Sprachen auf kleineren Rechnern gemacht und mich dann zur endgültigen Version hinaufgearbeitet.

INTERVIEWER: Sie haben eine beachtliche Sammlung von Musikinstrumenten. Welches ist Ihr Lieblingsinstrument?

LANIER: Ich weiß nicht. Das ändert sich jede Woche. Ich bin Mitglied im Instrument-der-Woche-Club. Jede Woche bekomme ich diese lustigen Instrumente aus irgendeinem Teil der Welt geschickt. Musikinstrumente haben an und für sich eine Menge mit Computern zu tun. Sie sind eines des besten Beispiele für Benutzerschnittstellen auf der Welt. Es ist faszinierend, sich mit ihnen zu befassen.

INTERVIEWER: Wie kann man den Computer für die Musik einsetzen?

LANIER: Ich habe zum Beispiel ein Programm, das als Editor für einen Kanon dient. Ein Kanon ist wie eine Runde, in der die Menschen dieselbe Melodie singen oder spielen, aber der Einsatz der einzelnen erfolgt in bestimmten Abständen, wodurch sich die Stimmen nach und nach vereinigen. Bei diesem Programm gibt man an einer Stelle einen Ton ein und das Programm fügt alle Stimmen hinzu. Man kann direkt verfolgen, wie der Kanon zustande kommt. Ein Kanon ist normalerweise sehr schwierig zu schreiben, aber mit diesem Programm ist es viel einfacher.

INTERVIEWER: Werden Ihrer Meinung nach immer mehr Leute dazu übergehen, Musik mit Hilfe der Computer zu komponieren?

LANIER: Vielleicht. Ich hoffe es. Musik ist recht einfach zu machen, wenn man direkt zum Kern der Sache kommt. Es ist eigentlich eine Frage der Motivation. Für den ernsthaften Komponisten ist der Computer einfach toll. Heutzutage müssen die Komponisten alle Teile der Musik für die verschiedenen Musiker umschreiben, so daß der Computer eine große Hilfe für sie ist. Bis jetzt hört man sich die populäre Musik einfach an, aber ich glaube, daß die Musik immer interaktiver wird. Es wird mehr Interaktion mit der Musik, mit anderen Menschen und mit dem Tanz geben. Ich denke schon, daß wir bald vieles in dieser Hinsicht sehen werden.

INTERVIEWER: Haben Sie jemals das Hintergrundwissen für das Komponieren in die Entwicklung einer Programmiersprache umgesetzt?

LANIER: Viele Leute, die sich mit Computern beschäftigen, beschäftigen sich auch mit der Musik. Die Musik ist den Programmiersprachen darin ähnlich, daß sie eine ziemlich kunstvolle Schrift hat, die Notenschrift. Aber was ich tun will, liegt vielmehr in den Musikinstrumenten als solche. Denn bei meiner Programmierspache besteht eine Interaktion mit dem Programm, während es läuft. Es ist nicht so, daß man im voraus genau angibt, was es tun soll und dann hofft, daß es klappt. Es ist, als spiele man ein Musikinstrument und nicht so, als schaue man auf ein Notenblatt.

INTERVIEWER: Sehen Sie das Programmieren als Kunst, Wissenschaft, Begabung, Handwerk, oder ...?

LANIER: Nun, Computer selbst haben haben keine Eigenschaft. Sie sind absolut leer, Tabula rasa. Da sie keinerlei Eindrücke und Vorstellungen haben, liegt alles an der betreffenden Person, mehr als in jedem anderen Bereich menschlichen Handelns. Deswegen entwickle ich meine Sprache so, daß sie sehr vielfältig ist; sie muß den Erfordernissen unterschiedlicher Menschen Rechnung tragen. Für mich ist das Programmieren mehr Kunst als sonst etwas. Ich sprach letzte Woche in einer Fernsehsendung mit Peter Deutsch. Er sagte, Programmieren sei ein Handwerk. Andere Leute wiederum halten es für Mathematik. Es kommt immer auf die Einstellung der betreffenden Person an.

INTERVIEWER: Waren Sie Ihre ständige Arbeit mit Computern und dem Programmieren jemals leid?

LANIER: Sicher, besonders wenn ich daran denke, wie die Computer heute sind. Es sind sehr frustierende Maschinen, mit denen man da zu tun hat, und das Programmieren kann einen auch verrückt machen. Ja, ganz sicher.

INTERVIEWER: Haben Sie eine regelmäßige Arbeitszeit?

LANIER: Sie kennen die Antwort darauf bereits; meine Arbeitszeit ist sehr unregelmäßig. Besonders die Tage in der Firma. Ich neige dazu, mitten in der Nacht zu arbeiten, damit die Arbeit fertig wird.

INTERVIEWER: Arbeiten Sie noch an anderen Dingen, außer Ihrer Programmiersprache?

LANIER: Nun, es dreht sich alles um die Sprache. Bestimmte Teile der Sprache sind für die Anwendung in verschiedenen Bereichen. Wir arbeiten zum Beispiel an einem speziellen Teil für die Anwendung in der Medizin; wir arbeiten an ein paar Projekten für das hiesige Krankenhaus.

In gewisser Weise ist die Entwicklung meiner Sprache frustrierend. Ich würde gern vierundzwanzig Stunden am Tag an der Sprache arbeiten, anstatt auch noch eine Firma leiten zu müssen. Aber die Programmierarbeit ist einfach etwas Fantastisches. Sie macht wirklich Spaß. Jeder Schritt nach vorn ist direkt wahrnehmbar; auf dem Bildschirm. Dieser sichtbare Erfolg ist sehr befriedigend.

INTERVIEWER: Welche Spiele entwickelten Sie in der Zeit, als Sie sich vorwiegend mit Spielen befaßten?

LANIER: Ich machte die Musik für verschiedene Spiele. Es kamen ein paar Electronic-Arts-Programme mit meiner Musik heraus. Mein erfolgreichstes Spiel ist Moon Dust. Es war 1983 unter den ersten Zehn der Omni-Topliste und ich konnte ein Jahr davon leben. Es ist ein sehr abstraktes und experimentelles Spiel, was den Erfolg um so erfreulicher macht. Es hat Musik und kleine Raumschiffe, die umherfliegen und funkelnde Streifen hinter sich herziehen, die immer schwächer werden. Man fliegt die Raumschiffe und beeinflußt die Musik, wobei man darauf achtet, daß man spielt, aber nicht die falschen Töne trifft. Es gab auch ein Punktesystem für den Spielstand, aber niemand schenkte ihm auch nur geringste Beachtung. Es machte den Leuten ganz einfach Spaß, mit der schönen Musik und dem hübschen Bild zu spielen.

INTERVIEWER: Wie sehen Sie die Zukunft der Computer?

LANIER: Die heutigen Computer sind nicht das Wahre. Sie bringen den Leuten kaum etwas. In allernächster Zukunft wird es ein lästiges Gerangel um Marktpositionen geben. Jeder wird sich auf die großen Firmen stürzen, die noch nicht auf Computer umgestellt haben. Aber es gibt Entwicklungen in der Software und Hardware, die die Welt der Computer aus den Angeln heben werden. Diese Entwicklungen werden alle in Staunen versetzen. Das wird sehr interessant.

Die ganze Computerstruktur basiert auf der Annahme, daß Computer und Programme schwierig herzustellen sind. Das ist auch der Grund, weshalb Programmlieferanten wie Lotus so mächtig werden können; immerhin ist da ein recht gutes Programm und eine Riesenpopularität. In Zukunft wird es eine Vielzahl sehr guter Programme geben, und jedermann wird sie selbst entwickeln können.

INTERVIEWER: Meinen Sie damit, daß in Zukunft der einzelne sein Programm selbst schreiben wird?

LANIER: Nun, es werden natürlich nicht die meisten Leuten Programme schreiben, aber viele werden es tun. Es wird so sein wie mit den Büchern heute. Jeder ist im Grunde zum Schreiben veranlagt, und ob eine Person nun ein Buch schreibt, oder ob sie kein Buch schreibt, ist eines Frage des inneren

Antriebs, der Begeisterung, des Geschäftssinns, und nicht eine Frage des Schreibenkönnens. Bei der Entwicklung von Programmen ist es genauso.

Auch wenn jemand einen neuen Computer herausbringen will, der nicht dem MS-DOS-Standard entspricht, ist das kein Problem, weil es dann wesentlich einfacher sein wird, die Sofwarebasis dafür zu entwickeln. Heutzutage baut man ganze Computer, nur um eine bestimmte Software laufen zu lassen. In Zukunft wird das genau das Gegenteil sein. Es wird so sein, als schriebe man ein Musikstück von der Klarinette auf die Geige um: Man muß hier und da ein paar kleine Dinge ändern, aber das ist dann keine große Sache mehr.

»Die heutigen Computer sind nicht das Wahre. Sie bringen den Leuten kaum etwas.«

INTERVIEWER: Wird der Computer in Ihren Augen mehr zum Werkzeug der Kreativität und weniger geschäftsorientiert?

LANIER: Die Geschäftswelt ist genauso von Menschen aufgebaut wie der Computer auch; es gibt da keinen Unterschied. Der liebe Gott kam nicht auf die Welt und sagte, daß es eine Gesellschaft gäbe mit einer Geschäftsführung. Das haben wir selbst gemacht. Das Geschäftsleben ist sehr ritualistisch. Es verändert sich nur langsam, deshalb ist es schwer, die zukünftige Entwicklung vorauszusagen. Sie muß nicht unbedingt von der Vernunft geleitet sein. Wissen Sie eigentlich, daß ganze Heerscharen von Geschäftsleuten immer noch COBOL-Programme auf großen Rechnern verwenden, obwohl das vollkommen sinnlos ist? Was soll man dazu sagen?

Allgemein gesehen erwarte ich einen stärkeren Einsatz von Computern sowohl auf dem kreativen Gebiet als auch im Geschäftsleben. Zur Zeit bringen die Computer den Leuten nicht sehr viel. Die Textverarbeitung ist so etwas wie besseres Maschineschreiben, und die Datenbanken sind gelegentlich recht brauchbar, besonders für große Unternehmen. Das Problem liegt darin, daß die Software so schwer zu schreiben ist. Anstatt einen gewissen Evolutionsprozeß zu verfolgen und dadurch immer bessere Software zu bekommen, stoppt man die Entwicklung, sobald eine Software ein einigermaßen annehmbares Niveau erreicht hat. Jeder gibt sich damit zufrieden, wenn er etwas hat, was funktioniert.

INTERVIEWER: Können Sie sich vorstellen, daß die Programmiersprachen mit der Zeit gesprochene und geschriebene Sprachen wie Englisch ersetzen können?

LANIER: Keinesfalls. Englisch wird nie durch eine Programmiersprache zu ersetzen sein, weil so viel damit verbunden ist. Da ist Shakespeare, da sind alle unsere Sprichwörter...

INTERVIEWER: Nun, wie steht es mit den Hieroglyphen? Sie sind verschwunden.

LANIER: Das kommt daher, daß alle Menschen, die Hieroglyphen benutzten, getötet wurden. Aber selbst wenn es noch ein paar dieser Menschen gäbe, würden sie vielleicht Nachfolger der Hieroglyphen verwenden. Ich glaube, die Computer bringen eine neue Ausdrucksweise, und die Leute werden erkennen, daß sowohl Englisch als auch Computer gut sind, verschiedene Dinge auszudrücken. Auf manchen Gebieten wird die englische Sprache heutzutage übertrieben. Wird über Themen aus Philosophie, Wirtschaft oder Politik gesprochen, versteht kaum einer, was der andere sagt. Bei Computern kann man tatsächlich Modelle für ganze Interaktionssysteme bauen, wenn Ideen oder Konzepte erklärt werden sollen, oder sogar für verschiedene Denkweisen. Diese können mittels der auf dem Computer gebauten Modelle besser ausgedrückt werden. Die englische Sprache ist sehr gut zum Beschreiben, Computer sind gut für Modelle. In Zukunft wird man eine Mischung von beidem haben, und jede der beiden Möglichkeiten ist dann Teil unserer Kommunikation. Als Kombination werden sie unsere Kommunikation verbessern. Und damit wächst die Chance des Einfühlungsvermögens der Menschen untereinander.

INTERVIEWER: Glauben Sie, die Idee des Dynabook wird sich verwirklichen lassen?

LANIER: Nur vorübergehend. Das Dynabook ist eine Sache, die sehr schnell durchlaufen wird, vielleicht innerhalb eines Jahrzehnts.

INTERVIEWER: Durchlaufen wohin?

LANIER: Nun, ich will es Ihnen sagen, aber vielleicht glauben Sie mir nicht. Also, derzeit beschränkt sich die Interaktion mit dem Computer auf den Bildschirm. Was passiert, wenn der Computer Ihre Art, Dinge wahrzunehmen, beeinflußt?

Nicht indem er die Welt äußerlich verändert, aber indem er dreidimensionale Gegenstände um Sie herum aufbaut. Es gibt sie in Wirklichkeit nicht, aber die Menschen können sie sehen und diese Erfahrung teilen. Das tägliche Leben der Menschen wird Eindrücke einschließen, die der Computer geschaffen hat. Das ist die Technologie, an der wir arbeiten. Leider kann ich jetzt noch nicht mehr dazu sagen. Ich weiß, das hört sich vollkommen verrückt an, aber das wird es geben.

INTERVIEWER: Der Computer wird Dinge hervorbringen, die es nicht gibt? Wahrnehmungsmodelle?

LANIER: Ich weiß, es klingt sehr konfus. Sagen wir, es sind gut kontrollierte Halluzinationen. Eigentlich ist es gar nicht so seltsam. Das Ganze wird sehr unkompliziert sein. Eines kann ich sagen, Sie werden vielleicht eine Spezialbrille tragen, damit diese visuellen Eindrücke entstehen. Und die Menschen werden diese Eindrücke teilen und über eine drahtlose Verbindung diskutieren.

INTERVIEWER: Also anstatt des Druckers neben dem Rechner werden wir dann so eine Art Bildgenerator haben?

LANIER: Ja, das ist richtig. Letzte Woche Sonntag war in der Sunday eine Karikatur über einen Hacker, der verschiedene Formen annahm. Haben Sie die gesehen? Das ist erstaunlich genau auf der richtigen Fährte. Meiner Meinung nach werden die Computer letzten Endes neue Realitäten für uns schaffen. Und sie werden der Realität nicht schaden, sondern uns helfen, die wirkliche Welt schätzen zu lernen.

INTERVIEWER: Sehen Sie Zusammenhänge zwischen Genetik und Computern?

LANIER: Vielleicht. Es mag optische Computer geben, es mag chemische Computer geben. Es gibt offensichtlich biologische, denn Teile unseres Gehirns, wenn nicht das ganze Gehirn, sind Computer. Es ist eine Frage der Hardware. Wie bringt man die Technologie eines Computers dazu, daß sie funktioniert? Aber es gibt da noch eine ganz andere Frage, die mir wichtig erscheint: Welche Kultur entwickelt man, um diese Technologie tatsächlich anwenden zu können? Die technologische Frage dreht sich grundsätzlich um die Technik, wissen Sie. Wenn wir ein Dynabook machen wollen, muß einer herausfinden, wie man es machen kann. Will man einen äußerst dichten Speicher entwickeln, der auf Enzymen oder solchen absurden Dingen basiert, wer weiß, vielleicht kann jemand herausfinden, wie das machbar ist. Aber was die Kultur anbelangt, die muß wirklich erfunden werden – eine ganz neue Welt aus dem Nichts. Was macht man mit einem Dynabook, wenn man eins hat? Wie funktioniert es im Zusammenspiel mit dem Leben? Und wie paßt es zu den normalen Büchern? Zu Lunchpaketen? Zu Videospielen?

INTERVIEWER: Unterliegen Kulturen nicht einfach der Evolution?

LANIER: Nein, sie werden erfunden. Sie werden entweder von Menschen entwickelt, die sich dessen bewußt sind, oder von Menschen, die sich dessen nicht bewußt sind. Das Zwanzigste Jahrhundert hat eine Fülle von Beispielen, weil wir so viele Dinge entwickelt haben. Das Fernsehen existierte vorher nicht, und viele Menschen in den Vereinigten Staaten verbringen vor dem Fernseher mehr Zeit als für sonst etwas, mit Ausnahme des Schlafens.

INTERVIEWER: Aber als das Fernsehen erfunden wurde, wußte man nicht, daß man eine neue Kultur entwickelte.

LANIER: Nein. Die Leute, die die Bildröhre und das alles erfanden, wußten das nicht. Diejenigen, die die Kultur entwickelt haben, waren die Leute in Hollywood, die die Programme entwarfen und die Leute, die sich ausdachten, wie man Fernsehen verkauft. Daran waren eine ganze Menge beteiligt, nicht nur eine Person. Die Fotografie wurde von Anfang an von Leuten entwickelt, die herauszufinden hatten, was ein Fotograf eigentlich ist und was das bedeutete. Für die Filme gilt dasselbe. Was bisher auf dem Gebiet der Computer gelaufen ist, wurde auch von Menschen entwickelt. Ich glaube es ist gut, wenn man sich dieses Ablaufs bewußt ist. Ich bin froh, daß man beim Computer von Anfang an die politischen und ethischen Aspekte einbezogen hat. Die Computerindustrie hat davon wirklich profitiert. Ich glaube in dieser Hinsicht war die Entwicklung bewußter als beim Fernsehen oder der Fotografie.

INTERVIEWER: Was wäre über die Macht der Information zu sagen? Ist sie der wichtigste Aspekt der Computer? Viele Leute nennen sie jedenfalls als Grund dafür, weshalb der Computer für unsere Gesellschaft so wichtig ist.

LANIER: Nun, was der Computer wirklich kann, ist Information manipulieren. Und Information ist ein ziemlich globaler Begriff. Er umschließt die gesamte menschliche Erfahrung. Aber ich glaube, wenn die Leute von der Macht der Information sprechen, meinen sie etwas ganz Bestimmtes damit; sie meinen, daß sich unsere Gesellschaft immer mehr um Dinge herum organisiert, die nicht physisch existieren. Information, Lebensstil, Computerspeicher, das Bestehen eines Unternehmens, das eigene Vermögen, Macht, Status, Arbeitsplatz – das sind alles Dinge, die man als in einem Computer gespeicherte Information bezeichnen kann. Wir befinden uns in einer Übergangsphase. Bis jetzt haben wir alles, was wir vom Leben wollten durch Manipulation der Materie erreicht. Jetzt sind wir dabei, unser Leben nach Information zu organisieren. Nach und nach werden wir unsere Erfahrung aus der Information erhalten, statt umgekehrt. Das wird das wahre Zeitalter der Information sein.

INTERVIEWER: Leidet dadurch nicht etwa der physische Wert der Welt?

LANIER: Überhaupt nicht. Akustische Instrumente sind keiner Bedrohung durch Computermusik ausgesetzt, und die Fotografie stellt auch keine Bedrohung für die Malerei dar. Meiner Meinung nach bekommen wir dadurch einen viel objektiveren und verständigeren Blick für die physische Welt. Und auch für die Natur. Die Menschen haben die Möglichkeit, auf einer praktischen Ebene Erfahrung zu sammeln, ohne die physische Welt umkrempeln zu müssen, ohne ihr zu schaden. Das ist ein sehr umfangreiches Thema. Ich schreibe übrigens ein Buch darüber. Es heißt »New Natures« und beschreibt, was es bedeutet, in willkürlichen Welten zu leben.

INTERVIEWER: Denken Ihrer Meinung nach junge, an Computern interessierte Menschen heutzutage genauso?

LANIER: Ja, ich denke schon. Es ist trotz Stereotypie schwierig, zu verallgemeinern. So wie man den Stereotypen des Programmierers entwickelt hat, der sich schlecht anzieht, die ganze Nacht aufbleibt und so weiter. Die junge Generation heute tendiert ziemlich stark zu Dingen in der Art des Macintosh. Ich glaube, wir befinden uns zur Zeit an einem sehr wichtigen Ausgangspunkt. Noch versucht man, gute Software für die Anwender zu entwickeln. In den nächsten Jahren wird sich das Leben wirklich ändern. Es ist fantastisch, wenn man bedenkt, daß die kleinen Kinder, die der Generation angehören, die jetzt geboren wird, mit dieser neuen Technologie aufwachsen. Das ist die Generation, die davon profitieren wird, worüber wir gesprochen haben.

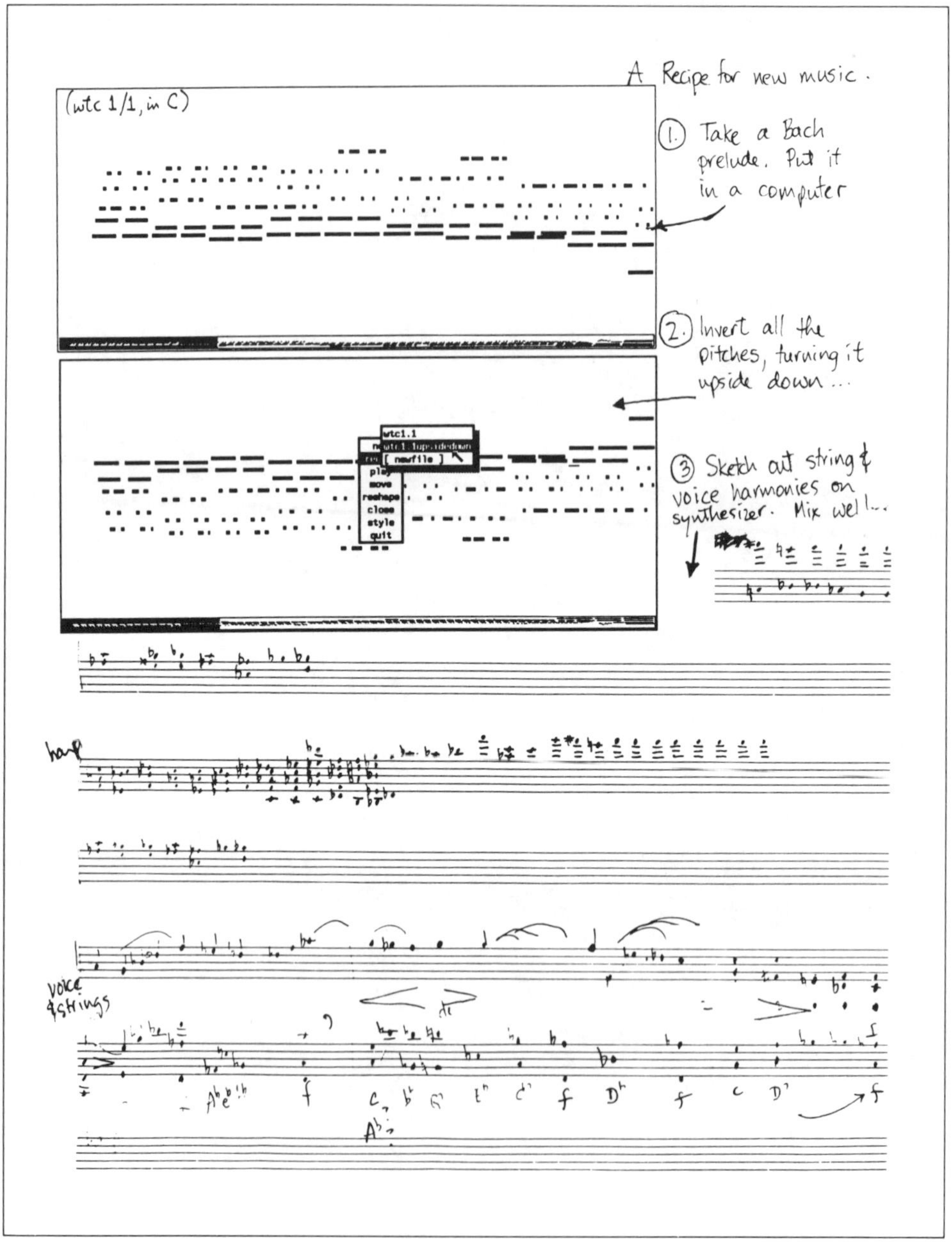

Die Idee für diese neue Art der Musikkomposition stammt von Michael Hawley. Seine Idee für einen Musikcomputer finden Sie im Anhang (Seiten 401-404).

Michael Hawley

Zur Zeit arbeitet Michael Hawley als Digital-Audio-Programmierer für The Droid Works, eine Tochtergesellschaft der Lucasfilm Ltd., die sich mit der gewaltigen Aufgabe der Computerisierung der Filmherstellung befaßt, und ist an der Entwicklung der Software für das SoundDroid, einem voll digitalen Studio in einer Box beteiligt. Es kann den Ton speichern, aufzeichnen, editieren und mischen, sowie auch für das sofortige Playback reproduzieren.

Hawley, vierundzwanzig Jahre alt, ist in New Providence, einem Vorort von New York, aufgewachsen und beschäftigte sich schon als Jugendlicher mit Computern und dem Programmieren. Während seiner Zeit in der High-School und am College arbeitete er bei Bell Labs im benachbarten Murray Hill. Während er bei Bell Labs seinem Interesse an Computern nachging, studierte Hawley Musik und Klavierspiel an der Yale University, wo er 1983 sein erstes Staatsdiplom in Musik und Informatik erwarb. Kurz nach der Promotion ging er als Vertreter von Bell Labs als Gastforscher zum IRCAM (Institut de Recherche et Coordination Acoustique Musique) nach Paris.

Während seiner Zeit in Paris entwickelte er Prototypen für Benutzerschnittstellen für Computermusik-Anwendungen und trat auch bei der Weltpremiere der Sonate für zwei Flügel und elektronisches Tonband in der Konzertreihe des IRCAM auf. Nach der Zeit am IRCAM ging Hawley in den Westen, zu The Droid Works in Marin County, Kalifornien.

Als ich mich dem Gebäude, in dem The Droid Works unterbracht ist, näherte, sah ich als erstes eine geschäftig umherlaufende Filmcrew, Scheinwerfer, Kameras, Tonausrüstung. Das war der erste Hinweis darauf, daß The Droid Works eher Teil der Filmindustrie als der herkömmlichen Computerindustrie ist.

Michael Hawley führte mich in sein Büro, das er mit einem anderen Programmierer teilt. Er hatte brünettes, zerzaustes Haar, einen dunklen Schnurrbart und trug einen Fahrradrennanzug und eine blaugetönte Sonnenbrille mit Nickelgestell. In seinem Teil des Büros hatte Hawley seinen Synthesizer, die Verstärker und Lautsprecher neben seinem Computerterminal und dem Keyboard aufgebaut. In dieser etwas überladenen und vollgestopften Umgebung geht Hawley seiner Arbeit nach und frönt seiner Leidenschaft, er komponiert und entwickelt Computerprogramme, die Musik, Tonspuren und Film gestalten und editieren. Mehrmals während des Interviews drehte er sich um und spielte auf seinem Keyboard eine Melodie, die er komponiert hatte, oder zeigte, wie die Software, die er entwickelte, Klänge erzeugen und Musik hervorbringen kann. Ich schloß daraus, daß seine Mission darin besteht, die Werkzeuge der Computer und Software so zu meistern, daß er sie für die Musik, die Kunst oder andere Medien benutzen kann. In seiner begeisterten, artikulierten und verspielten Art erzählte Hawley über seine Erfahrung als Programmierer und Musiker.

HAWLEY: Wie ich höre, kommen Sie direkt vom Flug von Seattle. Ich war kürzlich im Nordwesten auf einer fantastischen Reise. In Vancouver fand die internationale Tagung für Computermusik statt.

INTERVIEWER: Ja, ich habe darüber gelesen, aber ich war nicht dort.

HAWLEY: Waren Sie vielleicht auf der Digicon? Nein, das war eine Woche früher. Es gibt so viele Computertagungen. Die Geschichte muß ich Ihnen erzählen, und ich verspreche Ihnen, daß sie mit dem Programmieren zu tun hat.

David Salisen, der hier in der Grafikgruppe arbeitet, fliegt kleine Flugzeuge, also hielten wir es für eine prima Idee, in einem kleinen Flugzeug nach Vancouver zu fliegen. Margaret Minsky war hier, also pferchten wir uns alle, Margaret Minsky und Mark Leather, auch Mitarbeiter der Grafikgruppe und Hardwaredesigner, David und ich in das Flugzeug und flogen los. Es war fantastisch. Wir umkreisten den Gipfel des Mount Shasta, flogen über den Crater Lake hinweg und tief durch den vom Krater des Mount St. Helens aufsteigenden Rauch. Im eigenen kleinen Flugzeug kann man fliegen, wohin man will, also statteten wir der Olympic Peninsula einen kurzen Besuch ab und zogen drei Tage lang mit dem Rucksack durchs Land; dann nahmen wir Kurs auf Vancouver. Mark und Margaret konnten an der Tagung nicht teilnehmen, also ließen wir sie in Seattle aussteigen, und David und ich flogen weiter nach Vancouver.

Die Tagung war ziemlich langweilig. Computermusik-Tagungen können ziemlich fade sein, aber die Leute waren fantastisch, einige Unterlagen interessant, und der Lachs mit Reis schmeckte hervorragend. Unmittelbar nach der Tagung schlug eine Dame, der ich ein paar MusicDroid-T-Shirts verkauft hatte vor, da wir ja mit unserem Flugzeug die Möglichkeit dazu hätten, an das Westufer von Vancouver Island zu fliegen und dort die mitten in der Wildnis liegenden heißen Quellen zu besuchen.

Das war wohl der schönste Flug der ganzen Reise. Ich hatte nie gewußt, daß es auf Vancouver Island so viele Berge gibt. Wir sahen eine Bergkette zerklüfteter Gipfel nach der anderen. Sie erinnern an die zerbrochenen Berge von Loren Carpenter.

Das Flugzeug setzte auf einer mit Unkraut übersäten Landebahn in der Nähe eines winzigen kleinen Ortes namens Tofino auf. Von dort nahmen wir ein Taxi und fuhren in den Ort hinein – ein sehr malerisches Fischerdorf an der Küste, ein Gewimmel von Fischerbooten im Hafen, steil ins Meer abfallende Berge und kleine Nebelfetzen, die an den Flanken der Berge hingen. In Tofino konnten wir ein Wasserflugzeug mieten, das uns zu den heißen Quellen bringen sollte. Man packte uns drei zusammen mit einer kleinen einheimischen Indianerfamilie in eine DeHavilland Beaver, wir hoben ab und landeten sofort wieder, mitten im Nirgendwo. Die Indianer flogen zu ihrem noch weiter entfernt liegenden Reservat weiter.

Wir wanderten etwa zwei Meilen lang durch dichten Küstenregenwald über verrotende Plankenwege. Es war genau wie im ersten Akt von »Raiders of the Lost Ark«, Moos hing von den Zweigen, und die Sonne schickte ihre Strahlen durch das dichte Laub. Endlich erreichten wir die heißen Quellen, die einfach schön waren. Das heiße Wasser blubberte aus dem Boden und rieselte ungefähr zweihundert Yards hinunter, wo es in das Meer floß. An einer Stelle floß das Wasser über einen Wasserfall von ungefähr zehn Fuß Tiefe hinab. Wenn man sich darunter stellte, konnte man ein schönes heißes

Duschbad nehmen. Von dort folgte das Wasser einer Reihe von kleinen Teichen zwischen den Felsen, wobei jeder dieser Teiche drei oder vier Personen bequem Platz zum Baden bot. Die Felsen waren mit weichem, glitschigem Moos bedeckt. Jeder kleine Teich war etwas kälter als der vorhergehende, also hatte man die Wahl zwischen allen möglichen Temperaturen, man konnte es so kalt haben wie das Meerwasser oder so heiß wie man es vertragen konnte. Ganz unten konnte man in einem Teich sitzen und sich von oben heißes Wasser über den Rücken laufen lassen. Ab und zu kam eine große eiskalte Welle vom Meer, dann konnte man sich wieder an dem von oben herabfließenden Wasser aufwärmen.

Wir bauten uns ein Lager und aßen zu Abend. Ich hatte eine Flasche Sake mitgebracht. Wir stellten die Flasche ins warme Wasser und saßen nun zusammen, keine Menschenseele weit und breit, und beobachteten, wie die Sterne am Himmel aufgingen. Es war das Nonplusultra. Am nächsten Tag wanderten wir wieder zum Ausgangspunkt und flogen zurück.

INTERVIEWER: Inwiefern hat das mit Computern und dem Programmieren zu tun?

HAWLEY: Es geht darum, daß man nicht nur zu einer Computermusik-Tagung geht, um die neueste Technologie einzuheimsen; es ist genauso wichtig und genauso interessant, wie man dorthin gelangt. Man sollte jede Gelegenheit nützen, die sich bietet.

So ist es auch beim Programmieren. Auf dem Weg entdeckt man immer wieder Neues. Neue Aspekte und unerwartete Durchgangsmöglichkeiten eröffnen sich, wenn man ein Programm entwickelt. Workstations und Personalcomputer sind so ähnlich wie kleine Flugzeuge: Viele Dinge warten darauf, entdeckt zu werden, wenn man das Flugzeug nur in die richtige Richtung steuert (und dabei glücklich wird).

INTERVIEWER: Woran arbeiten Sie gerade bei Lucasfilm?

HAWLEY: Wissen Sie etwas darüber, was bei Lucasfilm gemacht wird und was in der Computerabteilung passiert? Soll ich Ihnen einen kurzen Überblick geben?

INTERVIEWER: Ja.

HAWLEY: Okay. Es ist ungefähr so: Etwa um 1979 bot George Lucas jedermann einen Vertrag zur Computerisierung der interessantesten Aspekte der Filmproduktion an. Am meisten beeindruckten ihn die Leute vom New York Institute of Technology – Ed Catmull, Alvy Ray Smith und einige andere. Die packten also ihre Siebensachen, zogen nach Marin County und gründeten die Computer-Forschungsabteilung von Lucasfilm. Catmull unterschied zwischen den drei wichtigsten Anwendungsgebieten. Eines war die

Entwicklung der grafischen Darstellung und der Bilder, oder die Grafikforschung. Ein weiteres war Audio und Sound und das dritte war das, was man »die Textverarbeitung der Filmproduzenten« nennt. In der Filmindustrie braucht man ein »Textverarbeitungs«-Programm für die Leute, die die Filme schneiden, denn es dauert lange, wenn man das Zelluloid mit Rasierklingen schneiden und zusammenkleben will, genauso wie es lange dauert, wenn man auf einer veralteten Schreibmaschine einen Text tippt, wieder neu tippt und editiert.

Die Grafikgruppe befaßt sich mit der Grundlagenforschung der Computerdarstellung, genau dazu sind die Leute vorhin gerade aufgebrochen, und man hat dort volle Handlungsfreiheit. Ab und zu mußten sie eine Produktion machen. Sie haben zum Beispiel im letzten Jahr die Genesissequenz für »Star Trek II«, einige Teile für »Krieg der Sterne« und einen schönen kleinen Computerzeichentrickfilm gemacht. Vor kurzem entwickelten sie eine fantastische Sequenz für den Spielberg-Film »Die Abenteuer des Jungen Sherlock Holmes«. Eine andere Gruppe innerhalb der Grafikabteilung beschäftigt sich mit Laser-Scanning und Farbfilm. Sie verwenden dort drei Laserfarben – rot, grün und blau – und lesen und schreiben Farbfilm bei sehr hoher Auflösung. Das ist so etwas Ähnliches wie der Laserdruck, den Sie kennen – man kann die kleinen Pixel ein- und ausschalten – aber hier ist das Ganze in Farbe, und man kann lesen und schreiben. Die Laserstrahlen dienen hierbei als Ein- und Ausgabeeinheit für den Pixar. Die Idee dabei ist die, daß Sie, sagen wir, wenn Sie zum Beispiel eine Szene drehen wollen, in welcher Prinzessin Leia auf einem Rennrad durch die Muir Woods fliegen soll, hergehen und Aufnahmen von Leia machen, die vor einem blauen Hintergrund sitzt, sowie Aufnahmen von den Muir Woods; dann folgt das Scanning mit Laserstrahlen.

Sobald man die Daten hat, kann man den Pixar für die Zusammensetzung der Bilder benutzen. Da es sich hierbei um einen digitalen Prozeß handelt, wird die Zusammensetzung tadellos, ohne die scheußlichen »Rasterlinien«, die bei der optischen Methode entstehen können. Außerdem geht das Scanning auch sehr schnell.

Die Grafikgruppe baute auch eine recht interessante Maschine, den Pixar Image Computer, von dem Sie vielleicht gehört haben, da die Gruppe sich absetzen und eine Firma namens Pixar gründen will. Der Pixar ist ein auf die Entwicklung digitaler Darstellungen spezialisierter Computer. Die Architektur der Maschine entwickelte sich aus ein paar schönen Algorithmen für die Bildzusammensetzung, ist also effizient und sehr elegant. Ich glaube, es war Lucas, der einmal sagte: »Der Pixar ist nicht nur für die Bildzusammensetzung eine tolle Sache, jedermann will damit arbeiten.« Er besitzt ein profundes und weitreichendes Potential für Anwendungen der medizinischen Darstellung, der Darstellung von seismischen Daten und mehr. Sie können grafische Daten in so ziemlich jeder Form, die Sie auf den Bildschirm bringen können, mit dieser Maschine auf erstaunlichste Weise bearbeiten. Die Grafikgruppe konzentriert sich auf die Forschung, und ihr Ziel dabei ist, der Filmindustrie die reichhaltigsten Computergrafiken zu liefern. Computerdarstellungen müssen super sein, wenn sie mit den natürlichen Eindrücken der gleichen Szene mithalten sollen.

INTERVIEWER: Was hat es mit der Audiogruppe bei Lucasfilm auf sich?

HAWLEY: Ich gehöre der Audiogruppe an, und unsere Aufgabe war auch recht weitreichend – nämlich alles, was mit Ton in der Filmproduktion zu tun hat, zu computerisieren. Das stellte sich als sehr interessantes Problem heraus. Wenn man die Phasen der Filmproduktion näher betrachtet, stellt man fest, daß zwei oder drei Leute Bilder editieren können, aber man braucht eine Menge Leute für den Ton. Es gibt so viele Hintergrund- und Vordergrundgeräusche, die man zwar nicht bewußt wahrnimmt, die einem aber fehlen würden, wenn sie nicht da wären. Eine Unmenge Spulen mit Dialog, Musik, Effekte wie Raumschiffgeräusche, Laserfeuer, eine extra Spur für den schweren Atem von Darth Vader, alles in verschiedenen Versionen und Wiedergaben, damit die Mischer die besten Ingredienzen bekommen. Eine Menge Information ist aufzuzeichnen.

Andy Moorer wurde als Leiter unserer Gruppe eingestellt. Er ist ein Pionier auf dem Gebiet der Computermusik und der Digitalgeräusche und hat Diplome vom MIT und von Stanford. Er arbeitete beim IRCAM in Paris. Das ist Pierre Boulez' Institut de Recherche et Coordination Acoustique Musique, ein Institut für Forschung auf dem Gebiet der Akustik und der neuen Musik.

Andy stellt diese Gruppe zusammen und begann, einen Computer namens ASP, Audio Signal Processor, zu bauen. Was der Pixar für die Grafik macht, das macht der ASP für den Ton. Sobald die Geräusche in Ziffern umgesetzt sind, kann man alle möglichen willkürlichen und wunderbaren Dinge damit machen. Man kann zum Beispiel die Funktionalität eines großen, mehrspurigen Hollywood-Mischpults – die Equalizer, Pegelmesser und die verschiedenen Prozessoren nehmen und sie in ein Programm in dieser Maschine hineinpacken. Mit dem ASP sind Maschinen wie Equalizer kein Stück Hardware mehr; sie sind nur noch ein Stück Mikrocode, der im Innern der Maschine summt. Sie tun, was immer man will.

Wir verwendeten den ASP für ein System namens SoundDroid, das eine Art Textverarbeitungssystem für Tonleute ist. Man schaut auf den Monitor und sieht Darstellungen für verschiedene Tonspuren, und das Schneiden und Kleben für Tonstücke ist durch einfachen Druck auf einen Tastbildschirm möglich. Man muß nicht darauf warten, bis der Film zurückgespult ist, oder bis Tonbänder geschnitten und kopiert sind. Man kann überall Ton einfließen lassen, ohne den Film direkt zu manipulieren. Das ist ein großer Sprung nach vorn, der sich auf das Komponieren grundlegend auswirken wird, wie es auch bei der Textverarbeitung für Leute, die Text zusammenstellen, der Fall ist.

Die dritte Gruppe baute eine Maschine namens EditDroid. Die Idee, die dahinter steckt, ist eine Textverarbeitung für den Filmschnitt. Der Film wird auf ein Videomedium, wie eine Videoplatte oder ein Videoband übertragen, und das gibt dem Computer Direktzugriff bis hinunter zu jeder beliebigen Szene.

Mit Hilfe dieses Computers muß der Originalfilm nur einmal geschnitten werden. Mit dem EditDroid kann man ganz beliebig Filmteile schneiden oder zusammenfügen, mit der Zusammensetzung experimentieren und spielen. Dann drückt man auf einen Knopf und kann sofort sehen, was man zusammengestellt hat. Ist man mit dem Ergebnis zufrieden, drückt man auf einen Knopf, und der EditDroid spuckt eine Liste aus und sagt einem, an welcher Stelle der Originalfilm geschnitten werden muß.

Der Pixar, der SoundDroid und der EditDroid sind deshalb die drei wertvollsten »Produkte« der Computerabteilung.

INTERVIEWER: Wie sind Sie überhaupt zu alledem gekommen?

Hawley: Bevor ich Ihnen das erkläre, sollte ich Ihnen vielleicht schnell sagen, wie die Dinge zur Zeit bei Lucasfilm stehen, und was in Zukunft passieren wird. George Lucas versucht, sich auf die Filmproduktion zu konzentrieren. Er ist ein Filmemacher, kein Informatiker, und er will sich auch in finanzieller Hinsicht nicht verzetteln, besonders jetzt, da er eine Menge Geld in den Bau der Skywalker Ranch steckt. Skywalker wird eine Enklave der Filmindustrie sein. Sie ist einfach herrlich; sie hat einen großen Aufgang wie ein französisches Schloß und liegt ganz abgeschieden in den Wäldern nördlich von Marin. Sie verspricht ein Paradies für Filmemacher zu werden.

Der Bau der Ranch ist ein kostspieliges Unternehmen, und das ist auch ein Grund dafür, daß es seit einiger Zeit keine großen Produktionen von Lucasfilm mehr gegeben hat, wie Sie vielleicht bemerkt haben. Lucasfilm ist offensichtlich zufrieden, daß sich die Computerabteilung zwecks Gründung neuer Firmen abseilt. Aus der Grafikgruppe wird Pixar entstehen, wo man den Pixar-Prozessor und andere hochwertige Imagetechnologie auf den

Markt bringen wird. Und dann ist da noch unsere Firma, die sich The Droid Works nennt, und die den EditDroid, den SoundDroid und andere computerisierte Hilfsmittel für die Filmemacher verkaufen wird. So seilt sich die Computerabteilung nach und nach ab, und die Leute sind noch nicht ganz daran gewöhnt, daß wir uns aus der Forschungsphase herausbegeben und in die Entwicklung gehen, damit wir diese Systeme an die Filmproduzenten verkaufen können. Das ist der jetzige Stand der Dinge.

Wie ich dazu gekommen bin? Nun, ich werde es Ihnen sagen. Ich wurde auf einer Basis des Marinecorps in Südkalifornien geboren und zog nach New Jersey um, bevor ich ein Jahr alt war. Die Computer hatten es mir schon sehr früh angetan. Bell Labs und Murray Hill befanden sich direkt auf dem Hügel vor unserem Haus.

INTERVIEWER: Dort wuchsen Sie also auf?

HAWLEY: Ja, ich wuchs in New Providence, einem kleinen Vorort von New York, auf, ohne Kino, ohne Bars. Bell Labs lag da oben auf dem Hügel, und ich bekam im Alter von fünfzehn oder sechzehn, gerade als ich alt genug für eine Arbeitserlaubnis war, einen Job in einer Sprachenabteilung, wo ich mit Computern zu tun hatte. Ich kam durch Zufall an die Computerprojekte – man leistete dort recht ordentliche Forschungsarbeit. Einer der Jungs hatte einen Digitalsynthesizer gebaut, mit dem man fantastisch spielen konnte.

Während der Zeit in der High-School und am College kamen immer verschiedene Leute von Bell Labs auf mich zu und sagten: »Warum versuchst du das nicht mal für eine Weile«, und das tat ich dann auch. Ein paar Jahre lang (mit Unterbrechungen) arbeitete ich in einer kognitiven Psychologiegruppe, wo man wirklich interessante Grundlagenforschung über Kommunikationsprobleme, besonders über die zwischen Menschen und Computern, betrieb. Die Psychologen sind ganz besonders an Computern interessiert, weil man meint, man hätte ein Zoomobjektiv, mit dem man alles heranholen und die Gedanken der Menschen lesen kann.

INTERVIEWER: Wie kann ein Computer den Psychologen helfen, die Gedanken der Menschen zu lesen?

HAWLEY: Sobald man den Computer zum Mittelpunkt eines Kommunikationsprozesses macht, fließt die Information durch einen engen, kleinen Kanal, und man kann den Computer zählen, bearbeiten, oder ganz einfach die Information von einer anderen Seite betrachten lassen. Die Computer schränken die Anwender ein, und sie zwingen die Designer, gründlich darüber nachzudenken, was die Leute mit einer Anwendung wirklich tun wollen, und wie die Aufgaben am besten dargestellt werden.

Sie helfen uns, uns auf die Kommunikation zu konzentrieren und zwingen uns dazu, die psychologischen Grenzen von einer Seite zu sehen, von der wir sie nicht sehen konnten. Als neues experimentelles Werkzeug ist der Computer von großem Wert. Für neue Entdeckungen braucht man neue Werkzeuge.

Nach der High-School und mit der bei Bell Labs gewonnenen Erfahrung ging ich nach Yale und belegte dort zwei Hauptfächer, Musik und Informatik. Ich verbrachte die meiste Zeit mit dem Klavierspiel, was mir damals mehr Spaß machte als Programmieren. Aber es ist viel mühsamer, sich damit seinen Lebensunterhalt zu verdienen, als mit der Informatik . . .

»Als neues experimentelles Werkzeug ist der Computer von großem Wert.«

INTERVIEWER: Es gibt sehr viele Leute, die sowohl zur Musik als auch zu Computern eine tiefe Beziehung haben. Sehen Sie hier eine Parallele?

HAWLEY: Sicherlich. Im allgemeinen ist meiner Meinung nach eine Kombination von Computern und künstlerischen Medien eine belebende Art und Weise, sowohl an Fragen der Kunst als auch an Fragen der Technologie heranzugehen.

Während meiner Zeit in Yale und in den Semesterferien arbeitete ich weiterhin bei Bell Labs. Nach dem Studium kaufte ich einen 1966er Ford-Kombi, fuhr nach Alaska und verbrachte einige Zeit mit Kanufahren. Dann kam ich zurück und arbeitete noch eine Zeitlang bei Bell Labs, und verbrachte anschließend einen Monat im experimentellen Musikstudio von Barry Vercoe am MIT. Es ist mittlerweile ein Teil des Art and Media Technology Centers dort geworden. Danach ging ich zum IRCAM in Paris.

INTERVIEWER: Was machten Sie am IRCAM?

HAWLEY: Ich spielte das schlechteste Stück, das je für ein Piano geschrieben wurde. Eigentlich ging ich im Auftrag von Bell Labs als Gastforscher zum IRCAM, um Prototypen für Benutzerschnittstellen für Computermusik-Anwendungen zu entwickeln. Das war im Herbst 1983, und man begann gerade überall, Bitmap-Displays zu verwenden. Vor dieser Zeit war die grafische Darstellung das Privileg von Forschungszentren, wie etwa Xerox PARC. Also schleppte ich von Bell Labs ein großes Bitmap-Grafikterminal mit ins Flugzeug nach Paris. Ich kam drüben an und dachte, ich hätte alle erforderlichen Papiere. Zumindest hatte ich alles, was das IRCAM mir gesagt hatte, aber der Zoll dachte etwas anders darüber. Ich versuchte, durch die Sperre zu gehen und zu sagen: »Oh nein, ich habe nichts zu verzollen, ich nicht«, aber sie schnappten mich. Das war der Anfang einer Reihe von Vernehmungen und Geldbußen. Die Krönung des Ganzen war, daß man mir mein Terminal wegnahm, und aufgrund der in Frankreich üblichen Bürokratie bekam ich es erst nach ungefähr fünf Wochen zurück. Ungefähr ein Drittel meiner Zeit in Paris war schon am Anfang vergeudet.

Ich konnte fünf Wochen lang nichts tun. Ich verbrachte meine Zeit damit, über die Computerforschung am IRCAM etwas zu erfahren und erweiterte meine Kenntnisse der französischen Sprache sowie mein Wissen über französisches Essen und französischen Wein.

INTERVIEWER: Paris ist eigentlich nicht schlecht, wenn man nichts Bestimmtes zu tun hat.

HAWLEY: Richtig! Und ich konnte auch nicht widerstehen, mich auf ein Klavierkonzert einzulassen. Ein verrückter rumänischer Pianist kam eines Abends bei mir im Büro vorbei und sagte: »Wollen Sie ein Konzert spielen?« Das Konzert fand an meinem Geburtstag im November statt, die Gage war verlockend, und außerdem hatte ich in dieser Zeit nichts anderes zu tun, da mein Terminal immer noch unter Beschlag der Zollbehörden war. Das Konzert fand im Grande Salle des Centre Georges Pompidou statt, und es war eine Weltpremiere, die Creation Mondiale eines großen Werkes, und der Komponist kam extra per Flugzeug.

Es hörte sich großartig an, also sagte ich: »Klar, warum nicht?«

INTERVIEWER: Welches Stück spielten Sie?

HAWLEY: Es war eine Sonate für zwei Flügel und elektronisches Tonband: ein riesiges und kurioses Werk, ungefähr 30000 eher zufällige Noten, die auf den zwei schönen Hamburg-»D«-Konzertflügeln oft hart klangen.

Wir spielten das Konzert, daß bei dem Publikum wohl nicht angekommen war, aber für mich war es die Schau. Das halbe Publikum ging weg, und viele andere bedachten uns mit Buh-Rufen. Eine kleine Gruppe von meinen Freunden am IRCAM war da, applaudierte laut und schenkte mir Blumen. Das Stück war eine Stunde lang – und das, nachdem wir ungefähr die Hälfte der langsamen Passagen weggelassen hatte. Für einen Nicht-Musiker muß die Partitur ausgesehen haben, wie die Nachwirkungen eines Unfalls, an dem jede Menge Manuskriptpapier und der stark erkältete Kumpel einer Kohlenzeche beteiligt waren. Aber das IRCAM war ein echtes Erlebnis für mich, es war schön und interessant dort.

INTERVIEWER: Wie verlief das Einstellungsgespräch bei Lucasfilm?

HAWLEY: Nachdem wir einige Zeit miteinander gesprochen hatten, sagte Andy: »Gut, ich würde Sie gern herumführen und Ihnen zeigen, was sich hier so abspielt.« Damals arbeitete man gerade an »Indiana Jones and the Temple of the Doom«, worüber ich eigentlich überhaupt nichts wußte. Jeder murmelte nur etwas von »Indy II«, und für einen Augenblick dachte ich: »Klasse, wieder ein Auto-Verfolgungsfilm, aha«. Wir gingen hinauf zum Tonstudio, und Andy erklärte mir alle Probleme, die beim Mischen auftreten, daß man manchmal wochenlang mischt, worauf der Direktor sagt: »Nun, wir schneiden hier fünfzehn Spuren«, und dann ist man so schlau wie vorher. Es ist so, als würde man einem Studenten, der sich auf sein Examen vorbereitet, sagen, er solle seine Kursunterlagen auf einer alten Schreibmaschine noch einmal schreiben. Also gingen wir in das Tonstudio, und ich war immer noch etwas verwirrt, weil ich eigentlich nie zuvor in Kalifornien war, und dort, auf der großen Leinwand war ein armer Kerl mit Turban . . . Haben Sie den Film gesehen?

INTERVIEWER: Nein.

HAWLEY: Nun, das macht es ja für Sie noch interessanter. Da war ein Kerl mit Turban und Lendenschurz, in Ketten gelegt, der markerschütternd schrie, und ein Bösewicht greift ihm in die Brust und reißt ihm mit bloßen Händen das Herz heraus. Himmel, ich war gerade aus dem Flugzeug gestiegen und in ein fremdes Atelier gekommen, gerade rechtzeitig, um zu sehen, wie man einem armen Kerl das Herz herausreißt. Aber als wäre das nicht genug gewesen, mußte ich miterleben, wie die Tonleute die Szene zehn- oder fünfzehnmal vor- und zurücklaufen ließen, um das echte schlürfende Geräusch hinzukriegen. So ähnlich war es also, als ich mein Herz an die Filmindustrie verlor. Ich arbeite hier jetzt seit etwa eineinhalb Jahren.

Ich habe vor, im Herbst 1986 an die Universität zurückzugehen, weil ich mich nach der Yale immer fühlte, als hätte ich ein langes Jahr unterbrochen. Es gib noch so viele allgemeine Dinge, die ich lernen muß, und ich habe keine Zeit für Vorlesungen, besonders jetzt, da wir uns voll in die Entwicklung stürzen.

INTERVIEWER: Was wollen Sie studieren, wenn Sie wieder zur Universität zurückgehen?

HAWLEY: Hauptsächlich Informatik und Musik. Ich möchte weiterhin die Dinge tun, die ich hier für die Computerabteilung tun würde, wenn diese noch komplett und intakt wäre; ein Beispiel wäre das Assemblieren von computerisierten Partituren und Tonspuren in Verbindung mit computergenerierten Filmen. Aber das wird so bald nicht möglich sein. Eine Sache ist die, daß die Grafik- und Audiogruppen in Zukunft getrennte Firmen sind, was sehr schade ist. Die beiden Gruppen haben in der Vergangenheit so gut zusammengearbeitet, daß sie ganz einfach zusammengehören. Finanziell gesehen ist es wohl vorteilhafter, die Computerabteilung aufzuteilen, zumindest für die nächsten paar Jahre.

»Lucasfilm schien mir der ideale Ort für die Forschung auf dem Gebiet der Informatik zu sein.«

INTERVIEWER: Gibt es keine gute Verbindungen? Können die beiden Gruppen nicht zusammenarbeiten, selbst wenn es sich dabei um zwei verschiedene und eigenständige Unternehmen handelt?

HAWLEY: Sicher, im Idealfall schon, aber es wird nie so sein, wie wenn man im gleichen Gebäude untergebracht ist, und ständig über die Utensilien der anderen fällt. Die forschungsorientierten Möchtegerne sind in Kontakt und reden über ihre Traumvorstellungen, und das, was sie gern tun würden, aber es wird sehr schwer sein, das zu realisieren, zumindest auf kurze Sicht gesehen.

INTERVIEWER: Was macht Ihnen an Ihrer Arbeit bei Lucasfilm als Programmierer besonders Spaß?

HAWLEY: Lucasfilm schien mir der ideale Ort für die Forschung auf dem Gebiet der Informatik zu sein. Hier haben wir dieses unglaublich reiche Kommunikationsmedium, den Film, der Bild und Ton hat, Dialog und Untertitel, Musik und Effekte. Wenn man das alles mit einer Informationstechnologie, wie dem Programmieren, zusammenbringt, kommen sicherlich jede Menge neue Entdeckungen dabei heraus. Die Farben auf der Leinwand sind so reichhaltig, und die Szenen müssen so fesselnd sein und echt aussehen. Dadurch wird dem Computer eine große Last auferlegt. Die Idee dabei ist nicht, Dinge zu duplizieren, die man draußen filmen oder aufzeichnen könnte, sondern Computer zum Synthetisieren von Bild und Ton mit genügend Komplexität zu verwenden, damit der Film für den Betrachter interessant und schön wird. Bei unseren derzeitigen vorsintflutlichen Computern braucht man für diesen Prozeß viel Zeit, aber es lohnt sich.

INTERVIEWER: Was mögen Sie an Computern und am Programmieren?

HAWLEY: Das weiß ich selbst noch nicht so genau. Ich habe im letzten Jahr vierzigtausend Programmzeilen geschrieben. Nach vielen frustierenden Jahren wird man es leid, immer wieder Computerprogramme zu schreiben. Was mir am Programmieren gefällt, ist, daß es einen zum Nachdenken über die Kommunikation veranlaßt, darüber, wie wir denken, wie die Logik arbeitet, wie die kreative Kunst funktioniert. Computer sind Werkzeuge der Kommunikation und der Information, und die Kommunikation ist eine schöne Sache. Das ist auch der Grund, weshalb das Telefon und der Personalcomputer einen schlagartigen Erfolg hatten. Der Computer ist vielleicht das beste Werkzeug für das Problem der Kommunikation.

»Was mir am Programmieren gefällt, ist, daß es einen zum Nachdenken über die Kommunikation veranlaßt, darüber, wie wir denken, wie die Logik arbeitet, wie die kreative Kunst funktioniert.«

Ich kombiniere die Musik gern mit Computern, weil die Musik für mich ein ganz besonders reiches Medium ist. Die Musik ist auch der Emotion und dem Gefühl nahe. Ich bin der Meinung, mit Musik kann man das Programmieren wesentlich einschränken und mehr Emotionen hervorrufen, als mit Bildern. Es gibt immer noch keine einwandfreien Textprogramme für Komponisten, aber auf der anderen Seite sind die musikalischen Strukturen anspruchsvoll. Die Partituren sind komplexer Natur, und die Zeit, die Echtzeit, ist eine kritische Komponente. Es ist ein schwieriges Unterfangen, einen Computer soweit zu bringen, daß er Musik in Echtzeit spielt. Denken Sie nur an die für einen Musiker nötige Begleitung, zum Beispiel: Man muß von Grund auf wissen, wie ein Musiker durch die Partitur hindurch begleitet wird. Man muß die Partitur kennen, man muß Stimmungen in bestimmte Tonhöhen umwandeln, Noten erkennen, und alle Anpassungen vornehmen können, um die Musik richtig aufzuzeichnen. Das ist ein großes Problem, aber sehr bald wird die Technologie soweit sein, eine sehr interessante Computerbegleitung zu bauen, weit entfernt vom Ruf des »Samba«-Schalters einer elektronischen Orgel. Das ist mit der heute zur Verfügung stehenden Technik schon fast möglich.

INTERVIEWER: Inwiefern haben die Computer Ihrer Meinung nach einen Einfluß auf die Kunst?

HAWLEY: Sie haben einen grundlegenden Einfluß. Die Computer werden den gleichen Einfluß haben, den sie auf unser tägliches Leben hatten.

Mit Computern können so viele neue Dinge gemacht werden. Ich bin der Meinung, daß es sehr oft die Wiederverwendung guter alter Ideen ist, die neue Ideen hervorbringt, und in einer Hinsicht ist ein Computer wirklich gut, nämlich riesige Mengen Informationen aufzunehmen, diese zu mischen und einen mit dem Ergebnis spielen zu lassen. Dadurch können neue Ideen entstehen.

Schwierige philosophische Probleme sind immer noch ausgeklammert. Zum Beispiel ist die Prosadichtung mit einem Textprogramm vollkommen anders als die Prosadichtung auf einer Schreibmaschine. Wenn man nämlich eine Schreibmaschine benutzt, baut man seine Ideen logisch auf, bringt das Ganze in eine Richtung und sieht zu, daß das, was man sagen will, auf der anderen Seite ankommt. Man unterliegt dabei gewissen Einschränkungen, weil man den verdammten Text nicht noch einmal tippen will. Bei der Sprache ist es ähnlich: Wenn man spricht, kann man nicht einfach zurückgehen und kleine grammatikalische Fehler korrigieren. Beim Maschineschreiben und am Telefon ist es so, daß man mehr Zeit braucht, um sich genau zu überlegen, was man sagen will, und um sicherzugehen, daß das, was man sagen will, auf der anderen Seite richtig ankommt, damit man es nicht nicht noch einmal schreiben oder sagen muß. Bei einem Textprogramm ist es ganz einfach, Änderungen vorzunehmen: Man kann es sich ständig anders überlegen, man kann vor- und zurückgehen, Textblöcke kürzen, ändern, einkopieren, was immer man will. Auf diese Weise wird der Faden, der sich normalerweise durch die Gedanken zieht, ganz zufällig unterbrochen. Heutzutage jammern die Englischlehrer darüber, daß sie genau feststellen können, ob die Schüler ihre Aufgaben mit einem Textprogramm oder auf einer Schreibmaschine gemacht haben, weil Prosa von einem Textprozessor aussieht wie eine Collage. Das ist ein wesentlicher Punkt. Hier handelt es sich um eine neue Technologie, die sich auf das kreative Schaffen der Menschen auswirkt. Man kann verschiedene Dinge damit machen, und man muß sich dessen bewußt sein, daß man eben auf eine andere Art kreativ ist.

Wie ich vorhin schon sagte, was ein Computer wirklich gut kann, ist, verschiedene Elemente kombinieren, so wie ein Koch alte Zutaten kombiniert und daraus etwas Neues macht. Die Menschen müssen sich daran gewöhnen, sich die Zeit zu nehmen, die Dinge auf eine andere Art und Weise zu kombinieren, wie sie es von früher gewöhnt sind.

»Was ein Computer wirklich gut kann, ist, verschiedene Elemente kombinieren.«

INTERVIEWER: Nehmen wir zum Beispiel den Ton und die Filmproduktion, wie sieht Ihrer Meinung nach die Entwicklung durch die Manipulation der Computer aus?

HAWLEY: Die Analogie der Textverarbeitung ist eine direkte Überleitung zur Filmproduktion. Wenn man heutzutage Toneffekte in einen Film einbringt, sitzt man im Tonraum an einem großen Pult, und der Film rollt auf der Leinwand ab. Man sorgt für die Balance und achtet auf die Rückkopplung. Wenn man aufhört, ist eine Sequenz gemischt. Da man das Ganze unterbrochen hat, muß man den Film zurückspulen, damit man sich den Ton noch einmal anhören kann. Normalerweise sind fünf Minuten verloren, nämlich die Zeit, in der man warten muß, bis der Film zurückgespult ist. In der Vergangenheit hat man diese Zeit genutzt, um Änderungen für die nächste Passage festzulegen. Aber wenn die Computer kommen, fällt diese verlorene Zeit weg.

Ich war bei der Vertonung des Films »Latino« dabei. Es fehlte ein Toneffekt. Ein Soldat robbte durch das Gras, und man hörte das raschelnde Geräusch seines Arms, als er nach einer Handgranate griff. Bevor er sie werfen konnte, wurde er erschossen und fiel vornüber. Der Ton für den vornüberfallenden Körper fehlte. Der Tonmeister versuchte nun, das Geräusch des nach der Handgranate greifenden Arms etwas zu verlängern, eventuell etwas anpassen, und den Equalizer anders einstellen, so daß sich das Ganze anhört wie ein nach vorn überfallender Körper. Dazu benötigte er mindestens fünf Minuten, da er einen Knopf drücken und in das Mikrofon sprechen mußte: »Hallo, Joe, kannst du die Spule des Foley-Effekts auf Spur Drei aus der Synchronisation nehmen und hundertfünfundsiebzig Bilder nach vorn schieben?« Nach zwei Minuten sagte eine Stimme: »Okay, erledigt.« Der

Tonmeister wollte nun das Band abhören, das natürlich nicht an der richtigen Stelle war, also mußte man suchen, bis man sie fand, worauf man aufzeichnen, und danach das Band an die Stelle der Synchronisation zurückspulen konnte, wo es vorher war. Dabei waren fünf Minuten vergangen. Mit der heutigen Technologie berühren wir lediglich die Scheibe eines Computerbildschirms ein- oder zweimal, und damit ist nicht nur das Aufzeichnen erledigt, sondern gleichzeitig die Überprüfung. Das dauert ein paar Sekunden. Man muß nicht auf das Rückspulen warten. Es ist eine ganz andere Situation, denn der Computer sagt immer: »Okay, ich bin bereit, machen Sie nur weiter; wenn Sie bereit sind, bin ich auch bereit!«

»Mit jedem neuen Feature scheint ein wünschenswertes altes Feature wegzufallen. Dabei ist genug Platz für beide da.«

Irgendwann sprach ich mit dem Tonmeister von Francis Ford Coppola, der sich unseren Droid ansehen wollte. Er war ein listiger und durchtriebener Bursche, und die Technolgie hatte ihn echt umgehauen. Soviele neue Werkzeuge, soviele Dinge, die man beachten mußte. Aber er sagte: »Ihr dürft nicht vergessen, daß die fünf Minuten Rückspulzeit keine verlorene Zeit sind. Als guter Tonmeister überlegt man sich immer, wie man die nächsten Effekte gestaltet, man läßt im Geiste die nächsten fünf Minuten Film vor sich ablaufen. Mit eurer Maschine habt ihr die fünf Minuten Bedenkzeit nicht mehr.« Man hat zwar etwas gewonnen, aber gleichzeitig etwas verloren. Mit jedem neuen Feature scheint ein wünschenswertes altes Feature wegzufallen. Dabei ist genug Platz für beide da. Die Menschen müssen sich darüber klar werden, daß sie sich noch immer Zeit nehmen müssen, wenn sie gute Kunst, gute Filme und gute Musik machen wollen.

Bei der Musik haben wir dasselbe Problem. Es gibt eine Flut von Synthesizern und Rhythmusgeräten, die man heutzutage billig mit Computern steuern kann. Man tendiert oft dazu, sich blindlings auf neue Technologien zu stürzen. Man darf nicht außer acht lassen, was man durch diese Entwicklung verliert.

INTERVIEWER: Erzählen Sie mir etwas über Ihre Arbeit mit Musikprogrammen bei Lucasfilm.

HAWLEY: Im letzten Sommer brachte ich einen Freund aus Cornell mit, einen Doktoranden der Informatik. Ich hatte vor, mit ihm an einem Music-Droid zu arbeiten, der das Werkzeug für Musiker werden sollte, das Nonplusultra für Musiker. Es soll ein System sein, das John Williams für Partituren verwenden könnte, die er für eine Synthesizer-Symphony nehmen könnte, ohne das London Philharmonic Orchestra zu engagieren, und mit dem auch relativ leicht zu drucken sei. Wir könnten ihm natürlich auch die Möglichkeit bieten, in einer nie zuvor dagewesenen Weise ausschließlich für elektronische Instrumente zu komponieren. Das ist unsere Vorstellung.

Das Programm, das ich Ihnen jetzt demonstriere, ist ein winziger Schritt in diese Richtung. Hier haben wir einen billigen Synthesizer, direkt vom Regal, der tausend Dollar kostet und eine Menge verschiedener Sounds bringt . . . unsere Orgel hört sich ziemlich gut an. (Hawley spielt auf dem Synthesizer.)

Wenn ich ihn einschalte, habe ich eine preisgünstige Hammond-Orgel, die wirklich fantastisch klingt. »Cathedral of St. John the Divine« zu Hause? Diese Synthesizer sind wirklich billig, und jetzt kann man sie vom Computer steuern. Ich glaube, daß das geht. Vielleicht klingt es entsetzlich, aber man weiß nie, was man dabei vielleicht entdeckt . . .

INTERVIEWER: Das haben Sie also geschrieben?

HAWLEY: Ja. (Hawley spielt mit dem Programm und dem Synthesizer weiter.) Er kann die Partitur sehr schnell spielen (er demonstriert das); er kann auch die Partitur umgekehrt spielen, das ist sehr interessant. Wenn die Partitur umgekehrt gespielt wird, werden die tiefen Noten hoch, und die hohen Noten fallen nach unten; Dur wird zu Moll, und Moll wird zu Dur. Dadurch wird die Melodie ganz anders und auf eine seltsame Art schön. Das geht ganz einfach. Ein fünfzeiliges Computerprogramm kann die Musik umkehren und etwas ganz Neues daraus machen.

Nehmen wir nur einmal die Musik, die ich gerade auf dem Keyboard gespielt habe, wobei ich einen Partitureditor verwendete. Man kann die Partitur abspulen und sich das Ende ansehen. Erinnern Sie sich, daß ich am Ende ein paar schwerfällige Akkorde spielte? Man kann dem Musikstück etwas hinzufügen oder herausnehmen. Wenn man will, kann man auch die tiefste Ebene anpeilen und damit herumspielen, was sehr lohnend sein kann.

Sehen Sie, es kommt gar nicht so sehr darauf an, woher die Musik kommt; es kommt darauf an, wie man sie bekommt. Wir kombinieren eine alte Idee – ein schönes Bach-Präludium – mit neuen Ideen – einem computergesteuerten Synthesizer und einem einfachen Programm zur Implementierung der voll harmonischen Inversion.

In gewisser Weise hat Bach zu seiner Zeit auch nichts anderes gemacht, mit der Ausnahme, daß er ein umfassendes Wissen über die Musik seiner Zeit besaß. Er war ein Virtuose auf allen Instrumenten seiner Zeit, ein Meister aller wichtigen instrumentalen Eigentümlichkeiten und Kompositionsarten. Er konnte viele verschiedene Stilrichtungen zusammenbringen – den Stil des französischen Hofs, norddeutschen Barock, italienischen Stil – und machte etwas Neues daraus.

INTERVIEWER: Waren Sie sowohl am Design als auch am Schreiben der Programme beteiligt?

HAWLEY: Ja. Ich arbeite hier an der Software für Benutzerschnittstellen auf der unteren Ebene – Grafikbibliotheken, Treiber für Tastbildschirme und Synthesizer, solche Dinge. Aber ich habe auch beim Design viel zu sagen.

Ich habe für einige interessante Projekte die Forschungs- und Designarbeit gemacht. Hier ist ein recht passables Textverarbeitungsprogramm, das ich gemacht habe. Ich habe ein Inhaltsverzeichnis mit dem Namen »Books«, das einige große literarische Werke enthält. »Alice im Wunderland«, »Moby Dick«, »Krieg und Frieden« . . .

INTERVIEWER: Haben Sie die eingegeben?

HAWLEY: Nein, nein. Man schickt einen Scheck an das Oxford Textarchiv, und bekommt dafür ein Band voller Text. Mich interessierte besonders deren Verwendung in Datenbanken. Ich speicherte diese Texte in alphabetischer Reihenfolge, ähnlich einem Wörterbuch, mit dem Hash-Verfahren ab. Ich kann nun in diesem Textverarbeitungsprogramm schreiben, und wenn ich wissen will, wie ein bestimmtes Wort in einem Buch oder von einem Autor verwendet wurde, gebe ich nur einen Mausbefehl, und es erscheint ein kleines Fenster, aus dem ich sechs Beispiele ablesen kann, wie große Schriftsteller dieses Wort in ihren verschiedenen, in die Datenbank eingegebenen Büchern verwendeten. Unsere verbalen Ausdrucksformen gehen meist immer in dieselbe Richtung, aber jetzt habe ich die Möglichkeit, auf Knopfdruck nachsehen zu können, wie Tolstoi oder andere Autoren das Wort, das ich gerade geschrieben habe, benutzten.

Ein anderes Programm nimmt Text auf, und zwar unter Benutzung derselben Datenbank, und macht Vorschläge zur Vervollständigung der Sätze in grammatikalisch halbrichtigem Englisch. Wenn man schreibt und den Schriftstellerblock aufruft, drückt man auf einen Knopf, und das Programm sucht vom letzten geschriebenen Wort aus nach passenden Textstellen. Hier und da macht man dabei zufällige Entdeckungen und kommt auf eine Idee, die man sonst nicht gehabt hätte. Das Programm ist eigentlich ein Forschungsprojekt unserer SoundDroid-Gruppe; diese Forschungsarbeit bezieht sich auf die Verwaltung großer Datenbanken.

INTERVIEWER: Wurden Sie in Ihrer Arbeit von jemandem beeinflußt?

HAWLEY: Natürlich. Alle hier, Andy Moorer, Alvy Smith, Ed Catmull; auch Tom Landauer und Max Matthews von Bell Labs. Die Ideen von Marvin Minsky und Alan Kay sind manchmal inspirierend. Ich glaube nicht, daß mich eine Einzelperson besonders beeinflußt hat, weil mich die Synthesizer-Technologien (in Kombination) im Grunde mehr interessieren als die Erforschung abgegrenzter Gebiete.

INTERVIEWER: Sehen Sie in bezug auf die Computer irgendwelche Probleme?

HAWLEY: Nun, hauptsächlich das allgemeine Problem aller neuen Technologien, daß die Leute immer meinen, etwas zu bekommen, ohne etwas dafür tun zu müssen. Im Marketing wird für die Computer als zeitsparende Geräte geworben, mit denen das Leben viel einfacher ist. Das ist zwar sehr verführerisch, aber das trifft nicht den Punkt. Für mich ist »Alice im Wunderland« auf dem Bildschirm kein Ersatz dafür, irgendwo in England mit einer schön gebundenen Kopie dieses Buches gemütlich am Kamin zu sitzen und auf ein malerisches Kloster zu blicken. Dafür sind Computer nicht da, und es tut mir weh, zu sehen, wie hochentwickelte ältere Technologien degradiert werden, nur weil die Menschen diesen Werbesprüchen verfallen. Da ist ein großes Problem.

INTERVIEWER: Sehen Sie das auch so bei der Musik? Nehmen Sie zum Beispiel die klassischen Instrumente. Können Sie sich vorstellen, daß sie nach und nach vom Klang der Synthesizer abgelöst werden?

HAWLEY: Ja und nein. Die Computer sollen die Leute nicht glauben machen, sie würden eines dieser wunderbaren alten Instrumente hören. Wie ich vorhin schon sagte, man sollte mit den Computern nicht ein Bild oder so etwas machen, das man draußen fotografieren kann, oder den Klang einer Orgel nachahmen. Was wir erreichen wollen, ist die Komplexität verstehen zu lernen, die bildliche Darstellungen oder Klänge so schön macht. Die Simulation ist ein guter Weg zum Verständnis des Problems, aber sie ist nicht das Ziel. Ich mache viel lieber neue Dinge, die ich zuvor nicht machen konnte. Was ich früher zum Beispiel nicht tun konnte, war, auf einer Orgel in einer Kathedrale und gleichzeitig auf einer Marimba zu spielen, und auch noch mit diesen Klängen hier in meinem Büro zu jonglieren. Heutzutage kann man zum Preis eines Klaviers computergesteuerte Synthesizer kaufen und damit die schönsten Klänge erzeugen. Eines Tages wird auf Knopfdruck Muzak aus dem Computer erschallen, wenn man das will. Jede leistungsfähige Technologie hat ihre Schattenseiten.

Ich ging vor einem Monat nach Yale zurück und besuchte meinen alten Klavierlehrer, der mittlerweile schon über siebzig ist, ein großartiger alter Herr. Er erzählte mir von einem Abendessen für Fellows an einem der Colleges, in dessen Verlauf einer der Teilnehmer eine Rede hielt, deren Kernaussage die war, daß immer etwas Altes verloren geht, wenn man sich für etwas Neues entscheidet. Damals beschwerten sich die Leute, daß sie kein Licht hatten, weil der Hurrikan Gloria gerade vorbeigezogen war. Als mein Lehrer Student an der Yale war, hatte man kein elektrisches Licht, sondern Kerzen. Er sagte, das war gar nicht so schlecht, denn ein Hurrikan konnte damals keinen Lichtausfall auslösen, das Kerzenlicht summte nicht wie die Leuchtstoffröhren, und Bücher sahen bei Kerzenschimmer ganz anders aus.

»Jede leistungsfähige Technologie hat ihre Schattenseiten.«

Ignoranten werden nie die Erfahrung machen, wie schön es ist, bei Kerzenlicht zu lesen, oder in einem schönen Konzertsaal auf einer alten Laute zu spielen. Wenn man aber unternehmungslustig ist und dazulernen will, geht man hinaus und erforscht die alten Technologien und auch die neuen, man lernt beide zu schätzen und bekommt ein Verständnis dafür, wie sie zusammen in das Gesamtbild passen. Es besteht die große Gefahr, daß man von der Computertechnologie oberflächlichen Gebrauch macht, weil man nicht weiß, was dahintersteckt und woher die Technologie kommt, aber ich habe ein gesundes Maß an Vertrauen, daß die Menschen doch mehr oder weniger das Richtige tun werden. Manchmal ist es furchterregend.

Die Welt verändert sich ständig. Bach lebte vor ungefähr dreihundert Jahren. Dreihundert Jahre sind gar nicht so lang; zwischen Bach und mir liegen gar nicht so viele Generationen. Aber sein Alltag war doch so anders. Er schrieb seine Musik auf ein Blatt Papier und benutzte noch einen Federkiel. Er konnte nicht in die nächste Maschine steigen und über das Land fliegen, um mit ein paar Leuten am MIT zu reden, wie ich es tun kann. Er wohnte in bestimmten Orten im gleichen Land mit meistens den gleichen Leuten. Und sehen Sie nur, was er hervorgebracht hat. Nun, das ist vielleicht nicht ganz fair, denn Menschen wie Bach gibt es nicht in jedem Jahrhundert. Aber durch die Technologien der Kommunikation und des Transportwesens ändert sich die Art, wie wir mit den Leuten umgehen, vielleicht nicht gerade vorteilhaft. Nehmen Sie nur die Beziehungen in unserer Gesellschaft; sie sind so anders als vor Jahren. In mancher Hinsicht besser, in anderer Hinsicht schlechter. Für die Leute ist es heute selbstverständlich, nach Kalifornien umzuziehen und neu anzufangen, wenn sie mit ihrem Job oder ihrem Liebesleben in Manhattan unzufrieden sind. Oder in das nächste Flugzeug zu steigen und auf einer Insel im Südpazifik einmal so richtig abzuschalten. Es ist relativ einfach, den Kurs zu ändern, also ist auch die Notwendigkeit nicht mehr so groß, sich durch Probleme durchzuarbeiten. Man drückt einfach auf einen Knopf, und es ertönt eine andere Musik, man betätigt einen Schalter, und die Lichter sind aus, man steigt in ein Flugzeug und fliegt nach Norwegen. Es ist eine andere Welt. Einiges ist besser, einiges schlechter. Wenn der Enthusiasmus für die neue Technologie nachläßt, werden wir beide Seiten in Ausgewogenheit erleben können.

Glossar

8080: Ein von Intel hergestellter Mikroprozessor. Dieser Chip war Bestandteil vieler der ersten Mikrocomputer.

Algol: Abkürzung für ALGOrithmic Language (Algorithmische Sprache). Algol ist eine problemorientierte, strukturierte Programmiersprache zur Beschreibung und Steuerung arithmetischer und logischer Abläufe.

Algorithmus: Vorgegebene Anweisung oder Verfahren zur Lösung eines Problems in endlich vielen Schritten.

Altair: Einer der ersten Mikrocomputer, der am MITS (Massachusetts Institute of Technology) hergestellt und als Bausatz verkauft wurde.

Alto: Ein Arbeitsplatzcomputer, der am Xerox PARC entwickelt wurde. Der Alto verfügte über die weiterentwickelte Programmiersprache SmallTalk, ein Eingabegerät, das Maus genannt wurde, sowie Netzwerkvorrichtungen zur Verbindung mehrerer Altos.

Anwenderfreundlich: Computerprogramm, das einfach in der Anwendung und für die Mehrzahl der Benutzer leicht verständlich ist.

Anwendung: Ein für spezifische Anwenderaufgaben geschriebenes Programm (zum Beispiel für die Herstellung von Gehaltslisten) im Gegensatz zur Standardanwendungssoftware.

APL: Abkürzung für A Programming Language (Eine Programmiersprache). Höhere, algorithmische, prozedurorientierte Sprache. Eine interaktive Interpreter-Sprache, für die normalerweise spezielle Terminals erforderlich sind und die besonders für mathematische und wissenschaftliche Aufgaben verwendet wird.

Assembler: Ein Übersetzungsprogramm, das eine maschinenorientierte Programmiersprache in binäre Maschinensprache übersetzt. Häufig wird auch die Assemblerprogrammiersprache selbst als Assembler bezeichnet.

Assemblersprache: Eine maschinenorientierte Programmiersprache, die von Prozessor zu Prozessor unterschiedlich ist. Der Quellcode wird in symbolischer Form geschrieben, und jeder Assemblerbefehl stimmt genau mit dem entsprechenden Maschinenbefehl überein. Assemblerprogramme können nur auf »ihrem« Prozessortyp laufen, im Gegensatz zu höheren Programmiersprachen, die unabhängig vom verwendeten Mikroprozessortyp sind.

BASIC: Abkürzung für Beginner's All-purpose Symbolic Instruction Code (Symbolische Befehlssprache für Anfänger). Eine weitverbreitete höhere Programmiersprache, die am Dartmouth College entwickelt wurde.

Benutzerschnittstelle: Der Teil eines Computerprogramms, der die Interaktion mit dem Anwender herstellt. Bezieht sich im allgemeinen auf die Bildschirmdarstellung.

Beta-Test: Test von Hardware oder Software außerhalb des Werks durch herstellerunabhängige Personen.

Betriebssystem: Mit Betriebssystem beziehungsweise Operating System bezeichnet man eine Gruppe von Systemprogrammen eines Rechners, die ihn für den Benutzer einsatzfähig machen. Es ist für den Betrieb der Anlage und für die Ausführung der Anwenderprogramme erforderlich. Das weitverbreitetste Betriebssystem ist MS-DOS bzw. PC-DOS, wie es auf IBM Personalcomputern heißt.

Bildschirmschnittstelle: Der Teil eines Computerprogramms, der die Anzeige auf dem Bildschirm regelt.

Bit: Kurzform für Binary Digit (binäre Ziffer). Die kleinste Darstellungs- und Maßeinheit des Computers; ein Bit kann den Wert 0 oder 1 haben. 8 Bit bilden ein Byte.

Bit-Mapped: Bildschirmsystem, bei dem jedes Pixel auf dem Bildschirm einem (schwarz und weiß) oder mehreren (farbig) Bits im Speichers entspricht.

Boolesche Algebra: Ein nach George Boole genanntes System logischer Funktionen, das die Operationen Und, Oder, Nicht, Außer, Wenn und Dann benutzt, um komplexe logische Beziehungen darzustellen, wobei jede Eingabefolge ein Ergebnis erzeugt, das entweder »Wahr« oder »Falsch« ist.

Byte: Kleinste Informationseinheit für Rechner- und Diskettenspeicher. Ein Byte besteht aus acht Bit und kann ein Zeichen (Buchstabe, Zahl oder Satzzeichen) darstellen.

C: Einfach strukturierte höherer Programmiersprache, die der Optimierung der Laufzeiten, des Speicherumfangs und der Leistung dient, und die von Dennis Ritchie am Bell Forschungszentrum entwickelt wurde. Die Sprache C ist rechnerunabhängig, so daß die Programme von Rechner zu Rechner übertragbar sind, wo sie in der Regel ohne Modifikation lauffähig sind.

CAD: Abkürzung für Computer Aided Design (Computergestütztes Entwerfen). Entwicklung und Design mit Unterstützung des Computers. Wichtige Anwendungsbereiche sind mechanische Konstruktion (besonders Maschinenbau), Architektur, Hoch-/Tiefbau und ähnliches.

CD-ROM: Compact Disc, Read-Only Memory. Ein Speichermedium, das mit einem Laserstrahl auf der Oberfläche einer Bildplatte, die bis zu 540 Megabyte Information speichern kann, digitalisierte Information ablesen kann.

COBOL: Abkürzung für COmmon Business Oriented Language (Geschäftsorientierte Programmiersprache). Höhere Programmiersprache, die speziell auf wirtschaftliche und kaufmännische Aufgaben zugeschnitten ist.

Comdex: Eine jährliche Computermesse, auf der Hardware, Software und artverwandte Produkte ausgestellt werden

Compiler: Ein Programm, das in einer höheren Programmiersprache erstellte Programme in Maschinencode übersetzt, der vom Computer direkt ausgeführt werden kann.

Computergrafik: Bildschirmanzeigen und Ausdrucke von mit Hilfe von Rechnern erstellten Tabellen, Diagrammen, Zeichnungen und anderen grafischen Darstellungen.

Condor: Datenbankverwaltungssystem der Firma Condor Computer.

CP/M: Abkürzung für Control Program for Micros (Steuerprogramm für Mikros). Ein Betriebssystem für 8-Bit-Mikrocomputer von Digital Research.

CPU: Abkürzung für Central Processing Unit (Zentraleinheit). Führt Maschinenbefehle aus und verarbeitet die Daten entsprechend den Programmbefehlen.

Cross-Compiler: Compiler, der auf einem bestimmten Rechner läuft und dabei Maschinencode für einen anderen Rechner erzeugt.

Cursor: Anzeigemarke bei Bildschirmgeräten zur Kennzeichnung eines zu korrigierenden Zeichens oder der Position einzugebender Daten.

Datenbank: Elektronischer Ordner zur Aufnahme von Daten eines sachlich zusammengehörigen Bereichs, sowie deren Zugriff und Änderung.

Datenbankmanagementsystem: Programm zum Aufbau, zur Kontrolle und Manipulation von Datenbanken zwecks Verarbeitung und Darstellung.

Datenstruktur: Grundlage von Informationssystemen für Zugriffszwecke, wie zum Beispiel Datei, Zeichenkette oder Matrix.

Debugging: Der Vorgang des Aufspürens und Ausbesserns von Fehlern in einem Computerprogramm.

Dialogbetrieb: Interaktive Kommunikation des Bedieners mit dem Computer, wobei für den Benutzer unmittelbare Unterbrechungs- und Eingriffsmöglichkeiten beim Ablauf eines Programms bestehen.

Digitalisieren: Umwandlung analoger Größen in digitale Darstellung.

Dynabook: Die Idee eines leistungsfähigen Computers, der so klein ist, daß er in eine Buchhülle paßt. Die Idee stammt von Alan Kay.

Echtzeit: Echtzeit bedeutet, daß der Computer sofort auf die entsprechenden Anforderungen eines Programms reagiert.

Editor: Systemprogramm zum Editieren und Modifizieren von Text, Programmen etc.

Electronic Mail (E-Mail): Elektronische Post; Eingabe, Übermittlung und Empfang von Informationen von einem Computer zum anderen.

Erweiterbare Programmiersprache: Eine erweiterbare Programmiersprache ermöglicht dem Programmierer, zusätzliche Sprachelemente zu definieren.

Expertensystem: Computersystem, das auf einem speziellen Wissensgebiet die Kompetenz von menschlichen Experten besitzt und als System zur Beratung und Lösung von Problemen eingesetzt wird.

Fenster: Ein definierter, umrahmter Teil auf dem Bildschirm, der von der restlichen Bildschirmanzeige unabhängige Informationen enthält.

File-Server: Die Maschine und die Software in einem Netzwerk, die Netzwerkdateien speichert.

Firmware: Systemprogramme, die in einem Festwertspeicher (ROM) gespeichert sind.

Font: Schriftzeichen, Ziffern, Satzzeichen usw. von bestimmter Größe und Schriftart.

Forth: Für Prozeßsteueraufgaben konzipierte Interpretersprache.

Fortran: Abkürzung für FORmula TRANslation (Formelübersetzung). Höhere Programmiersprache, speziell für mathematische und technisch-wissenschaftliche Aufgaben konzipiert.

Fünfte Generation: Computersystem, das sich gegenwärtig in der Entwicklung befindet, mit Schwerpunkt auf Geschwindigkeit und Künstliche Intelligenz.

GEM: Von Digital Research entwickelte, grafisch orientierte Benutzerschnittstelle, die Bildsymbole für Dateien, Fenster für Inhaltsverzeichnisse und Unterverzeichnisse, sowie Menüs für die Anwenderkontrolle verwendet.

Giga-Byte: Maßeinheit, die etwa 1 Milliarde Byte entspricht.

Großrechner: Sammelbezeichnung für Computer, die in ihrer Leistungsfähigkeit und/oder Ausmaßen über den Mini- und Mikrocomputern liegen.

Hacken: Umgangssprachlich für das Schreiben eines Computerprogramms.

Hacker: Umgangssprachlich für Programmierer.

Halbleiter: Ein Material (normalerweise verunreinigtes Silizium) mit einer Leitfähigkeit zwischen der des Metalls und eines Isolators, das Eigenschaften besitzt, die eine Kontrolle und gezielte Nutzung des durchfließenden Stroms gestatten.

Hercules-Karte: Eine Bildschirmadapterkarte für hochauflösende Grafiken von Hercules Computer Technology.

Hintergrundverarbeitung: Verarbeitung eines Programmes mit niedriger Priorität im Hintergrund, wenn die Vordergrundprogramme, die eine höhere Priorität besitzen, das System nicht benötigen.

Höhere Programmiersprache: Für einen speziellen Anwendungsbereich konzipierte Programmiersprache, die im Gegensatz zur Assemblersprache nicht an eine bestimmte Anlage oder einen bestimmten Prozessor gebunden ist.

Interpreter/interpretierte Sprache: Ein Programm, das Programme in höherer Programmiersprache bei jedem Lauf neu in Maschinensprache übersetzt und ausführt.

Kompilieren: Die Umwandlung eines in einer höheren Programmiersprache geschriebenen Programms in Maschinencode, d.h. in ein vom Computer direkt ausführbares Programm.

Künstliche Intelligenz (KI): Bezieht sich auf die Entwicklung von Computern, die Aufgaben erledigen, die normalerweise menschliche Intelligenz erfordern, wie zum Beispiel Lernen, Anpassen, Argumentieren und automatische Selbstkorrektur.

Lisa: Mikrocomputer der Firma Apple.

LISP: Abkürzung für LISt Processing (Listenverarbeitung). Für nichtnumerische Aufgabenstellung entwickelte höhere Programmiersprache (Interpretersprache).

Listenverarbeitung: Verarbeitung gespeicherter Daten in geordneter Folge (Listen).

Lokales Netzwerk: System, durch das innerhalb einer Organisation oder eines Unternehmens Rechner, periphere Geräte und Datenstationen derart miteinander verbunden sind, daß jeder an jeden Daten senden kann.

LSI: Abkürzung für Large Scale Integration (Großintegration). Bei der Großintegration befinden sich auf einem einzigen Halbleiterchip mehr als 1000 Schaltelemente.

Mailmerge: Teil vieler Textverarbeitungsprogramme zum Erstellen persönlicher Serienbriefe.

MegaByte: Abkürzung für 1 Million Byte

Microsoft Word: Textverarbeitungsprogramm von Microsoft.

Mikrocomputer: Preiswertes Datenverarbeitungssystem, das in der Regel aus einem einzigen Mikroprozessor-Chip und Peripheriegeräten (einschließlich Halbleiterspeicher) besteht und sich in einem Gehäuse mit Tastatur befindet.

Mikroprozessor: Auf einem einzigen Chip realisierte Zentraleinheit, der die CPU-Funktion eines Mikrocomputers übernimmt.

Minicomputer: Rechnersystem der mittleren Größenklasse zwischen Mikrocomputern und Großrechnern.

MIS: Abkürzung für Management Information System. Informationssystem für die Speicherung und Verarbeitung von Daten für die Geschäftsführung.

Modul: In der Hardware eine austauschbare Funktionseinheit, die mit anderen austauschbaren Baugruppenträgern zu einer kompletten Baugruppe verbunden werden können. In der Software Unterroutine zur Durchführung einer gegebenen Aufgabe.

Modula-2: Programmiersprache mit folgenden Features: Module, separate Kompilierung, Programmbibliotheken, gleichzeitiger Prozeß und Zugriff auf niedrigerer Rechnerebene.

MS-DOS: Abkürzung für MicroSoft Disk Operating System (Microsoft Disketten-Betriebssystem). Ein von Microsoft entwickeltes Betriebssystem für 16-Bit Mikrocomputer mit Intelprozessoren (8088/8086/80x86).

Multimate: Textverarbeitungsprogramm von SoftWord Systems.

Multitasking-Betriebssystem: Betriebssystem, das es dem Anwender gestattet, gleichzeitig mehr als ein Programm laufenzulassen.

OEM: Abkürzung für Original Equipment Manufacturer (Original-Gerätehersteller). Hersteller von Geräten oder Teilen für andere Hersteller.

Oktal: Zahlensystem mit der Basis acht statt zwei, wie im Binärsystem, oder zehn, wie im Dezimalsystem.

Parser: Programm, das eine syntaktische Analyse durchführt.

Pascal: Strukturierte höhere Programmiersprache, benannt nach Blaise Pascal.

PC-DOS: Version des MS-DOS-Betriebssystems, die auf IBM Personalcomputern verwendet wird.

PDP-Serie: Serie von Minicomputern von Digital Equipment (DEC), zum Beispiel PDP-8, PDP-9 usw.

PL-1: Abkürzung für Programming Language 1 (Programmiersprache 1). Ein für IBM-Computer entwickelter Compiler. Digital Research entwickelte eine Version für Mikrocomputer.

Programm: Eine Folge von Anweisungen, die ein Computer ausführen kann. Wenn ein Programmierer programmiert, schreibt er ein Programm in einer bestimmten Programmiersprache.

Programmiersprache: Sprache mit spezifischer Syntax, Regeln, Wörtern zum Schreiben eines Computerprogramms, zum Beispiel BASIC und Pascal.

Public Domain: Bezeichnung für nicht durch Copyright geschützte Software, die der Allgemeinheit kostenlos oder zu Selbstkostenpreisen zur Verfügung steht.

Rbase: Relationale Datenbank von Microrim, in Deutschland vertrieben von Microsoft.

Rekursion: Verschachtelte Wiederholung der gleichen Operation oder einer Gruppe von Operationen.

Risikokapital: Für die Investition in ein neues Unternehmen zur Verfügung stehendes Kapital.

ROM: Abkürzung für Read-Only Memory (Nur-Lese-Speicher). Der Festwertspeicher eines Computers.

Scanner: Gerät, das automatisch den Zustand verschiedener Prozesse, Dateien oder anderer Informationsquellen abfragt und zu einem Computer überträgt.

Schnittstelle: Verbindungsstelle zwischen zwei Bauteilen, Schaltkreisen, Programm-Modulen, Rechnern oder Geräten.

SNOBOL: Abkürzung für StriNg-Oriented symBOlic Language (Zeichenkettenorientierte, symbolische Sprache). Programmiersprache, die Zeichenketten manipuliert.

Switcher (Umschaltprogramm): Von Andy Hertzfeld für den Apple Macintosh geschriebenes Dienstprogramm, das dem Anwender die Möglichkeit bietet, mehrere Anwendungen gleichzeitig im Speicher zu haben und schnell von einer zur anderen zu schalten.

Systemdesign: Spezifikationen des Funktionsverhältnisses zwischen allen Teilen eines Systems.

Tabellenkalkulation: Softwarepaket für die elektronische Simulation eines wirtschaftlichen oder wissenschaftlichen Arbeitsblatts.

Textumbruch: Ein Feature der Textverarbeitung, durch das über den Rand hinausgehende Worte automatisch auf die nächste Zeile vorgeschoben werden.

Textverarbeitungssystem: Programm und/oder Rechner zum Formatieren und Editieren von Texten.

Timesharing-System: System, bei dem die Zeit des Rechners zwischen mehreren Anwendern aufgeteilt wird.

Top-Down-Programmierung: Entwicklungsmethode, bei der man schrittweise Teile des Systems entwirft und implementiert, d.h. von oben nach unten.

TRS-80: Von Tandy Radio Shack produzierter Mikrocomputer.

Unix: Ein Multiuser- und Multitasking-Betriebssystem, das von der Firma Bell für Mini- und Mikrocomputer entwickelt wurde.

VAX: Ein von Digital Research produziertes Computermodell.

VisiCalc: Eine Tabellenkalkulation von Software Arts.

VisiOn: Integriertes Programmpaket, das dem Anwender die Möglichkeit bietet, eine beliebige Anzahl von Anwendungen gleichzeitig auf dem Bildschirm zu haben. Hergestellt von VisiCorp.

VMS: Abkürzung für Virtual Memory Storage. Ein System, bei dem der Speicher in zwei Abschnitte, den Primär- und den Sekundärspeicher, aufgeteilt ist, wobei letzterer wiederum durch Paging in Teile von 4096 Bit oder mehr aufgeteilt ist. Mit diesem System können Programme, die größer sind als der verfügbare Primärspeicher, verwendet werden, indem Module des Programms vom Sekundärspeicher (normalerweise ein Diskettenlaufwerk oder ein anderer Massenspeicher) nach Bedarf in den Primärspeicher gebracht werden können.

Word Perfect: Textverarbeitungsprogramm von Satellite Software International.

WordStar: Textverarbeitungsprogramm von Micropro International.

Workstation: Computer, der Textverarbeitungs-, Datenverarbeitungs- und Datenübertragungsgeräte kombiniert. Bezieht sich auch auf das an einen größeren Computer angeschlossene Terminal zur Durchführung bestimmter Aufgaben wie betriebliche, technische oder wissenschaftliche Anwendungen.

Xerox PARC: Xerox Palo Alto Research Center. Ein technisches Forschungszentrum, das 1970 von der Firma Xerox gegründet wurde.

Z80: Von der Firma Zilog produzierter 8-Bit-Mikroprozessor.

Zugriff: In der Dokumentation das Wiederfinden eines Dokuments oder einer Gruppe von Dokumenten.

Using CL is similar to placing your pencil on a piece of paper, and then writing something down. The main ~~difference~~ advantage is that CL provides you with a "magic" piece of paper that has the ability to do computations like a calculator. Before we actually use CL, you ~~must~~ should learn the definition of a few terms that are used to refer to parts of the computer screen. Here is an example of a simple application using CL, as it would appear on the screen, with these parts labelled:

The screen is divided into two sections: the top three lines (the menu/status area) and the data area below. The data area is where data actually appears. The data area is divided up into rows and columns. The rows are numbered and the columns are named by letters. The intersection of a row and a column is called an entry. Each entry can be referred to by indicating its column and row, e.g. "B7". You can place either numbers (called values) or text (called labels) at an entry.

The highlight on entry B5 above is called the cursor. You can move the cursor from entry to entry using the arrow keys on the right of the keyboard. This is the first thing that you should learn to do in order to use CL. The character in the upper right corner of the screen (called the direction indicator) will tell you which way the arrow keys will make the cursor move. If the direction indicator is a minus sign (-) then the cursor will move left and right. If it is an exclamation point (!), then the cursor will move up and down. The right arrow always moves you forward (from A to B, or 1 to 2) while the left arrow always moves you backward (from B to A, or 2 to 1). You can switch the direction indicator between ! and - by pressing the space bar. Try moving the cursor around on the screen to get used to how it works. You might notice that the beginning

Zwei Seiten aus dem ersten VisiCalc-Handbuch. Das Programm wurde damals CalcuLedger (CL) genannt. Beachten Sie die handschriftlichen Korrekturen von Bricklin.

<u>Replicate</u>

The replicate command is used to copy the contents of an entry into other entries. It is useful when a group of entries (such as a row) are all similar expressions. For example, you could set an entry to be the sum of the two entries above it. You could then use the replicate command to make the other entries in that row also be the sum of the two entries above them. Entries whose contents have been set using the replicate command are no different than entries that have been set by hand, and can be displayed on the entry contents line by pointing to them with the cursor and modified individually just like any other entry.

Any type of entry may be replicated -- expressions in value entries, label entries, or blank entries. ~~and the other special entry types~~. If the entry is a value entry, then the replicate command can make ~~a few~~ changes to the expression as it copies it into each new entry. ~~For example,~~ When a value reference ~~to another entry~~ appears in an expression, the replicate command gives you two ~~the~~ options. ~~of~~ The first option is to have ~~having~~ the copy refer to the exact same entry (by not modifying the value reference). ~~or~~ The other option is to have it refer to the entry that is in the same relative position to the entry with the copy as the originally referenced entry was to the entry being copied. ~~You can also make modifications to numeric values that appear in an expression. You can have the value incremented by a constant amount each time that it is copied~~. The examples at the end of this section should help you understand how this expression modification works.

To use the replicate command you first type /R. It will then ask you what you want to replicate. It will have the current entry coordinates already filled in on the input line (line 3 of the menu/status area). You ~~then position the cursor on the entry that you want to copy (if its the current entry then you don't have to do anything), and then~~ press RETURN. CL will then

(More about this later)

3-15-82 ①

FRAME MANAGER

Good morning Robert. your task is to figure out
1) frame organization in the db. how are they organized, accessed, threaded.
2) proc (frame) accessing & threading

- all frames have a universal 32-bit address
  → - on 8088 this yields 16-b. seg addr & 16-b logical addr
- all pointers to other frames consist of a 32-bit name. Passing this frame name through a translation table gives a 32-bit ~~po~~ frame pointer (above mentioned)

at runtime we have the frame space – a heap or string space like memory area. All frame refs are via the frame name. As this passes through the translation/lookup code, if the frame isn't in ~~mem~~, the space, it's brought from disk. If it's not on disk, an error occurs.

At one end of frame space is the frame stack.
The frame mngr also includes the core interpreter for the frame language. The interpreter & language use the stack. When a cell is evaluated it's first put on the stack and all its referenced cells & frames are evaluated.

Diese acht Manuskriptseiten von Robert Carr, die er an sich selbst richtete, geben einen Einblick in den anfänglichen Denkprozeß bei der Entwicklung von Framework, einem Textverarbeitungs- und Tabellenkalkulationsprogramm.

(2) 3-15-82

[will the Frame Language be Reverse Polish Notation? (Prefix)]

This is how values are kept up to date. Simple grind it through EVAL of whole reference tree.
- or do we want a clever scheme of knowing what's been changed & what hasn't?

now, where do <u>values</u> live? and what does it mean for a frame to be sent to the execute port?

- each cell has at least 2 corresponding cells (a 3rd for format?). 1 for the formula "frame language instance" or text; 1 for the "value" of that f.l. instance. If all the cell has is text, as in a paper, then it doesn't make sense for it to have a value.
If it does have a f.l.i. then the value is empty until the first time the user sends the f.l.i. to the execute port.

<u>No</u>. the "value cell" corresponding to the formula cell will be in a totally different frame, a temporary twin frame cloned from the first only for the life of the value port.

Also, probably any kind of formatting info, if we have it, should go to a separate frame.

The execute port keeps the source & value frames associated.

Ex.

(3)

Frames then are a collection of variable length cells.
Cells can have at least 3 _types_ of data:

- text
- text that is a frame language instance
- numbers

Q: cell typing? What will we have? if cell types support sequences and records & arrays then it'll be a cinch to implement all indices and info about frames ontop of the frames

Frames have some kind of frame map, to tell where cells are, & what they are too.
I want frame cells to be easily changeable in size, deletable, insertable.

If a frame cell of plain text is a sequence, then the editor obviously has an easy time of it.

Since the frame space will be in a different part of memory than Pascal, there'll have to be read & write word procs, ~~then~~ most all the frame mngr can be written in Pascal. Then, later, what needs to be faster can ~~go~~ be written into assembler & deal with that memory directly. Then the pascal code will be additional ~~the~~ documentation for the key assembler routines.

(4)

initially in assembler we'll need

Read ~~Byte~~ (32 - bit)
Write ~~Byte~~ (32-bit addr into frame space)
MoveBytes (from: 32b, to: 32b; count:)
└ also use to move data ~~that~~ between Pascal data space and frame space, as well as in frame space.

but can be in Pascal too:
frame name to pointer routines, simple translation
sequence implementation

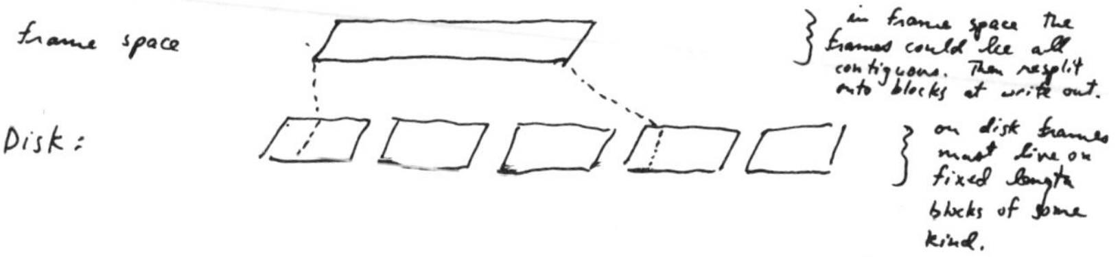

Ok, for now we'll have the plan:

- frames are (potentially) split across blocks on disk.
- but when a frame is read in (possibly forcing other frames out!) it is read into a contiguous chunk.
- finally the frame is ~~sti~~ split across blks again at write out time.

I choose this degign ↑ because I envision memory being big enough for a frame space large enuf to hold ~~most~~ most all frames. Hence at system startup we read all frames in, at system turn off we write them all out.

But what about a frame changing it's ~~s~~ size, it'll force all the others to shift in memory?

↳ No, the current frame, or any frame that's about to

(5)

be changed in size, will first be brought to the top of the frame pile, next to free space. Since all editing is confined to one frame at a time (except multiple windows? and couldn't value frames also change size at execute time if we allow string types for cells & values?) only the current frame to change will be changing in size. And we've just moved him to the top of the frame pile (and shifted over his old spot).

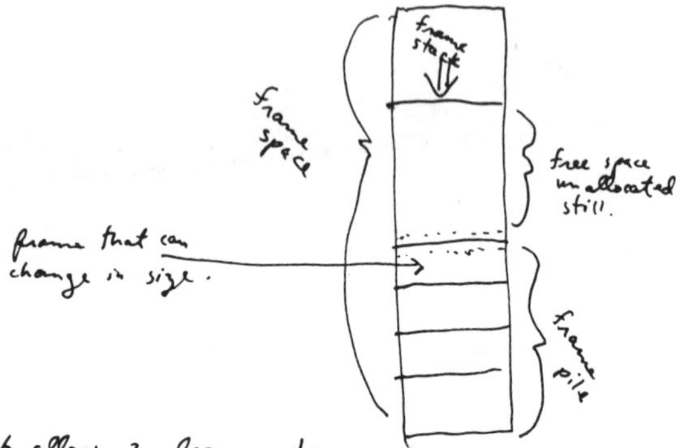

if we wanted to allow 2 frames to concurrently change, we'd have frame space like so:

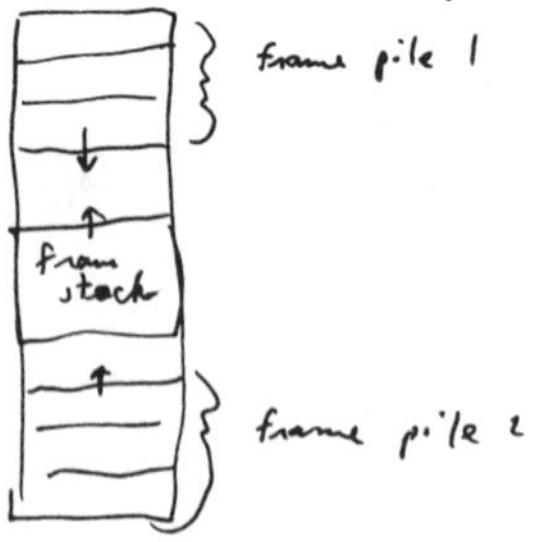

or some such monstrosity.

(6)

But I like the first picture of frame space. It'll work well:

1) multiple frames that are often changing in size ~~will~~ "concurrently" will be small ones, easily copied to & from the top of the pile. The changing ones will collect in a working set at the top of the pile so not much shifting has to be ~~down~~ done

2) when the user's editor 2 or more large frames, almost always only one will be edited and the others only read or copied. – is this really true? I hope so. I envision the frames most always being small, anyways.

~~From~~ Frame Maps

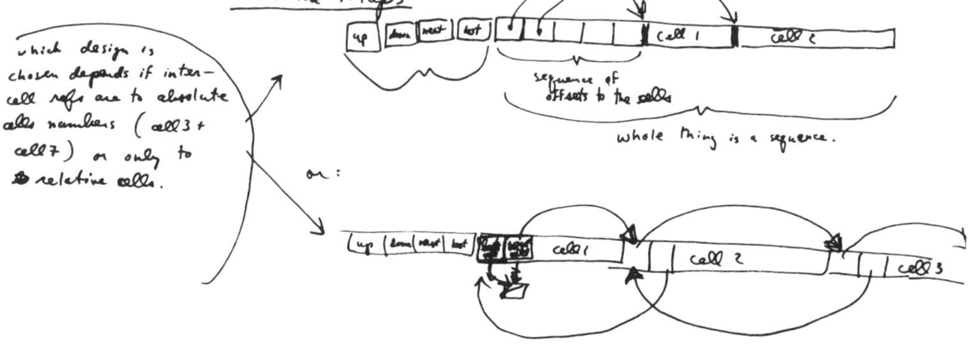

(7)

the typing
bootstrapping

Frame Linking

these procs in assembler.

Frame name to pointer translation table (a table of which frames are in mem and where) ~~any [...~~
a sequence of 2 32-bit entries.

Then otherwise, whatever kinds of linking I decide for.

e.g.:

new Framename := Up, Down, Next, Last (frame name);

(8)

Frame Cells

how to give frame cells meaningful names for reference?
have absolute or relative (or both) inter-cell refs?

Current Position = Current Curson Loc

globally there is one current pos. This consists of:

- cur Port ?
- cur Frame
- cur Cell
- cur byte in Cell.

one for every port

Now how is a cell displayed? sent to it's bitmap which is then sent to the graphics buffer?

So what happens when one character is inserted into a cell?

1) the char is inserted into the cell itself, adjusting pointers, after 1st move the cells frame to the top of the frame pile if necessary

2) that cell is then redisplayed to the bit map

3) which bitmap is then redisplayed to the graf buffer

2 redisplays of whole cell sounds like alot for every character change to my mind, but it gives up the whole dynamicness of the display etc: dynamically changing justification in cells etc., as you type into a cell it gets bigger & bigger, other cells get pushed down, etc, etc.

And all with relatively simple code. As soon as I try to only redisplay the current line only, then the code gets much worse.

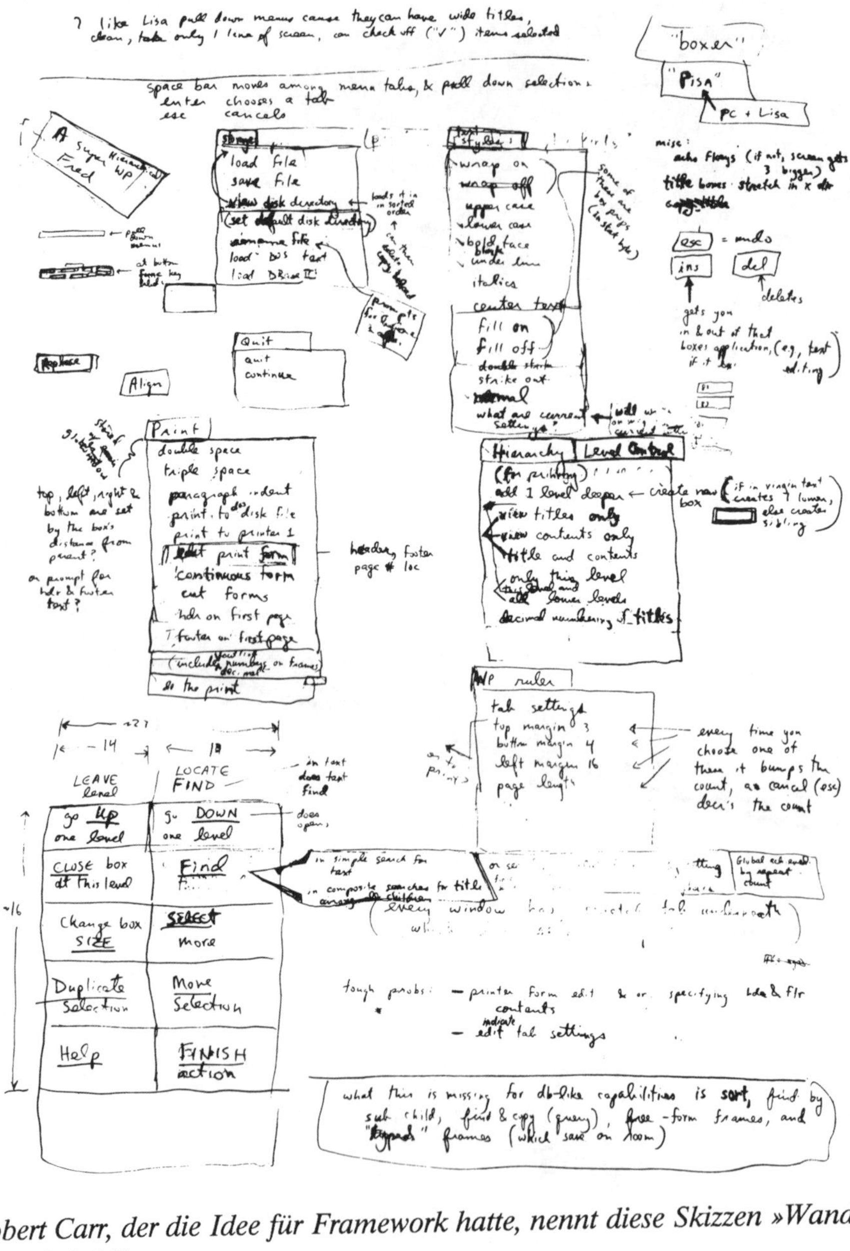

Robert Carr, der die Idee für Framework hatte, nennt diese Skizzen »Wanderung der Arbeitsblätter«.

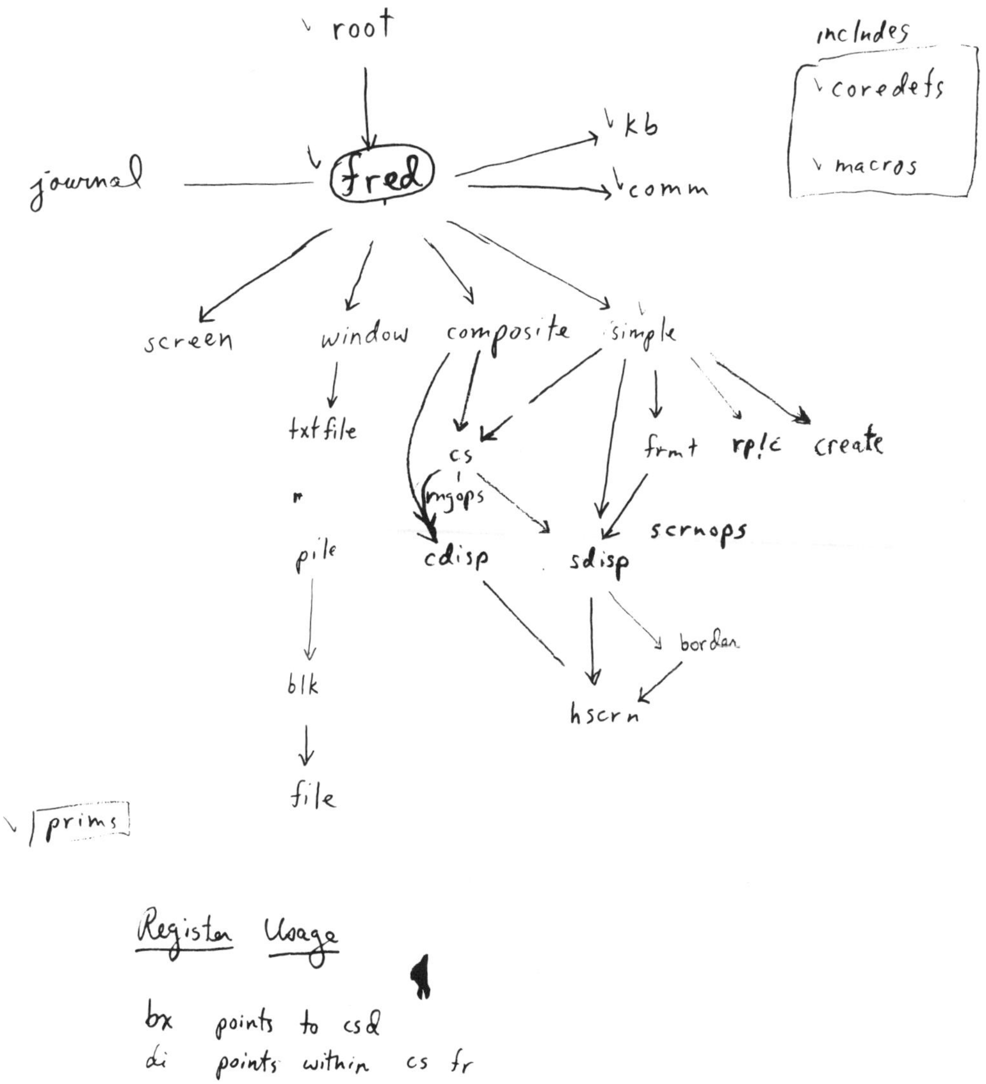

Diese Skizze von Robert Carr zeigt den internen Aufbau des Programms. »Fred« war der Codename für Framework.

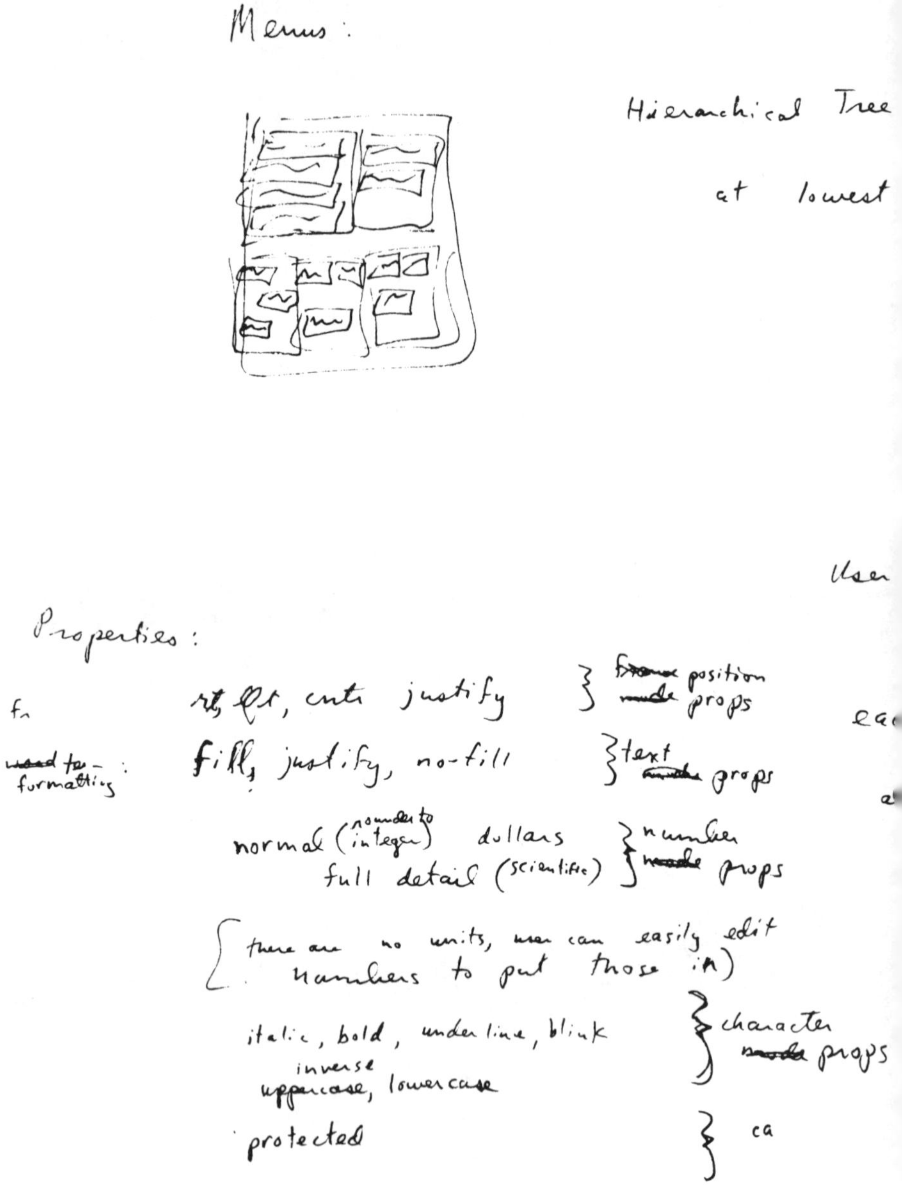

Robert Carrs Skizze der hierarchischen Menüs von Framework.

~~to~~ menus

...el are simple frames:

each button is a choice

some choices may be on at same time

each choice specifies the other sibling choices which must be off, & those which must be on (eg. hitting [Justify] turns [Fill] button on also).

each choice has an associted action routine

...oves through menu w/ normal commands

...d ~~does~~ a [doit] on selection

...oice has a msg which is displayed when it's selected

...ked choices redisplay immediately their action

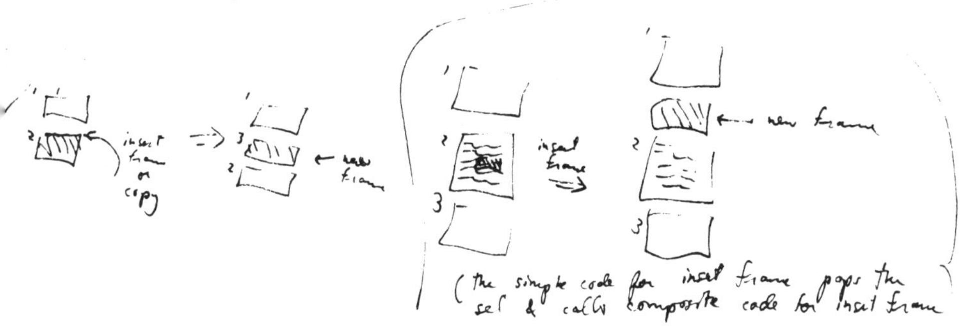

Sorts by:
① sort ⇒ by name content?
sort all siblings by name
if cs is single sel then sort all children by name
else if range sel sort all siblings selected by name
Later On can have multiple doors (virt screens)
screen
doors
windows/piles/paths
frames
② find ① what?
② in name? in cont
then if single search all names
else !single (cs) then search selected
cs fid.
fid.
fid fid
in name frames they have a name type fid and their namefid points to the frame they are a name
opening & closing simply switches between pointing the lowest level of the cs at name frame or content frame
content name
- No name tabs, @ same time as frame box, not even for window
- But do echo path
- name tab should probably be 0th elt of map (even in simples, they completely ignore 0th elt), then a closed frame is simply a sel

Ein Beispiel Robert Carrs für »Brainstorming, Sortieren, Algorithmen und Strukturen« während der Entwicklung von Framework.

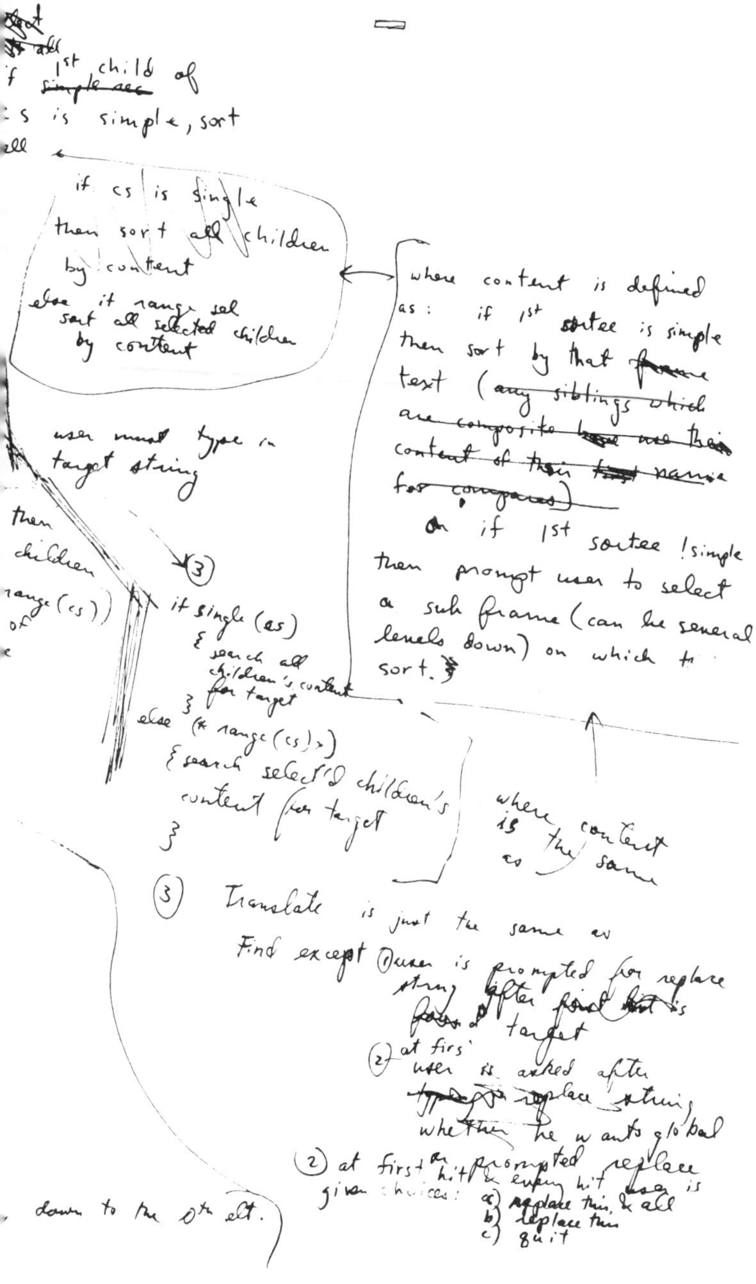

if 1st child of
cs is simple, sort
all

if cs is single
then sort all children
by content
else if range sel
sort all selected children
by content

where content is defined
as: if 1st sortee is simple
then sort by that
text (any siblings which
are composite [illegible] their
content of their [illegible] name
for compares)
or if 1st sortee !simple
then prompt user to select
a sub frame (can be several
levels down) on which to
sort.

user must type in
target string

then
children
range(cs))
or

③
if single (cs)
{ search all
children's content
for target
}
else (* range(cs) *)
{ search select'd children's
content for target
}

where content
is the same
as

③ Translate is just the same as
Find except ① user is prompted for replace
string after [illegible] is
target

② at first
user is asked after
replace string
whether he wants global

② at first prompted replace
hit & every hit user is
given choices: a) replace this & all
b) replace this
c) quit

down to the 0th elt.

Ein Teil des Original-Quellcodes für 8080-BASIC, das 1975 von Bill Gates und Paul Allen geschrieben wurde. Dieses historische Programm war die erste Hochsprache, die für einen Mikrocomputer (den MITS Altair) entwickelt wurde. Die hier gezeigten Anmerkungen am Anfang des Programms beschreiben, wie der Speicher konfiguriert wird.

```
BASIC MPU 8080/Z80      GATES/ALLEN/DAVIDOFF      MACRO %50(272)-1 21:12 21-FEB-78 PAGE 1-4
F3     MAC      17-FEB-78 19:18              SOME EXPLANATION

        SUBTTL  SOME EXPLANATION
        COMMENT *
        ALTAIR BASIC CONFIGURES MEMORY AS FOLLOWS:
        LOW LOCATIONS    (NON-TIMESHARING VERSION)
                RST      SUBROUTINES
                         0       STARTUP
                                 INITIALLY A JMP TO THE INITIALIZATION CODE
                                 BUT CHANGED TO A JMP TO READY.
                                 RESTARTING THE MACHINE AT 0 DURING PROGRAM
                                 EXECUTION CAN LEAVE THINGS MESSED UP.

                         1       SYNCHK
                                 A CHECK IS MADE TO MAKE SURE THE
                                 CHARACTER POINTER POINTS AT A SPECIFIC
                                 CHARACTER. IF NOT THE "SYNTAX ERROR"
                                 ROUTINE IS CALLED. IF SO,
                                 THE CHRGET RST IS DROPPED INTO SO
                                 THE CHARACTER AFTER THE MATCHED
                                 ONE WILL BE PUT IN [A] AND
                                 THE CONDITION CODES WILL REFLECT THIS
                                 EXAMPLE: SYNCHK THENTK (THE MATCH CHARACTER IS
                                 GIVEN IN THE LOCATION AFTER THE RST)
                                 WOULD CHECK TO MAKE SURE [H,L] POINTED TO A THENTK
                                 AND IF SO FETCH THE NEXT CHARACTER INTO [A].
                                 IF NOT, A "SYNTAX ERROR" WOULD BE GIVEN.

                         2       CHRGET
                                 USING [H,L] AS THE TEXT POINTER
                                 THE TEXT POINTER IS INCREMENTED
                                 AND THE NEXT CHARACTER IS FETCHED INTO [A]
                                 IF THE CHARACTER IS A " " IT IS SKIPPED
                                 OVER AND THE NEXT CHARACTER IS FETCHED.
                                 THE STATEMENT TERMINATORS ":" AND 0
                                 LEAVE THE ZERO FLAG SET.
                                 THE NUMERICS "0" THROUGH "9" LEAVE THE CARRY
                                 FLAG SET. THE CURRENT CHARACTER CAN BE
                                 REFETCHED INTO [A] BY DOING A MOV A,M.
                                 IF THE CONDITION CODES MUST BE SET UP AGAIN
                                 DCX H,CHRGET WILL WORK. IT IS VERY DIFFICULT
                                 TO REEXAMINE THE CHARACTER BEFORE THE CURRENT
                                 ONE SINCE SPACES MAY BE IN-BETWEEN.
                                 DCX H,DCX H,CHRGET WILL NOT ALWAYS WORK.

                         3       OUTCHR
                                 THE CHARACTER IN [A] IS PRINTED ON
                                 THE USER'S TERMINAL. [A] AND THE
                                 CONDITION CODES ARE PRESERVED.

                         4       COMPAR
                                 [D,E] AND [H,L] ARE COMPARED AS UNSIGNED
```

```
BASIC MPU 8080/Z80      GATES/ALLEN/DAVIDOFF      MACRO %50(272)-1 21:12 21-FEB-78 PAGE 1-5
F3     MAC      17-FEB-78 19:18              SOME EXPLANATION

                                 DOUBLE-BYTE INTEGERS. CARRY IS SET IF
                                 [H,L] IS LESS THAN [D,E]. ZERO IS SET IF THEY
                                 ARE EQUAL. [A] IS SMASHED. THE ONLY DEFINITE
                                 THING THAT CAN BE SAID ABOUT [A] ON RETURN
                                 IS THAT IF THE ZERO FLAG IS SET, [A] WILL
                                 EQUAL 0.

                         5       FSIGN
                                 THE FAC (FLOATING ACCUMULATOR)
                                 WHICH IS USED TO STORE NUMERIC RESULTS
                                 IS CHECKED TO SEE WHAT SIGN ITS
                                 VALUE HAS.

                         6       PUSHM
                                 A DOUBLE BYTE QUANTITY POINTED
                                 TO BY [H,L] IS PUSHED ONTO THE
                                 STACK. [B,C] IS SET EQUAL TO THE
                                 VALUE PUSHED. [H,L] IS INCREMENTED BY TWO.

                         7       IN THE 4K VERSION RST 7 IS UNUSED AND THE LOCATIONS
                                 ASSOCIATED WITH IT ARE USED TO CONTINUE
                                 THE CODE FOR RST 6. IN THE 8K A JMP IS MADE
                                 AROUND THE FIRST THREE RST 7 LOCATIONS
                                 DURING RST 6 EXECUTION. RST 7 INITIALLY
                                 CONTAINS A RET, BUT THE USER CAN CHANGE IT TO
                                 A JMP TO AN INTERRUPT SERVICE ROUTINE.

        (IN THE TIMESHARING VERSION, THE MONITOR GOES
         INTO THE LOW AREA, AND THE BASIC INTERPRETER
         FOLLOWS IT. THE RESTART ROUTINES DOCUMENTED
         ABOVE ARE CALLS TO SUBROUTINES INSTEAD.)

        FUNCTION DISPATCH ADDRESSES
                FUNDSP CONTAINS THE ADDRESSES OF THE
                FUNCTION ROUTINES IN THE ORDER OF THE
                FUNCTION NAMES IN THE CRUNCH LIST.
                THE FUNCTIONS THAT TAKE MORE THAN ONE ARGUMENT
                ARE AT THE END. SEE THE EXPLANATION AT ISFUN.

        THE OPERATOR TABLE
                THE OPTAB TABLE CONTAINS AN OPERATORS PRECEDENCE
                FOLLOWED BY THE ADDRESS OF THE ROUTINE TO PERFORM
                THE OPERATION. THE INDEX INTO THE
                OPERATOR TABLE IS MADE BY SUBTRACTING OFF THE CRUNCH VALUE
                OF THE LOWEST NUMBERED OPERATOR. THE ORDER
                OF OPERATORS IN THE CRUNCH LIST AND IN OPTAB IS IDENTICAL.
                THE PRECEDENCES ARE ARBITRARY EXCEPT FOR THEIR
                COMPARATIVE SIZES. NOTE THAT THE PRECEDENCE FOR
                UNARY OPERATORS SUCH AS NOT AND NEGATION ARE
                SETUP SPECIALLY WITHOUT USING A TABLE.

        THE RESERVED WORD OR CRUNCH LIST
                WHEN A COMMAND OR PROGRAM LINE IS TYPED IN
                IT IS STORED IN BUF. AS SOON AS THE WHOLE LINE
                HAS BEEN TYPED IN (INLIN RETURNS) CRUNCH IS
```

```
BASIC MPU 8080/Z80      GATES/ALLEN/DAVIDOFF      MACRO %50(272)=1 21:12 21-FEB-78 PAGE 1-6
F3        MAC       17-FEB-78 19:18         SOME EXPLANATION

                        CALLED TO CONVERT ALL RESERVED WORDS TO THEIR
                        CRUNCH VALUES. THIS REDUCES THE SIZE OF THE
                        PROGRAM AND SPEEDS UP EXECUTION BY ALLOWING
                        TABLE DISPATCHES TO PERFORM FUNCTIONS,STATEMENTS,
                        AND OPERATIONS. THIS IS BECAUSE ALL THE STATEMENT
                        NAMES ARE STORED CONSECUTIVELY IN THE CRUNCH LIST.
                        WHEN A MATCH IS FOUND BETWEEN A STRING
                        OF CHARACTERS AND A WORD IN THE CRUNCH LIST
                        THE ENTIRE TEXT OF THE MATCHED WORD IS TAKEN OUT OF
                        THE INPUT LINE AND A RESERVED WORD TOKEN IS PUT
                        IN ITS PLACE. A RESERVED WORD TOKEN IS ALWAYS EQUAL
                        TO OCTAL 200 PLUS THE POSITION OF THE MATCHED WORD
                        IN THE CRUNCH LIST.

                STATEMENT DISPATCH ADDRESSES
                        WHEN A STATEMENT IS TO BE EXECUTED, THE FIRST
                        CHARACTER OF THE STATEMENT IS EXAMINED
                        TO SEE IF IT IS LESS THAN THE RESERVED
                        WORD TOKEN FOR THE LOWEST NUMBERED STATEMENT NAME.
                        IF SO, THE "LET" CODE IS CALLED TO
                        TREAT THE STATEMENT AS AN ASSIGNMENT STATEMENT.
                        OTHERWISE A CHECK IS MADE TO MAKE SORE THE
                        RESERVED WORD NUMBER IS NOT TOO LARGE TO BE A
                        STATEMENT TYPE NUMBER. IF NOT THE ADDRESS
                        TO DISPATCH TO IS FETCHED FROM STMDSP (THE STATEMENT
                        DISPATCH TABLE) USING THE RESERVED WORD
                        NUMBER FOR THE STATEMENT TO CALCULATE AN INDEX INTO
                        THE TABLE.

                ERROR MESSAGES
                        WHEN AN ERROR CONDITION IS DETECTED
                        [E] MUST BE SET UP TO INDICATE WHICH ERROR
                        MESSAGE IS APPROPRIATE AND A BRANCH MUST BE MADE
                        TO ERROR. THE STACK WILL BE RESET AND ALL
                        PROGRAM CONTEXT WILL BE LOST. VARIABLES
                        VALUES AND THE ACTUAL PROGRAM REMAIN INTACT.
                        ONLY THE VALUE OF [E] IS IMPORTANT WHEN
                        THE BRANCH IS MADE TO ERROR. [E] IS USED AS AN
                        INDEX INTO ERRTAB WHICH GIVES THE TWO
                        CHARACTER ERROR MESSAGE THAT WILL BE PRINTED ON THE
                        USER'S TERMINAL.

                IMPURE STORAGE
                        ALL TEMPORARIES,FLAGS,POINTERS, THE BUFFER AREA,
                        THE FLOATING ACCUMULATOR,AND ANYTHING ELSE THAT
                        IS USED TO STORE A CHANGING VALUE SHOULD BE LOCATED
                        IN THIS AREA. CARE MUST BE MADE IN MOVING LOCATIONS
                        IN THIS AREA SINCE THE JUXTAPOSITION OF TWO LOCATIONS
                        IS OFTEN DEPENDED UPON.

                TEXTUAL MESSAGES
                        CONSTANT MESSAGES ARE STORED HERE. UNLESS
                        THE CODE TO CHECK IF A STRING MUST BE COPIED
                        IS CHANGED THESE STRINGS MUST BE STORED ABOVE
                        DSCTMP, OR ELSE THEY WILL BE COPIED BEFORE

BASIC MPU 8080/Z80      GATES/ALLEN/DAVIDOFF      MACRO %50(272)=1 21:12 21-FEB-78 PAGE 1-7
F3        MAC       17-FEB-78 19:18         SOME EXPLANATION

                        THEY ARE PRINTED.

                FNDFOR
                        MOST SMALL ROUTINES ARE FAIRLY SIMPLE
                        AND ARE DOCUMENTED IN PLACE. FNDFOR IS
                        USED FOR FINDING "FOR" ENTRIES ON
                        THE STACK. WHENEVER A "FOR" IS EXECUTED AN
                        16 BYTE ENTRY IS PUSHED ONTO THE STACK.
                        BEFORE THIS IS DONE, HOWEVER, A CHECK
                        MUST BE MADE TO SEE IF THERE
                        ARE ANY "FOR" ENTRIES ALREADY ON THE STACK
                        FOR THE SAME LOOP VARIABLE. IF SO, THAT "FOR" ENTRY
                        AND ALL OTHER "FOR" ENTRIES THAT WERE MADE AFTER IT
                        ARE ELIMINATED FROM THE STACK. THIS IS SO A
                        PROGRAM THAT JUMPS OUT OF THE MIDDLE
                        OF A "FOR" LOOP AND THEN RESTARTS THE LOOP AGAIN
                        AND AGAIN WON'T USE UP 18 BYTES OF STACK
                        SPACE EVERY TIME. THE "NEXT" CODE ALSO
                        CALLS FNDFOR TO SEARCH FOR A "FOR" ENTRY WITH
                        THE LOOP VARIABLE IN
                        THE "NEXT". AT WHATEVER POINT A MATCH IS FOUND
                        THE STACK IS RESET. IF NO MATCH IS FOUND A
                        "NEXT WITHOUT FOR" ERROR OCCURS. GOSUB EXECUTION
                        ALSO PUTS A 5 BYTE ENTRY ON STACK.
                        WHEN A RETURN IS EXECUTED FNDFOR IS
                        CALLED WITH A VARIABLE POINTER THAT CAN'T
                        BE MATCHED. WHEN "FNDFOR" HAS RUN
                        THROUGH ALL THE "FOR" ENTRIES ON THE STACK
                        IT RETURNS AND THE RETURN CODE MAKES
                        SURE THE ENTRY THAT WAS STOPPED
                        ON IS A GOSUB ENTRY. THIS ASSURES THAT
                        IF YOU GOSUB TO A SECTION OF CODE
                        IN WHICH A FOR LOOP IS ENTERED BUT NEVER
                        EXITED THE RETURN WILL STILL BE
                        ABLE TO FIND THE MOST RECENT
                        GOSUB ENTRY. THE "RETURN" CODE ELIMINATES THE
                        "GOSUB" ENTRY AND ALL "FOR" ENTRIES MADE AFTER
                        THE GOSUB ENTRY.

                NON-RUNTIME STUFF
                        THE CODE TO INPUT A LINE,CRUNCH IT,GIVE ERRORS,
                        FIND A SPECIFIC LINE IN THE PROGRAM,
                        PERFORM A "NEW","CLEAR", AND "LIST" ARE
                        ALL IN THIS AREA. GIVEN THE EXPLANATION OF
                        PROGRAM STORAGE GIVEN BELOW THESE ARE
                        ALL STRAIGHTFORWARD.

                NEWSTT
                        WHENEVER A STATEMENT FINISHES EXECUTION IT
                        DOES A "RET" WHICH TAKES
                        EXECUTION BACK TO NEWSTT. STATEMENTS THAT
                        CREATE OR LOOK AT SEMI-PERMANENT STACK ENTRIES
                        MUST GET RID OF THE RETURN ADDRESS OF NEWSTT AND
                        JMP TO NEWSTT WHEN DONE. NEWSTT ALWAYS
                        CHRGETS THE FIRST CHARACTER AFTER THE STATEMENT
```

```
BASIC MPU 8080/Z80      GATES/ALLEN/DAVIDOFF      MACRO %50(272)-1 21:12 21-FEB-78 PAGE 1-8
F3      MAC       17-FEB-78 19:18                 SOME EXPLANATION

                        NAME BEFORE DISPATCHING. WHEN RETURNING
                        BACK TO NEWSTT THE ONLY THING THAT
                        MUST BE SET UP IS THE TEXT POINTER IN
                        [H,L]. NEWSTT WILL CHECK TO MAKE SURE
                        [H,L] IS POINTING TO A STATEMENT TERMINATOR.
                        IF A STATEMENT SHOULDN'T BE PERFORMED UNLESS
                        IT IS PROPERLY FORMATTED (I.E. "NEW") IT CAN
                        SIMPLY DO A "RNZ" AFTER READING ALL OF
                        ITS ARGUMENTS. SINCE THE ZERO FLAG
                        BEING OFF INDICATES THERE IS NOT
                        A STATEMENT TERMINATOR NEWSTT WILL
                        DO THE JMP TO THE "SYNTAX ERROR"
                        ROUTINE. IF A STATEMENT SHOULD BE STARTED
                        OVER IT CAN DO LHLD TEMP,RET SINCE THE [H,L]
                        AT NEWSTT IS ALWAYS STORED IN TEMP. OF COURSE
                        CARE MUST BE TAKEN THAT NO ROUTINE
                        THAT SMASHES TEMP HAS BEEN CALLED.
                        THE ^C CODE STORES TEMP IN OLDTXT AND CURLIN (THE
                        CURRENT LINE NUMBER) IN OLDLIN SINCE THE ^C CHECK
                        IS MADE BEFORE THE STATEMENT POINTED TO IS
                        EXECUTED. "STOP" AND "END" STORE THE TEXT POINTER
                        IN [H,L] WHICH POINTS AT THEIR TERMINATING
                        CHARACTER IN OLDTXT.

                STATEMENT CODE
                        THE INDIVIDUAL STATEMENT CODE COMES
                        NEXT. THE APPROACH USED IN EXECUTING EACH
                        STATEMENT IS DOCUMENTED IN THE STATEMENT CODE
                        ITSELF.

                FRMEVL, THE FORMULA EVALUATOR
                        GIVEN AN [H,L] POINTING TO THE STARTING
                        CHARACTER OF A FORMULA FRMEVL
                        EVALUATES THE FORMULA AND LEAVES
                        THE VALUE IN THE FLOATING ACCUMULATOR (FAC).
                        [H,L] IS RETURNED POINTING TO THE FIRST CHARACTER
                        THAT COULD NOT BE INTERPRETED AS PART OF THE
                        FORMULA. THE ALGORITHM USES THE STACK
                        TO STORE TEMPORARY RESULTS:

                                0. PUT A DUMMY PRECEDENCE OF ZERO ON
                                        THE STACK.
                                1. READ LEXEME (CONSTANT,FUNCTION,
                                        VARIABLE,FORMULA IN PARENS)
                                        AND TAKE THE LAST PRECEDENCE VALUE
                                        OFF THE STACK.
                                2. SEE IF THE NEXT CHARACTER IS AN OPERATOR
                                        IF NOT,RETURN. THIS MAY CAUSE
                                        OPERATOR APPLICATION OR AN ACTUAL
                                        RETURN FROM FRMEVL.
                                3. IF IT IS, SEE WHAT PRECEDENCE IT HAS
                                        AND COMPARE IT TO THE PRECEDENCE
                                        OF THE LAST OPERATOR ON THE STACK
                                4. IF = OR LESS REMEMBER THE TEXT
                                        POINTER AT THE START OF THIS OPERATOR

BASIC MPU 8080/Z80      GATES/ALLEN/DAVIDOFF      MACRO %50(272)-1 21:12 21-FEB-78 PAGE 1-9
F3      MAC       17-FEB-78 19:18                 SOME EXPLANATION

                                        AND DO A RETURN TO CAUSE
                                        APPLICATION OF THE LAST OPERATOR.
                                        EVENTUALLY RETURN TO STEP 2
                                        BY RETURNING TO RETAOP.
                                5. IF GREATER PUT THE LAST PRECEDENCE
                                        BACK ON, SAVE THE CURRENT
                                        TEMPORARY RESULT, OPERATOR ADDRESS
                                        AND PRECEDENCE AND RETURN TO STEP 1.

                        RELATIONAL OPERATORS ARE ALL HANDLED THROUGH
                        A COMMON ROUTINE. SPECIAL
                        CARE IS TAKEN TO DETECT TYPE MISMATCHES SUCH AS 3+"F"

                EVAL -- THE ROUTINE TO READ A LEXEME
                        EVAL CHECKS FOR THE DIFFERENT TYPES OF
                        ENTITIES IT IS SUPPOSED TO DETECT.
                        LEADING PLUSES ARE IGNORED.
                        DIGITS AND "." CAUSE FIN (FLOATING INPUT)
                        TO BE CALLED. FUNCTION NAMES CAUSE THE
                        FORMULA INSIDE THE PARENTHESES TO BE EVALUATED
                        AND THE FUNCTION ROUTINE TO BE CALLED. VARIABLE
                        NAMES CAUSE PTRGET TO BE CALLED TO GET A POINTER
                        TO THE VALUE, AND THEN THE VALUE IS PUT INTO
                        THE FAC. AN OPEN PARENTHESIS CAUSES FRMEVL
                        TO BE CALLED (RECURSIVELY), AND THE ")" TO
                        BE CHECKED FOR. UNARY OPERATORS (NOT AND
                        NEGATION) PUT THEIR PRECEDENCE ON THE STACK
                        AND ENTER FORMULA EVALUATION AT STEP 1. SO
                        THAT EVERYTHING UP TO AN OPERATOR GREATER THAN
                        THEIR PRECEDENCE OR THE END OF THE FORMULA
                        WILL BE EVALUATED. WHEN FRMEVL DOES A RETURN
                        BECAUSE IT SEES AN OPERATOR OF HIGHER PRECEDENCE
                        IT DOES NOT PASS THE TEXT POINTER IN [H,L]. SO
                        AFTER THE UNARY OPERATION HAS BEEN PERFORMED
                        ON THE FAC THE TEXT POINTER MUST BE FETCHED FROM
                        A TEMPORARY LOCATION THAT FRMEVL USES AND
                        A RETURN BACK TO FRMEVL DONE.

                DIMENSION AND VARIABLE SEARCHING
                        SPACE IS ALLOCATED FOR VARIABLES AS THEY ARE
                        ENCOUNTERED. THUS "DIM" STATEMENTS MUST BE
                        EXECUTED TO HAVE EFFECT. 6 BYTES ARE ALLOCATED
                        FOR EACH SIMPLE VARIABLE, WHETHER IT IS A STRING,
                        NUMBER OR USER DEFINED FUNCTION. THE FIRST TWO
                        BYTES GIVE THE NAME OF THE VARIABLE AND THE LAST FOUR
                        GIVE ITS VALUE. [VARTAB] GIVES THE FIRST LOCATION
                        WHERE A SIMPLE VARIABLE NAME IS FOUND AND [ARYTAB]
                        GIVES THE LOCATION TO STOP SEARCHING FOR SIMPLE
                        VARIABLES. A "FOR" ENTRY HAS A TEXT POINTER
                        AND A POINTER TO A VARIABLE VALUE SO NEITHER
                        THE PROGRAM OR THE SIMPLE VARIABLES CAN BE
                        MOVED WHILE THERE ARE ACTIVE "FOR" ENTRIES ON THE STACK.
                        USER DEFINED FUNCTION VALUES ALSO CONTAIN
                        POINTERS INTO SIMPLE VARIABLE SPACE SO NO USER-DEFINED
                        FUNCTION VALUES CAN BE RETAINED IF SIMPLE VARIABLES
```

```
BASIC MPU 8080/Z80      GATES/ALLEN/DAVIDOFF      MACRO %50(272)-1 21:12 21-FEB-78 PAGE 1-10
F3      MAC      17-FEB-78 19:18                SOME EXPLANATION

                ARE MOVED, ADDING A SIMPLE VARIABLE
                ADDING SIX TO ARYTAB AND STREND, BLOCK TRANSFERING
                THE ARRAY VARIABLES UP BY SIX AND MAKING SURE THE
                NEW [STREND] IS NOT TOO CLOSE TO THE STACK.
                THIS MOVEMENT OF ARRAY VARIABLES MEANS
                THAT NO POINTER TO AN ARRAY WILL STAY VALID WHEN
                NEW SIMPLE VARIABLES CAN BE ENCOUNTERED. THIS IS
                WHY ARRAY VARIABLES ARE NOT ALLOWED "FOR"
                LOOP VARIABLES. SETTING UP A NEW ARRAY VARIABLE
                MERELY INVOLVES BUILDING THE DESCRIPTOR,
                UPDATING STREND, AND MAKING SURE THERE IS
                STILL ENOUGH ROOM BETWEEN STREND AND THE
                STACK. WITHOUT MULTIPLE DIMENSIONS THE FORMAT
                OF AN ARRAY VARIABLE IS SIMPLY:
                        SECOND CHARACTER
                        FIRST CHARACTER
                        NUMBER OF BYTES USED BY VALUES
                        VALUES
                THE FORMAT WHEN MULTIPLY DIMENSIONED VARIABLES
                ARE ALLOWED IS DESCRIBED IN THE "MULDIM" CODE.
                PTRGET, THE ROUTINE WHICH RETURNS A POINTER
                TO A VARIABLE VALUE, HAS TWO IMPORTANT FLAGS. ONE IS
                "DIMFLG" WHICH INDICATED WHETHER "DIM" CALLED PTRGET
                OR NOT. IF SO, NO PRIOR ENTRY FOR THE VARIABLE IN
                QUESTION SHOULD BE FOUND, AND THE INDEX INDICATES
                HOW MUCH SPACE TO SET ASIDE. SIMPLE VARIABLES CAN
                BE "DIMENSIONED", BUT THE ONLY EFFECT WILL BE TO
                SET ASIDE SPACE FOR THE VARIABLE IF IT HASN'T BEEN
                ENCOUNTERED YET. THE OTHER IMPORTANT FLAG IS SUBFLG
                WHICH INDICATES WHETHER A SUBSCRIPTED VARIABLE SHOULD BE
                ALLOWED IN THE CURRENT CONTEXT. IF SUBFLG IS NON-ZERO
                THE OPEN PARENTHESIS FOR A SUBSCRIPTED VARIABLE
                WILL NOT BE SCANNED BY PTRGET, AND PTRGET WILL RETURN
                WITH A TEXT POINTER POINTING TO THE "("; IF
                THERE WAS ONE.
        STRINGS
                IN THE VARIABLE TABLE STRINGS ARE STORED JUST LIKE
                NUMERIC VARIABLES. SIMPLE STRINGS HAVE FOUR VALUE
                BYTES WHICH ARE INITIALIZED TO ALL ZEROS (WHICH
                REPRESENTS THE NULL STRING). THE ONLY DIFFERENCE
                IN HANDLING IS THAT WHEN PTRGET SEES A "$" AFTER THE
                NAME OF A VARIABLE, PTRGET SETS VALTYP TO ONE AND TURNS
                ON THE MSB (MOST-SIGNIFIGANT-BIT) OF THE VALUE OF
                THE FIRST CHARACTER OF THE VARIABLE NAME.
                HAVING THIS BIT ON IN THE NAME OF THE VARIABLE ENSURES
                THAT THE SEARCH ROUTINE WILL NOT MATCH
                'A' WITH 'A$' OR 'A$' WITH 'A'. THE MEANING OF
                THE FOUR VALUE BYTES ARE:
                        LOW
                                LENGTH OF THE STRING
                                UNUSED
                                LOW 8 BITS
                                HIGH 8 BITS  OF THE ADDRESS
                                        OF THE CHARACTERS IN THE
                                        STRING IF LENGTH.NE.0.

BASIC MPU 8080/Z80      GATES/ALLEN/DAVIDOFF      MACRO %50(272)-1 21:12 21-FEB-78 PAGE 1-11
F3      MAC      17-FEB-78 19:18                SOME EXPLANATION

                                        MEANINGLESS OTHERWISE.
                        HIGH
                THE VALUE OF A STRING VARIABLE (THESE 4 BYTES)
                IS CALLED THE STRING DESCRIPTOR TO DISTINGUISH
                IT FROM THE ACTUAL STRING DATA. WHENEVER A
                STRING CONSTANT IS ENCOUNTERED IN A FORMULA OR AS
                PART OF AN INPUT STRING, OR AS PART OF DATA, STRLIT
                IS CALLED, CAUSING A DESCRIPTOR TO BE BUILT FOR
                THE STRING. WHEN ASSIGNMENT IS MADE TO A STRING POINTING INTO
                BUF THE VALUE IS COPIED INTO STRING SPACE SINCE BUF
                IS ALWAYS CHANGING. "STRCPY" IS USED TO COPY
                STRINGS.

                STRING FUNCTIONS AND THE ONE STRING OPERATOR "+"
                ALWAYS RETURN THEIR VALUES IN STRING SPACE.
                ASSIGNING A STRING A CONSTANT VALUE IN A PROGRAM
                THROUGH A "READ" OR ASSIGNMENT STATEMENT
                WILL NOT USE ANY STRING SPACE SINCE
                THE STRING DESCRIPTOR WILL POINT INTO THE
                PROGRAM ITSELF. IN GENERAL, COPYING IS DONE
                WHEN A STRING VALUE IS IN BUF, OR IT IS IN STRING
                SPACE AND THERE IS AN ACTIVE POINTER TO IT.
                THUS F$=G$ WILL CAUSE COPYING IF G$ HAS ITS
                STRING DATA IN STRING SPACE. F$=CHR$(7)
                WILL USE ONE BYTE OF STRING SPACE TO STORE THE
                NEW ONE CHARACTER STRING CREATED BY "CHR$", BUT
                THE ASSIGNMENT ITSELF WILL CAUSE NO COPYING SINCE
                THE ONLY POINTER AT THE NEW STRING IS A
                TEMPORARY DESCRIPTOR CREATED BY FRMEVL WIXCH WILL
                GO AWAY AS SOON AS THE ASSIGNMENT IS DONE.
                IT IS THE NATURE OF GARBAGE COLLECTION THAT
                DISALLOWS HAVING TWO STRING DESCRIPTORS POINT TO THE SAME
                AREA IN STRING SPACE. STRING FUNCTIONS AND OPERATORS
                MUST PROCEED AS FOLLOWS:
                        1) FIGURE OUT THE LENGTH OF THEIR RESULT
                        2) CALL GETSPA TO FIND SPACE FOR THEIR
                        RESULT. THE ARGUMENTS TO THE FUNCTION
                        OR OPERATOR MAY CHANGE SINCE GARBAGE COLLECTION
                        MAY BE INVOKED. THE ONLY THING THAT CAN
                        BE SAVED DURING THE CALL TO GETSPA IS A POINTER
                        TO THE DESCRIPTORS OF THE ARGUMENTS.
                        3) CONSTRUCT THE RESULT DESCRIPTOR IN DSCTMP.
                        GETSPA RETURNS THE LOCATION OF THE AVAILABLE
                        SPACE.
                        4) CREATE THE NEW VALUE BY COPYING PARTS
                        OF THE ARGUMENTS OR WHATEVER.
                        5) FREE UP THE ARGUMENTS BY CALLING FRETMP.
                        6) JUMP TO PUTNEW TO GET THE DESCRIPTOR IN
                        DSCTMP TRANSFERRED INTO A NEW STRING TEMPORARY.

                THE REASON FOR STRING TEMPORARIES IS THAT GARBAGE
                COLLECTION HAS TO KNOW ABOUT ALL ACTIVE STRING DESCRIPTORS
                SO IT KNOWS WHAT IS AND ISN'T IN USE. STRING TEMPORARIES ARE
                USED TO STORE THE DESCRIPTORS OF STRING EXPRESSIONS.
```

```
BASIC MPU 8080/Z80      GATES/ALLEN/DAVIDOFF      MACRO %50(272)-1 21:12 21-FEB-78 PAGE 1-12
F3      MAC      17-FEB-78 19:18                  SOME EXPLANATION

INSTEAD OF HAVING AN ACTUAL VALUE STORED IN THE
FAC, AND HAVING THE VALUE OF A TEMPORARY RESULT
BEING SAVED ON THE STACK, AS HAPPENS WITH NUMERIC
VARIABLES, STRINGS HAVE THE POINTER TO A STRING DESCRIPTOR
STORED IN THE FAC, AND IT IS THIS POINTER
THAT GETS SAVED ON THE STACK BY FORMULA EVALUATION.
STRING FUNCTIONS CANNOT FREE THEIR ARGUMENTS UP RIGHT
AWAY SINCE GETSPA MAY FORCE
GARBAGE COLLECTION AND THE ARGUMENT STRINGS
MAY BE OVER-WRITTEN SINCE GARBAGE COLLECTION
WILL NOT BE ABLE TO FIND AN ACTIVE POINTER TO
THEM. FUNCTION AND OPERATOR RESULTS ARE BUILT IN
DSCTMP SINCE STRING TEMPORARIES ARE ALLOCATED
(PUTNEW) AND DEALLOCATED (FRETMP) IN A FIFO ORDERING
(I.E. A STACK) SO THE NEW TEMPORARY CANNOT
BE SET UP UNTIL THE OLD ONE(S) ARE FREED. TRYING
TO BUILD A RESULT IN A TEMPORARY AFTER
FREEING UP THE ARGUMENT TEMPORARIES COULD RESULT
IN ONE OF THE ARGUMENT TEMPORARIES BEING OVERWRITTEN
TOO SOON BY THE NEW RESULT.

STRING SPACE IS ALLOCATED AT THE VERY TOP
OF MEMORY. MEMSIZ POINTS BEYOND THE LAST LOCATION OF
STRING SPACE. STRING ARE STORED IN HIGH LOCATIONS
FIRST. WHENEVER STRING SPACE IS ALLOCATED (GETSPA)
FRETOP, WHICH IS INITIALIZED TO [MEMSIZ], IS UPDATED
TO GIVE THE HIGHEST LOCATION IN STRING SPACE
THAT IS NOT IN USE. THE RESULT IS THAT
FRETOP GETS SMALLER AND SMALLER, UNTIL SOME
ALLOCATION WOULD MAKE [FRETOP] LESS THAN OR EQUAL TO
[STKTOP]. THIS MEANS STRING SPACE HAS RUN INTO THE
STACK AND THAT GARBAGE COLLECTION MUST BE CALLED.

GARBAGE COLLECTION:
        0. MINPTR=[STKTOP]  [FRETOP]=[MEMSIZ]
        1. REMMIN=0
        2. FOR EACH STRING DESCRIPTOR
        (TEMPORARIES, SIMPLE STRINGS, STRING ARRAYS)
        IF THE STRING IS NOT NULL AND ITS POINTER IS
        .GT.MINPTR AND .LT.FRETOP,
        MINPTR=THIS STRING DESCRIPTORS POINTER
        REMMIN=POINTER AT THIS STRING DESCRIPTOR
        END
        3. IF REMMIN.NE.0 (WE FOUND AN UNCOLLECTED STRING)
        BLOCK TRANSFER THE STRING DATA POINTED
        TO IN THE STRING DESCRIPTOR POINTED TO BY REMMIN
        SO THAT THE LAST BYTE OF STRING DATA IS AT
        [FRETOP]. UPDATE FRETOP SO THAT IT
        POINTS TO THE LOCATION JUST BELOW THE ONE
        THE STRING DATA WAS MOVED INTO. UPDATE
        THE POINTER IN THE DESCRIPTOR SO IT POINTS
        TO THE NEW LOCATION OF THE STRING DATA.
        GO TO STEP 1.

AFTER CALLING GARBAGE COLLECTION GETSPA AGAIN CHECKS
BASIC MPU 8080/Z80      GATES/ALLEN/DAVIDOFF      MACRO %50(272)-1 21:12 21-FEB-78 PAGE 1-13
F3      MAC      17-FEB-78 19:18                  SOME EXPLANATION

TO SEE IF [A] CHARACTERS ARE AVAILABLE BETWEEN
[STKTOP] AND [FRETOP] , IF NOT AN "OUT OF STRING"
ERROR IS INVOKED.

MATH PACKAGE
        THE MATH PACKAGE CONTAINS FLOATING INPUT (FIN),
        FLOATING OUTPUT (FOUT) FLOATING COMPARE (FCOMP)
        ... AND ALL THE NUMERIC OPERATORS AND FUNCTIONS.
        THE FORMATS,CONVENTIONS AND ENTRY POINTS ARE ALL
        DESCRIBED IN THE MATH PACKAGE ITSELF.

INIT -- THE INITIALIZATION ROUTINE (FOR NON-T/S VERSION)
        INITIALIZATION FIRST LOOKS AT THE SWITCH REGISTER
        TO SEE WHAT TYPE OF I/O SHOULD BE DONE.
        ANY NON-STANDARD I/O CAUSES LOCATIONS IN BASIC
        TO BE CHANGED. THEN THE AMOUNT OF MEMORY,
        TERMINAL WIDTH,AND WHICH FUNCTIONS TO BE RETAINED
        ARE ASCERTAINED FROM THE USER. A ZERO IS PUT DOWN
        AT THE FIRST LOCATION NOT USED BY THE MATH-PACKAGE
        AND TXTTAB IS SET UP TO POINT AT THE NEXT LOCATION.
        THIS DETERMINES WHERE PROGRAM STORAGE WILL START. THE
        HIGHEST MEMORY LOCATION MINUS THE AMOUNT OF DEFAULTED
        STRING SPACE (50) GIVES THE FIRST LOCATION USED BY THE
        STACK. SPECIAL CHECKS ARE MADE TO MAKE SURE
        ALL QUESTIONS IN INIT ARE ANSWERED REASONABLY, SINCE
        ONCE INIT FINISHES THE LOCATIONS IT USES ARE
        USED FOR PROGRAM STORAGE. THE LAST THING INIT DOES IS
        CHANGE LOCATION ONE TO BE A JUMP TO READY INSTEAD
        OF INIT. ONCE THIS IS DONE THERE IS NO WAY TO RESTART
        INIT.
(IN THE TIMESHARING VERSION, THE INITIALIZATION
 PROCESS IS COMPLETELY DIFFERENT. SEE TSINIT.MAC)

STORAGE
                                A ZERO
        [TXTTAB]                POINTER TO NEXT LINE'S POINTER
                                LINE # OF THIS LINE (2 BYTES)
                                CHARACTERS ON THIS LINE
                                ZERO
                                POINTER AT NEXT LINE'S POINTER
                                        (POINTED TO BY THE ABOVE POINTER)
                                ... REPEATS ...
        LAST LINE:              POINTER AT ZERO POINTER
                                LINE # OF THIS LINE
                                CHARACTERS ON THIS LINE
                                ZERO
                                DOUBLE ZERO (POINTED TO BY THE ABOVE POINTER)
        [VARTAB]                SIMPLE VARIABLES. 6 BYTES PER VALUE.
                                2 BYTES GIVE THE NAME, 4 BYTES THE VALUE
                                ... REPEATS ...
        [ARYTAB]                ARRAY VARIABLES. 2 BYTES NAME, 2 BYTE
                                LENGTH, VALUE (EXTRA IF LENGTH ON)
                                ... REPEATS ...
        [STREND]                FREE SPACE
                                ... REPEATS ...
```

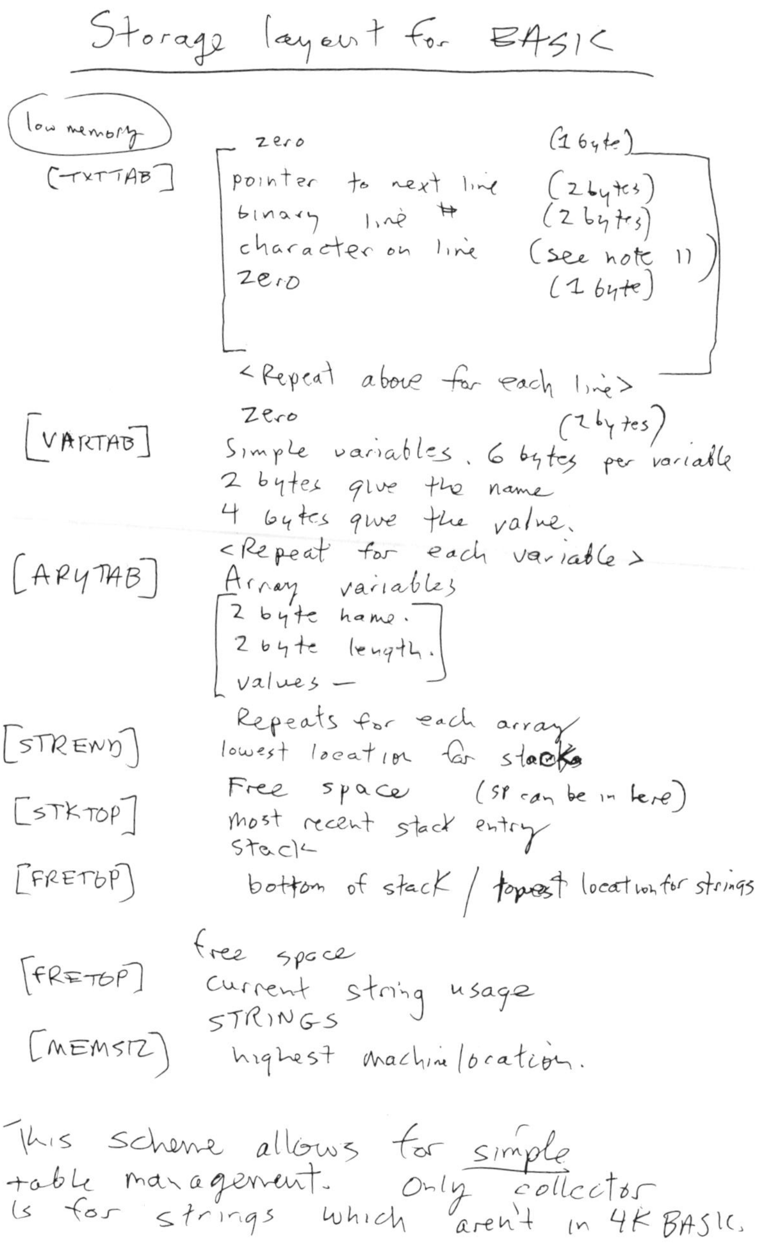

Storage layout for BASIC

low memory
zero (1 byte)
[TXTTAB] pointer to next line (2 bytes)
binary line # (2 bytes)
character on line (see note 1)
zero (1 byte)
<Repeat above for each line>
zero (2 bytes)
[VARTAB] Simple variables. 6 bytes per variable
2 bytes give the name
4 bytes give the value.
<Repeat for each variable>
[ARYTAB] Array variables
2 byte name.
2 byte length.
values —
Repeats for each array
[STREND] lowest location for stack
Free space (SP can be in here)
[STKTOP] most recent stack entry
stack
[FRETOP] bottom of stack / ~~topest~~ location for strings
free space
[FRETOP] Current string usage
STRINGS
[MEMSIZ] highest machine location.

This scheme allows for simple table management. Only collector is for strings which aren't in 4K BASIC.

Gates' ursprüngliche Notizen über die Speicherkonfiguration von 8080-BASIC.

Dieser Artikel erschien in »Computer Notes«, einer Zeitschrift, die von David Bunnell für Anwender des MITS Altair herausgegeben wurde. Teile von Gates' handschriftlichem Manuskript stehen neben dem entsprechenden Abschnitt der Zeitung.

Gates erläutert: »Diese [Routinen] zeigen einige ziemlich unglaubliche Tricks – alles wurde bis aufs äußerste komprimiert. Die Druckroutine zur Ausgabe einer binären Zahl in ASCII-Ziffern ist die kürzeste Routine, die je einem von uns dafür eingefallen ist.«

Print the binary unsigned number in [H,L]
in decimal. suppress leading zeros!

Idea for digit printer:
calculate a digit - save it on thee stack and call the digit calculator to calculate and print higher order digits, pop the digit off the stack and print it.

Uses up to 18 bytes of stack.
Up to 85 milleseconds of compute.

COMPUTER NOTES/SEPTEMBER, 1975

Software Notes

by Bill Gates

Though the most difficult and enjoyable part of writing a program is the design of data structures and program flow, it is also important to use the least number of instructions possible to perform each function in a program. For instance:

```
CALL SUB1      should be replaced by
RET

JMP SUB1       unless something fairly
               tricky is being done
```

with return addresses. The JMP is faster, takes one less byte, and uses no stack space. An instruction book on programming the 8008 ignores this simple fact!

JMPs should be avoided wherever possible. By rearranging code you can often avoid having an unconditional JMP by falling into the routine you were JMPing to.

The beginning programmer will use lots of SHLDs, LHLDs, STAs and LDAs when they are not necessary. The stack can be used to save temporary values in most cases. SHLDs, LHLDs, LDAs and STAs should only be used for values referenced in many different contexts within a program, i.e. an I/O parameter or the current line number.

A good technique for familiarizing yourself with the instruction set is to go out of your way to use every instruction at least once (except perhaps DAA). Go through the instruction set from time to time and look closely at the instructions you seem to use very rarely. With few exceptions (DAA, SPHL) all the instructions can be used to advantage, even in small programs. One of the most overlooked instructions is XTHL. When all the accumulators have values that must be saved and a value needs to be taken off the stack, XTHL is the only instruction that can be used.

```
Example:  ;Exchange [B,C] with [H,L]

PUSH B    ;put [B,C] on the stack

XTHL      ;[H,L] = top stack entry =
           [B,C]

          ;[H,L] goes on the stack

POP B     ;[B,C] = original [H,L]
```

Sometimes the simple way of doing things is the best. PUSH B/POP D may seem like a tricky way of setting [D,E] = [B,C], but the obvious sequence MOV D,B/MOV E,C is much faster.

Some tricks involve instruction sequences which at first sight seem meaningless. For instance: SUB A or XRA A. Subtracting A from itself or exclusive-oring A with itself are the only one-byte ways of setting A=0. MVI A,0 must still be used if the condition codes need to be preserved, but this is rare.

ADC A is equivalent to RAL, except it affects all the condition codes. SBB A sets A=0 if carry is off and A=377 if carry is on. The routine below uses this fact to convert A as a signed integer to a double byte signed integer in [H,L]:

```
MOV L,A   ;setup the low order
          ;now the sign must be
          ;"extended" by setting H=0
          ;if A=>0 and H=377 otherwise
RAL       ;Carry = 1 if A<0
          ;Carry = 0 if A=>0
SBB A     ;A=0 if old A was =>0
          ;A=377 if old A was <0
MOV H,A   ;setup the high order
```

The sequence: INR E
DCR E
doesn't modify any values, but it does set the condition codes (except carry) depending on what is in E. If E is being used as a flag to indicate, say, whether or not a decimal point has been seen, the zero flag is set up to do a conditional JMP.

The subject of good decimal print routines has been discussed extensively in the Altair Software Department this week. This routine is one of the four or five I wrote this week -- each with its own advantages and disadvantages. This one is fairly tricky, in that it takes a little bit of looking at to understand.

```
#1 ;
   ;Print the binary unsigned number
   ;in [H,L] in decimal, suppressing
   ;leading zeros
   ;
   ;24 bytes (25 if saves D,E)
   ;ON RETURN:
   ;A = last digit in ASCII
   ;B,D = 255 (all constants in
   ;decimal)
   ;C,E = last digit -10
   ;H,L = 0
   ;
   ;Uses up to 18 bytes of stack
   ;Total compute time up to 85
   ;milliseconds
   ;
   ;IDEA: calculate a digit, save it
   ;      on the stack, and call the
   ;      digit calculator to calcu-
   ;      late and print higher order
   ;      digits, pop the digit off
   ;      and print it.
   ;
```

-continued

Ein Bootstrap-Programm (Urlader) zum Lesen von Lochstreifen mußte in den Altair über Schalter auf der Vorderseite des Computers eingegeben werden. Gates schrieb das Bootstrap in Spalte drei der dritten Seite. Er erläutert: »Dies ist das kürzeste Bootstrap-Programm und es ist sehr, sehr trickreich. Man kann sich das Programm 15 Minuten lang ansehen, bevor man herausbekommt, wie es funktioniert.«

Software Notes

```
DECOUT:   LXI B, -1Ø        ;CALL here
GETDIG:   MOV D,B           ;[D,E] = -1
          MOV E,B           ;since B = 255
LOOPSB:   DAD B             ;Subtract 1Ø from [H,L] until [H,L] < 1Ø. Carry
                            ;won't be set by the last DAD when [H,L] < 1Ø.
          INX D             ;increment the count
          JC LOOPSB         ;loop subtracting
          PUSH H            ;[L] = current digit -1Ø
                            ;Save the current digit on the stack.  Change to
                            ;XTHL and add PUSH D at GETDIG to save [D,E].
          XCHG              ;[H,L] = old [H,L]/1Ø
          MOV A,H           ;Set zero flag if [H,L] = Ø
          ORA L
          CNZ GETDIG        ;If not zero, print the higher order digits and
                            ;then return here to print this digit.
          MVI A, "Ø" + 1Ø   ;A = constant to add to digit
          POP B             ;pop the digit into C
          ADD C             ;A = ASCII of digit
          JMP OUTCHR        ;Jump to the routine to print A and return.  If
                            ;OUTCHR is located next, the JMP can be eliminated.
```

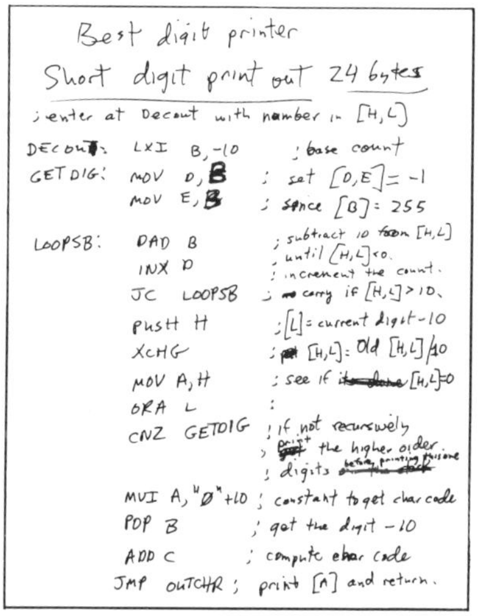

Parity is used as a check to detect errors in data transmission. Each data word is given an additional bit which is set to 1 if there are an odd number of 1's in the data and Ø otherwise. When the data is received the parity bit is checked to make sure it is set properly. Thus, if you are reading a 7-bit ASCII paper tape with the 8th bit used for parity, the parity of the entire 8 bits should be even.

The reason I first thought about a parity routine for the 8080 is that the parity condition code and all the instructions related to it (JPO, JPE, RPE, RPO, CPO, CPE) are seldom used. I wondered how difficult it would be to calculate parity if the parity flag were removed. A user-settable flag would be much more useful than the parity flag. BASIC uses the parity flag in only about eight places, and all of these are special tricks. Here is the smallest parity routine I've been able to write:

```
;Enter with number in A.  1Ø bytes.
;On exit, A=Ø and all the other reg-
;isters are preserved.
;Carry is set depending on A's
;parity.
;Enter at ODDPAR for carry on to
;mean odd parity.

ODDPAR:   ADD A             ;Move a bit of A into carry.

          RZ                ;If all bits added into carry, return.

          JNC ODDPAR        ;If no bit moved into carry, rotate more.

;enter at EVNPAR for carry on to
;mean even parity

EVNPAR:   ADI 200           ;Complement the parity of the remaining bits

          JMP ODDPAR        ;Rotate more.
```

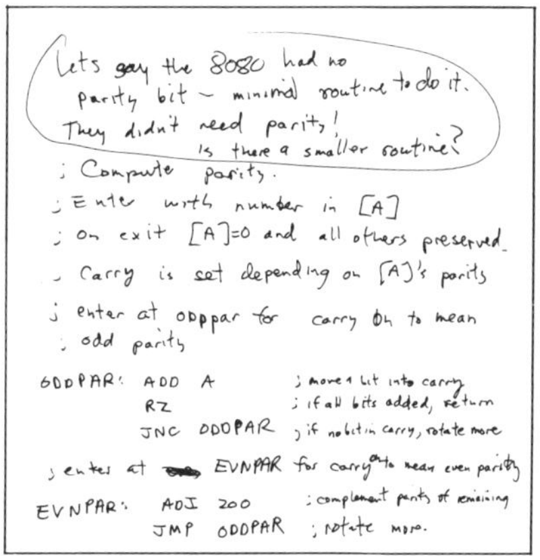

Software

COMPUTER NOTES/JULY, 1975

By bill Gates

Condition Codes

There seems to be some confusion about the condition codes. These are the Boolean (true/false) flags that are set/reset depending on the results of certain instructions. They are:

```
Z = zero -    result was 0
S = sign -    the most significant
              bit (MSB) of the result
P = parity -  the result has an even
              number of ones in it
C = carry -   an arithmetic operation
              generated a carry out
              of the most significant
              bit (i.e. adding 200 to
              212)
CY1 = first digit carry -
              this is used only for
              BCD arithmetic and will
              be elaborated on next
              month.
```

It is the condition codes that determine whether conditional JMP's, CALL's and RET's will be executed (i.e. RZ, CPE, JP). JM, CM, and RM (minus) are executed if the sign flag is on. JP, CP, and RP (positive) are executed if the sign flag is off. JZ, JNZ, CNZ, RZ, RNZ (zero/no zero) depend on the zero flag just as JC, JNC, CC, CNC, RC, RNC (carry/no carry) depend on the carry flag. CPE, JPE, RPE (parity even) are executed if the parity flag is on and CPO, JPO, RPO are executed when it is off.

The condition codes do not always reflect the value in A since IN, LDA, LDAX, MOV and MVI can change A but do not affect the condition codes. Instructions like INR C, DCR L, CMP B, CPI 3, STC, CMC and DAD B affect the condition codes, but not A.

Affect carry only: STC, CMC, RAL, RAR, RLC, RRC and DAD.

Affect all but carry: INR, DCR.

Affect all: ADD, ADC, SUB, SBB, CMP, ANA, ORA, XRA, DAA and their immediate counterparts (i.e. ADI,CPI).

Use carry to affect result: CMC, RAR, RAL, ADC, SBB, ACI, SBI, DAA.

The instructions XRA, ORA, ANA, XRI ORI and ANI always reset carry.

If the condition codes do not reflect A's value (i.e. you just did a LDA or MOV into A) and you want to see if A=0, use ORA A or ANA A. CPI 0, ADI 0 and ORI 0 also work but they are 2-bytes.

The only other instructions besides the ones in the list above that use the condition codes are PUSH PSW and POP PSW. Respectively, they SAVE/RESTORE the condition codes and A on the stack.

For tricky programmers a sequence like PUSH B / POP PSW may be used to set the condition codes. This has the effect of moving B into A (MOV A, B) and moving C into the condition codes. The PSW (condition code) format is

MSB→	C	1	P	0	CY_1	0	Z	S	←LSB
	7	6	5	4	3	2	1	0	

Therefore if C was 201_8 before the POP PSW, zero and sign would be set and parity and zero would be unset. The bits marked '0' and '1' are constant and cannot be changed.

HINT #1

If you have a counter that can be bigger than 255 but is always less than 65535, it is convenient to use the following:

```
LXI B, count    ;set up counter
LOOP: code to be executed 'count'
      times
DCX B           ;decrement count
                ;does not affect
                ;condition codes
MOV A,B
ORA C           ;see if any bits set
JNZ LOOP        ;go back if so
```

HINT #2

For those who like to save bytes, and especially for those with 256-byte machines, (a byte is always 8 bits, which is a word on the 8800) RST's that are not used for interrupts, debug calls, monitor calls, etc. can be used to call subroutines that get called in many places (i.e. a character input subroutine). An RST is only 1 byte and a CALL is 3 bytes. Even if you have to put in a JMP so you don't overrun another RST location (0,10,20,30,40,50,60,70) you will probably save bytes.

Loading Software

Software from MITS will be provided in a checksummed format. There will be a bootstrap loader that you key in manually (less than 25 bytes). This will read a checksum loader (the 'bin' loader) which will be about 120 bytes.

For audio cassette loading the bootstrap and checksum loaders will be longer. All of this will be explained in detail in a cover package that will go out with all software.

For loading non-checksummed paper tapes here is a short program:

```
STKLOC:  DW GETNEW
         (2 bytes-#1 low byte of
                 GETNEW address
               #2 high byte of
                 GETNEW address)

START:   LXI H,0
GETNEW:  LXI SP, STKLOC
         IN <flag-input channel>
         RAL   ;get input ready bit
         RNZ   ;ready?
         IN <data-input channel>
CHGLOC:  CPI <043 = INX B>
         RNZ
         INR A
         STA CHGLOC
         RET
                          (22 bytes)
```

Punch a paper tape with leader, a 043 start byte, the byte to be stored at loc 0, the byte to be stored at 1, - - - etc. Start at START, making sure the memory the loader is in is unprotected. Make sure you don't wipe out the loader by loading on top of it.

To run this again change CHGLOC back to CPI - 376.

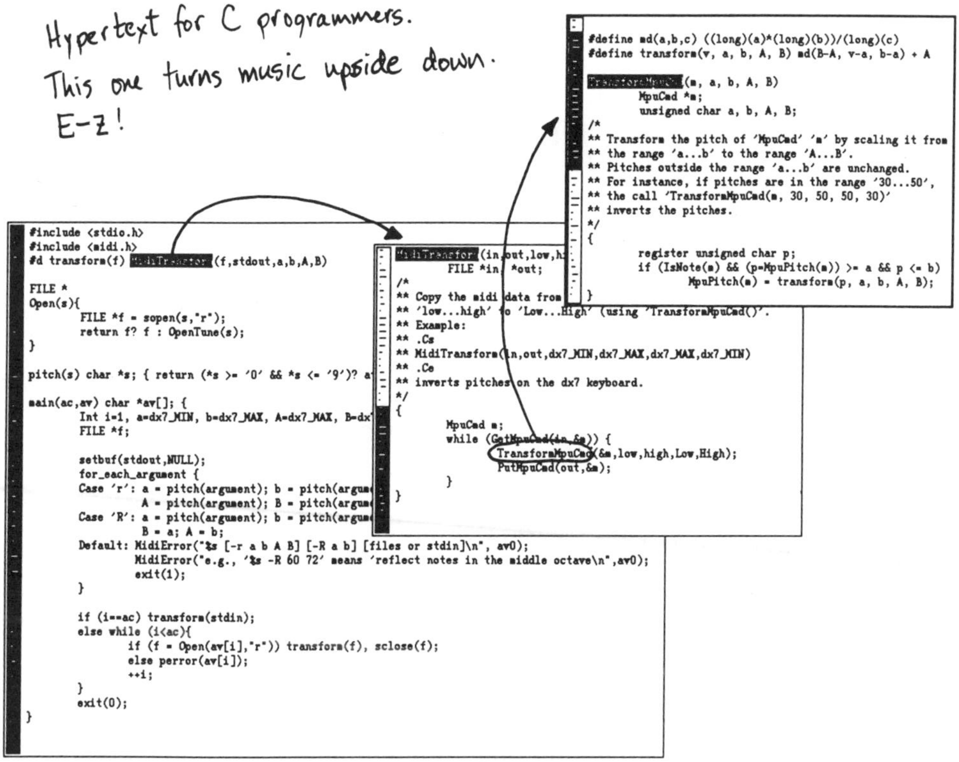

Ein Programm von Michael Hawley, das die Tonhöhen von Musik umdreht. Siehe die Beschreibung der Resultate dieser Technik auf Seite 344.

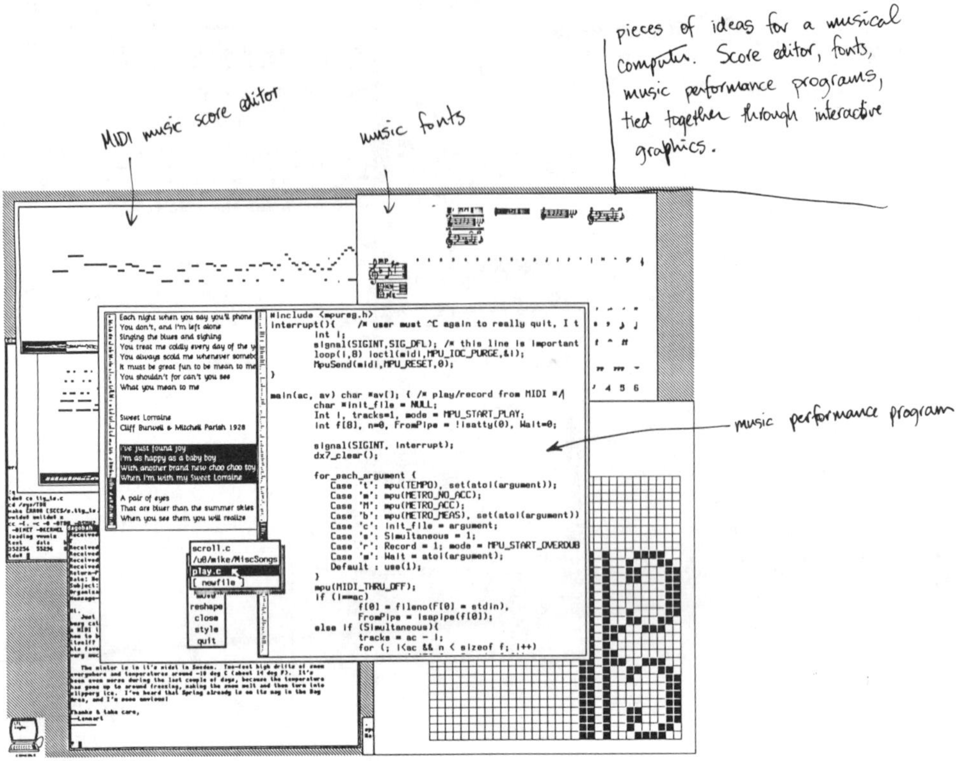

Diese Idee für einen Musikcomputer stammt von Michael Hawley von Lucasfilm Ltd. Seine handschriftlichen Notizen beschreiben die verschiedenen Komponenten des Bildschirms und die Hilfssprache.

graphical patching of microcode
- starts as a picture; then ② becomes a language
~~[illegible]~~ implentation follows.

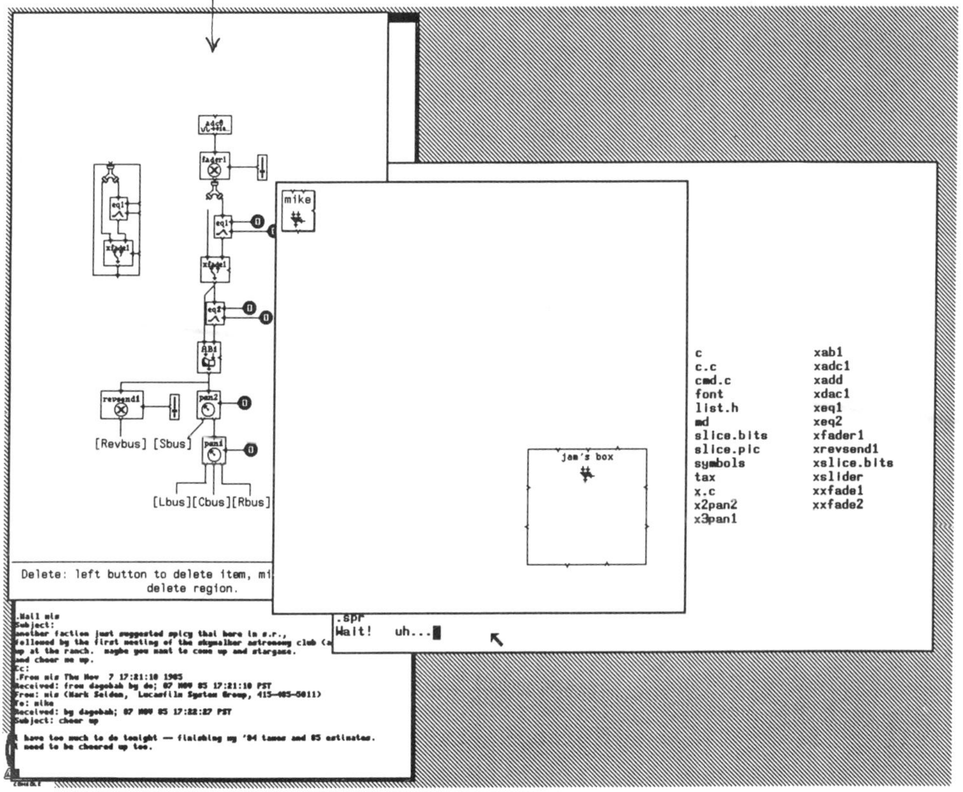

(2) graphical patch
language scratchings ...

n
w e
s

type
name
icon

eq ["eq-%" eq-icon

plugs ~~in {Vn} c~~

[Vn] in {<e} cfreq boost {Vs} out

size v, ^, >, <

no shadow , shadow

no box , box

] at

join ["name"]

eq [...] → eq[...] → eq[...]

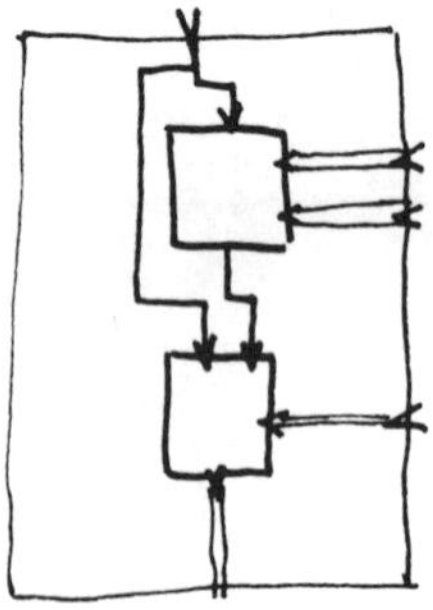

eqpatch [~~join~~ size,
eq @(x,y)
xf @(x,y)
~~join2~~
~~eq/out → xf/in2~~

plugs {Vn} in = {eq/in, xf/in1}

~~size~~ <e freq = eq/cfreq boost = eq/boost toggle = xf/toggle

] eq/out → xf/in2

```
; File IconBounce.TXT
;-----------------------------------------------------------------------
;
;   IconBounce uses custom plotting routines to bounce a lot of icons
;   around on the deskTop.
;
;     written by Andy Hertzfeld, Nov 17 1985
;
;-------------------------------------------------------------------------

INCLUDE MacSys:MacTraps.D

; System definitions, etc.

IOCompletion    EQU     12              ;offset to completion routine address
IOFileName      EQU     18              ;offset to fileName
IOVRefNum       EQU     22              ;offset to volume refNum
IOFileType      EQU     26              ;offset to type byte, permissions
IOMisc          EQU     28              ;offset to misc param
IOBuffer        EQU     32              ;offset to buffer pointer
IOByteCount     EQU     36              ;offset to count
IONumDone       EQU     40              ;offset to number done
IOPosMode       EQU     44              ;offset to positioning mode
IOPosOffset     EQU     46              ;offset to position value

EvtMsg          EQU     2               ;offset to message field
EvtMeta         EQU     14              ;offset to metaKey field
Where           EQU     10              ;mouse offset in event record
portRect        EQU     16              ;offset to portRect

ScreenRow       EQU     $106            ;rowBytes of screen [word]
Ticks           EQU     $16A
KeyMap          EQU     $174
Time            EQU     $20C
ScrnBase        EQU     $824
CurApRefNum     EQU     $900
WmgrPort        EQU     $9DE

MaxX            EQU      512
MaxY            EQU      342

; Icon Data Structure

NextIcon        EQU     0               ;handle of next structure
IconData        EQU     4               ;128 byte 32 by 32 bitmap
IconMask        EQU     132             ;128 byte mask
IconPosition    EQU     260             ;longword position
IconVelocity    EQU     264             ;velocity

IconDSSize      EQU     268             ;total data structure size

; Global Variable Definitions

QuickBase       EQU     -4              ;quickDraw globals
MyEvent         EQU     QuickBase-200   ;my event record
QuitFlag        EQU     myEvent-2       ;boolean for exiting
WhichWindow     EQU     QuitFlag-4      ;whichWindow result

NumIcons        EQU     WhichWindow-2   ;# of icons allocates
FirstIcon       EQU     numIcons-4      ;handle of 1st one
LastIcon        EQU     FirstIcon-4     ;handle of last one

BigBuffer       EQU     LastIcon-4      ;pointer to big buffer


XDEF            START

START:

; first allocate some zeroed space by clearing it off the stack

                MOVE    #511,D0         ;need about 2K bytes
ClearLoop
```

Ein Originalprogramm für den Macintosh von Andy Hertzfeld, der das Betriebssystem des Macintosh und kürzlich das Switcher-Programm und den Thunder-Scan-Digitizer federführend entwickelte. Hertzfeld sagt: »Das Programm . . . bewegt schnell Icons auf dem Bildschirm.«

```
                CLR.L   -(SP)
                DBRA    D0,ClearLoop

; now grow the heapZone as large as we can make it

                MOVEQ   #64,D0
                SWAP    D0                  ;get huge number
                _NewHandle                  ;grow out the heap
                BNE.S   InitWorld           ;we expect the error
                _DisposHandle               ;if it not, dispose it

; initialize QuickDraw and the toolBox

InitWorld
                PEA     QuickBase(A5)       ;push address of QuickDraw vars
                _InitGraf                   ;initialize QuickDraw
                _InitFonts                  ;initialize the font manager
                _InitCursor                 ;get the arrow cursor
                _InitWindows                ;initialize the window manager
                _InitMenus                  ;ditto for menus

                CLR.L   -(SP)               ;our recovery proc is  NIL
                _InitDialogs                ;initialize dialogs
                _TEInit                     ;and text edit, too

                BSR     SetHourGlass

; initialize our globals

                CLR.B   QuitFlag(A5)
                CLR.W   numIcons(A5)

                CLR.L   FirstIcon(A5)
                CLR.L   LastIcon(A5)

; allocate the big buffer

                MOVE.L  #24000,D0
                _NewPtr
                BNE     ErrorExit
                MOVE.L  A0,BigBuffer(A5)

; display title message

                MOVE.L  WmgrPort,-(SP)
                _SetPort
                PEA     BigRect
                _ClipRect

                MOVE.L  #$000E0038,-(SP)
                _MoveTo

                PEA     TitleString
                _DrawString

; allocate the icons

                BSR     AllocIcons

                _HideCursor

                MOVEQ   #31,D0
                _FlushEvents

; start the main event loop

MainLoop
                _SystemTask

                BSR     HandleEvent         ;check for events and handle them
                BSR     AnimateIcons

                TST.B   QuitFlag(A5)
```

```
                BEQ.S   MainLoop

                _ExitToShell            ;back to finderLand

; HandleEvent checks for events and handles them as necessary.  It handles
; the menu commands and all interaction with the user.

HandleEvent
                SUBQ    #2,SP           ;make room for result
                MOVE.W  #-1,-(SP)       ;we want every event
                PEA     myEvent(A5)     ;stick it in our global
                _GetNextEvent           ;get the event

                TST.B   (SP)+           ;did we get one?
                BEQ.S   NoEvent         ;if not, we're done

                MOVE.W  myEvent(A5),D0  ;get the event number
                BEQ.S   NoEvent         ;ignore the Null event
                CMP     #9,D0           ;only care about 1st 9 events
                BGE.S   NoEvent

                ADD     D0,D0           ;double for word index
                LEA     EvtDispatch,A0  ;get the address of the table
                ADD.W   0(A0,D0),A0     ;get routine address
                JMP     (A0)            ;go to it!

; here is the event dispatch table

EvtDispatch
                DC.W    NoEvent-EvtDispatch
                DC.W    MyMouseDown-EvtDispatch
                DC.W    MyMouseUp-EvtDispatch
                DC.W    MyKeyDown-EvtDispatch
                DC.W    NoEvent-EvtDispatch
                DC.W    MyKeyDown-EvtDispatch
                DC.W    MyUpdateEvt-EvtDispatch
                DC.W    MyDiskInsert-EvtDispatch
                DC.W    MyActivate-EvtDispatch
MyDiskInsert
MyMouseUp
MyActivate
NoEvent
                RTS


; Handle keyboard events

MyKeyDown
                ;ST     QuitFlag(A5)
                RTS

; handle update events

MyUpdateEvt
                RTS

; the following routine handles mouseDowns.  First call FindWindow
; to classify where the mouse went down

MyMouseDown

                ST      QuitFlag(A5)
                RTS

; AllocIcons opens the desktop, and allocates an icon data structure for
; each ICN# in the file.

AllocIcons
                SUBQ    #2,SP
                PEA     DeskTopName
                _OpenResFile
                TST     (SP)
                BMI     ErrorExit
```

```
                SUBQ     #2,SP
                MOVE.L   ICNRType,-(SP)           ;push ICN# type
                _CountResources                   ;get # of resources
                MOVE.W   (SP)+,D3                 ;keep in D3
                BLE      ErrorExit

; limit the # of icons to 64, unless the option key is down

                BTST     #2,KeyMap+7
                BNE.S    NoILimit

                CMP      #64,D3
                BLE.S    NoILimit

                MOVEQ    #64,D3

; OK, now loop for each icon

NoILimit
                MOVEQ    #1,D4                    ;init index
AllocIcLoop
                SUBQ     #4,SP                    ;make room for result
                MOVE.L   ICNRType,-(SP)           ;push ICN#
                MOVE.W   D4,-(SP)                 ;push index
                _GetIndResource                   ;get it
                MOVE.L   (SP)+,D5                 ;got it?
                BLE      DoneAllocIcon

; we have the icon handle, so allocate the structure

                MOVE.L   #IconDSSize,D0
                _NewHandle
                BNE      ErrorExit

                MOVE.L   A0,A3                    ;get new handle
                MOVE.L   (A3),A2                  ;handle->ptr

                CLR.L    (A2)+                    ;link is zero
                MOVE.L   A2,A1                    ;set up dest

                MOVE.L   D5,A0
                MOVE.L   (A0),A0                  ;set up source
                MOVE.L   #256,D0                  ;256 bytes to move
                _BlockMove

                ADD.L    #256,A2                  ;skip over save area

; generate positions 0 < x < 512,  0 < y < 302

                SUBQ     #2,SP
                _Random
                MOVEQ    #0,D0
                MOVE.W   (SP)+,D0
                DIVU     #302,D0
                SWAP     D0
                ADDQ     #1,D0
                MOVE     D0,(A2)+

                SUBQ     #2,SP
                _Random
                MOVE.W   (SP)+,D0
                AND.W    #511,D0
                ADDQ     #1,D0
                MOVE     D0,(A2)+

; generate velocitys from 1 to 8

                SUBQ     #2,SP
                _Random
                MOVE.W   (SP)+,D0
                AND      #7,D0
                ADDQ     #1,D0
```

```
                MOVE.W  D0,(A2)+

                SUBQ    #2,SP
                _Random
                MOVE.W  (SP)+,D0
                AND     #7,D0
                ADDQ    #1,D0
@2
                MOVE.W  D0,(A2)+

; link it in the list

                MOVE.L  LastIcon(A5),D0
                BNE.S   LinkItIn

                MOVE.L  A3,FirstIcon(A5)
                MOVE.L  A3,LastIcon(A5)
                BRA.S   BumpICount
LinkItIn
                MOVE.L  A3,LastIcon(A5)
                MOVE.L  D0,A0
                MOVE.L  (A0),A0
                MOVE.L  A3,(A0)                 ;link it in
BumpICount
                ADDQ    #1,numIcons(A5)

DoNextIcon
                ADDQ    #1,D4                   ;bump index
                CMP     D3,D4                   ;done?
                BLT     AllocIcLoop
DoneAllocIcon
                _CloseResFile

                RTS

; ShowIcon is the routine that plots an icon.  It is adopted from the
; BigCursor routines.  The handle of the icon data structure is passed
; in A3.

ShowIcon
        MOVEM.L D0-D7/A0-A4,-(SP)       ; save registers
        MOVE.L  (A3),A3                 ; de-reference icon data structure

        MOVEQ   #32,D5                  ; size of icon
        MOVEQ   #16,D6                  ; half size

        LEA     IconData(A3),A2         ; cursor data bitmap address
        LEA     IconMask(A3),A4         ; cursor mask bitmap address

;  first handle the x coordinate

        MOVE    IconPosition+2(A3),D0   ; get left
        MOVEQ   #15,D2                  ; upper left X-coordinate
        AND.W   D0,D2                   ; bit offset within word

        AND     #$FFF0,D0               ; truncate to nearest word
        BGE.S   @0                      ; if positive, skip

        MOVEQ   #0,D0                   ; minimum upper left X-coord of 0
        ADD.W   D6,D2                   ; adjust right shift count

; if shift count > 15, just move over a word

@0
        CMP     D6,D2                   ;is it?
        BLT.S   @7                      ;if not, skip

        SUB     D6,D2                   ; reduce bit index
        ADD.W   D6,D0                   ; bump base point
@7

; establish "last word" boolean
```

```
        CLR.W   -(SP)

        MOVE    D0,D1                   ; copy coordinate
        SUB.W   #MaxX-32,D1             ; upper left X-coord <= 512-32
        BLT.S   @2                      ; branch if <= 512-32

        MOVE.W  #MaxX-32,D0             ; maximum X-coord of 512-32
        ADD.W   D1,D2                   ; adjust left shift count
        ST      (SP)                    ; set the boolean

; handle the y coordinate

@2      MOVE.W  D5,D4                   ; 32 rows

        MOVE.W  IconPosition(A3),D1     ; get Y-coordinate

;   Display the icon on the screen.

        MOVE.L  BigBuffer(A5),A1        ; offscreen memory address
        LSR.W   #3,D0                   ; convert X-coord to bytes
        ADD.W   D0,A1                   ;  and add to screen address
        MOVE.W  ScreenRow,D5            ; bytes per row on screen
        MULU    D5,D1                   ;  * Y-coord
        ADD.L   D1,A1                   ;  added to screen address

        SUBQ    #4,D5                   ; bias D5 for loop

        TST     D2                      ; is shiftcount = 0?
        BEQ.S   BotFastLoop             ; if so, go ultra fast

; OK, for added speed, two different loops, depending on the
; if we need the 3rd word (as specified by the top of stack boolean)

        TST.B   (SP)+
        BNE     BotCurlLoop
        BRA.S   BotCurLoop              ; test for rows=0

; here is the icon plotting loop.  First do the leftmost 32 bits

ShowCurLoop
        MOVE.L  (A2)+,D0                ; get the data
        MOVE.L  D0,D6                   ; copy for later
        LSR.L   D2,D0                   ; shift into place

        MOVE.L  (A4)+,D1                ; get the mask
        MOVE.L  D1,D7                   ; copy for later
        LSR.L   D2,D1                   ; shift into place
        NOT.L   D1                      ; complement mask

        AND.L   D1,(A1)                 ; bit-clear with the mask
        OR.L    D0,(A1)+                ; plot the data

; now handle the rightmost 16 bits

        MOVEQ   #16,D1
        SUB.W   D2,D1                   ; compute left shift count

        ASL.W   D1,D6                   ; shift the data
        ASL.W   D1,D7                   ; shift the mask
        NOT.W   D7                      ; complement the mask

        AND.W   D7,(A1)                 ; bit clear the mask
        OR.W    D6,(A1)                 ; plot the data
@0
        ADD     D5,A1                   ; bump to next row
BotCurLoop
        DBRA    D4,ShowCurLoop          ; loop till done

DoneShowLoop
        MOVEM.L (SP)+,D0-D7/A0-A4       ; restore registers
DoneShow
        RTS
```

```
; this loop is used when we're near the right edge and don't have to
; plot the third word

ShowCurlLoop
        MOVE.L  (A2)+,D0                ; get the data
        LSR.L   D2,D0                   ; shift into place

        MOVE.L  (A4)+,D1                ; get the mask
        LSR.L   D2,D1                   ; shift into place
        NOT.L   D1                      ; complement mask

        AND.L   D1,(A1)                 ; bit-clear with the mask
        OR.L    D0,(A1)+                ; plot the data

        ADD     D5,A1                   ; bump to next row
BotCurlLoop
        DBRA    D4,ShowCurlLoop         ; loop till done

        BRA     DoneShowLoop

; special fast loop for the 6% case where we don't have to shift

FastLoop
        MOVE.L  (A2)+,D0                ;fetch the data
        MOVE.L  (A4)+,D1                ;fetch the mask
        NOT.L   D1                      ;complement mask

        AND.L   D1,(A1)                 ;plot the mask
        OR.L    D0,(A1)+                ;plot the data

        ADD     D5,A1
BotFastLoop
        DBRA    D4,FastLoop

        ADDQ    #2,SP                   ;discard boolean
        BRA     DoneShowLoop

; Error handling routines

ErrorExit
        DC.W    $F123

        RTS


; AnimateIcons is the mainline routine that bounces the icons

AnimateIcons
        BSR     GrayBuffer              ;fill big buffer with gray

        BSR     UpdateIconPositions
        BSR     DrawIntoBuffer

; now move the buffer onto the screen with blockMove

        MOVE.W  ScreenRow,D0
        MULU    #20,D0
        ADD.L   ScrnBase,D0
        MOVE.L  D0,A1                   ;screen is destination
        MOVE.L  BigBuffer(A5),A0        ;big buffer is source

        MOVE.L  #20608,D0
        _BlockMove

        RTS

; DrawIntoBuffer goes through the icon data structure, drawing each icon

DrawIntoBuffer
        MOVE.L  A3,-(SP)                ;save work reg

        MOVE.L  FirstIcon(A5),D0        ;get first one
        BEQ.S   DoneDIB                 ;if empty, skip
```

```
DIBLoop
        MOVE.L  D0,A3

        BSR     ShowIcon

        MOVE.L  (A3),A0
        MOVE.L  (A0),D0
        BNE.S   DIBLoop
DoneDIB
        MOVE.L  (SP)+,A3
        RTS

; UpdateIconPositions animates the icon positions

UpdateIconPositions

        MOVE.L  FirstIcon(A5),D0         ;get first one
        BEQ     DoneUIP                  ;if empty, skip

UIPLoop
        MOVE.L  D0,A0
        MOVE.L  (A0),A0

        MOVE.L  IconPosition(A0),D0
        MOVE.L  IconVelocity(A0),D1

; OK, bounce in the x position

        ADD.W   D1,D0                    ;compute new position
        BGE.S   @0                       ;if > 0, skip

        SUB.W   D1,D0                    ;undo it
        NEG.W   D1                       ;toggle velocity

@0
        CMP.W   #510,D0
        BLT.S   BounceY

        SUB.W   D1,D0
        NEG.W   D1

BounceY
        SWAP    D0
        SWAP    D1

        ADD.W   D1,D0
        BGE.S   @0

        SUB.W   D1,D0
        NEG.W   D1
@0
        CMP     #302,D0
        BLT.S   NextBounce

        SUB.W   D1,D0
        NEG.W   D1

NextBounce
        SWAP    D0
        SWAP    D1
        MOVE.L  D0,IconPosition(A0)
        MOVE.L  D1,IconVelocity(A0)

        MOVE.L  (A0),D0
        BNE     UIPLoop
DoneUIP
        RTS

; GrayBuffer fills the 322 scan lines at GrayBuffer with gray

GrayBuffer
```

```
        MOVE     #160,D2                    ;# of scan line pairs - 1
        MOVE.L   BigBuffer(A5),A0           ;point to the buffer
FillGLoop
        MOVE.L   #$55555555,D0              ;get gray
FillGLoop2
        MOVE.L   D0,(A0)+                   ;fill a long
        MOVE.L   D0,(A0)+                   ;fill a long
        MOVE.L   D0,(A0)+                   ;fill a long
        MOVE.L   D0,(A0)+                   ;fill a long
        MOVE.L   D0,(A0)+                   ;fill a long
        MOVE.L   D0,(A0)+                   ;fill a long
        MOVE.L   D0,(A0)+                   ;fill a long
        MOVE.L   D0,(A0)+                   ;fill a long
        MOVE.L   D0,(A0)+                   ;fill a long
        MOVE.L   D0,(A0)+                   ;fill a long
        MOVE.L   D0,(A0)+                   ;fill a long
        MOVE.L   D0,(A0)+                   ;fill a long
        MOVE.L   D0,(A0)+                   ;fill a long
        MOVE.L   D0,(A0)+                   ;fill a long
        MOVE.L   D0,(A0)+                   ;fill a long
        MOVE.L   D0,(A0)+                   ;fill a long

; OK, now a scan line is done, so flip the gray

        NOT.L    D0
        BMI.S    FillGLoop2

        DBRA     D2,FillGLoop2

        RTS

; SetHourGlass installs the hourGlass (watch) cursor

SetHourGlass

        SUBQ     #4,SP
        MOVE     #4,-(SP)
        _GetCursor

        MOVE.L   (SP)+,A0
        MOVE.L   (A0),-(SP)
        _SetCursor

        RTS


; Constants, etc.

ICNRType
        DC.B     'ICN#'
DeskTopName
        DC.B     7,'DeskTop'
BigRect
        DC.W     0,0,1000,1000
TitleString
        DC.B     60,'IconBounce by Andy Hertzfeld...  Press mouse button '
        DC.B     'to exit. '
```

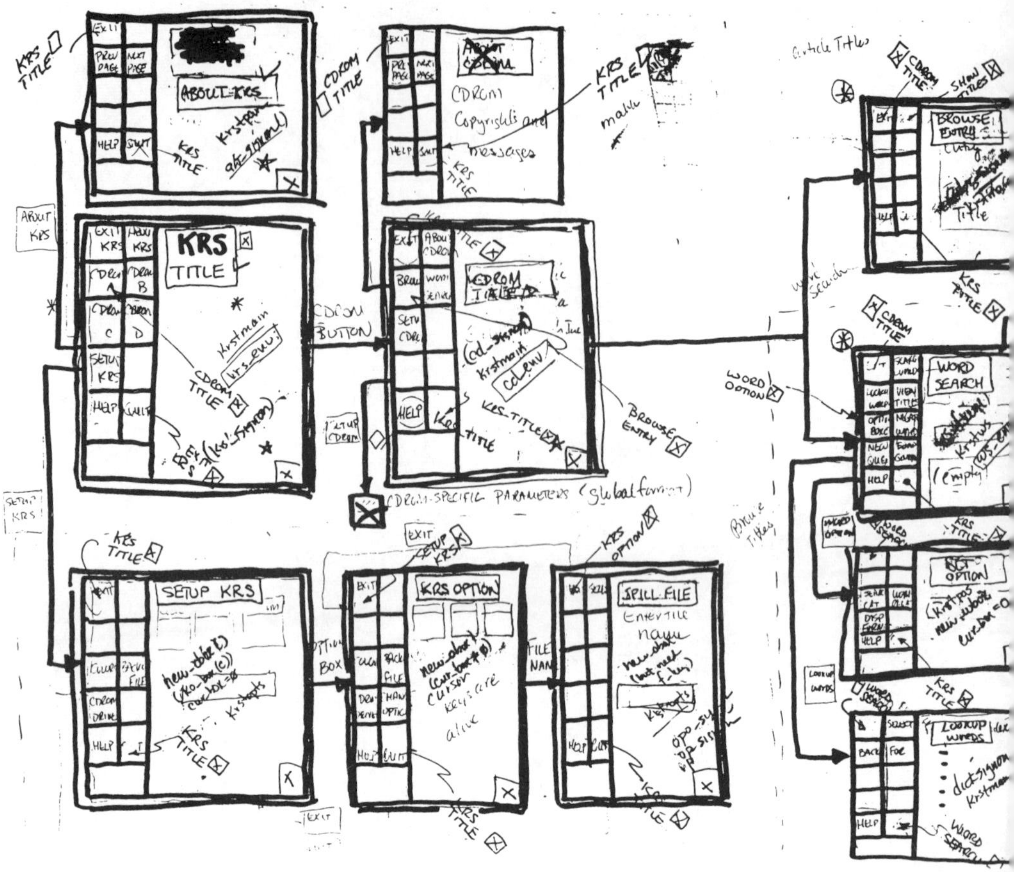

Gary Kildall, der das Betriebssystem CP/M entwickelte, gibt folgende Erklärung zu einer Skizze für sein jüngstes Projekt, ein Informationszugriffssystem für eine CD-ROM-Enzyklopädie: »Dieses Diagramm zeigt die Verbindung zwischen den einzelnen Menümasken des zeichenorientierten Knowledge Retrieval Systems. Die Quadrate auf der linken Seite jedes Bildschirms zeigen die ursprüngliche (und geänderte) Zuordnung der Tastatur. Die Pfeile zeigen die Veränderungen von einer Maske zu einer anderen. Neue Menüs kamen im Laufe der Implementierung dazu; in den Anmerkungen sind die Namen der C-Unterroutinen zum Aufbau der Masken angegeben. Das Diagramm diente als grafische Darstellung der Struktur von KRS während der Entwicklung des Produkts.«

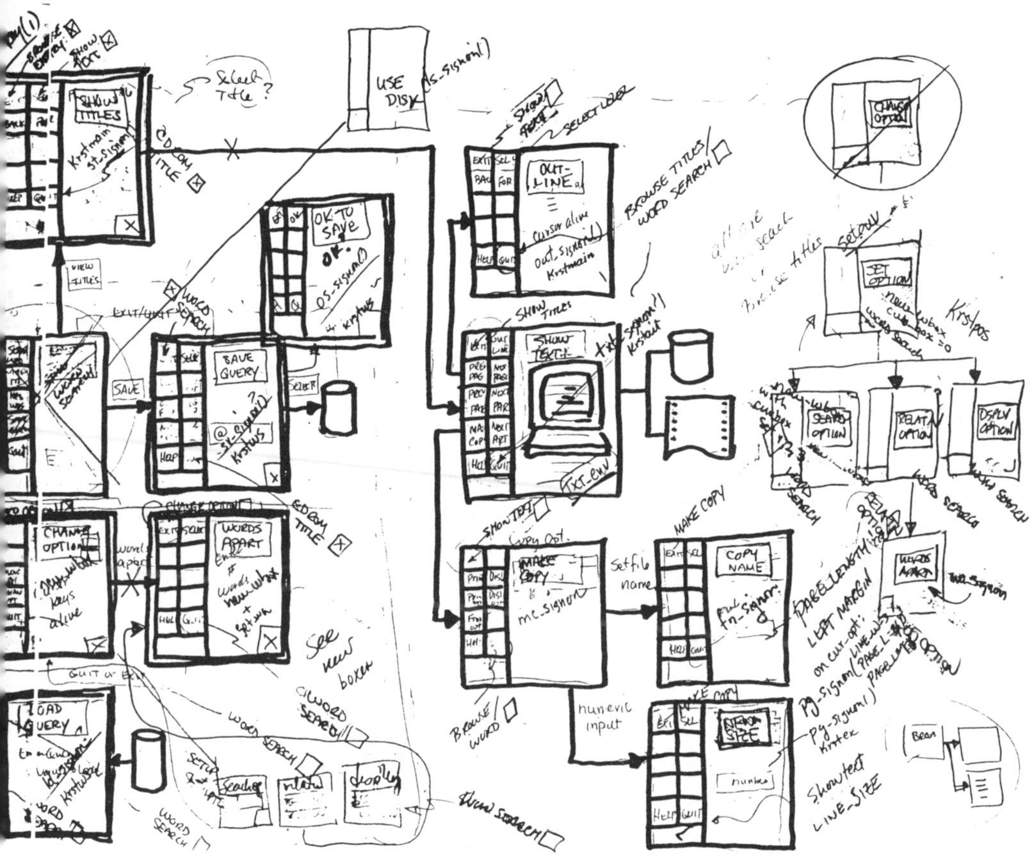

Diese Skizzen von Scott Kim zeigen mathematische Symbole als zufällige, unpräzise Schreibweise, die genauso entstehen wie Grafiken.

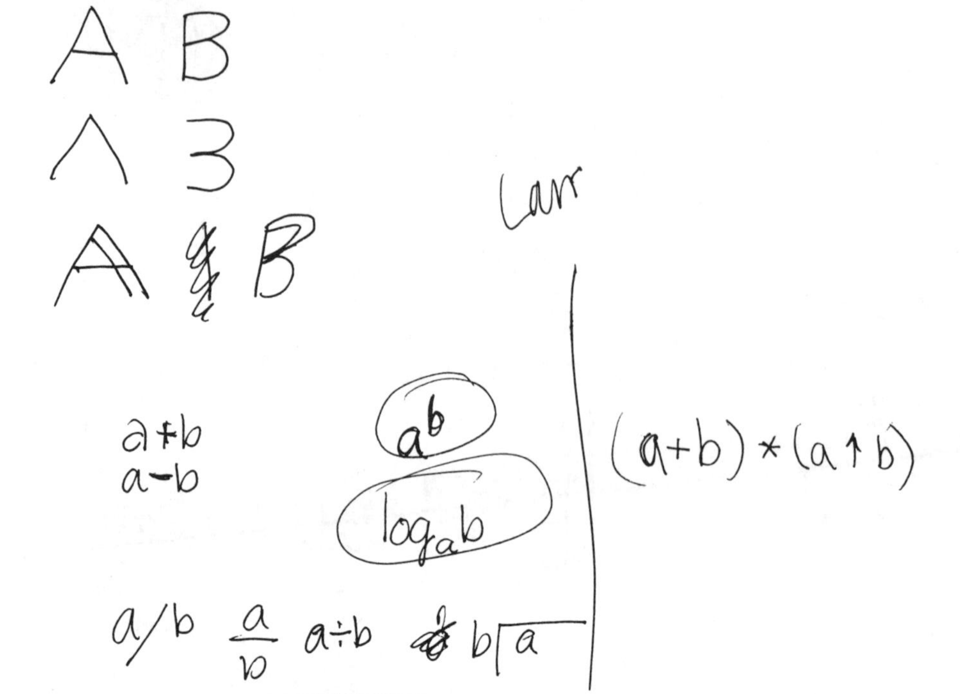

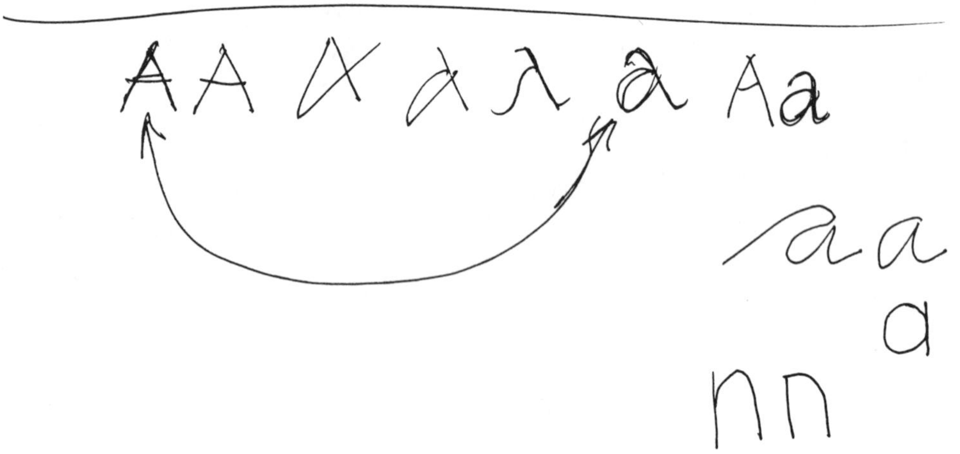

Scott Kims Skizze von der möglichen Entwicklung des Kleinbuchstabens a.

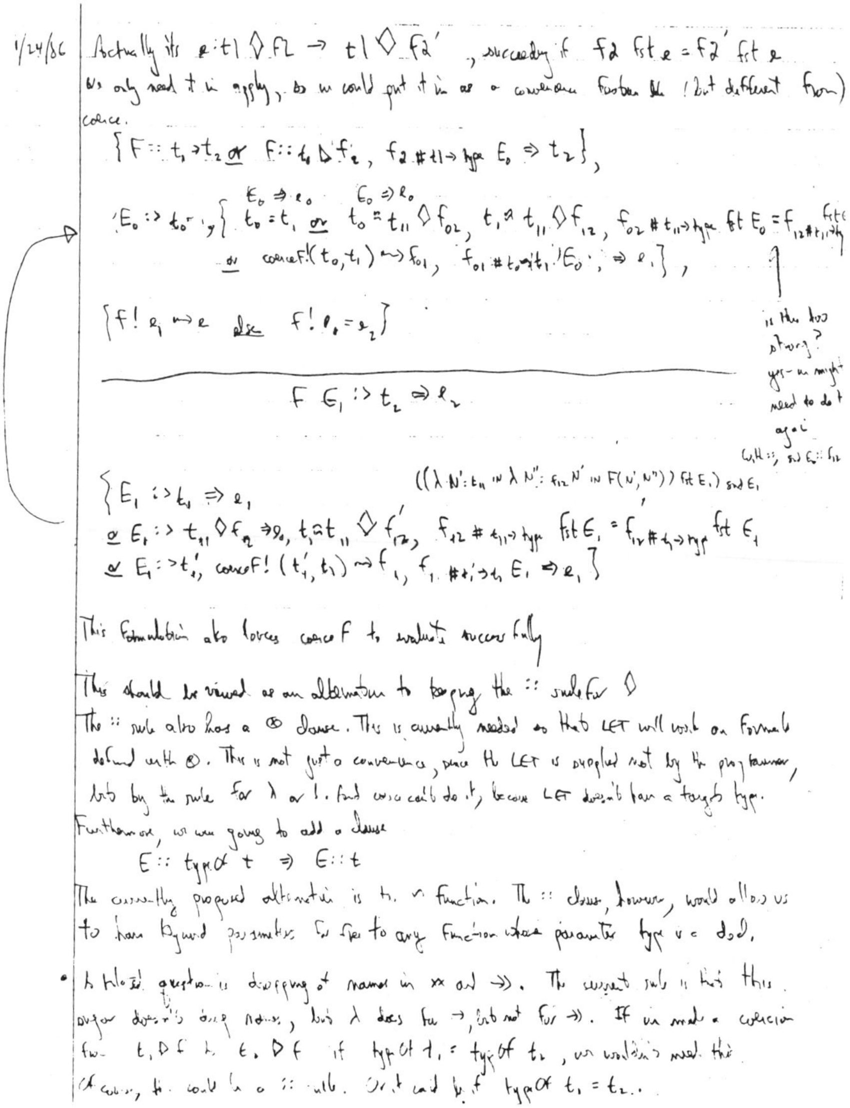
1/24/86 Actually it's e:t1 ◊ f2 → t1 ◊ f2', succeeding if f2 fst e = f2' fst e
We only need it in apply, so we could put it in as a convenience function like (but different from) coerce.
{F :: t1→t2 or F :: t0 ◊ f2, f2 # t1→type E0 ⇒ t2},
{E0 :> t0, e0} t0 = t1 or t0 = t11 ◊ f02, t1 = t11 ◊ f12, f02 # t11→type fst E0 = f12 # t11→type fst E0
or coerceF!(t0, t1) ⇝ f01, f01 # t0→t1 !E0 ⇒ e1},
{f! e1 ⇝ e else f! e1 = e2}
F E1 :> t2 ⇒ e2
is this too strong? yes — we might need to do it again
((λ N': t11 in λ N'': f12 N' in F(N', N'')) fst E1) snd E1
{E1 :> t1 ⇒ e1,
or E1 :> t11 ◊ f12 ⇒ e1, t1 = t11 ◊ f'12, f12 # t11→type fst E1 = f'12 # t11→type fst E1
or E1 :> t'1, coerceF!(t'1, t1) ⇝ f1, f1 # t'1→t1 E1 ⇒ e1}
This formulation also forces coerceF to evaluate successfully
This should be viewed as an alternative to keeping the :: rule for ◊
The :: rule also has a ⊗ clause. This is currently needed so that LET will work on formals defined with ⊗. This is not just a convenience, since the LET is supplied not by the programmer, but by the rule for λ or !. And coerce can't do it, because LET doesn't have a target type.
Furthermore, we were going to add a clause
E :: typeOf t ⇒ E :: t
The currently proposed alternative is to … function. The :: clause, however, would allow us to have keyword parameters for free to any function whose parameter type was ⊗'d.
• A related question is dropping of names in ** and ⇒. The current rule is that … doesn't drop names, but λ does for →, but not for ⇒. If we made a coercion from t1 ◊ f to t2 ◊ f if typeOf t1 = typeOf t2, we wouldn't need this. Of course, this could be a :: rule. Or it could be if typeOf t1 = t2..

Butler Lampson, leitender Ingenieur am Systems Research Center der Digital Equipment Corporation, zeigt mit diesen Skizzen, wie viele mathematische Details und Denkprozesse in die Entwicklung eines Programms eingehen.

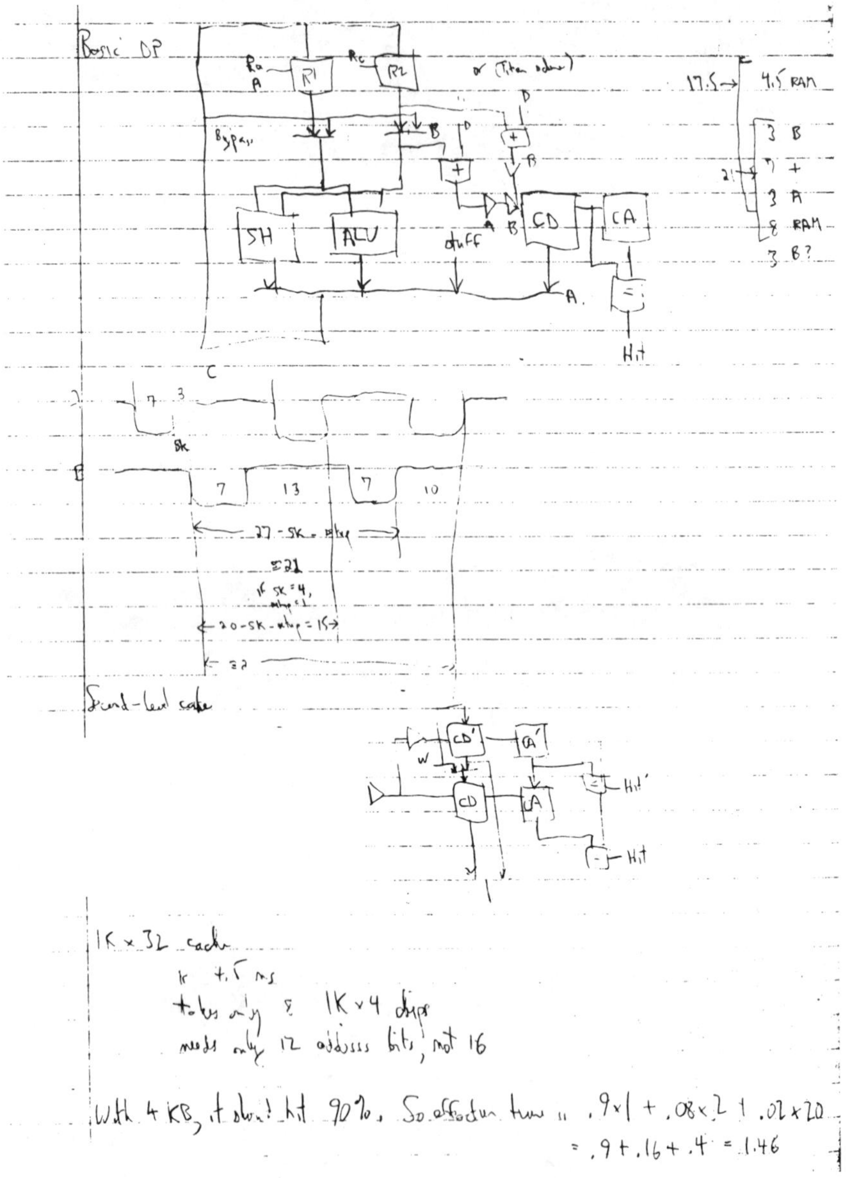

Diese Skizze von Butler Lampson zeigt das vorläufige Design für eine schnelle CPU mit einem zweistufigen Cache mit Leistungsberechnungen. Das Timing der Pipeline ist unten auf der zweiten Seite ausgearbeitet.

Conclusion – 20 is much too much. We need another level.

Try $.9 \times 1 + .095 \times 4 + .005 \times 20$
$= .9 + .38 + .1 = 1.38$

Not much better

$.9 \times 1 + .08 \times 2 + .015 \times 5 + .005 \times 20$
$= .9 + .16 + .08 + .1 = 1.24$

Maybe the first scheme isn't so bad. Compare

$.8 \times 1 + .18 \times 2 + .02 \times 20$
$= .8 + .36 + .4 = 1.56$

Not much worse. The .8 is conservative from 3Cs 750 measurements (4K8 DM).

So ~.5 cycles / cache ref will go into miss stalls.
One VAX ins does 2.3 read acc /3 write, roughly. So there are also per instruction

By secondary cache. 1 MByte = 64K × 32 × 4. So 4 banks of 64K. If a 4w chunk is feasible, we can get a word every 12 ns from 128 chips. Shifting out the 4 words at 100 MHz would be a perfect interface for a 128-bit word. Humble

The pipelining is				
	R ins	A	8-10 ns	
	R ins	B		
	R reg	A	4.5 RAM, 3 bypass + latch	7.5/8
	ALU / cache	B	4 add/latch 4.5 RAM	12.5/16 to also [illegible]
	ALU / cache	A	4 = /latch	There's lots more time for data
	W reg	B	this is where we can stop it easily	

On a stall, the B clock gets stopped, so the cache address (latched by B after adding) holds its stalled value. The instruction register holds at the next instruction. The write from the stalled instruction is stopped. This all seems fine. I'm not clear on what would happen if we tried to delay the write another cycle, which means bypassing, we gain [illegible] more time for the stall.

If buses are not too big this must work. It may work inefficiently if the tree is unbalanced.

Tentative conclusion — no FOP:.

14 Dec 94 Name server

TYPE
D = UID × SV* — directory
S = UID → DC × ... N × up: (SN × parent: UID)* — server
N = CHAR* — name
UN = N* — universal name
SN = UN — server name
DC = f: U→V × ... : (N*|⊥) × ... f: UID × ... : TS — directory contents
V = D|A|D×N|...

PROC
Contact: A→S
FindServer: → S

Lookup: N×DC→V = dc(n)
Lookup*: N*×D→V = Lookup*(tail n*, Lookup(head n*, GetDC(d)))
GetDC: D→DC = IF x ≠ ⊥ THEN x ELSE GetDC(d.uid, tail d.s*) END
WHERE x = head d.s*(d.uid)
GetDCHere: S×D→DC = IF x ≠ ⊥ THEN x ELSE GetDCHere(s, (d.uid, tail d.s*)) END
WHERE x = IF s' = s THEN s'(d.uid) ELSE ⊥
WHERE s' = head d.s*
ULookup: UN×S→V = IF v ≠ ⊥ THEN Lookup*(n*, v)
ELSE ULookup(un, s') WHERE s' ∈ s.up
END
WHERE v, n* = ULHere(un, s)
ULHere: UN×S→V×N* =
IF un = Λ THEN (⊥, Λ)
ELSIF ∃ dc, uid: s(uid) = dc AND dc.h = un THEN ((uid, s), Λ)
ELSE (v, (n*, n)) WHERE v, n* = ULHere(un', s) WHERE un = (un', n)
END

Diese beiden Seiten zeigen die anfänglichen Notizen von Butler Lampson für Datenstrukturen und Invarianzen für einen großen Namens-Server. Die überarbeitete, maschinengeschriebene Version desselben Materials finden Sie auf den nächsten beiden Seiten.

INVARIANT

$d = (uid, s^*) \Rightarrow \exists s \in s^* : s(uid) \neq \bot$ — Some listed server stores the directory

? $\vee\ \forall s : S : s(uid) = \bot$?

$\forall s\ (\forall s' \in s.up\ \ s'.level < s.level) \vee s(root) \neq \bot$ — Up defines a spanning tree of servers rooted in a set of servers that each stores the root

$\forall uid\ \exists s : s(uid) \neq \bot \Rightarrow reachable(uid, root)$ — Any directory can be reached from the root

reachable : UID × DC → BOOL = $\exists n : dc(n).uid = uid \vee reachable(uid, dc(n))$

$\forall d : dc.h \neq \bot \Rightarrow d.uid = ULookup(dc.h).uid$ — h is correct; this can't be weakened

WHERE dc = GetDC(d)

$\exists (sn, uid) \in s.up : (x \neq \bot$ AND $Contact(x).level < s.level)$ OR $s(root) \neq \bot$

WHERE $x = s(uid)(first\ sn)$

?? $\forall dc\ \ dc(\text{"replicas"}) = (d, n)$ AND $Lookup(n, d) = sn^*$ AND

$\forall s\ \exists uid : s(uid) = dc.self \Rightarrow \exists sn \in sn^* :$

$Contact(ULookup(sn)) = s$

Next : Change to h

&

Protection

Changes to s* and d

$\forall s_1, s_2, uid : s_1(uid) \neq \bot$ AND $s_2(uid) \neq \bot \Rightarrow s_1(uid) = s_2(uid)$

All copies of D are the same, modulo distribution

17 Dec 94 Update abstraction

TYPE U : (DC → DC) × UID   Pool = (SUN × U)*

Properties : $\forall dc : u(dc) \neq \bot$ total

$u_1 \circ u_2 = u_2 \circ u_1$ commute

?? $u \circ u = u$ idempotent

PROC

CreateUpdate : DC × Uarg → U

StartUpdate : S × UID × Uarg → .

s.t. $s(uid) = u(s_0(uid)) \wedge pool = pool_0 \,||\, pool_1 \wedge ad(uid) = ad_0(uid) \cup \{u\}$,

Add ad.dcl stuff $(s(uid) \neq \bot \Rightarrow \exists! (sn, u) \in pool_1 : sn \in S.self) \wedge$

$(sn, u') \in pool_1 \Rightarrow u' = u$

WHERE $u = CreateUpdate(s_0(uid), arg)$

DoUpdate : · → .

s.t. $\exists (sun, u) \in pool_0 \wedge (sn, u) \notin pool \wedge s(u.uid) = u(s_0(u.uid))$

WHERE $sun \in S_0.self$

```
Page 5          ns.txt          Thu Oct 10 16:00:38 1985

TYPE
  NAT = ****                             NATural number
  UID = NAT                              Universal IDentifier
  T = NAT                                Time; e.g., GMT (not site-dependent)
  TS = T X UID                           TimeStamp
  TX = T X extend: T                     Timeout eXpiration
  OK = yes | no

  DI = UID                               Directory Identifier
  SI = DI                                Server Identifier
  N = CHAR*                              Name
  DN = N X di: (DI | NIL)                Directory Name wrt d; invalid
                                          if di#NIL AND d(dn.n).di#dn.di
  FN = DI X DN*                          Full Name of a D from root di
  SN = FN X DN X TX                      Server Name; C.GetV(sn.fn, sn.dn.n):SA
  Link = FN X TX                         tx times out Link, as in DR
  LD = linked | direct                   kind of FN, or follow final link
  Lim = TX X LD                          MIN TX used in name lookup, used Link

  DR = DI                                D Reference; REP is DL.
(* A FN through dr is guaranteed valid only until dr^.br.tx *)
  BR = DI X N X TX | NIL                 Back Reference; REP is TS->BL
  D = V                                  Directory; REP=REP V abstractly,
(* DC** concretely.  The other components of DC
   are really the values of names in d.v; e.g., d.di=d("&di"). *)
    X DI                                 self
    X w: (DI->FN)                        well-known DIs (for old roots)
    X h: (FN X Lim)**                    help: FNs of d; may be invalid
(* protection and authentication data *)
    X RL
    X AA
    X K                                  Key for this dir viewed as a principal
(* time-stamps *)
    X lastTS: TS                         largest TS of any U to d
    X allUpTo: TS                        u IN REP d AND u.ts<d.allUpTo=>
                                         u IN FollowDR(d.di)
    X BR                                 ds(d.br.di)(d.br.n).di=d.di

  V = L->(VV X TS)                       Value: tree with L arcs, TS nodes, Mk
  VV = Mk | V                             leaves. REP V=U** X TS, REP U**=W
  Mk = absent | present                  what to MaKe L* into in an update
  L = N | Tag | AV                       Label
  Tag = CHAR*                            labels fields of a d(n) value.
(* The value of the tag "&type" is the type of d(n). *)
  AV = BYTE*                             Atomic Value
  LTree = (L X LTree)**                  stripped V: tree, L arcs, empty leaves
  LT = L X TS
  LTL = LT* X L*                         designate V reached by the path
(* (Labels(lt*), l*), with TS matching lt*.ts. *)
  VD = FN X LTL X LD                     V Designator;
(* fn short for (fn, nullLTL, direct) and (fn, ltl) for (fn, ltl, direct). *)

  Vr = U** X TS                          REP V: set of updates (with REP W) X TS
  U = f: (V->V) X TS                     Update; REP=Y.
  W = Y**                                REP REP V: updatable with a Y
  Y = LT* X Mk                           REP U: set lt* component to mk
(* =============== Types below this point are for DC/S/SU/E ================ *)
  DL = DI X SN**                         Directory Locator, REP DR
  BL = DI X N X TX X Link                Back Locator. REP BR=TS->BL.
(* Normally br(ts)#% for 1 TS (0 for root), bl.link.fn^.di=bl.di. *)
  DC = D                                 Directory Copy.
    X copies: SN**                       updated like a D component
(* A server s updates only sn's in copies with sn.dn.di=s.si. *)
    X inSN: BOOL                         updated like a D component
    X On
```

```
D: (* DIRECTORY *) MODULE
  EXPORTS [Snapshot .. Resolve],
          FirstRoot, NewRoot, NewD, RemoveD, ChangeN,
          $FollowFN, $FollowDR
  IMPORTS R.GetRights, Env, V.(GetV, FrozenLink)
=
INVARIANT
1 ds(di)#% <=> BRPath(di) WHERE BRPath: DI->BOOL =
    LET dr=di,br=dr^.br,dr'=br.di; di=root OR dr'^(br.n).di=di AND BRPath(br.di))
         I.e., the D's in ds form a tree rooted in root whose arcs are DRs that
         are the reverse of the BR backpointers. D3 means that the tree you see
         can shift around if BRs are changing faster than allUpTo. REP is DC1.
2 dr'^(n):DR=dr => EXISTS tx: (dr'.di, n, tx)=dr^.br AND tx>=dr.tx
         I.e., each DR is pointed to by a BR with a longer timeout. REP is DC2.
3 d=dr^ => {u IN u** | u.ts<d.allUpTo} <= REP d <= u** WHERE u**=REP ds(dr.di)
         I.e., FollowDR gives an answer that includes all the updates to D
         before allUpTo, and any selection of those later. REP is SU1-2.
4 (fn, lim) IN d.h AND lim.tx>now => dr^ IS d AND dr.tx>now WHERE dr=fn^
         I.e., h entries are valid unless timed-out.
5 d.w(di)=fn => fn:FN AND fn.di=d.di AND fn^.di=di
         I.e., a d.w entry for a DI is a FN for it from d. Not enforced.
6 (fn.di=root OR FollowDR(root).w(fn.di)#%) AND
  ( (fn', n)<=fn => FollowDR(fn'^.di)(n):DR ) =>
  Get((fn, ltl, direct), {})#%
         I.e., Get looks up an FN to yield a D if its DI is root or is defined
         in root's w, and each N in its DN* can be looked up to yield a DR.

PROCEDURE
(* These implementations are not real. I.e., they describe what the procedures
   do, but aren't identical to any code in the system. These operations are
   actually implemented in NS and DC in the server, called remotely from the
   clerk. *)
```

Pebble summary 26 January 1986

Syntax

Binary operators: ', (2) ~ (3)–› (4) * (5)
Everything associates to the right

```
E  = N
   | N : T                                                  (6)
   | £ T IN E                                               (1)
   | LET B IN E                                             (1)
   | IMPORT B IN E                                          (1)
   | F ° E                                                  (7)

   | N:~E | '(N1, ...'):~E | N'(T'):~E
   | REC D1~E1, ... | REC N1'(T1:~E1'), ...
   | B1 ; B2                                                (2) ??
   | B$N                                                    (6)
   | E WHERE B                                              (1)
   | D–»T | D ** E                                          (4, 5)
   | E1. N | E1 .N'(E2')                                    (6)
   | E: N:                                                  (6)

   | '(')
   | { E } | T{ E }
   | prefix?p E | E1 infix?p E2 | E postfix?p
   | E1 AND E2 | E1 OR E2                                   (5, 4)
   | IF (E0 => E1) '| ... '|=> E2 | IF (E0 => E1) '| ... FI
   | CASE E0 OF (E1 '( D ') => E2) '| ... |=> E3 END
   | E0 BUT (E1 '( D ') => E2) '| ... END
   | LOOP E END
   | FOR N IN E1 DO E2 THEN E3 END
   | FOR N IN E1 WITH E4 COLLECT E2 THEN E3 END
```

Dies sind Beispiele von Butler Lampson für die Syntax und Semantik einer Programmiersprache mit Datentypen als erstklassige Werte. Die Semantik ist zum Teil durch Umschreiben in eine einfachere Form der Sprache (»sugar«) auf der zweiten Seite dargestellt, zum Teil auch durch Regeln der logischen Folgerung auf den letzten zwei Seiten.

Pebble summary 26 January 1986

Sugar

Write	*For*	*Provided*
N:~E	N: t~E	E:> *t*
'(N_1, N_2, ...'):~E	N1:~fst E, '(N_2, ...'):~snd E	
N'(?T'):~E	N:~£ ?T IN E	
£ D IN E	£ D—>t IN E	LET newc*d IN E:>t and newc not in t
£ IN E	£ void IN E	
REC D_1~E_1, ...	'(fix '(D_1 * ...') '(£ B′: '(D_1 * ...') IN LET B′ IN '(E_1, ...')')	
REC N_1'(T_1'):~E_1, ...	REC N_1: t_1~*£ T_1 IN E_1, ...	
B_1; B_2	B_1, LET B_1 IN B_2	??
B$N	IMPORT B IN N	
E WHERE B	LET B IN E	
D—»T	D%'(£ D—>type IN T')	
D ** T	D◇'(£ D—>type IN T')	
E_1. N	'(snd xt^{-1} t')^$N'($E_1$')	E_1:> *t*
E_1. N'(E_2')	'(snd xt^{-1} t')^$N'($E_1$, E_2')	E_1:> *t*
E: T:	T: type ** E: T@'(£ T: type IN T')	
()	nil	
{ E }	'(MkSet t') E	fst E:> *t*
or		
T{ E, ...}	SingleSet'(T, E') u ...	
T{}	EmptySet T	
{ E, ...}	SingleSet'(t, E') u ...	E:> *t*
prefixOp E	E . op'("*prefixOp*"')	
E_1 *infixOp* E_2	E_1 . op'("*infixOp*"') '(E_2')	
E *postfixOp*	E . op'("*postfixOp*"')	
E_1 AND E_2	IF E_1 => E_2 |=> false	
E_1 OR E_2	IF E_1 => true |=> E_2	

Pebble 86 Summary

Rules

Introduction £ :

```
{ t==d1 -> t2 or t==d1 % f2, f2! newc(n)~> t2 },
rho(depth)+1=n, rho[depth=n] |- LET newc(n)*d1 IN t2~E :: t2 => e
--------------------------------------------------------------------
                    (£ T IN E) :> t => cl([], e, n)

    T :: type
----------------
N: T :: type => N:t
```

Elimination N apply LET IMPORT

```
 rho(N)==t~e' , e' ~>> e
-------------------------
     N :> t => e

{ F :: t1 -> t2 or F :: t1 % f2, f2*t1->type E1 => t2 },
{ E1 :: t1 => e1 or E1 :> t1', coerceF! (t1', t1)~> f1, f1*t1'->t1 E1 => e1 },
{ f! e1 ~> e2 else f! e1 = e2 }
-------------------------------------------------------------------------------
                         F ° E1 :> t2 => e2

   B :: void,                                               E :: t => e
or B :: (N: t0) => b                       rho[N=t0~b] |-  E :: t => e
or B :: d1 ◇ f2, snd B :> d2 => b2, LET fst B IN LET b2*d2 IN E :: t => e
--------------------------------------------------------------------------
                      LET B IN E :> t => e

B :> d => b, rho0 |- LET b*d IN E :: t => e
--------------------------------------------
         IMPORT B IN E :> t
```

Auxiliary :: * ~> ~>>

```
   E :> t
or E :: t @ f2
or E :: t', t u t'=t                                          could be coercion
or t==N: t', E :: t'                                          could be coercion
or t==t1 ◇ f2, fst E :: t1, snd E :: f2 fst E
or t==t1 % f2, E :: t1 % f2', t1==t1' / s1, for all e1 IN s1: (f2! e1~> t2, f2'! e1~> t2', t2=t2')
----------------------------------------------------------------------------------------------------
                                       E :: t
```

```
/*
Cubic spline fitting - Ellis-McLain Method
Jonathan Sachs
22-Oct-85

This method generates a single-valued function from an ordered set of x,y data.  It
produces the best results when used on smooth functions since it reduces discontinuities in
the second derivative.

The findgrad procedure is called first to determine slopes at each data point.  This step
may be omitted if slopes are already given for each data point.  Next the coeff procedure
is called for each interval to generate the coefficients of the cubic polynomial that fits
the data in that interval.

Reference:

Ellis, T.M.R. and McLain, D.H. (1977) "Algorithm 514 - A new method of cubic curve fitting
using local data".  ACM Transactions on Mathematical Software, Volume 3, pages 175-178.
*/

/*      find gradient at each data point

        findgrad(x,y,grad,n)

        x               n-vector of x coordinates of data points
                        values must be in increasing order with no two equal

        y               n-vector of y coordinates of data points

        grad    returned n-vector

        n               number of data points (must be at least 4)

*/

findgrad(x,y,grad,n)
double x[];
double y[];
double grad[];
int n;
{
        int i,iless2,iless1,iplus1,iplus2;
        double x0,x1,x2,x3,x4,y2;
        double prod1,prod2,num,denom,g;
        double coeff2,xdiff,xprod,weight;

        for(i = 0; i < n; i++) {

                iless1 = i > 0 ? i-1 : i+3;
                iplus1 = i < n-1 ? i+1 : i-3;

                x2 = x[i];
                y2 = y[i];

                x1 = x[iless1] - x2;
                x3 = x[iplus1] - x2;

                prod1 = x3*(y[iless1]-y2);
                prod2 = x1*(y[iplus1]-y2);

                denom = x1*x3*(x[iless1]-x[iplus1]);

                g = (x1*prod2-x3*prod1)/denom;
                coeff2 = (prod1-prod2)/denom;

                if(i <= 1) {
                        num = denom = 0.0;
                }
                else {
                        iless2 = i-2;
                        x0 = x[iless2] - x2;
                        xdiff = x[iless2] - x[iless1];
```

Dieses Programm von Jonathan Sachs illustriert seinen Stil beim Schreiben von Programmen in C, einer Hochsprache, die zur Optimierung der Laufzeiten entwickelt wurde.

```
				xprod = x0*xdiff*(x[iless2]-x[iplus1]);
				weight = xprod/(xdiff*xdiff);
				num = weight*(y[iless2]-y2-x0*(g+x0*coeff2));
				denom = weight*xprod;
			}

			if(i <= n-3) {
				iplus2 = i+2;
				x4 = x[iplus2] - x2;
				xdiff = x[iplus2] - x[iplus1];
				xprod = x4*xdiff*(x[iplus2]-x[iless1]);
				weight = xprod/(xdiff*xdiff);
				num += weight*(y[iplus2]-y2-x4*(g+x4*coeff2));
				denom += weight*xprod;
			}

			grad[i] = g + num*x1*x3/denom;
		}
}

/*	calculate the coefficients of the cubic which is used for the interval
	from x[i] to x[i+1]

	coeff(x,y,grad,i,&c0,&c1,&c2,&c3)

	x			x coordinate vector

	y			y coordinate vector

	grad		gradient vector (see above)

	i			index specifying interval to be fitted

	fitted cubic has equation:

	c0 + c1*(x-x[i]) + c2*(x-x[i])^2 + c3*(x-x[i])^3

*/

coeffs(x,y,grad,i,c0,c1,c2,c3)
double x[];
double y[];
double grad[];
int i;
double *c0;
double *c1;
double *c2;
double *c3;
{
	double dx;
	double dx2;
	double dy;
	double g1;
	double g2;

	dx = x[i+1] - x[i];
	dx2 = dx*dx;
	dy = y[i+1] - y[i];
	g1 = grad[i];
	g2 = grad[i+1];

	*c0 = y[i];
	*c1 = g1;
	*c2 = (3.0*dy-dx*(2.0*g1+g2))/dx2;
	*c3 = (dx*(g1+g2)-2.0*dy)/(dx*dx2);
}
```

```
FILE:   PESO1   21-SEP-74 14:30:03      PAGE 30



        ; PRPLC
        ; PROPAGATE LOCAL CONNECTION:
        ; PARAMS: A:LC, B:CN
        ; IF CN=(DP,GN,APN), CALL DEFP(CN,DP,GN,APN)
        ;  TO DEFINE THE PIN.
        ; IF LC=(CP), SCAN BACKPANEL WIRELIST AND FOR EVERY
        ; (CN,BWPN) FIND LC ON THAT CARD AND CALL PRPLC(LC,CN)
        ;  RECURSIVELY.
        ; IF LC=(ESCC,REL), SCAN LC'S AND CALL PRPLC(LC,CN) RECURSIVELY.
        ;
        PRPLC:  AOS     CLOCK           ; FOR DEBUGGING PURPOSES...
                TRNN    A,777777        ; RETURN ON NULL LC
                RET
                TRNE    A,400000
                JUMPA   PRPLC2  ; BRANCH IF ESCAPE BYTE
                TRZN    A,200000        ; UNLESS CONNECTOR PIN
                JUMPA   DEFP            ; CALL DEFP AND RETURN
                SKIPGE  RGPRI(B)        ; RETURN IF CARD IS MASKED
                RET
                MOVEM   A,PRPLLC        ; SAVE IN CASE OF ERROR
                MOVEM   B,PRPLCN        ; LIKEWISE
        ; SCAN BACKPANEL WIRELIST:
                IMULI   B,MXCP
                ADD     B,A
                MOVE    X,B
                HX      X,RGGCH
                TRZN    X,400000
                JUMPA   [SKIPN  NOSLER
                         ERR(PRP,<S-L BACKPANEL MISMATCH, LC: >)
                         RET]
        ; NEXT LOAD PIN IS IN X, FINISHED IF 0.
        PRPLC1: JUMPE   X,[RET]
                MOVE    B,X
                IDIVI   B,MXCP  ; CN TO B, BWPN TO C.
                MOVE    A,RGCT(B)       ; CARD TYPE TO A
                MOVE    A,DNCTP(A)
                PUSH    P,X             ; SAVE X FOR RECURSIVE CALL
                MOVE    X,C             ; BWPN (CP) TO X
                HXR     A,A,DNCPH
        ; NOW LC AND CN ARE SET UP IN A AND B.
                CALL    PRPLC
                POP     P,X             ; RESTORE X
                HX      X,RGGCH         ; FETCH CDR OF THE WIRE
                TRNN    X,400000
                JUMPA   PRPLC1
                ERR(PRP,<GARBAGE WIRE, LC: >)

        ; THESE VARIABLES CONTAIN THE LC AND CN PASSED TO PRPLC

        LS(PRPLLC)
        LS(PRPLCN)

        ERRPRP: SAV(<A,B,C>)
                MOVE    A,OJFN
                MOVE    B,PRPLLC        ; GET LC
                JNUM(4)
                JTXT(< CN: >)
                MOVE    B,PRPLCN        ; GET CN
                JNUM(4)
                REST(<C,B,A>)
        ;
        ; ESCAPE BYTE IS IN A
        ; GET BASE FOR RELATIVE ADDRESS:
        PRPLC2: MOVE    C,RGCT(B)
                MOVE    C,DNCTP(C)      ; BASE
                LDB     X,BPREL(A)      ; RELATIVE ADDRESS
                LDB     D,BPESCC(A)     ; COUNT TO D
        PRPLC3: JUMPLE  D,[RET]
                PUSH    P,X
                HXR     A,C,00
                PUSH    P,B
                PUSH    P,C
                PUSH    P,D
                CALL    PRPLC
                POP     P,D
                POP     P,C
                POP     P,B
                POP     P,X
                ADDI    X,1             ; INCREMENT POINTER
```

Dieser Compiler für die Verdrahtung in einem Simulator für Hardware ist ein Beispiel für den »frühen ungarischen« Code, den Charles Simonyi im Jahr 1972 schrieb. Simonyi schrieb den Compiler für den PDP-10-Computer im damals beliebten »Tenex«-Programmierstil und war einer der ersten, die Typen-orientierte Benennungskonventionen verwendeten, die sowohl für Maschinensprache als auch für höhere Programmiersprachen verwendbar sind.

Dieses Buch wurde mit Microsoft Word bearbeitet und ausgedruckt.
Schrift: HP-TmsRmn (Download-Fonts AD und AF)
Drucker: HP-LaserJet Serie II
Illustrationen: Charles Solway
Umschlaggestaltung: Min Yee, Heinz Rauner
Textgestaltung: Darcie Furlan, Günter Jürgensmeier